NIVEAU B2.2

# SICHER

## IN ALLTAG UND BERUF!

DEUTSCH ALS ZWEITSPRACHE
KURS- UND ARBEITSBUCH

Michaela Perlmann-Balme
Susanne Schwalb
Magdalena Matussek

Hueber Verlag

2 🔊 6 Hörtext der Kurs- bzw. Arbeitsbuch-CD im Medienpaket (978–3–19–141209–8), hier auf CD 2, Track 6.

04 Film(abschnitt) auf der DVD im Medienpaket (978–3–19–141209–8), hier Film 4.

Hörtexte und Filme können Sie auch über die **AR-App** für Smartphone und Tablet abrufen. Sie erhalten die App kostenlos bei Google Play oder im AppStore. Die Hörtexte stehen zudem als MP3-Dateien unter www.hueber.de/sicher-in-alltag-und-beruf zum kostenlosen Download bereit.

→ AB 101/Ü7 Verweis auf eine passende Übung im Arbeitsbuch, hier z. B. auf Seite AB 101, Übung 7.

GRAMMATIK Übersicht → KB 116/1 Verweis auf die Grammatikübersicht am Ende der Lektion, hier auf Seite KB 116, Abschnitt 1.

⇤ KB 105/2 Seite und Aufgabe im Kursbuch, auf der dieses Thema der Grammatikübersichtsseite behandelt wird, hier z. B. auf Seite KB 105, Aufgabe 2.

zu Hören, KB 91, Aufgabe 4
Verweis auf zugehörige Aufgabe im Kursbuch, hier z. B. auf Seite KB 91, Aufgabe 4.

Für die hilfreiche Beratung bei der Überarbeitung des Lehrwerks danken wir:
Esther Haertl, Nürnberg; Gunda Heck, Wilnsdorf; Susanne Kalender, Hamminkeln;
Herrad Vogelhuber, Würzburg.



4. 3. 2. | Die letzten Ziffern
2024 23 22 21 20 | bezeichnen Zahl und Jahr des Druckes.
Alle Drucke dieser Auflage können, da unverändert, nebeneinander benutzt werden.
1. Auflage

Redaktion: Juliane Beck, Karin Ritter, Isabel Krämer-Kienle, Felix Steffan und Ingo Heyse, alle Hueber Verlag GmbH & Co. KG, München
Umschlaggestaltung, Layout und Satz: Sieveking · Agentur für Kommunikation, München
Druck und Bindung: Passavia Druckservice GmbH & Co. KG, Passau
Printed in Germany
ISBN 978–3–19–121209–4

Art. 530_25536_001_02

# INHALT KURSBUCH

# KURSPROGRAMM

| LEKTION | LESEN | HÖREN | SCHREIBEN |
|---|---|---|---|
| **7** BEZIEHUNGEN<br>Kursbuch KB 89–102<br>Arbeitsbuch AB 99–114 | 1 Den Erzählverlauf in einem Romanauszug verstehen **KB 94**<br>2 Kernaussagen in Abschnitten eines Zeitungsartikels erfassen **KB 98** | Kernaussagen einer Radioreportage erfassen **KB 90** | Einen Forumsbeitrag schreiben **KB 100** |
| **8** ERNÄHRUNG<br>Kursbuch KB 103–116<br>Arbeitsbuch AB 115–130 | 1 Einem Artikel Informationen entnehmen **KB 104**<br>2 Einen Zeitungsbericht nach Detailinformationen durchsuchen **KB 112** | Gesprächen und Äußerungen aus dem Alltag Detailinformationen entnehmen **KB 106** | Einen Beschwerdebrief verfassen **KB 110** |
| EXTRA BERUF KB 117–120 Der Arbeitsvertrag | | | |
| **9** AN DER UNI<br>Kursbuch KB 121–134<br>Arbeitsbuch AB 131–146 | Die inhaltliche Struktur einer Broschüre erfassen und ihr Fakten entnehmen **KB 124** | Einem Vortrag detaillierte Informationen entnehmen **KB 130** | Ein Motivationsschreiben verfassen **KB 128** |
| **10** SERVICE<br>Kursbuch KB 135–146<br>Arbeitsbuch AB 147–162 | 1 Einen Zeitungsartikel verstehen **KB 140**<br>2 Die Struktur einer Benutzerordnung erfassen **KB 143** | 1 Aussagen in einer Gesprächsrunde zuordnen **KB 138**<br>2 Eine Glosse verstehen **KB 144** | Einen Text zusammenfassen **KB 142** |
| EXTRA BERUF KB 147–150 Mein erster Arbeitstag | | | |
| **11** GESUNDHEIT<br>Kursbuch KB 151–162<br>Arbeitsbuch AB 163–178 | 1 Einen Zeitungsartikel lesen und mündlich zusammenfassen **KB 152**<br>2 Einen Fachartikel verstehen **KB 159** | Zentrale Aussagen in einem Interview verstehen **KB 153** | Eine formelle E-Mail verfassen **KB 156** |
| **12** SPRACHE UND REGIONEN<br>Kursbuch KB 163–176<br>Arbeitsbuch AB 179–194 | Die Inhalte eines Magazinbeitrags verstehen und zusammenfassen **KB 170** | 1 Einer Radioreportage Informationen entnehmen **KB 164**<br>2 Aussagen zu einem Thema differenzierend verstehen **KB 174** | Eine Stellungnahme schreiben **KB 172** |
| EXTRA BERUF KB 177–180 Besprechung und Protokoll | | | |

# KURSPROGRAMM

| SPRECHEN | SEHEN UND HÖREN | WORTSCHATZ | GRAMMATIK |
|---|---|---|---|
| Über bikulturelle Erziehung diskutieren **KB 97** | Den Inhalt eines Poetry-Slam-Videos verstehen **KB 101** | Statistiken in Worte fassen **KB 92** | Nomen mit Präposition; Indirekte Rede; Vergleichssätze; Generalisierende Relativsätze **KB 102** |
| **1** Von regionalen Gerichten berichten **KB 107** **2** Einen Aktionstag planen und vorstellen **KB 114** | Einer Fernsehreportage Informationen entnehmen **KB 115** | Werbetexte verstehen **KB 108** | Subjektive Bedeutung des Modalverbs *sollen*; Wortbildung: Nominalisierung von Verben; Konditionale Zusammenhänge; Konzessive Zusammenhänge **KB 116** |
| **1** Eine Diskussion über Studiengänge führen **KB 127** **2** Einen kurzen Vortrag halten und Erfahrungen austauschen **KB 132** | Einen non-verbalen Film verstehen und kommentieren **KB 133** | Wörter zum Thema Studium erarbeiten und definieren **KB 122** | Konsekutive Zusammenhänge; Feste Verbindung von Nomen mit Verben; Wortbildung: Negation durch Vor- und Nachsilben bei Adjektiven **KB 134** |
| Ideen für Dienstleistungen sammeln und überzeugend präsentieren **KB 137** | Einer Foto-Reportage Detailinformationen entnehmen **KB 145** | Werbesprüche zu Dienstleistungen verstehen und formulieren **KB 136** | Alternativen zum Passiv; Subjektlose Passivsätze **KB 146** |
| **1** Ein Arzt-Patienten-Gespräch führen **KB 155** **2** Über alternative Heilmethoden diskutieren **KB 158** | Einen Informationsfilm auf Detailebene verstehen **KB 161** | Über kleine Arbeitsverletzungen und Heilmittel sprechen **KB 154** | Indefinitpronomen; Modale Zusammenhänge **KB 162** |
| Einen Tagesausflug planen und präsentieren **KB 166** | Einer Reportage Detailinformationen entnehmen **KB 175** | Fremdwörter und regionale Varianten erkennen und verstehen **KB 168** | Erweitertes Partizip; Adversativsätze; Partizipien als Nomen; Wortbildung: Fugenelement *-s-* bei Nomen **KB 176** |

# VORWORT

Liebe Leserinnen und Leser,

das Lehrwerk **SICHER IN ALLTAG UND BERUF!** ist die Inlandsausgabe der Lehrwerksreihe **SICHER!** und führt zum Abschluss der Stufen **B1+**, **B2** oder **C1** des *Gemeinsamen Europäischen Referenzrahmens für Sprachen*. Es richtet sich an fortgeschrittene erwachsene Deutschlernende ab 16 Jahren im deutschsprachigen Inland.

**SICHER IN ALLTAG UND BERUF! B2** bereitet auf alle gängigen B2-Prüfungen vor, darunter das *Goethe-Zertifikat B2* und das *ÖSD-Zertifikat B2* sowie die *telc-Prüfungen Deutsch B2* und *Deutsch B1-B2 Beruf*. Jedes Aufgabenformat der genannten Prüfungen wird mindestens einmal im Lehrwerk geübt. Eine Auflistung der Prüfungsformate im Lehrwerk finden Sie im Anhang (AB 201–202).

Die Lektionen sind in die Bausteine **LESEN** – **HÖREN** – **SCHREIBEN** – **SPRECHEN** – **WORTSCHATZ** – **SEHEN UND HÖREN** gegliedert. Am Ende jeder Lektion befindet sich eine kompakte und übersichtliche Darstellung der jeweiligen **GRAMMATIK**. Auf jede zweite Lektion folgen vier Seiten **EXTRA BERUF** mit je einem berufsspezifischen Thema. Auf der Niveaustufe B2.2 ist der übergreifende Kontext das Themenfeld *Mein neuer Job*.

In verschiedenen Kursen kann das Lernprogramm je nach Bedarf, Interesse und Zeitrahmen individuell zusammengestellt werden. Die Lektionen enthalten aktuelle, authentische Lernmaterialien für die Bereiche Alltag, Beruf, Studium und Ausbildung. Es findet sich ein breites Spektrum an aktuellen alltags- und berufsrelevanten Textsorten wie z. B. Zeitungsartikel, Blogs, Prospekte und Diskussionsbeiträge. Dazu gibt es abwechslungsreiches Aufgaben- und Übungsmaterial, das die Rezeption und handlungsorientierte Produktion gleichermaßen fördert.

In der Rubrik „Wussten Sie schon?" wird modernes landeskundliches Wissen über die deutschsprachigen Länder vermittelt und damit der Blick für interkulturelle Themen und Fragestellungen geschärft. Strategien zum Lernen werden durch gezielte Aufgaben und praxisnahe Tipps gefördert.

Um individuellen Bedürfnissen gerecht zu werden, können Lernende auf die vertiefenden Übungen im Arbeitsbuch zurückgreifen. Am Ende der einzelnen Lektionen im Arbeitsbuch steht ein Selbsttest zur Verfügung.

Das Medienpaket zu **SICHER IN ALLTAG UND BERUF! B2** (978–3–19–141209–8) umfasst vier CDs mit Höraufnahmen zum Kurs- und Arbeitsbuch sowie eine DVD mit Filmen zum Baustein **SEHEN UND HÖREN**. Auf diese Medien kann auch über eine kostenlose App (erhältlich unter Google Play und im AppStore) zugegriffen werden. Weitere Informationen und Materialien zum Unterrichten und Lernen finden Lehrkräfte und Lernende zudem unter **WWW.HUEBER.DE/SICHER-IN-ALLTAG-UND-BERUF**.

Viel Spaß mit **SICHER IN ALLTAG UND BERUF!** wünschen Ihnen
Autorinnen und Verlag

# 7 BEZIEHUNGEN

## 1 Wichtige Beziehungen

**Sehen Sie die Personen auf dem Bild an. Was meinen Sie?**

- In welchem Verhältnis stehen die Personen zueinander?
- Wer ist befreundet / verwandt / verheiratet ...?

## 2 Familienkonstellationen → AB 99/Ü2

**Wer gehört alles zu Ihrer Familie? Wer sind Ihre engeren Bezugspersonen? Berichten Sie.**

**über die Familie sprechen**

*„Zu meiner Familie gehören ...*
*Meine Familie besteht aus ...*
*Ich lebe mit ... in ...*
*In meinem Heimatland haben ... in unserem Haushalt gelebt.*
*In den meisten Familien wohnen / leben ...*
*Außerdem ist ... eine wichtige Bezugsperson für mich. Sie / Er ist ...“*

## 1 Bilderrätsel

**Sehen Sie das Bild an. Welche Familienform wird dargestellt? Markieren Sie.**

- ☐ eine multikulturelle Kleinfamilie mit Eltern aus verschiedenen Kulturen
- ☐ eine Großfamilie mit Mitgliedern aus vier Generationen
- ☐ eine „Patchwork-Familie", zusammengesetzt aus Mitgliedern verschiedener Familien

## 2 Eine Radioreportage über Familien

**Hören Sie die Reportage in Abschnitten. Welche Aussagen sind jeweils richtig? Markieren Sie.**

> *Richtig hören – vor dem Hören*
> *Lesen Sie die Aussagen zu jedem Abschnitt vor dem Hören aufmerksam durch. Markieren Sie Schlüsselwörter. Konzentrieren Sie sich beim Hören darauf, was zu den markierten Wörtern gesagt wird und entscheiden Sie dann, welche Aussage richtig ist.*

2 ◀)) 1 **Abschnitt 1**

1. Viele Ehepaare lassen sich nach einem Jahr wieder scheiden.
2. Nach einer Scheidung finden viele bald wieder einen neuen Partner.
3. Es gibt unterschiedliche Möglichkeiten der Zusammensetzung von Patchwork-Familien.

7

2 ◀)) 2 **Abschnitt 2**

1. Früher heiratete man vor allem dann wieder, wenn der Ehepartner verstorben war.
2. Heutzutage ist die finanzielle Absicherung kein alleiniger Grund mehr für eine Wiederheirat.
3. Der Wunsch nach finanzieller Sicherheit ist immer noch genauso wichtig wie der Wunsch nach einer glücklichen Partnerschaft.

2 ◀)) 3 **Abschnitt 3**

1. Viele Eltern denken, dass ihre Kinder den neuen Partner schnell akzeptieren.
2. Kinder wünschen sich meist einen Ersatz für den Elternteil, der nicht mit ihnen lebt.
3. Stiefvater oder -mutter wird man oft plötzlich, sodass die neue Rolle schwierig sein kann.
4. In Zukunft wird es nicht mehr so viele Patchwork-Familien wie zurzeit geben.

> *Wussten Sie schon?* → AB 100/Ü3
> *Die Bezeichnung Stief- in Wörtern wie Stiefmutter, Stiefvater, Stiefsohn oder -tochter ruft leider manchmal noch negative Assoziationen hervor. Der Grund dafür ist in zahlreichen bekannten Märchen zu finden, wie z. B. Aschenputtel, Frau Holle, Schneewittchen. Darin gibt es das Stereotyp der „bösen Stiefmutter", die als lieblose Nachfolgerin der leiblichen Mutter charakterisiert wird. Deshalb bezeichnet man heutzutage eine Stieftochter oder einen Stiefsohn auch häufig als „Tochter oder Sohn meiner Partnerin / meines Partners".*

## 3 Austausch und Diskussion

a **Sind Patchwork-Familien in Ihrem Heimatland üblich? Warum (nicht)? Kennen Sie persönlich Menschen, die in einer Patchwork-Familie leben oder aufgewachsen sind? Berichten Sie.**

b **Welche Chancen und Probleme hat eine Patchwork-Familie? Arbeiten Sie zu viert. Erstellen Sie eine Tabelle wie auf Seite KB 91. Zwei Personen sammeln mögliche Chancen, die anderen beiden mögliche Probleme.**

| Mögliche Chancen | Mögliche Probleme |
|---|---|
| Man weiß, was in der ersten Ehe / Beziehung nicht geklappt hat. | Man hat keine enge Beziehung zu den Kindern des Partners. |

c Diskutieren Sie mithilfe der Redemittel zu viert über das Thema.

über mögliche Chancen sprechen

*„Ein Vorteil dieser Familienform könnte sein, dass …*
*Das Gute ist, dass man bereits …*
*Natürlich müssen die Familienmitglieder (sich) erst einmal …“*

über mögliche Probleme sprechen

*„Möglicherweise hat man auch nicht genug Verständnis für …*
*Problematisch könnte es werden, wenn …*
*Nicht so einfach scheint mir …“*

## 4 Nomen mit Präposition → AB 100–101/Ü4–7

GRAMMATIK
Übersicht → KB 102/1

2 ◄)) 4 a **Hören Sie einige Sätze aus der Reportage noch einmal und ergänzen Sie die Nomen mit Präposition.**

1 Der Hauptgrund für eine Wiederheirat ist heute meist nicht mehr das Bedürfnis nach sozialer und finanzieller Absicherung.
2 Es besteht jedoch bei vielen Eltern weiterhin der ______ einer „heilen" Familie und ______ einer glücklichen Partnerschaft.
3 Das gilt besonders dann, wenn ihnen dieser neue Partner als ______ den Vater oder die Mutter präsentiert wird.
4 Viele haben ______ ihrer neuen Rolle, besonders dann, wenn sie bisher keine ______ Kindererziehung hatten.
5 Oft haben die Jugendlichen dadurch sogar flexiblere ______ den Rollen, die man als Mann und Frau zu erfüllen hat, als Kinder aus traditionellen Familien.

b **Ordnen Sie die Nomen aus 4a den Präpositionen zu. Notieren Sie jeweils neue Ergänzungen.**

| | | |
|---|---|---|
| das Bedürfnis | nach (+ Dativ) | mehr Freiheit, einem sorglosen Leben, … |
| | nach (+ Dativ) | |
| | für (+ Akk.) | |
| | vor (+ Dativ) | |
| | in (+ Dativ) | |
| | von (+ Dativ) | |

c **Ergänzen Sie passende Nomen mit Präposition und Artikel aus 4b.**

1 Mit Anfang 20 wird bei jungen Menschen ______ einem selbstständigen Leben häufig sehr stark.
2 Für kinderlose Ehepaare ist ein Hund, um den sie sich intensiv kümmern können, häufig ______ ein Kind.
3 Partner haben manchmal unterschiedliche ______ Zusammenleben.
4 Meine Nachbarin hat seit einem halben Jahr einen neuen Partner mit zwei kleinen Kindern. Sie hat aber noch nicht so viel ______ Umgang mit ihnen.

Ich kann jetzt …

- einer Radioreportage zu neuen Familienformen wichtige Informationen entnehmen. ☐ ☐ ☐
- meine Meinung zu Chancen und möglichen Problemen von neuen Familienformen äußern. ☐ ☐ ☐
- Nomen mit Präposition anwenden. ☐ ☐ ☐

7

## 1 Beziehungs- und Lebensformen

**a Was bedeuten die Begriffe links? Ordnen Sie zu.**

1 die Kleinfamilie
2 die / der Alleinerziehende
3 die Patchwork-Familie
4 die (nichteheliche) Lebensgemeinschaft — B
5 der Single
6 die Wohngemeinschaft

A Paar mit gemeinsamen Kindern und / oder Kindern aus vorherigen Beziehungen
B das Zusammenleben ohne Trauschein
C ein Elternteil mit Kind / ern
D das Zusammenleben mit anderen
E die / der Alleinstehende
F Vater, Mutter und Kind

**b Sehen Sie die Klingelschilder an. Welche Lebensformen aus a sind das wohl? Sprechen Sie.**

*Im Erdgeschoss wohnen Alma Pande und Markus Jochim. Das könnte wegen der verschiedenen Nachnamen eine Wohngemeinschaft sein. Oder …*

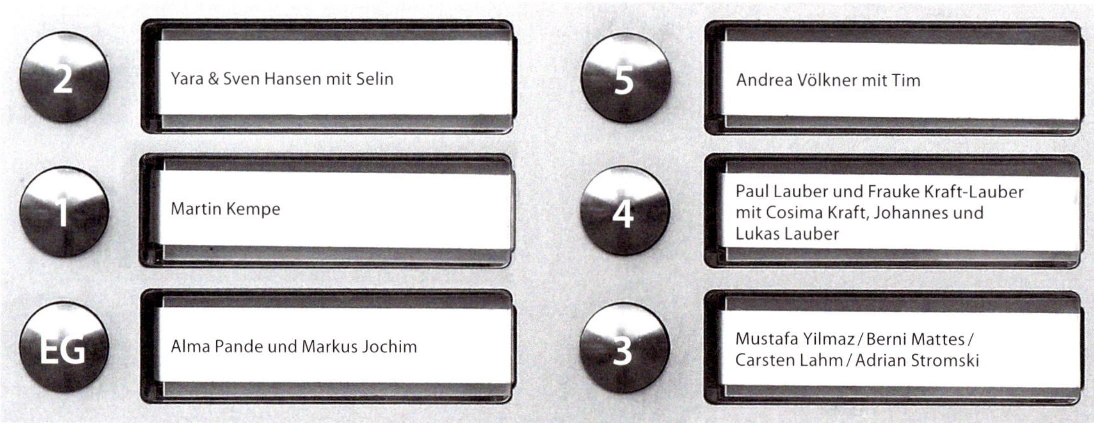


**c Wie sehen Klingelschilder in Ihrem Land aus? Was verraten sie über die Bewohner? Berichten Sie.**

## 2 Statistiken in Worte fassen → AB 102/Ü8–9

**a Mengenverhältnisse beschreiben. Wie kann man noch sagen? Ordnen Sie die Ausdrücke den Prozentzahlen zu.**

fast die Hälfte • ~~knapp ein Drittel~~ • doppelt so viele • gut ein Viertel • dreimal so viele

26 % = ……
90 % im Vergleich zu 30 % = ……
47 % = ……
32 % = knapp ein Drittel
70 % im Vergleich zu 35 % = ……

**b Veränderungen beschreiben. Was drücken die Verben aus? Ordnen Sie zu.**

~~abnehmen~~ • zunehmen • sich erhöhen • stagnieren • sinken • steigen • sich verringern • gleich bleiben

| etwas wird weniger | etwas ist unverändert | etwas wird mehr |
|---|---|---|
| abnehmen | | |

c **Wie kann man noch sagen? Ergänzen Sie passende Verben aus 2b in der richtigen Form.**

1 Vor hundert Jahren gab es sehr viele Familien mit drei oder mehr Kindern. Heute gibt es das kaum noch. Die Zahl der kinderreichen Familien hat abgenommen / hat sich / ist .

2 Dagegen lebt in fast 40 % der Haushalte nur noch eine Person. Die Anzahl der Ein-Personen-Haushalte hat sich / hat / ist .

3 In den letzten 10 Jahren ist die Zahl der Lebensgemeinschaften fast / hat die Zahl der Lebensgemeinschaften fast .

4 Wenn die Zahl der Geburten weiter / , kann sich das negativ auf das Wirtschaftswachstum auswirken.

5 Da sich Ehepaare heutzutage häufiger trennen, wird (sich) die Zahl der Ein-Eltern-Familien / / .

***Informationen auf Schaubildern beschreiben***
*Geben Sie bei der Beschreibung eines Schaubilds oder einer Grafik zunächst an, worüber die Zahlen informieren, z. B. über Geldmengen, eine Anzahl von Menschen oder Ähnliches. Zu beachten ist, ob die Angaben als Prozentzahl oder z. B. in Tausender-Einheiten zu lesen sind. Häufig zeigt eine Grafik auch Zahlen aus verschiedenen Jahren. Achten Sie darauf, die Zahlen zu vergleichen und auf Veränderungen hinzuweisen.*

d **Arbeiten Sie zu viert. Je zwei Personen sehen sich eine Statistik näher an. Formulieren Sie mithilfe der Redemittel die Hauptaussagen Ihrer Statistik und beschreiben Sie sie dem anderen Team.**

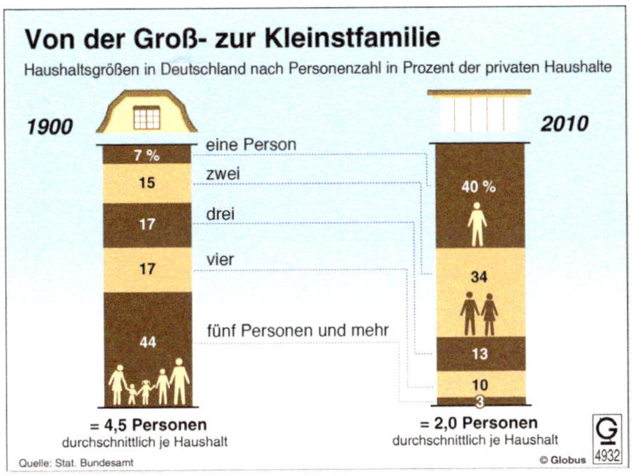


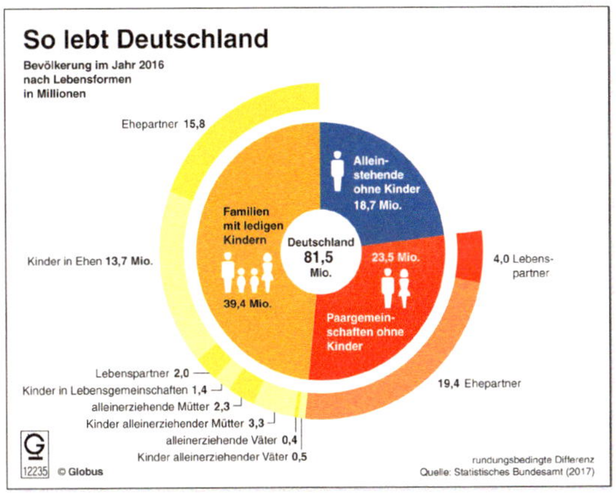


eine Statistik beschreiben

*„Die Statistik gibt Auskunft über …*
*Sie informiert darüber, wie viel …*
*Das Schaubild stellt dar, wie viele …*
*In der Grafik / Im Schaubild wird / werden … mit … verglichen.*
*Die Zahl der Ein- / Zwei- / Drei-Personen-Haushalte ist …*
*Dagegen hat … (deutlich) zugenommen / abgenommen.*
*… gab / gibt es wesentlich mehr / weniger … als …*
*Dafür gibt es doppelt / fünfmal so viele … wie …"*

Ich kann jetzt …

- verschiedene Beziehungs- und Lebensformen benennen. ☐ ☐ ☐
- Informationen aus Statistiken in Worte fassen. ☐ ☐ ☐

# LESEN 1

## 1 Eine Leserstimme

**Lesen Sie die Leserrezension zum Roman *Meine weißen Nächte* von Lena Gorelik und beantworten Sie die Fragen.**

- Wovon handelt der Roman?
- Wie findet die Leserin / der Leser das Buch? Warum?

★★★★☆ Ich habe das Buch an einem Wochenende förmlich verschlungen, so sehr hat es mich gefesselt! Anja ist die Tochter einer jüdisch-russischen Einwandererfamilie und erzählt von ihrem Leben als junge Erwachsene. Sie studiert in München und muss sich nicht nur gegen die ständigen Anrufe ihrer überbesorgten Mutter wehren, sondern weiß auch zu allem Überfluss nicht, wen sie mehr liebt: Ihren Freund Jan oder ihre Jugendliebe Ilja. Im Erzählstrang werden immer wieder prägende Erlebnisse aus Anjas Kindheit in Sankt Petersburg und später im schwäbischen Ludwigsburg eingeblendet. Die Autorin lässt die Leser in dem Roman auf spannende und temporeiche Weise an ihrer eigenen Geschichte als Migrantin teilhaben und mit ihr mitfühlen. Ein absolut empfehlenswertes Buch.



## 2 Der Roman *Meine weißen Nächte* → AB 103/Ü10–11

a **Lesen Sie zwei Abschnitte aus dem ersten Kapitel des Romans und beantworten Sie die Fragen zu jedem Abschnitt zunächst in Kleingruppen. Berichten Sie anschließend im Plenum.**

Abschnitt 1:

1 Welchen Moment in ihrem Leben schildert die Ich-Erzählerin und was passierte in ihrer Familie damals?
2 Wie fühlt sie sich im Vergleich zu ihrem Bruder behandelt?

Alle haben eine Party bekommen, nur ich nicht. Die anderen feiern sogar mehrere Partys, aber ich bin ja die Kleine, und meine Mutter erklärt mir, daß* es zu anstrengend wäre, noch etwas extra für mich zu organisieren. Meine zwei besten Freundinnen dürfen bei mir übernachten, ein letztes Mal, das ist Aufregung genug.
Es sind Abschiedspartys, der Abschied ist für immer, denken wir in diesem Moment. Wir wandern von Sankt Petersburg nach Deutschland aus. Meine Großmutter lädt zweimal ein, ihre ehemaligen Kollegen und dann ihre Freunde. Meine Eltern geben auch jeweils eine Party für ihre Kollegen und noch mehrere gemeinsame für Freunde und Verwandte. Auf meine Tanten und Onkel freue ich mich auch. Mein Bruder verabschiedet sich mit nur einem Fest, aber in dieser Nacht müssen meine Eltern und ich bei meiner Tante schlafen, und am nächsten Morgen sagt meine Mutter, wie gut, daß wir schon fast alles eingepackt haben, sonst wäre bestimmt nichts heil geblieben. Ich finde, die Wohnung sieht gar nicht so schlimm aus, und außerdem bin ich beleidigt, weil ich nicht auf die Party meines Bruders eingeladen war, schließlich kenne ich fast alle seine Freunde. Ich bin elf, er ist achtzehn.

* Da der Roman 2004, d. h. vor der Rechtschreibreform im Jahre 2006 erschien, wurden die Änderungen in der Orthografie hier nicht vorgenommen, z. B. folgt nach kurzem Vokal hier weiterhin „ß" statt heute „ss". Auch in den Beispielsätzen aus dem Text in Aufgabe 3 wird diese Schreibweise beibehalten.

## LESEN 1

**Abschnitt 2:**

1 Was passiert mit Asta, dem Hund der Familie?

2 Schreiben Sie: Wie geht der Satz im Brief des deutschen Konsulats wohl weiter?

Leider ...

3 Die Abschiedssituation verunsichert die Ich-Erzählerin. Nennen Sie die Gründe.

Nach der Party nimmt mein Cousin Asta mit, für immer, wir dürfen sie nicht mit nach Deutschland nehmen. Der Brief, den wir vom deutschen Konsulat auf unsere Anfrage hin erhielten, ob wir denn einen Hund mitbringen dürften, fing mit dem Wort »leider« an. Das ist das einzige deutsche Wort, das ich kenne. Ich weine die ganze Nacht hindurch. Meine Mutter vergießt auch immer wieder ein paar Tränen, jeder nimmt mich in den Arm und sagt, daß wir sie alle geliebt haben, aber ich schreie »Verräter« und schließe mich in meinem leeren, plötzlich so groß scheinenden Zimmer ein. (...)
Am Bahnhof sind so viele Menschen, daß ich gar nicht weiß, von wem ich mich zuerst verabschieden soll. Wir gehören zu den ersten Auswanderern nach Deutschland. Ob wir noch einmal nach Rußland kommen können, ob wir unsere Verwandten und Freunde noch einmal wiedersehen werden, wissen wir nicht. Mein Cousin erzählt, daß Asta nichts fressen wolle und schnüffelnd durch die Wohnung laufe, sie suche nach uns. Ich will das nicht hören. Meine besten Freundinnen sind auch da, ihre Mütter haben sie hergebracht.



b **Lesen Sie den Anfang des zweiten Kapitels und ergänzen Sie die Zusammenfassung.**

Biergarten • besten • Fantasie • ehrenamtlich • Pärchen • ~~Freund~~ • verheiratet • beobachten

Die Erzählerin sitzt mit ihrem Freund Jan und ihrer ______ (1) Freundin Lara in einem ______ (2). Dort ______ (3) sie ein küssendes ______ (4). Sie stellen sich in ihrer ______ (5) vor, dass der Mann eigentlich mit einer anderen Frau ______ (6) ist, die ______ (7) für verschiedene Organisationen arbeitet.

Lara, Jan und ich sitzen im Biergarten am Chinesischen Turm, teilen uns zwei Maß, Jan schaufelt Knödel und Blaukraut in sich hinein, er stammt aus Norddeutschland und liebt bayerisches Essen noch mehr als mich, ich knabbere an einer Riesenbrezel, und Lara, die eigentlich verkündet hatte, sie habe keinen Hunger, reißt sich immer wieder Stücke davon ab. (...) Wir machen uns lustig über das ältere knutschende Pärchen, das ein paar Tische weiter sitzt. Der Mann trägt einen schicken grauen Anzug und hat seine Krawatte gelockert, die Frau hat ein buntes Sommerkleid und Flipflops an, für die sie zu alt wirkt, und wenn sie sich küssen, sieht es aus, als würden sie einander aufessen. Wir sind uns sicher, daß er verheiratet ist und mit dieser Frau in seiner Mittagspause fremdgeht.
»Bestimmt ist seine Frau ganz mager und tut nichts anderes, als teure Klamotten zu kaufen«, sagt Lara. »Oder sie arbeitet ehrenamtlich in verschiedenen gemeinnützigen Verbänden und ist ein total guter Mensch, aber der Typ da ist zu oberflächlich, um das zu sehen«, schlägt Jan vor.

c Lesen Sie den Anfang des zweiten Kapitels noch ein Stück weiter. Warum hat Anja wohl nichts von ihrem Leben im Wohnheim erzählt? Welche Gründe könnte es hierfür geben? Sprechen Sie.

*Das Thema ist ihr unangenehm, weil ...*

*Vermutlich hat Anja ...*

Ich sage nichts. Ich spüre den Kies unter meinen Füßen, mir gegenüber sitzen mein Freund und meine beste Freundin, es ist Sommer, ich bin faul und glücklich. Es ist schön, daß Lara und Jan sich auch ohne mich verstehen. Lara nimmt mir die Brezel aus der Hand und reißt sich noch ein Stück ab.

»Ja, und während die Frau kleine Flüchtlingskinder besucht und ihnen etwas zu essen bringt, knutscht er hier herum«, spinnt Lara kichernd Jans Geschichte weiter.

»Ja, genau, sie ist so eine Frau wie Christa, die euch immer im Wohnheim besucht hat, oder, Anja?«, sagt Jan zu mir. Er lächelt, das Geschichtenerfinden macht ihm Spaß. Er merkt gar nicht, daß er meine Sommeridylle kaputtgemacht hat. »In welchem Wohnheim hat dich jemand besucht?«, fragt Lara, die aufmerksame Lara. Ich werfe Jan einen Blick zu, der sagt: Kannst du deine verdammte Klappe nicht halten? »Ach, als wir nach Deutschland gekommen sind, haben wir erst mal in einem Asylantenwohnheim gewohnt«, erkläre ich, möglichst beiläufig. Ich zupfe an der Brezel herum, schaue nicht hoch und hoffe, daß ich abweisend genug geantwortet habe. Ich habe keine Lust, mehr dazu zu sagen.

d **Welche Aussagen passen zu den vier Romanausschnitten? Markieren Sie, ergänzen Sie und berichten Sie anschließend im Kurs.**

spricht mich an • ist verständlich geschrieben • sagt mir nicht so viel • macht Lust, das Buch weiterzulesen • ist für mich verwirrend • ist spannend und unterhaltsam • ...

## 3 Indirekte Rede → AB 104–106/Ü12–15

GRAMMATIK
Übersicht → KB 102/2

a **Lesen Sie den folgenden Satz aus dem Text noch einmal. Welche Aussage stimmt? Markieren Sie.**

„Mein Cousin erzählt, daß Asta nichts fressen wolle und schnüffelnd durch die Wohnung laufe, sie suche nach uns."

Der Satz ...
- ☐ drückt eine Überzeugung aus.
- ☐ gibt die Aussage einer Person wieder.
- ☐ drückt einen Wunsch oder eine Befürchtung aus.

b **An welchen Verben erkennt man das? Markieren Sie.**

c **Formen Sie die Aussage in die direkte Rede um.**

Mein Cousin erzählt: *Asta will* ...

Ich kann jetzt ...

| | ☺ | 😐 | ☹ |
|---|---|---|---|
| ■ einen literarischen Textauszug verstehen. | ☐ | ☐ | ☐ |
| ■ Vermutungen über Gefühle und Beweggründe literarischer Figuren anstellen. | ☐ | ☐ | ☐ |
| ■ Formen der indirekten Rede verstehen. | ☐ | ☐ | ☐ |

## 1 Bikulturelle Beziehungen

**Kennen Sie Paare, die aus zwei unterschiedlichen Kulturen stammen? Unterscheiden sie sich von anderen Paaren? Wenn ja, in welcher Hinsicht? Berichten Sie.**

*Die Frau meines Bruders kommt ursprünglich aus Kroatien. Ihre zwei Kinder wachsen mit zwei Sprachen auf. Zu Hause sprechen sie …*

## 2 In zwei Kulturen aufwachsen → AB 106–107/Ü16–17

a **Lesen Sie den kurzen Infotext und sprechen Sie im Kurs.**

- Was erfahren Sie über die Herkunft einiger Menschen in Deutschland?
- Was könnte im Leben dieser Menschen besonders sein? Sammeln Sie Punkte.

11% aller Kinder in Deutschland wachsen in binationalen Familien auf. Das bedeutet: Jedes 9. in Deutschland geborene Kind hat Eltern, die aus zwei verschiedenen Kulturen stammen. Doch was bedeutet das für die Erziehung des Kindes? Eltern aus verschiedenen Kulturen zu haben, heißt oftmals, mit mehreren Sprachen aufzuwachsen. Doch nicht nur die unterschiedlichen Sprachen sind eine Herausforderung. Auch andere Lebensbereiche unterscheiden sich von Kultur zu Kultur stark, wie etwa bestimmte Verhaltensweisen. In manchen Kulturen gilt es zum Beispiel als unhöflich, wenn man beim Essen laut schmatzt oder wenn der Fuß beim Sitzen auf eine Person zeigt – in anderen Kulturen ist das ganz normal. Auch Begrüßungsrituale unterscheiden sich von Kultur zu Kultur manchmal sehr voneinander. Durch die verschiedenen Kulturen lernen bikulturell erzogene Menschen also auch mehrere Perspektiven kennen.

b **Sie nehmen an einer Diskussionsrunde teil und diskutieren über die aktuelle Frage: „Wie kann bikulturelle Erziehung funktionieren?" Arbeiten Sie in Gruppen. Tauschen Sie Ihren Standpunkt und Ihre Argumente aus. Reagieren Sie dann auf die Argumente der anderen Diskussionsteilnehmer/innen. Fassen Sie am Ende Ihr Ergebnis zusammen. Sie können die Stichpunkte zu Hilfe nehmen.**

- Werte und Vorstellungen der Eltern
- Mehrere Identitäten
- Sprachliche Entwicklung des Kindes
- Chancengleichheit

**eine Meinung äußern**

*„Meiner Ansicht nach ist …*
*Wichtig finde ich vor allem …*
*Vermutlich ist es für … einfacher / schwieriger, …*
*Eine große Chance für diese Menschen besteht darin, … "*

**jemandem widersprechen**

*„Da bin ich nicht ganz deiner Meinung. Ich finde eher, dass …*
*Das sehe ich anders: Ich kenne jemanden, der …*
*Was du sagst, stimmt schon, allerdings … "*

**etwas zusammenfassen**

*„Lasst uns also festhalten: …*
*… kann also sowohl Vor- als auch Nachteile haben: …*
*Wir sind uns einig, dass … "*

| Ich kann jetzt … | ☺ | 😐 | ☹ |
|---|---|---|---|
| ■ über bikulturelle Beziehungen sprechen. | ☐ | ☐ | ☐ |
| ■ einen Infotext über bikulturelle Herkunft verstehen. | ☐ | ☐ | ☐ |
| ■ über Chancen und Risiken bikultureller Erziehung diskutieren. | ☐ | ☐ | ☐ |

## 1 Bedeutung gesucht! → AB 107/Ü18

**Lesen Sie die Wörter mit *Fern-*. Was bedeuten sie wohl? Überlegen Sie mit Ihrer Lernpartnerin / Ihrem Lernpartner und recherchieren Sie eine Definition.**

Fern-

seher, reise, verkehr, ziel, weh, studium, bedienung, fahrer, beziehung

## 2 Fernbeziehungen

a **Hatten Sie selbst schon einmal eine Fernbeziehung oder kennen Sie jemanden, der in so einer Beziehung lebt? Wie sieht wohl eine typische Woche in so einer Beziehung aus? Was meinen Sie?**

b **Überfliegen Sie den Text unten. Was erfahren Sie darin? Markieren Sie.**

- Warum Menschen heutzutage gern in Fernbeziehungen leben.
- Welche konkreten Erfahrungen Paare in einer Fernbeziehung machen.
- Worauf man in einer Fernbeziehung achten sollte.



c **Lesen Sie den Text noch einmal. Welche Überschrift passt zu welchem Abschnitt? Ordnen Sie zu.**

[3] Zeigen Sie sich, dass Sie auch getrennt „ein Team" sind.

[ ] Kommunikation ist alles!

[ ] „Verschonen" Sie Ihren Partner nicht.

[ ] Gönnen Sie sich Zeit für Spontaneität und bloßes Nichtstun.

[ ] Genießen Sie auch die Zeit allein.

[ ] Achten Sie auf sich selbst.

[ ] Sorgen Sie für gemeinsame Perspektiven.

### Wenn die Liebe pendeln muss – Fernbeziehung: So gelingt die Liebe auf Distanz

Nora studiert in Bukarest, Alina arbeitet in Wien, Pauline wohnt in Stuttgart, Pedros neuer Job ist in Barcelona und Zürich … Während Fernbeziehungen vor kaum zwanzig Jahren noch bedauernswerte Ausnahmen waren, sind sie heute längst Alltagsrealität. Schließlich leben wir in modernen Zeiten. Und die erfordern eben nicht nur auf dem Arbeitsmarkt, sondern auch in der Liebe Flexibilität. Damit so eine Fernbeziehung gelingt, sollte man folgende Tipps beachten:

1 Tauschen Sie sich mit Ihrem Partner über Ihre Gedanken, Gefühle, Erwartungen und Ängste aus. Je mehr Sie vom Innenleben Ihres Partners wissen, desto sicherer können Sie sein, dass beim Wiedersehen nicht plötzlich ein Fremder vor Ihnen steht. Einen besonderen Zauber haben übrigens immer noch altmodisch-romantische Liebesbriefe. Etwas Handgeschriebenes, das von Herzen kommt, bringt Sie Ihrem Partner näher als jede E-Mail.

2 Überfrachten Sie die knappe gemeinsame Zeit nicht mit zu vielen Erwartungen und Plänen! Lassen Sie es auch mal auf sich zukommen, was das gemeinsame Wochenende für Sie beide bringen wird. Je entspannter Sie miteinander umgehen, umso wohler fühlen Sie sich.

3 Sie gehören sowohl in der gemeinsamen als auch in der getrennten Zeit als Paar zusammen! Beweisen Sie das Ihrem Partner immer mal wieder durch kleine Gesten, nette Anrufe oder ein „Mitbringsel".

4 Nur wer sich selbst pflegt und innerlich ausgeglichen ist, kann sowohl die getrennte als auch die gemeinsame Zeit in vollen Zügen genießen. Je attraktiver Sie sich selbst fühlen, desto besser gefallen Sie auch Ihrer / Ihrem Liebsten.

5 Fernbeziehungen lassen besonderen Raum für Aktivitäten, für die sich in der „Nahbeziehung" selten Platz findet. Je interessanter Sie die Tage „dazwischen" für sich gestalten, umso rascher verfliegt die Zeit bis zum Wiedersehen.

6 Weder ungelöste Konflikte noch Befürchtungen und Ängste sollten unter den Teppich gekehrt werden. Auch wenn Sie noch so sehr auf Harmonie aus sind: Auf Dauer entfremden Sie sich dadurch von Ihrem Partner. Deshalb gilt die Devise: Je ehrlicher Sie zueinander sind, umso näher bleiben Sie sich gefühlsmäßig.

7 Tauschen Sie sich immer wieder neu über Ihre Zukunftsvorstellungen, Sehnsüchte, Hoffnungen und Träume aus – und entwickeln Sie zusammen Bilder einer gemeinsamen Zukunft, auf die Sie sich freuen können.

d **Diskutieren Sie mit Ihrer Lernpartnerin / Ihrem Lernpartner über den Inhalt des Textes. Was ist Ihre Meinung? Notieren Sie zunächst einige Stichpunkte mithilfe der Redemittel. Begründen Sie Ihre Argumente.**

- gemeinsame Zeit nicht total verplanen
- Ruhe und Zeit füreinander wichtig
- ...

*„Ein brauchbarer Tipp ist meiner Meinung nach ...*
*Der Tipp ... scheint mir eher unrealistisch.*
*Besonders hilfreich finde ich den Vorschlag, ...*
*Man müsste gleich von Anfang an darauf achten, ..."*

## 3 Vergleichssätze → AB 108–109/Ü19–21

GRAMMATIK
Übersicht → KB 102/3

7

a **Lesen Sie die beiden Sätze. Welches Wort steht am Satzanfang, welches direkt nach dem Komma? Markieren Sie im Text weitere Sätze mit dieser Struktur.**

- Je mehr Sie vom Innenleben Ihres Partners wissen, desto sicherer können Sie sein, dass ...
- Je entspannter Sie miteinander umgehen, umso wohler fühlen Sie sich.

b **Wo steht das Verb im Satz mit *je*, wo im Satz mit *desto / umso*?**

c **Ergänzen Sie.** Komparativ • Komparativ • Nebensatz

| ........ | | Hauptsatz | |
|---|---|---|---|
| *je* + ........ | | *desto* / *umso* } + ........ | |
| *Je* mehr | Sie vom Innenleben Ihres Partners wissen, | *desto* sicherer | können Sie sein, ... |
| *Je* entspannter | Sie miteinander umgehen, | *umso* wohler | fühlen Sie sich. |

d **Bilden Sie aus je zwei Sätzen einen Vergleichssatz mit *je ..., desto / umso ...***

1 Sie sehen Ihren Partner lange nicht. / Die Freude auf das Wiedersehen ist groß.
Je länger ..., desto größer ...

2 Man kennt sich gut. / Man kann leicht in einer Fernbeziehung leben.

Ich kann jetzt ...
- Wörter mit *Fern-* erklären.
- über verschiedene Aspekte des Begriffs „Fernbeziehung" sprechen.
- Ratschläge zum Thema „Fernbeziehung" verstehen und bewerten.
- Vergleichssätze mit *je ..., desto / umso ...* verstehen und anwenden.

## 1 Ehe auf Zeit

**Lesen Sie die Zeitungsmeldung. Über welchen Vorschlag wird hier berichtet und wie begründet die Befürworterin des Vorschlags die Idee?**

### „Bis dass der Tod euch scheidet" – schon lange ein Märchen

Vergangene Woche schlug eine Politikerin vor, Ehen zeitlich auf sieben Jahre zu befristen. Falls die Beziehung dann doch scheitern sollte, könnten hohe Scheidungskosten gespart werden, so die Befürworterin der „Ehe auf Zeit". Das heißt auch: Wer sich nicht trennen will, kann zu einer Verlängerung der Ehe aktiv „Ja" sagen. So kann es durchaus auch viele lebenslange Ehen geben. Der Vorschlag stieß in vielen Kreisen auf Unverständnis, obwohl die Idee keineswegs so neu ist. In islamischen Ländern oder im alten Japan waren zeitlich begrenzte Ehen früher schon üblich und auch Goethe beschrieb in seinem Roman „Die Wahlverwandtschaften" das Angebot einer Ehe auf fünf Jahre.
Wem es also nicht gefällt oder nicht gelingt, sein ganzes Leben an der Seite eines Partners zu verbringen, der könnte mit der „Ehe auf Zeit" glücklich werden.

## 2 Ein Forumsbeitrag → AB 109/Ü22–23

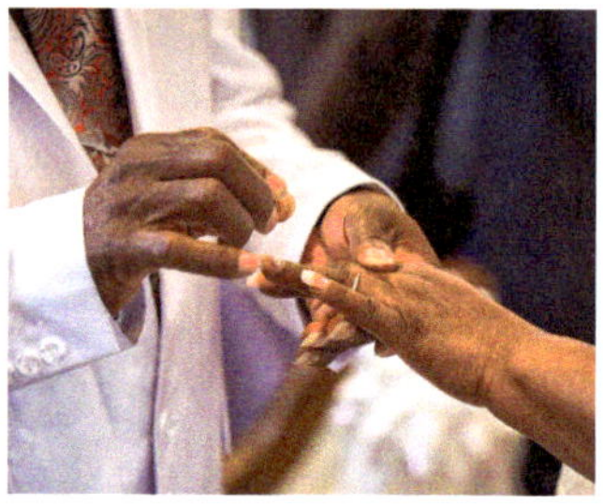

a **Sie sollen einen Forumsbeitrag mit mindestens 150 Wörtern zum Thema Ehe schreiben. Lesen Sie die folgenden vier Punkte und überlegen Sie sich, was Sie zu jedem Punkt schreiben wollen. Notieren Sie Stichpunkte.**

- Äußern Sie Ihre Meinung zum Thema Ehe.
- Nennen Sie Gründe, warum Menschen heiraten.
- Nennen Sie andere Möglichkeiten des Zusammenlebens.
- Nennen Sie Vor- / Nachteile von anderen Formen des Zusammenlebens.

b **Formulieren Sie einen Forumsbeitrag mithilfe der Redemittel. Orientieren Sie sich an den vier Inhaltspunkten und denken Sie an eine Einleitung und an einen Schluss.**

**zu einem Thema schriftlich Stellung nehmen**

„*In Ihrer Zeitungsmeldung berichten Sie über ...*
*Zu ... möchte ich Stellung nehmen.*
*Ich persönlich halte von ... nichts / viel.*
*Die Bedeutung ... wird überbewertet / unterschätzt.*
*Meiner Meinung nach sollte / müsste man ...*
*... wäre keine / doch eine gute Idee.*"

***Richtig schreiben – einen Text prüfen***
*Prüfen Sie am Ende, ob Sie in Ihrem Text auf alle geforderten Punkte eingegangen sind. Überprüfen Sie zudem: Ist die Argumentation logisch aufgebaut? Haben Sie Konnektoren zur Verknüpfung der Sätze verwendet? Wird Ihre Meinung deutlich?*

## 3 Generalisierende Relativsätze → AB 110/Ü24–25

**GRAMMATIK**
Übersicht → KB 102/4

**Lesen Sie die Sätze und ihre Umformungen. Markieren Sie das richtige Pronomen.**

1 ***Wer*** *sich nicht trennen will, (der) kann zu einer Verlängerung der Ehe aktiv „Ja" sagen.*
→ Eine Person, ☐ die ☐ was ☐ wer sich nicht trennen will, kann (...)

2 ***Wem*** *das lebenslange Eheleben nicht gefällt, der könnte mit der „Ehe auf Zeit" glücklich werden.*
→ Ein Mensch, ☐ wem ☐ dem ☐ der das lebenslange Eheleben nicht gefällt, der (...)

| Ich kann jetzt ... | 😊 | 🙂 | ☹ |
|---|---|---|---|
| ■ eine Zeitungsmeldung zum Thema „Ehe auf Zeit" verstehen. | ☐ | ☐ | ☐ |
| ■ meine Meinung zur befristeten Ehe schriftlich formulieren. | ☐ | ☐ | ☐ |
| ■ generalisierende Relativsätze erkennen und verstehen. | ☐ | ☐ | ☐ |

## SEHEN UND HÖREN

### 1 *Du baust einen Tisch*

19 a **Sehen Sie einen Teil des Videos ohne Ton an. Sprechen Sie.**

- Wo ist die Frau? Woran erkennen Sie das?
- Was macht man an diesem Ort normalerweise?
- Was macht die Frau dort? Warum wohl?

20 b **Sehen Sie das Video mit Ton einmal ganz an. Wie wirkt es auf Sie?**

c **Sehen Sie das Video nun in Abschnitten.**

21 **Abschnitt 1**

1 Welche Aussage passt? Markieren Sie.
Die Frau ...
- ☐ trägt ein modernes Gedicht vor.
- ☐ schickt ihrem Freund eine Videobotschaft.

2 Worum geht es wohl in dem Text?

22 **Abschnitt 2**

1 Lesen Sie einzelne Textzeilen. Was hat die Frau wirklich gesehen, was stellt sie sich vermutlich nur vor?

**Ich hab dich Bretter über eine
Kreuzung tragen sehen**

**Tisch für vier Ellbogen
Vier Füße
Vier Unterarme
Zwei Töpfe**

**Einen Tisch baust du**

**Einen Tisch für euch zwei
Unter den ihr eure Füße streckt**

2 Wofür stehen die genannten Dinge und Zahlen? Warum werden sie mehrmals wiederholt?
3 Wie ist die Stimmung der Frau? Woran merkt man das?

23 **Abschnitt 3**

1 Worüber ärgert sich die Frau? Markieren Sie.
- ☐ Darüber, dass sie keinen selbst gebauten Tisch hat.
- ☐ Darüber, dass sie im Leben dieses Mannes keine Rolle mehr spielt.
- ☐ Darüber, dass er mit seiner neuen Freundin schlecht über sie spricht.

2 Welchen Wunsch deutet sie am Ende an?

*Wussten Sie schon?* → AB 110/Ü26
*Ein Poetry Slam ist eine Art „Dichterwettstreit". Mehrere, meist junge Poeten tragen in einer festgelegten Zeit einem Publikum selbst geschriebene Texte vor. Anschließend wählen die Zuhörer, meist durch Intensität und Dauer ihres Applauses, den Sieger. Die ursprünglich aus den USA (Chicago) stammende Kunst- und Veranstaltungsform ist inzwischen auch in den deutschsprachigen Ländern äußerst beliebt.*

| Ich kann jetzt ... | 🙂 | 😐 | 🙁 |
|---|---|---|---|
| ■ ein modernes Gedicht im Detail verstehen. | ☐ | ☐ | ☐ |
| ■ verstehen, was ein Autor indirekt sagen will. | ☐ | ☐ | ☐ |

## 1 Nomen mit Präposition ⇤ KB 91/4

Neben Verben und Adjektiven gibt es Nomen, die mit Präpositionen fest verbunden sind, z. B.

| | |
|---|---|
| **Nomen + Präposition + Dativ** | Das Bedürfnis **nach** sozialer und finanzieller Absicherung ist groß.<br>Die Vorstellung **von** der Verantwortung macht Partnern oft Angst. |
| **Nomen + Präposition + Akkusativ** | Die Erinnerung **an** das Zusammenleben mit beiden Eltern bleibt.<br>Einige Kinder haben kein Verständnis **für** die neue Situation. |

## 2 Indirekte Rede ⇤ KB 96/3

### a Funktion

In der indirekten Rede gibt man wieder, was jemand geäußert hat.
Sie wird häufig in Nachrichten- oder Pressetexten verwendet.

| | |
|---|---|
| **direkte Rede** | Mein Cousin erzählt: „Asta will nichts fressen." |
| **indirekte Rede** | Mein Cousin erzählt, Asta wolle nichts fressen. |

### b Formen

Für die indirekte Rede wird der **Konjunktiv I** verwendet. Er wird häufig durch den ***Konjunktiv II*** ersetzt, wenn der Konjunktiv I nicht vom Indikativ unterscheidbar ist (*).

| | *sein* | *haben* | Modalverben | andere Verben |
|---|---|---|---|---|
| ich | sei / *wäre* | habe* / *hätte* | wolle / *wollte* | gehe* / *ginge* |
| du | seist / *wär(e)st* | habest / *hättest* | wollest / *wolltest* | gehest / *ging(e)st* |
| er/sie/es | sei / *wäre* | habe / *hätte* | wolle / *wollte* | gehe / *ginge* |
| wir | seien / *wären* | haben* / *hätten* | wollen* / *wollten* | gehen* / *gingen* |
| ihr | sei(e)t / *wär(e)t* | habet / *hättet* | wollet / *wolltet* | gehet / *ging(e)t* |
| sie/Sie | seien / *wären* | haben* / *hätten* | wollen* / *wollten* | gehen* / *gingen* |

Die Vergangenheit bildet man durch *haben* bzw. *sein* im Konjunktiv I bzw. II + Partizip Perfekt.

| | |
|---|---|
| **Verben mit *haben*-Perfekt** | Die Autorin schreibt, sie habe keine Abschiedsparty bekommen, aber alle anderen hätten mehrmals gefeiert. |
| **Verben mit *sein*-Perfekt** | Sie sei auch nicht auf der Party ihres Bruders gewesen. Sie seien als eine der ersten Familien aus Russland nach Deutschland gekommen. |

## 3 Vergleichssätze ⇤ KB 99/3

Mit *je ..., desto ...* vergleicht man zwei Aussagen.

| *je* + Komparativ | *desto / umso* + Komparativ |
|---|---|
| **Je** entspannter Sie miteinander umgehen, | **umso** wohler fühlen Sie sich. |
| **Je** mehr** Sie mit Ihrem Partner sprechen, | **desto** besser kennen Sie sich. |

** Bei Sätzen ohne Adjektiv verwendet man *mehr* als Komparativ.

## 4 Generalisierende Relativsätze ⇤ KB 100/3

Mit Relativsätzen mit *wer, wen* oder *wem* formuliert man eine allgemein gültige Aussage. Der nachfolgende Hauptsatz beginnt mit einem Demonstrativpronomen, z. B. *der, die, das*. Sind Relativ- und Demonstrativpronomen im gleichen Kasus, kann das Demonstrativpronomen wegfallen.

| Relativsatz | Hauptsatz |
|---|---|
| **Wer** sich nicht trennen will, | (der) kann zu einer Verlängerung der Ehe „Ja" sagen. |
| **Wem** das Eheleben nicht gefällt, | der könnte mit der „Ehe auf Zeit" glücklich werden. |

# 8 ERNÄHRUNG

## 1 Kaum zu glauben – aber wahr!

a Was meinen Sie? Wie viel von jedem Lebensmittel konsumiert der Durchschnittsbürger in seinem Leben? Ordnen Sie die fehlenden Zahlen zu.

33 Stück • 32 536 Liter • 1226 kg • 3 233 Liter • 720 Stück • 392 kg • 912 kg

| Lebensmittel | Wie viel davon? |
|---|---|
| Bier | 4 161 Liter |
| Wasser | |
| Butter und Margarine | 710 kg |
| Hühner | |
| Käse | |
| Kartoffeln | 2 355 kg |

| Lebensmittel | Wie viel davon? |
|---|---|
| Reis | |
| Rinder | 8 Stück |
| Schokolade | |
| Schweine | |
| Tomaten | 1968 kg |
| Milch | |

b Sprechen Sie über Ihre Zuordnungen und vergleichen Sie dann mit den Lösungen (AB 200).

c Wie würde so eine Statistik in Ihrem Heimatland vermutlich aussehen? Berichten Sie.

## 1 Du bist, was du isst → AB 115/Ü2–3

a **Sehen Sie die Bilder an und lesen Sie die Überschrift des Artikels sowie den ersten Absatz. Was erwarten Sie vom Inhalt des Artikels?**

### *Vom Veganer bis zum Flexitarier – Wir essen immer weniger Fleisch*

Die Fleischdebatte ist in vollem Gange: Am Welt-Vegetariertag beispielsweise wird auf Probleme wie Massentierhaltung und deren negative Folgen für die Landwirtschaft in den Entwicklungsländern hingewiesen. Bei den meisten Menschen kommt natürlich immer noch Fleisch auf den Tisch, der allgemeine Verbrauch geht jedoch zurück. Vegetarier zu sein, liegt im Trend: Dass Vegetarier nicht gleich Vegetarier ist, und welche Ernährungsweisen es sonst noch gibt, zeigt diese Übersicht.

#### Die Fleischesser

Vor allem Männer verzichten ungern auf Fleisch und Wurst. Laut einer Studie des Ernährungsministeriums essen Männer doppelt so viel davon wie Frauen. Während der Zeit des Wirtschaftswunders in den 50er-Jahren nahm der Appetit auf Fleisch in der Bevölkerung besonders zu. Mittlerweile soll jeder über 88 Kilogramm Fleisch im Jahr verzehren. Ein Hauptargument der Fleischesser ist, Fleisch sei für den menschlichen Organismus wichtig, da es schon seit Jahrtausenden zum Speiseplan des Menschen gehöre. Außerdem liefere es Eisen, Vitamine und Mineralstoffe, ohne die der Körper Mangelerscheinungen aufweise. Die folgende Gruppierung gehört ebenfalls zu den Fleischessern – wenn auch zu den gemäßigten:

#### Die Flexitarier

Sie sind gegen Massentierhaltung, möchten die Umwelt schützen oder sich einfach gesünder ernähren – ganz auf Fleisch verzichten wollen Flexitarier aber nicht. Dafür achten die „Teilzeit-Vegetarier" darauf, was auf dem Teller landet. Statt industriellem Billigfleisch kommt etwa teureres Bio-Steak in die Pfanne. Kritiker werfen Flexitariern vor, damit nur ihr Gewissen zu beruhigen. Diese Kritik ist vielleicht berechtigt, ernst nehmen sollte man die Gruppierung aber auf jeden Fall: In Deutschland zum Beispiel sollen schon Millionen von Menschen diesen Ernährungsstil übernommen haben.

#### Die Vegetarier

Ob Ex-Beatle Paul McCartney oder die Sängerin Nena – viele Prominente verzichten auf Fleisch. In Deutschland beispielsweise ernähren sich laut Vegetarierbund rund sechs Millionen Menschen vegetarisch – Tendenz steigend. Weltweit soll es eine Milliarde Vegetarier geben, davon mehr als 200 Millionen Inder. Lange Zeit erhielt die Vegetarierbewegung vor allem aus Glaubensgründen Zulauf, heute nennen viele „Fleischverweigerer" eine gesündere Lebensweise sowie den Tier- und Umweltschutz als Gründe für ihre Ernährungsweise. Studien zufolge ist der typische Vegetarier weiblich, jung und gut ausgebildet. Zu den Vegetariern zählt man auch folgende Gruppierungen:

#### Die Veganer

Sie meinen, erkannt zu haben, dass Tierschutz nicht beim Fleischverzicht endet, und streichen alle tierischen Produkte wie Milch, Eier, Gelatine oder Honig von ihrem Speiseplan. Manche Veganer nennen sich darum Hardcore-Vegetarier. Viele verzichten sogar auf tierische Nebenprodukte wie beispielsweise Leder oder Wolle. Mediziner sorgen sich jedoch um die Gesundheit der Veganer: Wissenschaftler behaupten, dass der Verzicht auf tierische Produkte zu Nährstoffmangel führt.

### Die Frutarier

Selbst viele Extrem-Veganer betrachten sie als Sonderlinge – bei Frutariern landen auf dem Tisch nur Produkte oder Früchte von Pflanzen, die bei der Ernte nicht „sterben müssen". Also etwa Obst oder Nüsse. Karotten, Fenchel, Lauch und Co. sind tabu. Einige Frutarier essen gar nur Obst, das auf natürliche Weise vom Baum gefallen ist. Ihre Haltung hat ethische Beweggründe: Sie wollen der Natur keinen Schaden zufügen.

b **Hat der Artikel Ihre Vermutungen aus 1a bestätigt?**

c **Wie begründen die Anhänger der verschiedenen Ernährungsformen jeweils ihre Richtung? Ergänzen Sie Stichpunkte.**

| Ernährungstypen | Gründe |
|---|---|
| Fleischesser | Fleisch ist gesund, gehört seit Jahrtausenden zur menschlichen Ernährung, ... |
| | |
| | |
| | |
| | |

d **Wer isst Ihrer Meinung nach am gesündesten?**
**Welche Ernährungsweise ist mehr, welche weniger genussorientiert? Warum?**

e **Wie ernähren Sie sich? Berichten Sie.**

## 2 Subjektive Bedeutung des Modalverbs *sollen* → AB 116–117/Ü4–6

**GRAMMATIK**
Übersicht → KB 116/1

a **Lesen Sie den folgenden Satz aus dem Text noch einmal.**
**Was bedeutet hier *sollen*? Markieren Sie.**

*Mittlerweile* ***soll*** *jeder über 88 Kilogramm Fleisch im Jahr* ***verzehren****.* (Z. 11)

- ☐ Es drückt eine Empfehlung aus.
  → *Es wäre gut, wenn jeder über 88 kg Fleisch verzehren würde.*
- ☐ Es gibt etwas wieder, was jemand gehört oder gelesen hat.
  → *Man sagt, / Es wird gesagt / behauptet, dass jeder über 88 kg Fleisch verzehrt.*

b **Schreiben Sie die Sätze ohne *sollen*.**

1 Weltweit *soll* es eine Milliarde Vegetarier *geben*.
Man sagt,

2 In Deutschland *sollen* schon Millionen von Menschen den Ernährungsstil *übernommen haben*.
Es wird behauptet,

c **Bilden Sie Sätze mit *sollen*.**

1 *Laut einer Studie* essen Männer doppelt so viel Fleisch wie Frauen.
Männer sollen

2 *Wissenschaftler behaupten, dass* der Verzicht auf tierische Produkte zu Nährstoffmangel führt.

Ich kann jetzt ...

| | ☺ | 😐 | ☹ |
|---|---|---|---|
| ■ verstehen, worin sich verschiedene Ernährungstypen unterscheiden. | ☐ | ☐ | ☐ |
| ■ mich mit anderen über verschiedene Ernährungsweisen austauschen. | ☐ | ☐ | ☐ |
| ■ das Modalverb *sollen* in subjektiver Bedeutung verstehen und anwenden. | ☐ | ☐ | ☐ |

8

## 1 Rund um die Ernährung

a **Notieren Sie zu einigen der Stichwörter Fragen, die Sie Ihren Lernpartnern stellen wollen. Schreiben Sie jede Frage auf einen Zettel.**

Fertiggerichte • Gemüse • Allergien • selbst kochen • Fleisch essen • sich vegetarisch / vegan ernähren • Süßigkeiten • essen gehen • Vollkornprodukte • Wochenmarkt • Rezepte

b **Klassenspaziergang: Nehmen Sie nun Ihre Zettel und stellen Sie die Fragen einer Lernpartnerin / einem Lernpartner. Beantworten Sie auch die Fragen Ihrer Lernpartnerin / Ihres Lernpartners. Tauschen Sie dann die Fragezettel aus und stellen Sie der nächsten Person Ihre „neuen" Fragen.**

Welche Fertiggerichte finde ich in deinem Kühlschrank?

Hast du schon einmal auf dem Wochenmarkt eingekauft?

## 2 Essensgewohnheiten → AB 117–118/Ü7–8

2 ◀)) 5 **Hören Sie vier Gespräche und Äußerungen aus dem Alltag. Hören Sie jeden Text einmal und lösen Sie zu jedem Text zwei Aufgaben. Wählen Sie bei jeder Aufgabe die richtige Lösung.**

1 Zwei Bekannte sprechen darüber, was sie am liebsten kochen. ☐ Richtig ☐ Falsch

2 Beide sagen, dass sie ...
- ☐ nur Fertiggerichte essen.
- ☐ abends nicht mehr viel essen.
- ☐ gern kochen, wenn sie Zeit haben.

3 Die Frau gibt sehr spezielle Tipps zur gesunden Ernährung. ☐ Richtig ☐ Falsch

4 Sie rät dazu, ...
- ☐ kein Fleisch zu essen.
- ☐ sich weniger fett zu ernähren.
- ☐ nicht zu viel zu trinken.

5 Sercan ist bei einem Freund aus dem Fußballclub eingeladen. ☐ Richtig ☐ Falsch

6 Was soll er mitbringen?
- ☐ Etwas Salziges zu essen.
- ☐ Etwas Kühles zu trinken.
- ☐ Eine süße Nachspeise.

7 Der Sprecher berichtet, dass viele junge Leute kochen lernen. ☐ Richtig ☐ Falsch

8 Der Sprecher meint, dass ...
- ☐ viele mit ihrer Familie einen Kochkurs machen.
- ☐ junge Menschen gern für Freunde kochen.
- ☐ die meisten durch Fernsehshows kochen lernen.

Ich kann jetzt ...
- über verschiedene Aspekte rund um das Thema „Ernährung" sprechen. ☐ ☐ ☐
- Gespräche und Äußerungen zum Thema „Ernährung" verstehen. ☐ ☐ ☐

## 1 Maultaschen & Co.

a **Kennen Sie diese Gerichte? Wie heißen sie wohl? Ordnen Sie die Fotos zu.**

☐ Kaiserschmarrn • ☐ Geschnetzeltes mit Rösti • ☐ Maultaschen

A

B

C

b **Welches Gericht stammt wohl aus Deutschland, aus Österreich, aus der Schweiz? Sprechen Sie.**

c **Lesen Sie nun die folgenden Zutaten und ordnen Sie die Speisen aus 1a zu.**

1 Eier, Salz, Zucker, Milch, Mehl, Butter, Rosinen, Puderzucker / Staubzucker: ☐
2 Kartoffeln, Zwiebeln, Kalbsschnitzel, Champignons, geschlagene Sahne, Butter, Salz, Pfeffer: ☐
3 Mehl, Eier, Gries, Hackfleisch, Zwiebeln, Salz, Pfeffer, Petersilie, Gemüse- oder Rinderbrühe: ☐

d **Kennen Sie andere Gerichte aus den deutschsprachigen Ländern? Welche? Woher stammen sie?**

8

## 2 Speisen aus Ihrer Region → AB 118–119/Ü9–10

a **Schreiben Sie die Zutaten für ein typisches Gericht aus Ihrer Region auf einen Zettel.**

b **Die Zutatenzettel werden gemischt und verteilt. Nennen Sie nun reihum den Namen Ihres Gerichts. Wer glaubt, die passenden Zutaten dazu zu haben, liest sie vor. Wenn richtig geraten wurde, ist der nächste Teilnehmer an der Reihe.**

c **Arbeiten Sie zu viert. Tauschen Sie sich zu den folgenden Punkten über die Gerichte aus.**

- Genaue Herkunft
- Namensgebung
- Anlass / Gelegenheit
- Passende Getränke
- Geschmack
- Zubereitung

**über ein Gericht berichten**

„*... ist ein typisches Gericht aus ...*
*Es hat seinen Namen von ...*
*Meist wird es zu ... gekocht / zubereitet / ...*
*Dazu passt am besten ...*
*Es schmeckt / riecht ein bisschen nach ...*
*Man schneidet / schält / vermischt / brät / kocht zuerst ... Dann ...*“

Ich kann jetzt ...
- über typische Gerichte und Zutaten in deutschsprachigen Regionen sprechen. ☐ ☐ ☐
- Informationen zu Speisen / Gerichten erfragen. ☐ ☐ ☐
- über ein typisches Gericht aus meiner Region berichten. ☐ ☐ ☐

## 1 Ein breites Angebot

**a** **Sehen Sie die Anzeigen an und ergänzen Sie die fehlenden Teile der Werbetexte.**

~~Frisch vom Erzeuger~~ • Das absolute In-Getränk • Blitzschnelle Zubereitung • Aus rein biologischem Anbau • Neue Ernte • Geht schneller als Backen

Frisch vom Erzeuger
Fleisch aus der Region

Leckeres junges Gemüse für die Wok-Pfanne

prickelnd, kalorienarm und natürlich durstlöschend

... und schmeckt wie zu Omas Zeiten – „Plams" tiefgefrorener Apfelkuchen

Zwei Minuten in die Mikrowelle – heiß auf den Tisch

Nur das Gesündeste kommt in Ihr Gebäck!

**b** **Welche Anzeige spricht Sie an, welche eher nicht? Warum?**

## 2 Nominalisierung von Verben → AB 120–121/Ü11–13

**GRAMMATIK**
Übersicht → KB 116/2

**a** **Ordnen Sie in der rechten Spalte die Nomen aus den Anzeigen in Aufgabe 1a zu und ergänzen Sie links die dazugehörigen Verben.**

| Verben | Nominalisierung der Verben ... | Beispiele |
|---|---|---|
| erzeugen | durch Endung -er → maskulin | der Erzeuger |
| | vom Verbstamm → maskulin | |
| | durch Vorsilbe Ge- → maskulin, neutral | |
| | vom Infinitiv → neutral | |
| | durch Endung -e → feminin | |
| | durch Endung -ung → feminin | |

**b Welches Verb passt inhaltlich? Nominalisieren Sie es und ergänzen Sie.**

1 Die deutschsprachigen Länder sind bekannt für ihre Vielfalt an Gebäck. Jede Bäckerei hat eigene Spezialitäten. (backen / essen / trinken)

2 Viele Biersorten unterscheiden sich stark im ______, einige sind herber, andere süßlicher. (riechen / schmecken / verzehren)

3 Bei der ______ von Kaffee oder anderen Lebensmitteln wird sehr viel Wasser verbraucht. (herstellen / mischen / verschwenden)

4 Eine geeignete ______ der Speisen, z. B. in einer dunklen, kühlen Kammer, ist wichtig, um Geschmack und Konsistenz lange zu erhalten. (aufbewahren / ernähren / kochen)

5 Beim biologischen ______ von Lebensmitteln wird auf künstliche Hilfsmittel verzichtet. (anbauen / erzeugen / verbrauchen)

6 Die Bauern hoffen im Herbst auf eine ertragreiche ______. (ernten / reiben / speisen)

## 3 Wissensspiel – Was uns ernährt → AB 121/Ü14

**Arbeiten Sie zu viert und bilden Sie zwei Teams. Stellen Sie abwechselnd dem anderen Team eine Frage. Für jede richtige Antwort gibt es einen Punkt. Gewonnen hat das Team mit den meisten Punkten.**

**Fragen von Team A** (Die Lösungen finden Sie auf Seite AB 200)

1 Nennt drei Obstsorten, die an Bäumen wachsen.
2 Nennt zwei Gemüsesorten, die man nicht roh essen kann.
3 Welche sind die drei Hauptbestandteile von Lebensmitteln?
Eigelb – Eiweiß – Kohlenhydrate – Kohlensäure – Fett – Öl
4 Enthalten Getreideprodukte mehr Eiweiß oder Kohlenhydrate?
5 Nennt drei Lebensmittel, die besonders viel Fett enthalten.
6 Nennt drei Früchte, in denen besonders viel Vitamin C ist.

**Fragen von Team B** (Die Lösungen finden Sie auf Seite AB 200)

1 Nennt drei Obstsorten, die an Sträuchern oder Büschen wachsen.
2 Nennt zwei Gemüsesorten, die unter der Erde wachsen.
3 Nennt drei Getreidesorten.
4 Enthalten tierische Lebensmittel mehr Eiweiß oder Kohlenhydrate?
5 Nennt drei Milchprodukte.
6 Nennt drei Zutaten, mit denen man Speisen würzen kann.

| Ich kann jetzt ... | 😊 | 😐 | ☹ |
|---|---|---|---|
| ■ Werbetexte ergänzen und darin enthaltene Nominalisierungen erkennen. | ☐ | ☐ | ☐ |
| ■ aus Verben nach verschiedenen Nominalisierungsarten Nomen bilden. | ☐ | ☐ | ☐ |
| ■ Wissensfragen zu Lebensmitteln und Lebensmittelgruppen beantworten. | ☐ | ☐ | ☐ |

# SCHREIBEN

## 1 Eine Kundin meldet sich

**Lesen Sie den Brief von Frau Abel und beantworten Sie die Fragen.**

1 An wen wendet sich Frau Abel und warum?
2 Was erwartete Frau Abel von dem Produkt, das sie gekauft hatte?
3 Warum fühlt sie sich getäuscht?
4 Was soll ihrer Meinung nach getan werden?
5 Mit welchem Schritt droht sie?

An: service@zettel-gmbh.com
Datum: 12.5.20..
Betreff: Ihr Produkt „Zwei-Früchte-Frühstücksdrink Kirsche / Rote Traube“

Sehr geehrte Damen und Herren,

gestern kaufte ich den Zwei-Früchte-Frühstücksdrink Kirsche / Rote Traube (200 ml), ein Produkt Ihrer Firma. Geschmacklich war das Getränk sehr gut, aber nachdem ich auf ein Stück Birne gebissen hatte, sah ich mir die Zutaten genauer an: Fruchtsaft aus Fruchtsaftkonzentraten: Apfel 33 %, Rote Traube 12 %, Zitrone 19 %, Birnenstückchen 12 %, Sauerkirschpüree 11 %, Apfelpüree 8 %, Wasser, natürliches Aroma. Der Anteil an Kirschen und roten Trauben beträgt also weniger als ein Viertel der Zutaten!
Meines Erachtens ist dies nicht in Ordnung, da auf der Vorderseite der Flasche nicht von anderen Obstzusätzen gesprochen wird. Auch auf der Abbildung sind nur Kirschen und rote Trauben zu sehen. Das führt den Verbraucher doch in die Irre! Man müsste beim Kauf eines so teuren Produkts genau wissen, was darin enthalten ist. Man müsste also entweder Bild und Text auf der Flasche ändern oder den Anteil von Kirschen und Trauben deutlich erhöhen.
Nun würde ich Sie um eine schlüssige Erklärung für diesen Widerspruch bzw. eine Entschädigung für die Täuschung bitten. Sofern Sie an der Zufriedenheit Ihrer Kunden interessiert sind, werden Sie meiner Bitte sicher nachkommen.
Falls ich allerdings keine Reaktion von Ihnen erhalte, wende ich mich an die Verbraucherzentrale, um mich über meine Rechte als Verbraucherin zu informieren.

Mit freundlichen Grüßen
Rosetta Abel



## 2 Konditionale Zusammenhänge → AB 123–124 / Ü15–17

**GRAMMATIK**
Übersicht → KB 116/3

a **Lesen Sie die folgenden Sätze aus dem Brief noch einmal. Was bedeutet hier *sofern* bzw. *falls*? Markieren Sie.**

1 ***Sofern*** *Sie an der Zufriedenheit Ihrer Kunden interessiert sind, werden Sie meiner Bitte sicher nachkommen.*
2 ***Falls*** *ich keine Reaktion von Ihnen erhalte, wende ich mich an die Verbraucherzentrale.*

☐ als ☐ wenn ☐ da

b **Welche Varianten des folgenden Satzes sind gleichbedeutend? Markieren Sie.**

*Man müsste* ***beim Kauf eines so teuren Produkts*** *genau wissen, …*

☐ Variante 1: Man müsste, falls man ein so teures Produkt kauft, genau wissen, …
☐ Variante 2: Man müsste durch den Kauf eines so teuren Produkts genau wissen, …
☐ Variante 3: Man müsste, wenn man ein so teures Produkt kauft, genau wissen, …

c Formulieren Sie um.

1 Bei Unzufriedenheit können Verbraucher sich an den Hersteller wenden.
Wenn/Falls/Sofern Verbraucher unzufrieden sind, können ...

2 Bei der Reklamation eines Produkts bieten viele Firmen Gratisprodukte an.

3 Beim Kauf von Fertigprodukten achte ich immer auf die Zutaten.

## 3 Einen Beschwerdebrief verfassen → AB 123/Ü18

a **Waren Sie schon einmal mit gekauften Lebensmitteln unzufrieden? Wenn ja, was hat Sie gestört? Markieren und berichten Sie.**

- ☐ Verhältnis von Verpackungsgröße und Inhalt
- ☐ nicht genannter Inhalt
- ☐ Frische und Qualität
- ☐ Aussehen des Lebensmittels
- ☐ Geschmack
- ☐ ...

*Einmal habe ich in einem Himbeerjoghurt Nüsse gefunden.*

*Die Packung Chips, die ich vor Kurzem gekauft habe, war nur halbvoll – eine Frechheit!*

b **Planen Sie nun einen eigenen Beschwerdebrief. Sehen Sie dazu die Fragen in Aufgabe 1 zum Beschwerdebrief von Frau Abel noch einmal an. Ergänzen Sie Stichwörter, die zu Ihrer Beschwerde passen.**

- Getränkehersteller
- Produkt schmeckt anders als früher
- zu süß/sauer/bitter/...
- ...

c **Verfassen Sie mithilfe der Stichwörter und der Redemittel einen Beschwerdebrief an die Firma, die diesen Artikel hergestellt hat.**

einen Beschwerdebrief formulieren

*„Vor ... Tagen kaufte ich ...*
*Zu Hause ist mir dann aufgefallen, ...*
*Beim Kauf / Bei diesem Produkt hatte ich (nicht) erwartet, dass ...*
*Normalerweise bekommt man ... und nicht ...*
*Da dies nicht der Fall war, bitte ich Sie, ...*
*Ich gehe davon aus, dass Sie ...*
*Andernfalls werde ich ...“*

d **Tauschen Sie Ihren Beschwerdebrief anschließend mit Ihrem Lernpartner / Ihrer Lernpartnerin. Überlegen Sie, was Sie dem Kunden als Vertreter der angeschriebenen Firma anbieten würden. Führen Sie ein kurzes Telefongespräch mit der Verfasserin / dem Verfasser des Schreibens.**

*Wussten Sie schon?* → AB 124/Ü19
*Auf der Verpackung von Lebensmitteln sind bestimmte Angaben Pflicht, so etwa die Bezeichnung des Lebensmittels, z. B. „Milchschokolade“. Auch die Zutaten müssen, geordnet nach ihrem Gewichtsanteil, aufgelistet sein. Sowohl Zutaten, die eventuell allergische Reaktionen hervorrufen, als auch ein Mindesthaltbarkeitsdatum müssen genannt werden. Für Fragen und Reklamationen sind auch Name und Anschrift des Herstellers oder Verkäufers anzugeben.*

| Ich kann jetzt ... | 😊 | 🙂 | ☹ |
|---|---|---|---|
| ■ eine Verbraucherreklamation verstehen. | ☐ | ☐ | ☐ |
| ■ konditionale Zusammenhänge verstehen und anwenden. | ☐ | ☐ | ☐ |
| ■ eine eigene Reklamation verfassen. | ☐ | ☐ | ☐ |

## 1 In meinem Kühlschrank

a **Notieren Sie kurz und tauschen Sie sich dann aus.**

- Teilen Sie Ihren Kühlschrank mit jemandem?
- Was ist alles im Kühlschrank?
- Wann und für wie viele Tage kaufen Sie in der Regel ein?
- Was kaufen Sie nach Bedarf? Und was auf Vorrat?

b **Wann werfen Sie Lebensmittel weg? Markieren Sie.**

1 Wenn das Mindesthaltbarkeitsdatum überschritten ist.
2 Wenn ich zu viel von etwas gekauft habe.
3 Immer wenn ich meinen Kühlschrank putze.
4 Wenn es nicht mehr vermeidbar ist, weil das Lebensmittel z. B. nicht mehr gut riecht.

c **Erstellen Sie eine Klassenstatistik und vergleichen Sie. Was fällt Ihnen auf?**

## 2 Über den Umgang mit Lebensmitteln → AB 124/Ü20

**Lesen Sie den Zeitungsbericht. Wählen Sie bei jeder Aufgabe die richtige Lösung.**

1 Die Lebensmittel, die die Deutschen pro Jahr wegwerfen, ...
- a könnten 17 Prozent der Großverbraucher versorgen.
- b stammen zu über der Hälfte von Privatpersonen.
- c kosten jeden Steuerzahler 235 Euro jährlich.

2 Ein Großteil der weggeworfenen Lebensmittel ...
- a müsste nicht weggeworfen werden.
- b besteht aus ungenießbaren Resten wie Bananenschalen oder Knochen.
- c sind z. B. Speisen, die Restaurantbesuchern nicht schmecken.

3 Das Mindesthaltbarkeitsdatum auf Lebensmitteln ist ein Problem, ...
- a weil die Verbraucher dieses Datum oft ignorieren.
- b weil es nichts darüber aussagt, wann ein Lebensmittel nicht mehr genießbar ist.
- c weil es häufig eine zu lange Haltbarkeit angibt.

4 Wenn auf der Ware ein Verbrauchsdatum steht ...
- a kann man sie eventuell auch danach noch essen.
- b bedeutet es das Gleiche wie ein Mindesthaltbarkeitsdatum.
- c sollte man sie vor Ablauf des Datums verzehren.

5 Das Bundesministerium für Ernährung und Landwirtschaft fordert, ...
- a dass europaweit weniger genießbare Lebensmittel vernichtet werden.
- b dass Kindergarten- und Schulkinder besseres Essen bekommen.
- c dass Hersteller und Gastronomen die Menschen besser beraten.

### *Nein zur Wegwerfgesellschaft!*

Jährlich landen alleine in Deutschland etwa elf Millionen Tonnen Lebensmittel auf dem Müll. Dabei wäre vieles davon noch brauchbar.

Druckstellen an Früchten, gerade überschrittenes Mindesthaltbarkeitsdatum: Viele Menschen lehnen Lebensmittel ab, selbst wenn sie nur kleine Fehler haben. Im Durchschnitt wirft jeder Bundesbürger pro Jahr 81,6 Kilogramm Lebensmittel weg. Das ergab eine Studie im Auftrag des Bundesministeriums für Ernährung, Landwirtschaft und Verbraucherschutz. 61 Prozent der weggeworfenen Lebensmittel stammen aus Privathaushalten, jeweils rund 17 Prozent aus der Industrie sowie von Großverbrauchern wie etwa Gaststätten, Schulen und Kantinen. Die übrigen 5 Prozent fallen im Einzelhandel an. Obwohl die meisten Menschen glauben, bewusst mit Lebensmitteln umzugehen, vernichten Privathaushalte somit jährlich noch genießbare Speisen im Wert von bis zu 21,6 Milliarden Euro. Pro Kopf der Bevölkerung sind das 235 Euro pro Jahr.

Die Autoren der Studie halten etwa zwei Drittel dieser Lebensmittelvernichtung für vermeidbar. Dabei unterscheiden sie zwischen vermeidbaren, teilweise vermeidbaren und unvermeidbaren Lebensmittelabfällen. Unvermeidbar sind demnach ungenießbare Reste, etwa Bananenschalen oder Knochen. Viele Abfälle wären jedoch teilweise vermeidbar, z. B. in Restaurants. Sie bieten oft viel zu große Portionen an, die von den meisten Gästen nicht aufgegessen werden können und dann im Müll landen. Vermeidbare Abfälle sind Lebensmittel, die auf jeden Fall noch genießbar wären. In Privathaushalten sind das der Studie nach vor allem Obst und Gemüse.

Das Mindesthaltbarkeitsdatum führt oft zur Verunsicherung der Verbraucher. Es ist kein Verfallsdatum, sondern eine Herstellergarantie für die Produktqualität. Bis zu dem angegebenen Datum garantiert der Hersteller, dass bestimmte Eigenschaften eines Produkts, wie etwa die Cremigkeit eines Joghurts, erhalten bleiben. Das Mindesthaltbarkeitsdatum wird vom jeweiligen Hersteller festgelegt, die Fristen variieren dabei oft stark. So etwas verwirre natürlich den Verbraucher, weshalb man sich am besten auf sein eigenes Gefühl verlassen sollte.

Leicht verderbliche Produkte wie etwa Hackfleisch haben kein Mindesthaltbarkeitsdatum, sondern ein Verbrauchsdatum. Bis zu diesem Datum sollten die Lebensmittel verbraucht werden, danach aus gesundheitlichen Gründen nicht mehr.

Auch das Bundesministerium für Ernährung und Landwirtschaft beklagt schon seit Jahren, dass in Europa insgesamt viel zu viel weggeworfen wird. Wir leben in einer Überfluss- und Wegwerfgesellschaft, obwohl wir uns das eigentlich gar nicht leisten können. Deshalb sollte es bereits im Kindergarten und in der Schule eine bessere Aufklärungsarbeit geben. Bis das jedoch so weit ist, landen auch weiterhin jährlich viele Millionen Tonnen Lebensmittel auf dem Müll.

## 3 Konzessive Zusammenhänge → AB 125–126/Ü21–23

GRAMMATIK
Übersicht → KB 116/4

a **Lesen Sie die folgenden Sätze aus dem Text. Was bedeutet hier *selbst wenn* bzw. *auch wenn*? Markieren Sie.**

1 *Viele Menschen lehnen Lebensmittel ab,* ***selbst wenn*** *sie nur kleine Fehler haben.*
2 ***Auch wenn*** *dies nicht immer einfach scheint, sind Reste teilweise vermeidbar.*

☐ immer wenn ☐ obwohl ☐ falls

b **Lesen Sie die Sätze. Wo steht das Verb nach den Konnektoren *dennoch* und *obwohl*?**

1 *Viele Verbraucher werfen Lebensmittel nach Ablauf des Mindesthaltbarkeitsdatums weg.* ***Dennoch*** *sind diese Lebensmittel durchaus noch essbar.*
2 ***Obwohl*** *die meisten Menschen glauben, bewusst mit Lebensmitteln umzugehen, vernichten Privathaushalte jährlich noch genießbare Speisen im Wert von bis zu 21,6 Milliarden Euro.*

c **Für welchen der Konnektoren in 3b kann man *obgleich* einsetzen, für welchen *trotzdem*?**

Ich kann jetzt …
- über den eigenen Umgang mit Lebensmitteln sprechen. ☐ ☐ ☐
- einen Bericht über die Verschwendung von Lebensmitteln im Einzelnen verstehen. ☐ ☐ ☐
- konzessive Zusammenhänge verstehen und anwenden. ☐ ☐ ☐

8

## SPRECHEN 2

### 1 Projekte für bewusstere und bessere Ernährung

Lesen Sie die Überschriften. Welches Bild passt zu welcher Überschrift? Ordnen Sie zu.

☐ *An einem Wochentag auf Fleisch verzichten!*

☐ *Bewusst und maßvoll einkaufen – aber wie?*

☐ *Urbane Landwirtschaft – Gemeinsam gärtnern in der Stadt*

A

B

C

### 2 Einen Aktionstag planen und vorstellen → AB 126/Ü24

a Sie arbeiten in der Kantine einer großen Metallbaufirma. Ihr Chef möchte die Mitarbeiterinnen und Mitarbeiter auf eine gesündere und bewusstere Ernährung aufmerksam machen. Ihre Aufgabe ist es, einen Aktionstag zu planen. Überlegen Sie, was Sie machen möchten und warum. Machen Sie sich Notizen. Die folgenden Stichpunkte können Ihnen bei der Planung helfen.

- Aktionsstand einrichten?
- Material: Plakate und Dekoration
- Wer soll angesprochen werden?
- Speisekarte und Einkaufsliste
- Wer bereitet was vor?
- Kosten
- ...

b Arbeiten Sie zu zweit. Tragen Sie Ihre Ideen vor und begründen Sie sie. Reagieren Sie auch auf die Ideen Ihrer Lernpartnerin / Ihres Lernpartners.

eine Projektidee vorstellen

„*Die Idee des Projektes ist, ...*
*Für die Umsetzung meines Projektes plane ich ...*
*Meiner Meinung nach ...*
*Für ... hätte ich auch schon eine Idee: Ich möchte ...*"

sich über Ideen austauschen

„*Das klingt spannend!*
*Du musst aber auch bedenken, dass ...*
*Hinsichtlich des Kostenrahmens ist wichtig, ...*
*Für ... solltest du auf jeden Fall weitere Helfer einplanen.*"

sich auf etwas einigen

„*Wir sollten auch auf jeden Fall ... vorbereiten.*
*Das kommt gut bei den Leuten an.*
*Ich schlage vor, wir ...*
*Was meinst du, wie lange wir brauchen, um ...*"

c Einigen Sie sich auf einen gemeinsamen Vorschlag und präsentieren Sie Ihre Ergebnisse im Kurs.

| Ich kann jetzt ... | ☺ | 🙂 | ☹ |
|---|---|---|---|
| ■ einen Aktionstag für bessere und bewusstere Ernährung planen. | ☐ | ☐ | ☐ |
| ■ über konkrete Projektideen diskutieren. | ☐ | ☐ | ☐ |
| ■ einen gemeinsamen Projektvorschlag präsentieren. | ☐ | ☐ | ☐ |

8

## 1 Bildgeschichte

**Sehen Sie die Fotos an. Überlegen Sie sich zu zweit eine Geschichte dazu. Erzählen Sie einige Geschichten im Kurs.**

## 2 Der Umgang mit Nahrungsmitteln

**Sehen Sie eine Reportage in Abschnitten.**

24

**Abschnitt 1**

1 Wo sind die jungen Männer unterwegs und was machen sie da?
2 Was passiert wohl weiter?

25

**Abschnitt 2**

1 Was ist richtig? Markieren Sie.
- a Danny und sein Freund holen nur aus Not Lebensmittel aus dem Müll.
- b Die Protestbewegung „Containern" ist gegen das Wegwerfen von Lebensmitteln.
- c Die beiden finden ihr Essen in den Abfalltonnen von verschiedenen Supermärkten.
- d Der Lebensmittelhändler wirft jährlich Nahrungsmittel im Wert von 3 000 Euro weg.
- e Er überlässt die aussortierten Lebensmittel gern Menschen, die sie noch brauchen können.
- f Der Lebensmittelhändler versteht, dass seine Kunden nur Gemüse kaufen, das schön aussieht.

2 Was glauben Sie? Wie wird Danny seine Aktionen begründen?

26

**Abschnitt 3**

1 Waren Ihre Vermutungen richtig?
2 Was meint Thorsten Lampe zum Wegwerfen von genießbaren Nahrungsmitteln?
3 Was können Supermärkte tun, um nicht so viele Lebensmittel zu vernichten? Markieren Sie.
Sie können ...
- ☐ an eine Tafel schreiben, was jeden Tag übrig ist.
- ☐ sie einer sozialen Einrichtung, genannt „Tafel", zur Verfügung stellen.
- ☐ das Essen selbst an bedürftige Menschen verteilen.

27

**Abschnitt 4**

1 Was macht Danny mit den „illegal" erbeuteten Lebensmitteln?
2 Was wünscht er sich in Bezug auf den Umgang mit Nahrungsmitteln?

## 3 Ihre Meinung → AB 127/Ü25

28

**Sehen Sie den Film, den Kieler Studierende gemacht haben, noch einmal ganz an. Wie finden Sie die Idee des Containerns? Diskutieren Sie.**

| Ich kann jetzt ... | ☺ | 😐 | ☹ |
|---|---|---|---|
| ▪ eine sozialkritische Reportage verstehen. | ☐ | ☐ | ☐ |
| ▪ die Ansichten und Argumente der Personen im Detail verstehen. | ☐ | ☐ | ☐ |
| ▪ meine Meinung zu einer Reportage äußern. | ☐ | ☐ | ☐ |

8

## 1 Subjektive Bedeutung des Modalverbs *sollen* ⇤ KB 105/2

*sollen* drückt in dieser Bedeutung aus, dass man wiedergibt oder zitiert, was man gehört / gelesen hat.

| | Beispiel | Bedeutung |
|---|---|---|
| **Gegenwart** | Mittlerweile soll jeder über 88 kg Fleisch im Jahr verzehren. | Laut einer Studie verzehrt jeder über 88 kg Fleisch im Jahr. |
| **Vergangenheit** | Millionen von Menschen sollen den Ernährungsstil übernommen haben. | Es heißt, dass Millionen von Menschen den Ernährungsstil übernommen haben. |

## 2 Wortbildung: Nominalisierung von Verben ⇤ KB 108/2

| Verb | Nominalisierung ... | Nomen |
|---|---|---|
| erzeugen | durch Endung **-er** (maskulin) | der Erzeug**er** |
| anbauen | vom Verbstamm (maskulin) | der Anbau |
| schmecken, trinken | durch Vorsilbe **Ge-** (maskulin, neutral) | der **Ge**schmack, das **Ge**tränk |
| essen | vom Infinitiv (neutral) | das Essen |
| ernten | durch Endung **-e** (feminin) | die Ernt**e** |
| zubereiten | durch Endung **-ung** (feminin) | die Zubereit**ung** |

8

## 3 Konditionale Zusammenhänge ⇤ KB 110/2

Konditionale Konnektoren und Präpositionen drücken Bedingungen aus.
Konditionalsätze können verbal mit Konnektoren oder nominal mit Präpositionen gebildet werden.
Nominale Ausdrücke mit Präpositionen sind typisch für die Schriftsprache.

| Verbal | |
|---|---|
| **Konnektor** | **Beispiel** |
| wenn | **Wenn** man ein Produkt teuer verkauft, muss das Etikett stimmen. |
| falls* | **Falls** man unzufrieden ist, sollte man das Produkt reklamieren. |
| sofern* | **Sofern** Sie daran interessiert sind, erhalten Sie weitere Informationen. |

| Nominal | |
|---|---|
| **Präposition** | **Beispiel** |
| bei + Dativ | **Beim Verkauf** eines teuren Produkts muss das Etikett stimmen. |
| | **Bei Unzufriedenheit** sollte man das Produkt reklamieren. |
| | **Bei Interesse** erhalten Sie weitere Informationen. |

* Die Konnektoren „falls" und „sofern" gehören zum gehobenen Sprachgebrauch und drücken meist eine geringere Wahrscheinlichkeit aus als „wenn".

## 4 Konzessive Zusammenhänge ⇤ KB 113/3

Konzessive Konnektoren und Präpositionen drücken Kontroverses aus.
Konzessivsätze können verbal mit Konnektoren oder nominal mit Präpositionen gebildet werden.
Nominale Ausdrücke mit Präpositionen sind typisch für die Schriftsprache.

| Verbal | |
|---|---|
| **Konnektor** | **Beispiel** |
| obwohl | Bei Reis unterscheiden sich die Haltbarkeitsdaten sehr stark, **obwohl** die Qualität gleich ist. |
| selbst / auch wenn | Viele werfen Obst weg, **selbst wenn** es nur kleine Makel aufweist. |
| trotzdem / dennoch | Viele Abfälle sind vermeidbar. **Dennoch** landen viele Lebensmittel im Müll. |

| Nominal | |
|---|---|
| **Präposition** | **Beispiel** |
| trotz + Genitiv* | Bei Reis unterscheiden sich die Haltbarkeitsdaten **trotz** gleicher Qualität sehr stark. |
| selbst / auch bei + Dativ | **Selbst** bei nur kleinen Makeln werfen viele älteres Obst weg. |

* *trotz* wird vor allem in der gesprochenen Sprache immer öfter mit Dativ benutzt.

# DER ARBEITSVERTRAG

Mira Kaci (32) kommt aus Albanien und hat dort eine Ausbildung zur Erzieherin absolviert. Die letzten zwei Jahre arbeitete sie als Kinderpflegerin in einer Kinderkrippe in Graz und lernte nebenbei sehr gut Deutsch. Nun ist sie nach Ingolstadt gezogen und sucht einen neuen Arbeitgeber mit guten Arbeitsbedingungen.

**CHECKLISTE ARBEITSVERTRAG**

- Fachbegriffe klären
- Einen Arbeitsvertrag lesen und verstehen
- Wichtige Punkte im Arbeitsvertrag
- Betriebsrat und Betriebsvereinbarungen

## 1 Fachbegriffe klären

2 ◀)) 6 a **Hören Sie ein Gespräch zwischen Mira und ihrer Freundin Antje Schubert. Was erfährt Antje über Miras neue Stelle? Sammeln Sie im Kurs.**

Arbeitsbeginn · Kindergruppen · ~~Ort~~ · Arbeitszeiten · Kolleginnen · Arbeitsvertrag

*Die neue Stelle ist in einer Kindertagesstätte in der Frühlingstraße. Die Arbeitszeiten sind entweder …*

b **Mira besucht die Webseite, die ihre Freundin Antje empfohlen hat. Dort findet sie folgende Definitionen von Begriffen, die häufig in Arbeitsverträgen vorkommen. Ordnen Sie zu.**

Arbeitsweg · Arbeitsort · Vertragspartei · Überstunden · Urlaubsanspruch · Arbeitsentgelt · Arbeitsunfähigkeit

1 Die Strecke zwischen der Wohnung des Arbeitsnehmers und seiner Arbeitsstätte.

2 Mehrarbeit, die ein Arbeitnehmer über die festgesetzte Arbeitszeit hinaus leistet.

3 Ein Zustand, in dem ein Arbeitnehmer seine Arbeitsaufgaben nicht mehr ausführen kann.

4 Gegenleistung, die ein Arbeitnehmer vom Arbeitgeber für seine Arbeit erhält.

5 Der Ort, an dem sich der Arbeitsplatz eines Arbeitnehmers befindet.

6 Eine Person oder Gruppe, die mit einer anderen Person oder Gruppe einen Vertrag schließt.

7 Das Recht eines Arbeitnehmers auf eine bestimmte Anzahl von freien Tagen im Jahr.

c **Hatten Sie schon einmal einen Arbeitsvertrag? An welche weiteren typischen Begriffe erinnern Sie sich? Sammeln Sie im Kurs.**

## 2 Einen Arbeitsvertrag lesen und verstehen

a **Mira erhält ihren Arbeitsvertrag per Post zugestellt. Welche der Punkte aus 1b finden Sie wieder? Welche Begriffe sind neu für Sie? Markieren Sie und sprechen Sie im Kurs.**

# ARBEITSVERTRAG

*Zwischen dem*
***Villa Kunterbunt e. V.*** *(nachfolgend Arbeitgeber genannt)*
*und*
***Frau Mira Kaci*** *(nachfolgend Arbeitnehmerin / Arbeitnehmer genannt)*
*wird folgender Arbeitsvertrag geschlossen:*

**§ 1 Tätigkeit**
Die Arbeitnehmerin / Der Arbeitnehmer wird als Erzieher/in in Vollzeit angestellt. Das Anstellungsverhältnis ist privatrechtlich.

**§ 2 Beginn des Arbeitsverhältnisses und Probezeit**
Das Arbeitsverhältnis beginnt am 1. September 20.. . Die Probezeit beträgt sechs Monate.

**§ 3 Arbeitszeit**
Die regelmäßige wöchentliche Arbeitszeit beträgt 39 Stunden an fünf Tagen. Beginn und Ende der täglichen Arbeitszeit richten sich nach den betrieblichen Regelungen und Anordnungen unter Berücksichtigung der Anforderungen des Kita-Betriebes. Wird das Mittagessen zusammen mit den Kindern eingenommen, so gilt diese Zeit als Arbeitszeit.

**§ 4 Monatliche Vergütung**
Die Arbeitnehmerin / Der Arbeitnehmer erhält einen monatlichen Bruttolohn von 2 470 Euro. Für angeordnete Überstunden oder Mehrarbeit wird Freizeitausgleich gewährt.

**§ 5 Urlaub, Urlaubsabgeltung, Arbeitsbefreiung**
Die Arbeitnehmerin / Der Arbeitnehmer hat in Vollzeit bei einer 5-Tage-Woche einen Urlaubsanspruch von 30 Tagen pro Kalenderjahr. Für Teilzeitbeschäftigte gilt ein Urlaubsanspruch, der sich an den Arbeitstagen pro Woche orientiert.

**§ 6 Arbeitsverhinderung, Arbeitsunfähigkeit**
Die Arbeitnehmerin / Der Arbeitnehmer ist verpflichtet, dem Arbeitgeber jede Arbeitsverhinderung und ihre voraussichtliche Dauer unverzüglich anzuzeigen. Dauert die Arbeitsunfähigkeit länger als zwei Kalendertage, hat die Arbeitnehmerin / der Arbeitnehmer spätestens am darauffolgenden Werktag eine ärztliche Bescheinigung vorzulegen.

| Ingolstadt, den ____________ | Ingolstadt, den ____________ |
| --- | --- |
| ____________ | ____________ |
| Arbeitgeber | Arbeitnehmer/in |



*Wussten Sie schon?*
*Ein Tarifvertrag (in Österreich: Kollektivvertrag; in der Schweiz: Gesamtarbeitsvertrag) wird zwischen den Tarifvertragsparteien einzelner Berufsgruppen oder Branchen ausgehandelt. Die Tarifvertragsparteien sind die Gewerkschaften als Arbeitnehmervertreter und die Arbeitgeberverbände als Arbeitgebervertreter. Geregelt werden in einem Tarifvertrag die Rechte und Pflichten der Tarifvertragsparteien, insbesondere Punkte wie Arbeitsentgelt, Arbeitszeiten, Urlaubsanspruch, Arbeitsbedingungen sowie Abschluss und Kündigung von Arbeitsverhältnissen.*

b **Welche Punkte in Miras Arbeitsvertrag sind in einem Ihrer bisherigen Arbeitsverträge bzw. in Ihrem Berufsfeld ähnlich? Wo gibt es Unterschiede? Sprechen Sie im Kurs.**

## 3 Wichtige Punkte im Arbeitsvertrag

a **Im Internet findet Mira Tipps, auf welche Punkte in ihrem Arbeitsvertrag sie achten sollte. Ordnen Sie den Tipps die Paragraphen aus Miras Arbeitsvertrag zu.**

ARBEITSVERTRÄGE FÜR ERZIEHER: DIE VIER WICHTIGSTEN PUNKTE

Sie sind Erzieher und suchen nach einer neuen Anstellung? Dann seien Sie vorsichtig: Viele Arbeitgeber suchen im Internet nach Vorlagen für den Arbeitsvertrag. Manche Formulierungen können für Sie jedoch durchaus problematisch sein. Bei folgenden vier Punkten sollten Sie besonders aufpassen!

§ ____ **Beschreibung der Tätigkeit:** In manchen Arbeitsverträgen ist nicht klar beschrieben, welche Tätigkeiten die Arbeit umfasst. Das kann schnell problematisch sein, denn dann können Sie keine Tätigkeiten ablehnen, die nicht Ihrer Qualifikation entsprechen.

§ ____ **Befristung des Arbeitsverhältnisses:** Achten Sie unbedingt darauf, ob es sich um ein unbefristetes oder ein befristetes Arbeitsverhältnis handelt. Ein befristetes Arbeitsverhältnis darf nur zwei Jahre bestehen und kann maximal dreimal verlängert werden.

§ ____ **Gehalt:** Ein hohes Einstiegsgehalt ist schön und gut. Achten Sie aber darauf, dass auch eine Erhöhung des Gehalts als Anpassung an die steigenden Lebenshaltungskosten schriftlich festgehalten ist, um nicht jede Gehaltserhöhung individuell verhandeln zu müssen.

§ ____ **Überstunden:** Es sollte klar geregelt sein, wann Sie Überstunden machen müssen und ob diese vergütet oder durch mehr Freizeit an anderen Tagen ausgeglichen werden.

b **Lesen Sie die Punkte erneut und vergleichen Sie. Welche Dinge sind in Miras Arbeitsvertrag problematisch formuliert oder fehlen? Sprechen Sie im Kurs.**



2 ◄)) 7–10 c **Mira schickt Antje eine Kopie des Arbeitsvertrags, da sie noch weitere Fragen hat. Lesen Sie Miras Fragen und hören Sie, was Antje darauf antwortet. Machen Sie sich in Stichpunkten Notizen.**

d **Antje hat von einem *Brutto-Netto-Rechner* gesprochen. Was genau macht man damit? Recherchieren Sie im Internet und geben Sie ein typisches Bruttogehalt Ihres Berufsfeldes ein.**

*Wussten Sie schon?*
*Arbeitnehmer, die mehr als 19 Stunden wöchentlich arbeiten, sind sozialversicherungspflichtig. Zu den Sozialversicherungsbeiträgen gehören die Renten-, Kranken- und Pflegeversicherung sowie die Arbeitslosenversicherung. Sie werden jeweils ungefähr zur Hälfte von Arbeitnehmer und Arbeitgeber getragen. Weitere Abgaben sind die Lohn- bzw. Einkommenssteuer auf das Gehalt.*

e **Welche Fragen können im Zusammenhang mit einem Arbeitsvertrag noch relevant sein? Sprechen Sie und recherchieren Sie die Antworten.**

*Wann steigt das Gehalt?*

*Was bedeutet „Probezeit" genau?*

## 4 Betriebsrat und Betriebsvereinbarungen

a **Was ist ein Betriebsrat und was sind seine Aufgaben? Hatten Sie schon einmal mit dem Betriebsrat zu tun? Berichten Sie oder stellen Sie Vermutungen an.**

*Ich glaube, der Betriebsrat wird von den Angestellten eines Unternehmens gewählt.*

*In meinem Unternehmen / In meiner Firma …*

> *Wussten Sie schon?*
> *In größeren Unternehmen gibt es meistens einen Betriebsrat. Er wird von den Arbeitnehmern gewählt. Zu seinen Aufgaben gehört es, sich für die gerechte Behandlung aller Arbeitnehmer in Bezug auf Kündigung, Arbeitszeit und Lohn einzusetzen. Zu manchen Themen schließt der Betriebsrat mit dem Arbeitgeber Betriebsvereinbarungen.*

b **Mira erhält mehrere Betriebsvereinbarungen ihres neuen Arbeitgebers. Im Internet findet sie folgende Definition. Ergänzen Sie.**

Arbeitnehmer • Vertrag • Arbeitszeiten • Betrieb • Betriebsrat

Die Betriebsvereinbarung ist ein .................... (1) zwischen Arbeitgeber und Betriebsrat. Sie gilt für alle .................... (2) und nur im jeweiligen .................... (3), für den sie abgeschlossen wurde. Der Inhalt einer Betriebsvereinbarung kann alle Bereiche betreffen, in denen der .................... (4) ein Mitbestimmungsrecht hat. Das können beispielsweise Regelungen von .................... (5), zusätzlicher sozialer Leistungen oder zum Datenschutz im Betrieb sein.

EXTRA BERUF

c **Mira sieht sich die *Betriebsvereinbarung über betriebliche soziale Leistungen* an. Lesen Sie die drei Abschnitte und markieren Sie richtig (R) oder falsch (F).**

| | R | F |
|---|---|---|
| 1 Das Urlaubsgeld wird zusammen mit dem Weihnachtsgeld ausbezahlt. | ☐ | ☐ |
| 2 Die Fahrt mit dem öffentlichen Nahverkehr zur Arbeit wird voll erstattet. | ☐ | ☐ |
| 3 Fährt man mit dem Auto zur Arbeit, trägt man die Kosten selbst. | ☐ | ☐ |
| 4 Die Mitarbeiter bekommen etwas anderes zu essen als die Kinder. | ☐ | ☐ |

**BETRIEBSVEREINBARUNG**
über betriebliche soziale Leistungen im Kindergarten Frühlingsstraße

**§ 2 Urlaubsgeld**
Ab dem zweiten Jahr Betriebszugehörigkeit hat jede Mitarbeiterin / jeder Mitarbeiter Anspruch auf ein Urlaubsgeld in Höhe von € 100,00. Stichtag ist der 1. September jeden Jahres. Das Urlaubsgeld wird in voller Höhe auf das 13. Monatsgehalt angerechnet.

**§ 4 Fahrtkostenersatz**
Der Kindergarten gewährt allen Mitarbeiterinnen / Mitarbeitern Kostenersatz für Fahrten zwischen Privatwohnung und Arbeitsplatz. Auf Vorlage der Monatsfahrkarte werden diese Kosten voll ersetzt. Benutzt die Mitarbeiterin / der Mitarbeiter ein privates Kraftfahrzeug, erhält sie / er für jeden auf der Strecke zwischen Wohnung und Kindergarten gefahrenen Kilometer eine Pauschale in Höhe von 0,20 €.

**§ 7 Mittagessen**
Der Kindergarten gibt jeder Erzieherin / jedem Erzieher, die / der regelmäßig mindestens vier Stunden täglich beschäftigt sind, die Möglichkeit, am für die Kinder zubereiteten Mittagessen teilzunehmen. Die Kosten für das Mittagessen trägt der Arbeitgeber.

d **Gibt es in Ihrem Unternehmen Betriebsvereinbarungen? Berichten Sie.**

# 9 AN DER UNI

## 1 Im Studium

a **Sehen Sie das Foto an. Was meinen Sie?**

- Wo befinden sich die Personen?
- Was macht der Mann wohl gerade?
- Wer sind seine Zuhörer?

b **Um was für ein Fach könnte es hier gehen und warum? Um ein ...**

| geisteswissenschaftliches • wirtschafts- und sozialwissenschaftliches • medizinisches • rechtswissenschaftliches • naturwissenschaftliches • ... |
|---|

## 2 Ein Neustart

**Stellen Sie sich vor, Sie könnten (noch einmal) studieren. Was würden Sie gern tun? Überlegen Sie und sprechen Sie im Kurs.**

- Was würden Sie gern studieren? Wo würden Sie gern studieren?
- Warum würden Sie diesen Studiengang und Studienort wählen?

## 1 Ausbildung oder Uni?

a Sehen Sie die beiden Fotos an. Welche Bildunterschrift passt zu welchem Foto? Woran erkennen Sie das?

*Schüler in einem Klassenzimmer*

*Studierende in einer Vorlesung*

A

B

b **Welche Wörter passen zum Studium, welche Wörter passen zur dualen Ausbildung? Ergänzen Sie die Tabelle. Mehrfachnennungen sind möglich.**

das Ausbildungsjahr • die Bachelor-/Masterarbeit • die Berufsschülerin / der Berufsschüler • der Studiengang • das Semester • ~~die Lehrerin / der Lehrer~~ • die / der Auszubildende • das Gesellenstück • das Schuljahr • der Ausbildungsberuf • die Dozentin / der Dozent • die Ausbilderin / der Ausbilder • die Kommilitonin / der Kommilitone • die / der Studierende • die Zwischen-/Abschlussprüfung • die Kollegin / der Kollege • die Mitschülerin / der Mitschüler

| an der Universität | in der Berufsschule | im Ausbildungsbetrieb |
|---|---|---|
| | die Lehrerin / der Lehrer | |
| | | |
| | | |
| | | |
| | | |
| | | |

## 2 Richtig studieren → AB 131–132/Ü2–5

a **Sehen Sie die Fotos an. Was machen die Studierenden wohl? Sprechen Sie.**

1

2

3

b **Was passt? Ordnen Sie auf der folgenden Seite (KB 123) zu. Manche Verben passen mehrmals.**

ablegen • absolvieren • ~~auswählen~~ • besuchen • bewerben • einschreiben (= immatrikulieren) • erhalten / bekommen • machen • halten • schreiben • suchen • teilnehmen • verfassen • zusammenstellen • lesen • finden

1 sich um einen Studienplatz / Ausbildungsplatz ______
2 sich an einer Universität / Hochschule ______
3 im Vorlesungsverzeichnis Lehrveranstaltungen auswählen
4 seinen Stundenplan ______
5 ein Seminar / eine Vorlesung / eine Übung ______
6 eine Seminararbeit / eine Hausarbeit / eine Abschlussarbeit ______
7 eine Präsentation / ein Referat / einen Vortrag ______
8 eine Klausur / eine Zwischenprüfung / eine Abschlussprüfung ______
9 ein Auslandssemester / ein Praktikum ______
10 Fachliteratur ______
11 an Projekten / an einer Exkursion ______
12 Prüfungen ______
13 einen akademischen Grad / Titel ______

c **Wie verläuft ein Studium? Erzählen Sie.**

*Bevor man mit dem Studium anfangen kann, muss man sich an manchen Unis um einen Studienplatz bewerben.*

d **Sie sollen eine Seminararbeit verfassen. Bringen Sie die Arbeitsschritte in eine sinnvolle Reihenfolge und erklären Sie dann, was man genau macht.**

Schritt ___ : den Text formulieren
Schritt ___ : die Arbeit Korrektur lesen
Schritt 1 : Fachliteratur zum Thema finden und lesen
Schritt ___ : die Seminararbeit abgeben
Schritt ___ : eine Gliederung entwerfen
Schritt ___ : wichtige Informationen und Ideen zusammenfassen und kommentieren

*Zuerst müssen Studierende Fachliteratur zum Thema finden und lesen. Als Nächstes müssen sie …*

## 3 Ein Spiel

**Schreiben Sie einen Begriff aus Aufgabe 1 oder 2 auf einen Zettel. Schreiben Sie eine Definition auf die Rückseite. Falten Sie den Zettel so, dass der Begriff innen ist. Sammeln Sie dann alle Zettel ein und verteilen Sie sie neu. Lesen Sie Ihre Definition vor, die anderen raten den gesuchten Begriff.**

Bücher und Zeitschriften zu bestimmten Fachgebieten. Wissenschaftliche Theorien und Ergebnisse werden dargestellt und näher analysiert. Die Texte sind reich an fachsprachlichen Ausdrücken. Dazu zählen auch Nachschlagewerke wie Lexika.

Fachliteratur

***Wussten Sie schon?*** → AB 133/Ü6
*Damit man sich in Europa Studienleistungen aus anderen Ländern anrechnen lassen kann, gibt es das System der ECTS-Punkte (European Credit Transfer System). Studierende sollen in der Regel 60 Punkte pro Jahr oder 30 im Semester sammeln. Für jede besuchte und bestandene Lehrveranstaltung gibt es eine bestimmte Anzahl von Punkten. 1 ECTS-Punkt entspricht einem Arbeitsaufwand von 25 bis 30 Arbeitsstunden. Studierende müssen sich also auch außerhalb der Lehrveranstaltungen vieles erarbeiten. Für einen Abschluss braucht man eine festgelegte Gesamtpunktzahl, zum Beispiel 180 bei einem 3-jährigen Bachelorstudium.*

Ich kann jetzt …

| | ☺ | 😐 | ☹ |
|---|---|---|---|
| ■ Wörter der Wortfelder *Studium* und *Duale Berufsausbildung* unterscheiden. | ☐ | ☐ | ☐ |
| ■ über den Verlauf eines Studiums und Tätigkeiten im Studium sprechen. | ☐ | ☐ | ☐ |
| ■ universitäre Begriffe definieren. | ☐ | ☐ | ☐ |

## 1 Die Ruhr-Universität Bochum

a **Sehen Sie die Fotos in der Infobroschüre an. An wen richtet sich die Broschüre wohl?**

b **Lesen Sie die Zwischenüberschriften. Welcher Absatz interessiert Sie am meisten? Warum?**

c **Lesen Sie nun den Text. Unter welcher Überschrift finden Sie Informationen zu ... ?**

1 Akademische Perspektiven *Forschung und Lehre*
2 Anlaufstelle für ausländische Studierende
3 Freizeitangebote
4 Größe der Universität
5 Hilfe für Studierende mit Fragen und Problemen
6 Gebühren für das Studium

### Porträt

Mitten in der dynamischen, gastfreundlichen Metropolregion Ruhrgebiet im Herzen Europas liegt die Ruhr-Universität Bochum (RUB). Sie ist Heimat von 5 600 Beschäftigten und circa 43 000 Studierenden aus 130 Ländern. Alle großen wissenschaftlichen Disziplinen sind auf einem kompakten Campus vereint. 20 Fakultäten bieten ein großes Spektrum an Studienfächern.

### Forschung und Lehre

Die Ruhr-Universität ist auf dem Weg, eine der führenden europäischen Hochschulen des 21. Jahrhunderts zu werden. Fast alle Studiengänge werden als Bachelor-Master-Programme angeboten. Untereinander national und international stark vernetzte, fakultäts- und fachübergreifende Forschungsabteilungen (Research Departments) schärfen das Profil der RUB. Hinzu kommt ein bewährtes Programm zur Förderung von wissenschaftlichem Nachwuchs sowie eine hervorragende wissenschaftliche Infrastruktur. All das macht die RUB zum Anziehungspunkt für Menschen aus aller Welt. Schon vom ersten Semester an sollen Studierende erfahren, was Forschung bedeutet. Das beginnt in den Bachelorstudiengängen, setzt sich im Masterstudium fort und soll bei den Studierenden die Lust wecken, eine Karriere in der Forschung einzuschlagen. Denn die Studierenden von heute sind die Spitzenforscher von morgen.

Wer sich dafür entscheidet, nach dem Masterabschluss weiter in der Wissenschaft zu arbeiten, findet an der RUB beste Bedingungen vor: Unter Betreuung exzellenter Wissenschaftler promovieren die Doktoranden an der RUB in der Research School auf internationalem Niveau.

### Studienbeitrag

Das Sommersemester 2011 war das letzte, in dem Studienbeiträge in Höhe von 480 Euro pro Semester erhoben wurden. Inzwischen sind die Studienbeiträge in ganz Nordrhein-Westfalen abgeschafft. Nichtsdestotrotz wird pro Semester ein Sozialbeitrag von über 300 Euro für das Akademische Förderungswerk (AKAFÖ), die Studierendenschaft (ASTA) und das Semesterticket erhoben.

### Zentrale Studienberatung

Die Zentrale Studienberatung (ZSB) berät und unterstützt Studierende beim Übergang von der Schule zur Universität (Studienwahl, Bewerbung, Studienvorbereitung) und während ihres Studiums – auch mit psychologischer Beratung. Die ZSB bietet Hilfe bei individuellen Problemlösungen.

### Das International Office

Das International Office (IO) koordiniert die internationalen Beziehungen der Universität. Es ist zuständig für das Informieren von RUB-Studierenden zu Auslandsaufenthalten, die Betreuung von ausländischen Studierenden und das Programm „Universität ohne Grenzen" für die Integration von Geflüchteten.

### Zahlen und Fakten

- ca. 43 000 Studierende
- ca. 2 400 Doktorandinnen und Doktoranden
- ca. 5 800 ausländische Studierende
- ca. 2 000 Studierende mit Zuwanderungsgeschichte
- ca. 830 internationale Promovierende und Gastwissenschaftler/innen

### Campus und Kultur

Direkt im Süden der RUB öffnet sich das grüne Ruhrtal mit dem Kemnader See. Auch sonst gibt es für die Freizeit viele Angebote: Hochschulsport, Uni-Chor und Musikorchester, Kunst- und Fotokurse bieten jedem die Möglichkeit, sich auszuleben. Theateraufführungen und Konzerte runden das Angebot ab.

### Metropole Ruhr

Bochum, eine lebendige Universitätsstadt mit 370 000 Einwohnern, liegt im Herzen der Metropole Ruhr, die mit ihren 5 Millionen Einwohnern die größte Wirtschaftsregion Europas ist.
Ihre vielen Theater, Konzerthallen, Kinos und Museen machen die Metropole Ruhr zu Europas dichtester Kulturlandschaft. Allein in Bochum bieten mehr als 40 Theaterbühnen den Rahmen für die Abendgestaltung. Im „Bermuda3Eck", der größten Kneipenmeile des Ruhrgebiets, laden über 75 Kneipen, Bars und Restaurants zum Verweilen ein.

d **Ergänzen Sie die Informationen in der Tabelle mit Stichworten.**

| | |
|---|---|
| 1 geografische Lage | |
| 2 Einwohnerzahl der Stadt | |
| 3 Studienangebot | 20 Fakultäten |
| 4 mögliche Abschlüsse des Studiums | |
| 5 Zahl der Studierenden | |
| 6 Freizeitangebote der Stadt | |

## 2 Internationalismen → AB 134/07

**Was bedeuten diese Wörter? Ordnen Sie zu.**

| | |
|---|---|
| 1 die Universität | A das Büro für Studierende aus anderen Ländern |
| 2 die Fakultät | B die Doktorarbeit |
| 3 der Campus | C der erste Studienabschluss |
| 4 der Bachelor | D der Fachbereich |
| 5 der Master | E die Forschungsabteilung |
| 6 die Dissertation | F der zweite Studienabschluss |
| 7 das Research Department | G das Gelände mit den Universitätsgebäuden |
| 8 das International Office | H die Hochschule |

## 3 Konsekutive Zusammenhänge → AB 134–135/Ü8–10

GRAMMATIK
Übersicht → KB 134/1

a **Lesen und markieren Sie, was Studierenden bei der Wahl einer Universität wichtig ist.**

**Yussuf**
„Ich komme aus Syrien und habe in Damaskus begonnen, BWL zu studieren. Für mich ist es entscheidend, dass ich mein Studium fortsetzen und einen Abschluss machen kann."

**Mara**
„Ich habe gerade meinen Bachelor in Biochemie abgeschlossen. Jetzt suche ich eine Uni, an der ich meinen Master machen kann."

**Juhani**
„Ich komme aus Finnland und möchte jetzt ein Auslandssemester machen. Ich möchte während des Auslandsaufenthalts möglichst viel vom Kulturangebot nutzen."

**Sara**
„Ich habe an der Uni in Berlin sehr volle Hörsäle erlebt. Darum will ich jetzt die Uni wechseln. Mir ist eine gute Betreuung durch die Dozenten sehr wichtig."

9

b **Lesen Sie die Zusammenfassung. Welche Wörter drücken eine Folge aus? Markieren Sie.**

Junge Leute berichten, welche Erfahrungen sie gemacht haben und wie diese ihren Studienwunsch beeinflusst haben.
Da ist zunächst Yussuf. Er hat in Syrien bereits ein BWL-Studium begonnen. Infolgedessen muss er nicht von vorne beginnen, sondern kann hier weiterstudieren. Eine andere Motivation hat Mara. Sie hat ihr Bachelorstudium bald abgeschlossen, sodass sie jetzt eine neue Uni sucht, an der sie ihren Master machen kann. Juhani ist kulturell sehr interessiert. Folglich möchte er gern in einer Region mit entsprechenden Angeboten studieren. Und schließlich Sara. Infolge ihrer schlechten Erfahrungen an einer Uni mit vollen Hörsälen sucht sie nun eine kleinere Uni, an der Studierende gut betreut werden.

c **Sehen Sie sich die markierten Sätze in 3b noch einmal an. Ergänzen Sie die Tabelle.**

| Konnektor | Präposition | Adverb |
|---|---|---|
| | infolge | |

## 4 Wie ist das in Ihrem Heimatland?

**Arbeiten Sie zu zweit und vergleichen Sie: Welche Studienwünsche haben junge Menschen bei Ihnen?**

*Bei uns wollen auch viele, so wie Yussuf, BWL studieren. Folglich sind diese Studiengänge sehr gefragt.*

*„Bei uns wollen auch viele, so wie Mara / Juhani / ..., ... studieren.*
*Folglich / Infolgedessen sind / gibt es / ist es ...*
*Sie haben oft schon gute / schlechte Erfahrungen mit ... gemacht, sodass sie ... möchten / suchen.*
*Infolge guter / schlechter Erfahrungen ... suchen / wollen viele ...“*

Ich kann jetzt ...

| | ☺ | 😐 | ☹ |
|---|---|---|---|
| ■ Hauptinformationen aus einer Universitätsbroschüre entnehmen. | ☐ | ☐ | ☐ |
| ■ die Bedeutung von Internationalismen erschließen. | ☐ | ☐ | ☐ |
| ■ in komplexen Sätzen konsekutive Zusammenhänge verstehen. | ☐ | ☐ | ☐ |

## 1 Eine Uni auswählen → AB 135/Ü11

a **Welche Kriterien können bei der Wahl einer Universität eine Rolle spielen? Unterhalten Sie sich in Gruppen.**

Unterrichtssprache • die Größe der Studiengruppen • mögliche Abschlüsse • Betreuung der Studierenden • kulturelles Angebot der Region • der Freizeitwert der Umgebung • technische Ausstattung der Räume • renommierte Wissenschaftler als Lehrende • Forschungsbedingungen • ...

b **Diskutieren Sie.**

Stellen Sie sich vor: Sie haben inzwischen gut Deutsch gelernt und überlegen, ob Sie an einer Uni im deutschsprachigen Raum ein Studium beginnen. Diskutieren Sie über die Frage: Sollen Studierende auch auf anderen Sprachen als Deutsch studieren können? Warum (nicht)?

- Tauschen Sie zuerst Ihren Standpunkt und Ihre Argumente aus.
- Reagieren Sie dann auf Argumente Ihrer Gesprächspartnerin / Ihres Gesprächspartners.
- Fassen Sie am Ende zusammen: Sind Sie dafür oder dagegen?

Sie können diese Stichpunkte zu Hilfe nehmen.

- Sprachkenntnisse werden besser / schlechter?
- Deutschsprachige Freunde?
- Studienzeit ist länger / kürzer?
- Finanzierung ist gegeben?



**auf Argumente von Gesprächspartnern positiv reagieren**

„*Da stimme ich dir zu.*
*Ich bin ganz deiner Meinung.*
*... ist mir auch sehr wichtig, weil ...*
*Mir wäre ... auch am liebsten.*"

**auf Argumente von Gesprächspartnern negativ reagieren**

„*In diesem Punkt kann ich (dir) leider nicht zustimmen.*
*Was ... betrifft, bin ich anderer Meinung.*
*... ist nicht so wichtig für mich, weil ...*"

**beim Gesprächspartner nachfragen**

„*Ich bin nicht sicher, ob ich das richtig verstanden habe.*
*Kannst du das genauer erklären?*
*Was genau sind deine Vorstellungen in Bezug auf ...?*"

***Wussten Sie schon?*** → AB 136/Ü12
*Heutzutage kann man in den deutschsprachigen Ländern außer auf Deutsch auch auf Englisch studieren. Inzwischen gibt es mehrere hundert Studiengänge mit Englisch als Hauptunterrichtssprache. Ein großes Angebot findet man in den Fächern Management und Business Studies, aber auch im technischen Bereich wird es immer üblicher, Vorlesungen und Seminare auf Englisch anzubieten.*

Ich kann jetzt ...
- Kriterien für die Wahl einer Universität benennen. ☐ ☐ ☐
- Vor- und Nachteile von fremdsprachlichen Studiengängen diskutieren. ☐ ☐ ☐
- auf Argumente meiner Gesprächspartnerin / meines Gesprächspartners reagieren. ☐ ☐ ☐

## 1 Bewerbung um ein Praktikum

Samravit kommt aus Eritrea und studiert den Bachelorstudiengang *Soziale Arbeit* an der Hochschule Fulda. Teil des Studiums ist ein Praxissemester, das sie in einer sozialen Einrichtung ihrer Wahl absolvieren kann. Deshalb bewirbt sie sich um einen Praktikumsplatz im *Psychosozialen Zentrum Petersberg*.

**Was meinen Sie? Welche Unterlagen braucht Samravit für ihre Bewerbung? Markieren Sie.**

☐ Anschreiben • ☐ Arbeitszeugnisse • ☐ Ärztliches Attest • ☐ Foto • ☐ Lebenslauf • ☐ Mappe mit Arbeitsproben • ☐ Motivationsschreiben • ☐ Zeugnis des Schulabschlusses

## 2 Ein Motivationsschreiben → AB 137/Ü13

a **Lesen Sie Samravits Motivationsschreiben. Welche Funktion hat es?**

b **Welche Überschrift passt zu welchem Absatz im Text? Ergänzen Sie.**

☐ Grund für die Wahl der Einrichtung • ☐ Meine beruflichen Ziele • ☐ Meine Erwartungen an das Praxissemester • ☐ Persönliche Fähigkeiten

### Meine Motivation für ein Praktikum am *Psychosozialen Zentrum Petersberg*

Sehr geehrte Damen und Herren,

ich studiere an der Hochschule Fulda im vierten Semester *Soziale Arbeit*. Im Rahmen eines Praxissemesters ist ein Praktikum in einer sozialen Einrichtung zu absolvieren. Weil das *Psychosoziale Zentrum Petersberg* einen hervorragenden Ruf genießt, möchte ich mich bei Ihnen um eine Praktikumsstelle ab Oktober bewerben.

[1] In Seminaren und Übungen habe ich bereits verschiedene soziale Einrichtungen in Fulda besucht, um einen ersten Eindruck meines späteren Arbeitsumfeldes zu gewinnen. Bei einem Besuch des *Psychosozialen Zentrums Petersberg* war ich von der freundlichen Atmosphäre und der Aufgeschlossenheit der Mitarbeiter beeindruckt.

[2] Nach mehreren Sprachkursen verfüge ich über gute Deutschkenntnisse. Zurzeit vertiefe ich meine Sprachkenntnisse im Rahmen eines Sprachkurses für Fortgeschrittene an der Hochschule (Niveau C1). Überdies habe ich mir in den ersten Semestern des Studiums bereits theoretische Grundlagen des Arbeitsbereiches angeeignet.

[3] Vom Praktikum am *Psychosozialen Zentrum Petersberg* verspreche ich mir, mein theoretisches Wissen auf die Praxis zu übertragen. Ich würde mich gern mit dem praktischen Arbeitsumfeld vertraut machen und die Tätigkeit in einer psychosozialen Einrichtung kennenlernen. Darüber hinaus möchte ich mir in der Praxis weitere fachsprachliche Kenntnisse aneignen. Außerdem ist es wichtig für mich, durch das Praktikum Kontakte zu Kollegen in meinem Berufsfeld zu knüpfen.

[4] Da mein Interesse an der psychosozialen Arbeit sehr groß ist, möchte ich auch meine Bachelorarbeit über ein Thema dieses Bereiches schreiben. Das Praktikum ermöglicht es mir, meine Chancen auf einen Studienplatz im anschließenden Masterstudium *Psychosoziale Beratung und Therapie* zu verbessern. Zudem wäre ein Praktikum in Ihrer Einrichtung eine gute Vorbereitung auf die Arbeitswelt und würde mich auf meinem beruflichen Weg einen großen Schritt weiterbringen.

Mit freundlichen Grüßen
Samravit Mehari

## 3 Feste Verbindung von Nomen mit Verben → AB 138–139/Ü14–17

**GRAMMATIK**
Übersicht → KB 134/2

a **Lesen Sie das Schreiben noch einmal und ordnen Sie zu. Was gehört zusammen?**

| | |
|---|---|
| ein Praktikum | aneignen |
| einen Eindruck | vertiefen |
| Kenntnisse | verfügen |
| sich theoretische Grundlagen | knüpfen |
| über Kenntnisse | weiterbringen |
| sich mit einer Tätigkeit | absolvieren |
| Kontakte | gewinnen |
| seine Chancen | verbessern |
| einen großen Schritt | vertraut machen |

b **Wie kann man die folgenden Verben sprachlich anspruchsvoller ausdrücken? Ordnen Sie zu.**

1 lösen 2 wissen 3 fragen 4 verantworten 5 meinen 6 bedeuten

☐ über Kenntnisse verfügen • [3] eine Frage stellen • ☐ eine Lösung finden • ☐ Verantwortung übernehmen • ☐ eine Bedeutung haben • ☐ eine Meinung vertreten

c **Manche Nomen bilden mit mehreren Verben eine feste Verbindung. Formulieren Sie Beispielsätze.**

einen Eindruck | bekommen von / gewinnen von / haben von / hinterlassen bei

*Während eines Besuchs habe ich einen Eindruck von der Einrichtung bekommen.*

## 4 Ein Motivationsschreiben verfassen

**Verfassen Sie ein eigenes Motivationsschreiben. Sammeln Sie vor dem Schreiben Stichpunkte zu folgenden Fragen.**

**Wo?** An welche Einrichtung / Firma / Hochschule schreiben Sie?
**Wann?** Zu welchem Zeitpunkt möchten Sie beginnen?
**Wofür?** Wofür bewerben Sie sich? (ein Auslandssemester/-jahr, ein Praktikum, einen Studienplatz, ...)
**Was?** Welche Kenntnisse und Fähigkeiten bringen Sie mit? (Abschlüsse, Sprachkenntnisse, ...)
**Interesse?** Warum wollen Sie dort arbeiten / studieren?
**Ziele?** Welche beruflichen Ziele haben Sie? Was wollen Sie mit Ihrer Ausbildung erreichen?

Ich kann jetzt ...

| | ☺ | ☹ (neutral) | ☹ |
|---|---|---|---|
| ■ ein Motivationsschreiben entwerfen (Voraussetzungen, Ziele, Erwartungen). | ☐ | ☐ | ☐ |
| ■ persönliche Voraussetzungen für ein Praktikum genau beschreiben. | ☐ | ☐ | ☐ |
| ■ feste Verbindungen von Nomen mit Verben erkennen und bilden. | ☐ | ☐ | ☐ |

# HÖREN

## 1 Wofür Studierende Geld brauchen → AB 139/Ü18

**Was meinen Sie: Wofür geben Studierende das meiste Geld aus?**
**Ordnen Sie (1 = am wenigsten; 6 = am meisten).**
**Vergleichen Sie mit Ihrer Lernpartnerin / Ihrem Lernpartner.**

- ☐ Lebensmittel
- ☐ Miete (mit Nebenkosten für Strom, Wasser)
- ☐ Kommunikation (Handy / Smartphone, Internet)
- ☐ Fahrtkosten / Semesterticket (Auto / öffentliche Verkehrsmittel)
- ☐ Lernmittel (Fachliteratur, Schreibwaren)
- ☐ Semesterbeitrag / Sozialbeitrag

9

*Wussten Sie schon?* → AB 140/Ü19
*Durchschnittlich knapp 10 000 Euro im Jahr betragen laut Aussagen von Studierendenorganisationen die Lebenshaltungskosten für Studierende in Deutschland und Österreich, in der Schweiz müssen sie mit zwischen 21 000 und 31 000 Franken rechnen. Rund ein Viertel der Studierenden verfügt allerdings über weniger Geld. Die Ausgaben hängen davon ab, wo man studiert. In allen deutschsprachigen Ländern gibt es, je nach Region und Studienort, ziemliche Unterschiede. In kleinen Universitätsstädten ist das Wohnen billiger, dafür findet man in großen Städten leichter einen gut bezahlten Studentenjob.*

## 2 Finanzierung des Studiums

2 ◀)) 11 **a** **Sie hören den Anfang eines Vortrags. Notieren Sie sich beim Hören Stichpunkte zu den Fragen.**

- **Wer** spricht?
- **Wo** wird der Vortrag gehalten?
- **Worum** geht es?

2 ◀)) 12 **b** **Hören Sie nun den Vortrag einmal ganz und wählen Sie bei jeder Aufgabe (KB 131) die richtige Lösung. Hören Sie ihn dann noch einmal in Abschnitten und kontrollieren Sie Ihre Lösungen.**

*Richtig Hören: Schlüsselwörter*
*Lesen Sie vor dem Hören die Fragen und markieren Sie Wörter, die Ihnen wichtig erscheinen. Hier im Beispiel wäre „Publikum" in der Frage das Schlüsselwort. In den drei Auswahlantworten sind die Wörter „Mitarbeiter", „Schüler" und „Studierende" unterstrichen, weil sie inhaltlich zum „Publikum" gehören können.*

Beispiel: Für welches Publikum ist dieser Vortrag? Für …
- a Mitarbeiter des Studentenwerks.
- ✗ Schüler am Ende ihrer Schulzeit.
- c Studierende im ersten Semester.

## HÖREN

2 ◀) 13 **Abschnitt 1**

1 Tristan finanziert sein Studium mithilfe ...
- a seiner Eltern.
- b von mehreren Einnahmequellen.
- c eines Nebenjobs.

2 Wie viel verbraucht er für die Miete?
- a 184 Euro
- b 320 Euro
- c 920 Euro

2 ◀) 14 **Abschnitt 2**

1 Katrin ist Abendaushelferin. Welche Vorteile hat sie?
- a Sie bezahlt keine Steuern.
- b Sie verdient gut – an wenigen Abenden.
- c Sie kann viele Opern kostenlos sehen.

2 Worauf soll man bei Studentenjobs besonders achten?
- a Auf die Firma, für die man arbeitet.
- b Auf den Verdienst.
- c Auf die Arbeitszeiten.

2 ◀) 15 **Abschnitt 3**

1 Ein Studienkredit ist geeignet für Studierende, die ...
- a hohe Studiengebühren zahlen müssen.
- b keine Zeit für einen Studentenjob finden.
- c nach dem Studium wenig verdienen werden.

2 Wovon ist die Höhe der Rückzahlung abhängig?
- a Vom Verdienst nach dem Studium.
- b Vom Zinssatz nach dem Studium.
- c Von der Dauer des Studiums.

2 ◀) 16 **Abschnitt 4**

1 Stipendien gibt es auch für ...
- a Berufstätige, die nebenbei studieren.
- b Studierende, die schon mitten im Studium sind.
- c Schüler, die danach studieren wollen.

2 Man findet Stipendiengeber am besten durch ...
- a Nachfrage beim Studentenwerk.
- b Anrufe bei Stipendienorganisationen.
- c eine Suchanzeige im Internet.

9

c **Welchen Tipp des Vortragenden fanden Sie am interessantesten? Warum?**

*Ich wusste nicht, dass man einen Studienkredit erhalten kann.*

*Besonders interessant fand ich, ...*

Ich kann jetzt ...
- über Lebenshaltungskosten von Studierenden sprechen.
- einem Vortrag Informationen zur Finanzierung eines Studiums entnehmen.
- Einzelheiten und praktische Informationen zur Finanzierung eines Studiums verstehen.

# SPRECHEN 2

## 1 Ferien- und Aushilfstätigkeiten

a **Sprechen Sie zu zweit.**

- Welche Jobs sind in Ihrem Heimatland bei Studierenden beliebt?
- Welche sind gut bezahlt, welche nicht? Welche bieten gute Arbeitszeiten?
- Welche sind sinnvoll für die zukünftige Karriere?

b **Sehen Sie die Bilder an. Wo arbeiten diese jungen Leute? Worin besteht die Tätigkeit?**

A

D

G

B

E

H

C

F

I

c **Welchen Job würden Sie wählen? Sprechen Sie.**

## 2 Austausch → AB 140–141/Ü20–22

a **Welche Tätigkeit würden Sie gern ausüben? Bereiten Sie einen kurzen Vortrag über verschiedene Ferien- und Aushilfstätigkeiten vor. Machen Sie sich Notizen und strukturieren Sie Ihren Vortrag mit einer Einleitung, einem Hauptteil und einem Schluss.**

- Beschreiben Sie kurz mehrere Alternativen.
- Beschreiben Sie eine Tätigkeit genauer.
- Nennen Sie Vor- und Nachteile von Ferien- und Aushilfsjobs und bewerten Sie diese.

b **Arbeiten Sie nun zu zweit. Halten Sie sich gegenseitig einen kurzen Vortrag. Ihr Gesprächspartner hört zu und stellt Ihnen anschließend Fragen.**

**eine Tätigkeit beschreiben**

„*Viele arbeiten als … / Wenige arbeiten als …*
*Als … hat man echt viel / wenig zu tun.*
*Die Arbeit in … / bei … / als … ist sehr anstrengend / interessant / …*“

**Auskunft über Verdienstmöglichkeiten geben**

„*Als … verdient man sehr gut / schlecht.*
*Am besten verdient man als …*
*Die Tätigkeit in … / bei … / als … wird (nicht) gut bezahlt.*“

c **Berichten Sie über den Vortrag Ihrer Lernpartnerin / Ihres Lernpartners im Kurs.**

---

Ich kann jetzt …

| | ☺ | 😐 | ☹ |
|---|---|---|---|
| ■ detailliert beschreiben, aus welchen Tätigkeiten ein Aushilfsjob besteht. | ☐ | ☐ | ☐ |
| ■ Auskunft über Verdienstmöglichkeiten geben. | ☐ | ☐ | ☐ |

## SEHEN UND HÖREN

### 1 Ein Studentenleben

a Sehen Sie das Foto an. Was denken Sie über diesen Studenten? Sprechen Sie.

29 b Hören Sie die Geräusche eines Films. Arbeiten Sie zu zweit.

- Was haben Sie alles gehört?
- Worum geht es in dem Film wohl?

30 c Sehen Sie jetzt den Film an. Sprechen Sie.

- Welche Geräusche haben Sie richtig geraten?
- Wofür steht wohl *FHB* auf dem Ordner?

30 d Sehen Sie den Film noch einmal an. Arbeiten Sie in Kleingruppen. Sammeln Sie, was der Student alles macht. Vergleichen Sie dann Ihre Ergebnisse. Gewonnen hat die Gruppe, die die meisten Aktivitäten notiert hat.

e Fassen Sie den Tagesablauf des Studenten mündlich zusammen.

### 2 Traumstudium?

*Träume nicht dein Studium, sondern studiere deinen Traum!*

a Erklären Sie das Motto.

b Wie zeigt der Film das Studentenleben? Sprechen Sie.

c Vergleichen Sie dieses Studentenleben mit dem in Ihrem Heimatland.

9

### 3 Bewertungen

a Der Film war Sieger in einem Filmwettbewerb für Studentenfilme. Warum wohl?

b Lesen Sie Kommentare aus dem Internet und schreiben Sie selbst einen Kommentar.

Technisch möglicherweise etwas anspruchslos. Aber das mit der non-verbalen Darstellung ist eine tolle Idee, wirklich nicht uninteressant.

Ich finde die Frage der Technik echt irrelevant. Ist doch gut gemacht. Mich erinnert der Film an meine Studententage. Aber gefeiert haben wir nicht jeden Abend. Das ist hier vielleicht etwas missverständlich dargestellt.

Tagesablauf bei mir: Ausschlafen, gegen 12.00 Uhr Mittagessen in der Mensa, anschließend Vorlesung, danach ein Seminar oder gleich in die Kneipe. ☺ Ist das nicht bei allen so? Für mich zeigt dieser Film eher einen atypischen Ablauf. Oder ist bei mir da was schiefgelaufen?

Ich bin inzwischen total desillusioniert. Am Anfang gab es noch Partys. Aber seit es Richtung Prüfung geht, sitze ich fast nur noch in Lerngruppen. Aber daraus würde kein guter Film. ☺

### 4 Negation durch Vor- und Nachsilben bei Adjektiven → AB 142–143/Ü23–24 GRAMMATIK

Übersicht → KB 134/3

Markieren Sie in den Kommentaren in 3b Adjektive mit den Vorsilben *ir-*, *des-*, *miss-*, *non-* und *un-*, *a-* und der Nachsilbe *-los*. Bilden Sie Adjektive mit gegenteiliger Bedeutung, wenn möglich, z. B. *anspruchslos – anspruchsvoll*.

Ich kann jetzt ...

| | ☺ | 😐 | ☹ |
|---|---|---|---|
| ■ den Inhalt eines non-verbalen Films wiedergeben. | ☐ | ☐ | ☐ |
| ■ Adjektive mit negierenden Vor- und Nachsilben verstehen und bilden. | ☐ | ☐ | ☐ |

## 1 Konsekutive Zusammenhänge ⇤ KB 126/3

Konsekutive Konnektoren und Präpositionen drücken aus, welche Folge eine Situation oder Handlung hat. Konsekutivsätze können verbal mit Konnektoren oder nominal mit Präpositionen gebildet werden. Nominale Ausdrücke mit Präpositionen sind typisch für die Schriftsprache.

| **Verbal** | |
|---|---|
| **Konnektor** | **Beispiel** |
| sodass | Mara hat den Bachelor abgeschlossen, **sodass** sie nun ein Masterstudium beginnen kann. |
| so / derartig* …, dass | Sara ist eine gute Betreuung durch die Dozenten **so wichtig**, **dass** sie die Uni wechseln möchte. |
| folglich / infolgedessen | Juhani ist kulturinteressiert. **Folglich** möchte er im Ausland das Kulturangebot nutzen. |

| **Nominal** | |
|---|---|
| **Präposition** | **Beispiel** |
| infolge + Genitiv | **Infolge** ihres Bachelorabschlusses kann Mara nun ein Masterstudium beginnen. |

* *so* oder *derartig* stehen vor einem Adjektiv oder Adverb.

## 2 Feste Verbindung von Nomen mit Verben ⇤ KB 129/3

Ausdrücke, in denen Nomen und Verben in fester Kombination auftreten, sind in der Schriftsprache häufig. An der Stelle der festen Verbindung steht in der gesprochenen Sprache häufig nur **ein** Verb mit der gleichen oder einer ähnlichen Bedeutung.

| | |
|---|---|
| eine Lösung finden | lösen |
| eine Entscheidung treffen | entscheiden |
| eine Frage stellen | fragen |
| eine Bedeutung haben | bedeuten |
| (s)eine Meinung vertreten | meinen |
| für etwas Verantwortung übernehmen | verantworten |
| über Kenntnisse verfügen | wissen |
| einen Vortrag / eine Rede halten | vortragen |

Bei einigen Nomen gibt es mehrere Kombinationsmöglichkeiten.

| | |
|---|---|
| einen Eindruck | bekommen, haben, hinterlassen, gewinnen |
| eine Entscheidung | treffen, fällen |
| infrage | stellen, kommen |
| Kenntnisse | vertiefen, erweitern, haben |
| (die) Verantwortung | haben, tragen, ablehnen, übernehmen |

## 3 Wortbildung: Negation durch Vor- und Nachsilben bei Adjektiven ⇤ KB 133/4

| **Vorsilbe** | **Beispiel** |
|---|---|
| **a-** | asozial |
| **des-** | desillusioniert |
| **ir-** | irrelevant |
| **miss-** | missverständlich |
| **non-** | nonverbal |
| **un-** | uninteressant |

| **Nachsilbe** | **Beispiel** |
|---|---|
| **-los** | anspruchslos |

9

# 10 SERVICE

## 1 Service im Alltag

a **Sehen Sie das Foto an. Welcher Service wird hier wohl dargestellt? Markieren Sie.**

- ☐ eine nette Begleitung für einen Fahrradausflug
- ☐ die Erledigung des täglichen Lebensmitteleinkaufs
- ☐ der Transport von telefonisch oder online bestellten warmen Mahlzeiten

b **Haben Sie so einen Service schon einmal in Anspruch genommen? Warum (nicht)?**

## 2 Spezial-Service gesucht! → AB 147/Ü2

**Welchen Service würden Sie gern einmal von Ihren Mitlernenden in Anspruch nehmen? Was würden Sie im Gegenzug dafür anbieten? Schreiben Sie Ihren Wunsch, Ihr Angebot und Ihren Namen auf einen Zettel. Lesen Sie die Wünsche der anderen. Erklären Sie, wem Sie welchen Service anbieten könnten.**

Suche jemanden, der mir mein Fahrrad repariert.
Kann dafür leichte Haushaltsarbeiten übernehmen.
Alina

*Ich könnte Alinas Fahrrad reparieren. Am liebsten wäre mir, wenn sie mir dafür meine Haare schneiden würde.*

# WORTSCHATZ

10

## 1 Alles ist machbar! → AB 148/Ü3

a Sehen Sie die Bilder an. Welche Dienstleistungen werden hier angeboten? Ordnen Sie zu. Ein Service passt nicht.

- ☐ schneller Transport kleinerer Dinge
- ☐ günstiger Einkauf gebrauchter Waren
- ☐ privater Zusatzunterricht für Schüler
- ☐ Reinigungshilfe
- ☐ Fahrradreparaturservice
- ☐ Bücherbestellservice
- ☐ Pizzalieferservice
- ☐ Tierarztpraxis
- ☐ Schlüsseldienst

1

2

3

4

5

6
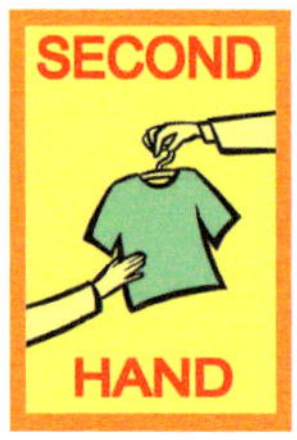


7

8

b Ordnen Sie nun die Bilder den Werbesprüchen zu.

- ☐ Frisch aus dem Steinbackofen – jederzeit lieferbar!
- ☐ Schnell wie der Blitz: In der Innenstadt sind wir unschlagbar.
- ☐ Bei uns ist alles Gedruckte erhältlich oder innerhalb von 24 Stunden bestellbar!
- ☐ Reifen platt? Kein Problem! Wir machen Ihr Rad in kürzester Zeit wieder benutzbar.
- ☐ Wir kümmern uns um Ihre Wohnung und machen uns unersetzlich!
- ☐ Bald sind knifflige Matheaufgaben auch für Ihr Kind lösbar!
- ☐ Bringen Sie uns Ihre gebrauchten Sachen – unverkäuflich gibt's bei uns nicht.
- ☐ Ausgeschlossen? Keine Sorge! Wir sind rund um die Uhr erreichbar.

c In welchen Situationen werden diese Dienstleistungen in Anspruch genommen? Erklären Sie.

## 2 Alternativen zum Passiv (I) → AB 149–150/Ü4–7

**GRAMMATIK**
Übersicht → KB 146/1a

a Unterstreichen Sie in den Werbesprüchen in 1b alle Adjektive mit den Endungen *-bar* und *-lich*.

b Was bedeutet *lieferbar*? Markieren Sie.

☐ kann geliefert werden ☐ ist geliefert worden ☐ muss geliefert werden

c Umschreiben Sie auch die anderen Adjektive auf *-bar* und *-lich* in den Werbesprüchen.

*„Die Matheaufgaben sind lösbar." Das bedeutet, die Matheaufgaben können gelöst werden.*

## 3 Werbesprüche formulieren

Arbeiten Sie in Kleingruppen. Formulieren Sie einen Werbespruch zu einem Service Ihrer Wahl. Die anderen raten.

| Ich kann jetzt ... | ☺ | 😐 | ☹ |
|---|---|---|---|
| ▪ die Absicht von Werbesprüchen verstehen. | ☐ | ☐ | ☐ |
| ▪ Adjektive auf *-bar* und *-lich* als Alternative zum Passiv anwenden. | ☐ | ☐ | ☐ |
| ▪ eigene Werbesprüche formulieren. | ☐ | ☐ | ☐ |

## 1 Dienstleistungen in meinem Alltag → AB 151/Ü8

Schreiben Sie eine Liste mit allen Dienstleistungen, die Sie im Alltag in Anspruch nehmen. Notieren Sie auch alle Tätigkeiten, für die es Dienstleister gibt, die Sie aber selbst erledigen. Sprechen Sie anschließend in Kleingruppen darüber.

| Art der Tätigkeit | lasse ich machen | mache ich selbst | Grund |
|---|---|---|---|
| Haare schneiden | ☒ | ☐ | Ich kann keine Haare schneiden. |
| Fenster putzen | ☐ | ☐ | |
| | | | |

*Ich gehe gern zum Friseur. Außerdem würde ich schrecklich aussehen, wenn ich meine Haare selbst schneiden würde.*

## 2 Total verrückte Dienstleistungen

Stellen Sie sich vor: Sie können sich eine außergewöhnliche Dienstleistung wünschen – was wäre das zum Beispiel? Unterhalten Sie sich zu zweit.

## 3 Ideenbörse → AB 151/Ü9

a Bieten Sie jetzt einen eigenen Service an! Was brauchen Sie zur Umsetzung Ihrer Idee an Kenntnissen, Kontakten, Personal, Investitionen, Zeit, ...? Sammeln Sie zu zweit Ideen und notieren Sie.

b Gestalten Sie zu zweit einen Flyer für Ihren Service: Schreiben Sie einen Werbespruch darauf und zeichnen Sie eventuell ein kleines Logo.

c Stellen Sie nun einem anderen Team Ihren Service vor und überzeugen Sie es von Ihrem Angebot. Die anderen fragen nach. Verwenden Sie dabei die folgenden Redemittel.

einen Service anbieten

„*Wir können euch etwas ganz Einmaliges anbieten, nämlich ...*
*So etwas bekommt ihr sonst nirgendwo.*
*... ist eine unglaubliche Erleichterung im Alltag. Man muss nie mehr ...*“

(kritisch) nachfragen

„*Wie soll das Ganze funktionieren?*
*Ich kann mir noch nicht so richtig vorstellen, ...*
*Ist ... auch/dabei inbegriffen?*
*Das klingt schon recht verlockend, aber ...*
*Ich bin mir nicht sicher, ob ...*“

| Ich kann jetzt ... | ☺ | 😐 | ☹ |
|---|---|---|---|
| ▪ über Dienstleistungen reden und begründen, warum ich sie (nicht) in Anspruch nehme. | ☐ | ☐ | ☐ |
| ▪ eine eigene Geschäftsidee anbieten. | ☐ | ☐ | ☐ |
| ▪ kritische Fragen zu Geschäftsideen anderer stellen. | ☐ | ☐ | ☐ |

## 1 Schnäppchenjagd – ein neues Hobby

a **Was ist ein „Schnäppchen“? Markieren Sie.**

- ☐ ein besonderer Artikel, den es nur wenige Male gibt
- ☐ ein Artikel, der zu einem besonders günstigen Preis angeboten wird

b **Wie könnte Ihrer Meinung nach Schnäppchenjagd im Internet funktionieren?**

c **Sehen Sie die Internetanzeige an. Welche Informationen erhält man? Markieren Sie.**

- ☐ Man kann für wenig Geld zwei Stunden bowlen und so viel Pizza essen, wie man will.
- ☐ Die Angebote sind für Gruppen ab fünf Personen gedacht.
- ☐ Die meisten Personen haben das Angebot gewählt, bei dem man besonders viel spart.
- ☐ Ein Angebot ist fast ausverkauft.
- ☐ Die Angebote gelten nicht immer.

***Sei dabei! In Harrys Bowling-Center – nur für begrenzte Zeit!***

51 % Rabatt!

- 2 Std. Bowling inkl. 2 x Holzofen-Pizza nach Wahl für bis zu 4 Personen (So. – Do.) ~~61,00 €~~ 29,90 €
  *Mehr als 200 gekauft*

39 % Rabatt!

- 2 Std. Bowling inkl. 2 x Holzofen-Pizza nach Wahl für bis zu 4 Personen (Fr. und Sa.) ~~81,80 €~~ 49,90 €
  *Mehr als 10 gekauft*

**Angebot läuft noch: 14:46:25**

## 2 Ein Internetservice → AB 152/Ü10

2 17 **Hören Sie ein Gespräch mit mehreren Personen. Die Personen sprechen über Schnäppchen-Angebote im Internet. Hören Sie den Text einmal und wählen Sie bei jeder Aufgabe: Wer sagt das?**

| a Nutzerin **Alice Frey** | b Marketing-Experte **Hendrik Furler** | c Restaurantbesitzerin **Nadja Becker** |
|---|---|---|

1 Bei „Sei dabei!“ erhält man online täglich mehrere sehr günstige Angebote.
a Nutzerin b Marketing-Experte c Restaurantbesitzerin

2 Mit den meisten Schnäppchen war sie / er sehr zufrieden.
a Nutzerin b Marketing-Experte c Restaurantbesitzerin

3 Der Anteil vom Verkaufspreis für das Internetportal ist zu hoch.
a Nutzerin b Marketing-Experte c Restaurantbesitzerin

4 Anbieter möchten über das Portal neue Kunden gewinnen.
a Nutzerin b Marketing-Experte c Restaurantbesitzerin

5 Die Anbieter sollten für die kostenlose Werbung auch etwas tun.
a Nutzerin | b Marketing-Experte | c Restaurantbesitzerin

6 Bestimmte Angebote können die Nutzer sogar auf neue Hobbys bringen.
a Nutzerin | b Marketing-Experte | c Restaurantbesitzerin

## 3 Ihre Meinung

a **Wie finden Sie die Schnäppchenjagd über Internetportale wie „Sei dabei!"?**

b **Würden Sie selbst einmal dort einkaufen oder einen Service anbieten? Sprechen Sie.**

## 4 Alternativen zum Passiv (II) → AB 153–154/Ü12–14

GRAMMATIK
Übersicht → KB 146/1b

a **Lesen Sie folgenden Satz aus dem Hörtext noch einmal. Was bedeutet er? Markieren Sie.**

*Der Gutschein* ***ist*** *innerhalb einer bestimmten Zeit* ***einzulösen****.*

- [ ] Der Gutschein wird innerhalb einer bestimmten Zeit eingelöst.
- [ ] Der Gutschein muss innerhalb einer bestimmten Zeit eingelöst werden.

b **Schreiben Sie die folgenden Sätze im Passiv mit *müssen* oder *können*.**

1 Meistens war dafür weniger als die Hälfte vom Normalpreis zu bezahlen.
Meistens musste dafür ______

2 Aber dann war klar, dass die Gäste nicht mehr zufriedenzustellen waren.
Aber dann war klar, dass ______

c **Welcher Satz bedeutet nicht das Gleiche wie folgender Satz aus dem Hörtext?**

*Ein 3-Gänge-Menü* ***lässt sich*** *für 10 Euro wirklich nicht* ***machen****.*

Ein 3-Gänge-Menü ...
- [ ] kann für 10 Euro wirklich nicht gemacht werden.
- [ ] ist für 10 Euro wirklich nicht machbar.
- [ ] wird für 10 Euro wirklich nicht gemacht.
- [ ] ist für 10 Euro wirklich nicht zu machen.

d **Schreiben Sie für den folgenden Satz vier passende Varianten wie in Aufgabe 4c.**

*Wie lässt sich das erklären?*
1
2
3
4

*Wussten Sie schon?* → AB 152/Ü11
*Inzwischen kommt es häufig vor, dass Kunden sich vor dem Kauf von teureren Gegenständen, wie Elektrogeräten, Autos etc., im Einzelhandel sachkundig beraten lassen, aber dann günstiger im Internet kaufen. Viele nutzen dabei sogenannte „Preisvergleichsportale" im Internet, z. B. www.billiger.de, www.geizhals.at oder www.toppreise.ch. Dort erhält man Preisangebote von verschiedenen Anbietern im Internet. Der Kundenrückgang führt in vielen Städten zu einem langsamen „Sterben" des Einzelhandels.*

Ich kann jetzt ...
- verstehen, nach welchem Prinzip eine Internetrabattseite funktioniert.
- verstehen, wer in einer Gesprächsrunde was sagt.
- Alternativen zum Passiv verwenden.

10

## 1 Mit oder ohne Service?

a **In welchen alltäglichen Situationen kann man sich normalerweise selbst bedienen, wo wird man bedient? Ergänzen Sie SB (für Selbstbedienung) oder S (für Service). Sprechen Sie darüber.**

| | |
|---|---|
| im Discounter | in der Mensa |
| SB am Wühltisch im Kaufhaus | im Drogeriemarkt |
| in der Apotheke | im Feinkostladen |
| im Restaurant | im Blumenladen |
| in einer Kneipe / Bar | in der Boutique |

*Am Wühltisch im Kaufhaus muss man alles durchsehen und oft lange „wühlen", bis man etwas Passendes findet.*

b **In welchem Fall bevorzugen Sie es, bedient zu werden, in welchem nicht? Sprechen Sie in kleinen Gruppen.**

## 2 Auf dem Blumenfeld → AB 154/015

a **Sehen Sie die beiden Fotos an. Was macht die Person? Was sieht man auf dem rechten Foto?**

A

B

b **Lesen Sie den Artikel. Beantworten Sie die Fragen in Stichpunkten.**

1 Was ist das Besondere an diesen Blumenfeldern?
2 Warum liegen Blumenfelder so im Trend?
3 Welche Vorteile gegenüber dem Einkauf im Laden werden genannt?
4 Wie beurteilen die Grundstücksbesitzer die Geschäftsidee mit dem Blumenfeld?
5 Wie funktioniert die Bezahlung?

### *Sonnenhut und Tausendschön*

**Das Geschäft mit Blumen in freier Natur läuft rund um die Uhr. Und alles in Selbstbedienung. Ein Besuch auf zwei Blumenfeldern am Stadtrand.**

„Papa, die da drüben", ruft die kleine Greta ihrem Vater zu und deutet mit ihrem Finger auf eine knallrote Blume am Rande des Feldes: eine Dahlie. Dass im Sommer Blumenzeit ist, wird von sehr vielen Autofahrern und Spaziergängern genutzt. Sie finden es schön, ihren Liebsten eine kleine Freude mit einem bunten Blumenstrauß zu bereiten: frisch vom Feld und selbst gepflückt natürlich.
In Bottrop gibt es Felder mit der Aufschrift „Blumen zum Selberpflücken" schon seit mehreren Jahren. Und sie liegen noch immer voll im Trend, ebenso wie Erdbeerpflückfelder und Apfelbaumplantagen.
„Vor 10 Jahren haben wir hier unser Feld eröffnet", schildert Marita Oesterdiekhoff, „und es ist noch immer sehr gefragt. Gerade an Wochenenden halten viele Kunden auf dem Weg zu Freunden oder nach Hause mal eben am Rande des Feldes mit ihrem Auto an. Sie haben es sich zur Gewohnheit gemacht, einige Blumen als kleines Mitbringsel zu besorgen."
Auch Ulrich Kückelmann und seine zwei Töchter Greta (7) und Carlotta (2) sind noch mal schnell zum Blumenfeld rübergeflitzt, um ein paar Blümchen für Omas Geburtstag zu schneiden. „Es ist praktisch, dass sich das Feld direkt um die Ecke befindet und rund um die Uhr geöffnet ist", so Papa Kückelmann, „nicht nur das Verschenken der Sträuße macht Spaß, sondern auch das Schneiden wird zu einem Erlebnis, gerade mit Kindern." Neben Sonnenblumen und Dahlien finden sie auch Sonnenhut und Tausendschön.
„Da fällt die Wahl nicht leicht", zwinkert Marita Oesterdiekhoff, „unser Sortiment variiert ständig. Mein Mann Heino liebt es zu experimentieren." Über den Zukauf weiterer Felder ist im Hause Oesterdiekhoff bereits nachgedacht worden.

Auch Georg Berger probiert auf seinem Feld an der Feldhausener Straße stetig neue Kombinationen von Blumen und Pflanzen. Letztes Jahr testete er sogar einen kleinen Kräutergarten, aber der kam bei den Kunden nicht so gut an. Dafür seien die Blumenfelder mit Sonnenblumen und Tulpen ein Dauerbrenner.
Und das Gute: Die Blumenfelder machen nur am Saisonanfang viel Arbeit. Mit den Vorbereitungen wird oft schon im Februar begonnen. Doch im Frühling und Sommer reicht es, die Felder zu bewässern und ab und zu nach dem Rechten zu sehen. Und das ist gut so für die Gärtner, denn im Sommer muss in der Gärtnerei oft bis in den späten Abend gearbeitet werden.
Während Berger seine Idee aus einem Urlaub im Schwarzwald mitnahm, ließen sich die Oesterdiekhoffs von anderen Bauern inspirieren. „Ich bin froh, dass es solche Felder gibt", sagt Berger, „hier bekommt jeder, was er will. Und ich habe ein schönes neues Hobby gefunden."
Die Blumenfelder sind ab Juni bis Ende September 24 Stunden am Tag geöffnet. Der Preis pro Strauß variiert je nach Bundgröße. Für besonders große Blumen, wie Dahlien oder Sonnenblumen, fällt ein geringer Preisaufschlag an, der jedoch insgesamt weit unter dem Preis der Supermärkte bleibt. Der Geldbetrag, den man dafür bezahlen muss, ist selbstständig in eine bereitgestellte Büchse einzuwerfen.

c **Folgende Ausdrücke aus dem Text haben die gleiche Bedeutung. Welche? Markieren Sie.**

- *Und sie liegen noch immer voll im Trend, ...* (Zeile 9)
- *... und es ist noch immer sehr gefragt.* (Zeile 10/11)
- *Dafür seien die Blumenfelder ... ein Dauerbrenner.* (Zeile 25/26)

Bedeutung
- ☐ Jemand fragt sich dauernd etwas.
- ☐ Etwas ist absolut in Mode.
- ☐ Es gibt mehrere ähnliche Trends.

d **Ihre Meinung: Würden Sie selbst gern Blumen auf einem Blumenfeld pflücken? Wie finden Sie diesen Service? Gibt es solche Blumenfelder auch in Ihrem Heimatland?**

10

## 3 Subjektlose Passivsätze → AB 155–156/Ü16–18

GRAMMATIK
Übersicht → KB 146/2

a **Lesen Sie die Sätze im Aktiv und finden Sie die Entsprechungen im Passiv im Text ab Zeile 20. Schreiben Sie.**

| Aktiv | Passiv |
|---|---|
| 1 Über den Zukauf weiterer Felder hat man im Hause Oesterdiekhoff bereits nachgedacht. | 1 |
| 2 Mit den Vorbereitungen beginnt man oft schon im Februar. | 2 |
| 3 ... im Sommer muss man in der Gärtnerei oft bis in den späten Abend arbeiten. | 3 |

b **Was haben alle drei Passivsätze gemeinsam?**

c **Schreiben Sie die Passivsätze um und beginnen Sie mit *es*.**

1 Es ist im Hause Osterdiekhoff bereits über
2
3

Ich kann jetzt ...
- über Vor- und Nachteile von Selbstbedienung und Service sprechen. ☐ ☐ ☐
- einen Zeitungsartikel über einen neuen Trend verstehen. ☐ ☐ ☐
- subjektlose Passivsätze bilden und verwenden. ☐ ☐ ☐

## 1 Kurz und knapp

a Lesen Sie eine Zusammenfassung des Artikels *Sonnenhut und Tausendschön* (KB 140–141). Wie lang ist die Zusammenfassung im Vergleich zum Artikel?

☐ circa halb so lang ☐ ein Drittel bis ein Viertel so lang ☐ ein Zehntel so lang

Der Artikel berichtet über einen Trend, der schon seit einigen Jahren existiert: Blumen auf dem Feld selbst zu pflücken. Viele Menschen nutzen diese Möglichkeit, um einen Strauß selbst zu schneiden und zusammenzustellen. Die positiven Aspekte sind für Kunden der Spaß am Pflücken und die große Auswahl an Blumen. Ein selbst gepflückter Strauß ist außerdem billiger als einer aus dem Supermarkt. Die Betreiber der Blumenfelder sind sehr zufrieden mit der Umsetzung dieser Idee. Dass ihre Pflückfelder seit einigen Jahren im Trend sind, freut sie. Zudem haben sie so ein neues Hobby gefunden. Sie pflanzen immer neue Kombinationen von Blumen an. Das Geld für den Strauß wirft der Kunde am Ende in eine Büchse am Feldrand. Je nach Größe kostet er unterschiedlich viel.

b Formulieren Sie Fragen, auf die die Textzusammenfassung in 1a eine Antwort gibt.

*Worüber berichtet der Artikel?* W ________ ?
*Wer nutzt* ________ ? W ________ ?
*Was ist das Besondere an* ________ ? W ________ ?
*Warum ist / hat* ________ ?

c Wie ist die Struktur der Sätze in der Zusammenfassung? Markieren Sie.

☐ Es sind meist lange Sätze mit mehreren Nebensätzen.
☐ Die Sätze sind kurz und bestehen meist nur aus einem Hauptsatz.
☐ Meist werden ein Haupt- und ein Nebensatz oder zwei Hauptsätze kombiniert.

10

d Welche Teile aus einem Text kann man in einer Zusammenfassung weglassen? Markieren Sie.

☐ direkte Rede • ☐ informative Nomen • ☐ ausschmückende Adjektive • ☐ Verben mit den Hauptaussagen • ☐ Eigennamen • ☐ Wiederholungen

## 2 Eine eigene Zusammenfassung schreiben → AB 157/Ü19

a Wählen Sie aus Lektion 1 bis 10 einen Text aus und markieren Sie die wichtigen Informationen.

b Formulieren Sie circa sieben W-Fragen zum Text.
Schreiben Sie nun Ihre Textzusammenfassung.
Wählen Sie eine passende Formulierung für die Einleitung.

„*In dem Text geht es um …*
*Die Geschichte erzählt von …*
*Hier erfährt man, …*“

c Lesen Sie den Text Ihrer Lernpartnerin / Ihres Lernpartners und stellen Sie Fragen, wenn etwas unklar ist. Sie / Er korrigiert ihre / seine Zusammenfassung mithilfe Ihrer Fragen.

***Eine Textzusammenfassung schreiben***
*Gehen Sie bei einer Textzusammenfassung folgendermaßen vor:*
- *Markieren Sie die wichtigen Informationen im Text.*
- *Formulieren Sie anschließend circa sieben W-Fragen zum Textinhalt.*
- *Antworten Sie auf jede Frage mit einer selbst verfassten Antwort, die in der Regel aus einem Haupt- und einem Nebensatz besteht. Beginnen Sie dabei auch mal mit dem Nebensatz.*
- *Wählen Sie eine passende Formulierung für die Einleitung und verbinden Sie die Sätze sinnvoll.*

Ich kann jetzt …
- Texten mithilfe von Fragen die Hauptinformationen entnehmen. ☐ ☐ ☐
- einen längeren Text zusammenfassen. ☐ ☐ ☐

## 1 Erfahrungsaustausch

a Tauschen Sie sich in Kleingruppen zu folgenden Fragen aus.

- Haben Sie schon einmal eine Bibliothek genutzt?
- Welchen Service bietet eine Bibliothek?
- Welche Serviceleistungen haben Sie in Anspruch genommen?

b Vergleichen Sie im Kurs.

## 2 In der Stadtbibliothek → AB 157/Ü20

a Sie möchten eine öffentliche Bibliothek nutzen und lesen die Benutzerordnung. Welche der Überschriften aus dem Inhaltsverzeichnis passen zu den Paragraphen? Vier Überschriften werden nicht gebraucht.

### BENUTZERORDNUNG DER STADTBIBLIOTHEK

**Inhaltsverzeichnis**

a Ausleihverfahren
b Anmeldeverfahren
c Sonderregelung
d Gebühren
e Bibliotheksmitarbeiter
f Abmeldung
g ~~Nutzungsberechtigte~~
h Rückerstattung

1 Nutzungsberechtigte

Die Benutzung der Stadtbibliothek ist vor Ort für alle Besucher kostenlos. Die Ausleihe von Medien ist nur mit einem Bibliotheksausweis möglich. Diesen können Sie persönlich beantragen, wenn Sie in der Stadt oder dem Landkreis wohnen, arbeiten oder studieren.

2 ______

Für die Anmeldung benötigen Sie Ihren Personalausweis und das ausgefüllte Anmeldeformular. Wenn Sie sich bei der Anmeldung mit Ihrem Reisepass ausweisen möchten, brauchen Sie zusätzlich eine Meldebestätigung des Einwohnermeldeamtes. Bei Kindern muss das Anmeldeformular auch von einer / einem Erziehungsberechtigten unterschrieben werden.

3 ______

Der Bibliotheksausweis berechtigt Sie zur gleichzeitigen Ausleihe von bis zu 25 Medien und zur Nutzung unserer elektronischen Bibliothek. Die Leihfrist der Medien beträgt 60 Tage und kann bis zu dreimal um je 20 Tage verlängert werden. Für eine Überschreitung der Leihfrist fallen Gebühren an, die Sie unserem Gebührenkatalog entnehmen können. Bereits von anderen Nutzern entliehene Medien können Sie kostenfrei vormerken.

4 ______

Normale Ausweisgebühr (10,00 € / Jahr)

Ermäßigte Ausweisgebühr (5,00 € / Jahr)

- junge Erwachsene in der Ausbildung und Senioren
- Schwerbehinderte
- Sozialhilfeempfänger und Arbeitslose

Keine Ausweisgebühr

- Kinder und Jugendliche (bis zur Vollendung des 18. Lebensjahrs)
- Asylbewerberinnen und -bewerber

b Lesen Sie die folgenden Aussagen zur Benutzerordnung und entscheiden Sie, ob sie richtig (= R) oder falsch (= F) sind.

| | R | F |
|---|---|---|
| 1 Für die Bibliotheksnutzung braucht man immer einen Bibliotheksausweis. | ☐ | ☐ |
| 2 Bei Kindern muss ein Erwachsener das Anmeldeformular unterschreiben. | ☐ | ☐ |
| 3 Jeder Nutzer darf maximal 30 Medien gleichzeitig ausleihen. | ☐ | ☐ |
| 4 Die Ausleihe ist für Menschen, die Asyl beantragt haben, kostenlos. | ☐ | ☐ |

| Ich kann jetzt ... | ☺ | 😐 | ☹ |
|---|---|---|---|
| ■ mit anderen Erfahrungen zum Thema Bibliotheken austauschen. | ☐ | ☐ | ☐ |
| ■ die Benutzerordnung einer Stadtbibliothek verstehen. | ☐ | ☐ | ☐ |

10

## 1 Abends in der Küche

a **Sehen Sie das Bild an. Was passiert hier wohl gerade? Markieren Sie.**

10

- ☐ Der Mann unterhält sich mit einem Freund, der schlecht hört, über den Ort Prien.
- ☐ Der Mann streitet mit seiner Freundin, wohin sie in Urlaub fahren wollen.
- ☐ Der Mann erkundigt sich über ein Sprachdialogsystem nach einer Zugverbindung.

2 ◀)) 18 b **Hören Sie nun den Anfang der Geschichte. War Ihre Vermutung richtig?**

## 2 Nur eine kleine Auskunft → AB 158/Ü21

a **Hören Sie die Geschichte „Prien" nun in Abschnitten.**

2 ◀)) 19 **Abschnitt 1:** Welche Aussagen sind richtig? Markieren Sie.

Das Sprachdialogsystem ...

1 ... erkennt den Ortsnamen nicht, den der Mann nennt. ☐
2 ... beginnt eine Unterhaltung mit dem Mann. ☐
3 ... schlägt andere Städtenamen vor und der Mann reagiert genervt. ☐

2 ◀)) 20 **Abschnitt 2:** Der Mann sagt „Neueingabe", um ...

1 einen Ort zu suchen.
2 einen Fehler zu korrigieren.
3 das Telefongespräch zu beenden.

2 ◀)) 21 **Abschnitt 3:** Welche Aussagen sind richtig? Markieren Sie.

1 Der Mann amüsiert sich, weil seine Frau oft das Telefon oder die Freisprechanlage im Auto anschreit. ☐
2 Er ruft seine Frau an und sagt ihr, dass er keine Auskunft über die Zugverbindung bekommt. ☐
3 Das Sprachdialogsystem nervt ihn zwar, es ist aber am Telefon höflicher als seine Frau. ☐

2 ◀)) 22 b **Hören Sie die Geschichte noch einmal ganz. Finden Sie sie amüsant? Warum (nicht)?**

Ich kann jetzt ...

- eine literarische Geschichte zu einer Alltagssituation verstehen. ☐ ☐ ☐
- über den Humor in einer Erzählung sprechen. ☐ ☐ ☐

## SEHEN UND HÖREN

### 1 Eine spannende Vorlesestunde

a **Sehen Sie die Fotos an. Was passiert hier wohl?**

31 b **Sehen Sie nun eine Foto-Reportage zu den Bildern ohne Ton an. Was meinen Sie?**

1 Wo sind die Kinder und die ältere Dame?
2 Was liegt alles auf dem Tisch?
3 Wie ist die Atmosphäre?
4 In welcher Beziehung steht die Frau zu den Kindern?

c **Um was für einen „Service" handelt es sich hier wohl?**

10

31 d **Sehen Sie nun die Foto-Reportage mit Ton an. Ergänzen Sie danach sinngemäß.**

1 Juttas Alter:
2 Ihre aktuelle Tätigkeit:
3 Ihre Motivation:
4 Vorleseorte:
5 Ihre Zuhörer:
6 Die Tätigkeit, bevor sie vorlas:
7 Juttas Wunsch:

### 2 Ihre Meinung

**Was denken Sie? Sprechen Sie im Kurs.**

1 Warum gibt es wohl Vorlesestunden für Kinder?
2 Für welche Kinder könnte diese Vorlesestunde besonders wichtig und sinnvoll sein?
3 Wie gefällt Ihnen Juttas Engagement?
4 Könnten Sie sich auch vorstellen, ein Ehrenamt auszuüben? Wenn ja, welches?

*Wussten Sie schon?* → AB 159/Ü22
*Ein Ehrenamt ist eine freiwillige Tätigkeit, die man meist in einem Verein, einer Institution oder einer Initiative regelmäßig ausübt. Man wird dafür nicht bezahlt. Es gibt zahlreiche Möglichkeiten, ehrenamtlich tätig zu werden, beispielsweise als Mitarbeiter der freiwilligen Feuerwehr, im Sportverein, bei der Unfallhilfe, in der Sozialarbeit oder in der Gemeindearbeit. Jeder Dritte engagiert sich in den deutschsprachigen Ländern in irgendeiner Weise ehrenamtlich. Bei Bewerbungen wirkt es sich oft positiv aus, wenn man sich ehrenamtlich engagiert.*

Ich kann jetzt ...
- über Fotos frei sprechen und spekulieren.
- im Detail verstehen, was jemand über sein Ehrenamt erzählt.
- meine Meinung zu ehrenamtlichen Tätigkeiten äußern und begründen.

## 1 Alternativen zum Passiv

### a Adjektive auf *-bar* und *-lich* ⇤ KB 136/2

Viele Adjektive, die auf *-bar* oder *-lich* enden, sind von Verben abgeleitet.
Die Endung *-bar* bedeutet fast immer, die Endung *-lich* manchmal, dass etwas gemacht werden kann. Die Negation dieser Adjektive wird mit der Vorsilbe *un-* gebildet.

| Adjektive auf | Beispiel | Bedeutung |
|---|---|---|
| -bar | ein realisierbares Projekt<br>lieferbare Ware<br>ein vorhersehbares Problem<br>ein **un**erreichbares Ziel | ein Projekt, das realisiert werden kann<br>Ware, die geliefert werden kann<br>ein Problem, das vorhergesehen werden kann<br>ein Ziel, das **nicht** erreicht werden kann |
| -lich | ein verständlicher Text<br>ein **un**ersetzlicher Mensch<br>**un**verkäufliche Muster | ein Text, der verstanden werden kann<br>ein Mensch, der **nicht** ersetzt werden kann<br>Muster, die **nicht** verkauft werden können |

### b *sich lassen* + Infinitiv; *sein* + *zu* + Infinitiv ⇤ KB 139/4

Aktivsätze mit *sich lassen* + Infinitiv bzw. *sein* + *zu* + Infinitiv ersetzen Passivsätze mit *können*, *müssen*, *sollen* oder *dürfen*.

| | Beispiel | Passivsatz |
|---|---|---|
| *sich lassen* + Infinitiv | Ein 3-Gänge-Menü lässt sich für 10 Euro machen. | Ein 3-Gänge-Menü kann für 10 Euro gemacht werden. |
| *sein* + *zu* + Infinitiv | Die Rechnung ist noch zu bezahlen.<br><br>Das Restaurant ist nicht zu verkaufen. | Die Rechnung muss / sollte noch bezahlt werden.<br>Das Restaurant kann / darf nicht verkauft werden. |

## 2 Subjektlose Passivsätze ⇤ KB 141/3

In Passivsätzen steht die Akkusativergänzung des Aktivsatzes im Nominativ:

Aktiv: Sie pflücken auf dem Feld einen Blumenstrauß. (Akkusativ)

Passiv: Ein Blumenstrauß wird auf dem Feld gepflückt. (Nominativ)

Wenn ein Aktivsatz **keine** Akkusativergänzung hat, kann der Passivsatz dazu kein Subjekt (Nominativ) haben. Wenn die Position 1 im Passivsatz nicht besetzt ist, steht an Position 1 *es*.

| Aktivsatz ohne Akkusativergänzung | Subjektloser Passivsatz | Passivsatz mit *es* auf Position 1 |
|---|---|---|
| Mit den Vorbereitungen beginnt man schon im Februar. | Mit den Vorbereitungen wird schon im Februar begonnen. | Es wird mit den Vorbereitungen schon im Februar begonnen. |
| Im Sommer müssen die Gärtner bis in den Abend arbeiten. | Im Sommer muss bis in den Abend gearbeitet werden. | Es muss im Sommer bis in den Abend gearbeitet werden. |
| Der Gärtner liefert täglich aus. | Täglich wird ausgeliefert. | Es wird täglich ausgeliefert. |

10

# MEIN ERSTER ARBEITSTAG

Ariam Gebre (28) stammt aus Eritrea. Er lebt seit dreieinhalb Jahren in Bayern und hat dort seine Ausbildung zum Hotelfachmann gemacht. Nun hat er sich erfolgreich im Wellness-Hotel *Drei Könige* bei Garmisch beworben. Am 1. September ist sein erster Arbeitstag. Er wird zunächst als Disponent für die Zimmervergabe und danach voraussichtlich auch als Rezeptionist eingesetzt.

**CHECKLISTE ERSTER ARBEITSTAG**

- ☐ Die neuen Kollegen kennenlernen
- ☐ Anweisungen verstehen
- ☐ Nachfragen höflich stellen
- ☐ Unternehmenskultur bewusst machen

## 1 Die neuen Kollegen kennenlernen

a **Welche Aspekte sind Ihrer Meinung nach für den ersten Arbeitstag am wichtigsten? Warum? Markieren Sie drei und vergleichen Sie in der Gruppe.**

- sich Themen für Small Talk überlegen ☐
- pünktlich kommen ☐
- den eigenen Namen verständlich aussprechen ☐
- auf ein gepflegtes Aussehen achten ☐
- bei den Kollegen einen guten Eindruck hinterlassen ☐
- eine kurze Selbstvorstellung vorbereiten ☐

2 ◀)) 23 b **Ariam erscheint an seinem ersten Arbeitstag im Hotel. Frau Klein empfängt ihn und stellt ihm die Kolleginnen und Kollegen vor. Wer ist wer? Hören und ergänzen Sie.**

Elise Wachs • Michael Schuster • Doray Nawaz • Gunther Müller • Marianne Halmer

Rezeption

Geschäftsführung

Verwaltung

Zimmerreinigung

2 ◀)) 23 c **Wer ist wofür zuständig? Hören Sie noch einmal und machen Sie Notizen. Sprechen Sie dann im Kurs.**

**über Zuständigkeiten / Aufgaben sprechen**

*„Herr … / Frau … / …*
*… ist zuständig für …*
*… ist mit … beschäftigt.*
*… kümmert sich um …*
*… ist im Service / in der Abteilung … tätig.“*

*Der erste Eindruck zählt!*
*Als die / der „Neue“ in einem Unternehmen sollten Sie darauf achten, einen guten ersten Eindruck zu machen. Konzentrieren Sie sich voll und ganz auf die Arbeit und begegnen Sie Ihren neuen Kollegen mit Respekt: Merken Sie sich ihre Namen und Aufgabenbereiche, hören Sie aufmerksam zu und zeigen Sie Interesse, indem Sie Fragen stellen.*

d **Wer ist / war bei Ihnen in der Firma wofür zuständig? Stellen Sie ein paar Personen und deren Aufgaben vor.**

EXTRA BERUF

## 2 Anweisungen verstehen

a **Ariam bekommt am ersten Arbeitstag verschiedene Dinge. Was ist was? Ordnen Sie zu.**

☐ Chip-Schlüssel • ☐ Namensschild • ☐ Passwort • ☐ Uniform

1 

2 

3 

4 

b **Wofür braucht Ariam diese Dinge? Sehen Sie die Bilder an und sprechen Sie.**

*Ariam braucht ein Namensschild, damit er für die Hotelgäste persönlich ansprechbar ist.*

*Ariam braucht einen Chip-Schlüssel, damit er ...*

EXTRA BERUF

c **Ariam erhält auch ein Informationsschreiben von der hausinternen IT. Lesen Sie die Mitteilung. Was soll Ariam tun? Markieren Sie richtig (R) oder falsch (F).**

| | R | F |
|---|---|---|
| 1 ein Programm auf seinen eigenen Computer installieren | ☐ | ☐ |
| 2 ins Intranet der Firma gehen | ☐ | ☐ |
| 3 sich mit seinen persönlichen Daten anmelden | ☐ | ☐ |
| 4 ein neues Passwort wählen und eingeben | ☐ | ☐ |
| 5 Anforderungen an die Sicherheit beachten | ☐ | ☐ |

### Information für Mitarbeiterinnen und Mitarbeiter: Zugang zur hausinternen Software

An Ihrem ersten Arbeitstag erhalten Sie ein Passwort, mit dem Sie Zugang zu den hausinternen Programmen haben.
Sobald Sie an einem der Computer den Browser öffnen, wird die Startseite des Hotels aufgerufen. Klicken Sie rechts unten auf „interner Bereich" und loggen Sie sich mit Ihrem Nachnamen und dem Passwort ein. Wichtig: Ersetzen Sie das Passwort sofort durch ein eigenes, persönliches Passwort. Dabei sind die folgenden Sicherheitsanforderungen zu beachten:

Das Passwort muss
- aus mindestens 8 Zeichen bestehen.
- sowohl Groß- als auch Kleinbuchstaben enthalten.
- mindestens ein Sonderzeichen oder Satzzeichen und eine Ziffer enthalten.

Tipp: Denken Sie sich einen Satz aus, dessen Anfangsbuchstaben Ihr Passwort bilden, z. B. Isst du morgens auch 2 Brote zum Frühstück? → Idma2BzF?
Wir weisen darauf hin, dass Sie Ihr Passwort spätestens alle zwei Monate durch ein neues Passwort ersetzen müssen. Daran werden Sie vom System zwei Wochen vorher erinnert.

d **Welche Anweisungen haben Sie an Ihrem ersten Arbeitstag erhalten? Berichten Sie.**

## 3 Nachfragen höflich stellen

a **Ariam hat noch eine Frage zum Passwort. Wie sollte er seine Frage formulieren? Überlegen Sie zu zweit und begründen Sie.**

1 *Funktioniert das Passwort auch für das Hotel-WLAN?*

2 *Ich hätte da noch eine Frage: Gilt das Passwort auch für das Hotel-WLAN?*

3 *Entschuldigung, dürfte ich noch kurz fragen, ob ich mit dem Passwort auch in das Hotel-WLAN komme?*

4 *Ist das Passwort denn das gleiche wie für das Hotel-WLAN oder gibt es da noch ein anderes Passwort, das ich dann eingeben muss?*

> *Fragen höflich stellen*
> *Im Berufsleben kommt es auf den „richtigen Ton" an. Sprechen Sie immer ruhig und mit freundlichem Ton in der Stimme. Verwenden Sie die Wörter „bitte" und „Entschuldigung" lieber einmal zu viel als zu wenig. Leiten Sie eine Frage kurz ein. Damit geben Sie Ihren Gesprächspartnern einen Hinweis, aufmerksam zuzuhören. Besonders höflich wirkt die Verwendung des Konjunktivs in der Einleitung einer Frage, z. B. „Ich hätte noch eine Frage."*

EXTRA BERUF

b **Welche dieser Fragen ist höflich formuliert? Woran erkennen Sie das? Markieren Sie und sprechen Sie im Kurs.**

- Kann ich jetzt gehen?
- Wann kann ich denn gehen?
- Wäre es in Ordnung, wenn ich heute etwas früher gehe?
- Ich würde heute gern bereits um 15 Uhr gehen, wenn das für Sie okay ist.

c **Formulieren Sie die Fragen höflicher. Vergleichen Sie Ihre Lösungen im Kurs.**

1 Kann ich auch das Gäste-WLAN benutzen?
2 Es ist doch okay, wenn ich das Passwort erst morgen ändere, oder?
3 Was ist, wenn ich in Urlaub bin und mein Passwort abläuft?

**eine Frage höflich einleiten**

„*Entschuldigung, …*
*Dürfte ich Sie kurz etwas fragen?*
*Ich würde noch gern wissen, …*
*Könnten Sie bitte noch einmal erklären / sagen, …*
*Ich hätte noch eine Frage: …*"

d **Wählen Sie zu zweit eine der drei Situationen aus. Erarbeiten Sie einen kleinen Dialog, in dem Sie höflich nachfragen. Spielen Sie Ihren Dialog im Kurs vor.**

**Chip-Schlüssel**
Mit dem Chip-Schlüssel können Sie alle Türen öffnen. Aber die Tür zum Lagerraum geht nicht auf. Fragen Sie eine Kollegin höflich, ob sie Ihnen helfen kann.

**Feierabend**
Sie sind bereits acht Stunden am Arbeitsplatz, aber es ist noch nicht alles erledigt. Fragen Sie bei Ihrer Chefin höflich nach, wann für Sie Feierabend ist und Sie gehen können.

**Mittagspause**
Ihr Kollege ist mit anderen Kollegen zum Mittagessen verabredet. Fragen Sie höflich nach, ob Sie mitgehen können.

## 4 Unternehmenskultur bewusst machen

2 ◀)) 24–25 a **Am Ende des ersten Arbeitstags ruft der Geschäftsführer, Herr Schuster, Ariam in sein Büro. Hören Sie das Gespräch zwischen den beiden. Welche Themen werden angesprochen? Markieren Sie.**

- ☐ Gehalt
- ☐ Überstunden
- ☐ Betriebsklima
- ☐ Fortbildungen
- ☐ Der erste Tag
- ☐ Unternehmenskultur

2 ◀)) 25 b **Hören Sie den zweiten Teil des Gesprächs noch einmal. Was wünscht sich der Geschäftsführer für die Unternehmenskultur und wie fördert er diese? Formulieren Sie Sätze und vergleichen Sie im Kurs.**

Betriebsklima • Gemeinschaftsgefühl • Identifikation • Weiterentwicklung • Fortbildungen • Leistung

*Ein positives Betriebsklima ist dem Geschäftsführer sehr wichtig, weil …*

EXTRA BERUF

*Unternehmenskultur*

*Durch den technologischen Wandel hat sich in vielen Unternehmen auch die Unternehmenskultur verändert. Firmen müssen sich zu flexiblen und schnell lernenden Organisationen entwickeln. Die Kundenwünsche werden immer individueller, gleichzeitig ist es schwierig, Fachkräfte zu finden und an ein Unternehmen zu binden. Vielen Mitarbeiterinnen und Mitarbeitern ist eine angemessene Balance zwischen Arbeit, Familie und Freizeit wichtig. Führungskräfte müssen dafür sorgen, den Mitarbeiterinnen und Mitarbeitern Raum für ihre Individualität zu geben. Es geht darum, sie angemessen zu fördern sowie das Teamgefühl zu stärken.*

c **Wie schätzen Sie die Unternehmenskultur im Hotel *Drei Könige* ein? Markieren Sie.**

| | | |
|---|---|---|
| familiär | → | anonym |
| flexibel | → | unflexibel |
| motivierend | → | demotivierend |
| teamorientiert | → | hierarchisch |
| zukunftsorientiert | → | traditionsorientiert |

d **Denken Sie an einen ersten Arbeitstag zurück und berichten Sie im Kurs.**

- Mitarbeiter: Wurden Ihnen alle Kolleginnen und Kollegen vorgestellt?
- Tätigkeit: Wurden Ihnen Ihre Aufgaben klar und deutlich erklärt?
- Unternehmenskultur: Wie haben Sie am Anfang die Unternehmenskultur erlebt?
- Räumlichkeiten: Wurden Sie durch das Unternehmen / durch die Bereiche der Firma geführt? Welche Räume wurden Ihnen gezeigt?

# 11 GESUNDHEIT

## 1 Eine schwierige Situation

a **Sehen Sie das Bild an. Was passiert gerade? Beschreiben Sie die Situation.**

b **Schreiben Sie zu zweit ein Gespräch zu dem Bild. Verwenden Sie darin zwei der folgenden Sätze.**

„Gehen Sie bitte. Sie können jetzt nichts für ihn tun."
„Wir haben keine Zeit zu verlieren. Wir müssen sofort operieren."
„Wir werden ihn wohl über Nacht hierbehalten müssen."

c **Lesen / Spielen Sie Ihr Gespräch im Kurs vor.**

## 2 In der Klinik

a **Sehen Sie sich das Bild erneut an und sprechen Sie im Kurs.**

- Was sind die Personen, die das Krankenbett schieben, von Beruf?
- Welche anderen Berufe im Gesundheitswesen kennen Sie?
- Welche Aufgaben / Tätigkeiten gehören zu diesen Berufen?

b **Wann waren Sie das letzte Mal im Krankenhaus (als Patient / Besucher / Mitarbeiter)? Welche Erfahrungen haben Sie dort gemacht? Berichten Sie.**

## 1 Der Arbeitsalltag von Ärzten → AB 163/Ü2

a **Lesen Sie die Überschrift des Artikels. Was fällt Ihnen dazu ein?**

b **Lesen Sie nun den Artikel. Notieren Sie die positiven und negativen Seiten des Arztberufs.**

positiv:
negativ:

### *Arzt – Traumberuf oder Knochenjob?*

Der Beruf des Arztes ist mit hohem Prestige verbunden. Laut einer Umfrage steht er auf Platz vier der angesehensten Berufe. Entsprechend hoch sind aber auch die Ansprüche.

Thomas Lipp klingt gestresst. In seiner Sprechstunde warten noch drei Patienten, sagt der Hausarzt aus Leipzig. Eigentlich schließt die Praxis in 15 Minuten. 15 Minuten Zeit für drei Patienten? „Ja, und dabei ist jetzt noch Urlaubszeit." Stress ist eine Berufskrankheit der Mediziner. Wer Arzt werden will, muss belastbar sein.

Der Lohn dafür ist ein ansehnliches Gehalt: Ein Radiologe oder ein Internist verdient rund 4800 bis 6000 Euro brutto im Monat. „Das Schöne an der Arbeit ist aber auch die Dankbarkeit, die man erfährt", sagt Günther Jonitz vom Vorstand der Bundesärztekammer. Anderen helfen zu wollen, sei daher das Hauptmotiv für den Beruf. Ein Arzt müsse die Menschen, die er behandelt, im Blick haben und nicht nur die Krankheiten. Voraussetzung für den Beruf sei daher ein „Händchen" im Umgang mit anderen. Es sollte einem also leichtfallen, menschlich gut mit seinen Patienten umzugehen.

Aus Sicht der Mediziner wird der Beruf aber immer unattraktiver. Schuld daran ist unter anderem der harte Alltag im Krankenhaus. Denn dort erwartet einen dann ein Knochenjob, der sich nur schwer mit einer Familie vereinbaren lässt. „Wenn um 17.30 Uhr noch ein Unfall reinkommt, können Sie schlecht sagen: ‚Ich muss jetzt aber mein Kind abholen'", sagt Lipp. Flexibel zu sein, ist ein Muss.

Hohe Hürden gibt es auch schon vor dem Berufseinstieg: Das Studium ist lang und schwer. Vor der Approbation, also der Zulassung als Arzt, wartet dann noch das „Hammerexamen". Bis zum Facharzt sind es noch einmal drei bis sechs Jahre.

Die Berufschancen für Ärzte sind jedoch so gut wie lange nicht mehr: In manchen Regionen herrscht schon jetzt akuter Ärztemangel. Außerdem benötigten viele Ärzte bald einen Nachfolger: Vier von zehn seien bereits älter als 50 Jahre. Und durch die gestiegene Lebenserwartung werde der Ärztebedarf in Zukunft noch zusätzlich wachsen.

c **Fassen Sie den Inhalt des Artikels mithilfe der Stichpunkte aus 1b mündlich zusammen.**

## 2 Das Indefinitpronomen *man* und seine Varianten → AB 164/Ü3–4

**GRAMMATIK**
Übersicht → KB 162/1

a **Lesen Sie die Sätze. Durch welche Pronomen wird *ein Arzt* jeweils im Text ersetzt? Schreiben Sie.**

1 Das Schöne an der Arbeit ist aber auch die Dankbarkeit, die ein Arzt empfängt. (Zeile 9/10)
2 Es sollte einem Arzt also leichtfallen, menschlich gut mit seinen Patienten umzugehen. (Zeile 13)
3 Denn dort erwartet einen Arzt dann ein Knochenjob, (...) (Zeile 15)

*1 Das Schöne an der Arbeit ist aber auch die Dankbarkeit, die man empfängt.*

b **Ergänzen Sie die Pronomen in der Tabelle.**

| Nominativ | Akkusativ | Dativ |
|---|---|---|
| *man* | | |

Ich kann jetzt ...
- einem Artikel über den Arztberuf positive und negative Aspekte entnehmen.
- einen Artikel mündlich zusammenfassen.
- das Indefinitpronomen *man* und seine Varianten bilden.

## 1 Ein Job im Ausland

**Was sollte man bedenken, bevor man sich für einen Arbeitsplatz im Ausland entscheidet? Diskutieren Sie.**

## 2 Gespräch mit einer jungen Klinikärztin → AB 164–166/05–6

a **Sophie Barlow aus England arbeitet in einer deutschen Klinik als Ärztin. Was meinen Sie: Warum ist sie wohl nach Deutschland gekommen?**

b **Hören Sie das Interview mit Sophie Barlow zweimal und wählen Sie bei jeder Aufgabe die richtige Lösung.**

2 ◀)) 26 **Abschnitt 1**

1 Bevor Sophie nach Deutschland kam ...
- a gefiel ihr Deutschland schon sehr gut.
- b hat sie lange mit ihrem Freund überlegt, wo sie leben wollen.
- c wollte sie, dass ihr Freund nach England zieht.

2 Wie verlief die Anerkennung ihrer beruflichen Qualifikationen?
- a Sie war völlig unproblematisch.
- b Es gab Schwierigkeiten mit ihrer Approbation.
- c Das Übersetzen ihrer Papiere dauerte einige Zeit und war kostspielig.

2 ◀)) 27 **Abschnitt 2**

3 Was versuchte Sophie, um eine Stelle zu bekommen? Sie hatte sich ...
- a um eine Stelle im Krankenhaus beworben, von der ihr jemand erzählt hatte.
- b übers Internet beworben, bekam aber nur Absagen.
- c sowohl um eine Hospitation als auch um einen festen Arbeitsplatz beworben.

11

2 ◀)) 28 **Abschnitt 3**

4 Welche sprachlichen Herausforderungen gibt es in Sophies Berufsalltag immer noch?
- a Es fällt ihr immer noch schwer, grammatikalisch richtig zu sprechen und zu schreiben.
- b Sie hat Schwierigkeiten, den Dialekt zu verstehen.
- c Sie lässt ihre Kolleginnen Arztbriefe schreiben, weil das schwierig für sie ist.

5 Was erfährt man über die tägliche Arbeit in der Klinik?
- a Die Abläufe in der Klinik sind in Deutschland und England gleich.
- b Die Ärzte machen vormittags oder nachmittags Visite bei ihren Patienten.
- c Im Arztzimmer besprechen alle Ärzte gemeinsam die weitere Behandlung der Patienten.

2 ◀)) 29 **Abschnitt 4**

6 Menschen, die im Ausland arbeiten möchten, sollten ihren künftigen Arbeitsplatz ...
- a durch eine unbezahlte Tätigkeit vorher kennenlernen.
- b mit Arbeitsplätzen im Heimatland vergleichen.
- c über eine ausführliche Recherche im Internet kennenlernen.

c **Vergleichen Sie. War Ihre Vermutung aus 2a richtig?**

*Wussten Sie schon?* → AB 166/07
*Tausende von Ärzten üben ihren Beruf nicht in ihrem Heimatland aus. Dabei arbeiten beispielsweise deutsche Ärzte vorzugsweise in der Schweiz, Österreich, den USA und Großbritannien. Im Gegenzug gibt es immer mehr ausländische Mediziner in Kliniken und Praxen hier. Bessere Bezahlung und bessere Arbeitsbedingungen sind die Hauptgründe für die Migration.*

Ich kann jetzt ...
- Vermutungen über berufliche Entscheidungen einer Person anstellen.
- Hauptaussagen und Details in einem Interview mit einer ausländischen Ärztin verstehen.

## 1 Hausapotheke

Sehen Sie das Foto an. Was bewahrt man in einer Hausapotheke auf? Machen Sie zu zweit eine Liste. Vergleichen Sie Ihre Listen dann im Kurs.

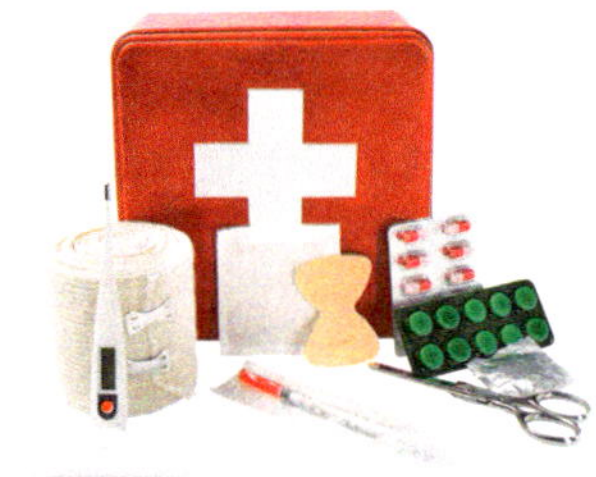

## 2 Erste Hilfe in der Arbeit → AB 167–168/Ü8–10

a Welche Unfälle können bei der Arbeit passieren? Auf welche Notfälle muss eine Firma vorbereitet sein? Sammeln Sie Ideen im Kurs.

b Wann und wozu braucht man diese Mittel? Wählen Sie zwei bis drei Beschwerden und erklären Sie. Es gibt mehrere richtige Lösungen.

Mittel

| die Brandsalbe • das Pflaster • das Desinfektions-Spray • der Verband • die Tabletten (Pl.) • die Augentropfen (Pl.) |
|---|

*In der Arbeit kommt es oft zu kleinen Verletzungen. Wenn man sich beispielsweise an einem Blatt Papier schneidet, findet man im Verbandskasten Desinfektionsspray und Pflaster.*

Beschwerden

| die Allergie • die Schnittwunde • die Zahnschmerzen • die Verstauchung • der Ausschlag auf der Haut • die Kopfschmerzen • die Entzündung / Infektion • der Insektenstich • die Übelkeit • der Sonnenbrand • die Wunde • die Halsschmerzen • die Verletzung |
|---|

11

c Welche der genannten Mittel brauchen Sie nie, selten oder ganz oft?

## 3 Indefinitpronomen → AB 168–169/Ü11–12

**GRAMMATIK**
Übersicht → KB 162/1

Sehen Sie die Bilder an und ergänzen Sie die Dialoge.

| irgendjemand • keine • niemand • welche • irgendetwas • nichts |
|---|

1

- ● Schau mal, ich bin hier ganz rot. Und es brennt ziemlich. Hast du vielleicht _______ gegen eine Hautreizung dabei?
- ■ Nein, tut mir leid, ich habe leider _______ dabei, nur meine Brotzeit.

2

- ◆ _______ hat eine Flasche in den Brunnen geworfen.
- ● Das glaube ich nicht. Hier wirft doch _______ Flaschen ins Wasser!

3

- ■ Oje! Ich habe meine Kopfschmerztabletten vergessen. Hast du vielleicht _______ dabei?
- ● Nein, ich habe _______ dabei. Ich nehme grundsätzlich nie Tabletten.

Ich kann jetzt …

- ■ Mittel für eine Hausapotheke zusammenstellen. ☐ ☐ ☐
- ■ Beschwerden und Heilmittel benennen. ☐ ☐ ☐
- ■ Indefinitpronomen verstehen und anwenden. ☐ ☐ ☐

# SPRECHEN 1

## 1 Hilfe bei gesundheitlichen Problemen

a Sehen Sie die Bilder an.
Welche gesundheitlichen Probleme haben diese beiden Personen?

b Bei wem würden Sie in diesen Fällen Hilfe suchen?

- ☐ bei einem Arzt
- ☐ bei einem Heilpraktiker
- ☐ in einer Apotheke
- ☐ in einer Klinik

1

2

## 2 Rollenspiel: Beim Arzt → AB 169/Ü13

Arbeiten Sie zu zweit. Eine/r spielt die Ärztin / den Arzt, eine/r die Patientin / den Patienten. Spielen Sie mithilfe der Redemittel ein Gespräch.

**Ärztin / Arzt**
Fragen Sie nach den Beschwerden und möglichen Ursachen. Erklären Sie Ursache und Therapie. Geben Sie Anweisungen, was zu tun ist.

**Patientin / Patient**
Überlegen Sie sich ein gesundheitliches Problem und beschreiben Sie Ihre Beschwerden. Beantworten Sie die Fragen der Ärztin / des Arztes.

**Fragen nach Beschwerden stellen**

„*Wo tut es Ihnen denn weh?*
*Was für eine Art Schmerz ist es denn?*
*Wie lange haben Sie das schon?*
*Haben andere in Ihrer Familie das auch?*"

**nach möglichen Ursachen fragen**

„*Woher könnten Ihre Probleme kommen?*
*Welchen Beruf üben Sie aus?*"

**Ursachen und Therapie erklären**

„*Das kommt vom vielen Sitzen / von der Bildschirmarbeit / ...*
*Das ist eine Allergie/Virus-Infektion / ...*
*Die Ursache für diese Schmerzen ist der Knochen / der Nerv / der Muskel / ...*
*Sie bekommen / Ich gebe Ihnen ein/e Spritze / Schmerzmittel / Rezept.*"

**Anweisungen geben**

„*Am besten machen Sie das so: ...*
*Nehmen Sie die Tabletten ...*
*Reiben Sie die Stellen ... mit der Salbe ein.*
*Vermeiden Sie ... / Sorgen Sie für ...*"

**Beschwerden beschreiben**

„*Hier habe ich einen Ausschlag / rote Flecken / mehrere Insektenstiche / ...*
*Ich leide an Appetitlosigkeit.*
*Ich habe das / Man sieht das am ganzen Körper / im Gesicht / hier oben / unten / ...*
*Es ist ein dumpfer / stechender / pochender / intensiver / ziehender Schmerz.*
*Das / Diese Schmerzen habe ich erst seit kurzer Zeit / schon lange / seit ...*"

**Fragen nach Ursachen beantworten**

„*Ich habe mich wohl in der Schule / in den öffentlichen Verkehrsmitteln / ... angesteckt.*
*Meine Schwester / ... hat(te) das auch (schon).*
*Zurzeit habe ich viel Stress im Beruf.*
*Ich sitze den ganzen Tag am PC.*
*Wahrscheinlich habe ich beim Sport übertrieben. / Ich habe mich beim Sport verletzt.*"

11

| Ich kann jetzt ... | ☺ | 😐 | ☹ |
|---|---|---|---|
| ■ Symptome sowie verschiedene Arten von Schmerzen beschreiben. | ☐ | ☐ | ☐ |
| ■ Fragen zu körperlichen Beschwerden stellen. | ☐ | ☐ | ☐ |
| ■ Anweisungen zur Therapie geben. | ☐ | ☐ | ☐ |

## 1 Forumsbeiträge

a Sehen Sie die drei Fotos an. In welchem Zusammenhang stehen sie wohl mit dem Thema „Krankenversicherung"?

A

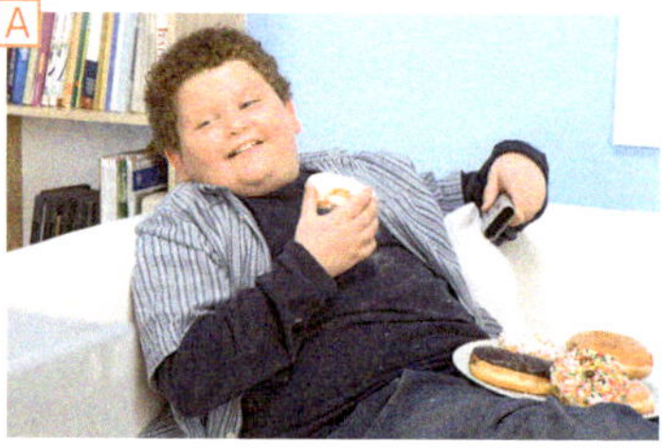

B

C

b **Lesen Sie in einem Internetforum Meinungsäußerungen zu „Risikokunden von Krankenkassen". Welche Äußerung passt zu welcher Überschrift? Eine Äußerung passt nicht. Ordnen Sie zu.**

- ☐ Verhaltensänderungen lassen sich nicht mit Druck erzwingen
- ☐ Menschen mit Suchtverhalten die Krankenversicherung kündigen
- ☐ Kritik ändert die Risikofreude mancher Menschen nicht
- ☐ Bewegung kann Übergewicht abbauen
- ☐ Gesundheit von Kindern durch verpflichtende Beratung der Eltern schützen
- ☐ Höhere Versicherungsbeiträge für Risikokunden
- ☐ Kranke Raucher aus der Klinik entfernen

**Pommes, Paffen, Paragliding: Sollten Versicherungen Risikokunden endlich ausschließen?**

a Ich habe gelesen, dass in Halle eine Rentnerin schon zum zweiten Mal in eine Klinik eingeliefert wurde. Beim Aufnahmegespräch im Krankenhaus gab sie an, täglich 30 Zigaretten zu rauchen. Ich finde das skandalös. Sie sollte ihr Bett im Krankenhaus räumen! *TheBastian_73*

b In einer Fernsehdokumentation wurde ein übergewichtiger Zehnjähriger gezeigt. Seine Mutter wollte, dass die Versicherung für einen Rollstuhl bezahlt, um ihren Sohn damit zur Schule zu fahren. Aber das wäre doch kontraproduktiv. Der Junge soll sich lieber mehr bewegen, denn dadurch würde sich seine Situation automatisch verbessern. *RobertFalkenstein49*

c Was sollen Eltern denn noch alles leisten? Unsere Kinder kommen zwangsläufig mit anderen zusammen. So sehen sie bei ihren Freunden halt Süßigkeiten, Softdrinks und schlechte Gewohnheiten. Man ändert doch die Menschen nicht, indem man ihnen immer mehr Druck macht. *Wolf D.*

d Ich verfolge regelmäßig die Beiträge auf diskussion.net. Neulich las ich da etwas über einen Mann, der in seiner Freizeit passionierter Fallschirmspringer ist. Dabei hat er sich den rechten Arm gebrochen und konnte zwei Monate nicht arbeiten. Dummer Leichtsinn! *XXMAS_65*

e Ich bin Fan von Sportarten wie Kitesurfen und Paragliding. Für mich bedeutet es Freiheit, wenn ich durch die Luft gezogen werde. Natürlich ist das alles nicht ungefährlich. Aber dadurch, dass man ständig von der Unfallgefahr spricht, kann man mich nicht davon abhalten. *Susanne S.*

f Offenbar denken viele nicht an die möglichen Konsequenzen ihres Verhaltens. Wäre es deshalb nicht angemessen, wenn Extremsportler und Raucher mehr für ihre Krankenversicherung bezahlen müssten? Vielleicht bewegt man sie so ja auch zum Umdenken. *klausdieter_321*

g Obwohl es zum Beispiel Nikotin-Pflaster gibt, die man sich auf den Arm klebt, denken starke Raucher nicht ans Aufhören, denn sie sind süchtig und können deshalb nicht aufhören. Sollte man solche Personen nicht aus der Krankenversicherung ausschließen? *Helga R.*

h Einige Eltern sind unvernünftig. Das zeigt sich zum Beispiel an den schlechten Zähnen vieler Kleinkinder, die oft gesüßte Getränke zu sich nehmen. Wäre es nicht sinnvoll, Beratungstermine für solche Eltern verpflichtend zu machen? *Goldfux*

## 2 Modalsätze mit *dadurch, dass* bzw. *durch* oder *indem* → AB 170–171/Ü14–16

**GRAMMATIK**
Übersicht → KB 162/2

a **Wie könnte man Raucher zum Aufhören bewegen? Markieren Sie die Nebensätze, die auf das Fragewort *Wie* antworten.**

Man könnte Raucher zum Aufhören bringen, ...
- ☐ um ihre Gesundheit zu verbessern.
- ☐ indem man das Rauchen verbietet.
- ☐ damit sie wieder richtig atmen können.
- ☐ dadurch, dass man sie nicht behandelt.

b **Unterstreichen Sie in 2a die Konnektoren und das Verb im Satz.**

c **Wie könnte man Eltern von falsch ernährten Kindern zum Umdenken bewegen? Schreiben Sie Sätze. Verwenden Sie *dadurch, dass* bzw. *durch* oder *indem*.**

~~Rezepte vorschlagen~~ • Essensgutscheine ausgeben • Kinder mittags in der Schule essen lassen • Süßigkeiten und Softdrinks verbieten • Informationsseminare anbieten

Dadurch, dass man den Eltern Rezepte vorschlägt.
Indem man ihnen Rezepte vorschlägt.
Durch Rezeptvorschläge.

11

## 3 E-Mail an die Krankenkasse

a **Sie treten am 1. Juli eine Stelle bei der TEMPURUS GmbH (Sportbadstr. 3a, 40547 Düsseldorf) an. Ihr neuer Arbeitgeber verlangt von Ihnen eine schriftliche Bestätigung, dass Sie krankenversichert sind. Lesen Sie die E-Mail. Wer schreibt hier an Sie? Kreuzen Sie an.**

☐ der Arbeitgeber ☐ die Krankenkasse ☐ ein Versicherungsmitglied ☐ ein Arbeitskollege

Von: a.baumann@zentra.de
Betreff: Ihre Anfrage: Mitgliedsbescheinigung

Sehr geehrte Kundin, sehr geehrter Kunde,
vielen Dank für Ihr Interesse. Mitgliedsbescheinigungen werden nur auf Anfrage erstellt. Sie können diese persönlich in einer unserer Filialen abholen oder per E-Mail anfordern. Teilen Sie uns dafür bitte den Beginn der neuen Beschäftigung sowie den Namen und die Anschrift des zukünftigen Arbeitsgebers mit.
Mit freundlichen Grüßen
Andreas Baumann
Kundenservice

b **Schreiben Sie Herrn Baumann und fordern Sie die Mitgliedsbescheinigung per E-Mail an. Vergessen Sie nicht den Betreff, die Anrede, eine passende Einleitung und einen passenden Schluss. Bearbeiten Sie dabei auch folgende Punkte angemessen ausführlich.**

- Grund für Ihre E-Mail
- Bearbeitungszeit?
- Direktversand an Arbeitgeber möglich?

| Ich kann jetzt ... | ☺ | 😐 | ☹ |
|---|---|---|---|
| Meinungsäußerungen zum Thema „Krankenversicherung für Risikopatienten" verstehen. | ☐ | ☐ | ☐ |
| per E-Mail etwas von der Krankenversicherung anfordern. | ☐ | ☐ | ☐ |

## 1 Heilung für Körper und Seele → AB 171/Ü17

a **Viele Menschen suchen Hilfe bei sogenannten alternativen Heilmethoden und Therapien. Welche Methoden könnten auf den Bildern dargestellt sein? Ergänzen Sie.**

A

B

C
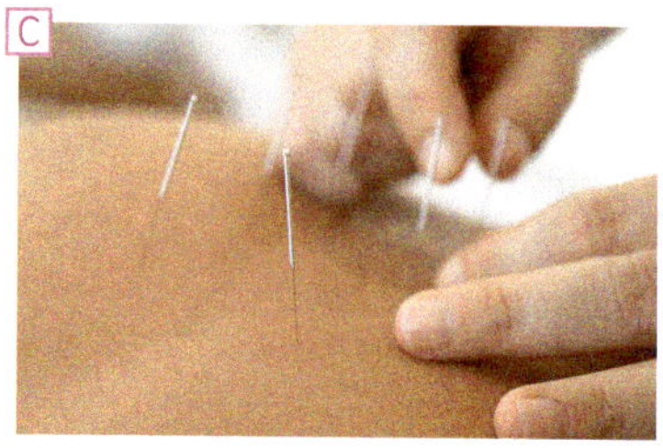

b **Lesen Sie die Definitionen und ordnen Sie sie den Methoden zu.**

- ☐ Akupunktur
- ☐ Wärme- und Kältetherapie
- ☐ Homöopathie
- ☐ Pflanzenheilkunde
- ☐ Irisdiagnose
- ☐ Yoga

1 Hier werden Wirkstoffe eingesetzt, die ähnliche Symptome hervorrufen wie die Krankheiten, gegen die sie wirken sollen. Man nimmt meist stark verdünnte Lösungen oder Kügelchen ein.
2 Gehört zu den ältesten medizinischen Therapien und beschreibt die Vorbeugung und Behandlung von Krankheiten durch speziell zubereitete Pflanzen.
3 Eine Behandlungstechnik aus der Traditionellen Chinesischen Medizin, bei der man durch Einstechen von dünnen Nadeln bestimmte Punkte am Körper reizt, um damit einen blockierten Energiefluss zu regulieren und Beschwerden zu heilen.
4 Hier betrachtet man das Innere des Auges, interpretiert sein Aussehen und mögliche Veränderungen. Man schließt daraus auf den Gesundheitszustand des gesamten Körpers.
5 Ihre positiven Wirkungen bei Schmerzen und bestimmten Erkrankungen ist seit Jahrhunderten bekannt. Die sogenannte Kneipp-Therapie setzt beide Arten der Behandlung ein.
6 In der im Westen praktizierten Form ist es meist eine Technik aus Körperhaltungen und Atemübungen. Das Ziel ist Entspannung und Harmonisierung von Körper und Seele.



## 2 Meinungsaustausch

**Lesen Sie die Stellungnahmen zum Thema „Alternative Heilmethoden – Ja oder Nein?" und diskutieren Sie zu zweit. Versetzen Sie sich jeweils in die Rolle einer der beiden Personen und bringen Sie noch weitere Argumente in das Gespräch ein.**

„Ich habe gute Erfahrungen mit alternativen Heilmethoden gemacht. Bei einer Erkältung habe ich nicht nur das Gefühl, dass ich mit homöopathischen Mitteln schnell wieder gesund werde, sondern auch gesund bleibe. Herkömmliche Medikamente helfen dem Körper immer nur akut. Da macht es nichts, dass alternative Heilmethoden manchmal etwas teurer sind und von der Kasse nicht bezahlt werden. Denn meine Gesundheit ist mir das Geld wert!"

**Mustafa Yildirim**

„Ehrlich gesagt verstehe ich nicht, warum es Menschen gibt, die immer noch an alternative Heilmethoden glauben. Ich glaube ja, dass die meisten homöopathischen Mittel nicht das bringen, was sie versprechen. Das Homöopathiezeug ist so stark verdünnt, dass es gar keine Wirkung auf den Körper haben kann! Für mich ist die Schulmedizin absolut ausreichend und ich brauche keine Alternative. Außerdem sind die Alternativen doch vollkommen überteuert."

**Stefanie Rauscher**

Ich kann jetzt ...

| | 😊 | 🙂 | 🙁 |
|---|---|---|---|
| ■ Definitionen alternativer Heilmethoden verstehen. | ☐ | ☐ | ☐ |
| ■ über persönliche Erfahrungen mit diesen Methoden diskutieren. | ☐ | ☐ | ☐ |

## 1 Ein kritischer Beitrag → AB 172/Ü18

a **Der Kinderarzt und Allergologe Peter Fischer verfasste einen Artikel zum Thema „Alternative Heilmethoden". Sammeln Sie zu zweit Stichpunkte zu folgenden Fragen.**

- An wen könnte sich dieser Artikel richten?
- Was erfahren Sie darin?

b **Lesen Sie nun den Artikel über alternative Heilmethoden. Welche der Sätze a bis h passen in die Lücken 1 bis 6? Zwei Sätze passen nicht.**

a Setzen Sie den gesunden Menschenverstand ein.
b Eine Reihe klassischer Naturheilverfahren sind also in die Schulmedizin integriert.
c Probieren Sie auf jeden Fall möglichst viele alternative Heilmethoden aus.
d Alternative Methoden können zum Beispiel fälschlicherweise nicht vorhandene Allergien diagnostizieren.
e Natürlich wollen Eltern meist alles unternehmen, um ihrem Kind zu helfen.
f Dies kann bis hin zur Mangelernährung führen.
g Vermutlich sammeln noch mehr Eltern schlechte Erfahrungen.
h Aber nicht alles, was das Etikett „natürlich" trägt, ist auch harmlos und gesund.



### *Alternative Heilmethoden*

**Erkrankungen bei Kindern und Jugendlichen, wie Allergien, Neurodermitis und Asthma, sind chronische Erkrankungen, die zu starken Belastungen führen und nicht in kurzer Zeit geheilt werden können. ______________ (1) Dabei sehen sie sich neben der Schulmedizin auch nach alternativen Heilmethoden um.**

Schulmedizin und Naturheilkunde entspringen beide dem verständlichen Wunsch, möglichst nebenwirkungsfrei zu heilen. Als wirksam gilt eine Heilmethode dann, wenn der Erfolg nicht nur bei einem bestimmten Menschen eintritt, sondern bei möglichst vielen Patienten überprüfbar und wiederholbar ist. Die klassischen Naturheilverfahren verwenden natürliche Mittel, die sich seit Langem bewährt haben und deren Wirksamkeit von der wissenschaftlichen Medizin anerkannt ist. ______________ (2) Sogenannte „alternative Verfahren" bedienen sich jedoch Methoden, die von der naturwissenschaftlichen Medizin abweichen.

Ihre Anbieter liefern oft einfache Erklärungen für Erkrankungen und versprechen schnelle und endgültige Heilung, ohne dies objektiv begründen zu können. Im Gegensatz dazu deckt die wissenschaftliche Medizin immer komplexere Ursachen auf. Die Versuchung, sich mit einfacheren Erklärungen zufriedenzugeben, liegt nahe. ______________ (3) Man bedenke nur, dass die meisten Allergieauslöser wie Pollen, Nahrungsmittel oder Insektengift keine künstlichen, sondern natürliche Stoffe sind.

Man hört oft das Argument, die Anwendung alternativer Methoden könnte ja zumindest nicht schaden. Auch dies gilt nur mit Einschränkungen. ______________ (4) Diese werden dann angeblich rasch und natürlich wieder geheilt. Oder ein Kind muss bei angeblichen Nahrungsmittelallergien auf sehr viele Nahrungsmittel verzichten, ohne dass ihm damit geholfen wird. ______________ (5)

Auch alternative Medikamente sind nicht grundsätzlich harmlos. Bei manchen alternativen

Medikamenten sind die Inhaltsstoffe unzureichend deklariert. Viele homöopathische Medikamente enthalten 40-prozentigen Alkohol, der auch in kleinen Mengen nicht an Kinder verabreicht werden sollte.

Bei der Suche nach der richtigen Heilmethode sollten Sie folgende Punkte berücksichtigen:

- Bewerten Sie jede Methode – ob schulmedizinisch oder alternativ – mit demselben kritischen Maßstab.
- Anstatt unerprobte Therapiemethoden anzuwenden, sollte man eher leichte Krankheitssymptome akzeptieren.
- Besonders kritisch sollten Sie sein, wenn eine Methode nur von wenigen Behandlern angewendet wird, wenn Sie sich ganz schnell für eine teure Therapie entscheiden sollen oder Sie aufgefordert werden, alle anderen laufenden Therapien abzubrechen.
- ______________________________ (6) Sonst könnte die einzige Wirkung von alternativen Diagnose- oder Heilmethoden ein leerer Geldbeutel sein.

c **Lesen Sie den Artikel noch einmal und vergleichen Sie mit Ihren Stichpunkten in 1a.**

d **Welche Meinung hat der Autor zu alternativen Heilmethoden? Was halten Sie davon? Berichten Sie.**

## 2 Modalsätze mit *ohne ... zu, ohne dass, ohne* sowie *(an)statt ... zu, (an)statt dass, (an)statt* (+ Genitiv) → AB 172–174/Ü19–21

**GRAMMATIK**
Übersicht → KB 162/2

a **Ergänzen Sie die beiden Varianten zu folgendem Satz.**

*Ihre Anbieter ... versprechen schnelle ... Heilung,* ***ohne*** *dies objektiv begründen* ***zu*** *können.* (Zeile 16/17)

1 Ihre Anbieter versprechen schnelle Heilung, **ohne dass** sie ______________________ können.
2 Ihre Anbieter versprechen schnelle Heilung **ohne** ______________________ Begründung.

b **Lesen Sie folgenden Satz aus dem Text. Was bedeutet er? Markieren Sie.**

***Anstatt*** *unerprobte Therapiemethoden anzuwenden, sollte man eher leichte Krankheitssymptome akzeptieren.* (Zeile 36/37)

Man sollte ...
1 ruhig unerprobte Therapiemethoden anwenden, aber auch leichte Krankheitssymptome akzeptieren.
2 keine unerprobten Therapiemethoden anwenden, sondern lieber leichte Krankheitssymptome akzeptieren.

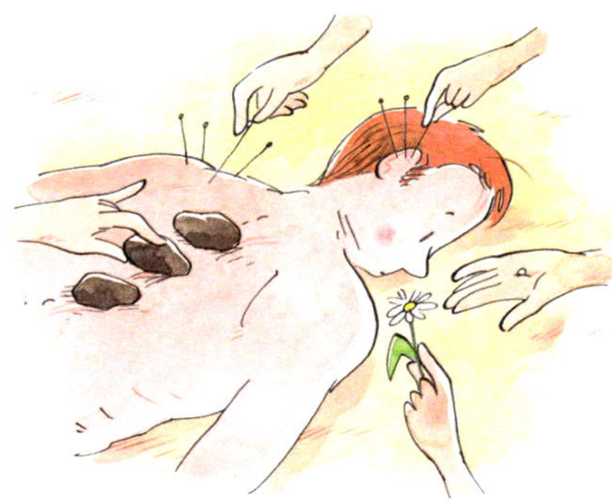

c **Ergänzen Sie die Varianten zu dem Satz in 2b.**

1 Anstatt dass man ______________________, sollte man eher leichte Krankheitssymptome akzeptieren.
2 Statt der Anwendung ______________________ sollte man eher leichte Krankheitssymptome akzeptieren.

Ich kann jetzt ...
- die Hauptpunkte eines kritischen Beitrags zu alternativen Heilmethoden verstehen. ☐ ☐ ☐
- die Meinung des Autors zu einzelnen Aspekten des Themas erkennen. ☐ ☐ ☐
- die Bedeutung von Modalsätzen erklären und selbst Modalsätze bilden. ☐ ☐ ☐

## 1 Medizinische Berufe

**Könnten Sie sich vorstellen, in einem medizinischen Beruf zu arbeiten? In welchem? Wo? Warum?**

| Ärztin / Arzt • Praxisassistent/in • Apotheker/in • Altenpfleger/in • medizinisch-technische/r Assistent/in • Psychiater/in • Krankenschwester/pfleger • ... |
|---|

| in einem Krankenhaus • in einer Praxis • in einem Labor |
|---|

## 2 Informationsfilm *Pflege tut gut* → AB 174/Ü22

a **Was erwarten Sie von einem Film mit diesem Titel?**

32 b **Sehen Sie den Film ohne Ton an. Bilden Sie drei Gruppen und machen Sie Notizen.**

| Räume / Orte | Objekte im Krankenhaus | Tätigkeiten |
|---|---|---|
| der Gang / Korridor | der Wagen | Patienten wecken, waschen Werte notieren |

c **Vergleichen und ergänzen Sie zunächst Ihre Notizen in Ihrer Gruppe. Tauschen Sie sich dann mit den anderen Gruppen aus und ergänzen Sie deren Notizen in der Tabelle.**

d **Sehen Sie den Film nun mit Ton in Abschnitten an.**

33 **Abschnitt 1**

1 Welchen Tagesablauf beschreibt Ina Stanger? Bilden Sie eine Reihenfolge.
- ☐ die Medikamente kontrollieren
- ☐ die Übergabe vom Nachtdienst
- ☐ die Patienten werden geweckt, manche gewaschen
- 1 Schichtbeginn um 6 Uhr

2 Warum ist Ina Stanger Krankenschwester geworden? Notieren Sie.

34 **Abschnitt 2**

1 Welche Charaktereigenschaften sind für Pflegeberufe wichtig? Markieren Sie.
☐ Teamfähigkeit ☐ Flexibilität ☐ Karrierebewusstsein ☐ Organisationstalent

2 In welchem Verhältnis stehen Pflege und Medizin laut dem Chefarzt? Markieren Sie.
- ☐ Ärzte schätzen die Arbeit des Pflegepersonals mehr.
- ☐ Pfleger haben mehr Aufgaben als früher.
- ☐ Sowohl Pfleger als auch Ärzte arbeiten mehr als früher.

3 „Ohne die Pfleger würden die Patienten hier nicht so gut rausgehen." Was ist damit gemeint?

## 3 Pflege weltweit → AB 175/Ü23

**Vergleichen Sie mit Ihrem Heimatland. Wie ist es bei Ihnen? Wo gibt es Unterschiede bei der Arbeit des Pflegepersonals in einem Krankenhaus?**

Ich kann jetzt ...

| | 😊 | 🙂 | ☹️ |
|---|---|---|---|
| ■ den Inhalt eines Informationsfilms über Pflegeberufe verstehen. | ☐ | ☐ | ☐ |
| ■ Aufgaben und Tätigkeiten in einem Krankenhaus benennen. | ☐ | ☐ | ☐ |
| ■ über die Arbeit von Pflegepersonal in meinem Heimatland berichten. | ☐ | ☐ | ☐ |

## 1 Indefinitpronomen ⇤ KB 152/2; 154/3

### a Funktion

Indefinitpronomen verwendet man, wenn man über unbestimmte oder nicht näher bekannte Sachen bzw. Personen spricht oder schreibt.

### b Formen

| | Singular | | | | |
|---|---|---|---|---|---|
| **Nominativ** | man | (irgend)jemand | niemand | (irgend)etwas | nichts |
| **Akkusativ** | ein**en** | (irgend)jemand(**en**)* | niemand(**en**)* | | |
| **Dativ** | ein**em** | (irgend)jemand(**em**)* | niemand(**em**)* | | |

| | Singular | Plural |
|---|---|---|
| **Nominativ** | (irgend)ein**er**, -**e**, -**s** | (irgend)welch**e** |
| **Akkusativ** | (irgend)ein**en**, -**e**, -**s** | (irgend)welch**e** |
| **Dativ** | (irgend)ein**em**, -**er**, -**em** | (irgend)welch**en** |

| | Singular | Plural |
|---|---|---|
| **Nominativ** | kein**er**, -**e**, -**s** | kein**e** |
| **Akkusativ** | kein**en**, -**e**, -**s** | kein**e** |
| **Dativ** | kein**em**, -**er**, -**em** | kein**en** |

* Die Endungen bei Akkusativ und Dativ bei *(irgend)jemand* und *niemand* können weggelassen werden.
Statt des Genitivs, z. B. *irgendjemandes*, wird meist Dativ verwendet: *von irgendjemand(em)*

Indefinitpronomen werden – außer im Nominativ – dekliniert wie ein Artikel.

Wenn ihr irgendjemand**en** / ein**en** Teilnehmer aus unserem Kurs seht, gebt Bescheid.

11

## 2 Modale Zusammenhänge ⇤ KB 157/2, 160/2

Modale Konnektoren und Präpositionen drücken aus, auf welche Art und Weise etwas geschieht oder getan wird. Modalsätze werden verbal mit Konnektoren oder nominal mit Präpositionen gebildet. Dabei sind nominale Ausdrücke mit Präpositionen typisch für die Schriftsprache.

| Verbal | |
|---|---|
| **Konnektor** | **Beispiel** |
| **dadurch, dass** | Man könnte Raucher **dadurch** beeinflussen, **dass** man sie aus der Versicherung ausschließt. |
| **indem*** | Man kann sich das Rauchen abgewöhnen, **indem** man ein spezielles Pflaster verwendet. |
| **ohne dass** | Die Anbieter versprechen schnelle Heilung, **ohne dass** sie dies objektiv begründen. |
| **ohne ... zu** | Die Anbieter versprechen schnelle Heilung, **ohne** dies objektiv **zu** begründen. |
| **(an)statt dass** | Man sollte sich mehr bewegen, **(an)statt dass** man ständig am Computer arbeitet. |
| **(an)statt ... zu** | Man sollte sich mehr bewegen, **(an)statt** ständig am Computer **zu** arbeiten. |

| Nominal | |
|---|---|
| **Präposition** | **Beispiel** |
| **durch** + Akkusativ | **Durch** einen Ausschluss aus der Versicherung könnte man Raucher vielleicht beeinflussen. **Durch** die Verwendung eines speziellen Pflasters kann man sich das Rauchen abgewöhnen. |
| **ohne** + Akkusativ | Die Anbieter versprechen schnelle Heilung **ohne** objektive Begründung. |
| **(an)statt** + Genitiv | **Statt** der ständigen Arbeit am Computer sollte man sich mehr bewegen. |

* *indem* kann nur verwendet werden, wenn die Subjekte im Haupt- und Nebensatz gleich sind.

# 12 SPRACHE UND REGIONEN

## 1 Ein Porträt → AB 179/Ü2

a Sehen Sie das Foto an. Formulieren Sie W-Fragen zu der Person auf dem Bild und stellen Sie diese im Kurs. Die anderen beantworten die Fragen.

*__Wer__ ist auf dem Bild zu sehen?*

*__Warum__ hat die Person …?*

*__Wohin__ schwimmt …?*

b Stellen Sie sich vor, das Bild des Schwimmers wird in einem Artikel gezeigt. Erfinden Sie eine Bildunterschrift. Verwenden Sie eines dieser Stichwörter.

der Lebenstraum • das Süßwasserparadies • der Extremsportler • das Talent • der Fluss • der Lebensraum • das Hobby

c Lesen Sie Ihre Bildunterschrift im Kurs vor und vergleichen Sie.

## 1 Ein Fluss verbindet Länder und Regionen

a **Sehen Sie die Karte an. Wie viele Länder werden vom Rhein „berührt"?**

b **Berichten Sie.**

- Was wissen Sie über den Rhein und die Regionen, durch die er fließt?
- Waren Sie schon einmal am Rhein? Wo genau? Wie sieht die Landschaft aus?

## 2 Projekt *Das blaue Wunder*

2 ◀)) 30 a **Hören Sie die Einleitung einer Radioreportage. Welches Projekt wird vorgestellt?**

2 ◀)) 31 b **Hören Sie nun die Reportage. Notieren Sie Informationen und vergleichen Sie dann zu dritt.**

1 Von wo bis wo möchte Ernst Bromeis schwimmen?
2 Wie lang ist die gesamte Strecke?
3 Wie ist die Wassertemperatur?
4 Welche Ausrüstung braucht der Schwimmer?
5 Wie lang sind die täglichen Etappen?
6 Was passiert, wenn der Schwimmer eine Pause macht?

## 3 Ziel und Scheitern → AB 180/Ü3

2 ◀)) 31 a **Hören Sie die Reportage noch einmal. Worüber sprechen die Personen? Markieren Sie.**

Sie sprechen über ...

- ☐ Wasser als Ressource
- ☐ die Familie von Bromeis
- ☐ wasserscheue Menschen
- ☐ die Reaktion der Presse
- ☐ die Motive von Bromeis
- ☐ das Training als Vorbereitung
- ☐ das Team von Bromeis
- ☐ Schwimmen als Erfahrung

b **Warum hat Bromeis sein Projekt abgebrochen?**

c **Ergänzen Sie die Zusammenfassung der Reportage.**

Schwimmer • Aktion • Extremsport • Herausforderung • hinunterschwimmen • Mündung • zum Nachdenken bringen • niedrig • Wasser • Projekt

1 Der Schweizer Ernst Bromeis plante eine spektakuläre ............ .
2 Er wollte den gesamten Rhein ............ .
3 1200 Kilometer von der Quelle bis zur ............ .
4 Das war eine große sportliche ............ .
5 Leider scheiterte der ............ .
6 Die Wassertemperaturen waren einfach zu ............ .
7 Bromeis ging es nicht nur um den ............ .
8 Wichtig war ihm auch der Respekt für das Element ............ .
9 Deshalb wählte er „Das blaue Wunder" als Namen für sein ............ .
10 Er wollte die Menschen ............ .

## 4 Sprachliche Unterschiede im Deutschen

2 ◀)) 32 a **Hören Sie Auszüge aus der Reportage noch einmal. Welche Person haben Sie am besten verstanden? Vergleichen Sie die Aussprache der Sprechenden.**

b **Kennen Sie noch andere regionale Sprachvarianten des Deutschen? Nehmen Sie Personen, die Sie kennen, auf oder suchen Sie im Internet Hörbeispiele. Präsentieren Sie sie im Kurs.**

*Wussten Sie schon?* → AB 181/Ü4
*In der Schweiz ist Deutsch neben Französisch, Italienisch und Rätoromanisch eine der vier Landessprachen. Schweizer verwenden ihre helvetische Varietät des Hochdeutschen hauptsächlich in geschriebenen Texten und z. B. auch in Informationssendungen im Fernsehen und im Radio sowie in der Kommunikation mit Ausländern. Der Uhrenkonzern Swatch betrat in dieser Hinsicht 2013 Neuland. Er veröffentlichte seinen Geschäftsbericht nicht auf Hochdeutsch, sondern auf Schweizerdeutsch sowie auf Englisch und Französisch. Die Präsidentin des Unternehmens bezeichnete diese Aktion als positive Provokation.*

## 5 Erweitertes Partizip → AB 181–183/Ü5–8

GRAMMATIK
Übersicht → KB 176/1

12

a **Unterstreichen Sie die Wörter, die etwas näher beschreiben.**

*Für mich ist der schnell sprechende Reporter ein echtes Problem.*
*Am liebsten höre ich dem langsam sprechenden Schweizer zu.*
*Die leicht anders klingenden Vokale finde ich sehr schön.*

b **Schreiben Sie die Ausdrücke in erweiterte Partizipien um.**

1 Zuschauer, die applaudieren → applaudierende Zuschauer
2 Zuschauer, die begeistert applaudieren → ...

3 Rechnungen, die bezahlt wurden → ...
4 Rechnungen, die schon lange bezahlt wurden → ...

c **Welche Sätze aus 5b haben folgende Bedeutung? Ergänzen Sie.**

- Nicht abgeschlossen, aktive Bedeutung: Sätze ...
- Abgeschlossen, passive Bedeutung: Sätze ...

d **Sagen Sie es anders.**

1 der Junge, der ständig telefoniert — der ständig telefonierende Junge
2 das Mädchen, das Textnachrichten schreibt
3 E-Mails, die in Schweizerdeutsch verfasst werden
4 Sprecher, die Silben verschlucken
5 eine Sprache, die in kurzer Zeit gelernt wurde
6 eine Sprache, die verloren gegangen ist

Ich kann jetzt ...
- im Radio eine Reportage über Ziel und Erfolg eines Projekts verstehen.
- deutschsprachige Schweizer verstehen, wenn sie Hochdeutsch sprechen.
- mit Partizipien etwas präzise und knapp beschreiben.

## 1 Ein Tagesausflug → AB 183–184/Ü9–10

**Sie wollen Ihre nähere Umgebung besser kennenlernen, indem Sie einen Tag in der Natur verbringen. Der Ausflug soll möglichst wenig kosten. Erarbeiten Sie in Kleingruppen einen Vorschlag und eine Präsentation dazu.**

**Schritt 1:** Zielgruppe und Aktivität wählen

1 Wählen Sie eine Zielgruppe, für die Sie Ihren Vorschlag erarbeiten.

Freunde • Verwandte • Arbeitskollegen • Familie • Sprachkursteilnehmer • ...

2 Sehen Sie die Bilder an. Beschreiben Sie, welche Aktivitäten Sie mit den dargestellten Orten und Personen verbinden und ordnen Sie zu.

☐ Fahrradtour ☐ Slackline ☐ Schlösser und Burgen ☐ Grillabend ☐ See



A

B

C

D

E

3 Warum sind die dargestellten Aktivitäten preisgünstig? Sprechen Sie in Ihrer Gruppe.

*Eine Fahrradtour ist günstig, weil ...*

4 Einigen Sie sich auf eine oder mehrere Aktivitäten.

**Schritt 2:** Stoffsammlung

Recherchieren Sie, welche Möglichkeit Sie haben, die ausgewählte Aktivität in Ihrer Umgebung umzusetzen. Arbeiten Sie Teilaspekte Ihres Ausfluges aus.

- Aktivitäten / Reihenfolge
- Möglichkeiten zum Entspannen
- Ausrüstung: Wanderschuhe, Badebekleidung, Grill ...
- Verkehrsmittel: Zug, Fahrrad, Auto, ...
- Verpflegung

*Wussten Sie schon?*
*Ein Trend im Internet sind Kanäle mit Videos und Podcasts, in denen Leute Ratschläge geben, wie man „umsonst" oder für sehr wenig Geld Sachen und Dienstleistungen bekommt. Tipps zum Thema Ausflüge und Reisen mit wenig Geld erhalten viele Klicks und „Likes". Auch für die Gestaltung eines preisgünstigen Wochenendes haben die Ratgeber Angebote.*

**Schritt 3:** Präsentation im Kurs

1 Stellen Sie Ihre Idee für einen Tagesausflug im Kurs vor.
2 Beschreiben Sie, welche Höhepunkte Ihr Ausflug hat.
3 Gehen Sie auf die Nachfragen der Zuhörenden ein.

**eine Zielgruppe benennen und charakterisieren**

*„Wir haben … als Zielgruppe gewählt.*
*In meinem Freundeskreis gibt es sehr viele, die gern einmal …*
*Für sie wäre besonders wichtig, dass sie … können."*

**einen Vorschlag präsentieren**

*„Folgender Vorschlag wäre für unsere Zielgruppe geeignet: …*
*Unser Plan wäre, dass wir …*
*Wir treffen uns am / um …*
*Wichtig ist, dass alle … mitbringen / dabei haben.*
*Zuerst … / Dann … / Zum Schluss …*
*Unterwegs werden wir auf jeden Fall … machen.*
*Vor Ort gibt es dann mehrere verschiedene Möglichkeiten: …*
*Zum Essen haben wir geplant, …"*

**nachfragen**

*„Zu einem Punkt hätte ich noch eine Frage.*
*Könntet ihr bitte noch einmal sagen / erklären, …*
*Einen Punkt habe ich nicht ganz verstanden. Warum / Wie …?"*

12

**Schritt 4:** Feedback

1 Lesen Sie die Kriterien für eine Beurteilung und markieren Sie für jeden, der eine Präsentation gemacht hat, Ihre Beurteilung in der Tabelle. (😊 = super / 🙂 = gut / ☹ = nicht so gut)

| | | | |
|---|---|---|---|
| Verständlichkeit | 😊 | 🙂 | ☹ |
| Inhalt (ausreichende Informationen) | 😊 | 🙂 | ☹ |
| Aufbau (Inhalt gut geordnet) | 😊 | 🙂 | ☹ |
| Sprache (Wörter, Sätze korrekt) | 😊 | 🙂 | ☹ |
| Sprechweise (Aussprache, Lautstärke, Tempo) | 😊 | 🙂 | ☹ |
| Körpersprache (angenehm, passend) | 😊 | 🙂 | ☹ |
| Medieneinsatz (Bilder, Handout, Folien) | 😊 | 🙂 | ☹ |

2 Geben Sie sich gegenseitig Feedback.

**Feedback geben / etwas bewerten**

*„Das war eine sehr interessante Präsentation.*
*Eure Präsentation hat mir ausgezeichnet gefallen.*
*Bei eurer Präsentation fand ich besonders … interessant.*
*Wo ihr euch noch verbessern könntet, ist bei der / dem …"*

| Ich kann jetzt … | 😊 | 🙂 | ☹ |
|---|---|---|---|
| ■ eine Präsentation über ein Ausflugsziel erstellen und vortragen. | ☐ | ☐ | ☐ |
| ■ gezielte Nachfragen zu einer Präsentation stellen. | ☐ | ☐ | ☐ |
| ■ Feedback zu einem mündlichen Vortrag geben. | ☐ | ☐ | ☐ |

12

## 1 Wanderung von Wörtern → AB 184–186/Ü11–13

**a Sehen Sie die Zeichnung an. Lesen Sie den Text und ordnen Sie die Wörter den Erklärungen zu.**

der Kaffee • das Sakko • die Krawatte • ~~der Strudel~~ • der Schal • das Schlagobers • Türkis

1

Die Bezeichnung dieser Farbe kommt vom gleichnamigen Edelstein, der auf Französisch **turquoise** heißt, also *türkisch*. Vermutlich kamen die ersten dieser Schmucksteine aus der Türkei nach Frankreich. Von dort gelangte das Wort ins Deutsche.

2

Diese Zutat zu vielen Desserts, Kuchen und Torten ist ein österreichisches Wort. In Deutschland sagt man dazu *Sahne*. Der Austriazismus ist auf dem Balkan verbreitet. In Bosnien, Kroatien und Serbien gibt es das Wort **šlag**.

3

Stammt vom altfranzösischen **jacque** ab, was sich mit *Waffenrock* übersetzen lässt. Dieselbe Wurzel haben das *Jackett* und die *Jacke*.

4

Der Begriff entstand, als kroatische Soldaten im Dreißigjährigen Krieg zur Unterstützung nach Paris kamen. Dort fielen sie durch ihre eleganten Halstücher auf, die bald zur Mode **à la croate** wurden.

5 der Strudel

Dieses Gericht kam vermutlich aus Asien während der türkischen Belagerung nach Wien. Der deutsche Begriff breitete sich in der gesamten österreichisch-ungarischen Monarchie aus und ist bis heute im Kroatischen als **štrudl**, **štrudla** und **štrudle**, im Bosnischen und Serbischen als **strudia** oder im Tschechischen als **strudi** verbreitet.

6

Hat zwei mögliche etymologische Ursprünge: von der äthiopischen Region **kaffa**, wo die Pflanze herkommen soll, oder vom Arabischen **gahwa**, was auch Wein bezeichnete. In jedem Fall wanderte das Wort über das türkische **kahve** nach Europa ein.

7

Hat seinen Namen vom persischen / arabischen **chal**. Ursprünglich war er ein Umhang für den ganzen Körper. Erst nach seiner Ankunft in Europa schrumpfte er und wurde zum heute üblichen Accessoire.

**b Welche deutschen Wörter sind in Ihre Sprache eingewandert? Sammeln Sie. Erklären Sie mögliche Bedeutungsänderungen.**

*Das deutsche Wort „Kindergarten" bezeichnet eine Tagesstätte für Kinder im Alter zwischen drei und sechs Jahren. Ins Englische muss es schon vor vielen Jahrzehnten eingewandert sein. Vielen ist gar nicht bewusst, dass es ein fremdes Wort ist.*

## 2 Missverständnisse

2 ◀)) 33 a Sehen Sie die Bilder an und hören Sie die Gespräche. In welchem Land finden diese Szenen statt? In Deutschland? In Österreich? In der Schweiz? Erklären Sie die Missverständnisse.

1

2

3

4

*Die erste Szene könnte vielleicht in Österreich spielen. Vermutlich geht es um die Sitzgelegenheit. Der einfache Holzstuhl passt für Deutsche irgendwie nicht zu dem Wort „Sessel", das Österreicher verwenden.*

12

b Wie heißt das in Deutschland? Ergänzen Sie.

anfassen • die Aprikose • eventuell, möglich • ~~das Fahrrad~~ • grillen • der Junge • parken • der Quark • ~~das Rührei~~ • die Tagesordnungspunkte • die Tomate • umziehen

| Österreich | Deutschland |
|---|---|
| die Eierspeis(e) | das Rührei |
| der Bub | |
| angreifen | |
| der Paradeiser | |
| die Marille | |
| der Topfen | |

| Schweiz | Deutschland |
|---|---|
| parkieren | |
| das Velo | das Fahrrad |
| zügeln | |
| grillieren | |
| die Traktanden (Pl.) | |
| allfällig (auch österr.) | |

c Kennen Sie noch weitere Beispiele für unterschiedliche Wörter mit der gleichen Bedeutung in den deutschsprachigen Ländern und Regionen? Sammeln Sie.

*Wussten Sie schon?* → AB 186/Ü14

*Es gibt einige Unterschiede bei dem Wortschatz, der in Deutschland, Österreich, der Schweiz und Liechtenstein verwendet wird. In Österreich z. B. verwendet man für das in Deutschland übliche Wort* Rührei *das Wort* Eierspeis(e). *In der Schweiz sagt man zum* Fahrrad Velo. *Im „Variantenwörterbuch des Deutschen" sind alle unterschiedlichen Wörter und Wendungen für die deutschsprachigen Länder aufgelistet und erklärt.*

Ich kann jetzt ...

| | 😊 | 😐 | ☹ |
|---|---|---|---|
| ■ Erklärungen zur Herkunft von Wörtern verstehen. | ☐ | ☐ | ☐ |
| ■ Bedeutung und Hintergrund von Fremdwörtern in der eigenen Sprache erläutern. | ☐ | ☐ | ☐ |
| ■ spezifische Wörter aus Deutschland, Österreich und der Schweiz verstehen. | ☐ | ☐ | ☐ |

## 1 Sprache im Alltag – regionale Unterschiede → AB 186/015

a **Lesen Sie die Aussagen von Menschen auf den Straßen von Hannover. Welche Fragen hat der Reporter den einzelnen Personen wohl gestellt?**

1

„Bei uns hier in Hannover soll man ja das beste Hochdeutsch in Deutschland sprechen. Meiner Meinung nach stimmt das auch."

2

„Ein Dialekt wird in Hannover nicht gesprochen. Aber im Umland von Hannover sprechen viele noch das niedersächsische Plattdeutsch."

3

„Sicherlich gibt es auch bei uns Dinge, die man nur in Hannover sagt. Allerdings hört man immer weniger typische regionale Besonderheiten."

4

„Wie in anderen Städten sprach man früher hier einen eigenen regionalen Dialekt. Aber die Jugend spricht nur noch Hochdeutsch. Und ‚Denglisch'!"

b **Lesen Sie nun den ersten Absatz eines Beitrags in einem Magazin für Deutschlernende. Haben Sie etwas Ähnliches auch schon erlebt? Sammeln Sie im Kurs.**

### *Hochdeutsch, was ist das eigentlich?*

Wer einen Deutschkurs besucht, lernt erst einmal Hochdeutsch. Aber in Wirklichkeit spricht das kaum einer. Das merken Deutschlernende spätestens beim ersten Aufenthalt in Deutschland. Haben sie im Kurs beispielsweise „Guten Tag" gelernt, so werden sie auf der Straße ganz anders angesprochen: mit „Grüß Gott", „Moin, Moin" oder „Tach auch". Viele fragen sich daher: Kann es sein, dass niemand Hochdeutsch spricht? Wurde diese Sprache vielleicht nur entwickelt, um den Deutschlernenden ein klares, einfaches Deutsch zum Lernen anzubieten?

c **Lesen Sie nun den Artikel. Ordnen Sie den Abschnitten die Überschriften zu.**

Hochdeutsch als gemeinsame Sprache — Die Entstehung des Hochdeutschen — Hochdeutsch – eine künstliche Sprache? — Die Zukunft der Dialekte

A ______________________

Was wir im Fernsehen oder Radio hören und was beispielsweise die Nachrichtensprecher sprechen, ist Hochdeutsch. Diese Sprache hat sich nicht natürlich entwickelt wie die Dialekte, die auch Mundarten genannt werden. Während Dialekte über sehr lange Zeiträume gewachsen sind, wurde das Hochdeutsche als überregionale Norm geschaffen.

B ______________________

Der Entwicklungsprozess begann mit dem Reformator Martin Luther (1483–1546), der die Bibel ins Deutsche übersetzte. Dabei beeinflusste seine Sprache – nämlich das Sächsische – die Bibelübersetzung. Ein weiterer Meilenstein für die Verbreitung des Hochdeutschen als Schriftsprache war die Erfindung des Buchdrucks durch Johannes Gutenberg (1400–1468). Die Bibel konnte so weit verbreitet werden.

In den Jahrhunderten nach Luther und Gutenberg hatte Preußen, also der Norden des heutigen Deutschlands, eine historisch wichtige Stellung. Dadurch wurden die Residenzstädte des jetzigen Niedersachsens bedeutend, z. B. Hannover und Braunschweig. Das dort gesprochene Deutsch bekam Vorbildfunktion über seine Grenzen hinaus. Im Gegensatz dazu blieben die Sprachvarianten der anderen Regionen geografisch stark begrenzt.

C

Alle Menschen im deutschsprachigen Raum mit Deutsch als Muttersprache können Hochdeutsch verstehen. Dagegen gibt es – vor allem in ländlichen Regionen – Menschen, die es nur selten oder gar nicht benutzen, da sie normalerweise ihren Dialekt sprechen. Das Hochdeutsche ist vor allem eine einheitliche Schriftsprache. Wie es richtig geschrieben werden sollte, legte Konrad Duden in seinem „Orthographischen Wörterbuch" (1880) zum ersten Mal fest. Heute bestimmt das der sogenannte „Rechtschreibrat".

D

Die Vielfalt der Mundarten wird sicherlich weiter bestehen bleiben. Besonders in der gesprochenen Sprache. Dialekte werden als regionale Varianten vor allem auf dem Land weiter gesprochen werden.

d **Ergänzen Sie die Textzusammenfassung.**

Bibel • Orthografie • Entwicklung • Buchdrucks • ~~Hochdeutsche~~

Das Hochdeutsche ist das Ergebnis einer Jahrhunderte langen ______ (1). Begonnen wurde der Entwicklungsprozess durch Martin Luther, der die ______ (2) ins Deutsche übersetzte. Ebenso wichtig für die Verbreitung des Deutschen war die Erfindung des ______ (3) durch Johannes Gutenberg. Im 19. Jahrhundert tat Konrad Duden den nächsten Schritt, indem er ein bis heute gültiges ______ -Lexikon (4) veröffentlichte.



## 2 Wie ist das in Ihrer Sprache?

**Gibt es auch in Ihrer Sprache neben der schriftlichen Norm Dialekte im mündlichen Gebrauch? Berichten Sie im Kurs.**

## 3 Adversativsätze → AB 187–188/Ü16–19

GRAMMATIK
Übersicht → KB 176/2

a **Welche Bedeutung haben die Konnektoren in den folgenden Sätzen? Markieren Sie.**

☐ Alternative ☐ Gegensatz ☐ Aufzählung

1 ***Während*** die regionalen Dialekte über sehr lange Zeiträume gewachsen sind, wurde das Hochdeutsche als überregionale Norm geschaffen.
2 Das dort gesprochene Deutsch bekam Vorbildfunktion über Preußens Grenzen hinaus. ***Im Gegensatz dazu*** blieben die Sprachvarianten der anderen Regionen geografisch stark begrenzt.
3 Alle Menschen im deutschsprachigen Raum können Hochdeutsch verstehen. ***Dagegen*** gibt es Menschen, die es nur selten oder gar nicht benutzen.

b **Schreiben Sie die Sätze anders.**

*Jugendliche in deutschen Großstädten sprechen fast nur noch Hochdeutsch.*
*Auf dem Land wird man auch in Zukunft noch Dialekt hören.*

- Jugendliche in deutschen Großstädten sprechen fast nur noch Hochdeutsch. Dagegen …
- Während Jugendliche in deutschen Großstädten …
- Im Gegensatz zu den Menschen auf dem Land …

Ich kann jetzt … ☺ 😐 ☹
- einem Fachartikel Informationen über die Geschichte der deutschen Sprache entnehmen. ☐ ☐ ☐
- eine Zusammenfassung eines Textes sachlich richtig ergänzen. ☐ ☐ ☐
- adversative Nebensätze verstehen und anwenden. ☐ ☐ ☐

# SCHREIBEN

## 1 Zweisprachigkeit

a **Machen Sie eine Blitz-Umfrage im Kurs.**
**Haben Sie Zwei- oder Mehrsprachigkeit selber erlebt?**

- Aus welchem Land bzw. welcher Stadt / Region stammen Sie?
- Welche Sprache(n) sprechen Sie mit Ihren Eltern?
- Welche Sprache(n) sprechen Sie mit Ihren Freunden?
- Was wurde im Schulunterricht gesprochen?
- Was wird in den Medien gesprochen?

b **Sammeln Sie die Ergebnisse in dieser Übersicht.**

| Heimatstadt / Region | Im Schulunterricht wurde ... gesprochen. | Ich spreche mit meiner Familie und mit Freunden ... | Im Radio und Fernsehen hört man ... |
|---|---|---|---|
| Barcelona / Katalonien | Katalanisch und Spanisch | katalanisch | Katalanisch und Spanisch |
| | | | |

## 2 Vor- und Nachteile von Zweisprachigkeit → AB 189/Ü20

**Lesen den Text auf der Webseite „Bilingual erziehen".**
**Markieren Sie Argumente, die Sie besonders überzeugen.**

### BILINGUAL ERZIEHEN

*Erfahrungen und Tipps*

**Herzlich willkommen ...**

auf unserer Webseite zu Fragen rund um das Thema der mehrsprachigen Erziehung und der zweisprachigen Kinder. Hier finden Eltern aus verschiedenen Kulturen, oder Eltern, die im Ausland leben, viele Anregungen. Vorab die meist genannten Vor- und Nachteile zweisprachiger Erziehung:

**Vorteile**

- Kinder, die mit zwei oder mehreren Sprachen aufwachsen, können diese so gut beherrschen wie Menschen, die mit einer Sprache aufwachsen.
- Zweisprachige Kinder haben meistens Vorteile beim Erlernen weiterer Sprachen.
- Kinder, die zweisprachig erzogen werden, können Informationen von einer Sprache auf die andere übertragen. Dadurch ist es ihnen möglich, ihr Vokabular auszubauen.
- Kinder, die zwei oder mehrere Sprachen erlernen, haben signifikante Vorteile im Wettbewerb um Stellen auf dem Arbeitsmarkt. Vor allem in Ämtern werden zunehmend zweisprachige Angestellte gesucht.
- Kinder, die mit verschiedenen Sprachen aufwachsen, haben auch als Erwachsene ein besonderes Gespür für kulturelle Unterschiede.

**Nachteile**

- Kinder, die zweisprachig aufwachsen, laufen Gefahr, keine Sprache richtig zu beherrschen. Damit können diese Heranwachsenden unter Umständen Probleme in der Schule bekommen.
- Kinder, die zweisprachig erzogen werden, können von einer einsprachigen Gesellschaft ausgegrenzt werden.
- Bei kleineren Kindern kommt es vor, dass sie wegen ihrer zweiten Sprache von Spielkameraden gehänselt werden. Dies kann negative Auswirkungen auf die Entwicklung des Selbstbewusstseins haben.
- Schwierigkeiten mit der Aussprache oder Grammatik können bei zweisprachig aufwachsenden Kindern noch deutlich schwieriger zu beheben sein als bei einsprachigen, da in jeder Sprache korrigiert werden muss.

## 3 Ihr Beitrag → AB 189/Ü21

**Verfassen Sie eine Stellungnahme in Form eines Forumbeitrags zu der Liste von Vor- und Nachteilen der Webseite „Bilingual erziehen". Denken Sie an eine Einleitung und einen Schluss. Schreiben Sie mindestens 150 Wörter.**

- Äußern Sie Ihre Meinung, mit welchen Argumenten für oder gegen Zweisprachigkeit Sie einverstanden sind.
- Nennen Sie weitere Gründe, warum Sie für oder gegen eine zweisprachige Erziehung sind.
- Nennen Sie Aspekte, die bei der sprachlichen Erziehung von Kindern wichtig sind.
- Schreiben Sie, welche Rolle die Schule bei der Spracherziehung spielen sollte.

**auf einen Beitrag Bezug nehmen**

*„Ich habe Ihre Tipps mit großem Interesse gelesen.*
*Ich möchte gern auf einen Punkt näher eingehen.*
*Einen Punkt finde ich besonders wichtig.*
*Ich würde gern noch einen anderen Punkt ansprechen / aufgreifen / hinzufügen."*

**den eigenen Standpunkt darlegen und begründen**

*„Meiner Meinung nach spricht das Argument … für / gegen …*
*Aus meiner Sicht sollte man das Argument … besonders ernst nehmen.*
*Ich vertrete diese Meinung aus folgendem Grund: …*
*Es gibt folgende gute Gründe für / gegen …"*

**Argumente zurückweisen**

*„Das sehe ich ganz anders.*
*Das überzeugt mich nicht ganz.*
*Da kann ich Ihnen leider nicht zustimmen."*

**Einwände formulieren**

*„Dagegen spricht, dass …*
*Ich verstehe Ihre Position, aber trotzdem / dennoch …*
*Das ist ein Problem, weil … "*

12

## 4 Partizipien als Nomen → AB 189–190/Ü22–23

**GRAMMATIK**
Übersicht → KB 176/3

a **Ergänzen Sie.**

1 Personen, die in einer Firma oder in einem Amt angestellt sind, nennt man Ange________ .
2 Kinder und Jugendliche, die noch heranwachsen, nennt man Heranwachs________ .

b **Welche Endung passt?**

1 Mit Angestellt______ in Ämtern kann man verschiedene Sprachen sprechen.
2 Zwei Sprachen zu beherrschen, ist für Heranwachsend______ nicht immer leicht.

Ich kann jetzt …

| | 😊 | 😐 | ☹ |
|---|---|---|---|
| einen Beitrag zu einer Webseite schreiben. | ☐ | ☐ | ☐ |
| zu Aussagen anderer Stellung nehmen. | ☐ | ☐ | ☐ |
| Argumente für oder gegen Zweisprachigkeit formulieren. | ☐ | ☐ | ☐ |
| den eigenen Standpunkt begründen. | ☐ | ☐ | ☐ |

# HÖREN 2

## 1 Deutsch in Europa

Arbeiten Sie zu dritt. In welchen Staaten ist Deutsch Amtssprache? Markieren Sie.

- ☐ Österreich
- ☐ Dänemark
- ☐ Liechtenstein
- ☐ Deutschland
- ☐ Tschechien
- ☐ Belgien
- ☐ Luxemburg
- ☐ Italien
- ☐ Niederlande
- ☐ Schweiz

## 2 Dreimal Deutsch

a Sehen Sie die Fotos an. Zu welchem gemeinsamen Thema passen sie wohl? Sprechen Sie.

2 ◀)) 34–36 b Hören Sie drei Aussagen. Welches Foto passt zu welcher Aussage? Ordnen Sie zu.

Aussage 1: Foto        Aussage 2: Foto        Aussage 3: Foto

A

B

C

12

2 ◀)) 34–36 c Hören Sie die Aussagen noch einmal. Was erfahren Sie über die Verwendung des Deutschen in Medien, öffentlichem Leben und Schulen? Ergänzen Sie.

In Luxemburg:

In Südtirol:

In Belgien:

## 3 Wortbildung: Fugenelement -s- bei Nomen → AB 190/Ü24–25

GRAMMATIK
Übersicht → KB 176/4

a Wann steht -s- zwischen den zusammengesetzten Nomen? Ergänzen Sie.

Ankündigungstext • Diskussionsrunde • Eigentumswohnung • Tätigkeitsbereich • Dialektforschung • Freundschaftspreis • Grenzgebiet • Freiheitskampf • Mundartgedicht • Zwillingsbruder • Identitätsverlust • Nachbarregion

-s- steht nach -ung,

b Erstellen Sie eine Übung für Ihre Lernpartnerin / Ihren Lernpartner. Schreiben Sie mindestens drei zusammengesetzte Nomen (mit oder ohne -s-) und lassen Sie in der Mitte eine Lücke. Ihre Lernpartnerin / Ihr Lernpartner ergänzt.

Wohnung wechsel
Literatur preis
Aktion tag

Ich kann jetzt ...
- benennen, wo Deutsch Amtssprache ist. ☐ ☐ ☐
- aus kurzen Aussagen die wichtigsten Informationen entnehmen. ☐ ☐ ☐
- in zusammengesetzten Nomen das Fugenelement -s- richtig anwenden. ☐ ☐ ☐

## 1 Ein besonderer Wettbewerb

a **Sehen Sie sich das Foto an. Welche Musikrichtung passt wohl zu dieser Band? Sprechen Sie.**

Jazz • Folk • Techno • Metal • Rap • ...

35 b **Sehen Sie jetzt einen Ausschnitt eines Films. Sprechen Sie.**

- In welcher Sprache wird hier wohl gesprochen und gesungen?
- Was davon haben Sie verstanden?
- Worum geht es in dem Film wohl?

c **Sehen Sie den Film nun in Abschnitten an.**

36 **Abschnitt 1**

Sprechen Sie.
- Wo spielt die Szene?
- Worüber unterhalten sich die Personen?

37 **Abschnitt 2**

1 Sehen Sie den Abschnitt an und lesen Sie auch die Untertitel. Sprechen Sie.
- Was für ein Wettbewerb ist „Plattsounds"?
- Warum gibt es den Wettbewerb?

2 Wie gefällt Ihnen Plattdeutsch? Sprechen Sie.

38 **Abschnitt 3**

Notieren Sie. Was erfahren Sie über ...?
- die „Tüdelband"
- den Wettbewerb
- die Internetplattform

39 **Abschnitt 4**

Was meinen Sie:
- Welche Sprache spricht der Mann am liebsten?
- Warum wird am Ende das ältere Ehepaar noch einmal gezeigt?
- Was ist die Pointe des Films?

12

## 2 Diskussion → AB 191/Ü26

Lesen Sie den Anfang eines Presseberichts. Diskutieren Sie in kleinen Gruppen:
- Ist ein Musikwettbewerb eine gute Aktion, um eine regionale Sprache zu erhalten? Warum (nicht)?
- Was für andere Aktionen könnte man zu diesem Zweck anregen?

Mit dem Bandwettbewerb „Plattsounds" sollen Nachwuchs-Musiker für die niederdeutsche Sprache begeistert werden. Noch sprechen 2,6 Millionen Menschen in Norddeutschland Platt, vor 25 Jahren waren es allerdings doppelt so viele. „Sprache kann ganz schnell verloren gehen", sagte die Kultusministerin von Niedersachsen. „Wir befürchten zwar nicht, dass die niederdeutsche Sprache ausstirbt. Wir müssen aber etwas dafür tun, dass junge Leute sagen: ‚Plattdeutsch ist cool.'"

Ich kann jetzt ...
- einen Film über eine regionale Sprache verstehen. ☐ ☐ ☐
- über den Erhalt von regionalen Sprachen diskutieren. ☐ ☐ ☐

12

## 1 Erweitertes Partizip ⇤ KB 165/5

Das erweiterte Partizip kann wie der Relativsatz eine Person oder Sache genauer beschreiben. Es übernimmt die Funktion eines Adjektivs und wird vor allem in der Schriftsprache verwendet.

| | **Beispiel** | **Relativsatz** |
|---|---|---|
| **Partizip 1** ***nicht abgeschlossen, aktiv*** | der ständig telefonierende Junge<br>begeistert applaudierende Zuschauer | der Junge, der ständig telefoniert<br>Zuschauer, die begeistert applaudieren |
| **Partizip 2** ***abgeschlossen, (meist) passiv*** | schon lange bezahlte Rechnungen<br>eine in kurzer Zeit gelernte Sprache | Rechnungen, die schon lange bezahlt wurden<br>eine Sprache, die in kurzer Zeit gelernt wurde |

## 2 Adversativsätze ⇤ KB 171/3

Adversative Konnektoren drücken einen Gegensatz aus.

| Konnektor | Beispiel |
|---|---|
| während | Auf dem Land wird man auch in Zukunft noch Dialekt hören, **während** Jugendliche in Städten fast nur noch Hochdeutsch sprechen. |
| dagegen | Jugendliche in Städten sprechen fast nur noch Hochdeutsch. **Dagegen** wird man auf dem Land auch in Zukunft noch Dialekt hören. / Auf dem Land wird man **dagegen** auch in Zukunft noch Dialekt hören. |
| im Gegensatz dazu | Jugendliche in Städten sprechen fast nur noch Hochdeutsch. **Im Gegensatz dazu** wird man auf dem Land auch in Zukunft noch Dialekt hören. |

| | |
|---|---|
| im Gegensatz zu | **Im Gegensatz zu** den Menschen auf dem Land sprechen Jugendliche in Großstädten fast nur noch Hochdeutsch. |

## 3 Partizipien als Nomen ⇤ KB 173/4

Sie ermöglichen eine kurze, geschlechtsneutrale Ausdrucksweise: *Liebe Studenten, liebe Studentinnen* = *Liebe Studierende*. Auch als Nomen wird das Partizip wie ein Adjektiv dekliniert.

| | | |
|---|---|---|
| die / der Angestellte | Rana ist in der Stadtverwaltung angestellt. | Rana ist Angestellt**e** in der Stadtverwaltung. Mit allen Angestellt**en** kann man beide Landessprachen sprechen. |
| die / der Heranwachsende | Der Teenager Ali wächst heran. | Ali ist ein Heranwachsend**er**. Für Heranwachsend**e** ist Zweisprachigkeit meist kein Problem. |

## 4 Wortbildung: Fugenelement -s- bei Nomen ⇤ KB 174/3

Das Fugenelement -*s*- verbindet die Teile eines zusammengesetzten Nomens. Es steht immer nach diesen Nachsilben.

| | |
|---|---|
| **-heit** | Freiheit**s**kampf |
| **-ion** | Diskussion**s**runde |
| **-ität** | Identität**s**verlust |
| **-keit** | Tätigkeit**s**bereich |
| **-ling** | Zwilling**s**bruder |
| **-schaft** | Freundschaft**s**preis |
| **-tum** | Eigentum**s**wohnung |
| **-ung** | Ankündigung**s**text |

Abiramy Sharma (28) ist Software-Entwicklerin aus Indien. In ihrer Heimat hat sie Mathematik und Informatik studiert und Deutsch gelernt. Sie war in Indien bereits in verschiedenen Projekten tätig und arbeitet nun seit sieben Monaten bei einer Firma in Rostock, die Software für mobile Zahlungssysteme erstellt.

**CHECKLISTE BESPRECHUNG UND PROTOKOLL**

- ☐ Eine Tagesordnung verstehen
- ☐ Sich auf eine Besprechung vorbereiten
- ☐ Ein Problem ansprechen
- ☐ Ein Protokoll prüfen

## 1 Eine Tagesordnung verstehen

a **Was ist eine Tagesordnung? Kreuzen Sie an und vergleichen Sie im Kurs.**

- ☐ Plan für einen Arbeitstag
- ☐ Ablaufplan für eine Besprechung mit Kollegen
- ☐ Liste von Regeln für ein Team
- ☐ Zusammenfassung von Ergebnissen

b **Lesen Sie die Tagesordnung und beantworten Sie die Fragen zu zweit.**

1 Was ist das Thema?
2 Wie viel Zeit ist für die Sitzung vorgesehen?
3 Wer leitet die Besprechung?
4 Wer ist eingeladen, aber nicht da?
5 Wer berichtet über den Projektstand?
6 Wer fasst die Ergebnisse zusammen?
7 Wie viele Tagungsordnungspunkte gibt es?
8 Wie viele Personen werden anwesend sein?

EXTRA BERUF

### Tagesordnung

**Anlass:** Besprechung Status Projekt *pay-to-go* **Datum:** 29.03.
**Ort:** Raum B 13 **Zeit:** 16:00–17:30 Uhr

**Teilnehmer/innen:** Steuergruppe *pay-to-go*: Frau Wentzel (Projektleitung), Herr Meles und Frau Sharma (Programmierung), Herr Gerz (Controlling), Herr Pedersen (Marketing)
**Entschuldigt:** Frau Gersthofen (Programmierung)

**Moderation:** Herr Pedersen **Protokoll:** Herr Meles

| TOP | Uhrzeit | Inhalt | Zuständig |
|---|---|---|---|
| *1* | *16:00* | *Letztes Protokoll, Verabschiedung Tagesordnung* | *Pedersen* |
| *2* | *16:10* | *Stand des Projekts: Sicherheitsrichtlinien, Datenbank, Zeitplan; Kostenentwicklung* | *Meles; Gerz* |
| *3* | *17:00* | *Situation Kundenakquise / Werbeaktion* | *Pedersen* |
| *4* | *17:15* | *Sonstiges* | |

c **Haben Sie schon einmal eine Tagesordnung erstellt oder erhalten? Was war ähnlich wie in der Tagesordnung in 1b, was war anders? Berichten Sie.**

## BESPRECHUNG UND PROTOKOLL

### 2 Sich auf eine Besprechung vorbereiten

a Sehen Sie die Bilder an. Worin unterscheiden sich die beiden Situationen?

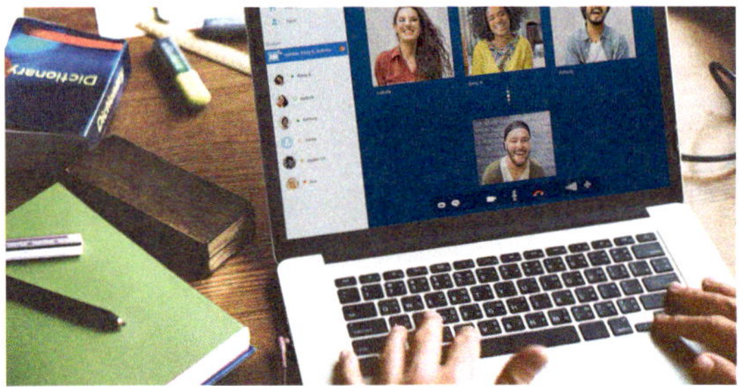

b Welche Formen von Besprechungen kennen Sie? Berichten Sie.

c Abiramy will sich auf die Besprechung vorbereiten und liest im Internet einige Tipps. Welcher Abschnitt ist für sie besonders relevant?

*Digitale Vernetzung*
*Videokonferenzen gewinnen immer mehr an Bedeutung. Bei der Planung sollte man sich im Vorfeld gut mit der Technik vertraut machen. Da es in der Übertragung zu Verzögerungen kommen kann, ist es wichtig, die Besprechung gut zu strukturieren, nicht zu schnell und auch nicht gleichzeitig zu sprechen.*

EXTRA BERUF

**BESPRECHUNGEN – EFFIZIENT UND EFFEKTIV!**

„Oh nein, schon wieder eine Besprechung!" Wer hat diesen Gedanken noch nie gehabt?
Dabei können Besprechungen Spaß machen – und gleichzeitig effizient ablaufen.
Welche Rolle haben Sie? Klicken Sie an und erfahren Sie mehr!

**Organisator/in** **Moderator/in** **Ausbildung und Praktikum**

**Checkliste: Besprechungsorganisation**
Datum, Beginn und Dauer sind festgelegt ✓
TOPs sind mit den Beteiligten abgestimmt ✓
Raum ist reserviert, Bewirtung und Technik sind organisiert ✓
Rollen (Moderation, Protokollführung) sind vereinbart ✓
Tagesordnung ist an alle Teilnehmenden kommuniziert ✓

**Hilfreiche Tipps für Moderatoren**
- Sorgen Sie für eine positive Gesprächsatmosphäre.
- Machen Sie am Anfang allen die Regeln für die Besprechung deutlich.
- Beginnen Sie pünktlich und sorgen Sie für die Einhaltung des Zeitplans.
- Fördern Sie Diskussionen, stellen Sie passiven Teilnehmer/innen Fragen.
- Achten Sie bei kritischen Themen auf nonverbale Signale der Teilnehmer/innen.
- Stellen Sie sicher, dass Entscheidungen für alle sichtbar dokumentiert werden.

**Teilnehmer/in eines Meetings**
Auch als Teilnehmer haben Sie Einfluss auf den Ablauf einer Besprechung.
Eine gute Vorbereitung ist die halbe Miete! Daher sollten Sie …
- das letzte Protokoll noch einmal durchlesen.
- Unterlagen, die im Vorfeld zur Verfügung gestellt werden, gründlich durcharbeiten.
- Fragen/Kommentare/einen Beitrag vorbereiten.
- die eigenen Ziele und die gewünschten Ergebnisse definieren.

d Denken Sie an eine Besprechung, an der Sie teilgenommen haben. Haben sich alle Teilnehmenden an die Hinweise in 2c gehalten? Berichten Sie.

## 3 Ein Problem ansprechen

a **Abiramy hat in ihrem Projekt ein Problem. Sie hat sich eine Strategie notiert, wie sie das Problem in der Besprechung thematisieren möchte. In welcher Reihenfolge stehen die Punkte? Sortieren Sie.**

Forderung: mehr Programmierstunden • Joker: Zeitplan einhalten • Lösung vorschlagen • Thema ansprechen

TOP 2: Datenbank
Ziel: mehr Personalkapazität – meine Strategie:
1 ______
2 ______
______
3 ______
4 ______
______

2 ◀)) 37 b **Hören Sie einen Auszug aus der Besprechung und überprüfen Sie Ihre Lösung in 3a.**

c **Wer sagt was? Hören Sie noch einmal und kreuzen Sie an (P = Moderator Herr Pedersen; W = Projektleiterin Frau Wentzel; S = Programmiererin Abiramy Sharma).**

| | P | W | S |
|---|---|---|---|
| 1 Dann fassen wir also zusammen: | X | ☐ | ☐ |
| 2 Welches Abgabedatum können wir für … festlegen? | ☐ | ☐ | ☐ |
| 3 Gut, also dann halten wir fest: … | ☐ | ☐ | ☐ |
| 4 Damit kommen wir zum nächsten Punkt. | ☐ | ☐ | ☐ |
| 5 Ich möchte da gern noch einen Aspekt ansprechen. | ☐ | ☐ | ☐ |
| 6 Für den Erfolg des Projekts wäre es sehr wichtig, dass … | ☐ | ☐ | ☐ |
| 7 Verstehe ich Sie richtig: … | ☐ | ☐ | ☐ |
| 8 Um das zu schaffen, benötigen wir zusätzlich … | ☐ | ☐ | ☐ |
| 9 Ein großer Vorteil wäre, dass … | ☐ | ☐ | ☐ |
| 10 Ich hätte einen Lösungsvorschlag: … | ☐ | ☐ | ☐ |



d **Welche der Tipps für die Moderation aus 2c befolgt Herr Pedersen? Überlegen Sie zu zweit und vergleichen Sie dann im Kurs.**

2 ◀)) 38 e **Was meinen Sie: Kann Abiramy ihr Ziel erreichen? Stimmen Sie im Kurs ab. Hören Sie dann den zweiten Ausschnitt. Wie schätzen Sie die Lage ein?**

f **Wählen Sie eine Situation und erarbeiten Sie in Kleingruppen ein ähnliches Gespräch.**

**Situation 1**
Ziel: Mehr Zeit für die Planung von Marketing und Werbung; Strategie: Thema ansprechen; Forderung: 2 Wochen mehr Zeit; Joker: Ergebnisse der Kundenbefragung einbauen; Lösung: vorher Internetwerbung schalten

**Situation 2**
Ziel: Osterurlaub parallel mit einer Kollegin; Strategie: Thema ansprechen; Forderung: 2 Wochen Urlaub (Kinder!); Joker: Zur Spitzenzeit im Mai sind zwei Kollegen anwesend; Lösung: Frau Hiller ist bereit, die Vertretung zu übernehmen

**ein Problem ansprechen**

*„Ich würde gern noch einen weiteren Aspekt aufgreifen.*
*Meiner Ansicht nach sollten wir noch einmal über … sprechen.“*

**eine Forderung konkretisieren**

*„Um das zu schaffen, benötigen wir …*
*Für den Erfolg des Projekts wäre es sehr wichtig, dass …*
*Entscheidend ist, dass uns … zur Verfügung gestellt wird.“*

## 4 Ein Protokoll prüfen

2 ◀)) 39 a Abiramy macht sich während der Besprechung Notizen. Hören und ergänzen Sie.

TOP 3
~~Kundenakquise~~ Werbeaktion
Fa. Internetties
Übersicht Anforderungen bis
Bis 9.4.: Pluspunkte
technische Spezifikation macht:

b Herr Meles hat ein Protokoll verfasst. Vergleichen Sie mit der Tagesordnung in 1b.
Welche Informationen sind im Protokoll nicht enthalten?

### Protokoll

Besprechung Status Projekt *pay-to-go* vom 29.3.

**Teilnehmer/innen:** Wentzel, Meles, Sharma, Gerz, Pedersen

**Entschuldigt:** Gersthofen

**Protokoll:** Meles

| TOP | Wann? Was? | Wer? |
|---|---|---|
| 3 | • *Bis 12.4. Auflistung Anforderungen an Werbeaktion*<br>• *Bis 12.4. Drei Vorschläge für Werbeagenturen*<br>• *Bis 9.4. Mögliche Pluspunkte fürs Marketing*<br>• *Bis 2.4. Technische Spezifikation*<br>• ... | *Pedersen*<br>*Pederson*<br>*alle*<br>*Meles*<br>... |
| 4 | • *Fehlende Dienstreiseanträge sofort abgeben! Bitte beachten: Das neue Formular verwenden.*<br>• *Bis August Urlaubssperre*<br>• *Rechnung 0700345 ist noch nicht überwiesen – bei wem hängt sie fest? Gerz hakt bei Gersthofen nach.* | *Gerz, Gersthofen*<br>*alle*<br>*Gerz* |

EXTRA BERUF

c Welche Fehler findet Abiramy im Protokoll von Herrn Meles? Markieren Sie.

*Wussten Sie schon?*
*Ein Protokoll dient dazu, die Inhalte eines Gesprächs oder einer Sitzung zu dokumentieren. Im Berufsleben spielen vor allem die beiden Formen Ergebnisprotokoll und Beschlussprotokoll eine wichtige Rolle. Wie der Name sagt, protokolliert man darin in knapper Form nur die Ergebnisse beziehungsweise Beschlüsse. Das Verlaufsprotokoll enthält darüber hinaus alle wesentlichen Wortbeiträge, die zu diesen Ergebnissen geführt haben.*

d Welche Arten von Protokollen kennen Sie aus Ihrem Berufsleben?
Welche Unterschiede / Gemeinsamkeiten können Sie feststellen? Berichten Sie.

# ARBEITSBUCH

WIEDERHOLUNG WORTSCHATZ

## 1 Familiäre Beziehungen

**Ergänzen Sie im Kreuzworträtsel. Die markierten Buchstaben ergeben das Lösungswort.**

1 Wie heißt das Kindersprichwort? Verliebt, ..., verheiratet.
2 Meine Nichten sind immer höflich und benehmen sich sehr gut. Das liegt an ihrer guten ...
3 Alisa und Erich sind seit 20 Jahren ein glückliches ...
4 Viele Kinder wachsen heute als Einzelkind ohne ... auf.
5 Petra bekommt im September ein Baby. Sie ist jetzt im fünften Monat ...
6 Tarek und Samira haben sich getrennt. Aber ihre ... ist immer noch sehr eng.
7 Wenn eine Ehe nicht mehr funktioniert, trennen sich manche Ehepaare und lassen sich ...
8 Aleyna und Nael feiern heute Goldene ... Sie sind schon seit 50 Jahren verheiratet.
9 In den westlichen Ländern gibt es immer weniger ..., dafür immer mehr ältere Menschen.

1
2
3
4
5
6
7
8
9

Wie heißt das Lösungswort? _____________

zur Einstiegsseite, KB 89, Aufgabe 2

## 2 Familienrätsel

HÖREN

a **Ergänzen Sie Carls Bericht über seine Familie.**

Stieftochter • leiblichen • früheren Beziehungen • im Haushalt • Ex-Frau • verheiratet • Ehe • Ehefrau • Trennung • ~~ungewöhnlich~~ • gehört • gemeinsame

Carl

„Mein Name ist Carl und ich lebe mit meiner Familie in München. Wir leben in einer Familien-Konstellation, die heutzutage nicht *ungewöhnlich* (1) ist. Mithilfe des Fotos kann ich das erklären. Vor mir steht meine neue Partnerin und jetzige _____ (2) Petra. Petra und ich haben zwei _____ (3) Töchter: Malina, auf dem Arm ihrer Mutter, und Johanna, vorne im Bild. Sie sind auf dem Foto ein und fünf Jahre alt. Zu meiner Familie _____ (4) aber auch mein Sohn Aaron, den man hinten in der Mitte auf dem Foto sieht. Aaron lebt aber _____ (5) seiner Mutter, Miriam, ganz rechts im Bild. Vor meiner zweiten Ehe war ich mit Miriam _____ (6). Außerdem gehört zu meiner Familie Camilla, die Petra mit in unsere _____ (7) gebracht hat. Camilla ist 12 Jahre alt und links im Bild zu sehen. Sie ist meine _____ (8) und lebt bei uns. Das heißt, in unserem Haushalt leben auch Kinder aus _____ (9). Andererseits leben nicht alle _____ (10) Kinder mit uns zusammen, wie man an meinem Sohn Aaron sieht. Miriam hat nach unserer _____ (11) auch einen neuen Partner, Danilo, gefunden. Er hat seine Tochter Leonie mitgebracht. Sie steht auf dem Foto vor meiner _____ (12)."

4 ◄)) 1 b **Hören Sie und vergleichen Sie.**

zu *Wussten Sie schon?*, KB 90

## 3 Stiefmütter im Märchen

LANDESKUNDE / LESEN

**Was ist richtig? Markieren Sie.**

Ehe*scheidungen*/*trennungen* (1) sind seit zwei *Generationen*/*Partnerschaften* (2) verbreitet. In einer *Kernfamilie* / *Patchwork-Familie* (3) bemühen sich die Erwachsenen, zu ihren „Stiefkindern" besonders fair zu sein. Sie möchten den Kindern eine „*heile*"/*gesunde* (4) Welt ermöglichen. Das Wort „Stiefmutter" weckt aber *Assoziationen* / *Erwartungen* (5) an Märchen wie „Aschenputtel" und „Schneewittchen". Als diese Märchen von den Gebrüdern Grimm aufgeschrieben wurden, gab es viele Kinder, deren *alleinerziehende* / *alleinlebende* (6) Väter eine neue Ehefrau suchten, weil ihre erste Frau *verstorben* / *verlassen* (7) war. Die *Nachfolgerin* / *Nachkommen* (8) der geliebten Mutter wurde zur ungeliebten Stiefmutter für die Kinder des Ehemanns. Die Stiefmütter wollten oft nicht *akzeptieren* / *ablehnen* (9), dass die *Stieftöchter* / *Schwiegertöchter* (10) zu jungen, hübschen Frauen wurden, während sie immer älter wurden. Viele Spielfilme beschäftigen sich mit dieser Eifersucht. Bei „Schneewittchen" haben viele *unwillkürlich* / *unwahrscheinlich* (11) den Disney-Klassiker vor Augen.

zu Hören, KB 91, Aufgabe 4

## 4 Zwischenmenschliches

WORTSCHATZ

**Was passt? Ordnen Sie zu.**

Wenn man ...

1 eine Beziehung zu jemandem hat,
2 Vertrauen zu jemandem hat,
3 Verständnis für jemanden hat,
4 eine Wut auf jemanden hat,
5 Respekt vor jemandem hat,
6 Protest gegen etwas erhebt,
7 ein gutes Verhältnis zu jemandem hat,
8 eine Vorstellung von etwas hat,

A dann kann man die Person verstehen.
B dann ist man sehr ärgerlich auf diese Person.
C dann zeigt man, dass man nicht einverstanden ist.
D dann achtet und erkennt man diese Person an.
E dann erzählt man ihm Dinge, die man sonst niemandem erzählt.
F dann hat man eine positive Beziehung zu dieser Person.
G dann hat man eine (oft gefühlsmäßige) Verbindung zu der Person.
H dann macht man sich in Gedanken ein Bild von einer Sache.

WIEDERHOLUNG GRAMMATIK

zu Hören, KB 91, Aufgabe 4

## 5 Das Leben einer Patchwork-Familie

~~verabreden~~ • bitten • sich freuen • sich trennen • sich unterhalten • erzählen • sich interessieren

**Ergänzen Sie die Verben in der richtigen Form und unterstreichen Sie die dazugehörenden Präpositionen.**

Für unser Interview haben wir uns mit Dunja Horvat (35) in einem kleinen Café verabredet (1). Wir wollen ______ mit ihr über ihre Familie ______ (2). Sie lebt mit ihrem Lebensgefährten, Jochen Fischer (41), ihrem gemeinsamen Sohn Leon (5) und Jochens Eltern in einem kleinen Dorf in Sachsen. Schon freitags ______ (3) alle auf das Wochenende, denn da reisen Vera (13) und Markus (12) sowie Niko (13) an, die Kinder aus Dunjas und Jochens erster Ehe. Die neue Familie hat vor acht Jahren zusammengefunden, nachdem ______ Dunja und Jochen von ihren vorherigen Partnern ______ (4) hatten. Wir ______ (5) Dunja darum, uns von ihrer Patchwork-Familie zu ______ (6). Wir ______ (7) besonders dafür, welches Verhältnis die Kinder zu ihren neuen „Müttern" oder „Vätern" haben.

zu Hören, KB 91, Aufgabe 4

## 6 Nomen mit Präposition

GRAMMATIK ENTDECKEN

a **Lesen Sie den Text aus 5 noch einmal und ergänzen Sie die zum Nomen gehörenden Präpositionen mit Kasus.**

die Verabredung mit + Dativ
die Unterhaltung
die Freude
die Trennung
die Bitte
die Erzählung
das Interesse

b **Was ist richtig? Markieren Sie.**

1 Der Wunsch ☒ nach ☐ von ☐ an einem eigenen Zimmer ist bei Kindern sehr groß.
2 Manchmal empfinden die Kinder Wut ☐ auf ☐ nach ☐ mit neue Bezugspersonen.
3 Das Verhältnis ☐ mit ☐ von ☐ zu dem neuen Elternteil ist nicht immer leicht.
4 Es gibt ganz unterschiedliche Vorstellungen ☐ von ☐ zu ☐ mit dem Zusammenleben in einer multikulturellen Patchwork-Familie.
5 Am Anfang fehlt den Kindern oft das Vertrauen ☐ zu ☐ bei ☐ mit dem neuen Partner.
6 Eltern sollten Verständnis ☐ auf ☐ über ☐ für die Probleme der Kinder haben.
7 Die Beziehung ☐ an ☐ zu ☐ von den Kindern des anderen Partners ist nicht immer einfach.
8 Entscheidend ist der Respekt ☐ über ☐ auf ☐ vor den Gefühlen der Kinder.

c **Markieren Sie.**

Oft – nicht immer – sind die Präpositionen bei Nomen und Verb ☐ gleich ☐ nicht gleich.
→ *sich streiten* ***mit*** *– der Streit* ***mit****; sich freuen* ***auf / über*** *– die Freude* ***auf / über***
aber: *vertrauen* ***auf*** *– das Vertrauen* ***zu****; sich interessieren* ***für*** *– das Interesse* ***an / für***

zu Hören, KB 91, Aufgabe 4

## 7 Interview mit der Mutter einer Patchwork-Familie

GRAMMATIK

**Ergänzen Sie die Präpositionen.**

**Interviewer:** Frau Horvat, wie würden Sie Ihre Beziehung zu (1) Niko, dem Sohn Ihres Partners aus erster Ehe, beschreiben?

**Dunja Horvat:** Niko hatte in der ersten Zeit eine große Wut ________ (2) mich, weil er dachte, ich will ihm seinen Vater wegnehmen. Wir haben sehr darauf geachtet, dass die neue Situation unsere Kinder nicht überfordert und die Gewöhnung ________ (3) den neuen Partner und dessen Kinder langsam passiert. Inzwischen haben die Kinder Vertrauen ________ (4) uns und zueinander.

**Interviewer:** Wie haben die Kinder gelernt, die neue Familie zu akzeptieren?

**Dunja Horvat:** Ich glaube, das Schlüsselerlebnis war ein Campingurlaub. Die „großen" Kinder haben zusammen in einem Zelt geschlafen. Diese Erfahrung hat bei ihnen den Wunsch ________ (5) Unabhängigkeit von den Erwachsenen ausgelöst. Sie konnten zusammen Blödsinn machen, das hat auch mal zum gemeinsamen Protest ________ (6) uns „Große" geführt. Darüber haben sie ein „Wir-Gefühl" entwickelt. Natürlich gibt es ab und zu Streit ________ (7) den Geschwistern.

**Interviewer:** Wie sieht die Nachbarschaft Ihre Patchwork-Familie?

**Dunja Horvat:** Die Antwort ________ (8) diese Frage ist nicht ganz einfach. Die meisten finden uns sympathisch und nehmen Anteil an unserem Alltag. Aber es gibt auch einige, die unsere Familienform seltsam finden.

**Interviewer:** Herzlichen Dank ________ (9) dieses interessante Gespräch, Frau Horvat.

zu Wortschatz, KB 92, Aufgabe 2

## 8 Statistik „Haushalte & Familien"

WORTSCHATZ

a **Wie kann man die Veränderungen noch ausdrücken? Ergänzen Sie.**

| ~~steigen~~ • sinken • abnehmen • sich verringern • stagnieren • zunehmen |
|---|

1 Die Zahl der Haushalte hat sich 2016 auf über 40 Millionen erhöht.
Die Zahl der Haushalte ist 2016 auf über 40 Millionen gestiegen.

2 Die durchschnittliche Haushaltsgröße hat sich dagegen verringert.
Die durchschnittliche Haushaltsgröße hat

3 Es gibt immer weniger Haushalte, in denen drei und mehr Generationen zusammenleben.
Die Zahl der Haushalte mit drei und mehr Generationen ist

4 29 % der Haushalte waren Zweigenerationenhaushalte. Doch auch deren Anteil an den Haushalten nimmt insgesamt ab.
Der Anteil der Haushalte mit zwei Generationen hat

5 In 30 % der Haushalte war 1991 mindestens eine Person im Seniorenalter. Dieser Anteil ist 2016 um 4 Prozentpunkte gestiegen.
Die Zahl der Haushalte mit Senioren hat seit 1991

6 Die Zahl der Geburten ist in den letzten zwei Jahrzehnten gleich geblieben.
Die Zahl der Geburten hat

b **Ergänzen Sie die Sätze durch die Redemittel aus dem Kursbuch (KB 93).**

1 Die Statistik gibt ______ Haushalte & Familien.
2 Auf der Homepage des Statistischen Bundesamts wird darüber ______, wie sich die Gesellschaft verändert hat.
3 Die Grafik ______, wie viele Familien es 2016 in Deutschland gab.
4 Es wird erläutert, dass es 2016 wesentlich ______ Großfamilien gab, die zusammenwohnen, als früher.
5 Dagegen haben andere Formen des Zusammenlebens deutlich ______.
6 Außerdem gibt es deutlich ______ Senioren in den Familien.

zu Wortschatz, KB 92, Aufgabe 2

## 9 Praktikum im Statistischen Bundesamt

SCHREIBEN

**Sie machen ein Praktikum im Statistischen Bundesamt. Sie haben derzeit so viel zu tun, dass Sie Ihre Arbeit nicht mehr schaffen. Überlegen Sie sich eine passende Reihenfolge der Inhaltspunkte und schreiben Sie eine E-Mail an Ihre Vorgesetzte Frau Jansen. Schreiben Sie mindestens 100 Wörter.**

Machen Sie einen Vorschlag, wie die Arbeit gemacht werden könnte.

Bitten Sie um Verständnis für Ihre Situation.

Zeigen Sie Verständnis für die Arbeitssituation im Bundesamt.

Beschreiben Sie, womit Sie beschäftigt sind.

zu Lesen 1, KB 94, Aufgabe 2

## 10 Interpretation: *Meine weißen Nächte*

SCHREIBEN

a **Welche Informationen über den Roman sind richtig? Markieren Sie.**

- ☐ Die Ich-Erzählerin ist die „Kleine" in der Familie.
- ☐ Die Familie wandert von Russland nach Deutschland aus.
- ☐ Die Großmutter organisiert drei Abschiedspartys.
- ☐ Der Hund der Familie muss in Russland bleiben.
- ☐ Cousinen und Cousins der Ich-Erzählerin kommen zum Bahnhof.

b **Lesen Sie die Ausschnitte aus dem Roman (KB 94–96) erneut. Wählen Sie eine Variante aus und schreiben Sie über die Ich-Erzählerin.**

**Variante 1**
Beschreiben Sie ihre familiäre Situation.
Schreiben Sie etwas über ...
- ihre Geschwister.
- ihre Eltern.
- weitere Verwandte und Freunde.

**Variante 2**
Wie hat sie den Abschied in Russland erlebt?
Schreiben Sie etwas über ...
- die Partys und Feste.
- den Abschied von ihren Verwandten.
- ihre Gefühle am Tag des Abschieds.

zu Lesen 1, KB 94, Aufgabe 2

## 11 Adjektive

WORTSCHATZ

**Ergänzen Sie in der richtigen Form.**

| aufmerksam • multikulturell • beleidigt • verwandt • ehrenamtlich • oberflächlich • befreundet |
|---|

1 Phuong ist schnell ______________, wenn man sich über ihn lustig macht.
2 Leyla und meine Nachbarin sind miteinander ______________. Sie sind Cousinen.
3 Wenn man eine Tätigkeit ohne Bezahlung ausübt, arbeitet man ______________.
4 Finanzpolitik interessiert mich, deshalb verfolge ich zurzeit ______________ in den Medien, wie sich der Aktienmarkt entwickelt.
5 Pablos Eltern kommen aus Peru und Italien. Er ist deshalb in einer ______________ Familie aufgewachsen.
6 Ich führe gern längere und intensivere Gespräche. Leider sind einige Menschen dafür zu ______________.
7 Malek und Tatjana kennen sich seit über zwanzig Jahren. Sie waren bereits in der Schule miteinander ______________.

zu Lesen 1, KB 96, Aufgabe 3

## 12 Indirekte Rede – Gegenwart

GRAMMATIK ENTDECKEN

a Lesen Sie den Artikel und unterstreichen Sie das, was indirekt gesagt wird.

### *Fußballer-Ehe gescheitert*

Wie die *Sportwoche* gestern erfahren hat, ist die Ehe des Profi-Fußballers Mesut Can gescheitert. Can bestätigte, dass seine Ehe am Ende sei. Er sagte, seine Frau Sylvie und er würden nach zehn Jahren Ehe keine gemeinsame Zukunft mehr sehen. Can meinte, er sei darüber unendlich traurig. Er erklärte jedoch, sie seien sich einig, dass sie Freunde bleiben wollten. Sylvie und er hätten keinen Streit. Er habe keine Ahnung, wie es weitergehe. Auf die Frage, wann er ausziehe oder ob er in der gemeinsamen Wohnung bleiben würde, antwortete Can, er wisse es noch nicht.

b Lesen Sie den Text in a noch einmal und ergänzen Sie den Konjunktiv I von *sein* und *haben*. Markieren Sie die Konjunktiv-I-Endungen bei *haben*.

| Konjunktiv I | | | |
|---|---|---|---|
| ***sein*** | | ***haben*** | |
| ich sei | wir seien | ich habe | wir haben |
| du seist | ihr seiet | du habest | ihr habet |
| er / sie / es | sie / Sie | er / sie / es | sie / Sie haben |

c Warum steht in folgenden Sätzen der Konjunktiv II? Markieren Sie.

*... dass sie Freunde bleiben* ***wollten****, Sylvie und er* ***hätten*** *keinen Streit. ...*

- ☐ Weil der Konjunktiv II eleganter ist als der Konjunktiv I.
- ☐ Weil der Konjunktiv I identisch ist mit dem Indikativ.
- ☐ Weil man den Konjunktiv I von *wollen* und *haben* nicht benutzt.

d Lesen Sie den Text in a noch einmal und notieren Sie die Sätze, die die indirekte Rede einleiten.

Mesut Can bestätigte, dass ... / ____________________

e Das Interview mit Mesut Can. Was ändert sich in der direkten Rede? Ergänzen Sie mithilfe von a.

Sportwoche: *Herr Can, wir haben gestern erfahren, dass Ihre Ehe gescheitert ist. Ist es richtig, dass Sie sich von Ihrer Frau scheiden lassen?*

Can: *Ja,* meine *Ehe ist am Ende.* (1) ____________ *Frau Sylvie und* ____________ *nach zehn Jahren Ehe keine gemeinsame Zukunft mehr.* (2) ____________ *darüber unendlich traurig.* (3) *Aber* ____________ ____________ *einig, dass* ____________ *Freunde bleiben* ____________. (4) *Sylvie und* ____________ *keinen Streit.* (5) ____________ *keine Ahnung, wie es* ____________. (6)

Sportwoche: *Wann* ____________ ? (7) *Oder* ____________ *in der gemeinsamen Wohnung?* (8)

Can: ____________ *es noch nicht.* (9)

zu Lesen 1, KB 96, Aufgabe 3

## 13 Ehe-Aus

GRAMMATIK

**Schreiben Sie den Rest des Interviews in der indirekten Rede. Verwenden Sie eindeutige Formen.**

Sportwoche: *Wie konnte es so weit kommen, Herr Can?*
Can: *Meine Frau und ich sind zu unterschiedlich, wir haben ganz andere Vorstellungen vom Leben und haben keine gemeinsame Perspektive mehr.*
Sportwoche: *Wechseln Sie nach der Trennung auch den Verein?*
Can: *Diese Frage verstehe ich nicht. Was hat das mit der Trennung zu tun?*
Sportwoche: *Herr Can, besuchen Sie und Ihre Frau noch einmal zusammen den Sportler-Ball?*
Can: *Ich bitte um Verständnis, aber darauf kann ich nicht antworten.*
Sportwoche: *Herr Can, wir danken für das Gespräch.*

Can sagte, seine Frau und er seien zu unterschiedlich, ___ ganz unterschiedliche Vorstellungen vom Leben und ___ keine gemeinsame Perspektive mehr. (1) Auf die Frage, ob ___ nach der Trennung auch den Verein ___, antwortete Can, dass ___ diese Frage nicht ___, und was das mit der Trennung zu tun ___. (2) Die Sportwoche wollte noch wissen, ob ___ und ___ Frau noch einmal zusammen den Sportler-Ball ___. (3) Can erklärte, er ___ um Verständnis, aber darauf ___ nicht antworten. (4)

zu Lesen 1, KB 96, Aufgabe 3

## 14 Indirekte Rede – Vergangenheit

GRAMMATIK ENTDECKEN

a **Lesen Sie das Interview und markieren Sie die Vergangenheitsformen in der direkten und indirekten Rede.**

| Direkte Rede | Indirekte Rede |
|---|---|
| Sportwoche: *„Frau Can, die Nation fühlt mit Ihnen. Sie waren das Traumpaar der letzten Jahre. Nun Ihre Trennung. Wie konnte es so weit kommen?"* Sylvie Can: *„Aus meiner Sicht haben wir uns auseinandergelebt. Es war ein langsamer Prozess, der schon vor einiger Zeit begonnen hat. Nachdem wir das beide bemerkt hatten, haben wir uns zur Trennung entschlossen. Nur ich und Mesut haben es zu verantworten, dass unsere Ehe nicht funktioniert hat. Ich bin froh, dass Mesut gestern ins Trainingslager gefahren ist. So können wir beide etwas Abstand gewinnen."* |  Aus ihrer Sicht hätten sie sich auseinandergelebt, sagte Sylvie Can. Es sei ein langsamer Prozess gewesen, der schon vor einiger Zeit begonnen habe. Nachdem sie das beide bemerkt hätten, hätten sie sich zur Trennung entschlossen. Nur sie und Mesut hätten es zu verantworten, dass ihre Ehe nicht funktioniert habe. Sie sei froh, dass Mesut am Tag zuvor ins Trainingslager gefahren sei. So könnten sie beide etwas Abstand gewinnen. |

b **Welche Form passt in der indirekten Rede? Markieren Sie.**

| direkte Rede | indirekte Rede | | |
|---|---|---|---|
| 1 „es war" | ☒ es sei gewesen | ☐ es wäre gewesen | ☐ es war gewesen |
| 2 „ich hatte gehabt" | ☐ ich hätte gehabt | ☐ ich habe gehabt | ☐ ich hatte gehabt |
| 3 „wir haben gesehen" | ☐ wir hätten gesehen | ☐ wir hatten gesehen | ☐ wir haben gesehen |
| 4 „er ist gewesen" | ☐ er war gewesen | ☐ er sei gewesen | ☐ er wäre gewesen |

c **Ergänzen Sie.**

| Konjunktiv I • Vergangenheitsform • *sein* • Partizip II |
|---|

In der indirekten Rede gibt es nur eine ______________.
Man bildet sie mit dem ______________ oder Konjunktiv II von ______________ oder
*haben* und dem ______________.

zu Lesen 1, KB 96, Aufgabe 3

## 15 Das Leben meines Vaters

GRAMMATIK

a **Michail berichtet in der indirekten Rede von einem Gespräch mit seinem Vater.**

1 „Mein Freund Ilja und ich haben in unserem Leben viel erlebt."
Mein Vater hat erzählt, ...
2 „Wir gingen als junge Männer beide nach Deutschland und studierten dort." Mein Vater hat berichtet, ...
3 „Dort lernte ich viele kluge und schöne Frauen kennen."
Er ist der Meinung, ...
4 „Ich habe damals nur eine Frau wirklich geliebt."
Dann hat mein Vater mir verraten, dass ...
5 „Diese Frau hat meinen besten Freund Ilja geheiratet."
Er hat mir auch anvertraut, dass ...
6 „Damals waren wir beide – Ilja und ich – sehr unglücklich und hatten eine schwere Zeit."
Er hat betont, dass ...
7 „Heute sind wir aber wieder gute Freunde."
Außerdem hat er erzählt, dass ...

*1 Mein Vater hat erzählt, er und sein Freund Ilja hätten in ihrem Leben viel erlebt.*

b **Wie könnte die Geschichte weitergehen? Schreiben Sie in der indirekten Rede.**

zu Sprechen, KB 97, Aufgabe 2

## 16 In zwei Kulturen zu Hause

HÖREN

**Hören Sie drei Aussagen zum Thema „Bikulturalität".**
4 ◀)) 2 **Wer sagt was? Markieren Sie.**

| | Li Wang | Maria Vargas | Mahmut Özlem | |
|---|---|---|---|---|
| 1 | ☐ | ☐ | ☐ | hat schon einige Male die Heimat des Vaters besucht. |
| 2 | ☐ | ☐ | ☐ | ist mit zwei Muttersprachen aufgewachsen. |
| 3 | ☐ | ☐ | ☐ | spricht mit seinen Freunden meistens Deutsch. |
| 4 | ☐ | ☐ | ☐ | findet es schön, eine eigene Sprache für die Familie zu haben. |
| 5 | ☐ | ☐ | ☐ | ist mit drei Sprachen aufgewachsen. |
| 6 | ☐ | ☐ | ☐ | genießt die positiven Aspekte zweier Kulturen. |

zu Sprechen, KB 97, Aufgabe 2

## 17 Binationale Familien

SCHREIBEN

**Sie haben eine Kopie des folgenden Zeitungsartikels bekommen. Leider ist der rechte Rand abgeschnitten. Rekonstruieren Sie den Text, indem Sie die fehlenden Wörter bzw. Wortteile an den rechten Rand schreiben.**

**Weltweit steigt** ______ (a)
**Zahl der binationalen Fam** ______ (b)
**und bikultureller Lebensfo** ______ (c)
Berlin. In unserer Gesellschaft ist es inzwis ______ (1)
ganz normal, nicht in einem Land, sondern in ______ (2)
Welt zu Hause zu sein. Auch Beziehungen wer ______ (3)
durch die Globalisierung immer multikultureller. Je ______ (4)
fünfte Kind, das zurzeit in Deutschland gebo ______ (5)
wird, hat Elternteile aus verschiedenen Kultur ______ (6)
Experten zufolge liegt der Anteil weltweit no ______ (7)
höher. „Wir leben im Zeitalter der Globalisier ______ (8)
und der Mobilität", meint James Darkwin, Direk ______ (9)
des internationalen Netzwerks für multikulturel ______ (10)
Forschungen. „Das zeigt sich auch im Zusam ______ (11)
leben der Menschen." Urlaubsreisen oder Arbeit i ______ (12)
Ausland bringen Menschen aus Kulturkrei ______ (13)
zusammen, die sich früher wahrscheinlich nie getro ______ (14)
hätten. Auch in Zukunft wird die kulturelle Vielfalt i ______ (15)
der Welt wohl eher zunehmen als abnehmen.

zu Lesen 2, KB 98, Aufgabe 1

## 18 Wörter mit *Fern-*, *Nah-*, *weit-*

WORTSCHATZ

a **Bilden Sie Nomen mit *Fern-* oder *Nah-* und ordnen Sie die Erklärungen zu.**

Fern- + | das Glas • das Licht • die Steuerung • ~~die Straße~~ • das Weh |

Nah- + | das Erholungsgebiet • die Aufnahme • der Verkehr • der Bereich |

1 breit und gut ausgebaut, verbindet entferntere Orte, ungeeignet für Fußgänger
2 Beleuchtung am Auto
3 optische Linsen, mit denen man weit entfernte Dinge sehen kann
4 setzt Spielzeugautos und -flugzeuge in Bewegung
5 wenn man Lust hat, auf Reisen zu gehen
6 zum Entspannen für die Bevölkerung in der Nähe einer Großstadt
7 Bus, Straßenbahn, U-/S-Bahn
8 ein in unmittelbarer Reichweite liegendes Gebiet
9 Format beim Foto und Film

1 die Fernstraße, 2 ...

7

b Bilden Sie Wörter mit der Vorsilbe *weit-* und ergänzen Sie in der richtigen Form.

gehend • verbreitet • ~~räumig~~ • reichend • sichtig • verzweigt

1 Wenn ein Unfall passiert ist, wird eine Straße oft weiträumig abgesperrt.
2 Das Smartphone ist ein ______ Medium, das sich auch zum Lernen nutzen lässt.
3 Wenn eine Entscheidung größere Änderungen bringt, spricht man von einer ______ Entscheidung.
4 Wer ______ ist, braucht eine Brille, um gut lesen zu können.
5 Größere Flüsse haben meistens ein ______ Netz von Nebenflüssen.
6 ● Wie weit bist du mit deiner Arbeit? ■ ______ fertig.

c Schreiben Sie die Geschichte rechts weiter. Verwenden Sie mindestens sechs Wörter aus a und b.

Stau im Berufsverkehr
Mia wollte heute ausnahmsweise nicht mit dem Auto zur Arbeit fahren. Im Verkehrsbericht hatte sie gehört, ...

zu Lesen 2, KB 99, Aufgabe 3

## 19 Vergleichssätze

GRAMMATIK ENTDECKEN

a Gute Tipps für Fernbeziehungen. Verbinden Sie die Satzteile.

1 Je seltener Sie sich sehen,
2 Je mehr Unklarheiten Sie besprechen,
3 Je weniger Kontakt Sie haben,
4 Je kreativer und aktiver Sie auch in der Zeit ohne Ihre Partnerin / Ihren Partner sind,
5 Je romantischer ein Partner ist,

A umso wichtiger sind kleine Aufmerksamkeiten wie Blumen.
B umso schneller vergeht die Zeit ohne sie / ihn.
C desto mehr entfremden Sie sich voneinander.
D umso häufiger sollten Sie telefonieren.
E desto weniger Missverständnisse gibt es.

b Ergänzen Sie die Sätze aus a in einer Tabelle.

| Nebensatz | | | Hauptsatz | |
|---|---|---|---|---|
| *je* + Komparativ | | Verb | *desto / umso* + Komparativ | Verb |
| 1 Je seltener | Sie sich | sehen, | umso häufiger | sollten Sie telefonieren. |

zu Lesen 2, KB 99, Aufgabe 3

## 20 Meine Fernbeziehung ist klasse!

GRAMMATIK

Ergänzen Sie *je ..., desto / umso ...* sowie die Adjektivpaare in der richtigen Form.

Jeder hat seinen Freiraum und je seltener wir uns sehen, desto größer (1) ist die Sehnsucht. ______ der Alltag in eine Beziehung einkehrt, ______ (2) ist es, die Liebe zu erhalten. ______ man sich über herumliegende Socken aufregt, ______ (3) ist das für die Harmonie in der Partnerschaft. ☺ Und: Man darf nicht eifersüchtig sein! ______ man dem anderen vertraut, ______ (4) kann man die Beziehung führen. Bei uns ist es so: ______ wir uns kennen, ______ (5) sind wir. Und manchmal überlegen wir auch schon, ob wir zusammenziehen.

~~selten / groß~~
schnell / schwer
wenig / gut
viel / unbekümmert
lang / glücklich

zu Lesen 2, KB 99, Aufgabe 3

## 21 Fakten und Tipps

GRAMMATIK

**Bilden Sie Sätze mit *je ..., desto/umso ...***

1 Viele Ehen werden geschieden. Es gibt viele Patchwork-Familien.
2 Man muss flexibel auf dem Arbeitsmarkt sein. Es wird viele Fernbeziehungen geben.
3 Man wohnt weit auseinander. Man trifft sich selten.
4 Man ist selbstständig. Man kann dem anderen gut seine Freiheit lassen.
5 Man bleibt bei einem Streit sachlich. Es lässt sich leicht eine Lösung für das Problem finden.

*1 Je mehr Ehen geschieden werden, desto mehr Patchwork-Familien gibt es.*

zu Schreiben, KB 100, Aufgabe 2

## 22 Diskutieren Sie mit!

KOMMUNIKATION

a **Welcher Ausdruck passt? Markieren Sie.**

1 In dem Zeitungsartikel wird über den Vorschlag einer Politikerin ...
- a erklärt.
- b berichtet.
- c erwähnt.

2 Frau Scarpa möchte dazu ...
- a Besitz nehmen.
- b Stellung nehmen.
- c Rechtfertigung nehmen.

3 Sie ... hält nicht viel von einer „Ehe auf Zeit".
- a persönlich
- b allein
- c direkt

4 Sie sagt: „... sollte man die Paare ermutigen, auch schwierige Phasen gemeinsam durchzustehen."
- a Ich bin der Meinung
- b Meiner Meinung nach
- c Meine Meinung ist

5 Die Bedeutung der Ehe für die Gesellschaft wird ...
- a geäußert.
- b unterschätzt.
- c unterdrückt.

6 Ein kostenloser Eheberater wäre da doch ...
- a eine gute Absicht.
- b ein guter Eindruck.
- c eine gute Lösung.

4 ◀)) 3 b **Hören Sie nun den Beitrag in einem Radiomagazin und kontrollieren Sie.**

WIEDERHOLUNG GRAMMATIK

zu Schreiben, KB 100, Aufgabe 2

## 23 Ehe auf Zeit oder für immer?

**Lesen Sie den Eintrag einer Bloggerin und ergänzen Sie die Relativpronomen.**

Die „Ehe auf Zeit" ist eine Idee, über die man diskutieren kann. Es diskutieren aber hauptsächlich Leute darüber, *deren* (1) Ehen gescheitert sind. Sie wollen der Realität, in ______ (2) es viele Scheidungen gibt, etwas Neues entgegensetzen. Ein Freund, ______ (3) Sohn heiraten wollte, hat seinem Sohn von der Ehe abgeraten. Er hat argumentiert, es gebe zu viele, bei ______ (4) die „Ehe auf Dauer" nicht funktioniert. Aber wo bleibt da die Romantik? Es ist schön, dass zwei Menschen, ______ (5) sich lieben, fest daran glauben, den Rest ihres Lebens miteinander zu verbringen! Es ist eine bewusste Entscheidung, ______ (6) sie treffen und hinter ______ (7) sie von ganzem Herzen stehen. Mein Fazit also: Die Liebe, ______ (8) mit allen Regeln der Vernunft bricht, siegt über das Wissen, dass die Ehe scheitern könnte. Man heiratet, weil man an die Liebe glaubt.

zu Schreiben, KB 100, Aufgabe 3

## 24 Generalisierende Relativsätze

GRAMMATIK ENTDECKEN

**Vergleichen Sie die Sätze und unterstreichen Sie die Unterschiede.**

1 Alle, die in ihrer Beziehung glücklich sind, (die) müssen meiner Meinung nach nicht heiraten. Die Liebe wird durch die Ehe nicht größer.

2 Alle, die man beim Speed-Dating trifft, haben Probleme, einen Partner zu finden.

3 Menschen, die sich lieben und heiraten möchten, denen wünsche ich viel Glück!

4 Menschen, denen man nicht vertraut, die kann man auch nicht lieben.

1 Wer in seiner Beziehung glücklich ist, (der) muss meiner Meinung nach nicht heiraten. Die Liebe wird durch die Ehe nicht größer.

2 Wen man beim Speed-Dating trifft, der hat Probleme, einen Partner zu finden.

3 Wer sich liebt und heiraten möchte, dem wünsche ich viel Glück.

4 Wem man nicht vertraut, den kann man auch nicht lieben.

zu Schreiben, KB 100, Aufgabe 3

## 25 Liebe, Ehe, Scheidung?

GRAMMATIK

**Formen Sie die Sätze um. Achten Sie beim Verb auf Singular und Plural.**

1 Menschen, die sich lieben, brauchen keinen Trauschein, um glücklich zu sein.
2 Leute, die eine Scheidung durchgemacht haben, werden sich eine neue Heirat besonders gut überlegen.
3 Jemand, der heiratet, dem ist Sicherheit besonders wichtig.
4 Die Person, der man sein Vertrauen schenkt, sollte man gut auswählen.
5 Menschen, die man liebt, sollte man beschützen.

1 Wer sich liebt, braucht keinen Trauschein, um glücklich zu sein.

zu *Wussten Sie schon?*, KB 101

## 26 Poetry Slam

LANDESKUNDE / LESEN

a **Überfliegen Sie den Text (AB 111) und ergänzen Sie eine Überschrift.**

- Sieger im Slam-Wettbewerb
- Der Dichter und der Applaus
- Freud und Leid eines Poetry Slammers

b **Lesen Sie nun den Text und ordnen Sie den Absätzen die Zwischenüberschriften zu.**

1 2 3 Wie der Alltag eines Slammers aussieht.
1 2 3 Wie ihm sein Leben als Slammer bisher gefallen hat.
1 2 3 Wie Jarawan zum Slammer wurde.

**Pierre Jarawan ist Deutscher Poetry-Slam-Meister. Wie es sich mit diesem Titel lebt und was es bedeutet, vom Slammen zu leben, hat er für uns aufgeschrieben.**

1 Als ich 13 war, fragte mich mein Vater, was ich einmal werden wolle. Ich antwortete, ich wolle Geschichtenerzähler werden, so wie er. Mein Vater war in Wahrheit Sozialarbeiter, aber mir erzählte er ständig Geschichten, die er sich selbst ausdachte. „Ich will vom Schreiben leben", behauptete ich dann mit 16, ohne richtig zu wissen, was das eigentlich bedeutet. Mit 20 betrat ich zum ersten Mal eine Bühne. Heute lebe ich vom Schreiben. Es ist weniger romantisch, als ich es mir mit 16 erträumt habe, aber traumhaft ist es trotzdem.

2 Ich trete also regelmäßig auf einer Bühne auf und trage meine selbst geschriebenen Texte vor. Manchmal als Ein-Mann-Show, manchmal mit anderen zusammen, manchmal hat das Ganze die Form eines Wettbewerbs, bei dem die Zuhörer einen Sieger des Abends wählen. Wenn man sich dafür entscheidet, vom Slammen zu leben, dann bedeutet das, fast alle Auftritte anzunehmen, die man kriegen kann, und viel unterwegs zu sein. Das habe ich drei Jahre lang so gemacht und es war wundervoll.

3 Doch irgendwann war ich irgendwo zwischen Kiel und Wien, zwischen Kirchheim und Wuppertal müde geworden. Das Reisen strengt an, wenn man an sechs Abenden in sechs verschiedenen Städten auftritt. Aber auf der Bühne zu stehen, das werde ich wohl niemals leid! In Kontakt mit dem Publikum zu sein, zu spüren, dass die eigenen Worte in einem fremden Menschen etwas auslösen können, das hat einen Zauber, dem man sich nur schwer entziehen kann.

c **Schreiben Sie drei Fragen zum Text. Ihre Lernpartnerin / Ihr Lernpartner beantwortet sie.**

## 27 Familien im Fernsehen

MEIN DOSSIER

**Beschreiben Sie eine Familie aus einem Film oder einer Fernsehserie.**

Schreiben Sie, ...
- wer alles zur Familie gehört.
- über das Aussehen und Alter der Familienmitglieder.
- über den Beruf und die Hobbys einzelner Personen.

„Die Simpsons" ist eine weltbekannte amerikanische Zeichentrickserie. Im Mittelpunkt der Serie steht die Familie Simpson. Zur Familie gehören ...
Homer Simpson ist der Vater der Familie. Er arbeitet in ...
Seine Frau Marge fällt durch ... auf.
Die Tochter Lisa Simpson ...
Der Sohn Bart Simpson ...

## AUSSPRACHE: Prosodie

### 1 Poetry Slam

a Lesen Sie das Gedicht von Hellmuth Opitz. Warum gefällt es Ihnen (nicht)? Diskutieren Sie im Kurs.

**Mein Toaster**

**Mein Toaster hält sich für was Besseres.**
**Wie er da steht und vornehm tut,**
**als sei er Unterhaltungselektronik**
**und nicht nur Toaster – aus Erfahrung gut.***

**Ich weiß nicht, ob er sich für einen iPod hält,**
**so weiß gelackt mit einem Hauch von Edelstahl.**
**Wie jemand aus dem Music Business, so gibt er sich.**
**So lässig, cool – ja, fast halb illegal.**

**Wer kennt den Grund für seinen Größenwahn?**
**Er kann nicht tanzen, kann nicht singen.**
**Er ist kein DJ. Doch halt. Ab und zu, da lässt er schon**
**zwei schwarz gebrannte Scheiben springen.**

**Der Frühstückstisch bebt vor Erwartung.**
**Die Marmelade ist gut drauf.**
**Gleich hallt es wieder durch die Küche:**
**Jetzt legt MC Toaster auf!**

* Aus Erfahrung gut: Werbespruch für Elektrogeräte der Firma AEG

4 🔊 4 b Hören Sie eine Lesung des Gedichts. Wie ist die Emotion des Sprechers? Markieren Sie.

☐ belustigt ☐ ironisch ☐ froh ☐ verärgert ☐ nervös ☐ entspannt

c Sehen Sie die Zeilenenden an. Welche Wörter reimen sich? Unterstreichen Sie.

4 🔊 4 d Hören Sie nun den Text noch einmal und markieren Sie, welche Wörter betont werden.

### 2 Ein Gedicht vortragen

a Arbeiten Sie in kleinen Gruppen. Üben Sie eine Strophe mit einer bestimmten Emotion. Achten Sie dabei auch auf Betonung und Pausen. Denken Sie außerdem darüber nach, an welcher Stelle Sie noch Gesten und Körpersprache einsetzen wollen.

b Jede Gruppe trägt ihre Strophe vor und die anderen raten, um welche Emotion es sich handelt.

### EINSTIEGSSEITE, KB 89

die Bezugsperson, -en
der Haushalt, -e
das Verhältnis, -se

bestehen aus, bestand,
hat bestanden

befreundet
verwandt
verheiratet

### HÖREN, KB 90–91

die Assoziation, -en
das Bedürfnis, -se
die Generation, -en
das Mitglied, -er
die Patchwork-Familie, -n

akzeptieren
aufwachsen (in), wuchs auf,
ist aufgewachsen

finanziell
multikulturell
verstorben

### WORTSCHATZ, KB 92–93

die / der Alleinerziehende, -n
die / der Alleinstehende, -n
das Drittel, –
die Grafik, -en
die Hälfte, -n
die Lebensform, -en
das Schaubild, -er
der Single, -s
die Statistik, -en
das Viertel, –

abnehmen, nahm ab,
hat abgenommen
sich erhöhen
sinken, sank, ist gesunken
stagnieren
steigen, stieg, ist gestiegen
sich verringern
zunehmen, nahm zu,
hat zugenommen

### LESEN 1, KB 94–96

die / der Auswanderer, –
die Aufregung, -en
die Befürchtung, -en
das Konsulat, -e
das Pärchen, –
die Rezension, -en
der Überfluss (Sg.)
die Überzeugung, -en
die / der Verwandte, -n
das Wohnheim, -e

beobachten
etwas einpacken
fremdgehen, ging fremd, ist
fremdgegangen
fressen, fraß, hat gefressen
handeln von
kichern
etwas schildern
schnüffeln
etwas verschlingen, verschlang,
hat verschlungen

sich über jemanden lustig
machen
mit jemandem mitfühlen
jemanden an etwas teilhaben
lassen
sich von jemandem
verabschieden

ehrenamtlich
empfehlenswert
jüdisch
oberflächlich
schick

### SPRECHEN, KB 97

die Chancengleichheit (Sg.)
die Hinsicht, -en
in Hinsicht auf (+ Akk.)
die Identität, -en
die Perspektive, -n
schmatzen
sich einigen auf (+ Akk.)

bikulturell
binational

### LESEN 2, KB 98–99

die Devise, -n
die Distanz, -en
die Fernbeziehung, -en
die Flexibilität (Sg.)
die Geste, -n
die Harmonie, -n
die Perspektive, -n
die Sehnsucht, ¨-e
der Zauber, –

sich entfremden
etwas erfordern
umgehen mit, ging um,
ist umgegangen

auf etwas aus sein
ausgeglichen sein
etwas auf sich zukommen lassen,
ließ, hat gelassen

bedauernswert

### SCHREIBEN, KB 100

der Befürworter, –
der Bezug
Bezug nehmen auf (+ Akk.)
das Fazit (Sg.)
der Kreis, -e
in vielen Kreisen
die Scheidung, -en
die Verknüpfung, -en

befristen
scheitern

### SEHEN UND HÖREN, KB 101

der Applaus (Sg.)
das Detail, -s
der Dichter, –

etwas vortragen, trug vor,
hat vorgetragen

* Nomen mit der Angabe (Sg.) verwendet man (meist) nur im Singular.
Nomen mit der Angabe (Pl.) verwendet man (meist) nur im Plural.

7

# LEKTIONSTEST 7

## 1 Wortschatz

**Was ist richtig? Markieren Sie.**

1 Lea lebt in Berlin, ihr Freund in Ulm. Ihre *Fernbeziehung / Harmonie / Verknüpfung* läuft gut.
2 Kurt liebt seine Unabhängigkeit. Er ist überzeugter *Bezugsperson / Single / Befürworter.*
3 Olivia hat zwei Töchter aus erster Ehe, Johannes einen Sohn aus einer früheren Beziehung. Die 5-köpfige *Lebensform / Patchwork-Familie / Generation* wohnt in einem Haus auf dem Land.
4 Ich habe die *Befürchtung / Aufregung / Devise*, dass mein bester Freund sich scheiden lassen möchte.
5 Vera lebt nur mit ihrem Sohn Jonas als *Alleinerziehende / Konsulat / Mitglied* in Nürnberg.

Je 1 Punkt **Ich habe ______ von 5 möglichen Punkten erreicht.**

## 2 Grammatik

a **Ergänzen Sie die Verben in der indirekten Rede und markieren Sie die richtige Präposition.**

Rita sagt, die aus den Medien bekannten Patchwork-Familien ______________ (haben) (1) alle Verständnis *für / von / zu* (2) einander. Es wird behauptet, sie ____________ (sein) (3) alle glücklich. Das ____________ (sein) (4) aber keine realistische Vorstellung *von / nach / zu* (5) einem solchen Zusammenleben. Sie erzählt, dass die Beziehung *vor / in / zu* (6) den Kindern ihres Freundes am Anfang nicht einfach _________________ (sein) (7). Die Kinder ____________ eifersüchtig auf Rita ______________ (reagieren) (8). Inzwischen ______________ (haben) (9) sie aber mehr Vertrauen *vor / zu / von* (10) ihr.

Je 1 Punkt **Ich habe ______ von 10 möglichen Punkten erreicht.**

7

b **Bilden Sie Relativsätze mit *wer, wen, wem* und schreiben Sie sie auf ein separates Blatt.**

1 Jemand, der keine Ratschläge annehmen will, dem ist nicht zu helfen.
2 Jemandem, dem man die Hand gibt, dem sollte man in die Augen sehen.
3 Jemanden, den ich nicht mag, den lade ich auch nicht zu meinem Geburtstag ein.

Je 1 Punkt **Ich habe ______ von 3 möglichen Punkten erreicht.**

c **Bilden Sie Sätze mit *je … desto / umso* und schreiben Sie sie auf ein separates Blatt.**

1 Man ist jung. Man verliebt sich oft.
2 Man versteht sich gut. Die Beziehung ist stabil.
3 Man wird alt. Man hat viel Erfahrung.

Je 2 Punkte **Ich habe ______ von 6 möglichen Punkten erreicht.**

## 3 Kommunikation

**Ergänzen Sie.**

| aussagen soll • gibt Auskunft über • im Vordergrund • hat … zugenommen • einen Vorschlag • doppelt so viele |
|---|

1 Eine Statistik ______________________ Zahlen und Entwicklungen zu einem bestimmten Thema.
2 Die Zahl der Zwei-Personen-Haushalte ______ in den letzten 100 Jahren ________________.
3 Es gibt heute mehr als ______________________ Zwei-Personen-Haushalte als vor 100 Jahren.
4 Die Grafik gefällt mir nicht gut und ich weiß auch nicht genau, was sie ________________.
5 Bei diesem Foto steht die harmonische Beziehung zwischen den Partnern __________________.
6 Ich hätte _______________: Lasst uns doch ein Foto nehmen, auf dem auch Kinder zu sehen sind.

Je 1 Punkt **Ich habe ______ von 6 möglichen Punkten erreicht.**

**Auswertung:**

**Ich habe ______ von 30 möglichen Punkten erreicht.**

| ☺ | 😐 | ☹ |
|---|---|---|
| 30–24 | 23–18 | 17–0 |

WIEDERHOLUNG WORTSCHATZ

## 1 TOP 10! Was ich gern mag

**Ergänzen Sie die Verben in der richtigen Form und bringen Sie die Sätze für sich in eine Reihenfolge von 1 „sehr gern" bis 10 „nicht so gern".**

| ~~beißen~~ • entspannen • genießen • halten • grillen • löschen • kaufen • quatschen • verbringen • bestellen |
|---|

- ☐ Beim Frühstück in ein knackiges Brötchen *beißen.*
- ☐ Auf der Terrasse bei meinen Freunden langsam ein Stück Kuchen
- ☐ Gut und viel essen und trotzdem das Gewicht
- ☐ Den Durst mit einer großen Flasche Mineralwasser
- ☐ In der Kantine mit Kollegen beim Kaffee über den Chef
- ☐ Schöne Stunden mit Freunden beim Picknick im Park
- ☐ Im Sommer mit Freunden am Fluss sitzen und zusammen etwas Leckeres
- ☐ Im Supermarkt meine Lieblingschips und Lieblingsschokolade
- ☐ Nach einem anstrengenden Arbeitstag am Abend im Biergarten
- ☐ Am Kiosk eine Bratwurst mit einer großen Portion Pommes

zu Lesen 1, KB 104, Aufgabe 1

## 2 Fleischloses liegt im Trend

HÖREN



4 ◀)) 5 a **Wer ist für (pro), wer gegen (kontra) Vegetarismus? Hören Sie und markieren Sie.**

| | Pro | Kontra | Argumente |
|---|---|---|---|
| 1 Frau Bader | ☒ | ☐ | *Ethische Beweggründe: Man darf Tiere nicht töten.* |
| 2 Herr Mörs | ☐ | ☐ | |
| 3 Herr Bunz | ☐ | ☐ | |
| 4 Frau Böhm | ☐ | ☐ | |
| 5 Frau Lauber | ☐ | ☐ | |
| | ☐ | ☐ | ... |

4 ◀)) 5 b **Hören Sie noch einmal und notieren Sie in der Tabelle in a Stichpunkte zu den Argumenten.**

c **Finden Sie weitere Argumente für oder gegen Vegetarismus und ergänzen Sie.**

zu Lesen 1, KB 104, Aufgabe 1

## 3 Was passt zusammen?

WORTSCHATZ

a **Bilden Sie zusammengesetzte Nomen mit Artikel.**

| | | |
|---|---|---|
| 1 Mangel | A der Stoff | 1 *die Mangelerscheinung* |
| 2 Entwicklungs | B der Mangel | 2 |
| 3 Massen | C die Erscheinung | 3 |
| 4 Mineral | D das Land | 4 |
| 5 Nährstoff | E das Wunder | 5 |
| 6 Wirtschafts | F die Tierhaltung | 6 |

b **Erläutern Sie drei der Begriffe.**

*Wenn ein Mensch sehr blass im Gesicht ist, kommt das vielleicht von einem Mangel an Eisen. Die blasse Haut ist eine Mangelerscheinung.*

WIEDERHOLUNG GRAMMATIK

zu Lesen 1, KB 105, Aufgabe 2

## 4 Gesunde Ernährung

**a Ergänzen Sie *müssen* und *sollen* in der richtigen Form.**

1 Mirko hatte keine Wahl, er musste abnehmen, denn er wog zu viel.
2 Mirko ______ weniger Fleisch essen und weniger Cola trinken. Das war der Rat seines Arztes.
3 Seine Schwester meint, dass er sich mit einer Ernährungsgruppe treffen ______.
4 Wenn Mirko eine gute Figur bekommen will, ______ er auch Sport treiben. Dazu gibt es keine Alternative.
5 Mirkos Frau sagt: „Mirko, der Arzt hat angerufen. Du ______ am Montag zu ihm in die Sprechstunde kommen."

**b Ergänzen Sie *Rat / Empfehlung, Notwendigkeit* oder *Aufforderung* mit dem unbestimmten Artikel in der richtigen Form.**

*Müssen* benutzt man, wenn man ______ ausdrücken will, bei der man keine Wahl hat. *Sollen* benutzt man bei ______. Bei der Bedeutung ______ steht *sollen* im Konjunktiv II.



zu Lesen 1, KB 105, Aufgabe 2

## 5 Subjektive Bedeutung des Modalverbs *sollen*

GRAMMATIK ENTDECKEN

**a Unterstreichen Sie *sollen* und das dazugehörige Verb.**

1 Die Sängerin Ariane soll sich vegan ernähren. G Als Veganerin soll sie schon seit einem halben Jahr auf tierische Produkte verzichten. ☐
2 Die Laune von Justus Marder soll extrem schlecht sein ☐, seit er sich vegetarisch ernährt.
3 Carmen Daize soll in ihrem aktuellen Film besser geschminkt werden. ☐ Die Presse hatte bei der letzten Oscar-Prämierung heftig ihr unnatürliches Make-up kritisiert.
4 In einem Film spielt Leon DeCapo einen dicken Gangsterboss. Er soll für diese Rolle zehn Kilo zugenommen haben. ☐
5 Kati soll mit dem Mann ihrer besten Freundin beim Essen gesehen worden sein. ☐ Ist ihre Ehe in der ersten Krise?

**b Ergänzen Sie in a, ob die Verbformen in der Gegenwart (G) oder in der Vergangenheit (V) stehen.**

**c Schreiben Sie die Sätze aus a ohne *sollen*.**

1 Ich habe gelesen, dass sich die Sängerin Ariane in Zukunft vegan ernährt und dass sie als Veganerin schon seit einem halben Jahr auf tierische Produkte verzichtet.
2 Angeblich
3 Man sagt, dass
4 Es wird behauptet, dass
5 Laut einer Meldung der BUNT-Zeitung

zu Lesen 1, KB 105, Aufgabe 2

## 6 Haben Sie das schon gehört? Ob das wohl stimmt?

GRAMMATIK

**Bilden Sie Sätze mit *sollen*.**

1 Pink-Diät: Einige Prominente ernähren sich angeblich dreimal pro Woche ausschließlich von rosafarbener Nahrung wie Himbeeren, Lachs oder Grapefruit. Diese Lebensmittel sind zwar gesund, aber für eine ausgewogene Ernährung fehlen Ballaststoffe.
Pink-Diät: Einige Prominente sollen sich dreimal pro Woche ausschließlich von rosafarbener Nahrung wie Himbeeren, Lachs oder Grapefruit ernähren.
Diese Lebensmittel sind zwar gesund, aber für eine ausgewogene Ernährung fehlen Ballaststoffe.

2 In Rom gibt es eine Eisdiele, in der ungewöhnliche Eissorten verkauft werden. Es wird behauptet, dass sogar schon Sorten mit Schimmelkäse-Geschmack angeboten worden sind.
In Rom gibt es eine Eisdiele, in der ungewöhnliche Eissorten verkauft werden. ……

3 In Schottland geht man gern eigene Wege. Es heißt, dass ein frittierter Mars-Riegel der absolute Lieblingsnachtisch vieler Schotten ist.
In Schottland geht man gern eigene Wege. ……

4 Wissenschaftler behaupten: Insekten haben einen hohen Eiweißgehalt und ihr Verzehr ist gesundheitsfördernd. In Asien hat man das schon längst erkannt.
…… . In Asien hat man das schon längst erkannt.

5 Seegurken sind kein Gemüse! Es sind Meeresbewohner mit stacheliger Haut.
Man sagt, dass sie in Spanien als Spezialität gelten und mit Nudeln serviert werden.
Seegurken sind kein Gemüse! Es sind Meeresbewohner mit stacheliger Haut. ……

6 Laut einer Studie interessieren sich 1,5 Millionen Deutsche für exotische Gerichte.
1,5 Millionen Deutsche ……

zu Hören, KB 106, Aufgabe 2

## 7 Lebensmittelskandale

HÖREN

4 ◀)) 6

**Hören Sie die Radionachrichten zum Thema „Lebensmittelskandale". Entscheiden Sie beim Hören, ob die Aussagen richtig (R) oder falsch (F) sind.**

| | R | F |
|---|---|---|
| 1 Das Fleisch des Großhändlers durfte seit zwei Jahren eigentlich nicht mehr verkauft werden. | ☐ | ☐ |
| 2 Die Hygienemängel bei der Bäckerei „Backmeister" wurden zum ersten Mal festgestellt. | ☐ | ☐ |
| 3 Konventionell hergestellte Lebensmittel wurden als biologisch produzierte Lebensmittel verkauft. | ☐ | ☐ |
| 4 Die Eier stellen wahrscheinlich keine direkte Gesundheitsgefahr für die Verbraucher dar. | ☐ | ☐ |
| 5 Alle Hähnchenfleisch-Proben aus Supermärkten sind mit Keimen belastet. | ☐ | ☐ |

zu Hören, KB 106, Aufgabe 2

## 8 Aushilfsjob in der Küche

SCHREIBEN

Um Ihre Deutschkenntnisse zu verbessern, haben Sie im Frühjahr in Frankfurt als Aushilfe (siehe Inserat) in einem Hotel gejobbt. Bei der Bewerbung hatte Ihnen eine Jobbörse geholfen. Der Aushilfsjob hat überhaupt nicht Ihren Erwartungen entsprochen. Sie haben sich bereits Notizen dazu gemacht. Schreiben Sie eine Beschwerde-E-Mail an die Jobbörse, in der Sie auf alle Notizen eingehen. Beachten Sie dabei auch die formalen Kriterien dieser Textsorte (Anrede, Grußformel).

**4-Sterne-Hotel**

**sucht**

**Küchenhilfe für seine beiden Spezialitäten-Restaurants**

*die ganze Zeit nur spülen!*

*Kollegen haben nur Dialekt gesprochen!*

*täglich 2-3 Überstunden!*

*kein Trinkgeld!*

**Was wir erwarten:**

- Deutschkenntnisse auf A2
- Erfahrung im Küchenbereich

**Was wir bieten:**

- Tätigkeit für Juni bis September
- Schichtdienst 9 bis 17 Uhr oder 17 bis 01 Uhr
- Bezahlung über dem Mindestlohn

Bewerben Sie sich bitte bei der SOMMERJOBBÖRSE zu Händen Frau Gisela Hecht, Mainzer Str. 189, 64567 Bad Homburg, Tel. 069-95 65 05, E-mail: hecht@sommerjobboerse.de

zu Sprechen 1, KB 107, Aufgabe 2

## 9 Seemannskost – Zutaten und Zubereitung

KOMMUNIKATION

a Ordnen Sie die Maßeinheiten zu. Manche passen mehrfach.

~~Gramm (g)~~ • Liter (l) • Milliliter (ml) • Prise • Stück • Teelöffel (TL)

| | |
|---|---|
| Kartoffeln | 500 *Gramm* |
| Milch, Brühe | je 125<br>oder ⅛ |
| Zwiebeln | 1 |
| Corned Beef (Rindfleisch) | 340 |

| | |
|---|---|
| Rote Beete | 50 |
| Butter / Margarine | 10 |
| Pfeffer | 1 |
| Meersalz | ¼ |

**b Ergänzen Sie die Redemittel aus dem Kursbuch (KB 107).**

Labskaus ist ein typisches Gericht (1) aus Hamburg. ____ (2) ungewöhnlichen Namen vermutlich von Seeleuten aus Norwegen. Die Zubereitung dauert insgesamt etwa 45 Minuten. Man ____ (3) zuerst die Kartoffeln, ____ (4) sie für circa 20 Minuten und gießt sie ab. Man macht Milch und Fleischbrühe heiß, gibt die Flüssigkeit zu den Kartoffeln und zerdrückt sie zu einem lockeren Kartoffelbrei. Die geschälte Zwiebel ____ (5) man zuerst in kleine Würfel. Dann ____ (6) man die Zwiebeln in Butter oder Margarine, bis sie glasig sind. Anschließend ____ (7) man die Zwiebeln mit dem Kartoffelbrei. Schließlich ____ (8) man das Corned Beef in kleine Würfel und gibt sie zur Mischung hinzu. Die fein gehackte Rote Beete hebt man unter. Zum Schluss würzt man alles mit Pfeffer und Meersalz. Meist werden Gewürzgurken, Spiegeleier oder Rollmöpse dazu serviert. Das Gericht ____ (9) gut gewürztem Kartoffelbrei mit Fleisch – einfach köstlich! Dazu ____ (10) ein kühles Bier oder Wasser.

zu Sprechen 1, KB 107, Aufgabe 2

## 10 Ein Gericht, das mich an zu Hause erinnert

SCHREIBEN

**a Lesen Sie den Blogbeitrag und unterstreichen Sie die Satzanfänge.**
**Warum ist der Text gut aufgebaut? Markieren Sie.**

Weil die Sätze ...

- ☐ nie mit einem Nebensatz anfangen.
- ☐ mit dem Subjekt anfangen.
- ☐ kurz sind.
- ☐ variieren und meist an den vorigen Satz anknüpfen.

Ich bin beruflich viel unterwegs. Dann fehlt mir das gemeinsame Essen mit meiner Familie. Immer, wenn ich Kitchiri esse, gibt mir das ein Gefühl von Heimat. In Afghanistan hat meine Großmutter immer für die ganze Familie gekocht. Während sich alle versammelten und durcheinander redeten, hat sie die Töpfe aus dem Schrank gezogen und den Reis gewaschen und eingeweicht. Dann hat sie das Gemüse vorbereitet und zu kochen begonnen: Erst wurden die Gewürze, der Knoblauch und die Zwiebeln leicht angebraten, dann kamen die Mungbohnen und erst am Schluss der Reis hinzu. Als sie fertig war, servierte sie das Essen auf großen Platten und es wurde stundenlang gegessen, geredet und gelacht. Gegessen wird Kitchiri übrigens am liebsten mit Joghurt. Und getrunken wird natürlich Tee. Wenn ich mal wieder unterwegs bin und etwas Hunger aufkommt, denke ich an das Essen meiner Großmutter.

**b Schreiben Sie nun selber einen Blogbeitrag über ein Gericht.**
**Beantworten Sie dabei die folgenden Fragen:**

- Welches Gericht hat für Sie eine besondere Bedeutung?
- Welche Emotionen verbinden Sie mit dem Gericht?
- Wie bereitet man dieses Gericht zu?
- Zu welchem Anlass wird das Gericht gegessen?

WIEDERHOLUNG GRAMMATIK

zu Wortschatz, KB 108, Aufgabe 2

## 11 Wie schmeckt Bio?

Unterstreichen Sie die Endungen der *kursiv* gedruckten Nomen und ordnen Sie die Nomen dann in die Tabelle ein.

### Kann man Bio-Qualität schmecken?

Eine Familie, die sehr auf ihre *Gesundheit* achtet, hat für uns einen Geschmackstest gemacht: Vater (*Wissenschaftler*), Mutter (Dozentin für *Pädagogik*), Sohn (*Student* und *Praktikant*) und eine Austauschstudentin aus Japan (studiert *Biologie*). Sie haben verschiedene Produkte aus einem landwirtschaftlichen Betrieb (Fleisch, Obst und Gemüse), aus einer *Bäckerei* (Brot und *Brötchen*) und aus einer *Brauerei* (Bier) für uns verglichen. Dabei wussten sie nicht, was biologisch hergestellt ist und was nicht. Das *Ergebnis* ist nicht wirklich eine Neuigkeit: Bio kann man schmecken.

| der | die | das |
|---|---|---|
| Wissenschaftler | Gesundheit | |

8

zu Wortschatz, KB 108, Aufgabe 2

## 12 Nominalisierung von Verben

GRAMMATIK ENTDECKEN

a Wie heißen die Verben zu den unterstrichenen Nomen? Schreiben Sie.

Eindeutig waren die Resultate bei Apfel, Karotte und Käse zwischen biologischer und nicht-biologischer Erzeugung. Bei diesen Produkten fanden alle vier Tester das Bio-Produkt besser. Bei Brot und Gebäck war der Unterschied im Geschmack geringer. Beim Apfelsaft haben drei von vier Testern den Bio-Apfelsaft am Geschmack, Geruch und Aussehen erkannt. Man kann also – zu unserer großen Freude – im Vergleich das „Bio" auch im Bio-Apfelsaft herausschmecken. Das wird unserer Meinung nach alle Verbraucher freuen, die bei biologischen Nahrungsmitteln nicht auf Genuss verzichten wollen. Wenn Sie weitere Fragen haben, schauen Sie auf unsere Homepage.

Erzeugung – erzeugen,

b Ergänzen Sie die Nomen aus 12a im Singular mit Artikel in der Tabelle.

| Ge- | vom Verbstamm | vom Infinitiv | -er | -e | -ung |
|---|---|---|---|---|---|
| | | | | | die Erzeugung |

zu Wortschatz, KB 108, Aufgabe 2

## 13 Welches Getränk schmeckt am besten?

GRAMMATIK

**Bilden Sie Nomen und ergänzen Sie die Sätze.**

grillen • riechen • erfrischen • bewerten • ~~trinken~~ • suchen • mischen • testen • schmecken • auswerten

### Bio-Mix-Getränke (1) im Getränke-____________ (2)

Ein kühles Getränk gehört im Sommer zum ____________ (3) einfach dazu, genau wie eine gute Bratwurst. Die Auswahl an alkoholfreien Getränken ist nicht immer so groß. Daher haben wir neue Bio-Säfte und Bio-Mixgetränke getestet.
Sie sind ein genussorientierter Mensch? Normaler Apfelsaft ist Ihnen zu säuerlich? Viele Mix-Getränke sind Ihnen zu süß? Wir haben uns auf die ____________ (4) nach dem besten und leckersten Bio-Mix-Getränk gemacht. Die ____________ (5) finden Sie hier:
Der Sieger ist die Bio-Limonade „Lemon pur" aus Flensburg. Bereits beim Öffnen des Getränks steigt einem ein aromatischer ____________ (6) in die Nase. Die Limonade ist prickelnd auf der Zunge und entfaltet einen köstlichen ____________ (7): „Schmeckt frisch und einfach gut", so das Urteil eines unserer Tester.
Der oberschwäbische „Bioland Mix" schnitt bei der ____________ (8) des Geschmacks nicht ganz so gut ab wie die Nummer 1. Trotzdem empfehlenswert.

Das Mix-Getränk „VitaLemon" schmeckte sehr belebend und natürlich. „Eine prima ____________ (9), wenn es heiß ist: genau das, was man von einem Bio-Mix-getränk erwartet."
„BioStar" ist eine echte Energie-Ladung, hier wurden herbe und süße Aromen im richtigen Verhältnis zusammengeführt. Diese ____________ (10) kam bei unseren Testern sehr gut an: „Das ist lecker, genau richtig für den Sommer!"



zu Wortschatz, KB 109, Aufgabe 3

## 14 Unsere Ernährung

WORTSCHATZ

**Was passt nicht? Streichen Sie durch.**

1 Zu den Pflanzen gehören:
*der Baum – der Busch – der Strauch – ~~die Zutat~~*

2 Zum Kochen verwendet man:
*die Kammer – die Pfanne – den Topf – die Reibe*

3 Zu Getreide gehören:
*das Brot – der Weizen – der Mais – der Reis*

4 Bestandteile der Nahrung sind:
*das Eiweiß – das Fett – die Kohlenhydrate – die Milch*

5 Obst kann man
*anbauen. – ernten. – verweigern. – verzehren.*

6 Gemüse isst man
*roh. – gebraten. – versalzen. – gekocht.*

zu Schreiben, KB 110, Aufgabe 2

## 15 Konditionale Zusammenhänge

GRAMMATIK ENTDECKEN

a **Markieren Sie die konditionalen Satzverbindungen und ergänzen Sie *v* (verbal: Nebensatz mit Konnektor) oder *n* (nominal: Hauptsatz mit Präposition).**

Sehr geehrte Frau Abel,

vielen Dank für Ihre E-Mail. Ihr ehrliches Feedback ist uns wichtig. Wir können unser Leistungsangebot
☑ v nur dann verbessern, wenn Sie uns offen kritisieren.
Leider wurden in der Produktion die Etiketten „Frühstücksdrink Kirsche / Rote Traube“ und „Frühstücksdrink Früchtemix“ verwechselt.
Wir schicken Ihnen eine kleine Entschädigung in Form von zehn Flaschen unseres Frühstücksdrinks.
☐ Sofern Sie stattdessen lieber einen Gutschein im Wert von 15 Euro hätten, sagen Sie uns bitte Bescheid.
☐ Wir hoffen sehr, dass Ihnen unsere Produkte weiterhin schmecken, und bitten um Nachricht, wenn Sie noch mehr Informationen zu unseren Produkten wünschen.
☐ Bei weiteren Fragen stehe ich Ihnen gern zur Verfügung.

Mit freundlichen Grüßen

Hiba Sadeq
Zettel GmbH



b **In welchem Satz kann man *wenn* durch *falls / sofern* ersetzen?**

☐ Wir können unser Leistungsangebot nur dann verbessern, wenn Sie uns offen kritisieren.
☐ Wir bitten um Nachricht, wenn Sie noch mehr Informationen zu unseren Produkten wünschen.

c **Was ist richtig? Markieren Sie.**

☐ Sätze mit *falls / sofern* drücken eine größere Unsicherheit, Ungewissheit aus als Sätze mit *wenn*.
☐ Sätze mit *falls / sofern* drücken eine größere Sicherheit, Gewissheit aus als Sätze mit *wenn*.

zu Schreiben, KB 110, Aufgabe 2

## 16 Ein Telefongespräch

GRAMMATIK

a **Rosa Abel telefoniert mit ihrer Freundin Angela. Ergänzen Sie *wenn, falls / sofern* oder *bei*.**

**Rosa:** Hallo Angela, ich hab' dir doch von dem Frühstücksdrink mit der Birne erzählt, weißt du noch?
**Angela:** Wenn (1) du mir noch mal sagst, worum es da ging, dann erinnere ich mich bestimmt.
**Rosa:** Da ging es um das falsche Etikett. Kirschen waren drauf, aber Birne war drin! Ich habe doch gesagt, ______ (2) die Firma mir keine Entschädigung gibt, dann werde ich mich bei der Verbraucherzentrale nach meinen Rechten erkundigen und …
**Angela:** Und hast du dann wirklich dort angerufen?
**Rosa:** Ja klar. Und die haben mir gesagt, ______ (3) ich schon eine Entschädigung akzeptiert haben sollte, dann habe ich keine weiteren Ansprüche. Das ist blöd, denn die Firma hat mir ja schon was geschickt. Aber ich finde es trotzdem unmöglich, dass die Firmen mit dem Spruch werben „______ (4) Nicht-Gefallen Geld zurück“!
**Angela:** Was hast du eigentlich von der Firma bekommen?
**Rosa:** Ich habe ein Paket mit zehn Frühstücksdrinks bekommen, aber ______ (5) den hohen Preisen für diese Säfte ist das ja wohl das Mindeste!

**Angela:** Na ja, schlecht ist das aber auch nicht. Also ________ (6) ich diese Drinks zufälligerweise mal kaufen sollte, reklamiere ich sie auch. Das lohnt sich ja schon fast.
**Rosa:** Wenn du Lust auf Frühstücksdrinks hast, dann komm vorbei! Du weißt ja, ich habe ein ganzes Paket davon. Und ________ (7) du Marion treffen solltest, bring sie einfach mit!

4 ◀)) 7 **b** **Hören Sie und vergleichen Sie.**

zu Schreiben, KB 110, Aufgabe 2

## 17 Verbraucherrechte

GRAMMATIK

**Schreiben Sie Sätze mit den Wörtern in Klammern.**

1 Wenn sich die Bahn um mehr als eine Stunde verspätet, bekommt man einen Teil des Fahrpreises erstattet. *(bei)*
2 Bei Zugausfällen gibt es Regelungen für eine mögliche Entschädigung. *(wenn)*
3 Wenn Sie Probleme mit dem Produkt haben, fragen Sie beim Verkäufer nach. *(bei)*
4 Sofern Sie sich beschweren wollen, wenden Sie sich an den Kundenservice. *(bei)*
5 Bei Ärger über falsche Werbung für ein Produkt können Sie das melden. *(sofern)*
6 Bei Überschreitung des Mindesthaltbarkeitsdatums können Sie das Produkt zurückgeben. *(falls)*
7 Wenn man im Internet bestellt, hat man ein Rückgaberecht. *(bei)*

1 Bei Verspätung der Bahn um mehr als eine Stunde bekommt man einen Teil des Fahrpreises erstattet.

zu Schreiben, KB 111, Aufgabe 3

## 18 Gerade gekauft – schon kaputt

KOMMUNIKATION

**Schreiben Sie eine E-Mail an den Hersteller einer Firma, die Schnellkochtöpfe herstellt. Verwenden Sie dazu die Redemittel aus dem Kursbuch (KB 111).**

Sehr geehrte Damen und Herren,

leider habe ich vergeblich versucht, Sie telefonisch zu erreichen. Offenbar ist Ihre Hotline im Moment überlastet, deshalb kontaktiere ich Sie nun schriftlich. Vor zehn Tagen kaufte ich (1) im Internet den Schnellkochtopf Typ „Blitz T7“. Zunächst war ich damit sehr zufrieden. Aber bereits nach kurzer Zeit ________ (2), dass das Gerät unerwartet lange braucht, bis das Essen fertig gekocht ist. Wenn ich seitdem darin etwas koche, dauert das meines Erachtens doppelt so lange, wie in der Gebrauchsanleitung angegeben. ________ (3), dass es sowohl Reis als auch Gemüse schnell gart. Das ist nun nicht mehr ________ (4). ________ (5), dass Sie das Gerät umtauschen. Bitte lassen Sie mich wissen, wie und an wen ich es zurückschicken kann. ________ (6) Ihre Firma im Internet schlecht bewerten.

Mit freundlichen Grüßen
Ioannis Georgiou

zu *Wussten Sie schon?*, KB 111

## 19 Informationen auf Lebensmittelpackungen

LANDESKUNDE

**Ordnen Sie den Angaben auf der Packung die Rubriken zu. Manche Rubriken finden sich nicht auf der Packung. Schreiben Sie dafür ein x.**

**Rubriken**

- ☐ Nährwert
- ☐ Hinweis auf Zutaten, die eventuell allergische Reaktionen hervorrufen können
- ☐ Ernteland der Zutaten
- 1 Zutaten
- ☐ Name und Anschrift des Herstellers
- ☐ Lagerbedingungen
- ☐ Verpackungsmaterial
- ☐ Mindesthaltbarkeitsdatum

zu Lesen 2, KB 112, Aufgabe 2

## 20 Wie lange halten sich Eier?

WORTSCHATZ

**Welches Wort passt? Unterstreichen Sie.**

Kalem400

Wie lange kann man eigentlich Eier essen? Sind sie nach dem *Ablauf / Anlass* (1) des Mindesthaltbarkeitsdatums auf der Packung noch *verderblich / genießbar* (2)? Oder muss man sie *versorgen / vernichten* (3), wenn es *überschritten / verschwendet* (4) ist? Die *Verunsicherung / Täuschung* (5) ist deshalb entstanden, weil ich kürzlich gelesen habe, dass man viele Lebensmittel auch nach Ablauf des Mindesthaltbarkeitsdatums noch essen kann. Ich kaufe auf dem Markt immer Eier auf *Vorrat / Verzicht* (6), und wenn dann in der WG nur wenige gegessen werden, dann haben wir Eier im *Konzentrat / Überfluss* (7). Weiß jemand von euch, wie ich feststellen kann, ob wir die Eier noch verzehren können?

Lottchen

Gerade bei Eiern spielt die richtige Aufbewahrung eine große Rolle. Wichtig ist, die Mindesthaltbarkeit zu beachten (meist ca. 4 Wochen nach Legedatum, das steht auf der *Verpackung / Übersicht* (8)). Ist man sich nicht mehr sicher, wann die Eier gekauft wurden, sollte man sie aber auf jeden Fall gut kochen und nicht mehr *roh / vegetarisch* (9) verwenden. Ein Ei, das nicht mehr gut ist, kann großen *Widerspruch / Schaden* (10) verursachen. *Laut / Zufolge* (11) dem Kochmagazin „Fünf Sterne" gibt es aber einen kleinen Trick, mit dem man erkennen kann, ob ein Ei noch frisch ist oder nicht: Leg das Ei in ein Glas mit Wasser. Bleibt das Ei am Boden liegen, ist es frisch – schwimmt es an der Oberfläche, ist es nicht mehr zu genießen.

WIEDERHOLUNG GRAMMATIK

zu Lesen 2, KB 113, Aufgabe 3

## 21 Widersprüche

**Schreiben Sie Sätze mit *obwohl* und *trotzdem*.**

1 Trotz genauer Planung ihrer Einkäufe hat Tina zu viele Lebensmittel im Kühlschrank.

Obwohl Tina ihre Einkäufe genau plant, hat sie zu viele Lebensmittel im Kühlschrank.
Tina plant ihre Einkäufe genau, trotzdem hat sie zu viele Lebensmittel im Kühlschrank.

2 Trotz richtiger Lagerung sind die Erdbeeren nicht mehr genießbar.

3 Trotz kleiner, brauner Stellen isst Hermann die Banane noch.

4 Trotz Ablauf des Mindesthaltbarkeitsdatums kann man die Milch noch verwenden. Sie schmeckt gut.

zu Lesen 2, KB 113, Aufgabe 3

## 22 Konzessive Zusammenhänge

GRAMMATIK ENTDECKEN

a **Lesen Sie den Textauszug aus dem Ratgeber „Zu gut für die Tonne" und unterstreichen Sie die konzessiven Satzverbindungen.**

Bereits beim Einkauf entscheiden wir über Lebensmittelabfälle. Wir brauchen die Äpfel gar nicht, dennoch kaufen wir sie ein, weil sie so lecker aussehen. Wir kaufen nach der Arbeit schnell im Supermarkt ein, selbst wenn wir gar nicht wissen, was wir wirklich brauchen. Jeder sinnvolle Einkauf beginnt deshalb schon zu Hause mit einer guten Planung. Trotz guter Planung wird in der Küche aber oft etwas weggeworfen. Oft genug, weil wir nicht wissen, wo und wie man Lebensmittel richtig lagert. Aber selbst bei richtiger Lagerung verderben Lebensmittel, weil wir sie vergessen.
Das Gemüse ist angeschnitten? Die Spaghetti sind übrig geblieben? Manchmal bleibt auch etwas übrig, obwohl man die richtigen Mengen beim Kochen verwendet hat. Das alles ist trotzdem zu schade zum Wegwerfen. Wenn man zu viel gekocht hat, kann man die Reste aufbewahren und kreativ weiterverwenden.

b **Wie sind die Satzverbindungen gebildet? Ergänzen Sie in der Tabelle.**

| Konnektor | Präposition |
|---|---|
| dennoch | |
| | |
| | |
| | |

zu Lesen 2, KB 113, Aufgabe 3

## 23 Gegensätze

GRAMMATIK

a Verbinden Sie.

1 Erika kauft oft ungeplant ein.
2 Selma geht früh ins Bett.
3 Phuong kocht wirklich gut.
4 Hasan strengt sich bei seiner Arbeit an.
5 Tanja hat am nächsten Wochenende Geburtstag.

A Sie macht keine Party.
B Seiner Freundin schmeckt es nicht.
C Sie ist am Morgen oft noch müde.
D Sie wirft wenig weg.
E Er ist manchmal unzufrieden mit dem Ergebnis.

b Schreiben Sie die Sätze aus 23a abwechselnd mit *auch wenn / obgleich*, *dennoch* und *trotz*.

1 Auch wenn / obgleich Erika oft ungeplant einkauft, wirft sie wenig weg.

zu Sprechen 2, KB 114, Aufgabe 2

## 24 Aktionstag für die „Tafel"

KOMMUNIKATION

Ergänzen Sie den Text zur Präsentation. Die Redemittel im Kursbuch (KB 114) können Ihnen dabei helfen.

**PROJEKT: „DIE TAFEL"**

- seit den 90er-Jahren
- in vielen Städten
- Lebensmittel für Menschen in Not

Bei unserem Projekt geht es um die sogenannte „Tafel". Seit den 90er-Jahren gibt es die „Tafel" in vielen deutschen Städten. Die Helfer sammeln und verteilen Lebensmittel an bedürftige Menschen. Die Idee unseres Projektes ist es (1), Menschen, die sich nicht selber versorgen können, etwas zu essen zu geben. ______________ (2) gibt es viel zu wenig Bewusstsein für Menschen, die nicht genug zum Leben haben.

**AKTIONSTAG: DER ABLAUF**

- in Wiesbaden am 20. September
- vor vier Lebensmittelmärkten
- Bürger kaufen und spenden

______________ (3), dass das Projekt sehr viel Organisation verlangt. Anhand eines Beispiels demonstrieren wir einmal, wie es ablaufen könnte. Das Foto zeigt eine Aktion in Wiesbaden. Vor vier Lebensmittelmärkten stellten sich am 20. September Freiwillige auf und baten die Bürger, ein Lebensmittel mehr zu erwerben und für die „Tafel" zu spenden. Für den größtmöglichen Erfolg der Aktion sollte man ______________ (4). Es ist eine wertvolle Erfahrung, bei einem Aktionstag mitzumachen.

**ERFOLG DES AKTIONSTAGS**

- 36 Kartons mit Lebensmittelspenden
- 3 Großspenden von Supermärkten
- für Kinder und Jugendliche in sozialen Brennpunkten und an Mutter-Kind-Wohnheime

Der Aktionstag in Wiesbaden ______________ (5) an. Es kamen insgesamt 36 Kartons mit Lebensmitteln und 3 Großspenden von Supermärkten zusammen. Die Spenden gingen an Kinder und Jugendliche in sozialen Brennpunkten und an Mutter-Kind-Wohnheime. Uns würde nun auch eure Meinung interessieren. Was meint ihr, ______________ (6), um so einen Aktionstag zu organisieren? Und was müssen wir dabei bedenken?

zu Sehen und Hören, KB 115, Aufgabe 3

## 25 Tipps zur Müllvermeidung

LESEN

**Ordnen Sie den Personen und ihren Problemen einen Tipp zur Müllvermeidung zu.**

1 ☐ In Milas Kühlschrank stehen oft Joghurtbecher länger als gedacht. Sie ist sich unsicher, ob der Joghurt noch essbar ist.

2 ☐ Matteo hat kein gutes Gefühl dafür, wie viel er für ein Essen einkaufen muss. Oft bleibt etwas übrig. Dann weiß er nicht, was er damit anfangen soll.

3 ☐ Babet ist oft ratlos, was sie für ihre Familie kochen soll. Sie kauft dann zu viel ein.

4 ☐ Ronja geht abends auf dem Heimweg von der Arbeit oft hungrig am Supermarkt vorbei, um sich etwas fürs Abendessen zu besorgen. Dabei kauft sie planlos und so viel ein, dass sie es gar nicht aufbrauchen kann.

### Tipps zur Müllvermeidung

**A** Seien Sie kreativ mit Essensresten. Restekochbücher und spezielle Internetseiten helfen weiter.
**B** Gehen Sie nicht mit leerem Magen einkaufen. Ein besserer Kompass ist ein Einkaufszettel, auf dem Sie alles notieren, was Sie brauchen.
**C** Schauen Sie das Lebensmittel genau an, riechen Sie daran und probieren Sie es. Das Mindesthaltbarkeitsdatum ist nur eine Herstellergarantie.
**D** Machen Sie sich einen Kochplan für die nächsten Tage und kalkulieren Sie dabei die Lebensmittel, die noch im Kühlschrank sind, mit ein.

8

## 26 Mein Lieblingsgericht

MEIN DOSSIER

**Welches Gericht mögen Sie persönlich gern? Können Sie dieses auch selber zubereiten? Kleben Sie ein Foto davon ein und beschreiben Sie, wie Sie es zubereiten.**

Name des Gerichts: ______

Zutaten: ______

Zubereitung: ______

Beilagen: ______

## AUSSPRACHE: Der Konsonant *h*

8

### 1 Der Hauchlaut *h*

4 ◀)) 8 **a Welches Wort hören Sie? Markieren Sie.**

| | | | |
|---|---|---|---|
| 1 ☐ in | ☐ hin | 4 ☐ Hund | ☐ und |
| 2 ☐ Hort | ☐ Ort | 5 ☐ Halle | ☐ alle |
| 3 ☐ herbe | ☐ Erbe | 6 ☐ offen | ☐ hoffen |

4 ◀)) 9 **b Hören Sie die Sätze und sprechen Sie nach.**

1 Halbstarke haben immer Hunger.
2 Herr oder Hund?
3 Wer holt heute die Kinder vom Hort ab?

4 ◀)) 10 **c Hören Sie den Zungenbrecher erst langsam, dann immer schneller. Sprechen Sie dann nach.**

*Hinter Hermann Hannes Haus*
*hängen hundert Hemden raus.*
*Hundert Hemden hängen raus*
*hinter Hermann Hannes Haus.*

### 2 Das Dehnungs-*h*

4 ◀)) 11 **a Am Ende einer Silbe macht ein *h* einen Vokal lang. Hören Sie und sprechen Sie nach.**

1 führen 2 aufziehen 3 Bahn 4 fehlen 5 rühren 6 zählen

4 ◀)) 12 **b In welchen Wörtern hören Sie das *h*? Markieren Sie.**

| | |
|---|---|
| 1 ☐ Tierhaltung | 5 ☐ Kohlensäure |
| 2 ☐ Haltbarkeit | 6 ☐ roh |
| 3 ☐ hinweisen | 7 ☐ Herkunft |
| 4 ☐ Nährstoff | 8 ☐ verzehren |

4 ◀)) 13 **c Hören Sie die Sätze und sprechen Sie nach.**

1 Passen grüne Bohnen zum Huhn?
2 Was nehmen Sie mit, wenn Sie wandern gehen?
3 Wir sollten mehr Rohkost essen.

### 3 Partnerdiktat

**Diktieren Sie Ihrer Lernpartnerin / Ihrem Lernpartner Teil 1 oder Teil 2 der Übung. Wer das Diktat schreibt, schließt das Buch.**

1

Kartoffeln waren in der Generation meiner Eltern ein wichtiges Grundnahrungsmittel. Jeder aß fast täglich welche. Mehrere tausend Kilo im Jahr wurden verzehrt. Fast alle traditionellen Gerichte hatten sie als Beilage. Heute konsumieren wir mehr Nudeln und Reis als Kartoffeln.

2

Limonade ist wieder voll im Trend. Die Verbraucher haben das Getränk vor ein paar Jahren wiederentdeckt. Mich erinnert der neue Trend an die leckere Limonade meiner Oma. Aus Zitronen und Gewürzen machte sie Sirup, den man mit Wasser aufgoss. Dazu ein Stück Apfelkuchen mit Sahne. Die Gläser waren immer sehr schnell leer.

# LEKTION 8 LERNWORTSCHATZ

## EINSTIEGSSEITE, KB 103

der Durchschnitt, -e

konsumieren

## LESEN 1, KB 104–105

der Beweggrund, ¨-e
die Debatte, -n
das Entwicklungsland, ¨-er
das Gewissen (Sg.)
die Mangelerscheinung, -en
die Massentierhaltung, -en
der Mineralstoff, -e
der Nährstoffmangel, ¨
der Organismus, die Organismen
die Pfanne, -n
die Tendenz, -en
die Übersicht, -en
der Veganer, –
der Vegetarier, –
der Verzicht (Sg.)
das Vitamin, -e
das Wirtschaftswunder, –

hinweisen auf (+ Akk.), wies hin, hat hingewiesen
verzehren
verzichten auf (+ Akk.)
jemandem etwas zufügen

in vollem Gange sein
tabu sein

ethisch
genussorientiert
vegetarisch

laut (+ Dat.)
zufolge (+ Dat., nachgestellt)

## HÖREN, KB 106

die Ernährung (Sg.)
das Fertiggericht, -e
der Kochkurs, -e
das Rezept, -e
die Süßigkeit, -en
das Vollkornprodukt, -e

salzig
vegan

## SPRECHEN 1, KB 107

der Anlass, ¨-e
der Puderzucker (Sg.)
die Zutat, -en

schälen

reihum

## WORTSCHATZ, KB 108–109

der Bestandteil, -e
der Busch, ¨-e
das Gemüse (Sg.)
die Gemüsesorte, -n
die Kammer, -n
das Kohlenhydrat, -e
die Kohlensäure (Sg.)
die Konsistenz, -en
die Mikrowelle, -n
der Strauch, ¨-er
die Vielfalt (Sg.)

anbauen
erzeugen
verschwenden

ertragreich
prickelnd
roh

## SCHREIBEN, KB 110–111

die Abbildung, -en
das Aroma, die Aromen
die Entschädigung, -en
das Konzentrat, -e
die Mindesthaltbarkeit (Sg.)
die Täuschung, -en
die Verpackung, -en
der Widerspruch, ¨-e
auflisten

in die Irre führen
einer Bitte nachkommen, kam nach, ist nachgekommen

allergisch
schlüssig

meines Erachtens

## LESEN 2, KB 112–113

die Abfalltonne, -n
der Ablauf, ¨-e
die Studie, -n
die Tonne, -n (Maßeinheit)
der Umgang (Sg.)
das Verfallsdatum, -daten
die Verunsicherung, -en
die Verschwendung (Sg.)
der Vorrat, ¨-e

sich etwas leisten
überschreiten, überschritt, hat überschritten
vernichten
verschwenden
verwirren

genießbar
verderblich
vermeidbar

## SPRECHEN 2, KB 114

der Aktionstag, -e
die Kantine, -n
die Speisekarte, -n

aufmerksam machen auf (+ Akk.)

## SEHEN UND HÖREN, KB 115

jemandem etwas überlassen, überließ, hat überlassen

bedürftig

8

# LEKTIONSTEST 8

## 1 Wortschatz

**Ergänzen Sie.**

| ☐ Mindesthaltbarkeitsdatum • ☐ verzehren • ☐ überschritten • ☐ verzichten • ☐ Verpackung • ☐ vernichten |
|---|

Man kann Lebensmittel, bei denen das _(1)_ abgelaufen ist, häufig noch verwenden. Allerdings sollte man sich davon überzeugen, dass sie noch genießbar sind. Bei untypischem Aussehen, Geruch oder Geschmack sollte man darauf _(2)_, sie zu konsumieren. Wenn das Verfallsdatum _(3)_ ist, dürfen bestimmte Lebensmittel nicht mehr verkauft werden und man sollte sie nicht mehr _(4)_. Wenn die Angaben auf der _(5)_ immer beachtet werden würden, würde man nicht so viele Lebensmittel _(6)_.

Je 1 Punkt **Ich habe ______ von 6 möglichen Punkten erreicht.**

## 2 Grammatik

a **Schreiben Sie Sätze mit *sollen* in der Gegenwart und Vergangenheit auf ein separates Blatt.**

1 Angeblich gibt es in meinem Lieblingsrestaurant seit heute auch vegane Hamburger.
2 Es heißt, dass eine vegetarische Ernährung sehr gesund ist.
3 Der Boxer McTybone hat seinen Salat früher selbst angebaut, das schreibt eine Zeitung.
4 Ich habe gelesen, dass Leonardo da Vinci, Franz Kafka und Albert Einstein Vegetarier waren.

Je 2 Punkte **Ich habe ______ von 8 möglichen Punkten erreicht.**

8

b **Bilden Sie aus den Verben in Klammern die entsprechenden Nomen mit Artikel, wo nötig, und markieren Sie, was passt.**

1 Paprika ist nicht nur ein Gemüse, sondern auch ______ tolles ____________ (würzen). *Auch wenn / Wenn / Sofern* es sehr scharf sein kann, verwende ich es zum ____________ (kochen).
2 *Trotz / Selbst / Obgleich* bei nur kleinen Makeln werden Lebensmittel weggeworfen, das ist ______ große _____________________ (verschwenden).
3 *Obwohl / Wenn / Falls* die Espresso-Kapseln nicht ganz umweltschonend sind, finde ich diese Espressomaschine super. ______ _________________ (herstellen) gibt sogar 5 Jahre Garantie darauf. Nach ______ ____________ (ablaufen) der Frist hat man aber keinen Anspruch auf Ersatz.
4 *Wegen / Bei / Trotz* des guten Wetters hatten wir keine gute Apfel____________ (ernten).

Je 1 Punkt **Ich habe ______ von 10 möglichen Punkten erreicht.**

## 3 Kommunikation

**Ordnen Sie zu.**

**A** Die Idee eines Projekts darlegen
**B** Den Ablauf des Projekts schildern
**C** Die Zuhörer um ein Feedback zu dem Projekt bitten

| ☐ *Hier sehen Sie ein Beispiel, wie man Gemüse im eigenen Garten oder auf dem Balkon selbst anpflanzen kann.* • ☐ *Unserer Meinung nach gibt es zu wenig Bewusstsein für die Produktion gesunder Lebensmittel.* • ☐ *Wir möchten Ihnen jetzt zeigen, wie das Projekt funktionieren könnte.* • ☐ *Ihre Meinung zu diesem Projekt würde uns sehr interessieren.* • ☐ *Denken Sie, dass diese Aktion Erfolg hätte?* • ☐ *Die Idee, gesundes Gemüse selbst zu produzieren, hat uns sehr angesprochen.* |
|---|

Je 1 Punkt **Ich habe ______ von 6 möglichen Punkten erreicht.**

**Auswertung:**

**Ich habe ______ von 30 möglichen Punkten erreicht.**

| ☺ | 🙂 | ☹ |
|---|---|---|
| 30–24 | 23–18 | 17–0 |

# LEKTION 9 AN DER UNI

WIEDERHOLUNG WORTSCHATZ

## 1 Rund ums Studium

**Welches Verb passt nicht? Streichen Sie durch.**

| | |
|---|---|
| 1 Termine | *beachten – ~~behandeln~~ – bekannt geben – bestätigen* |
| 2 Studienwunsch | *realisieren – sich erfüllen – vorhaben – formulieren* |
| 3 Studienfach | *wählen – abrunden – wechseln – sich verschlechtern in* |
| 4 Studierende | *beraten – abschaffen – unterstützen – begrüßen* |
| 5 ein Stipendium | *beantragen – erhalten – sich bewerben um – schaffen* |
| 6 Studieninhalte | *sich konzentrieren auf – beweisen – sich beschäftigen mit – zusammenfassen* |

zu Wortschatz, KB 122, Aufgabe 2

## 2 Manche tun's ein Leben lang ...

WORTSCHATZ

**Ergänzen Sie *lernen, lehren, studieren* oder *unterrichten* in der richtigen Form.**

1 „Man lernt nicht für die Schule, sondern fürs Leben", sagt ein bekanntes Sprichwort.
2 Wer später Lehrer werden möchte, muss ein Lehramtsstudium absolvieren. Man ______ meist zwei Fächer, die an Schulen ______ werden.
3 An einer Universität gibt es zwei Tätigkeitsbereiche – einerseits wird nach neuen Erkenntnissen geforscht, andererseits wird Wissen vermittelt, es wird also ______.
4 Wer in einem nicht-deutschsprachigen Land aufgewachsen ist, muss natürlich vor einem Studium auf Deutsch erst einmal die Sprache sehr gut ______.
5 Als Studienanfänger muss man zuerst das Vorlesungsverzeichnis ______, also genau ansehen, und seine Veranstaltungen heraussuchen.
6 Gute Professoren gestalten ihre ______veranstaltungen anregend, sodass die Studierenden interessiert und aufmerksam zuhören und eventuell auch mitdiskutieren.

9

zu Wortschatz, KB 122, Aufgabe 2

## 3 Was macht man alles im Studium?

HÖREN

4 ◀)) 14 **Hören Sie ein Interview und lesen Sie die Aussagen. Was ist richtig? Markieren Sie.**

1 Lea möchte mit einem Studenten über ihr Studium sprechen. ☐
2 Sie befragt einen Studenten der Kommunikationswissenschaft. ☐
3 Er studiert das Fach aus Interesse an den Inhalten. ☐
4 Die Studierenden können sich die Lehrveranstaltungen generell nicht selbst aussuchen. ☐
5 Die Uni-Woche des Studenten ist sehr voll. ☐
6 Er hat keine Zeit, sich neben dem Studium noch etwas Geld zu verdienen. ☐
7 Er findet es gut, dass das Wissen immer wieder in Klausuren abgeprüft wird. ☐
8 Er hat in den Semesterferien einmal ein interessantes Praktikum gemacht. ☐
9 Momentan sucht er Fachliteratur für seine Abschlussprüfungen. ☐
10 Er kommt sowohl mit seinen Kommilitonen als auch mit den Dozenten gut aus. ☐

zu Wortschatz, KB 122, Aufgabe 2

## 4 Interview mit einem Studenten

WORTSCHATZ

**a Lesen Sie einige Aussagen des Studenten aus dem Interview in Übung 3. Ergänzen Sie die passenden Wörter aus der rechten Spalte.**

Ich wusste schon gleich nach dem Abitur, dass es bei mir auf Kommunikationswissenschaft (1) hinausläuft, weil mich Politik und Medien beziehungsweise ___ (2) schon immer sehr interessiert haben. Und dann habe ich mich an der Uni Bremen um einen ___ (3) beworben und habe auch gleich einen bekommen.

In jedem Semester gibt es einige ___ (4), die man verpflichtend besuchen muss, manche kann man aber auch noch selbst auswählen. Ich habe mich für verschiedene ___ (5), Seminare und Übungen entschieden, die mich interessiert haben. Dann habe ich mir einen ___ (6) zusammengestellt. Der ist ganz schön voll geworden.

Vorlesungen
Studienplatz
Stundenplan
~~Kommunikationswissenschaft~~
Lehrveranstaltungen
Journalismus

Ja, wenn man sein Studium ernst nimmt, ist es schon viel Arbeit, aber es macht auch Spaß. Wenn wir nur nicht dauernd so umfangreiche Klausuren ___ (7) müssten! Und in den Semesterferien, also in der ___ (8) Zeit, hat man natürlich auch nicht wirklich frei. Da muss man dann Seminararbeiten ___ (9) und auch mal ein längeres Praktikum ___ (10). Ich war letzten Sommer zwei Monate in der Redaktion einer Online-Zeitschrift. Das war total ___ (11)!

verfassen
spannend
absolvieren
schreiben
vorlesungsfreien

Ich gehe jetzt gleich in die Unibibliothek und suche ___ (12) für ein ___ (13). In den Fachbüchern und in seriösen Quellen im Internet suche ich Artikel zu meinem ___ (14) „Wohin steuert die Generation web 2.0?" Besonders interessante und relevante ___ (15) schreibe ich dann heraus und zitiere sie. Zusätzlich zu dem Referat in zwei Wochen schreibe ich in den Semesterferien darüber dann noch eine ___ (16).

Referat
Seminararbeit
Fachliteratur
Thema
Informationen

4 🔊 14 **b Hören Sie das Interview noch einmal und vergleichen Sie.**

zu Wortschatz, KB 122, Aufgabe 2

## 5 Univeranstaltungen

LESEN

**a Ergänzen Sie die Begriffe.**

Das Seminar • Die Vorlesung • Die Übung

1 ___ steht für eine Lehrveranstaltung, die (meist) in einem größeren Hörsaal stattfindet. Eine Dozentin oder ein Dozent trägt ein Thema aus einem Fachgebiet vor. Die Hörerinnen und Hörer schreiben das Wichtigste in Stichworten mit. Diese Lehrveranstaltungen sind nützlich, wenn es darum geht, Orientierung und Überblick in einem Fachgebiet zu gewinnen. Im Anschluss an die Veranstaltung sollte das Gehörte und Mitgeschriebene vertieft werden, z. B. durch weitere Lektüre der angegebenen Literatur usw.

2 _______________ ist eine Lehrveranstaltung, bei der die Eigenaktivität der Studierenden gefragt ist. Angeleitet von Dozierenden sollen die Studierenden ihre Kenntnisse, Fertigkeiten und Fähigkeiten in einem Fachgebiet erweitern und vertiefen und dabei Methoden wissenschaftlichen Arbeitens anwenden. Im Gegensatz zur Vorlesung stehen hier nicht der Vortrag eines Dozierenden im Mittelpunkt, sondern verschiedene Arbeitsformen wie Referate, Diskussionen, Gruppenarbeiten usw. In dieser Lehrveranstaltung hält man ein Referat und verfasst eine schriftliche Hausarbeit.

3 _______________ wird von einem wissenschaftlichen Mitarbeiter (meist Doktoranden) des Lehrstuhls gehalten. Der Stoff der Vorlesungen wird hier anhand von Aufgaben vertieft und in die Praxis umgesetzt.

**b In welcher Veranstaltung macht man was? Manchmal passen mehrere Antworten. Ergänzen Sie.**

1 Die Studierenden beteiligen sich aktiv: _______________
2 Man hört einem Vortragenden zu: _______________
3 Man wendet den gehörten Stoff praktisch an: _______________
4 Man vertieft Fachwissen und schreibt eine wissenschaftliche Arbeit: _______________

*zu Wussten Sie schon?*, KB 123

## 6 Informationen zu den ECTS-Punkten

LANDESKUNDE / LESEN

**Lesen Sie die folgende E-Mail. Welcher Begriff passt am besten in die Lücken 1–10? Markieren Sie.**

Hallo Besrat,
schön, wieder mal von Dir zu hören bzw. zu lesen!
Es freut mich auch, dass Du Dein Abitur so gut (1) hast und jetzt Architektur studieren willst. Nun willst Du wissen, (2) das mit dem Sammeln der ECTS-Punkte funktioniert? Das kann ich Dir gern erklären!
Also, das Wichtigste ist, dass Du nach 3 Jahren Bachelor-Studium auf 180 Punkte kommst. Das heißt, (3) Du pro Semester ungefähr 30 Punkte sammeln solltest.
Für bestandene Prüfungen bekommst Du (4) eine bestimmte Punktzahl, genauso wie für Seminararbeiten.
Wie viele Punkte man wofür erhält, ist natürlich genau (5). Für die Details musst Du Dich bei Deinem Fachbereich (6). Grundlage für die Berechnung dieser Punkte ist die Zeit, die man im Durchschnitt investiert, sprich: Der Arbeitsaufwand, (7) man hat.
Natürlich (8) man auch die in der Zeit vorgesehenen Prüfungen bestehen. Und wenn man ein Auslandssemester einlegt, kann man sich oft auch die dort erhaltenen Punkte anrechnen (9).
Wenn Du mehr wissen möchtest oder ich Dir (10) irgendetwas helfen kann, dann ruf an!
Mach's gut und grüß mir Deine Schwester Senait!
Liebe Grüße
Karim

| 1 | 2 | 3 | 4 | 5 |
|---|---|---|---|---|
| ☐ bestanden | ☐ ob | ☐ dass | ☐ beispielsweise | ☐ festlegen |
| ☐ erhalten | ☐ warum | ☐ damit | ☐ manchmal | ☐ festzulegen |
| ☐ erfüllt | ☐ wie | ☐ obwohl | ☐ vielleicht | ☐ festgelegt |

| 6 | 7 | 8 | 9 | 10 |
|---|---|---|---|---|
| ☐ erkundigen | ☐ der | ☐ musste | ☐ werden | ☐ für |
| ☐ nachfragen | ☐ den | ☐ dürfte | ☐ gelassen | ☐ bei |
| ☐ beschweren | ☐ was | ☐ muss | ☐ lassen | ☐ zu |

zu Lesen, KB 125, Aufgabe 2

## 7 Deutsches Wort oder Internationalismus?

WORTSCHATZ

**Ergänzen Sie in der richtigen Form.**

1 Eine Universität nennt man auch eine Hochschule .
2 Jüngere Unis befinden sich meist auf einem Campus, das heißt, es gibt ein großes __________ mit Universitätsgebäuden.
3 Größere Universitäten haben mehrere Fachbereiche wie Medizin, Jura, Naturwissenschaften, Sprach- und Literaturwissenschaften etc. Man nennt diese Abteilungen auch __________ .
4 Bachelor und Master sind die beiden __________, die man an einer Hochschule erhalten kann.
5 Wer einen Doktortitel erwerben will, muss eine __________ schreiben.
6 In einem Research Department wird __________ betrieben.
7 Das Büro für __________ aus anderen Ländern heißt International Office.

zu Lesen, KB 126, Aufgabe 3

## 8 Konsekutive Zusammenhänge

GRAMMATIK ENTDECKEN

a **Ergänzen Sie.**

sodass • infolge • ~~so ... dass~~ • folglich / infolgedessen

| | |
|---|---|
| 1 Die Anzahl der neu eingeschriebenen Studenten ist so groß, dass sich die Zimmersuche für manche schwierig gestaltet. | Nebensatzkonnektor (zweiteilig) |
| 2 Die Anzahl der neu eingeschriebenen Studenten ist sehr groß, __________ sich die Zimmersuche für manche schwierig gestaltet. | Nebensatzkonnektor (einteilig) |
| 3 Die Anzahl der neu eingeschriebenen Studenten ist sehr groß. __________ gestaltet sich die Zimmersuche für manche schwierig. | Hauptsatzkonnektor |
| 4 __________ der hohen Anzahl an neu eingeschriebenen Studenten gestaltet sich die Zimmersuche für manche schwierig. | Präposition + Genitiv |

b **Verbinden Sie die beiden Sätze mit den Konnektoren und der Präposition aus a.**

Einige große Hochschulen bieten viele verschiedene Studiengänge an.
Den Studienanfängern fällt die Auswahl oft schwer.

1 Einige große Hochschulen bieten so viele __________

2 __________

3 __________

4 __________ des großen Angebots an verschiedenen Studiengängen __________

zu Lesen, KB 126, Aufgabe 3

## 9 Möglichkeiten im Studium

GRAMMATIK

**Ergänzen Sie *folglich / infolgedessen, infolge, so ..., dass* oder *sodass*.**

Infolge (1) der Einführung der Bachelor- und Masterstudiengänge in den europäischen Ländern hat sich im Studienablauf einiges verändert. Die Magister- oder Diplomstudiengänge wurden Anfang der 2000er-Jahre nach und nach an allen deutschsprachigen Hochschulen abgeschafft, ______________ (2) jetzt alle Studierenden europaweit nach dem gleichen System studieren. Bei ausreichenden Sprachkenntnissen können Studierende während des Studiums an eine Universität in einem anderen Land wechseln. ______________ (3) ist die Zahl der ausländischen Studierenden in vielen Ländern gestiegen.

Auf der anderen Seite gibt es sogar innerhalb Deutschlands in den verschiedenen Bundesländern oft große Unterschiede im Aufbau einzelner Studiengänge. ______________ (4) ist es immer noch kompliziert, die gleiche wissenschaftliche Disziplin in einem anderen Bundesland oder im Ausland zu studieren. Begrüßenswert wäre, wenn ______________ (5) einer universitätsübergreifenden Zusammenarbeit einzelner Fakultäten die Studierenden problemlos ein Semester in einem anderen Bundesland oder im Ausland verbringen könnten. Die Erfahrungen, die junge Menschen auf diese Weise sammeln können, sind ________ (6) kostbar, ______________ (6) möglichst viele Studierende sie machen sollten.

zu Lesen, KB 126, Aufgabe 3

## 10 Das folgt daraus

GRAMMATIK

**Schreiben Sie die Sätze mit den Wörtern in Klammern neu.**

1 Infolge hoher Studentenzahlen an manchen Universitäten können sich die Lehrenden nicht ausreichend um die Studierenden kümmern. *(Folglich)*
2 Einige junge Menschen sind vielseitig begabt. Infolgedessen finden sie es schwierig, sich nur auf eine Sache festzulegen. *(so ..., dass ...)*
3 Die Zuwanderung von Akademikern in die deutschsprachigen Länder ist gering, sodass zusätzlich Spitzenforscher aus Nicht-EU-Ländern angeworben werden. *(Infolge)*
4 In manchen Fachbereichen promovieren Doktoranden so lange, dass sie erst mit Anfang dreißig ihren Doktortitel erhalten. *(Infolgedessen)*
5 Europa ist auf dem Weg zu einem einheitlichen Ausbildungssystem. Folglich wird für viele Menschen die Anerkennung der Studienleistungen und der Abschlüsse leichter. *(sodass)*

1 Die Studentenzahlen an manchen Universitäten sind hoch. Folglich ...

zu Sprechen 1, KB 127, Aufgabe 1

## 11 Auf dem Campus wohnen oder nicht?

KOMMUNIKATION

**a** **Sammeln Sie jeweils vier Argumente, die für (pro) bzw. gegen (kontra) das Wohnen auf dem Campus der Universität sprechen.**

| Pro-Argumente | Kontra-Argumente |
|---|---|
| – man ist ganz in der Nähe der Uni-Gebäude<br>– ... | – man ist nur unter Studierenden<br>– ... |

**b** **Schreiben Sie ein Gespräch der Studentinnen Lara und Martina. Verwenden Sie die Redemittel im Kursbuch (KB 127). Martina ist für das Wohnen auf dem Unicampus, Lara ist dagegen.**

zu *Wussten Sie schon?*, KB 127

## 12 Man spricht Deutsch

LANDESKUNDE / LESEN

**Lesen Sie den Artikel. Welche Aussagen sind richtig? Markieren Sie.**

1 Man kann an über 700 Universitäten in nicht-deutschsprachigen Ländern auf Deutsch studieren. ☐
2 Deutsche Studierende interessieren sich sehr für exotische Studienorte. ☐
3 Nach Österreich oder in die Schweiz gehen sie häufig deshalb, weil es leichter ist, dort einen Studienplatz zu bekommen. ☐
4 In der Schweiz findet man sehr gute Studienbedingungen vor. ☐
5 Die österreichischen Universitäten sehen den Andrang deutscher Studenten meist positiv. ☐
6 Ausländer müssen in den Eignungstests, wie zum Beispiel fürs Medizinstudium, besser sein als Einheimische. ☐
7 Wer in Österreich nicht angenommen wird, dem bieten sich noch viele andere Möglichkeiten. ☐



# Sprachhürde Ade!

**Studieren in China? In Russland? In Finnland? Viele deutsche Studierende haben die Vorstellung, dass ihre Sprachkenntnisse nicht ausreichen, und scheuen deshalb solche exotischen Studienorte. Dabei gibt es rund um den Globus über 700 Studiengänge in deutscher Sprache.**

Österreich und die Schweiz gehören längst zu den Lieblingszielen deutscher Hochschul-Emigranten. Angelockt werden deutsche Studierende von den häufig sehr guten Studienbedingungen und den weniger strikten Zulassungsregelungen. So findet, wer sich erst einmal an das Schwyzerdütsch gewöhnt hat, in der Schweiz ein wahres Studienparadies: Die Alpenrepublik lockt deutsche Studierende mit moderaten Studiengebühren, großem Seminarangebot sowie guter Betreuung und erstklassiger technischer Ausstattung. Auch Österreich ist für Deutsche attraktiv – ganz besonders im Bereich Medizin: In Deutschland gibt es nämlich, gerade in den begehrteren Studienfächern, die sogenannte Numerus-Clausus-Regelung (= NC), die nur Abiturienten mit einem bestimmten Notendurchschnitt zum Studium zulässt. Diese unliebsame Regelung gibt es in Österreich nicht, dafür einen Eignungstest.

### Kampf der „Piefke-Schwemme"

Der Ansturm deutscher „NC-Flüchtlinge" auf österreichische Universitäten ist daher groß. Mit Quoten-Regelungen versucht Österreich, seine Unis vor der „Piefke-Schwemme" – Piefkes werden die Deutschen in Österreich nicht immer ganz schmeichelhaft genannt – zu schützen. Sogar bei den Eignungstests für das Medizinstudium in Österreich wird mit zweierlei Maß gemessen: Ausländische Studierende benötigen mehr Punkte als Österreicher. Statt NC hält das Studium beim österreichischen Nachbarn also eine andere Hürde bereit – den „Numerus austriacus", wie es boshaft in den Medien heißt.

### Von Absatzwirtschaft bis Zahnmedizin: im Ausland und auf Deutsch

Was viele allerdings in Bezug auf die Unterrichtssprache nicht wissen: Auch in zahlreichen Ländern, in denen normalerweise kein Deutsch gesprochen wird, gibt es Studiengänge in deutscher Sprache: Medizin in Ungarn, Kunst in China und Mathe in Manchester – kein Problem. Allein das Fach Betriebswirtschaft kann an über 40 verschiedenen renommierten Hochschulen in deutscher Sprache studiert werden. Ansonsten reicht das Angebot von Absatzwirtschaft über Journalistik und Maschinenbau bis zu Zahnmedizin – lauter Möglichkeiten, wichtige Auslandserfahrung zu sammeln und trotzdem Vorlesungen und Prüfungen in der Muttersprache zu absolvieren.

zu Schreiben, KB 128, Aufgabe 2

## 13 Das formuliert man anders

SCHREIBEN

a Lesen Sie den Brief. Wer schreibt an wen? Warum?

b Markieren Sie in dem Brief unpassende bzw. umgangssprachliche Formulierungen und ersetzen Sie sie durch die Textteile unten.

> Derzeit befinde ich mich im vierten Semester im Fach Informatik • Womöglich ist es ein großer Vorteil • Über eine Zusage für das Praktikum würde ich mich sehr freuen • wie begeistert sie von der kollegialen Atmosphäre in Ihrem Betrieb waren • Im Deutschen habe ich das Niveau B2 erreicht und verfüge zudem über Fachsprachenkenntnisse im Bereich Informatik • ~~möchte ich mich um einen Praktikumsplatz in Ihrem Unternehmen bewerben~~ • wie Ihr IT-Bereich strukturiert ist

*Narek Gurian, Brauergasse 34, 8027 Graz, Österreich*
E-Mail: narekgurian@javamail.at

**Motivationsschreiben für ein Praktikum bei der ENERGIE STEIERMARK GmbH**

Sehr geehrte Damen und Herren,

möchte ich mich um einen Praktikumsplatz

als Studentin an der Hochschule Graz ~~wäre es ganz nett, wenn ich in Ihrer Firma einen~~

in Ihrem Unternehmen bewerben.

~~Praktikumsplatz bekommen würde.~~

Ich bin ja schon im vierten Semester Informatik und es ist vorgesehen, dass ich vor meinem Bachelor-Abschluss ein fünfmonatiges Praktikum im IT-Bereich absolviere.

Von einigen Mitstudenten habe ich gehört, dass es in Ihrer Firma ziemlich cool und chillig ist.

Auf Ihrer Webseite las ich, dass Sie in Ihrer IT-Abteilung laufend Praktikanten suchen. Außerdem konnte ich mich darüber informieren, was in Ihrer IT-Abteilung so alles geboten wird. Vielleicht ist da ja gar nicht schlecht, dass ich derzeit im Studium meine Kenntnisse in der Programmiersprache C++ vertiefe.

Deutsch ist zwar nicht meine Muttersprache, aber ich komme schon ziemlich gut klar.

Meine Englischkenntnisse sind sehr gut.

Es wäre super, wenn ich den Praktikumsplatz kriegen würde!

Mit freundlichen Grüßen

Narek Gurian

Anlagen: Zeugniskopien, Lebenslauf, Studienbescheinigungen

9

zu Schreiben, KB 129, Aufgabe 3

## 14 Was die Universität Fribourg / Freiburg bietet

LESEN

**Lesen Sie den Ankündigungstext über das Angebot einer Schweizer Universität und beantworten Sie die folgenden Fragen.**

1 Für wen sind die sogenannten *Starting Days* gedacht? ______
2 Welche Ziele werden genannt? ______

3 Was ist das Besondere an dieser Veranstaltung? ______

### STARTING DAYS
### UNIVERSITÉ DE FRIBOURG / UNIVERSITÄT FREIBURG

**Was bieten diese Tage?**

Vor Beginn des Studiums über die Studienwahl nachdenken, einen ersten Eindruck gewinnen, entdecken, was sich alles mit dem Studium verbindet … So werden Sie nicht vom Studienalltag, der auf Sie zukommt, überrollt, sondern können sich mit dem Studentenleben schon etwas vertraut machen, frei und souverän mit den gebotenen Möglichkeiten umgehen – zu Ihrem persönlichen Gewinn und beruflichen Nutzen.

Eine Entdeckungsreise, die Sie einen grossen* Schritt weiterbringen wird – in Bezug auf die eigene Studienwahl und die Institution Universität, die die kommenden Jahre wesentlich mitbestimmen wird.

In entspannter Atmosphäre Kontakte zu anderen StudienanfängerInnen knüpfen, mit ProfessorInnen verschiedener Fakultäten und weiteren Universitätsangehörigen ins Gespräch kommen.

**Wer organisiert die „Starting days"?**

Die „Starting days" sind ein gesamtuniversitäres Projekt und werden von verschiedenen universitären Einrichtungen getragen.

**Wo finden sie statt?**

Ausserhalb* der Universität in La Part-Dieu, idyllisch gelegen in der Nähe von Bulle. Die aussergewöhnliche* Umgebung schafft eine lockere Atmosphäre, in der man leicht neue Freundschaften schliessen* kann.

zu Schreiben, KB 129, Aufgabe 3

## 15 Feste Verbindungen von Nomen mit Verben

GRAMMATIK ENTDECKEN

**Unterstreichen Sie alle Verbindungen von Nomen mit Verben in Übung 14 und ergänzen Sie.**

1 einen ersten Eindruck gewinnen,
2 ______ Schritt ______
3 Kontakte ______
4 ______ Gespräch ______
5 Freundschaften ______

* Hier wurde die schweizerdeutsche Orthografie beibehalten.

zu Schreiben, KB 129, Aufgabe 3

## 16 Was bringt ein Praktikum?

GRAMMATIK

**Welches Verb passt in den festen Verbindungen von Nomen mit Verben? Markieren Sie.**

1 In vielen Studiengängen muss man heutzutage auch ein 3–6-monatiges Praktikum
☐ *abgeben.* ☐ *haben.* ☐ *absolvieren.*

2 Um im Praktikum sinnvoll eingesetzt zu werden, muss man über gewisse Fachkenntnisse
☐ *verfügen.* ☐ *verstehen.* ☐ *haben.*

3 Dann kann man sich in einer Firma nämlich praktische Grundlagen
☐ *vertiefen.* ☐ *aneignen.* ☐ *verbessern.*

4 Das kann die Chancen bei der Arbeitsplatzsuche durchaus
☐ *verbessern.* ☐ *bessern.* ☐ *bringen.*

zu Schreiben, KB 129, Aufgabe 3

## 17 Mehrere Möglichkeiten

GRAMMATIK

a **Welches Verb passt nicht? Streichen Sie durch.**

| | |
|---|---|
| 1 (einen) Eindruck | *haben (von) – zeigen (von) – gewinnen (von) – hinterlassen (bei)* |
| 2 jemanden zur Verantwortung | *ziehen – stellen* |
| 3 eine Entscheidung | *machen – treffen – fällen* |
| 4 eine Meinung | *vertreten – sein – haben – äußern* |
| 5 einer Meinung | *sein – haben* |
| 6 einen Vortrag / eine Rede | *ausarbeiten – halten – geben* |
| 7 eine Frage | *stellen – fragen – haben* |
| 8 Kenntnisse | *sich aneignen – wissen – vertiefen – vermitteln* |
| 9 die Verantwortung | *tragen (für) – übernehmen (für) – übertragen (auf jdn.) – bringen (zu)* |

b **Zu welchen festen Verbindungen von Nomen mit Verben gibt es einfache Verben? Notieren Sie und formulieren Sie dazu jeweils einen Satz.**

1 Eindruck machen auf jemanden = jemanden beeindrucken
Der neue Professor hat in seiner Vorlesung Eindruck auf die Studierenden gemacht.
Der neue Professor hat die Studierenden in seiner Vorlesung beeindruckt.

zu Hören, KB 130, Aufgabe 1

## 18 Den Lebensunterhalt finanzieren

WORTSCHATZ

**Was kann man noch sagen? Ordnen Sie zu.**

1 die Lebenshaltungskosten umfassen
2 man verfügt über Nebeneinkünfte
3 man kann mit Geld umgehen
4 man kommt über die Runden
5 man verschafft sich einen Überblick
6 man wendet sich an einen Stipendiengeber
7 man hat unterschiedliche Einnahmequellen
8 man rechnet mit Unterstützung

A man verdient sich etwas Geld dazu
B man versucht, von einer öffentlichen Stelle (finanzielle) Unterstützung zu bekommen
C man denkt, dass einem jemand hilft
D man findet heraus, wie alles abläuft
E man gibt sein Geld sinnvoll aus
F die monatlichen Ausgaben sind
G man hat gerade so viel Geld, dass es reicht
H man bekommt von verschiedenen Seiten Geld

zu *Wussten Sie schon?*, KB 130

## 19 Was das Studentenleben kostet

LESEN

**Lesen Sie den Infotext. Welche Aussagen sind richtig? Markieren Sie.**

1 Als Student hat man ☐ *großen* ☐ *nicht so viel* ☐ *überhaupt keinen* Einfluss auf die Höhe der Lebenshaltungskosten.
2 Die Mietkosten sind in großen Städten höher. Dafür hat man in einer kleineren Stadt ☐ *bessere* ☐ *genauso gute* ☐ *nicht so viele* Möglichkeiten, nebenbei Geld zu verdienen.
3 Laut Statistik geben deutsche Studierende im Durchschnitt ☐ *knapp die Hälfte* ☐ *gut die Hälfte* ☐ *circa ein Drittel* für Wohnen und Essen aus.

Die Lebenshaltungskosten während des Studiums hängen natürlich unter anderem vom Lebensstil ab. Doch Faktoren wie Mietpreise, Kosten für Ernährung und Krankenversicherung kann man persönlich nicht beeinflussen. Sparsam mit dem umzugehen, was man zur Verfügung hat, genügt also nicht allein, um einigermaßen über die Runden zu kommen! Auf der Ausgabenseite fällt für Studierende vor allem die Miete ins Gewicht. Allerdings gibt es innerhalb Deutschlands bei den Mietkosten große Unterschiede: In den großen Städten München, Hamburg oder Köln sind die Mietpreise am höchsten. Dort zahlen Studierende durchschnittlich 463 Euro Miete pro Monat. In Jena, Dresden und Leipzig ist dagegen die Miete mit durchschnittlich 265 Euro im Monat am preiswertesten. Dafür findet man in großen Städten meist leichter einen Nebenjob.

**Wofür geben deutsche Studierende ihr Geld aus?**
Deutsche Studierende verfügen im Durchschnitt monatlich über etwa 918 Euro und geben so viel aus für:

| Miete (inkl. Nebenkosten) | 323,– Euro | Krankenversicherung | 80,– Euro |
|---|---|---|---|
| Ernährung | 168,– Euro | Telefon / Internet / TV-Gebühren | 31,– Euro |
| Kleidung | 42,– Euro | Lernmittel (Bücher etc.) | 20,– Euro |
| Fahrtkosten | 94,– Euro | Freizeit, Kultur und Sport | 61,– Euro |
| | | **Summe** | 819,– Euro |

Nicht eingerechnet sind hier die Semestergebühren. Internationale Studierende haben im Schnitt deutlich weniger Geld zur Verfügung als ihre deutschen Kommilitonen.

zu Sprechen 2, KB 132, Aufgabe 2

## 20 Erfahrungen einer Erntehelferin

HÖREN

4 🔊 15 **Hören Sie, was Miriam über ihren letzten Ferienjob erzählt. Lesen Sie die Fragen und antworten Sie in Stichworten.**

1 Als was arbeitete Miriam in Südfrankreich? als Erntehelferin bei
2 Was besichtigte sie am ersten Tag?
3 Wie lange musste sie täglich arbeiten?
4 Wie wurden die Trauben transportiert? In großen
5 Wie viele Kilo Trauben erntete man pro Tag?
6 Wer arbeitete außer den Studierenden noch als Erntehelfer?
7 Welche Motivation hatte einer der Erntehelfer?
8 Was bekam man außer Lohn noch für den Job?

zu Sprechen 2, KB 132, Aufgabe 2

## 21 Apfelernte am Bodensee

KOMMUNIKATION

**Lesen Sie, was Milo über seinen Ferienjob erzählt und ergänzen Sie die Redemittel.**

Acht Stunden täglich zu pflücken, ist körperlich sehr anstrengend • dass der Stiel am Apfel bleibt • Untergebracht waren wir • freie Kost und Logis • sie vorsichtig in die Kiste gelegt • habe ich mich schnell gewöhnt • dazwischen ein Wagen mit großen grünen Plastikkisten • die totale Entspannung zum stressigen Bürojob • als Helferin bei der Apfelernte gearbeitet • in die Technik der Apfelernte eingewiesen • gar nicht so schlecht bezahlt • mit kleinen „Fehlern“ oder Flecken

In den letzten Semesterferien habe ich am Bodensee (1) . Zusammen mit drei Kommilitoninnen bin ich Mitte September dorthin gefahren. (2) bei einem Obstbauern in der Nähe von Kressbronn. Nach einer Führung durch die Apfelplantagen mit Erläuterungen zu den verschiedenen Apfelsorten wurden wir (3) . Wir bildeten zu viert einen sogenannten „Erntezug“ – zwei Pflücker rechts, zwei Pflücker links und (4) , der sich unglaublich schnell mit dunkelroten Äpfeln gefüllt hat. Gepflückt werden immer nur die reifen Äpfel. Sie werden so vom Ast abgedreht, (5) . Das ist am Anfang gar nicht so einfach! Dann werden (6) , damit sie keine Druckstellen bekommen. Früchte (7) wandern in die „Mostkiste“. Aus ihnen wird Apfelsaft gemacht. (8) und am Anfang tat mir am Abend alles weh – der Rücken, die Beine, die Hände. Aber daran (9) Ein anderer Erntehelfer meinte, sich körperlich anzustrengen und den Kopf zur Ruhe kommen zu lassen, das sei für ihn (10) . Unglaublich! Ich wollte natürlich vor allem etwas Geld verdienen – aber es hat tatsächlich etwas, den ganzen Tag draußen und körperlich aktiv zu sein. Als Erntehelfer wird man übrigens (11) und bekommt außerdem (12) .

zu Sprechen 2, KB 132, Aufgabe 2

## 22 Sich Geld im Studium verdienen

SCHREIBEN

a **Welche der beliebtesten Studentenjobs passen zu welchem Bereich? Manche Tätigkeiten passen mehrfach.**

Computer
Gastronomie
Lehre und Forschung
Finanzen 6 Kassierer(in) im Einzelhandel
Pädagogik
Umgang mit Waren

**Die beliebtesten Studentenjobs**

1. Allgemeine Bürotätigkeiten
2. Kellner(in), Barkeeper(in)
3. Aushilfe in Produktion / Lager
4. Nachhilfelehrer(in)
5. Wissenschaftliche Hilfskraft (HiWi)
6. Kassierer(in) im Einzelhandel
7. Verkäufer(in) im Einzelhandel
8. Programmierer(in)
9. Buchhaltung

Quelle: univativ GmbH & Co. KG

b **Schreiben Sie mithilfe der Redemittel aus dem Kursbuch (KB 132) über eine Aushilfstätigkeit, einen Studenten- oder Ferienjob, die / den Sie einmal gemacht haben.**

Berichten Sie, ...
- welche Tätigkeiten Sie ausgeführt haben.
- wie lange Sie diese Arbeit gemacht haben.
- wie viel Sie dabei verdient haben.
- wie Sie den Job gefunden haben.
- ob Sie den Job weiterempfehlen würden.

zu Sehen und Hören, KB 133, Aufgabe 4

## 23 Digitale Lehre an Universitäten

LESEN

**Lesen Sie in einem Online-Forum verschiedene Meinungsäußerungen zum Thema „Digitale Lehre an Universitäten". Welche Überschrift passt inhaltlich zu welcher Äußerung? Eine Äußerung passt nicht. Ordnen Sie zu.**

- ☐ Gute Videos und Onlinematerialien verbessern die Lehre.
- ☐ Digitale Lehre motiviert zum selbstständigen Arbeiten.
- ☐ Die Digitalisierung wird von Studienanfängern begrüßt.
- ☐ Viele Professoren tun sich noch schwer mit der Digitalisierung.
- ☐ Online-Materialien sollen jedermann zur Verfügung stehen.
- ☐ Das digitale Studium ist für einige Studenten eine Herausforderung.
- ☐ Bei einem digitalen Studium haben die Studenten mehr Freiheiten.

a Aufwendige digitale Lehrvideos statt klassischer Vorlesungen sind inzwischen total normal geworden. Wir lernten unseren Professor in der Einführungsveranstaltung auf dem Bildschirm kennen. Das fanden wir alle super. Durch die moderne Technik gibt es heute wirklich unglaubliche Möglichkeiten, es war sehr informativ und gleichzeitig sehr unterhaltsam.
*Marianna, Studentin in Marburg*

b Mit dem Online-Lernen bringen wir die Studenten wieder dazu, sich den Stoff mithilfe von Lehrvideos, also in „asynchroner Kommunikation" selbst zu erschließen. In der „Präsenzphase" an der Uni können sie sich austauschen, weitere Übungen machen und fragen, wenn etwas für sie unverständlich war.
*Marius, Dozent in Marburg*

c Beim digitalen Studieren kann ich zwar alle Informationen permanent abrufen und mich so theoretisch optimal vorbereiten. Leider bin ich aber etwas zu undiszipliniert, um dauerhaft dranzubleiben. Mit festen Veranstaltungszeiten und etwas „sozialer Kontrolle" durch die Mitstudierenden läuft es bei mir irgendwie besser.
*Timor, Student in Stuttgart*

d Die papierlose Wissensvermittlung ist meiner Meinung nach viel besser als das Lehren mit teuren Lehrbüchern. Ich unterrichte am liebsten mit Lehrvideos. Mit ihnen lassen sich manche Dinge besser erklären, weil man durch die nonverbale Kommunikation mit Bildern und Filmen vieles anschaulicher darstellen kann. Für uns Lehrende lohnt es sich auch, die Videos didaktisch anspruchsvoll zu produzieren, da man sie mehrfach verwenden kann.
*Jana, Dozentin in Zürich*

e Zu Beginn meines Studiums war ich erst einmal desillusioniert. Es wird zwar viel über E-Learning an Unis und Hochschulen gesprochen, de facto sind viele Professoren aber noch sehr desinteressiert, was die Digitalisierung angeht, und halten ganz klassische Vorlesungen. Ein zeitgemäßer Universitätsbetrieb sieht anders aus!
*Mika, Student in Flensburg*

f Meiner Meinung nach sollte man digitales Lernen und Online-Veranstaltungen in einem „Probesemester" ausprobieren können. Danach könnten sowohl die Lehrenden als auch die Lernenden Rückmeldung geben, was gut funktioniert hat und welche Teile eher misslungen sind, wo es also Verbesserungsbedarf gibt.
*Karola, Studentin in Berlin*

g Für viele Studenten ist es meist irrelevant, wann sie an der Uni sein müssen. Da ich aber nebenbei noch arbeite, ist es für mich sehr wichtig, mein Studium entsprechend zu organisieren. Deshalb studiere ich in einem Online-Masterstudiengang, in dem ich mir meine Studierzeit und das tägliche Pensum selbst einteilen kann.
*Katja, Masterstudentin in Wien*

h Am Anfang stand das digitale Lehrmaterial nur den Studenten mit Passwort zur Verfügung. Inzwischen hat man das an einigen Hochschulen wieder aufgegeben. So hat nun jedermann einen uneingeschränkten Zugang zu den Onlinekursen. Das finde ich gut, denn Wissen soll ja eigentlich weltweit geteilt werden.
*Victor, Studentische Hilfskraft in München*

zu Sehen und Hören, KB 133, Aufgabe 4

## 24 Negation durch Vor- und Nachsilben bei Adjektiven

GRAMMATIK

a Markieren Sie in den Texten in Übung 23 die Adjektive mit Vor- oder Nachsilben und ordnen Sie diese anschließend den passenden Umschreibungen in der Tabelle zu.

| Adjektive mit der Vorsilbe *un-, miss-, ir-* | | Adjektive mit der Vor- oder Nachsilbe *a-, des-, non-, -los* | |
|---|---|---|---|
| unglaublich | nicht zu glauben | | ohne Sprache |
| | ohne Selbstdisziplin | | nicht ausgedruckt |
| | nicht wichtig | | nicht gleichzeitig |
| | nicht gut geworden | | enttäuscht |
| | ohne Begrenzung | | nicht neugierig |
| | unklar | | |

b Finden Sie weitere Adjektive mit den Vor- bzw. Nachsilben.

## 25 Ein Vorbild

MEIN DOSSIER

Verfassen Sie einen kurzen Text über eine Person, deren Ausbildungsweg Sie besonders interessant finden und die für Sie in dieser Hinsicht ein Vorbild ist. Kleben Sie eventuell auch ein Foto ein. Schreiben Sie zum Beispiel:

- welche Berufsausbildung bzw. welches Studium diese Person absolvierte.
- wie sie / er zu ihrem jetzigen Beruf fand.
- warum sie / er erfolgreich wurde.
- was Sie an diesem Menschen am meisten beeindruckt / fasziniert.
- weshalb diese Person für Sie ein Vorbild ist.

... hat einen interessanten Werdegang.
Schon früh ... sie / er gern ...
Zunächst studierte sie / er ... / machte sie / er eine Ausbildung als ...
Danach ... sie / er erst einmal ...
Im Alter von ... probierte sie / er dann ...
Inzwischen ... sie / er ...
Faszinierend / beeindruckend finde ich vor allem, dass sie / er ...
... für mich ein Vorbild, weil ...

9

## AUSSPRACHE: Vokalneueinsatz

### 1 Vokalneueinsatz

4 ◀)) 16 **a Wo hören Sie eine kurze Pause zwischen den beiden Wörtern (P)? Wo werden die Wörter verbunden (V)? Ergänzen Sie.**

| | | | |
|---|---|---|---|
| 1 ☑ V viel Leere | ☑ P viel Ehre | 5 ☐ am Ast | ☐ am Mast |
| 2 ☐ elf Fahrten | ☐ elf Arten | 6 ☐ mit Ina | ☐ mit Tina |
| 3 ☐ mit ihr | ☐ mit dir | 7 ☐ viel lieber | ☐ viel über |
| 4 ☐ willig | ☐ will ich | 8 ☐ ab Bamberg | ☐ ab Amberg |

4 ◀)) 16 **b Hören Sie dann noch einmal und sprechen Sie nach.**

**c Was fällt Ihnen auf? Wann gibt es bei den Wörtern in a eine Pause? Markieren Sie.**

☐ vor Vokalen am Wortanfang
☐ vor Konsonanten am Wortanfang

4 ◀)) 17 **d Wo hören Sie bei den Wörtern in der jeweils rechten Spalte eine Pause? Markieren Sie sie mit einem Sternchen*.**

| | | | |
|---|---|---|---|
| 1 einen | ver*einen | 5 Arbeit | Seminararbeit |
| 2 ändern | geändert | 6 Aufsatz | Fachaufsatz |
| 3 Eindruck | beeindruckt | 7 Abschluss | Studienabschluss |
| 4 Illusion | desillusioniert | 8 Aufenthalt | Auslandsaufenthalt |

4 ◀)) 17 **e Hören Sie dann noch einmal und sprechen Sie nach.**

**f Was fällt Ihnen auf? Wann gibt es bei den Wörtern in d eine Pause? Markieren Sie.**

☐ vor Vokalen am Silbenanfang
☐ vor Konsonanten am Silbenanfang

4 ◀)) 18 **g Lesen Sie den Text und markieren Sie den Vokalneueinsatz mit einem Apostroph '. Hören Sie dann zur Kontrolle.**

Ich habe 'ein 'Auslandssemester an der Universität Newcastle in Australien verbracht. Nach einigen organisatorischen Schwierigkeiten – man muss vorab viele Dinge beachten und vor allem die Papiere rechtzeitig beantragen – war es insgesamt eine spannende und beeindruckende Erfahrung, die ich allen empfehlen kann. Newcastle ist für einen Auslandsaufenthalt auf jeden Fall geeignet.

### 2 Stille Post

**Arbeiten Sie in Gruppen. Jeder schreibt nun einen Satz mit möglichst vielen Wörtern und Silben, die mit einem Vokal beginnen. Zeigen Sie ihn niemandem. Einer beginnt nun, seinen Satz der Nachbarin / dem Nachbarn ins Ohr zu flüstern. Diese/r flüstert der / dem Nächsten ins Ohr, was sie / er verstanden hat, usw. Die / Der Letzte in der Reihe sagt laut, was bei ihr / ihm „angekommen" ist.**

*Ich habe Beata einen alten Fotoapparat ausgeliehen, den sie dann einfach auf eBay angeboten hat. Unerhört!*

## EINSTIEGSSEITE, KB 121

wissenschaftlich

## WORTSCHATZ, KB 122–123

die Abschlussarbeit, -en
die Abschlussprüfung, -en
der Ausbildungsberuf, -e
das Ausbildungsjahr, -e
der Ausbildungsplatz, ⸚e
die Dozentin, -nen
der Dozent, -en
die Fachliteratur (Sg.)
das Gesellenstück, -e
die Gliederung, -en
die Hochschule, -n
der Kommilitone, -n
die Kommilitonin, -nen
das Semester, –
die Seminararbeit, -en
der Studiengang, ⸚e
der Stundenplan, ⸚e
die Universität, -en
die Vorlesung, -en
das Vorlesungsverzeichnis, -se

absolvieren
sich einschreiben, schrieb sich ein, hat sich eingeschrieben
formulieren
verfassen
zusammenstellen

## LESEN, KB 124–126

der Anziehungspunkt, -e
die / der Beschäftigte, -n
die Betreuung (Sg.)
der Campus (Sg.)
die Disziplin, -en
der Fachbereich, -e
die Fakultät, -en
die Förderung, -en
das Gelände, –
die Metropolregion, -en
der Nachwuchs (Sg.)
der (Spitzen)Forscher, –
der Studienabschluss, ⸚e
die Zuwanderung, -en

abrunden
abschaffen
sich ausleben
gehören zu
promovieren
verweilen

Lust wecken auf (+ Akk.)
eine Karriere einschlagen, schlug ein, hat eingeschlagen
zuständig sein für

auf dem Weg sein

dicht
hervorragend
übergreifend
vereint

ansonsten
untereinander

## SPRECHEN 1, KB 127

die Umgebung, -en
die Vorstellung, -en

reagieren
zustimmen

renommiert

## SCHREIBEN, KB 128–129

das Arbeitszeugnis, -se
die Grundlage, -n
die Mappe, -n
das Motivationsschreiben, –

sich etwas aneignen
verfügen über (+ Akk.)
sich vertraut machen mit
weiterbringen, brachte weiter, hat weitergebracht
einen Eindruck gewinnen von, gewann, hat gewonnen
einen Eindruck bekommen von, bekam, hat bekommen
einen Eindruck haben von, hatte, hat gehabt
einen Eindruck hinterlassen bei, hinterließ, hat hinterlassen

Kenntnisse vertiefen
Kontakte knüpfen
eine Meinung vertreten, vertrat, hat vertreten
Verantwortung übernehmen, übernahm, hat übernommen

beeindruckt sein von

## HÖREN, KB 130–131

die Ausgabe, -n
die Einnahmequelle, -n
die Lebenshaltungskosten (Pl.)
der Stipendiengeber, –
das Studentenwerk, -e
der Zinssatz, ⸚e

rund

## SPRECHEN 2, KB 132

die Arbeitszeit, -en
die Karriere, -n
die Tätigkeit, -en
eine Tätigkeit ausüben

## SEHEN UND HÖREN, KB 133

das Geräusch, -e

schieflaufen, lief schief, ist schiefgelaufen
etwas wiedergeben, gab wieder, hat wiedergegeben

anspruchslos
atypisch
desillusioniert
irrelevant
missverständlich
mühelos
non-verbal
unübertroffen

# LEKTIONSTEST 9

## 1 Wortschatz

**Ergänzen Sie den passenden Begriff.**

1 Jura, Medizin oder Geschichte sind S____________________.
2 An der Universität lehren Professoren und D____________________.
3 Bachelor und Master sind zwei unterschiedliche S______________________________.
4 Eine Übersicht über die Lehrveranstaltungen an einer Uni findet man im V____________________.
5 Ein anderes Wort für Mitstudent ist K____________________.
6 Vielen Studierenden ist bei ihrer Abschlussarbeit eine gute B________________________, wichtig.
7 In der Unibibliothek finden Studierende die F________________, die sie für ihr Studium brauchen.

Je 1 Punkt **Ich habe ______ von 7 möglichen Punkten erreicht.**

## 2 Grammatik

a **Verbinden Sie die Sätze mit dem Konnektor oder der Präposition in Klammern.**

1 Mahmut plant in Wien zu studieren. Er bewirbt sich um ein Stipendium. *(folglich)*
2 Manche Städte wie Freiburg, Hamburg oder München sind beliebte Studienorte. Es ist sehr schwer, dort eine günstige Unterkunft zu finden. *(so … dass)*
3 Der Fachbereich wird erweitert. Es können sich mehr Studierende dafür einschreiben. *(Infolgedessen)*
4 Für eine Seminararbeit sollte man zuerst eine Gliederung entwerfen. Der Aufbau der Arbeit ist dann logisch und übersichtlich. *(sodass)*
5 Der Arbeitsaufwand ist bei technischen Studiengängen sehr hoch. Einige Studierende geben das Studium nach kurzer Zeit wieder auf. *(infolge)*

Je 2 Punkte **Ich habe ______ von 10 möglichen Punkten erreicht.**

b **Welche zwei Verben passen? Markieren Sie.**

1 Es kann sinnvoll sein, vor dem Studium ein Praktikum zu ☐ *machen.* ☐ *haben.* ☐ *absolvieren.*
2 Auf dem Unicampus ist es nicht schwer, Kontakte ☐ *zu knüpfen.* ☐ *herzustellen.* ☐ *anzufangen.*
3 In Tutorien kann man seine Kenntnisse ☐ *erweitern.* ☐ *weiterbringen.* ☐ *vertiefen.*
4 Wer ein Tutorium leitet, muss Verantwortung ☐ *verfügen.* ☐ *tragen.* ☐ *übernehmen.*
5 In studentischen Lerngruppen kann man jederzeit Fragen ☐ *diskutieren.* ☐ *tun.* ☐ *stellen.*
6 Die Professoren müssen manchmal eine Rede ☐ *machen.* ☐ *ausarbeiten.* ☐ *halten.*

Je 1 Punkt **Ich habe ______ von 6 möglichen Punkten erreicht.**

## 3 Kommunikation

**Ergänzen Sie die passenden Wörter.**

genau • selbstständig • ganz • kaum • anstrengend • weniger • leider

1 Was ____________________ sind deine Vorstellungen in Bezug auf dieses Fach?
2 Ein großes Zimmer ist ____________________ wichtig für mich. Ich nehme auch ein kleines.
3 Da hast du recht. Ich bin ____________________ deiner Meinung.
4 Nur in einem Punkt kann ich dir ____________________ nicht zustimmen.
5 Die Arbeit als Fahrradkurier war schwer, ich hatte ____________________ Zeit für andere Dinge.
6 Man muss in dem Job sehr ____________________ arbeiten und sich in der Stadt gut auskennen.
7 Auch als Erntehelfer war es sehr ____________________. 8 Stunden Schwerstarbeit täglich.

Je 1 Punkt **Ich habe ______ von 7 möglichen Punkten erreicht.**

**Auswertung:**

**Ich habe ______ von 30 möglichen Punkten erreicht.**

| ☺ | 😐 | ☹ |
|---|---|---|
| 30–24 | 23–18 | 17–0 |

WIEDERHOLUNG WORTSCHATZ

## 1 Dienstleistungen früher

**Ergänzen Sie in der richtigen Form.**

ändern • bringen (2x) • bügeln • kochen • ~~liefern~~ • mähen • pflegen • putzen • reparieren • schneiden • waschen

1 Früher gab es noch viel mehr Serviceleistungen! In meiner Kindheit wurde uns morgens alles Lebenswichtige „frei Haus" geliefert (1): Zuerst ganz früh morgens die Zeitung, kurz danach die frischen Brötchen vom Bäcker, am Nachmittag __________ (2) die Milchmänner frische Milch. Heute gibt es nur noch wenige solcher Serviceleistungen.

2 Viele Leute hatten noch keine eigene Waschmaschine. Man ließ die Sachen deshalb einfach außer Haus __________ (3). Bettwäsche und Hemden ließ man danach auch __________ (4). Schuhe, die schon einige Zeit getragen waren, wurden noch __________ (5), denn neue waren zu teuer. Und wenn ein Kleid nicht mehr richtig passte, ließ man es eben __________ (6), zum Beispiel kürzer oder enger machen.

3 Wohlhabende, die einen Garten besaßen, ließen den von einem Gärtner __________ (7). Der kam regelmäßig, um den Rasen zu __________ (8) und die Bäume und Sträucher zu __________ (9). Außerdem hatte man jemanden fürs Haus. Man ließ regelmäßig die Böden und Fenster __________ (10).

4 Mahlzeiten wurden in meiner Kindheit fast immer zu Hause __________ (11). Wenn das berufstätige Familienmitglied zum Mittagessen nicht nach Hause kommen konnte, dann __________ (12) man ihm das warme Mittagessen in einem speziellen Topf, dem sogenannten „Henkelmann".

10

zur Einstiegsseite, KB 135, Aufgabe 2

## 2 Lieferwagen der Zukunft

HÖREN

4 ◄)) 19 **Hören Sie die Radiosendung zweimal und wählen Sie bei jeder Aufgabe die richtige Lösung.**

1 Um welche Art von Service geht es hier?
- a Lieferung von Waren
- b Reparatur von Fahrrädern
- c Transport von Personen

2 Welche Probleme gibt es in der Innenstadt?
- a Es gibt zu wenige Parkplätze.
- b Die Straßen sind kaputt.
- c Es gibt Luftverschmutzung.

3 Wie unterstützt die Stadtverwaltung das Projekt?
- a Sie sperrt die Innenstadt für Autos.
- b Sie bezahlt die modernen Fahrzeuge.
- c Sie erlaubt längere Lieferzeiten für die Fahrräder.

4 Welche Modelle werden starten?
- a Nur Modelle mit Elektromotor.
- b Modelle, die für die Kunden attraktiv sind.
- c Modelle mit und ohne Elektromotor.

5 Was ist das Besondere am Cargo Cruiser?
- a Er kann bis zu 300 Kilo Waren transportieren.
- b Er wird zurzeit in Berlin ausprobiert.
- c Er kann mit zwei oder drei Rädern bestellt werden.

6 Die Unternehmer der Transportbranche beurteilen die Entwicklung der neuen Fahrräder …
- a eher positiv.
- b eher negativ.
- c sowohl positiv als auch negativ.

zu Wortschatz, KB 136, Aufgabe 1

## 3 Service

LESEN

**Lesen Sie die 8 Überschriften a–h und die vier Texte und suchen Sie zu jedem Text die passende Überschrift. Pro Text gibt es nur eine richtige Lösung.**

a Fachkräftemangel betrifft auch Studienberufe
b Training trotz Sportverletzung? Werbekampagne klärt auf
c Neue Internetseite für Ausbildungswahl
d Wissenschaftler warnen: Zahl der Sportverletzungen nimmt zu
e Engpässe im Handwerk: Lange Wartezeiten für Kunden
f Studienplatzvergabe in Österreich
g Aktuelle Studie belegt: Verletzungsgefahr bei Sportlern ohne Trainer höher
h Schweizer Kampagne: Trainingstipps bei Sportverletzungen



☐

Die Fitnessbranche boomt. Doch das hat nicht nur Vorteile. Wie eine Forschergruppe der Sporthochschule Köln herausgefunden hat, ist eine falsche sportliche Betätigung oftmals die Ursache für körperliche Beschwerden. Über einen Zeitraum von drei Jahren untersuchten die Wissenschaftler das Trainingsverhalten von Freizeitsportlern mit und ohne professionelle Anleitung beim Training. Der Vergleich der beiden Testgruppen zeigte, dass ein professioneller Trainer Sportverletzungen verhindern kann. Während Freizeitsportler ohne Trainer ihren Körper häufig durch ein zu intensives Training überbelasteten und verletzten, kam es beim Training mit der individuellen Anleitung eines Experten sehr viel seltener zu körperlichen Beschwerden.

*(aus einer deutschen Zeitung)*

☐

Berufseinsteiger aufgepasst: Das Projekt „Leben und Arbeit in Klagenfurt" bietet ab jetzt einen sehr praxisorientierten Service. Auf dem neuen Internetportal www.leben-und-arbeit.at informiert das Projekt über Ausbildungsmöglichkeiten und Stellenausschreibungen in der Stadt Klagenfurt und den umliegenden Gemeinden. Einen Schwerpunkt bildet dabei die Rubrik „Ausbildung und Beruf". Hintergrund ist, dass immer mehr Menschen nur ein Studium als attraktive Ausbildungsmöglichkeit sehen. Mit seiner Onlinekampagne versucht das Projekt, jungen Menschen außeruniversitäre Möglichkeiten der Berufsausbildung aufzuzeigen und ein Vermittler zwischen Berufseinsteigern und den Ausbildungsbetrieben zu sein.

*(aus einer österreichischen Zeitung)*

☐

Ist Deutschland eine „Dienstleistungswüste"? Privatkunden beklagen sich, denn sie müssen immer länger auf einen Handwerker warten. Grund hierfür ist der zunehmende Fachkräftemangel. Einem aktuellen Bericht der deutschen Handwerkskammern zufolge fehlt es an Auszubildenden. Während immer mehr junge Menschen ein Studium beginnen, schrumpft die Zahl derjenigen, die eine Berufsausbildung im Handwerk machen. Das führt längerfristig zu großen Problemen: Ob Klempner, Fliesenleger oder Heizungsbauer – die Wartezeiten betragen im Schnitt zehn bis zwölf Wochen. Da es durch den Bauboom im Moment für viele Handwerksbetriebe finanziell attraktive Großaufträge gibt, trifft es Privatkunden besonders hart.

*(aus einer deutschen Zeitung)*

☐

Sportverletzungen dürfen nicht unterschätzt werden. In einer aktuellen Werbekampagne des Vereins „Fit und Gesund" im Schweizer Kanton Bern heißt es, jeder zweite Sportler trainiere nach Verletzungen einfach weiter. „Gesundheit zu verkaufen" heißt es auf großen Werbeplakaten, die verletzte Sportler beim Trainieren zeigen. Begleitend zur Plakat-Aktion bietet der Verein Vorträge und sogar kostenlose Trainingsstunden an, um Freizeitsportler für das Thema Sportverletzungen zu sensibilisieren. Mit seinem Serviceangebot möchte der Verein darauf hinweisen, dass Pausen beim Sport unersetzlich sind, und vor den Folgen warnen, die auftreten, wenn man trotz körperlicher Beschwerden einfach weitertrainiert.

*(aus einer Schweizer Zeitung)*

zu Wortschatz, KB 136, Aufgabe 2

## 4 Kleinanzeigen

Ergänzen Sie die Texte im Passiv + *können.*

helfen • ~~mieten~~ • liefern • aufgeben • lösen • lernen

A
**Sie ziehen um?**
Unsere Transporter können für 35,– Euro/Tag gemietet werden.
0157 159 08 73

B
*Das Fest einfach nur genießen*
Essen und Getränke ______ bis zu einer Entfernung von 30 km kostenfrei ______!
Partyspaß 0176-34 32 15 67

C
**PC-Spezialist**
Ihre EDV- und PC-Probleme ______ jetzt schnell und preisgünstig ______
Tel. 040 6 36 01 06

D
**Schlüssel-Dienst:**
Sie haben Ihren Schlüssel verloren oder sich selbst ausgeschlossen? Ihnen ______ ______! Am Tag für 70,–, in der Nacht für 90,–
Tel. 0176 96 94 92 09

E
**Jede Sprache** ______ ______!
Gebe Privat-Unterricht in Deutsch, Englisch und Arabisch!
Tel.: 0177 4 42 27 61

F
**In eigener Sache**
Selbstverständlich ______ Ihre Kleinanzeigen auch online ______ ______.
www.hellau-verlag.de

zu Wortschatz, KB 136, Aufgabe 2

## 5 Alternativen zum Passiv (I)

GRAMMATIK ENTDECKEN

a Unterstreichen Sie die Wörter, die auf *-bar* und *-lich* enden.

1 Ihr Lieben, wir haben unbeschreibliche Lust auf Pizza, aber keine Lust auf Pizzalieferservice. Jetzt wollen wir unsere Pizza selber backen, wissen aber nicht, ob das mit unserem uralten Backofen überhaupt machbar ist. Auf wie viel Grad ist denn so ein Pizzaofen erhitzbar? Weiß das jemand? Danke! Nazime

2 Hallo Leute, ich möchte mich als Fahrrad-Kurier selbstständig machen. Glaubt ihr, dass das mit 19 schon realisierbar ist? Welche Schwierigkeiten sind vorhersehbar, was ist zu beachten? Danke schon mal für brauchbare und verständliche Tipps. Ahmad

3 Kann uns bitte jemand helfen? Unsere Situation ist nämlich fast unerträglich: Mein Mann und ich haben vor zwei Wochen ein junges Kätzchen geschenkt bekommen, das wir beide sehr lieben. Und jetzt hat mein Mann eine Katzenhaarallergie bekommen: Er kriegt seit einigen Tagen sichtbare rote Flecken im Gesicht. Gibt es für uns eine praktikable Lösung, d.h. eine Lösung, bei der wir das Kätzchen behalten können? Vielen Dank schon mal! Amal

b Formulieren Sie die unterstrichenen Wörter um.

1 unbeschreiblich – kann nicht beschrieben werden

10

zu Wortschatz, KB 136, Aufgabe 2

## 6 Passiv

GRAMMATIK

**Markieren Sie die Adjektive mit den Endungen *-bar* und *-lich*. Welche haben eine passive Bedeutung? Markieren Sie und formulieren Sie diese Sätze um.**

| | passive Bedeutung | andere Formulierung |
|---|---|---|
| 1 Die Wege des Schicksals sind Ihrer Meinung nach unbegreiflich? Ich helfe Ihnen, sie zu verstehen. | ☒ | … können Ihrer Meinung nach nicht begriffen werden? |
| 2 Die Dekoration im Schaufenster ist leider nicht verkäuflich. | ☐ | |
| 3 Der Fahrrad-Kurier ist pünktlich. | ☐ | |
| 4 Wir wünschen allen Mitarbeitern fröhliche Feiertage! | ☐ | |
| 5 Wir haben sehr gute und freundliche Nachhilfe-Lehrer – auch für knifflige Aufgaben. | ☐ | |
| 6 Ihre Gelenke sind etwas steif und unbeweglich? Erfahrene Physiotherapeutin hilft Ihnen! | ☐ | |

10

zu Wortschatz, KB 136, Aufgabe 2

## 7 Werbesprüche

GRAMMATIK

**Ergänzen Sie die Werbeslogans. Achten Sie auf die Adjektivendungen.**

**-lich**

1 Formulieren Sie Ihre Texte so, dass sie gut verständlich sind! Wir helfen Ihnen dabei. *(können verstanden werden)*

2 Kopfschmerzen? Pfefferminzöl! Das wirkt und ist gut ______. *(kann vertragen werden)*

3 ______ Gewinnchancen! Machen Sie bei unserem Quiz mit und gewinnen Sie mit etwas Glück einen Urlaub auf Mallorca oder andere tolle Preise! *(konnte nicht beschrieben werden)*

4 Schlafstörungen? Nie wieder! Unsere Bio-Schlaftees sind als Helfer ______. *(können nicht ersetzt werden)*

**-bar**

1 Ihre Träume sind unbezahlbar? Das muss nicht sein! Bei der schnellen Realisierung helfen wir Ihnen gern mit einem Sofort-Kredit. Bitte beachten Sie die Kredit-Konditionen! *(können nicht bezahlt werden)*

2 Sie wollen schöne und billige Möbel? Hier finden Sie ______ Ideen zum Selbermachen. *(können realisiert werden)*

3 Unsere Jacken sehen toll aus, sind strapazierfähig und sehr gut ______. *(können gewaschen werden)*

4 Deutsch ist leicht ______. Wenn Sie das nicht glauben wollen, besuchen Sie unsere Sprachkurse! *(kann gelernt werden)*

zu Sprechen, KB 137, Aufgabe 1

## 8 Hausmeister-Service

SCHREIBEN

**Korrigieren Sie die Anzeige. Unterstreichen Sie den Fehler und schreiben Sie die richtige Form an den Rand (Beispiel 01). Wenn ein Wort falsch platziert ist, schreiben Sie es und seinen Begleiter an den Rand (Beispiel 02).**

*www.ihr-Helfer-für-aller-Faelle.de* 1 alle (01)

Sie brauchen eine Hand starke? Ich (28, männlich) erledige alle Hilfs- 2 starke Hand (02)
arbeiten an Ihrem Haus und im Garten. Fachmännische Rasenpflege
und andere Hausmeistertätigkeiten ist inbegriffen. 3
Gern ich übernehme auch die Entrümpelung Ihres Kellers, das heißt, 4
ich entsorge Ihren Sperrmüll, alte Sachen, das Sie nicht mehr brauchen. 5
Sie ziehen aus oder am und benötigen Hilfe? Ich habe viel Erfahrung 6
mit dem Auf- und Abbau von Möbeln, Lampen und mehr. Ich helfe
Ihnen dafür, Ihre Wohnung für die Übergabe an einen Nachmieter 7
besenrein zu säubern. Kleinere Ausbesserungsarbeiten an Wänden
und Türen ich ebenfalls gern für Sie übernehmen kann. Putzarbeiten 8
mache ich nur in Ausnahmefällen. Drehen Sie sich dafür bitte an 9
eine Reinigungskraft oder -firma. Ich arbeite auf Stundenbasis.
Bei Interesse kontaktieren Sie mir bitte telefonisch abends ab 19 Uhr 10
unter 089/12 34 56 78.

zu Sprechen, KB 137, Aufgabe 3

## 9 Eine Geschäftsidee

KOMMUNIKATION

**Ergänzen Sie die Redemittel aus dem Kursbuch (KB 137).**

**David:** Du, ich habe mir überlegt, wie wir uns etwas Geld verdienen und dabei stundenlang an der frischen Luft sein können.

**Xavier:** Klingt interessant. Wie soll das Ganze denn _______ (1)?

**David:** Gemüsegärten sind doch voll im Trend. Viele wissen nicht, wie man sie richtig anlegt. Wir könnten dem Kunden etwas ganz _______ (2), nämlich alles aus einer Hand.

**Xavier:** Ist die Planung des Gartens dann _______ (3)?

**David:** Ja klar, wir beide als studierte Landschaftsgärtner würden die Planung und die praktische Umsetzung ganz nach den Wünschen des Kunden gestalten. So etwas bekommt man heutzutage doch _______ (4)!

**Xavier:** Ich kann mir das noch nicht so _______ (5). Kann man denn dabei wirklich was verdienen?

**David:** Klar! Ich bin ziemlich sicher, das könnte eine gute Geschäftsidee werden. Das ist doch eine unglaubliche Erleichterung für den Alltag. Man muss sich nie mehr selbst um den Garten kümmern.

**Xavier:** Das klingt _______ (6), aber wird das für den Kunden nicht zu teuer?

**David:** Das liegt doch in unserer Hand.

**Xavier:** Ich bin mir _______ (7), ob wir dafür genug Erfahrung haben.

**David:** Sei doch nicht so pessimistisch! Ich habe auch schon eine Idee für den Text auf unserem Flyer, wir brauchen dann nur noch ein Logo für unsere Firma.

zu Hören 1, KB 138, Aufgabe 2

## 10 Sparen & Gewinnen

WORTSCHATZ

**Ergänzen Sie in der richtigen Form.**

| das Schnäppchen • der Gutschein • der Rabatt • die Mogelpackung • das Freigetränk • ~~der Fachmann~~ • der Onlineshop |
|---|

1 Alexa hat sich in einem Elektronik-Markt von einem Fachmann (1) beraten lassen, welche Digitalkamera im Moment die beste ist. Dann hat sie sich die Kamera über ______ (2) „www.gute-kameras.at" gekauft. Für diese Digitalkamera hat sie ein Drittel weniger bezahlt als im Geschäft. ______ echtes ______ (3).

2 Koami hat bei seinem letzten Einkauf im Internet ______ (4) über 10 Euro bekommen. Die Aktion, bei der man 10 % ______ (5) auf alle Produkte bekommt, geht nur bis zum Monatsende.

3 Gestern hat Maria eine riesige Schachtel Schokokekse gekauft. Wie sich herausstellte, war das ______ echte ______ (6): Die Schachtel war nur zur Hälfte gefüllt.

4 Mein Freund Marek hat gestern beim Bowlen jedes Spiel gewonnen. Der Barkeeper hat ihm deshalb ______ (7) spendiert.

zu *Wussten Sie schon?*, KB 139

10

## 11 Preisvergleichsportale im Internet

LESEN

**Lesen Sie den Text (AB 153) und wählen Sie bei jeder Aufgabe die richtige Lösung.**

1 Man benutzt Suchmaschinen, um ...
- a die preiswertesten Angebote zu finden.
- b Preise mit verschiedenen Händlern auszuhandeln.
- c die Qualität von Produkten zu vergleichen.

2 Welches Ergebnis ergab der Verbrauchertest?
- a Die höchsten Preise bezahlt man im Einzelhandel.
- b Die Suchmaschinen zeigen verschieden hohe Preise an.
- c Wer mit Suchmaschinen sucht, kann bis zu ein Viertel des Preises einsparen.

3 Hilfreich sind Informationen darüber, ...
- a wie Nutzer die Produkte beurteilen.
- b wie die Preisentwicklung von ähnlichen Produkten im letzten Quartal oder Jahr war.
- c welche Erfahrungen Nutzer mit der Suchmaschine gemacht haben.

4 Was sollte man beachten, wenn man ein Suchergebnis vor sich hat?
- a Ist der Kaufpreis garantiert?
- b Ab wann ist die Ware tatsächlich lieferbar?
- c Habe ich ein Rückgaberecht?

5 Wie reagieren die traditionellen Einzelhändler? Einige ...
- a ändern ihr Verhalten gegenüber den Kunden.
- b geben ihr Geschäft auf.
- c haben Angst, Fehler zu machen.

# Checker im Internet

Einkaufen in überfüllten Stadtzentren war gestern. Heute hat fast jeder schon mal etwas im Internet gekauft. Egal ob Bücher, Designerkleidung oder exotische Saucen. Wer Schnäppchen sucht und Preise vergleichen will, dem stehen diverse Suchmaschinen im Internet zur Verfügung. Doch es gibt große Unterschiede in der Benutzerfreundlichkeit dieser Internetseiten. Deshalb haben wir uns einige Preissuchmaschinen für Sie näher angesehen.

Für unseren Test haben wir einen Warenkorb mit zehn häufig gekauften Produkten aus Elektronik und Computertechnik ausgewählt. Der Gesamtpreis dafür im Einzelhandel lag nach unseren Recherchen bei 3 802 Euro, in Versandhäusern musste mit 3 916 Euro sogar etwas mehr bezahlt werden. Der beste Gesamtpreis in der preiswertesten Suchmaschine hingegen lag mit 2 965 Euro sehr deutlich darunter. Das ist fast ein Viertel (24 %) weniger als bei den Versandhäusern!

Die meisten Preissuchmaschinen bieten aber nicht nur Preisvergleiche, sondern zusätzlichen Komfort. Hilfreich sind zum Beispiel die Bewertungen der Nutzer zu den jeweiligen Produkten oder eine Darstellung der Preisentwicklung bei einer bestimmten Ware im letzten Quartal oder Jahr.

Doch Achtung: Man muss die Ergebnisse der Suchmaschinen einer kritischen Prüfung unterziehen. Nach dem Eintippen einer Produktbezeichnung findet der Suchende nicht immer gleich den günstigsten Händler als ersten Treffer. Mancher Anbieter punktet zwar mit einem niedrigen Preis, dafür muss der Kunde aber eine lange Lieferzeit hinnehmen. Ein anderer Anbieter berechnet selbst für kleine Pakete hohe Versandkosten. Bei wieder anderen werden einzelne Artikel als „auf Lager" angezeigt, obwohl sie zu diesem Zeitpunkt nicht verfügbar sind. Um Enttäuschungen zu vermeiden, kann der Benutzer auch die Internetseite des entsprechenden Händlers kontrollieren.

Haben Onlineshops und Preissuchmaschinen das Einkaufsverhalten nachhaltig geändert? Der Direktor des Instituts für internationales Handels- und Distributionsmanagement beantwortet diese Frage mit einem eindeutigen „Ja". Die Angst vor Fehlkäufen sei durch Rücksende-Garantien minimiert worden. Das heißt, was nicht passt oder nicht gefällt, wird einfach zurückgeschickt. Vor allem Textilhändler und Baumärkte seien von diesem veränderten Kaufverhalten betroffen. Gerade kleinere Läden könnten in diesem Konkurrenzkampf kaum mehr mithalten und müssten schließen. „Während viele Einzelhändler Umsatz verloren haben, haben die Online-Anbieter weiter dynamisch zugelegt."



WIEDERHOLUNG GRAMMATIK

zu Hören 1, KB 139, Aufgabe 4

## 12 Einkaufen im Internet

**Schreiben Sie die Sätze so, dass die handelnde Person nicht genannt wird. Wenden Sie dabei alle Passivformen an, die Sie kennen.**

1 Wir können den Artikel leider nicht liefern, er ist ausverkauft.
2 Sie können den Status der Bestellung jederzeit nachvollziehen.
3 Die Qualität unserer Produkte können Sie zu Hause am besten überprüfen.
4 Diese Glasplatte können auch Ihre Kinder nicht zerbrechen.
5 Sie können die Ware innerhalb von 14 Tagen umtauschen.

1 Der Artikel kann leider nicht geliefert werden.
Der Artikel ist leider nicht lieferbar, er ist ausverkauft.

zu Hören 1, KB 139, Aufgabe 4

## 13 Alternativen zum Passiv (II)

GRAMMATIK ENTDECKEN

**Welche Variante hat die gleiche Bedeutung wie die Textstelle? Markieren Sie.**

Eigentlich sind Preisvergleichsportale eine gute Idee, denn hier lassen sich die Preise im Internet miteinander vergleichen (1). Allerdings ist auf einige Besonderheiten zu achten (2): Manche Preisvergleichsportale kosten nämlich etwas. Und oft sind die Hinweise auf die Kosten gut versteckt und nicht leicht zu finden (3). Also lest euch alles genau durch, bevor ihr einen Vertrag abschließt.

1 Die Preise im Internet *können / müssen* miteinander verglichen werden.
2 Allerdings *muss / kann* auf einige Besonderheiten geachtet werden.
3 Und oft *können / müssen* die Hinweise nicht leicht gefunden werden.

zu Hören 1, KB 139, Aufgabe 4

## 14 Schnäppchen

GRAMMATIK

**Bilden Sie die möglichen Alternativen zum Passiv.**

1 Limitiertes Angebot: Bei dem Action-Spiel „Bridges" können bis zu 60 % gespart werden.
2 Ein unschlagbares Angebot: gebrauchte Küche in sehr gutem Zustand für 300 Euro! Die Küche muss allerdings in Frankfurt abgeholt werden.
3 Diese Hemden sind sicher bald ausverkauft. Der Preis kann noch reduziert werden, weil er mit dem Rabatt-Code „SEI-LR2330505" kombiniert werden kann.
4 Outlet-Shops bieten Top-Ware zu niedrigen Preisen. Die Shops liegen allerdings oft etwas außerhalb, deshalb muss mit einer längeren Anfahrt gerechnet werden.
5 Mit dem Europabus nach Hause oder in den Urlaub: Unsere Busse fahren alle europäischen Großstädte an. Ab nächsten Montag können besonders günstige Tickets gebucht werden.
6 Der Tagesdeal: Monitor mit 23 Zoll, an dem sehr gut gearbeitet werden kann.

1 Limitiertes Angebot: Bei dem Action-Spiel „Bridges" lassen sich bis zu 60 % sparen.

zu Lesen 1, KB 140, Aufgabe 2

## 15 Feste Verbindungen

WORTSCHATZ

a **Was passt zusammen? Ordnen Sie zu.**

| | |
|---|---|
| 1 sich etwas zur Gewohnheit | A nehmen |
| 2 nach dem Rechten | B machen |
| 3 im Trend | C sehen |
| 4 etwas in Anspruch | D lassen |
| 5 Erfahrungen | E liegen |
| 6 sich inspirieren | F austauschen |

b **Ergänzen Sie die Sätze mithilfe der Ausdrücke aus a.**

1 Ich habe es mir zur Gewohnheit gemacht, vor dem Essen ein Glas Wasser zu trinken.
2 Bei dem Treffen „Unterwegs mit dem Rad" können Freizeitsportler ihre ______.

10

3 Wenn Karin ihre Kinder allein zu Hause lässt, bittet sie oft die Nachbarin, ab und zu ______ .

4 Melina sucht ständig neue Geschäftsideen. Sie geht regelmäßig auf Messen, um ______ .

5 Versicherte können Leistungen ______ , die helfen, gesund zu bleiben.

6 Bei Gutverdienenden ______ Berater- und Trainer-Dienstleistungen ______ .

zu Lesen 1, KB 141, Aufgabe 3

## 16 Subjektlose Passivsätze

GRAMMATIK ENTDECKEN

a **Lesen Sie die Sätze im Aktiv und im Passiv. In welchen Passivsätzen gibt es kein Subjekt? Markieren Sie.**

| aktiv | passiv |
|---|---|
| 1 Der Bio-Bauernhof hat mit tollen Fotos von frischem Obst und Gemüse geworben. | ☒ Mit tollen Fotos von frischem Obst und Gemüse ist geworben worden. |
| 2 Der Bauer hat die Pflanzen nicht künstlich gedüngt. | ☐ Die Pflanzen wurden nicht künstlich gedüngt. |
| 3 Man pflückt die Erdbeeren täglich von 8 bis 18 Uhr. | ☐ Die Erdbeeren werden täglich von 8 bis 18 Uhr gepflückt. |
| 4 Auf diese Weise hilft man auch dem Klima und der Umwelt. | ☐ Auf diese Weise wird auch dem Klima und der Umwelt geholfen. |
| 5 Die Leute erzählen und lachen viel beim Pflücken. | ☐ Beim Pflücken wird viel erzählt und gelacht. |
| 6 Aus den frischen Erdbeeren kann man sehr gute Marmelade machen. | ☐ Aus den frischen Erdbeeren kann sehr gute Marmelade gemacht werden. |

b **Was haben die Aktivsätze, die zu den markierten Passivsätzen gehören, gemeinsam? Markieren Sie.**

☐ Sie stehen im Präsens.
☐ Sie haben keine Akkusativergänzung.
☐ Sie haben kein Subjekt.

c **Was steht in den markierten Passivsätzen auf Position 1? Markieren Sie.**

☐ die Akkusativergänzung
☐ das Subjekt
☐ ein anderer Satzteil

d **Schreiben Sie aus den markierten Sätzen in a Passivsätze mit *es*.**

1 Es ist mit tollen Fotos von frischem Obst und Gemüse geworben worden.

c **Ergänzen Sie.**

auf Position 1 • 3. Person Singular • kein Subjekt • *es* • keine Akkusativergänzung

Wenn der Aktivsatz ______ hat, hat der Passivsatz ______ . Dann steht ______ oder ein anderer Satzteil ______ . Das Verb steht immer in der ______ .

zu Lesen 1, KB 141, Aufgabe 3

## 17 Kostenlose Ernte

GRAMMATIK

**Schreiben Sie Passivsätze: Satz 1 bis 4 ohne Subjekt, Satz 5 bis 7 mit *es*.**

1 Auf dieser Internetseite teilt man mit, wo herrenlose Obstbäume stehen.
2 Die Macher der Internetseite fordern zum Obsternten auf öffentlichen Grünflächen auf.
3 An diesen Orten kann man umsonst und ganz legal ernten.
4 Auch in manchen Stadtparks und an Landstraßen darf man kostenlos pflücken.
5 Man darf allerdings ausschließlich für den Eigenbedarf ernten.
6 Man sollte darauf achten, sorgsam mit den herrenlosen Pflanzen umzugehen.
7 Man fordert dazu auf, auch auf die dort lebenden Tiere Rücksicht zu nehmen.

A Auf dieser Internetseite wird mitgeteilt, wo herrenlose Obstbäume stehen.
B
C
D
E
F
G



zu Lesen 1, KB 141, Aufgabe 3

## 18 Gärten auf kleinstem Raum

WORTSCHATZ

**Streichen Sie, was nicht passt.**

Die meisten Wohnungen in Großstädten haben einen *Balkon* / ~~*ein Grundstück*~~. Dort können die Besitzer nicht bloß nett im *Freien* / *Garten* sitzen. Bei Großstadtbewohnern liegt der eigene Anbau von Kräutern, Obst und Gemüse gerade voll im *Trend* / *Zusatz*. *Mogelpackungen* / *Dauerbrenner* sind die klassischen Gemüsesorten Tomate und Paprika sowie Kräuter wie Basilikum, Rosmarin und Thymian. Einige Großstadtgärtner *variieren* / *experimentieren* auch mit selteneren Sorten wie lila Karotten oder Bohnenkraut. Zudem beschränken sich manche nicht darauf, selber Gepflanztes zu *bewässern* / *flitzen* und zu pflücken. Sie sehen den Anbau auf kleinstem Raum vielmehr als Herausforderung und *inspirieren* / *vermitteln* sich gegenseitig bei der Anlage ihres städtischen Kleingartens. Genutzt werden vor allem die Wände, an die man seine *Plantage* / *Büchse* nach dem Konzept des „vertical farmings" in die Höhe statt in die Breite baut. Und der Eigenanbau lohnt sich: Diejenigen *Gärtner* / *Beteiligte*, die viel Zeit und Energie in ihren Anbau stecken, können beim Einkauf von Lebensmitteln eine Menge Geld sparen!

zu Schreiben, KB 142, Aufgabe 2

## 19 Textzusammenfassung

SCHREIBEN

**Verbessern Sie die Zusammenfassung des Textes „Nein zur Wegwerfgesellschaft!" (KB 112–113) mithilfe der angegebenen Wörter.**

| | |
|---|---|
| Der Text „Nein zur Wegwerfgesellschaft!" sagt: In Deutschland werden zu viele Lebensmittel weggeworfen. Im Durchschnitt landen pro Kopf 235 Euro pro Jahr auf dem Müll. | geht es darum, dass |
| Der Grund: Viele Menschen wollen eigentlich noch genießbare Lebensmittel nicht mehr essen. | weil |
| Eine Studie zur Lebensmittelvernichtung hat ergeben: Zwei Drittel der weggeworfenen Lebensmittel könnten noch verzehrt werden. | dass |
| Stattdessen werden sie weggeworfen. Das liegt auch an der Verunsicherung der Verbraucher durch das Mindesthaltbarkeitsdatum. | was |
| Dieses Datum bedeutet: Der Hersteller garantiert bis zu diesem Zeitpunkt ganz bestimmte Eigenschaften des Produkts. Aber auch danach kann man es noch essen. | dass |
| Davon unterscheidet sich das Verbrauchsdatum. Nach Ablauf des Verbrauchsdatums sollte das Lebensmittel nicht mehr konsumiert werden. Die Bundesverbraucherministerin will die Bevölkerung über die unnötige Lebensmittelverschwendung aufklären. | nach dessen |

In dem Text „Nein zur Wegwerfgesellschaft!" geht es darum, dass ...

10

zu Lesen 2, KB 143, Aufgabe 2

## 20 Kulturprogramm in der Stadtbibliothek

WORTSCHATZ

**Lesen Sie den Text und ergänzen Sie die fehlenden Wörter so, dass sie sinngemäß passen und grammatikalisch korrekt sind. Keine Lücke darf leer bleiben.**

Liebe Mitglieder und Besucher der Stadtbibliothek,

_____ (1) Zusammenarbeit mit der Stadtbibliothek in Bergen möchte der Verein Kultur in Bergen Ihnen _____ (2) die kommenden Monate wieder ein abwechslungsreiches Programm präsentieren.

Das neue Jahr _____ (3) mit einem Höhepunkt beginnen: Dem Neujahrskonzert mit dem Chor _____ (4) Seniorenheims Clementin unter der Leitung von Manuela Schöntal. Weitere Höhepunkte im Frühling _____ (5) der Poetry Slam am 10. März und der Auftritt der Band „Los Musikantos" am 2. Mai sein.

In den Räumen unseres Kulturzentrums gibt es wie gewohnt auch das ganze Jahr über wieder verschiedene Vorträge und Lesungen. Besonders interessant wird die Lesung _____ (6) der Autorin Francesca Bellini im Juni. Sie liest aus ihrem Roman „Das Haus der Ziege", in dem es um die toskanische Villa La Rotonda _____ (7), die einige von uns auf unserer Exkursion nach Italien im letzten Sommer besichtigt haben.

Zuletzt danken wir allen Mitgliedern des Fördervereins, _____ (8) deren Unterstützung dieses Programm nicht angeboten werden könnte. Wir bitten Sie, uns auch im kommenden Jahr mit Ihrem Interesse, _____ (9) auch mit Anregungen und Kritik treu zu bleiben, damit das kulturelle Leben auch in Zukunft einen Platz _____ (10) unserem Stadtteil haben wird.

Ihre Karolin Pahlhuber

Vorsitzende des Vereins Kultur in Bergen

zu Hören 2, KB 144, Aufgabe 2

## 21 Beförderungsbedingungen der Bahn

LESEN

**Lesen Sie die Beförderungsbedingungen der Bahn. Welche der Überschriften aus dem Inhaltsverzeichnis passen zu den Paragrafen? Vier Überschriften werden nicht gebraucht.**

### Beförderungsbedingungen

**Inhaltsverzeichnis**

a Beförderung von Minderjährigen
b Handgepäck
c ~~Fahrkartenerwerb~~
d Mitnahmeverbot
e Reservierung
f Übertragbarkeit
g Erstattung
h Sonderangebote

§1 Fahrkartenerwerb

Tickets können an Verkaufsstellen mit Personal, an Automaten oder über das Internet gekauft werden.

§2 ______

Fahrkarten sind grundsätzlich nicht personengebunden. Sie können unter folgenden Bedingungen von einer anderen Person genutzt werden:
- Die Fahrkarte ist nicht namentlich auf eine bestimmte Person ausgestellt.
- Die Fahrt – bei Hin- und Rückfahrkarte die Hinfahrt – wurde noch nicht angetreten.

Fahrgäste mit Tickets, die auf ihren Namen ausgestellt sind, sind verpflichtet, sich bei der Fahrkartenkontrolle durch einen amtlichen Lichtbildausweis auszuweisen.

§3 ______

Fahrtkarten zu ermäßigten Preisen gelten nur
(1) in einer bestimmten Wagenklasse
(2) auf einer bestimmten Strecke und / oder
(3) an bestimmten Tagen und Uhrzeiten.
Die Informationen zur jeweiligen Ermäßigung finden Sie auf Ihrer Fahrkarte.

Ermäßigte Fahrkarten können nicht im Zug gekauft werden. Wenn das Kontingent der jeweiligen Ermäßigung aufgebraucht ist, können keine weiteren Fahrkarten zu ermäßigten Preisen verkauft werden.

§4 ______

Es ist nicht erlaubt, gefährliche Gegenstände oder Stoffe mitzuführen. Hierzu zählen insbesondere
- Schusswaffen
- explosive oder entzündliche Stoffe
- giftige Stoffe
- ansteckungsgefährliche Stoffe

10

zu *Wussten Sie schon?*, KB 145

## 22 Ehrenamt

HÖREN

4 🔊 20 **Hören Sie zwei Interviews und markieren Sie.**

Interview 1

1 Warum übt diese Frau ein Ehrenamt aus? Sie möchte …
- a ihre Zeit sinnvoll verbringen.
- b Menschen in Not helfen.
- c sich geistig fit halten.

2 Durch wen fand die Frau ehrenamtliche Tätigkeiten? Durch …
- a Berufsberater.
- b eine Sendung im Radio.
- c zwei Vermittlungsagenturen.

3 Für welche Tätigkeit wird sie sich wahrscheinlich entscheiden?
- a Hunde ausführen
- b Hausaufgabenhilfe
- c einen Park anlegen

Interview 2

1 Der Bundespräsident …
- a ehrt das Engagement vieler Menschen mit einem Fest.
- b engagiert sich vor allem für neue Ehrenämter.
- c übt selber viele Ehrenämter aus.

2 Die Zahl ehrenamtlich tätiger Menschen …
- a hat zugenommen.
- b liegt jährlich bei etwa 4 000.
- c ist gleich geblieben.

3 Wer steht im Mittelpunkt der Feier?
- a ältere Ehrenamtliche
- b jüngere Ehrenamtliche
- c klassische Hilfsorganisationen

## 23 Mein Lieblingsservice

MEIN DOSSIER

**Beschreiben Sie einen Service, den Sie in Anspruch nehmen möchten.**

Mein Lieblingsservice ist eine Selbsthilfewerkstatt für Fahrradreparaturen. Die Idee: Kunden kommen mit ihren defekten Rädern und können diese selbst reparieren. Dafür wird Werkzeug zur Verfügung gestellt. Die Kunden werden durch professionelle Mechaniker angeleitet und unterstützt. In der Werkstatt habe ich nach und nach gelernt, wie ich …

## AUSSPRACHE: Betonung im Satz

### 1 Sprichwörter

4 ◀)) 21 **a Hören Sie Sprichwörter in zwei Varianten.
Unterstreichen Sie die betonten Wörter in der rechten Version.**

| | |
|---|---|
| 1 Keine Regel ohne Ausnahme. | Keine Regel ohne Ausnahme. |
| 2 Aller Anfang ist schwer. | Aller Anfang ist schwer. |
| 3 Übung macht den Meister. | Übung macht den Meister. |

**b Was bedeuten die Sprichwörter? Diskutieren Sie, welche Version die Bedeutung des Sprichworts unterstützt und warum.**

### 2 Bedeutung der Betonung

**a Lesen Sie eine Frage und vier Antworten.
Welches Wort in der Frage muss jeweils betont werden, damit die Antwort passt? Markieren Sie.**

| | |
|---|---|
| 1 Hast du Lolas neuen Freund schon gesehen? | Nein, ich kenne nur den alten. |
| 2 Hast du Lolas neuen Freund schon gesehen? | Nein, ich nicht, aber Henry hat ihn gesehen. |
| 3 Hast du Lolas neuen Freund schon gesehen? | Nein, leider nicht, aber den von Christine. |
| 4 Hast du Lolas neuen Freund schon gesehen? | Nein, noch nicht. Ich hatte ihn nur einmal am Telefon. |

10

4 ◀)) 22 **b Lesen Sie jetzt laut eine der Fragen und die dazugehörige Antwort.
Hören Sie dann und vergleichen Sie.**

### 3 Mit Betonung lesen

**a Arbeiten Sie in kleinen Gruppen. Markieren Sie im Text Wörter, die Sie betonen würden.
Einigen Sie sich auf eine Lesart.**

*Ein Magier ist unter uns*

*Hinter diesem Titel verbirgt sich ein besonderes Erlebnis: Der vielseitige Magier Helmut Langer braucht keine Bühne. Seine Arbeit findet direkt unter den Gästen Ihrer Party statt. Während der Veranstaltung mischt sich Helmut Langer gekonnt unter Ihre Gäste. Unbemerkt sorgt er dafür, dass sich direkt neben ihnen Unerklärliches ereignet. Nach und nach passieren vor den Augen der Gäste immer mehr seltsame Dinge. Dieser Überraschungseffekt kommt in der Regel gut an. Mit viel Witz und Charme unterhält der Zauberer auf diese Weise eine Partygesellschaft über mehrere Stunden. Durch sein breites Repertoire an Tricks kommt jeder auf seine Kosten.*

**b Lesen Sie die Version der Gruppe mit ihren Betonungen vor und vergleichen Sie die Versionen im Kurs.**

4 ◀)) 23 **c Hören Sie den Text und vergleichen Sie ihn mit Ihren Markierungen.**

# LEKTION 10 LERNWORTSCHATZ

## EINSTIEGSSEITE, KB 135

die Begleitung, -en

etwas in Anspruch nehmen, nahm, hat genommen

## WORTSCHATZ, KB 136

die Dienstleistung, -en
die Unterbringung, -en
der Werbespruch, ¨-e
der Zusatz, ¨-e

sich ausschließen, schloss sich aus, hat sich ausgeschlossen

erhältlich
knifflig
platt
unersetzlich
unschlagbar

## SPRECHEN, KB 137

der Flyer, –
die Investition, -en
das Logo, -s
die Umsetzung, -en

verlockend klingen, klang, hat geklungen
inbegriffen sein

## HÖREN 1, KB 138–139

der Experte, -n
der Gutschein, -e
die Jagd, -en
das (Internet)Portal, -e
der Rabatt, -e
das Schnäppchen, –

bowlen
sparen

ausverkauft sein
mit etwas zufrieden sein

## LESEN 1, KB 140–141

der Blumenstrauß, ¨-e
die Büchse, -n
der Bund, ¨-e
der Dauerbrenner, –
die Erdbeere, -n
der Gärtner, –
das Grundstück, -e
das Kraut, ¨-er
die Plantage, -n
die Selbstbedienung (Sg.)
das Sortiment, -e
der Wühltisch, -e

sich befinden, befand sich, hat sich befunden
bewässern
experimentieren
flitzen
inspirieren
sich inspirieren lassen
pflücken
variieren
zwinkern

sich etwas zur Gewohnheit machen
gut / schlecht ankommen, kam an, ist angekommen
nach dem Rechten sehen, sah, hat gesehen
im Trend liegen, lag, hat / ist gelegen

stetig

## SCHREIBEN, KB 142

die Auswahl (Sg.)
der Betreiber, –
die Kombination, -en

selbst verfasst

## LESEN 2, KB 143

die Anmeldegebühr, -en
der Ausweis, -e
die Bibliothek, -en
der Erziehungsberechtigte, -n
der Hinweis, -e
die Serviceleistung, -en
der Sozialhilfeempfänger, –

sich ausweisen, wies sich aus, hat sich ausgewiesen
beantragen
benötigen
unterschreiben, unterschrieb, hat unterschrieben

elektronisch
persönlich

## HÖREN 2, KB 144

die Eingabe, -n
die Freisprechanlage, -n

jemanden nerven

amüsant

## SEHEN UND HÖREN, KB 145

das Ehrenamt, ¨-er
das Engagement (Sg.)

sich engagieren für

# LEKTIONSTEST 10

10

## 1 Wortschatz

**Welche Definition passt? Ordnen Sie zu.**

| | | | |
|---|---|---|---|
| ☐ die Investition | ☐ die Umsetzung | ☐ der Betreiber | ☐ der Rabatt |
| ☐ das Ehrenamt | ☐ der Dauerbrenner | ☐ der Gutschein | ☐ der Beteiligte |

1 Der Preis wird um eine bestimmte Prozentzahl gesenkt.
2 Eine Idee wird realisiert.
3 Ein Produkt ist sehr lange erfolgreich.
4 Statt mit Geld kann man damit bezahlen oder man bekommt damit etwas umsonst.
5 Geld wird in eine Sache gesteckt.
6 Man übernimmt eine allgemeinnützliche Tätigkeit, ohne Geld dafür zu bekommen.
7 Jemand ist aktiv bei einer bestimmten Sache dabei.
8 Man ist verantwortlich für die Organisation eines Unternehmens.

Je 1 Punkt **Ich habe ______ von 8 möglichen Punkten erreicht.**

## 2 Grammatik

a **Bilden Sie Passiv-Ersatzformen mit der in Klammern angegebenen Form. Schreiben Sie Ihre Lösungen auf ein separates Blatt.**

1 Dieses Buch kann leider nicht mehr geliefert werden. (*sein* + Adjektiv auf *-bar*)
2 In der Ausstellung können Führungen für Gruppen vereinbart werden. (*sich lassen* + Infinitiv)
3 Der zugesagte Liefertermin muss unbedingt eingehalten werden. (*sein* + *zu* + Infinitiv)
4 Bei unserem Reinigungsservice kann man viel sparen. (*sich lassen* + Infinitiv)
5 Leylas Geschichten kann man wirklich nicht glauben. (*sein* + Adjektiv auf *-lich*)

Je 2 Punkte **Ich habe ______ von 10 möglichen Punkten erreicht.**

b **Schreiben Sie die Sätze im Passiv auf ein separates Blatt.**

1 Im Herbst beginnt man mit der Apfelernte.
2 Man gratuliert den Apfel-Pflückern zu ihrem Erfolg.
3 Am Abend sorgt man mit Musik für Stimmung beim Fest.

Je 2 Punkte **Ich habe ______ von 6 möglichen Punkten erreicht.**

## 3 Kommunikation

**Ergänzen Sie *inbegriffen, Einmaliges, klingen, funktionieren, verlockend, anbieten* in der richtigen Form.**

1 Das ist wirklich ein ________________ Angebot.
2 Die Idee ________________ gut, aber ich weiß nicht, ob sie realisierbar ist.
3 Im Preis ist der Service schon ________________.
4 Wir haben in dieser Woche etwas ganz ________________ für Sie, das bekommen Sie sonst nirgendwo.
5 Wir können Ihnen verschiedene Dienstleistungen ________________, die Ihnen den Alltag erleichtern.
6 Ich kann mir nicht vorstellen, wie diese Küchenmaschine ________________ soll.

Je 1 Punkt **Ich habe ______ von 6 möglichen Punkten erreicht.**

**Auswertung:**

**Ich habe ______ von 30 möglichen Punkten erreicht.**

| ☺ | 😐 | ☹ |
|---|---|---|
| 30–24 | 23–18 | 17–0 |

WIEDERHOLUNG WORTSCHATZ

## 1 Rund um die Gesundheit

**Ergänzen Sie im Kreuzworträtsel. Die markierten Buchstaben ergeben das Lösungswort.**

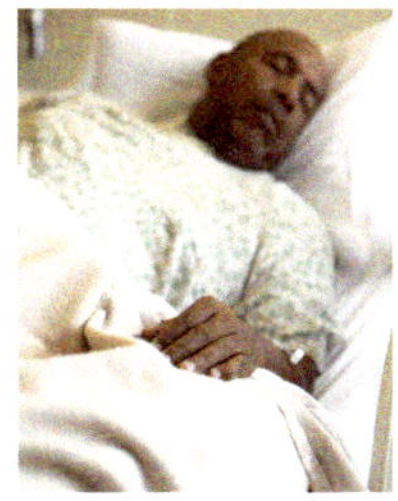

1 Yasin hat sich schwer verletzt. Mehrere Knochen sind ...
2 Vania war bei der Ärztin. Sie war mit seinen Blutwerten nicht zufrieden. Er muss jetzt täglich mehrere ... nehmen.
3 Nael sieht in den letzten Tagen etwas krank aus. An seiner Stelle würde ich mal zum Arzt gehen und mich mal richtig ... lassen.
4 Frau Hussain ist überzeugt, dass Rauchen der Gesundheit ...
5 Min-ho raucht. Beim Joggen hat er oft Probleme mit dem ...
6 Das Bein ist so kompliziert gebrochen, dass es in der Klinik ... werden muss.
7 Iva ist seit zwei Tagen zurück aus dem Krankenhaus. Sie braucht aber noch einige Zeit zur ...
8 Dem Patienten geht es besser. Er hat seit gestern keine ... mehr.
9 Sabina möchte Krankenschwester werden und kranke Menschen ...

1 GEBROCHEN
2
3
4
5
6
7
8
9

Lösungswort:
Gute

11

zu Lesen 1, KB 152, Aufgabe 1

## 2 Über Studienwünsche chatten

WORTSCHATZ

**Was passt nicht? Streichen Sie durch.**

Meine Frage: Seid ihr der Meinung, dass man nur dann Medizin studieren sollte, wenn man daran interessiert ist, anderen Menschen zu helfen? Was ist das *Hauptmotiv* / ~~*Hauptproblem*~~ (1) für die Berufswahl „Arzt“? Ich habe ehrlich gesagt absolut keinen *Versuch* / *Wunsch* (2) nach einer Tätigkeit mit intensivem Patientenkontakt. Ich würde lieber in einem technischen Bereich, beispielweise als *Laborarzt* / *Krankenpfleger* (3), arbeiten. Denkt ihr, man braucht das „Helfersyndrom“, wie ich es mal nennen möchte, um Arzt zu werden? *Darian*

Ich denke, „Helfersyndrom“ ist nur ein Schlagwort. Allein die Tatsache, dass du dir darüber Gedanken machst, ob das Studium das Richtige für dich ist oder nicht, ist schon mal positiv. Ich finde es wunderbar, dass es Leute gibt, die gern „an den Maschinen“ sitzen, auch wenn man als Arzt in diesen technischen Berufen oft weniger *Prestige* / *Bedarf* (4) hat als beispielsweise Ärzte, die Organe verpflanzen. *Omar*

Hi Darian, ich hab mir auch ähnliche Gedanken gemacht. Ich persönlich bin nämlich körperlich nicht so *belastbar* / *angesehen* (5) und frage mich, ob das für eine Ärztin akzeptabel ist. Ich würde gern wissen, was im Arztberuf *Ansage* / *Anspruch* (6) ist und was Wirklichkeit. Seit ein paar Tagen mache ich ein Pflegepraktikum. Und weißt du was? Es macht mir wirklich Spaß, mich um die Patienten zu kümmern. Ich habe auch keine Hemmungen dabei, sie zu waschen. Man merkt schnell, dass im Krankenhaus ein richtiger *Knochenjob* / *Nebenjob* (7) auf einen wartet, aber man bekommt auch viel zurück. Ich wünsche dir viel Erfolg. Hoffentlich reichen deine Noten und du bekommst die *Hürde* / *Zulassung* (8) zum Medizinstudium. *Lilian*

zu Lesen 1, KB 152, Aufgabe 2

## 3 Das Indefinitpronomen *man* und seine Varianten

GRAMMATIK ENTDECKEN

a **Unterstreichen Sie das Indefinitpronomen *man* und seine Varianten.**

Was tut man, wenn einem der Arztberuf nicht mehr gefällt? Wenn man den Eindruck hat, dass einem der Stress im Krankenhaus zu viel wird? Wenn einen die Schulmedizin nicht mehr interessiert und man den Eindruck hat, dass der Kranke als Mensch nicht im Mittelpunkt steht? Welche Alternativen hat man dann?

b **Ergänzen Sie.**

Das Indefinitpronomen *man* hat im Akkusativ die Form ______ und im Dativ ______.

zu Lesen 1, KB 152, Aufgabe 2

## 4 Neue Perspektiven

GRAMMATIK

**Ergänzen Sie das Indefinitpronomen *man* und seine Varianten.**

Wenn man (1) wirklich der Meinung ist, der Arztberuf ist nichts für ______ (2), steht ______ (3) vor einem Problem: Was soll ______ (4) stattdessen machen? Zuerst sollte ______ (5) sich Klarheit über die Gründe für die eigene Unzufriedenheit verschaffen. Liegt es an der momentanen Arbeitsstelle, die ______ (6) hat? Oder gefällt ______ (7) generell etwas an der Art der Arbeit nicht?
Wenn ______ (8) noch jung ist und im medizinischen Bereich bleiben will, kommt eventuell ein Aufbaustudium infrage. Hier kann ______ (9) die Studienberatung weiterhelfen. ______ (10) kann aber auch in medizinnahen Bereichen wie der Pharmaindustrie, bei Versicherungen oder in der Forschung neue Aufgaben finden, wenn ______ (11) das interessiert.

zu Hören, KB 153, Aufgabe 2

## 5 Meinungen zum Gesundheitssystem

LESEN

**Lesen Sie in einem Forum, was Menschen über das Gesundheitssystem denken (AB 165). Auf welche der vier Personen treffen die einzelnen Aussagen zu? Die Personen können mehrmals gewählt werden.**

1 C ______ Für wen spielt die Lage der Arztpraxen eine Rolle?
2 ______ Wer befürwortet eine finanzielle Unterstützung für Landärzte?
3 ______ Wer sagt, dass Krankenhäuser technisch gut ausgestattet sind?
4 ______ Für wen ist das Vertrauen zum Arzt sehr wichtig?
5 ______ Wer findet, Ärzte werden unter Druck gesetzt?
6 ______ Wer fühlt sich in Krankenhäusern gut versorgt?
7 ______ Für wen kommen nur Ärzte infrage, die sich ausreichend Zeit nehmen?
8 ______ Wer findet, dass es Krankenhäusern nur um finanziellen Profit geht?
9 ______ Wer findet, dass man in Krankenhäusern schnell behandelt wird?

## A *Valentina*

Ich finde, es gibt eigentlich keinen Grund, sich über unser Gesundheitssystem zu ärgern. Viele beschweren sich über die hohen Versicherungsbeiträge. Mir hingegen ist es nicht nur wichtig, welche Beiträge ich einzahlen muss. Es geht mir vor allem auch darum, was ich dafür bekomme. Und das ist nicht wenig! Als ich mir letztes Jahr den Fuß gebrochen hatte, war ich erstaunt, wie gut organisiert und technologisiert unsere Krankenhäuser sind: Ich musste nur kurz warten und wurde dann sofort von einem Facharzt untersucht. Meinen ganzen Aufenthalt über habe ich mich durch die Pfleger immer gut betreut gefühlt. Zudem glaube ich, dass in keinem anderem Land die Hygienestandards so hoch sind wie bei uns. Wer sich da noch beklagt, sollte sich einmal in einem anderen Teil der Welt behandeln lassen!

## B *Ali*

Für mich ist es wichtig, dass ich einem Arzt vertrauen kann. Wenn sich ein Arzt nicht ausreichend Zeit nimmt, mich zu beraten, tue ich mir manchmal schwer. Woher weiß ich denn, dass ein Arzt der Richtige ist, wenn er nicht mit mir spricht? Bei einer kleinen Erkältung ist mir das egal. Aber bei einer schweren Krankheit macht das schon einen Unterschied. Als ich vergangenes Jahr erkrankt bin, war ich wirklich froh, dass ich gleich in der Nähe eine so tolle Ärztin hatte. Sie hat mir nicht nur Medikamente verschrieben, sondern sich auch um das seelische Wohl gekümmert. So etwas findet man heutzutage immer seltener. In den meisten Arztpraxen und auch in den Krankenhäusern geht es oftmals nur noch um den Profit. Das finde ich wirklich sehr schade. Geht uns damit nicht auch ein Stück Menschlichkeit verloren?

## C *Tayo*

Ein Problem, mit dem wir uns im Moment noch viel zu wenig auseinandersetzen, ist die Landflucht vieler Ärzte. Immer mehr Menschen wohnen heutzutage lieber in Städten als auf dem Land – natürlich auch Ärzte! Ich wohne in einer kleinen Gemeinde und muss zu meiner Hausärztin viele Kilometer weit fahren. Und um mich von einem Facharzt untersuchen zu lassen, muss ich ein bis zwei Stunden in die nächste Großstadt fahren. Das kann doch nicht sein! Aber ich kann die Ärzte auch verstehen. Schließlich gehen sie ein finanzielles Risiko ein, wenn sie sich in ländlichen Gebieten niederlassen. Meiner Meinung nach sollte es attraktiver gemacht werden, als Arzt auf dem Land zu arbeiten. Zum Beispiel durch die finanzielle Unterstützung durch den Staat bei der Neugründung oder Übernahme einer Praxis.

## D *Mara*

Die gesamte Debatte über gestresste Klinikärzte nervt mich. Warum sind denn die Ärzte in den großen Krankenhäusern im Dauerstress? Der immense Druck, der auf ihnen lastet, kommt doch vor allen Dingen von den Arbeitgebern! Unsere Kliniken sind riesige Unternehmen, die jedes Jahr hunderte Millionen Euro erwirtschaften. Das Geld ist meistens wichtiger als die Gesundheit des Patienten. Bei meinem letzten Krankenhausbesuch fand ein Arzt-Patienten-Gespräch gar nicht wirklich statt. Stattdessen wurde ich mit den modernsten technischen Geräten untersucht, obwohl das vielleicht gar nicht nötig gewesen wäre. Aber das bringt dem Krankenhaus einfach viel mehr Geld als nicht-technische Untersuchungen. Das halte ich für grundfalsch! Ich muss einem Arzt doch vertrauen können und wissen, dass er das Beste für meine Gesundheit möchte.

zu Hören, KB 153, Aufgabe 2

## 6 Ein Arbeitstag in der Klinik

WORTSCHATZ

**Lesen Sie einen Auszug aus dem Interview mit Sophie Barlow. Was passt? Markieren Sie.**

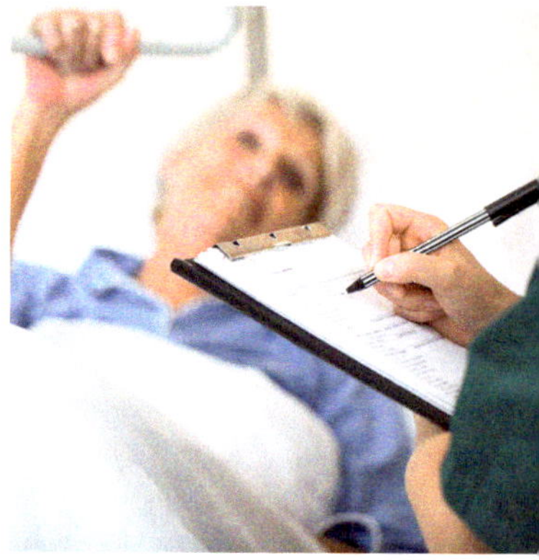

Wir fangen um acht Uhr in der Früh an, und dann beginnen wir mit der *Absage / Visite* (1), das heißt, wir gehen zu den Patienten und fragen, wie es ihnen geht, und wir besprechen, was an dem Tag gemacht wird, also was für *Herausforderungen / Behandlungen* (2) wir machen werden, was für Tests, wie wir mit der *Therapie / Hospitation* (3) weitermachen. Das dauert zwischen zwei und drei Stunden, und danach machen wir normalerweise Mittagspause. Nachmittags machen wir etwas, was ich nur aus Deutschland kenne, es heißt *Aktenvisite / Krankenhausbesuch* (4). Alle Ärzte sitzen zusammen im *Arztzimmer / Patientenzimmer* (5) und besprechen alle Patienten, das heißt, was für *Qualifikationen / Untersuchungen* (6) wir machen. Und wenn wir mit einem Patienten Probleme haben, dann versuchen wir, die zu lösen. Das dauert zwischen ein und zwei Stunden und danach haben wir ein bisschen Zeit, *Arztbriefe / Arztabläufe* (7) zu schreiben und Patienten *abzulegen / zu entlassen* (8). Und dann gehen wir so in der Regel zwischen sechs und sieben Uhr abends nach Hause.



zu *Wussten Sie schon?*, KB 153

## 7 Mobilität bei Ärzten

SCHREIBEN

a **Lesen Sie den Beitrag in einem Diskussionsforum zum Thema Ärztemangel. Was ist richtig? Markieren Sie.**

1 Der Verfasser kritisiert Ärzte,
- ☐ denen es nur um ihren Verdienst geht.
- ☐ die kaum Deutsch können.

2 Er fordert, dass junge Mediziner ...
- ☐ besser Deutsch lernen.
- ☐ zuerst in Deutschland arbeiten.

Ich muss schon sagen, ich finde das Verhalten mancher junger Ärzte einfach unmöglich. Nachdem man sie für einen der kostspieligsten Studiengänge ausgewählt und jahrelang ausgebildet hat, verlassen sie unser Land. Warum? Für ein paar Euro mehr! Wo bleibt da die Dankbarkeit? Wo das soziale Gewissen? Um die Lücke zu schließen, werden Ärzte aus anderen Ländern geholt. Sofern ihre ausländischen Abschlüsse bei uns anerkannt werden, schön und gut. Aber wie sollen Patienten und Arztkollegen damit klarkommen, wenn fast niemand mehr in der Klinik richtig Deutsch versteht? Und was sollen Menschen in abgelegenen Gegenden machen, wenn dort kein Arzt mehr eine Praxis haben will? Meiner Meinung nach sollten Medizinstudenten künftig für ihre Ausbildung bezahlen oder versprechen, die ersten zehn Jahre in der Heimat auf dem Land zu praktizieren.

b **Schreiben Sie einen Forumsbeitrag zum Thema Ärztemangel. Denken Sie an eine Einleitung und an einen Schluss. Schreiben Sie mindestens 150 Wörter.**

- Äußern Sie Ihre Meinung zum Thema Ärztemangel.
- Nennen Sie Gründe, warum es einen Mangel an Ärzten gibt.
- Nennen Sie Vorschläge für eine Verbesserung der Lage.

zu Wortschatz, KB 154, Aufgabe 2

## 8 Packungsbeilage

LESEN

**Lesen Sie die Packungsbeilage und ordnen Sie die Abschnitte den Zwischenüberschriften zu.**

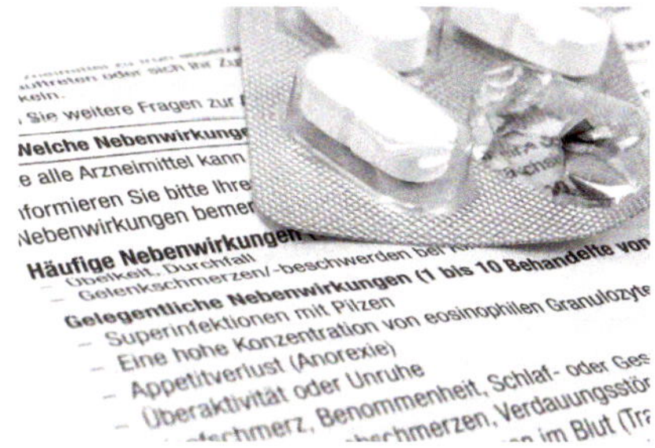


- 3 Für wen wird welche Menge empfohlen?
- ☐ Welche gesundheitlichen Probleme können auftreten?
- ☐ Für wen ist das Medikament gesundheitsschädigend?
- ☐ Wie ist das Medikament zu lagern?
- ☐ Wie nimmt man das Medikament ein?
- ☐ Wogegen hilft DISPERON?

1 DISPERON ist ein schmerzstillendes, fiebersenkendes und entzündungshemmendes Arzneimittel.

2 DISPERON darf nicht eingenommen werden:
- Wenn Sie mit Asthmaanfällen oder in anderer Weise überempfindlich auf den Wirkstoff reagieren.
- In den letzten 3 Monaten der Schwangerschaft.

3 Nehmen Sie DISPERON immer genau nach der Anweisung in dieser Packungsbeilage ein. Bitte fragen Sie bei Ihrem Arzt oder Apotheker nach, wenn Sie sich nicht ganz sicher sind.

| Alter | Einzeldosis | Tagesgesamtdosis |
|---|---|---|
| Kinder ab 12 Jahren | 1 Tablette | bis zu 3 Tabletten |
| Jugendliche und Erwachsene | 1–2 Tabletten | 3–6 Tabletten |

4 Nehmen Sie die Tabletten bitte mit reichlich Flüssigkeit (z. B. einem Glas Wasser) ein. Nicht auf nüchternen Magen einnehmen. Die Einzeldosis kann, falls erforderlich, in Abständen von 4 bis 8 Stunden bis zu 3-mal täglich eingenommen werden.

5 Wie alle Arzneimittel kann DISPERON Nebenwirkungen haben. Kopfschmerzen, Schwindel, gestörtes Hörvermögen, Ohrensausen (Tinnitus) und geistige Verwirrung können Anzeichen einer Überdosierung sein.

6 Arzneimittel für Kinder unzugänglich aufbewahren. Sie dürfen das Arzneimittel nach dem angegebenen Verfallsdatum nicht mehr verwenden. Nicht über 30° C lagern!



zu Wortschatz, KB 154, Aufgabe 2

## 9 Ausbildung zum Ersthelfer im Betrieb

HÖREN

4 ◀)) 24 **Hören Sie das Telefongespräch zweimal und wählen Sie bei jeder Aufgabe die richtige Lösung.**

1 Was für Personen werden im Betrieb des Anrufers gesucht?
- a Experten, die Mitarbeiterfortbildungen zum Thema *Erste Hilfe* anbieten können.
- b Teilnehmer für eine Studie über Arbeitsunfälle im Betrieb.
- c Betriebliche Ersthelfer, die bei Arbeitsunfällen *Erste Hilfe* leisten können.

2 Wie viele Ersthelfer muss ein Unternehmen haben?
- a Jedes Unternehmen muss mindestens fünf ausgebildete Ersthelfer haben.
- b Die Anzahl der Ersthelfer ist abhängig von der Unternehmensgröße.
- c Bei mehr als 100 Mitarbeitern müssen 10 Prozent der Angestellten Ersthelfer sein.

3 Wie wird man Ersthelfer im Betrieb?
- a Man absolviert eine Ausbildung und Weiterbildungen zum Thema *Erste Hilfe*.
- b Man besucht Fortbildungen zum Thema *Erste Hilfe*, die man selbst bezahlen muss.
- c Man meldet sich als Ersthelfer und kann freiwillig Fortbildungen besuchen.

zu Wortschatz, KB 154, Aufgabe 2

## 10 Heilmittel im Alltag

WORTSCHATZ

**Welches Mittel passt? Was würden Sie außerdem geben oder machen? Ordnen Sie zu und schreiben Sie.**

☐ kühlende Salbe • ☐ Augentropfen • ☐ Desinfektionsmittel • ☑ 1 ~~Kopfschmerztablette~~ • ☐ Gegenmittel • ☐ Tabletten • ☐ Pflaster

1 Ahmed hat seit einer Stunde einen pochenden Schmerz im Kopf. Wahrscheinlich hat er zu wenig getrunken.
2 Ibrahim ist im Lager gestolpert und hat eine blutende Wunde am Knie.
3 Chai hat beim Schwimmen im See einen Sonnenbrand am Rücken bekommen.
4 Jana hat eine Wanderung im Schnee gemacht. Jetzt brennen ihre Augen.
5 Luana hat etwas Falsches gegessen. Sie hat Darmprobleme.
6 Razan hat eine starke Allergie gegen Nüsse. Aus Versehen hat er Kuchen mit Nüssen gegessen.
7 Mahmut hat sich beim Kochen mit einem Messer geschnitten. Sein Finger blutet.

*1 Ich würde ihm eine Kopfschmerztablette geben und außerdem viel Wasser zum Trinken.*

zu Wortschatz, KB 154, Aufgabe 3

11

## 11 Indefinitpronomen

GRAMMATIK ENTDECKEN

a **Unterstreichen Sie die Indefinitpronomen im Text und ergänzen Sie die Tabelle.**

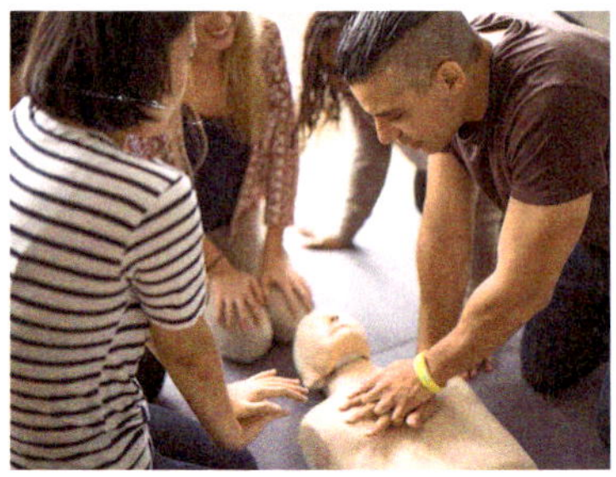

Hallo,
ich habe vor sechs Monaten einen Erste-Hilfe-Kurs besucht und jetzt habe ich ein Problem. Ich habe schon das Gefühl, dass ich da irgendetwas gelernt habe. Aber wenn es wirklich mal ernst werden würde und ich einem Verletzten auf der Straße oder in der Firma helfen müsste, wüsste ich nicht, ob ich das wirklich könnte. Ich würde da schon Maßnahmen ergreifen, aber irgendwelche eben – und vielleicht nicht die richtigen, denn ich kann mich praktisch an nichts mehr aus dem Kurs erinnern. Leider kenne ich auch niemanden, der mir da weiterhelfen kann. Hat jemand von euch eine Ahnung, was ich da machen kann? Kann mir irgendeiner von euch einen Tipp geben? Vielen Dank schon mal!
Lian

b **Ergänzen Sie die Tabelle.**

| Nominativ | (irgend) ↔ niemand | ↔ keiner | *(irgend) etwas* ↔ |
|---|---|---|---|
| Akkusativ | (irgend)jemanden ↔ | (irgend)einen ↔ keinen | |
| Dativ | (irgend)jemandem ↔ niemandem | (irgend)einem ↔ keinem | |
| Plural | — | ↔ keine | |

c **Ergänzen Sie die Indefinitpronomen bzw. die Endungen in der richtigen Form.**

1 Kennst du irgendjemanden, der uns helfen kann?
2 ● Ist hier vielleicht jemand Arzt? ■ Nein, leider n .
3 ▲ Hast du von jemand gehört, der einen Erste-Hilfe-Kurs gemacht hat?
◆ Nein, leider nicht, ich kenne niemand .
4 Ich habe leider n gegen Sonnenbrand dabei.
5 Ich brauche irgend gegen Kopfschmerzen.

zu Wortschatz, KB 154, Aufgabe 3

## 12 Ratschläge

GRAMMATIK

**Ergänzen Sie.**

einem • einen • etwas • etwas • irgendeinen • einer • nichts • niemanden • irgendwelche • keiner

Hallo Lian,
zum Vergessen beim Erste-Hilfe-Kurs kann ich nur sagen, dass es völlig normal ist, wenn einer (1) die gelernten Inhalte schnell vergisst. Das ist (2), was jedem passiert, weil man die Sachen nicht ständig übt, und das ist wirklich (3), wofür man sich schämen müsste. Ich war damals bei meiner ersten Kurs-Wiederholung auch schockiert, dass ich kaum noch (4) von dem wusste, was ich mal gelernt hatte. Am besten besuchst du einen Auffrischungskurs, allerdings nicht (5), sondern (6), der wirklich gut ist. Die Qualität der Kurse ist nämlich sehr unterschiedlich, da ist (7) gleich. Es gibt manchmal Kursleiter, die zwar Kenntnisse haben, aber eben leider nur (8) und nicht die richtigen, weil ihre eigene Ausbildung qualitativ schlecht war. Also such dir einen guten Kurs im Internet, da helfen (9) ja auch die Bewertungen weiter. Ich kenne (10), der von einem guten Auffrischungskurs nicht profitiert hat. Und man sollte sein Wissen wirklich regelmäßig auffrischen, denn das kann lebensrettend sein!
Shoja



zu Sprechen 1, KB 155, Aufgabe 2

## 13 Gespräch beim Arzt

KOMMUNIKATION

**Ergänzen Sie mithilfe der Redemittel im Kursbuch (KB 155).**

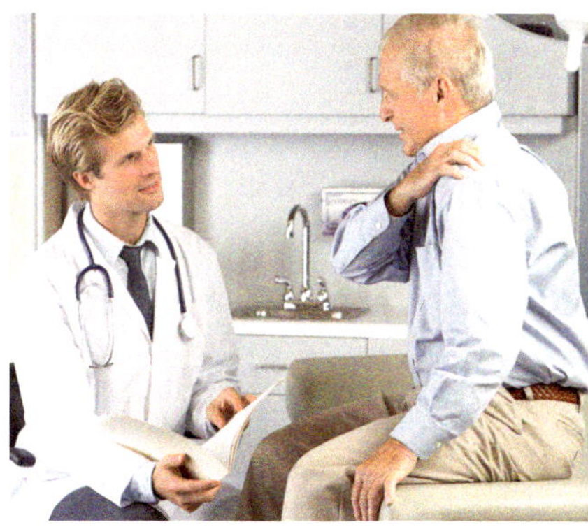

**Arzt:** Wo ? (1)
**Patient:** Hier an der Schulter.
**Arzt:** schon? (2)
**Patient:** Seit ein paar Tagen.
**Arzt:** Welchen ? (3)
**Patient:** Ich bin Dachdecker.
**Arzt:** Was ? (4)
**Patient:** Ein intensiver, ziehender. Woher kommt so etwas denn? Wahrscheinlich habe ich mich bei der Arbeit . (5)
**Arzt:** Die Ursache für diese Schmerzen ist der Nerv. Ich gebe (6) für eine Salbe. die Schultern mit der Salbe zweimal täglich . (7) Bewegungen der Schulter. (8)

zu Schreiben, KB 157, Aufgabe 2

## 14 Modalsätze mit *dadurch, dass* und *indem*

GRAMMATIK ENTDECKEN

a **Was passt? Ordnen Sie zu.**

1 Viele Raucher haben sich das Rauchen abgewöhnt, — D
2 Übergewichtige Kinder können dadurch abnehmen,
3 Dadurch, dass sich Menschen beim Freizeitsport verletzen,
4 Man kann seine Beweglichkeit verbessern,
5 Dadurch, dass man beim Sport übertreibt,

A dass ihre Eltern mit ihnen Sport treiben.
B können Muskeln reißen.
C indem man täglich 15 Minuten Gymnastik macht.
D indem sie Nikotinpflaster benutzt haben.
E müssen alle Versicherten höhere Beiträge zahlen.

b **In welchen Sätzen sind die Subjekte in Haupt- und Nebensatz gleich, in welchen verschieden? Markieren Sie.**

| | gleich | verschieden |
|---|---|---|
| 1 Dadurch, dass Mai-Lin zu spät gekommen ist, konnte die Sitzung nicht pünktlich beginnen. | ☐ | ☐ |
| 2 Yusuf entspannt sich, indem er Musik hört. | ☐ | ☐ |
| 3 Der Unfall ist dadurch passiert, dass Abiel während der Fahrt telefoniert hat und deshalb unaufmerksam war. | ☐ | ☐ |
| 4 Man kann seine schlechten Angewohnheiten verändern, indem man sich über die Gründe für sein Verhalten klar wird. | ☐ | ☐ |

11

c **Was ist richtig? Markieren Sie.**

*Indem* kann man nur dann verwenden, wenn die Subjekte in Haupt- und Nebensatz *gleich / verschieden* sind.

zu Schreiben, KB 157, Aufgabe 2

## 15 Schlechte Angewohnheiten ablegen

GRAMMATIK

**Schreiben Sie die kursiv gedruckten Satzteile neu mit *dadurch, dass* oder *indem*.**

1 Manche Leute legen eine schlechte Angewohnheit *durch die radikale Veränderung ihres Lebensstils* ab.
1 Manche Leute legen eine schlechte Angewohnheit ab, indem sie ihren Lebensstil radikal verändern.

2 *Durch das Aufschreiben des Tagesablaufs* kann man sein Verhalten analysieren.

3 *Durch das Aufzeigen von Alternativen* kann man Menschen mit schlechten Angewohnheiten helfen.

4 *Durch Bewegung* kann man sich selbst auf andere Gedanken bringen.

5 *Durch häufige Wiederholung* wird eine Handlung zu einer Gewohnheit.

zu Schreiben, KB 157, Aufgabe 2

## 16 Modalsätze mit *durch*

GRAMMATIK

**Nominalisieren Sie die Sätze mit *durch*.**

1 Viele unserer Handlungen laufen dadurch unbewusst ab, dass sie automatisiert sind.
2 Indem man das Umfeld verändert, kann man sich schlechte Gewohnheiten leichter abgewöhnen.
3 Dadurch, dass man gestresst ist, achtet man weniger auf die eigenen Bedürfnisse.
4 Dadurch, dass man Schokolade verzehrt, können Glückshormone ausgeschüttet werden.
5 Belohnen Sie sich bei einem Teilsieg, indem Sie mit Freunden feiern.

*1 Viele unserer Handlungen laufen durch Automatisierung unbewusst ab.*

zu Sprechen 2, KB 158, Aufgabe 1

## 17 Neue Wege mit alternativen Heilmethoden

HÖREN

4 ◄)) 25 **Hören Sie im Radio ein Gespräch mit mehreren Personen. Die Personen sprechen über alternative Heilmethoden. Hören Sie den Text einmal und wählen Sie bei jeder Aufgabe: Wer sagt das?**

a Moderatorin | b Herr Klinger | c Frau Baranzki

1 Die konventionelle Medizin konnte ihm / ihr nicht helfen.
a Moderatorin | b Herr Klinger | c Frau Baranzki

2 Viele Menschen haben Rückenbeschwerden.
a Moderatorin | b Herr Klinger | c Frau Baranzki

3 Alternative Heilmethoden können schmerzhaft sein.
a Moderatorin | b Herr Klinger | c Frau Baranzki

4 Es gibt Ärzte, die ausschließlich Alternativmedizin anwenden.
a Moderatorin | b Herr Klinger | c Frau Baranzki

5 Die Alternativmedizin ist natürlicher als herkömmliche Methoden.
a Moderatorin | b Herr Klinger | c Frau Baranzki

6 Homöopathische Methoden sollte man kritisch beurteilen.
a Moderatorin | b Herr Klinger | c Frau Baranzki

11

zu Lesen 2, KB 159, Aufgabe 1

## 18 Medizinisches

WORTSCHATZ

**a Verben auf *-ieren*. Ergänzen Sie in der richtigen Form.**

blockieren • deklarieren • diagnostizieren • integrieren • interpretieren • tolerieren • ~~praktizieren~~

1 Seit drei Jahren praktiziert Frau Parvany als Ärztin in ihrer eigenen Praxis.
2 Vor Kurzem wurde bei meinem Freund eine Lebensmittelallergie ______.
3 Gehen Sie bitte aus dem Weg. Sie ______ den Durchgang.
4 Herr Khatib weiß nicht recht, wie er die Aussagen des Arztes ______ soll.
5 Der Professor versucht, einen weiteren Aspekt in seinen Vortrag zu ______.
6 Manche Patienten ______ Ärzte im Praktikum nicht.
7 Oft sind in der Packungsbeilage nicht alle Inhaltsstoffe ______.

**b Was passt nicht? Streichen Sie durch.**

1 Er spürte einen ~~*ansehnlichen*~~ / *pochenden* Schmerz im Kopf.
2 Die Pflegerin ist in ihrer Freizeit eine *chronische / passionierte* Tischtennisspielerin.
3 Der Insektenstich ist *harmlos / stechend.*
4 An dieser Stelle ist die Haut sehr *empfindlich / unzureichend.*
5 Das Bein ist nach der Operation noch nicht voll *belastbar / kostspielig.*



zu Lesen 2, KB 160, Aufgabe 2

## 19 Modalsätze

GRAMMATIK ENTDECKEN

**a Unterstreichen Sie die Konnektoren *ohne … zu / ohne dass* sowie *(an)statt … zu / (an)statt dass*.**

In meiner Umgebung gibt es immer mehr Heilpraktiker, die Behandlungen mit alternativen Heilmethoden anbieten. Meine Frage an euch: Was haltet ihr von alternativen Heilmethoden, was denkt ihr über Schulmedizin? Welche positiven und negativen Erfahrungen habt ihr bisher gemacht? *Goldfux*

Oft wird der Schulmedizin ja vorgeworfen, dass sie nur die Symptome behandelt, ohne den ganzen Menschen zu sehen. Aber bei einem Beinbruch gehe ich natürlich zu einem Schulmediziner, anstatt einen Homöopathen aufzusuchen. *Thomas1*

Ich habe gute Erfahrungen mit alternativen Methoden wie Akupunktur und Homöopathie gemacht. Besonders bei chronischen Erkrankungen sind diese alternativen Methoden oft sehr erfolgreich, ohne dass starke Nebenwirkungen auftreten. *Lindauer3000*

Bei „Naturheilkunde“ sagt schon der Name: Die Natur heilt – statt die Chemie. Jeder Mensch besitzt Selbstheilungskräfte, und diese Kräfte sollte man zuerst mal wecken oder stärken, anstatt dass man den Körper gleich mit chemischen Mitteln vollpumpt. Die Schulmedizin ist aber ebenso wichtig, z.B. bei Knochenbrüchen, Notfällen, Unfällen etc. *TanjaWB*

b **Was ist richtig? Markieren Sie.**

| | etwas passiert nicht | eine Alternative passiert nicht |
|---|---|---|
| 1 Oft wird der Schulmedizin ja vorgeworfen, dass sie nur die Symptome behandelt, ohne den ganzen Menschen zu sehen. (= Oft wird der Schulmedizin ja vorgeworfen, dass sie nur die Symptome behandelt. Sie sieht nicht den ganzen Menschen.) | ☒ | ☐ |
| 2 Aber bei einem Beinbruch gehe ich natürlich zu einem Schulmediziner, anstatt einen Homöopathen aufzusuchen. (= Aber bei einem Beinbruch gehe ich natürlich zu einem Schulmediziner. Ich suche keinen Homöopathen auf.) | ☐ | ☐ |
| 3 Besonders bei chronischen Erkrankungen sind diese alternativen Methoden oft sehr erfolgreich, ohne dass starke Nebenwirkungen auftreten. (= Besonders bei chronischen Erkrankungen sind diese alternativen Methoden oft sehr erfolgreich. Es treten keine starken Nebenwirkungen auf.) | ☐ | ☐ |
| 4 Jeder Mensch besitzt Selbstheilungskräfte und diese Kräfte sollte man zuerst mal wecken oder stärken, anstatt dass man den Körper gleich mit chemischen Mitteln vollpumpt. (= Jeder Mensch besitzt Selbstheilungskräfte und diese Kräfte sollte man zuerst mal wecken oder stärken. Man sollte den Körper nicht gleich mit chemischen Mitteln vollpumpen. ) | ☐ | ☐ |

11

c **Unterstreichen Sie in 19b die Subjekte in den Haupt- und Nebensätzen. Sehen Sie die Sätze 1 und 2 an. Was ist richtig? Markieren Sie.**

Man kann einen Infinitivsatz mit *ohne ... zu* und *anstatt ... zu* bilden, wenn ...
☐ die Subjekte in Hauptsatz und Nebensatz verschieden sind.
☐ die Subjekte in Hauptsatz und Nebensatz gleich sind.
☐ die Zeiten in Hauptsatz und Nebensatz verschieden sind.

zu Lesen 2, KB 160, Aufgabe 2

## 20 Alternative Therapien

GRAMMATIK

**Schreiben Sie Sätze mit *ohne ... zu* oder *(an)statt ... zu*.**
**Wenn das nicht möglich ist, nehmen Sie *ohne dass* oder *(an)statt dass*.**

1 Fatima lässt ihr Pferd mit Akupunktur behandeln. Sie gibt dem Tier keine Medikamente gegen die Schmerzen. *(anstatt)*
2 Verschiedene Institutionen haben Studien über Homöopathie durchgeführt. Die Wirkung der Homöopathie konnte nicht eindeutig nachgewiesen werden. *(ohne)*
3 Die alternative Medizin bezieht auch Seele und Geist mit ein. Sie betrachtet nicht nur einen bestimmten Teil des menschlichen Körpers. *(anstatt)*
4 Manchmal werden alternativen Heilmitteln Inhaltsstoffe zugesetzt, die schaden. Sie helfen nicht. *(anstatt)*
5 Selma ist davon überzeugt, dass Hühnersuppe bei einer beginnenden Erkältung heilend wirkt. Sie hat keine Nebenwirkungen. *(ohne)*
6 Hong behandelt seine Kopfschmerzen mit Akupunktur. Er nimmt keine Tabletten. *(anstatt)*

1 Fatima lässt ihr Pferd mit Akupunktur behandeln, anstatt dem Tier Medikamente gegen die Schmerzen zu geben.

zu Lesen 2, KB 160, Aufgabe 2

## 21 Modalsätze mit *ohne* und *(an)statt* (+ Genitiv)

GRAMMATIK

a **Ergänzen Sie *ohne* oder *(an)statt*.**

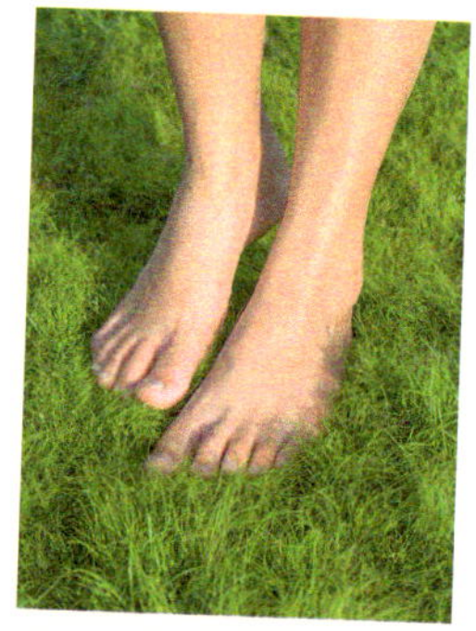

Liebe Alena,
seit vier Tagen bin ich in Bad Wörishofen und mache eine Kneipp-Kur. Es gibt gesundes Essen, täglich Wasseranwendungen und viel Gymnastik im Freien. Wir bewegen uns regelmäßig, aber ohne (1) Übertreibung. Zum Beispiel wird der Kreislauf morgens durch Barfuß-Laufen im nassen Gras angeregt. Man sorgt hier für die Mobilisierung des Bewegungsapparats, aber ______ (2) Vernachlässigung der seelischen Entspannung. Und ______ (3) fettes Essen nehmen wir viel Obst, Gemüse und Kräuter zu uns, was mir sehr gut tut.

Die Kräuterkissen in meinem Bett sorgen dafür, dass man bequem und tief schläft – ______ (4) schlechte Träume. Hier kann ich mich ______ (5) Gedanken an den stressigen Alltag erholen und ______ (6) angestrengter Arbeit am PC wandere ich durch Wiesen und Wälder und höre die Vögel singen. So eine Erholung wünsche ich Dir auch mal!

Herzliche Grüße
Alma

11

b **Schreiben Sie jetzt die nominalen Ausdrücke aus 21a mit *ohne … zu / ohne dass* oder *(an)statt … zu / (an)statt dass* um.**

1 Wir bewegen uns regelmäßig, aber ohne zu übertreiben.

zu Sehen und Hören, KB 161, Aufgabe 2

## 22 Tätigkeiten einer Krankenschwester

WORTSCHATZ

a **Ordnen Sie zu. Manche Verben passen mehrmals.**

| | |
|---|---|
| 1 den Puls | A desinfizieren |
| 2 die Tabletten | B geben |
| 3 die Werte | C kontrollieren |
| 4 eine Spritze | D messen |
| 5 eine Stelle auf der Haut | E heraussuchen |

(2 – E)

b **Ergänzen Sie den Bericht von Ina Stanger.**

Blutdruck • Medikamente • Patienten • Schichtbeginn • ~~Tabletten~~ • Verbände

„______ (1) ist um sechs Uhr. Dann werden zuerst die ______ (2), die eingenommen werden müssen, kontrolliert. Wir suchen die Tabletten (3) für alle Patienten heraus. Danach werden die ______ (4) geweckt. Teilweise müssen sie gewaschen werden. Dann werden die Vitalwerte gemessen, also ______ (5), Puls und so weiter. Danach werden die Patienten für die Untersuchungen vorbereitet. Unser Hauptbereich ist die Pflege. Das heißt: Wir geben Spritzen und wechseln ______ (6)."

zu Sehen und Hören, KB 161, Aufgabe 3

## 23 Barbara

LESEN

**Lesen Sie die Inhaltsangabe und ordnen Sie zu.**

☐ Apparats • ☑ 1 Ausreise • ☐ Drehbuchs • ☐ Flucht • ☐ Kinderärztin • ☐ Verständnis • ☐ Ostsee • ☐ Strafe

Es ist Sommer 1980. Die Ärztin Barbara hat einen Antrag auf (1) aus ihrem Heimatland, der DDR, gestellt. Das ist zwar legal, aber nicht erwünscht. Zur (2) wird sie aus der Hauptstadt Berlin (Ost) in ein Krankenhaus in einem Provinzstädtchen an der Ostsee versetzt. Jörg, ihr Freund aus Westdeutschland, plant ihre Flucht in den Westen. Er will den Weg über die (3) wagen.
Barbara wartet auf den großen Moment. Das neue Apartment, die Nachbarn, der Sommer, die wunderschöne Landschaft – das alles bedeutet ihr nichts. Bei der Arbeit als (4) geht sie zwar sehr liebevoll mit ihren Patienten um, ihren Kollegen gegenüber ist sie aber distanziert. Einzig das Verhalten ihres Vorgesetzten Andre bringt sie durcheinander. Er ist sehr nett zu ihr, sorgt sich um sie und zeigt sein vollstes (5) . Ist er vielleicht von der Staatssicherheit (STASI) beauftragt, sie zu „beobachten"? Oder liebt er sie? Barbara verliert nach und nach die Kontrolle über ihre Gefühle, während sich der Tag ihrer geplanten (6) nähert.
Der Film zeigt dank seines hervorragenden (7) und der exzellenten Regie ein stimmiges Porträt der DDR und des berüchtigten Staatssicherheits- (8) . Zu sehen sind überwältigend schöne Landschaftsaufnahmen, aber auch das triste Alltagsleben in Barbaras schäbiger Wohnung. Nicht umsonst wurde der Film auf der Berlinale 2012 mit dem Silbernen Bären für die „Beste Regie" ausgezeichnet.

## 24 Mein Hausmittel gegen ...

MEIN DOSSIER

**Was empfehlen Sie bei folgenden Beschwerden? Ergänzen Sie.**

| Beschwerde | Mittel | Wirkung | Anwendung |
|---|---|---|---|
| Fieber | Wadenwickel 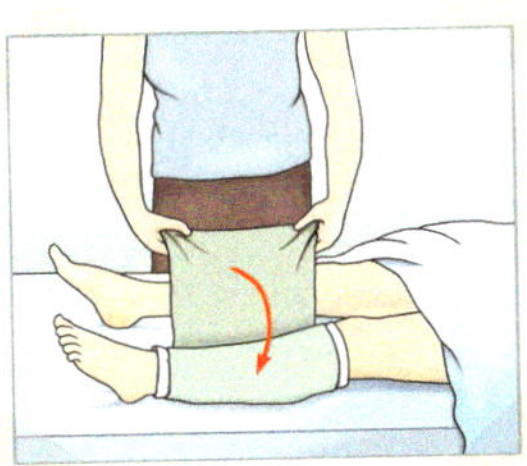 | senkt die Körpertemperatur | Ich tauche ein Tuch in kaltes Wasser und wickle es um die Wade des Kranken. Ein zweites trockenes Tuch lege ich darüber. Damit das Bett nicht nass wird, kommt eine Plastiktüte unter das Bein. |
| Halsschmerzen | | | |
| Husten | ... | | |
| ... | | | |

## AUSSPRACHE: Melodie

### 1 Melodieverläufe

a **Ist die Melodie ansteigend (↗), abfallend (↘) oder schwebend (→)? Ergänzen Sie.**

| | |
|---|---|
| 1 Aussagesatz: | Es ist ein dumpfer ☐, ziehender Schmerz. ☐ |
| | Am besten machen wir es so ☐: |
| | Sie bekommen von mir ein Rezept für ein Schmerzmittel. ☐ |
| 2 Aufforderung: | Machen Sie bitte mal den Oberkörper frei. ☐ |
| 3 Frage mit Fragewort: | Wie lange nehmen Sie die Tabletten schon? ☐ |
| 4 Entscheidungsfrage: | Tut es Ihnen hier weh? ☐ |
| 5 Höfliche Frage: | Möchten Sie so lange im Wartezimmer Platz nehmen? ☐ |
| 6 Warnung: | Nehmen Sie aber nur eine Tablette pro Tag! ☐ |

4 ◀)) 26 b **Hören Sie und vergleichen Sie.**

### 2 Bedeutungsunterscheidende Pausen und Melodien

4 ◀)) 27 a **Hören Sie einen Satz in vier Varianten und ergänzen Sie die Satzzeichen. Markieren Sie auch Pausen (/) und Melodie.**

es geht alles in Ordnung

1 Es geht alles in Ordnung. ↘

2 ______

3 ______

4 ______

11

b **Wann sagt man diese Sätze wohl? Überlegen Sie sich zu zweit entsprechende Situationen.**

### 3 Vortrag

4 ◀)) 28 a **Hören Sie einen Vortrag über alternative Heilmethoden. Ergänzen Sie beim Hören die Satzzeichen Punkt, Doppelpunkt, Komma, Fragezeichen und Ausrufezeichen.**

> Sehr geehrte Damen und Herren, →
> ich begrüße Sie heute ganz herzlich zu meinen kurzen Vortrag über alternative Heilmethoden
> Stimmt es eigentlich dass die Anwendung alternativer Methoden zumindest nicht schaden kann Ich denke Nein Vertreter alternativer Methoden neigen zum Beispiel dazu fälschlicherweise zu viele und gar nicht vorhandene Allergien zu diagnostizieren Diese werden durch alternative Methoden wie Homöopathie angeblich rasch und natürlich wieder geheilt Sollen wir das glauben Auch alternative Medikamente sind nicht grundsätzlich harmlos Bei manchen alternativen Medikamenten sind die Inhaltsstoffe unzureichend deklariert Viele homöopathische Medikamente enthalten beispielsweise Alkohol Eine Verabreichung von Alkohol an Säuglinge und Kinder auch in kleinen Mengen ist aber grundsätzlich problematisch Deshalb mein Vorschlag Bei der Suche nach der richtigen Heilmethode sollten Sie jede Methode ob schulmedizinisch oder alternativ mit demselben kritischen Maßstab bewerten
> Vielen Dank für Ihre Aufmerksamkeit

4 ◀)) 28 b **Hören Sie noch einmal und markieren Sie im Text, ob die Satzmelodie ansteigend (↗), abfallend (↘) oder schwebend (→) ist.**

# LEKTION 11 LERNWORTSCHATZ

## EINSTIEGSSEITE, KB 151

das Gesundheitswesen (Sg.)
der Patient, -en

operieren

## LESEN 1, KB 152

der Anspruch, ⸚e
der Bedarf (Sg.)
das Hauptmotiv, -e
die Hürde, -n
der Knochenjob, -s
das Prestige (Sg.)
die Schuld (Sg.)
  die Schuld an (+ Dat.)
die Zulassung, -en

akut
angesehen
ansehnlich
belastbar

## HÖREN, KB 153

die Anerkennung, -en
die Herausforderung, -en
die Hospitation, -en
die Qualifikation, -en
die Recherche, -n
die Visite, -n

kostspielig
künftig

## WORTSCHATZ, KB 154

die Allergie, -n
der Ausschlag, ⸚e
die Beschwerde, -n
die Entzündung, -en
die Haut, ⸚e
das Heilmittel, –
die Infektion, -en
das Insekt, -en
die Kopfschmerzen (Pl.)
die Reizung, -en
der Sonnenbrand, ⸚e
der Stich, -e
die Übelkeit (Sg.)
der Verband, ⸚e
die Wunde, -n

grundsätzlich

## SPRECHEN 1, KB 155

der Heilpraktiker, –
der Nerv, -en
das Symptom, -e
der / das Virus, die Viren

sich anstecken
einreiben, rieb ein,
  hat eingerieben
etwas übertreiben, übertrieb,
  hat übertrieben
vermeiden, vermied,
  hat vermieden

dumpf
intensiv
pochend
stechend
ziehend

## SCHREIBEN, KB 156–157

die Aufnahme, -n
die Konsequenz, -en
der Leichtsinn (Sg.)
das Risiko, die Risiken

jemanden abhalten von (+ Dat.),
  hielt ab, hat abgehalten
Druck machen

skandalös
süchtig
kontraproduktiv
übergewichtig

## SPRECHEN 2, KB 158

die Akupunktur, -en
die Behandlung, -en
die Heilkunde (Sg.)
die Homöopathie (Sg.)
die Seele, -n
die Vorbeugung (Sg.)
der Zustand, ⸚e

sich auskennen, kannte sich aus,
  hat sich ausgekannt

blockieren
heilen
interpretieren
praktizieren
regulieren
reizen

## LESEN 2, KB 159–160

die Anwendung, -en
der Auslöser, –
das Etikett, -en
die Nebenwirkung, -en
der Pollen, –
die Schulmedizin (Sg.)

etwas abbrechen, brach ab,
  hat abgebrochen
abweichen von (+ Dat.), wich ab,
  ist abgewichen
sich bewähren
deklarieren
diagnostizieren
integrieren
tolerieren
verabreichen

chronisch
harmlos
unzureichend

## SEHEN UND HÖREN, KB 161

das Labor, -s/-e
der Nachtdienst, -e
das Talent, -e
die Schicht, -en
die Teambesprechung, -en

# LEKTIONSTEST 11

## 1 Wortschatz

**Welches Wort passt nicht? Streichen Sie durch.**

1 die Wunde • die Entzündung • der Verband • die Verletzung
2 die Übelkeit • das Virus • der Durchfall • das Erbrechen
3 das Medikament • die Allergie • das Heilmittel • das Arzneimittel
4 die Behandlung • die Pflege • die Seele • die Therapie
5 die Infektion • der Muskel • der Nerv • der Knochen
6 die Tablette • die Tropfen • das Symptom • die Salbe

Je 1 Punkt **Ich habe ______ von 6 möglichen Punkten erreicht.**

## 2 Grammatik

a **Was passt? Markieren Sie.**

Wochenlang freut ☐ *man* ☐ *jemand* (1) sich auf den Urlaub. Und wenn er dann endlich beginnt, möchte ☐ *einer* ☐ *man* (2) natürlich jeden Tag uneingeschränkt genießen. Doch oft machen ☐ *jemandem* ☐ *einem* (3) typische Erkrankungen einen Strich durch die Rechnung. Damit euch im Urlaub wirklich ☐ *nichts* ☐ *etwas* (4) passiert, hier ein paar Tipps: Wenn ☐ *jemand* ☐ *niemand* (5) von euch viel Zeit draußen verbringt, sollte er Insekten- und Sonnenschutz mitnehmen. Dadurch kann ☐ *man* ☐ *einer* (6) sich vor einigen Gefahren schützen. Und wenn ☐ *irgendeiner* ☐ *man* (7) von euch einen Virus bekommt, sollte er sich Medikamente verschreiben lassen, nicht ☐ *irgendwelche* ☐ *irgendeine* (8), sondern die passenden. Am besten bleibt ihr aber einfach gesund. Einen schönen Urlaub!

Je 1 Punkt **Ich habe ______ von 8 möglichen Punkten erreicht.**

b **Bilden Sie Sätze mit dem Wort in Klammern. Schreiben Sie die Sätze auf ein separates Blatt.**

1 Man kann fast alles lernen, indem man häufig übt. *(durch)*
2 Durch regelmäßiges Training verbessert man seine Kondition. *(indem)*
3 Durch Ahmads Erkrankung konnte das Projekt nicht beendet werden. *(dadurch, dass)*
4 Anstatt Symptome zu behandeln, sollte man sich mehr auf die Ursachen von Schmerzen konzentrieren. *(statt)*
5 Ohne die Einnahme der richtigen Medikamente können manche Krankheiten nicht geheilt werden. *(ohne dass)*

Je 2 Punkte **Ich habe ______ von 10 möglichen Punkten erreicht.**

## 3 Kommunikation

**Ergänzen Sie.**

| übertrieben • ziehenden • weh • Salbe • Rezept • Nerv |
|---|

● Wo tut es Ihnen denn ________________ (1)?
▲ Ich habe einen ________________ (2) Schmerz im rechten Fuß. Wahrscheinlich habe ich beim Joggen ________________ (3).
● Ja, der ________________ (4) ist etwas gereizt. Ich gebe Ihnen ein ________________ (5) für eine ________________ (6). Reiben Sie die Stelle dreimal täglich ein und bewegen Sie den Fuß in den nächsten Tagen nicht zu sehr. Dann ist das bald wieder in Ordnung.

Je 1 Punkt **Ich habe ______ von 6 möglichen Punkten erreicht.**

**Auswertung:**

**Ich habe ______ von 30 möglichen Punkten erreicht.**

| ☺ | 😐 | ☹ |
|---|---|---|
| 30–24 | 23–18 | 17–0 |

11

WIEDERHOLUNG WORTSCHATZ

## 1 Dialekte hören und sprechen

**Ergänzen Sie die Wörter in der richtigen Form.**

| anstrengen • Aufenthalt • aussprechen • Elternhaus • gelingen • ~~Gegend~~ • Gelegenheit • nachschlagen • Schreibweise • verwechseln |
|---|

Dialekte spricht man in einer bestimmten Gegend (1) eines Landes. Erst nach einem längeren _____ (2) in einer Dialektregion versteht man fast alles, was die Einheimischen sagen. Dialektwörter kann man leider nicht im Wörterbuch _____ (3). Es gibt nämlich oft keine festgelegte _____ (4) dafür, denn Dialekt wird offiziell nicht geschrieben. Wer den Dialekt einer Region als Kind nicht gelernt hat, weil beispielsweise im _____ (5) kein Dialekt gesprochen wurde, muss sich immer _____ (6), Wörter im Dialekt richtig _____ (7). Manchmal _____ (8) es einem nicht wirklich, auch wenn man sich noch so sehr bemüht. In ländlichen Regionen hat man meist mehr _____ (9), Originaldialekte zu hören. Man darf die regionalen Varietäten einer Sprache nicht mit den unterschiedlichen Sprachen _____ (10), die innerhalb eines Landes gesprochen werden, wie zum Beispiel in der Schweiz Deutsch, Französisch, Italienisch und Rätoromanisch oder in Spanien Kastilisch, Katalanisch, Baskisch und Galizisch.



zur Einstiegsseite, KB 163, Aufgabe 1

## 2 Ein Steckbrief

WORTSCHATZ

**Lesen Sie das Porträt von Nadia Stemmer und ergänzen Sie. Wenn es zu einem Punkt keine Informationen gibt, schreiben Sie ein X.**

### *Hoch hinaus*

Nadia Stemmer wird bald 26 und lebt seit Kurzem in Innsbruck / Tirol. Dort ist sie in einem Museum als Erlebnispädagogin beschäftigt. Geboren und aufgewachsen ist sie jedoch im benachbarten Südtirol und hat somit die italienische Staatsangehörigkeit. Italienisch und Deutsch, besonders den Südtiroler Dialekt, beherrscht sie perfekt. Natürlich liebt sie die Berge, hat großes sportliches Talent und geht in den wärmeren Jahreszeiten gern klettern und Gleitschirm fliegen, im Winter unternimmt sie am liebsten Skitouren. Sie träumt davon, ein eigenes interaktives Alpen-Museum zu eröffnen, in dem man die Tier- und Pflanzenwelt der Region kennenlernen und umweltfreundliche Sportarten ausprobieren kann. Eines ihrer Vorbilder ist ihr Landsmann, der Extrembergsteiger und Umweltaktivist Reinhold Messner.

| | |
|---|---|
| 1 Alter: _____ | 7 Hobbys: _____ |
| 2 Wohnort: _____ | 8 Begabung: _____ |
| 3 Nationalität: _____ | 9 Ängste: _____ |
| 4 Muttersprache: _____ | 10 Lebensmotto: _____ |
| 5 Studium: _____ | 11 Lebenstraum: _____ |
| 6 Beruf: _____ | 12 Idole: _____ |

zu Hören 1, KB 164, Aufgabe 3

## 3 Warum scheiterte Ernst Bromeis?

LESEN

**Lesen Sie die Reportage aus einer Schweizer Tageszeitung. Welche Aussagen sind richtig? Markieren Sie.**

1 Ernst Bromeis hat nicht ausreichend Kraft, um sein Projekt zu Ende zu bringen. ☐
2 Er hatte nicht die richtige Ausrüstung. ☐
3 Eine große Herausforderung für ihn war das extrem kalte Wasser. ☐
4 Bromeis hatte die möglichen Schwierigkeiten des Projekts nicht richtig eingeschätzt. ☐
5 Dass er auch ein Kajak benutzte, war für manche Beobachter beinahe Betrug. ☐
6 Mit seiner spektakulären Aktion wollte er wasserscheue Menschen zum Schwimmen bewegen. ☐

### *„Deshalb habe ich aufgegeben"*

Der aus dem Schweizer Bünden stammende Ernst Bromeis wollte den ganzen Rhein durchschwimmen. Doch der Fluss war stärker als er. Jetzt erklärt der Schweizer gegenüber „Blick", weshalb er das spektakuläre Vorhaben nach 400 Kilometern aufgab: „Es war eine Fehleinschätzung zu glauben, dass man den Rhein von der Quelle bis zur Mündung durchschwimmen kann", erklärte Bromeis in einem Interview vor wenigen Tagen und kündigte an, er werde den größten Teil der weiteren Strecke im Kajak zurücklegen. Er habe seine Kräfte überschätzt. Soweit möglich, werde er aber Teile der Route auch schwimmen. Doch jetzt bricht er das Projekt komplett ab. (...)

Rund vierzig Kilometer täglich hat sich Bromeis seit dem Start am Tomasee flussabwärts gekämpft, schwimmend, und, häufiger als ursprünglich geplant, auch im Kajak.

Er war vor zahlreiche Herausforderungen gestellt, und die Bedingungen waren äußerst hart. So lag der Rhein an der Quelle noch unter einer meterdicken Eisschicht, und einmal geriet Bromeis gar in einen Hagelsturm. Extrem kräfteraubend aber sei vor allem das ungewöhnlich kalte Wetter gewesen, meinte der Rheinschwimmer. Seine Etappenplanung sei auch zu optimistisch gewesen.

Bromeis, der ursprünglich den Rhein 1230 Kilometer von den Alpen bis zur Nordsee durchschwimmen wollte, startete Anfang Mai bei der Quelle auf dem schneebedeckten Oberalppass. Der Schweizer Extremsportler hätte am 31. Mai in der Meermündung ankommen sollen.* (...)

**Entweder richtig schwimmen oder aufhören**

Interessierten war bereits in den ersten Tagen aufgefallen, dass Bromeis große Teile der Strecken nicht geschwommen war, sondern im Kajak zurückgelegt hatte. Entsprechend wurde in sozialen Netzwerken darüber kontrovers diskutiert. Einige bezeichneten das Projekt als gescheitert. „Entweder richtig schwimmen oder aufhören. Das ist ja lächerlich und eine Provokation", schrieb ein enttäuschter Fan.

Die meisten Bromeis-Fans jedoch applaudierten und verteidigten den Schwimmer: „Es geht doch nicht um Rekorde", schreibt eine Anhängerin. Jeder einzelne Kilometer, den er schwimmend zurücklege, sei eine Top-Leistung. Bromeis selber betonte, eines seiner Motive war auch, auf die ökologische Bedeutung des Rheins aufmerksam zu machen sowie für einen größeren Umwelt- und Gewässerschutz zu werben. Das Projekt „Das blaue Wunder" ist auch Teil der Sommerkampagne zum Element Wasser von „Schweiz Tourismus".

* Ernst Bromeis schaffte es zwei Jahre später bei seinem zweiten Versuch, den Rhein zu durchschwimmen.

WIEDERHOLUNG GRAMMATIK

zu *Wussten Sie schon?*, KB 165

## 4 Wissenswertes über die Schweiz

a **Ergänzen Sie.**

verfasste • produzierende • ausgestrahlte • verdienende • ~~gesprochene~~ • sprechende

In der Schweiz gibt es ...

1 in verschiedenen Regionen unterschiedlich gesprochene Mundarten.
2 Französisch, Italienisch und Rätoromanisch ___ Mitbürger.
3 auf Schweizerdeutsch ___ E-Mails, Textnachrichten und Chatbeiträge.
4 auf Hochdeutsch ___ Nachrichten im Fernsehen.
5 viele gut ___ Menschen.
6 leckere Schokolade und tolle Uhren ___ Betriebe.

b **Welche Formen sind Partizip I (= aktive Bedeutung), welche Partizip II (= passive Bedeutung)? Markieren Sie farbig.**

12

zu Hören 1, KB 165, Aufgabe 5

## 5 Erweitertes Partizip

GRAMMATIK ENTDECKEN

a **Erweitertes Partizip oder Relativsatz? Ordnen Sie zu.**

☐ die das Land meist nur durchqueren • ☐ durch das Inntal führenden • ☐ sich über 1,5 Kilometer erstreckende • ☐ die ständig die zulässigen EU-Grenzwerte übersteigen

### Umweltaktivisten blockieren stundenlang Teil der Inntal-Autobahn

Aufgrund einer Aktion österreichischer Umweltaktivisten war gestern ein Teilstück der (1) Autobahn mehrere Stunden lang unpassierbar. Dadurch wurde der Transitverkehr stark eingeschränkt. Die vielen Fahrzeuge, (2) , waren Anlass für den Protest. Ab 11.00 Uhr blockierten zahlreiche Menschen zwölf Stunden lang das (3) Teilstück kurz nach der Ausfahrt Vomp in Richtung Brenner. Die Anwohner in der Region klagen über erheblich verschmutzte Luft. Tatsächlich wurden Stickstoffwerte gemessen, (4) , teilweise um 120 Prozent.

b **Welche Textteile (1–4) sind Relativsätze, welche erweiterte Partizipien? Ergänzen Sie.**

| Relativsatz | Erweitertes Partizip |
|---|---|
| | |

zu Hören 1, KB 165, Aufgabe 5

## 6 Erweitertes Partizip oder Relativsatz?

GRAMMATIK ENTDECKEN

a **Was ist der Unterschied? Markieren Sie.**

1 ein vor den Gefahren **warnender** Begleiter =
ein Begleiter, der vor den Gefahren warnt
2 ein vor den Gefahren **gewarnter** Schwimmer =
ein Schwimmer, der vor den Gefahren gewarnt wurde
3 ein vom Reporter **befragter** Schwimmer =
ein Schwimmer, der vom Reporter befragt wurde
4 ein den Schwimmer **befragender** Reporter =
ein Reporter, der den Schwimmer (gerade) befragt

| | 1 | 2 | 3 | 4 |
|---|---|---|---|---|
| aktiv | X | | | |
| passiv | | X | | |
| abgeschlossen | | | | |
| nicht abgeschlossen | | | | |

b **Was ist / sind …? Ergänzen Sie wie in 6a.**

1 ein am kalten Wasser gescheitertes Experiment
= ein Experiment, das
2 ein am kalten Wasser scheiterndes Experiment
= ein Experiment, das
3 ein gestern in der Zeitung erschienener Artikel
= ein Artikel, der
4 ein morgen in der Zeitung erscheinender Artikel
= ein Artikel, der

zu Hören 1, KB 165, Aufgabe 5

## 7 Aus einer Reportage über das missglückte Experiment

GRAMMATIK

a **Schreiben Sie es anders.**

1 Der Rhein ist ein in der Schweiz entspringender europäischer Fluss.
2 Seine Quelle ist ein touristisch noch kaum erschlossenes Gebiet.
3 Dort begann Herr Bromeis seine schon lange geplante Kampagne.
4 Der seinen Lebenstraum verwirklichende Umweltschützer schreibt ein Buch darüber.

1 Der Rhein ist ein europäischer Fluss, der in der Schweiz entspringt.

b **Formulieren Sie nun umgekehrt.**

1 Ein Reporter, der mehrere Hundert Meter mitschwamm, wollte „live" von der anstrengenden Unternehmung berichten.
1 Ein mehrere Hundert Meter mitschwimmender Reporter wollte „live" von der anstrengenden Unternehmung berichten.
2 Der Extremsportler, der sich gern großen Herausforderungen stellt, hielt leider auch im Kajak nicht bis zum Ende der Aktion durch.

3 Einige Beobachter äußerten sich kritisch über das Projekt, das vorzeitig abgebrochen wurde.

zu Hören 1, KB 165, Aufgabe 5

## 8 Wechselnde Perspektiven

GRAMMATIK

**Schreiben Sie zuerst einen Satz mit den Satzteilen in Klammern. Bilden Sie dann ein erweitertes Partizip.**

1 verschiedene Dialekte *(in den einzelnen Landesteilen / sprechen)*
 a Verschiedene Dialekte werden in den einzelnen Landesteilen gesprochen.
 b Verschiedene, in den einzelnen Landesteilen gesprochene Dialekte ...

2 die Silben *(beim Sprechen / verschlucken)*
 a Die Silben
 b Die Silben ...

3 Muttersprachler *(häufig / Silben verschlucken)*
 a Muttersprachler
 b Muttersprachler ...

4 Der Konzern *(auf Schweizerdeutsch / den Geschäftsbericht veröffentlichen)*
 a Der Konzern
 b Der Konzern ...

5 Der Geschäftsbericht *(auf Schweizerdeutsch / veröffentlichen)*
 a Der Geschäftsbericht
 b Der Geschäftsbericht ...

12

zu Sprechen, KB 166, Aufgabe 1

## 9 Ein Reisevorschlag

KOMMUNIKATION / HÖREN

4 29 **Hören Sie den Vortrag zweimal und wählen Sie bei den Aufgaben die richtige Lösung.**

1 Für welche Zielgruppe ist die vorgestellte Reise hauptsächlich gedacht?
 a Für kulturell interessierte Paare.
 b Für Sport- und Kulturinteressierte.
 c Für abenteuerlustige Singles.

2 Während der Reise macht man kleine Touren ...
 a mit einem umweltfreundlichen Elektrobus.
 b mit dem Rad.
 c mit einer Kutsche.

3 Die Reise startet ...
 a in der Schweiz.
 b in Deutschland.
 c in Frankreich.

4 Die Reisenden sind am Anfang ...
 a mit einem historischen Schiff unterwegs.
 b mit dem Rad in der spektakulären Landschaft unterwegs.
 c mit einem Kanu auf dem Fluss unterwegs.

5 Was wird den Reisenden zur Verfügung gestellt?
 a Ein vielfältiges Getränke-Angebot.
 b Die Ausrüstung für ihre sportlichen Aktivitäten.
 c Tipps für Spezialitäten der regionalen Küche.

6 Wo essen die Reiseteilnehmer während der Radtour?
 a Auf dem Rheindampfer.
 b Bei Privatleuten aus der Region.
 c Unter freiem Himmel oder in einem Restaurant.

7 Nach den körperlichen Aktivitäten können die Reisenden ...
 a in Ruhe die Region erkunden.
 b eine Großstadt kennenlernen.
 c sich an Bord des Schiffes erholen.

8 In Köln kann man zum Schluss ...
 a eine berühmte Kirche besichtigen.
 b sehr traditionelle Museen besuchen.
 c ins Theater gehen.

zu Sprechen, KB 166, Aufgabe 1

## 10 Nomen-Verb-Kombinationen

WORTSCHATZ

a **Ordnen Sie die Verben den Nomen zu.**

| | |
|---|---|
| 1 eine Zielgruppe | haben |
| 2 das Bedürfnis | einnehmen |
| 3 historische Stätten | stellen |
| 4 die Ausrüstung (Fahrräder und Helme) | teilen |
| 5 eine Mahlzeit | ansprechen |
| 6 die Begeisterung (für etwas) | besichtigen |

4 ◀)) 29 b **Hören Sie zur Kontrolle die Präsentation des Reisevorschlags aus Übung 9 noch einmal.**

zu Wortschatz, KB 168, Aufgabe 1

## 11 Von einer Sprache in die andere

WORTSCHATZ

**Welche Wörter könnten vom oder ins Deutsche gewandert sein und was bedeuten sie wohl?**

Friseur • Siesta • Konto • chillen • Globus • Portemonnaie • Döner • buterbrod • wihajster • kaffepaussi • nusu kaput • Schadenfreude • ~~T-Shirt~~ • le vasistdas • wurstel con Krauti

12

a **Vom … ins Deutsche**

1 Englischen T-Shirt = kurzärmliges Hemd, …
2 Französischen
3 Italienischen
4 Spanischen
5 Türkischen
6 Griechischen

b **Vom Deutschen ins …**

7 Englische
8 Französische
9 Russische
10 Italienische
11 Finnische
12 Polnische
13 Kiswahili

zu Wortschatz, KB 168, Aufgabe 1

## 12 Ausgewanderte Wörter

LESEN

**Lesen Sie das Vorwort und einige Beiträge aus der Sammlung „Ausgewanderte Wörter" und beantworten Sie die Fragen.**

1 Aus welchem Grund fließen so viele deutsche Wörter in andere Sprachen ein?
2 Was wurde zu diesem Thema veranstaltet?
3 Was wollte man von den Beitragenden wissen?
4 Bei welchen gleichnamigen Wörtern hat sich die Wortbedeutung nicht oder fast nicht verändert?
5 Bei welchen gibt es eine starke Veränderung?

## *Ausgewanderte Wörter*

Wer von uns denkt bei der Verwendung von Wörtern wie T-Shirt, Friseur oder Konto noch daran, dass sie ursprünglich aus anderen Sprachen stammen? Sie gehören seit Langem ganz selbstverständlich zu unserem Sprachgebrauch im Alltag. Auch andere Sprachen „leihen" sich selbstverständlich Wörter „aus".

Mehr als 10 000 Wörter könnte man dabei auflisten, die aus dem Deutschen irgendwie in andere Sprachen gelangt sind. Deutsche Wörter sind wohl unter anderem beliebt, weil sie eine Besonderheit haben: Im Deutschen kann man mehrere Wörter zu einem neuen Begriff zusammensetzen, wie zum Beispiel die berühmte „Donaudampfschifffahrtskapitänsmütze". So was geht in vielen anderen Sprachen nicht. Deshalb werden Worte wie „Schadenfreude" oder „buterbrod" besonders gern übernommen.
In einem Wettbewerb unter dem Titel „Ausgewanderte Wörter" hat der Deutsche Sprachrat Menschen in aller Welt aufgefordert, deutsche oder deutschstämmige Wörter in ihrer Sprache zu benennen und auch zu erzählen, was sie in ihrer neuen sprachlichen Heimat bedeuten. Denn häufig haben die Wörter sich verändert und es ist eine neue Bedeutung entstanden. Hier einige Beispiele:

***le vasistdas*** – *Französisch für Guckfenster in der Tür*
Das Wort, das bereits im 17. Jahrhundert in Frankreich auftaucht, ist zurückzuführen auf die jenseits des Rheins üblichen kleinen Guckfenster, die man öffnete, um zu fragen: „Was ist das?" (= Wer ist da?) Man wollte wissen, wer eintreten wollte, bevor man die Tür öffnete.
*(Monique Landes, Lyon, Frankreich)*



***Kaffepaussi*** – *Finnisch für Pause, derzeit außer Betrieb*
Das habe ich so gesehen bei einem Linienbus in Turku in der automatisierten Anzeige, in der sonst das Fahrtziel des Busses steht. Der Busfahrer macht Pause.
*(Susanne Bätjer, Glückstadt, Deutschland)*

***Schadenfreude*** – *Englisch für das Gefühl, das man empfindet, wenn jemand leidet, den man selbst nicht mag*
Der Sprachwissenschaftler Edward Sapir behauptet, dass man nur das empfinden kann, was man in Worten ausdrücken kann. Da wir Engländer nicht zugeben wollen, dass wir solche unwürdigen Gefühle empfinden wie Schadenfreude, mussten wir den Deutschen die Schuld in die Schuhe schieben. Ganz schön geschickt von uns, nicht?
*(Colin Hall, Dundee, Großbritannien)*

***nusu kaput*** – *Kiswahili für Narkose*
In der ehemals deutschen Kolonie, im heutigen Tansania, sind einige deutsche Begriffe eingewandert, die auch heute in der Landessprache noch gebräuchlich sind. Ein recht witziges Beispiel heißt „nusu kaput". „Nusu" bedeutet „halb", ein Mensch in Narkose ist also „halb kaputt".
*(Thomas Smolarczyk, Auenwald, Deutschland)*

***wihajster*** – *Polnisch für ein kleines Werkzeug oder Ding, dessen Namen man nicht weiß*
Mein Vater hat oft dieses Wort benutzt, z. B. als wir zusammen gebastelt haben. Dann hat er gesagt: „Gib mal diesen wihajster" anstatt „Gib mal diesen Sechskant-Schraubenschlüssel". Es war so eine Bezeichnung für alles. Erst als ich nach Deutschland ausgewandert bin, sind mir die Wurzel und die Bedeutung dieses Wortes klar geworden.
*(Markus Thomalla, Berlin, Deutschland)*

zu Wortschatz, KB 168, Aufgabe 1

## 13 Wörter, die gewandert sind

SCHREIBEN

**Schreiben Sie einer Freundin / einem Freund in Ihrem Heimatland. Berichten Sie ihr / ihm, welche Entdeckungen Sie beim Erlernen der deutschen Sprache oder einer anderen Fremdsprache in Bezug auf ein- und ausgewanderte Wörter gemacht haben.**

*„Inzwischen lerne ich seit ... intensiv Deutsch.*
*Dabei stoße ich manchmal auf Wörter, die ... kenne.*
*... ist vielen Leuten gar nicht bewusst.*
*Zum Beispiel heißt es: ...*
*Das kommt von dem ... Wort ...*
*Umgekehrt gibt es natürlich auch Wörter, ...*
*Hast du auch schon ...?*
*... Bücher oder Artikel zu dem Thema?"*

Lieber Tim,
inzwischen lerne ich seit einem Jahr intensiv Deutsch. Dabei stoße ich manchmal auf Wörter, die ich aus dem Englischen kenne. Dass Wörter wie „T-Shirt" oder „chillen" aus dem Englischen kommen, ist vielen Leuten gar nicht bewusst ...

12

zu *Wussten Sie schon?*, KB 169

## 14 Schwyzerdütsch – leicht gemacht

LANDESKUNDE / HÖREN

4 ◀)) 30 **Hören Sie einen Radiobeitrag zum Thema „Schwyzerdütsch verstehen und lernen". Korrigieren Sie die falschen Aussagen.**

Das Reisemagazin „Globo"
1 ~~Ein Modemagazin~~ hat versucht, einfache Grundsätze zum Erlernen von Schwyzerdütsch zusammenzustellen.

2 Dabei muss man jede Woche eine neue Regel lernen.

3 Erster Tag: Ein typisches Schweizer Füllwort ist „wieder".

4 Zweiter Tag: Das *K* wird häufig wie *ch* in *echt* ausgesprochen. Das Wort *Küche* wird so zur *Chuchi*.

5 Dritter Tag: Die Endung „li" ist eine Verkleinerungsform, die immer den Artikel „die" hat.

6 Vierter Tag: Zweisilbige Wörter werden grundsätzlich auf der letzten Silbe betont.

7 Fünfter Tag: Man muss eigentlich keine neuen Wörter lernen.

zu Lesen, KB 170, Aufgabe 1

## 15 Wörter, Wörter, Wörter

WORTSCHATZ

**Was passt nicht? Streichen Sie durch.**

1 *die Norm – die Regel – der Standard – ~~der Meilenstein~~*
2 *überregional – lokal – örtlich – regional*
3 *die Verbreitung – der Kontrast – der Gegensatz – der Unterschied*
4 *existieren – da sein – bestehen – verstehen*
5 *das Beispiel – die Abbildung – das Vorbild – das Muster*
6 *erkennen – registrieren – bemerken – kennen*
7 *verbreitet – begrenzt – eingeschränkt – limitiert*

WIEDERHOLUNG GRAMMATIK

zu Lesen, KB 171, Aufgabe 3

## 16 Gegensätze ausdrücken: *aber, doch, sondern, trotzdem, trotz*

**Was ist richtig? Markieren Sie.**

Ältere Menschen in größeren deutschen Städten sprechen häufig noch Dialekt miteinander, *aber/sondern/trotz* (1) die Sprache der jüngeren Stadtbevölkerung unterscheidet sich in den verschiedenen Regionen nicht mehr sehr. Die meisten jungen Leute verstehen natürlich die Mundart ihrer Region, *trotzdem/sondern/doch* (2) durch den Einfluss der Medien und durch die Bevölkerungsmischung in den Städten benutzen sie kaum noch Dialekte. Auf dem Land wird nicht so viel Hochdeutsch gesprochen, *doch/sondern/trotzdem* (3) immer noch vermehrt die regionalen Varietäten. Dialektsprechen ist vor allem im Süden Deutschlands, in Österreich und in der Schweiz sehr ausgeprägt, im Norden Deutschlands hört man Mundarten eher selten. *Trotz/Aber/Doch* (4) dieses Nord-Süd-Unterschieds gibt es auch in Norddeutschland noch einige Sprecher der verschiedenen plattdeutschen Dialekte. Vereine, Dichter, Liedermacher, *aber/sondern/trotzdem* (5) auch trendige junge Bands haben inzwischen die Sprache ihrer Heimat wiederentdeckt.

zu Lesen, KB 171, Aufgabe 3

## 17 Adversativsätze

GRAMMATIK ENTDECKEN



a **Lesen Sie den Infotext. Ergänzen Sie die unterstrichenen Passagen in der Tabelle.**

### Die Heimatsprache wiederentdecken

Während es früher als kultiviert galt, sich möglichst dialektfrei auszudrücken (1), werden heute die unterschiedlichen Dialekte als Ausdruck der kulturellen Vielfalt geschätzt. Kinder werden von ihren Eltern nicht mehr dazu aufgefordert, in der Schule „nach der Schrift" zu sprechen. Früher sollten die Schüler vor allem während des Unterrichts möglichst ihren Dialekt unterdrücken, um nicht als sprachlich ungeschickt zu gelten. Im Gegensatz dazu ist der Dialekt in den Schulen heutzutage durchaus akzeptiert. (2) Früher waren die Menschen sehr bemüht, sich ihren Dialekt abzutrainieren. Dagegen nimmt heutzutage die Sehnsucht nach Wiederbelebung der „Heimatsprachen" in ganz Deutschland wieder zu. (3) Manche Städter besuchen „Dialektkurse" an Volkshochschulen. Während sie dann Lieder in der heimatlichen Mundart hören und singen, fühlen sie sich meist mit ihrer Herkunft besonders verbunden. Oft lernen sie auch, im regionalen Dialekt zu sprechen. Das Alltagsleben und die Sprache des modernen Großstädters in Berlin, Hamburg, Frankfurt, Wien oder Zürich unterscheidet sich kaum mehr grundlegend. Dagegen spielen auf dem Land die eigenen Traditionen, Bräuche und Dialekte noch eine große Rolle. (4) Sie machen die Regionen einzigartig.

| | Konnektor |
|---|---|
| **Nebensatz** | Während es früher ... |
| **Hauptsatz** | |

b **Lesen Sie den Text noch einmal. Suchen Sie weitere Sätze mit *während*. Welcher dieser Sätze und der Sätze aus a drücken aus, ...**

1 dass ein Gegensatz vorhanden ist. (= adversativ): Während ..
2 dass etwas gleichzeitig passiert. (= temporal): Während ..

zu Lesen, KB 171, Aufgabe 3

## 18 Wie kann man es noch sagen?

GRAMMATIK

**Ergänzen Sie die Adversativsätze mithilfe der Informationen aus Übung 17a.**

1 Früher galt es als kultiviert, sich dialektfrei auszudrücken. Heutzutage dagegen

2 Während die Kinder früher vor allem während des Unterrichts

3 Früher waren die Menschen sehr bemüht, sich ihren Dialekt abzutrainieren. Im Gegensatz dazu

4 Während sich das Alltagsleben

zu Lesen, KB 171, Aufgabe 3

## 19 Warum sprechen wir Dialekt?

GRAMMATIK

**Lesen Sie das Interview mit dem Dialektforscher Dr. Peter Volker und ergänzen Sie die Sätze unten.**

*Im deutschen Sprachraum gibt es eine Vielfalt an Dialekten. Sind sie in allen Regionen noch gleich lebendig oder gibt es da Unterschiede?*
Von den drei Dialektbereichen Nieder-, Mittel- und Oberdeutsch werden die mittel- und oberdeutschen Mundarten noch häufig gesprochen. Die niederdeutschen Dialekte haben nur noch wenige Sprecher.

*Seit wann gibt es Dialekte?*
Den Begriff „Dialekt" gibt es erst, seit es Hochdeutsch gibt, also seit 250 Jahren. Dialekte selbst gibt es schon viel länger.

*Wird in den Medien und der Öffentlichkeit allgemein noch viel Dialekt gesprochen?*
Insgesamt wird in den Medien weniger Dialekt gesprochen. In der Werbung, zum Beispiel bei Biermarken, und von Politikern in regionalen Wahlkämpfen wird er aber bewusst eingesetzt.

*Warum wird überhaupt noch Dialekt gesprochen?*
Hochdeutsch wird häufig gesprochen, um mehr Menschen zu erreichen. Der Einsatz von Dialekt hingegen soll die Zielgruppe verkleinern, eine vertraute Basis schaffen und Gemeinsamkeit herstellen.

*Ist am Ende Dialektsprechen sogar wieder cool?*
Früher wurde manchmal behauptet, Dialekt sprechen nur die Alten, Armen und die Ungebildeten. Heute gibt es eine gewisse Renaissance des Dialekts als Kulturgut.

1 Während von den drei Dialektbereichen Nieder-, Mittel- und Oberdeutsch die mittel- und oberdeutschen Mundarten noch häufig gesprochen werden,

2 Den Begriff „Dialekt" gibt es erst, seit es Hochdeutsch gibt, also seit 250 Jahren. Dagegen

3 Während in den Medien insgesamt

4 Hochdeutsch wird häufig gesprochen, um mehr Menschen zu erreichen. Im Gegensatz dazu

5 Während man früher meinte, dass

zu Schreiben, KB 172, Aufgabe 2

## 20 Doppel-Pass? Junge Menschen berichten

HÖREN

4 ◀)) 31 **Hören Sie das Gespräch zwischen Jugendlichen. Welcher der Sätze a bis f passt am besten zu den Meinungen 1 bis 3? Zwei der Sätze passen nicht. Markieren Sie.**

| | | | | | | |
|---|---|---|---|---|---|---|
| Moderatorin | a | b | c | d | e | ☒ f |
| Meinung 1 | a | b | c | d | e | f |
| Meinung 2 | a | b | c | d | e | f |
| Meinung 3 | a | b | c | d | e | f |

a Bei der Arbeitssuche hat man trotz der gleichen Schulbildung als Nicht-EU-Bürger schlechtere Chancen als Deutsche oder EU-Bürger.
b Ich finde es gut, dass man sich für eine Staatsbürgerschaft entscheiden muss. Dadurch identifiziert man sich besser mit der Kultur eines Landes.
c Ich weiß noch nicht, welchen Pass ich nehme. Ich fühle mich ein bisschen mehr deutsch, deshalb behalte ich vermutlich den deutschen Pass.
d Ich muss in Deutschland einen Antrag stellen, wenn ich auch meinen zweiten Pass behalten will.
e Man hat mit der gleichen Ausbildung die gleichen Chancen auf dem Arbeitsmarkt. Dabei ist es egal, welche Staatsbürgerschaft man hat.
f In Deutschland geborene Kinder mit ausländischen Eltern erhalten zunächst zwei Staatsangehörigkeiten.

zu Schreiben, KB 173, Aufgabe 3

## 21 Doppelte Staatsbürgerschaft – ja oder nein?

SCHREIBEN



**Schreiben Sie einen Beitrag zum Thema Doppelte Staatsbürgerschaft. Denken Sie an eine Einleitung und einen Schluss. Verwenden Sie die Redemittel aus dem Kursbuch (KB 173).**

Schreiben Sie,
- ob es in Ihrem Land die doppelte Staatsbürgerschaft gibt und welche Erfahrungen Sie oder andere damit gemacht haben.
- welche Vorteile es mit sich bringen kann, wenn man zwei Staatsbürgerschaften besitzt.
- welche möglichen Identitätsprobleme Menschen mit zwei Pässen haben können.
- ob ein Land mit vielen „Doppelstaatsbürgern" davon Vor- oder Nachteile hat.

zu Schreiben, KB 173, Aufgabe 4

## 22 Partizipien als Nomen

GRAMMATIK

**Ergänzen Sie in der richtigen Form.**

| Abgeordnete • Angestellte • Anwesende • Eingebürgerte • ~~Studierende~~ • Vorgesetzte |
|---|

1 Personen, die an der Universität Lehrveranstaltungen besuchen, nennt man Studierende.
2 Der Kursleiter begrüßt zu Beginn alle, die da sind, das heißt, alle ______.
3 Personen, die am Arbeitsplatz in der Hierarchie über mir stehen, sind meine ______.
4 ______ sind Menschen, die erst vor Kurzem die Staatsangehörigkeit erhalten haben.
5 In Regionen mit sprachlichen Minderheiten haben diese auch ______ im Parlament.
6 Beamte und ______ in mehrsprachigen Regionen wie etwa in Südtirol müssen mehrere Amtssprachen beherrschen.

zu Schreiben, KB 173, Aufgabe 4

## 23 Kurzmeldungen

GRAMMATIK

a Geben Sie den Bildern passende Titel. Verwenden Sie dazu Partizipien aus folgenden Verben.

| reisen • baden • festnehmen • ~~verliebt sein~~ |
|---|

1 die Verliebten

2 ____

3 ____

4 ____

b Ergänzen Sie die Kurzmeldungen aus einer Zeitung. Verwenden Sie dabei die Partizipien aus 23a.

1 **Beliebte Reiseziele.** Paare und Verliebte buchen gern Reisen in die Karibik.

2 **Flugausfälle wegen Streiks am Frankfurter Flughafen.** ____

3 **Nach Einbruch im Juweliergeschäft.** Polizei greift verdächtige Person auf. ____

4 **Wasser in den Seen im Umland besonders sauber.** ____

zu Hören 2, KB 174, Aufgabe 3

## 24 Alles mit *-sprache*

WORTSCHATZ

**Lesen Sie die Definitionen und ergänzen Sie.**

1 Wichtig beim Lernen einer neuen Sprache ist die korrekte A____sprache.
2 In der Schule lernen Kinder heutzutage immer früher ihre erste F____sprache.
3 Teenager kommunizieren miteinander häufig in einer Ju____sprache.
4 Menschen, die mit zwei oder drei Sprachen aufwachsen, haben mehrere M____sprachen.
5 Die meistgesprochenen Sprachen auf der Erde, wie z. B. Chinesisch, Englisch und Spanisch, nennt man W____sprachen.
6 Eine Form der non-verbalen Kommunikation ist die Kör____sprache.
7 In der Wissenschaft benutzt man häufig F____sprachen.

zu Hören 2, KB 174, Aufgabe 3

## 25 Wortbildung: Fugenelement -*s*- bei Nomen

GRAMMATIK

**Ergänzen Sie ein Fugen -*s*-, wo nötig.**

1 Lücken__, Lektion__, Ankündigung__, Hör__ -text
2 Einwanderung__, Nachbar__, Liebling__, Heimat__ -land
3 Liebling__, Menschheit__, Kinder__, Kunst__ -geschichte
4 Zeit__, Aktion__, Gemeinschaft__, Erholung__ -raum
5 Blick__, Wind__, Bewegung__, Mode__ -richtung
6 Stil__, Prüfung__, Detail__, Loyalität__ -frage
7 Freundschaft__, Laden__, Film__, Einheit__ -preis

12

zu Sehen und Hören, KB 175, Aufgabe 2

## 26 Kommunikation im Krankenhaus

LESEN

**Lesen Sie das Interview mit der Stationsleiterin Kyu Soon Schwerdtfeger. Ordnen Sie die Interviewfragen den Antworten von Frau Schwerdtfeger zu.**

- ☐ Hat sich etwas verändert, seit Sie an Ihrem Kittel einen Button mit der Aufschrift „We snack on platt" tragen?
- ☐ Was dachten Sie, als die Klinikleitung den Vorschlag machte?
- ☐ Was ist Ihr Lieblingswort?
- ☐ Wie lange dauert so ein Kurs?
- ☐ Übersetzt dürfte das wahrscheinlich „Alte Leute" heißen, oder?
- ☐ Hilft Ihnen die neu erworbene Sprache auch außerhalb der Klinik weiter?
- 1 Frau Schwerdtfeger, wie ist es, als gebürtige Südkoreanerin Plattdeutsch zu lernen?

*Mitarbeiter der Hamburger Asklepios-Kliniken können nun Kurse in Plattdeutsch belegen, um ihren älteren Patienten ein Gefühl von Heimat zu geben. Die gebürtige Südkoreanerin Kyu Soon Schwerdtfeger, 61, hat sich als Erste angemeldet. Seit 20 Jahren ist sie Stationsleiterin in der Gastroenterologie.*

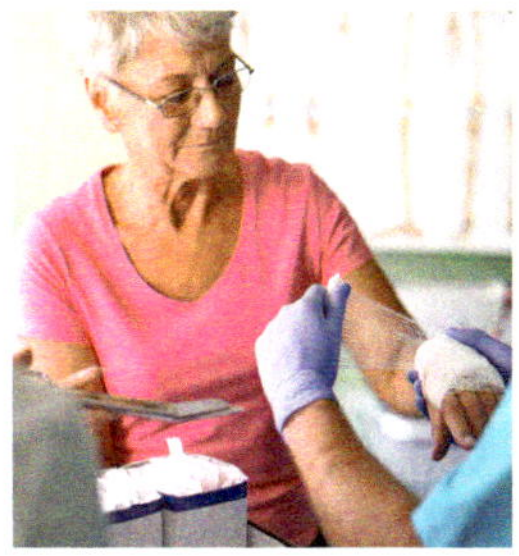

1 Es ist sehr schwer. Aber gerade, weil es für mich so schwer ist, finden die Patienten das so toll. Für sie ist es die totale Wertschätzung, dass ich als Koreanerin „Plattdütsch snacken" kann.

2 Im ersten Moment war meine Reaktion: Oh Gott, jetzt auch das noch! Aber als Stationsleiterin wollte ich mit gutem Beispiel vorangehen und meldete mich als Erste für den Kurs an. Aus meiner Station machten noch sechs weitere Kollegen mit, insgesamt waren wir 15.

3 Eigentlich zehn Stunden, ich konnte aber leider nur an fünf teilnehmen. Mein Zertifikat habe ich trotzdem erhalten.

4 Seitdem bei uns Plattdütsch gesprochen wird, lachen wir mehr. Vor allem, wenn ich mal wieder einen Fehler mache. Aber es hilft auch dabei, Vertrauen herzustellen.

5 Olle Lütt.

6 Richtig. Ich finde, das hört sich viel weicher und netter an als „alte Leute". Auf unserer Station sind viele „olle Lütt", die meisten Patienten sind weit über 70.

7 Ja, total. Der Onkel meines Mannes spricht nur Platt, jetzt verstehe ich ihn endlich.



## 27 Mein Lieblingsspruch im Dialekt

MEIN DOSSIER

**Wählen Sie einen Ausspruch oder ein Zitat in Ihrem Heimatdialekt oder einem Dialekt, den Sie verstehen. Übersetzen Sie ihn und schreiben Sie, was Ihnen an diesem Ausspruch gefällt und warum er zu den Sprechern dieses Dialektes gut passt.**

Auf Kölsch sagen die Leute: „Et kütt, wie et kütt." Das heißt übersetzt „Es kommt, wie es kommt" und bedeutet, dass man auf manche Dinge im Leben keinen Einfluss hat ...

## AUSSPRACHE: Dialekte und Sprachvarietäten

### 1 Meine Sprache – meine Heimat

4 ◀)) 32–36 **Hören Sie Personen aus verschiedenen deutschsprachigen Regionen. Ergänzen Sie die fehlenden Informationen in der Tabelle.**

| Person | Herkunftsort | Dialekt | Wann spricht sie / er Dialekt? |
|---|---|---|---|
| 1 | | | |
| 2 | | | |
| 3 | | Steirisch | |
| 4 | Brunsbüttel / Schleswig-Holstein | | mit ihren Eltern und mit älteren Leuten |
| 5 | | | |



### 2 Liebeserklärungen

4 ◀)) 37 a **Hören Sie nun einige Sätze zuerst auf Hochdeutsch und dann in verschiedenen Dialekten und Sprachvarietäten. Was fällt Ihnen an der Aussprache auf? Notieren Sie.**

1 Schwäbisch
Du bist mein Schatz und hast einen Platz in meinem Herzen.
*Du bisch mei Schätzle und hoasch ä Plätzle in meim Herzle.*
„st" wird am Ende eines Wortes „scht" gesprochen,

2 Sächsisch
Ich will es in allen Sprachen hinausrufen – mein Stern, hey du – ich habe dich gern!
*Isch wills in alln schbrachen fürdsch blärrn – mei stärrn ey duh – isch habdsch gärn!*

3 Österreichisch / Steirisch
Eins ist gewiss. Das darf jeder wissen, wie gern ich dich mag.
*Oans is gwies. Dees dearf a jeda wissn, wia gean i di moag.*

4 Plattdeutsch
Alle Leute können es hören, ich habe meinen Süßen zum Fressen gern.
*All Lüüd köönt dat hörn, ick hev min Sööten ton freten geern.*

5 Fränkisch
Hör mal Peter, du bist ein prima Kumpel! Würdest du nicht gern eine Zeit mit mir in Bamberg bleiben?
*Horch amol, Beder, du bisd a brima Kumbl! Mächasd ned a wengla mid mia in Bambärch bleim?*

4 ◀)) 37 b **Hören Sie die Sätze noch einmal und versuchen Sie, sie nachzusprechen.**

# LEKTION 12 LERNWORTSCHATZ

### EINSTIEGSSEITE, KB 163

der Extremsportler, –
der Lebenstraum, ¨-e
der Lebensraum, ¨-e

### HÖREN 1, KB 164–165

die Aktion, -en
die Ausrüstung, -en
das Element, -e
die Etappe, -n
der Geschäftsbericht, -e
der Konzern, -e
die Mündung, -en
das Motiv, -e
die Provokation, -en
die Quelle, -n
die Ressource, -n
der Respekt (Sg.)
das Wunder, –

applaudieren
bezeichnen als
verschlucken

niedrig
rätoromanisch
spektakulär
ständig
wasserscheu

### SPRECHEN, KB 166–167

der Ausflug, ¨-e
die Ausrüstung, -en
die Gestaltung, -en
das Schloss, ¨-er
die Slackline, -s
das Verkehrsmittel, –
die Verpflegung, -en
die Verständlichkeit (Sg.)

etwas erarbeiten
  einen Vorschlag erarbeiten

preisgünstig

### WORTSCHATZ, KB 168–169

der Bub, -en (A)*
die Eierspeis(e), -n (A)
die Marille, -n (A)
der Paradeiser, – (A)
der Topfen (Sg.) (A)
die Traktanden (Pl.) (CH)**
das Velo, -s (CH)
die Wurzel, -n

angreifen, griff an,
  hat angegriffen
entstehen, entstand,
  ist entstanden
gelangen
grillieren (CH)
parkieren (CH)
zügeln (CH)

auffällig
bewusst
gleichnamig

### LESEN, KB 170–171

der Dialekt, -e
der Gegensatz, ¨-e
  im Gegensatz dazu
der Meilenstein, -e
die Mundart, -en
die Norm, -en
das Plattdeutsch (Sg.)
die Verbreitung (Sg.)
das Vorbild, -er
  die Vorbildfunktion, -en
(be-)merken
bestehen bleiben, blieb,
  ist geblieben

begrenzt sein

überregional

dagegen

### SCHREIBEN, KB 172–173

die Anregung, -en
die Auswirkung, -en
die Mehrsprachigkeit (Sg.)

aufgreifen, griff auf,
  hat aufgegriffen
ausgrenzen
beherrschen
eingehen auf, ging auf ein,
  ist auf eingegangen

mehrsprachig
zweisprachig

signifikant

### HÖREN 2, KB 174

die Amtssprache, -n
der Ankündigungstext, -e
der Freundschaftspreis, -e

### SEHEN UND HÖREN, KB 175

die Musikrichtung, -en
die Pointe, -n
der Wettbewerb, -e

12

* Bei den mit (A) gekennzeichneten Wörtern handelt es sich um spezifische Wörter aus Österreich.
** Bei den mit (CH) gekennzeichneten Wörtern handelt es sich um spezifische Wörter aus der Schweiz.

# LEKTIONSTEST 12

## 1 Wortschatz

**Was ist richtig? Markieren Sie.**

1 Sein Experiment war für Bromeis ein großer *Lebenstraum / Respekt / Topfen.*
2 Er hatte das *Bedürfnis / Motiv / Vorbild,* auf den Rhein aufmerksam zu machen.
3 Leider musste er sein Projekt schon vor dem Ende *ausgrenzen / eingehen / abbrechen.*
4 Er schaffte es nicht, von der Quelle bis *zum Ufer / zur Mündung / zur Etappe* durchzuhalten.
5 Dennoch konnte er vielen die Bedeutung des Flusses *signifikant / spektakulär / bewusst* machen.
6 Und es zeigte sich, dass sich die Natur nur schwer *beherrschen / scheitern / aufgreifen* lässt.

Je 1 Punkt **Ich habe ______ von 6 möglichen Punkten erreicht.**

## 2 Grammatik

a **Schreiben Sie aus dem Relativsatz ein erweitertes Partizip I oder II auf ein separates Blatt.**

1 der Fluss, der in den Schweizer Alpen entspringt = der ... Fluss
2 die Mundarten, die als schwer verständlich bezeichnet werden = die ... Mundarten
3 das Publikum, das den Sportlern applaudiert = das ... Publikum

Je 2 Punkte **Ich habe ______ von 6 möglichen Punkten erreicht.**

b **Ergänzen Sie *während* oder *dagegen / im Gegensatz dazu*.**

1 Viele Schweizer können Deutsch, ______________________ können nur wenige Rätoromanisch.
2 ______________________ Dialekt früher als unkultiviert galt, ist er heute „in".

Je 1 Punkt **Ich habe ______ von 2 möglichen Punkten erreicht.**

c **Definitionen. Ergänzen Sie passende Nomen aus Partizipien in der richtigen Form.**

1 Jemand, der mit einem festen Arbeitsvertrag in einer Firma arbeitet, ist ein ______________________.
2 Ein anderes Wort für „mein Chef" ist „mein ______________________".
3 Im Kurs werden alle ______________________, also alle Personen, die da sind, aufgeschrieben.

Je 2 Punkte **Ich habe ______ von 6 möglichen Punkten erreicht.**

d **Ergänzen Sie den Artikel und ein *-s-*, wo nötig.**

1 ______ Diskussion___thema 2 ______ Hör___text
3 ______ Prüfung___frage 4 ______ Mutter___sprache

Je 1 Punkt **Ich habe ______ von 4 möglichen Punkten erreicht.**

## 3 Kommunikation

**Ordnen Sie zu.**

**A** eine Zielgruppe charakterisieren **B** einen Reisevorschlag präsentieren **C** nachfragen

☐ *Könntet ihr bitte noch einmal erklären, wer genau unsere Zielgruppe ist?* • ☐ *Es gibt jeden Tag eine Fülle von Aktivitäten.* • ☐ *In unserer Region gibt es viele Menschen, die gern einmal eine Zugreise unternehmen würden.* • ☐ *Einen Punkt habe ich nicht ganz verstanden. Wie sieht das Abendprogramm aus?* • ☐ *Wir reisen hauptsächlich mit dem Auto.* • ☐ *Wir haben als Zielgruppe die Sportbegeisterten gewählt.*

Je 1 Punkt **Ich habe ______ von 6 möglichen Punkten erreicht.**

---

Auswertung:

**Ich habe ______ von 30 möglichen Punkten erreicht.**

| ☺ | 🙂 | ☹ |
|---|---|---|
| 30–24 | 23–18 | 17–0 |

12

# ANHANG

# WICHTIGE REDEMITTEL / KOMMUNIKATION

## ETWAS BESCHREIBEN UND ERKLÄREN — LEKTION 7, 9

### eine Statistik beschreiben

*Die Statistik gibt Auskunft über ...*
*Sie informiert darüber, wie viel ...*
*Das Schaubild stellt dar, wie viele ...*
*In der Grafik / Im Schaubild wird / werden ... mit ... verglichen.*
*Die Zahl der Ein- / Zwei- / Drei-Personen-Haushalte ist ...*
*Dagegen hat ... (deutlich) zugenommen / abgenommen.*
*... gab / gibt es wesentlich mehr / weniger ... als ...*
*Dafür gibt es doppelt / fünfmal so viele ... wie ...*

### eine Tätigkeit beschreiben

*Viele arbeiten als ... / Wenige arbeiten als ...*
*Als ... hat man echt viel / wenig zu tun.*
*Die Arbeit in ... / bei ... / als ... ist sehr anstrengend / interessant / ...*

### über Zuständigkeiten / Aufgaben sprechen

*Herr ... / Frau ... / ...*
*... ist zuständig für ...*
*... ist mit ... beschäftigt ...*
*... kümmert sich um ...*
*... ist im Service / in der Abteilung ... tätig.*

### Auskunft über Verdienstmöglichkeiten geben

*Als ... verdient man sehr gut / schlecht.*
*Am besten verdient man als ...*
*Die Tätigkeit in ... / bei ... / als ... wird (nicht) gut bezahlt.*

## FRAGEN STELLEN UND BEANTWORTEN — LEKTION 9, 10, 12

### (kritisch) nachfragen

*Wie soll das Ganze funktionieren?*
*Ich kann mir nicht so richtig vorstellen, ...*
*Ist ... auch / dabei inbegriffen?*
*Das klingt schon recht verlockend, aber ...*
*Ich bin mir nicht sicher, ob ...*

*Zu einem Punkt hätte ich noch eine Frage.*
*Könntet ihr bitte noch einmal sagen / erklären, ...*
*Einen Punkt habe ich nicht ganz verstanden. Warum / Wie ...?*

### beim Gesprächspartner nachfragen

*Ich bin nicht sicher, ob ich das richtig verstanden habe.*
*Kannst du das genauer erklären?*
*Was genau sind deine Vorstellungen in Bezug auf ...?*

### eine Frage höflich einleiten

*Entschuldigung ...*
*Dürfte ich Sie kurz etwas fragen?*
*Ich würde noch gern wissen, ...*
*Könnten Sie bitte noch einmal erklären / sagen, ...*
*Ich hätte noch eine Frage: ...*

# WICHTIGE REDEMITTEL / KOMMUNIKATION

## DIE EIGENE MEINUNG / BEDENKEN ÄUSSERN — LEKTION 7, 8, 9, 12

### eine Meinung äußern
*Meiner Ansicht nach ist …*
*Wichtig finde ich vor allem …*
*Vermutlich ist es für … einfacher / schwieriger, …*
*Eine große Chance für diese Menschen besteht darin, …*

### zu einem Thema schriftlich Stellung nehmen
*In Ihrer Zeitungsmeldung berichten Sie über …*
*Zu … möchte ich Stellung nehmen.*
*Ich persönlich halte von … nichts / viel.*
*Die Bedeutung … wird überbewertet / unterschätzt.*
*Meiner Meinung nach sollte / müsste man …*
*… wäre keine / doch eine gute Idee.*

### einen Beschwerdebrief formulieren
*Vor … Tagen kaufte ich …*
*Zu Hause ist mir dann aufgefallen, …*
*Beim Kauf / Bei diesem Produkt hatte ich (nicht) erwartet, dass …*
*Normalerweise bekommt man … und nicht …*
*Da dies nicht der Fall war, bitte ich Sie, …*
*Ich gehe davon aus, dass Sie …*
*Andernfalls werde ich …*

### auf einen Beitrag Bezug nehmen
*Ich habe Ihre Tipps mit großem Interesse gelesen.*
*Ich möchte gern auf einen Punkt näher eingehen.*
*Einen Punkt finde ich besonders wichtig.*
*Ich würde gern noch einen anderen Punkt ansprechen / aufgreifen / hinzufügen.*

### ein Problem ansprechen
*Ich würde gern noch einen weiteren Aspekt aufgreifen.*
*Meiner Ansicht nach sollten wir noch einmal über … sprechen.*

### eine Forderung konkretisieren
*Um das zu schaffen, benötigen wir …*
*Für den Erfolg des Projekts wäre es sehr wichtig, dass …*
*Entscheidend ist, dass uns … zur Verfügung gestellt wird.*

## ETWAS ZUSAMMENFASSEN UND BEWERTEN — LEKTION 7, 10

### den Inhalt eines Ratgebers bewerten
*Ein brauchbarer Tipp ist meiner Meinung nach …*
*Der Tipp … scheint mir eher unrealistisch.*
*Besonders hilfreich finde ich den Vorschlag, …*
*Man müsste gleich von Anfang an darauf achten, …*

### etwas zusammenfassen
*Lasst uns also festhalten: …*
*… kann also sowohl Vor- als auch Nachteile haben: …*
*Wir sind uns einig, dass …*

### einen Text zusammenfassen
*In dem Text geht es um …*
*Die Geschichte erzählt von …*
*Hier erfährt man …*

# WICHTIGE REDEMITTEL / KOMMUNIKATION

## EINE DISKUSSION FÜHREN — LEKTION 7, 8, 9, 12

### sich über Ideen austauschen
*Das klingt spannend! Du musst aber auch bedenken, dass ...*
*Hinsichtlich des Kostenrahmens ist wichtig, ...*
*Für ... solltest du auf jeden Fall weitere Helfer einplanen.*

### den eigenen Standpunkt darlegen und begründen
*Meiner Meinung nach spricht das Argument ... für / gegen ...*
*Aus meiner Sicht sollte man das Argument ... besonders ernst nehmen.*
*Ich vertrete diese Meinung aus folgendem Grund: ...*
*Es gibt folgende gute Gründe für / gegen ...*

### auf Argumente von Gesprächspartnern positiv reagieren
*Da stimme ich dir zu.*
*Ich bin ganz deiner Meinung.*
*... ist mir auch sehr wichtig, weil ...*
*Mir wäre ... auch am liebsten.*

### jemandem widersprechen
*Da bin ich nicht ganz deiner Meinung. Ich finde eher, dass ...*
*Das sehe ich anders: Ich kenne jemanden, der ...*
*Was du sagst, stimmt schon, allerdings ...*

### Argumente zurückweisen
*Das sehe ich ganz anders.*
*Das überzeugt mich nicht ganz.*
*Da kann ich Ihnen leider nicht zustimmen.*

### auf Argumente von Gesprächspartnern negativ reagieren
*In diesem Punkt kann ich (dir) leider nicht zustimmen.*
*Was ... betrifft, bin ich anderer Meinung.*
*... ist nicht so wichtig für mich, weil ...*

### Einwände formulieren
*Dagegen spricht, dass ...*
*Ich verstehe Ihre Position, aber trotzdem / dennoch ...*
*Das ist ein Problem, weil ...*

### über mögliche Chancen sprechen
*Ein Vorteil dieser Familienform könnte sein, dass ...*
*Das Gute ist, dass man bereits ...*
*Natürlich müssen die Familienmitglieder (sich) erst einmal ...*

### über mögliche Probleme sprechen
*Möglicherweise hat man auch nicht genug Verständnis für ...*
*Problematisch könnte es werden, wenn ...*
*Nicht so einfach scheint mir ...*

### sich auf etwas einigen
*Wir sollten auch auf jeden Fall ... vorbereiten. Das kommt gut bei den Leuten an.*
*Ich schlage vor, wir ...*
*Was meinst du, wie lange wir brauchen, um ...*

# WICHTIGE REDEMITTEL / KOMMUNIKATION

## ETWAS PRÄSENTIEREN — LEKTION 8, 10, 12

### eine Projektidee vorstellen
*Die Idee meines Projektes ist, ...*
*Für die Umsetzung meines Projektes plane ich ...*
*Meiner Meinung nach ...*
*Für ... hätte ich auch schon eine Idee: Ich möchte ...*

### einen Service anbieten
*Wir können euch etwas ganz Einmaliges anbieten, nämlich ...*
*So etwas bekommt ihr sonst nirgendwo.*
*... ist eine unglaubliche Erleichterung im Alltag. Man muss nie mehr ...*

### eine Zielgruppe benennen und charakterisieren
*Wir haben ... als Zielgruppe gewählt.*
*In meinem Freundeskreis gibt es sehr viele, die gern einmal ...*
*Für sie wäre besonders wichtig, dass sie ... können.*

### einen Vorschlag präsentieren
*Folgender Vorschlag wäre für unsere Zielgruppe geeignet: ...*
*Unser Plan wäre, dass wir ...*
*Wir treffen uns am / um ...*
*Wichtig ist, dass alle ... mitbringen / dabei haben."*
*Zuerst ... / Dann ... / Zum Schluss ...*
*Unterwegs werden wir auf jeden Fall ... machen.*
*Vor Ort gibt es dann mehrere verschiedene Möglichkeiten: ...*
*Zum Essen haben wir geplant, ...*

### Feedback geben / etwas bewerten
*Das war eine sehr interessante Präsentation.*
*Eure Präsentation hat mir ausgezeichnet gefallen.*
*Bei eurer Präsentation fand ich besonders ... interessant.*
*Wo ihr euch noch verbessern könntet, ist bei der / dem ...*

## ÜBER ETWAS BERICHTEN — LEKTION 7, 8, 9

### über die Familie sprechen
*Zu meiner Familie gehören ...*
*Meine Familie besteht aus ...*
*Ich lebe mit ... in ...*
*In meinem Heimatland haben ... in unserem Haushalt gelebt.*
*In den meisten Familien wohnen / leben ...*
*Außerdem ist ... eine wichtige Bezugsperson für mich. Sie / Er ist ...*

### über ein Gericht berichten
*... ist ein typisches Gericht aus ...*
*Es hat seinen Namen von ...*
*Meist wird es zu ... gekocht / zubereitet/...*
*Dazu passt am besten ...*
*Es schmeckt / riecht ein bisschen nach ...*
*Man schneidet / schält / vermischt / brät / kocht zuerst ... Dann ...*

### über Studienwünsche sprechen
*Bei uns wollen auch viele, so wie Mara / Juhani / ..., ... studieren.*
*Folglich / Infolgedessen sind / gibt es / ist es ...*
*Sie haben oft schon gute / schlechte Erfahrungen mit ... gemacht, sodass sie ... möchten / suchen.*

*Infolge guter / schlechter Erfahrungen ... suchen / wollen viele ...*

## ÜBER KÖRPERLICHE BESCHWERDEN UND KRANKHEITEN SPRECHEN — LEKTION 11

### Fragen nach Beschwerden stellen
*Wo tut es Ihnen denn weh?*
*Was für eine Art Schmerz ist es denn?*
*Wie lange haben Sie das schon?*
*Haben andere in Ihrer Familie das auch?*

### Beschwerden beschreiben
*Hier habe ich einen Ausschlag / rote Flecken / mehrere Insektenstiche / ...*
*Ich leide an Appetitlosigkeit.*
*Ich habe das / Man sieht das am ganzen Körper / im Gesicht / hier oben / unten / ...*
*Es ist ein dumpfer / stechender / pochender / intensiver / ziehender Schmerz.*
*Das / Diese Schmerzen habe ich erst seit kurzer Zeit / schon lange / seit ...*

### nach möglichen Ursachen fragen
*Woher könnten Ihre Probleme kommen?*
*Welchen Beruf üben Sie aus?*

### Fragen nach Ursachen beantworten
*Ich habe mich wohl in der Schule / in den öffentlichen Verkehrsmitteln / ... angesteckt.*
*Meine Schwester / ... hat(te) das auch (schon).*
*Zurzeit habe ich viel Stress im Beruf.*
*Ich sitze den ganzen Tag am PC.*
*Wahrscheinlich habe ich beim Sport übertrieben / Ich habe mich beim Sport verletzt.*

### Ursachen und Therapie erklären
*Das kommt vom vielen Sitzen / von der Bildschirmarbeit / ...*
*Das ist eine Allergie / Virus-Infektion / ...*
*Die Ursache für diese Schmerzen ist der Knochen / der Nerv / der Muskel / ...*
*Sie bekommen / Ich gebe Ihnen ein/e ...Spritze / Schmerzmittel / Rezept.*

### Anweisungen geben
*Am besten machen Sie das so: ...*
*Nehmen Sie die Tabletten ...*
*Reiben Sie die Stellen ... mit der Salbe ein.*
*Vermeiden Sie ... / Sorgen Sie für ...*

---

### Lösung zu Seite KB 103:
Wasser: 32536 Liter; Hühner: 720 Stück; Käse: 1226 kg; Reis: 392 kg; Schokolade: 912 kg; Schweine: 33 Stück; Milch: 3233 Liter

### Lösung zum Wissensspiel auf Seite KB 109:
Antworten Team A:
1: z. B. Äpfel, Birnen, Pflaumen, Aprikosen, Orangen, Zitronen, ...
2: z. B. Bohnen, Erbsen, Auberginen, Kartoffeln, ...
3: Eiweiß, Kohlenhydrate, Fett
4: Kohlenhydrate
5: z. B. Wurst, Käse, Schweinefleisch, Butter, Nüsse, ...
6: z. B. Orangen, Zitronen, Paprika, ...

Antworten Team B:
1: z. B. Himbeeren, Johannisbeeren, Erdbeeren, Brombeeren, ...
2: z. B. Karotten, Kohlrabi, Rettich, Radieschen, ...
3: z. B. Weizen, Hafer, Reis, Roggen, Gerste, ...
4: Eiweiß
5: z. B. Käse, Butter, Joghurt, Quark, Sahne, ...
6: z. B. Salz, Pfeffer, Kräuter, Curry, ...

# PRÜFUNGSFORMATE IN SICHER IN ALLTAG UND BERUF! B2

Das Lehrwerk **SICHER IN ALLTAG UND BERUF! B2** bereitet auf alle gängigen B2-Prüfungen vor, darunter das Goethe-Zertifikat B2 und das ÖSD-Zertifikat B2 sowie die telc-Prüfungen Deutsch B2 und Deutsch B1–B2 Beruf. Die in den beiden Tabellen (AB 201–202) aufgelisteten Aufgaben und Übungen sind an die entsprechenden Prüfungsformate angelehnt, sodass die Lernenden mit jedem Prüfungsformat mindestens einmal vertraut gemacht werden.

| LEKTION 1 | FREUNDE |
|---|---|
| KB 3, 5 | Goethe Sprechen 1 |
| KB 5, 3 | Telc B2 Sprechen 2 |
| KB 6, 2a | Goethe Hören 2 / Telc B1–B2 Beruf Hören 3 |
| KB 9, 2 | Telc B2 Sprechen 1 |
| AB 12, 20b | ÖSD Schreiben 2 |

| LEKTION 2 | IN DER FIRMA |
|---|---|
| KB 13, 1 | Telc B1–B2 Beruf Sprechen 1 |
| KB 15, 3b | ÖSD Sprechen 1 |
| KB 21, 3 | Goethe Schreiben 2 |
| KB 25, 2 | Telc B1–B2 Beruf Sprechen 2 |
| AB 19, 7 | Telc B2 Hören 2 |
| AB 21, 12 | Goethe Lesen 2 |
| AB 23, 17 | Goethe Hören 2 / Telc B1–B2 Beruf Hören 3 |
| AB 27, 26 | Telc B1–B2 Beruf Lesen 4 |

| LEKTION 3 | MEDIEN |
|---|---|
| KB 40, 1 | Telc B1–B2 Beruf Hören 1 |
| AB 38, 7 | ÖSD Hören 1 |
| AB 40, 10 | Telc B2 Schreiben 1 |
| AB 41, 11 | Goethe Lesen 3 / Telc B2 Lesen 2 / Telc B1–B2 Beruf Lesen 3 / ÖSD Lesen 1 |
| AB 46, 18 | Goethe Hören 3 |
| AB 46, 19 | Telc B2 Hören 3 |

| LEKTION 4 | BERUFLICHE PERSPEKTIVEN |
|---|---|
| KB 44, 1c | Goethe Lesen 1 |
| AB 56, 12 | Goethe Lesen 4 |
| AB 62, 20 | ÖSD Hören 2 |

| LEKTION 5 | KÖRPERBEWUSSTSEIN |
|---|---|
| KB 59, 1 | ÖSD Sprechen 2 |
| KB 64, 2c | Telc B2 Hören 2 |
| AB 68, 3 | Telc B1–B2 Beruf Lesen 2 |
| AB 77, 20 | Telc B1–B2 Beruf Sprachbaustein 1 / Telc B2 Sprachbaustein 2 |
| AB 77, 21 | Goethe Hören 4 |
| AB 78, 22 | Goethe Lesen 5 |

| LEKTION 6 | STÄDTE ERLEBEN |
|---|---|
| KB 72, 1c | Goethe Hören 3 |
| KB 74, 1b | Telc B2 Lesen 3 |
| KB 82, 2 | Telc B2 Sprechen 3 |
| AB 83, 2 | Telc B2 Lesen 1 / ÖSD Lesen 2 |
| AB 89, 11 | Goethe Hören 1 / Telc B1–B2 Beruf Hören 2 |
| AB 94, 20 | Telc B1–B2 Beruf Schreiben 1 |

| LEKTION 7 | BEZIEHUNGEN |
|---|---|
| KB 97, 2b | Goethe Sprechen 2 |
| KB 99, 2d | Telc B2 Sprechen 2 |
| KB 100, 2 | Goethe Schreiben 1 |
| AB 102, 9 | Goethe Schreiben 2 |
| AB 107, 17 | ÖSD Lesen 3 |

| LEKTION 8 | ERNÄHRUNG |
|---|---|
| KB 106, 2 | Goethe Hören 1 / Telc B1–B2 Beruf Hören 2 |
| KB 112, 2 | Goethe Lesen 3 / Telc B2 Lesen 2 / Telc B1–B2 Beruf Lesen 3 / ÖSD Lesen 1 |
| KB 114, 2 | Telc B1–B2 Beruf Sprechen 3 |
| AB 117, 7 | Telc B2 Hören 1 |
| AB 118, 8 | ÖSD Schreiben 1 |

| LEKTION 9 | AN DER UNI |
|---|---|
| KB 127, 1b | Goethe Sprechen 2 |
| KB 130, 2 | Goethe Hören 4 |
| KB 132, 2 | Goethe Sprechen 1 |
| AB 133, 6 | Telc B2 Sprachbaustein 1 / Telc B1–B2 Beruf Sprachbaustein 2 |
| AB 142, 23 | Goethe Lesen 4 / Telc B1–B2 Beruf Lesen 1 |

| LEKTION 10 | SERVICE |
|---|---|
| KB 138, 2 | Goethe Hören 3 |
| KB 143, 2 | Goethe Lesen 5 |
| AB 147, 2 | Goethe Hören 2 / Telc B1–B2 Beruf Hören 3 |
| AB 148, 3 | ÖSD Lesen 2 |
| AB 152, 11 | Goethe Lesen 3 / Telc B2 Lesen 2 / Telc B1–B2 Beruf Lesen 3 / ÖSD Lesen 1 |
| AB 157, 20 | ÖSD Lesen 4 |
| AB 158, 21 | Goethe Lesen 5 |

| LEKTION 11 | GESUNDHEIT |
|---|---|
| KB 153, 2b | Goethe Hören 2 / Telc B1–B2 Beruf Hören 3 |
| KB 156, 1b | Goethe Lesen 4 |
| KB 157, 3b | Telc B1–B2 Beruf Schreiben 2 |
| KB 158, 2 | ÖSD Sprechen 3 |
| KB 159, 1b | Goethe Lesen 2 |
| AB 164, 5 | Goethe Lesen 1 |
| AB 166, 7b | Goethe Schreiben 1 |
| AB 171, 17 | Goethe Hören 3 |

| LEKTION 12 | SPRACHE UND REGIONEN |
|---|---|
| KB 173, 3 | Goethe Schreiben 1 |
| AB 183, 9 | Goethe Hören 4 |
| AB 189, 20 | Telc B1–B2 Beruf Hören 4 |
| AB 189, 21 | Goethe Schreiben 1 |

Prüfungsformate im Teilband B2.1 in schwarzer Schrift / Prüfungsformate im Teilband B2.2 in blauer Schrift dargestellt.

| PRÜFUNGSTEIL | | GOETHE B2 | TELC B2 | TELC B1–2 BERUF | ÖSD B2 |
|---|---|---|---|---|---|
| LESEN | 1 | KB 44, 1c<br>AB 164, 5 | AB 83, 2 | AB 142, 23 | KB 112, 2<br>AB 41, 11<br>AB 152, 11 |
| | 2 | KB 159, 1b<br>AB 21, 12 | KB 112, 2<br>AB 41, 11<br>AB 152, 11 | AB 68, 3 | AB 83, 2<br>AB 148, 3 |
| | 3 | KB 112, 2<br>AB 41, 11<br>AB 152, 11 | KB 74, 1b | KB 112, 2<br>AB 41, 11<br>AB 152, 11 | AB 107, 17 |
| | 4 | KB 156, 1b<br>AB 56, 12<br>AB 142, 23 | | AB 27, 26 | AB 157, 20 |
| | 5 | KB 143, 2a<br>AB 78, 22<br>AB 158, 21 | | | |
| HÖREN | 1 | KB 106, 2<br>AB 89, 11 | AB 117, 7 | KB 40, 1 | AB 38, 7 |
| | 2 | KB 6, 2a<br>KB 153, 2b<br>AB 23, 17<br>AB 147, 2 | KB 64, 2c<br>AB 19, 7 | KB 106, 2<br>AB 89, 11 | AB 62, 20 |
| | 3 | KB 72, 1c<br>KB 138, 2<br>AB 46, 18<br>AB 171, 17 | AB 46, 19 | KB 6, 2a<br>KB 153, 2b<br>AB 23, 17<br>AB 147, 2 | |
| | 4 | KB 130, 2<br>AB 77, 21<br>AB 183, 9 | | AB 189, 20 | |
| SCHREIBEN | 1 | KB 100, 2<br>KB 173, 3<br>AB 166, 7b<br>AB 189, 21 | KB 111, 3c<br>AB 40, 10 | AB 94, 20 | AB 118, 8 |
| | 2 | KB 21, 3<br>AB 102, 9 | | KB 157, 3b | AB 12, 20b |
| SPRECHEN | 1 | KB 3, 5<br>KB 132, 2 | KB 9, 2 | KB 13, 1 | KB 15, 3b |
| | 2 | KB 97, 2b<br>KB 127, 1b | KB 5, 3<br>KB 99, 2d | KB 25, 2 | KB 59, 1 |
| | 3 | | KB 82, 2 | KB 114, 2 | KB 158, 2 |
| SPRACH-BAUSTEINE | 1 | | AB 133, 6 | AB 77, 20 | |
| | 2 | | AB 77, 20 | AB 133, 6 | |

Cover: © Getty Images/E+/Johnny Greig
U2: Karte © Digital Wisdom

Kursbuch

S. 89: © Thinkstock/iStock/monkeybusinessimages
S. 90: © Thinkstock/iStock/monkeybusinessimages
S. 92: © Thinkstock/iStock/almir1968
S. 93: d: links © Picture-Alliance/Globus Infografik; rechts © Picture-Alliance/dpa-infografik
S. 94: Cover © Umschlaggestaltung & Bildmotiv: Hauptmann & Kompanie Werbeagentur, Zürich; Ü2 Lesetext aus: Lena Gorelik, Meine weißen Nächte, erschienen zuerst 2004 im Verlag Schirmer Graf. Alle Rechte bei Lena Gorelik © Agentur Brauer, München.
S. 95: Lesetext aus: Lena Gorelik, Meine weißen Nächte, erschienen zuerst 2004 im Verlag Schirmer Graf. Alle Rechte bei Lena Gorelik © Agentur Brauer, München.
S. 96: Lesetext aus: Lena Gorelik, Meine weißen Nächte, erschienen zuerst 2004 im Verlag Schirmer Graf. Alle Rechte bei Lena Gorelik © Agentur Brauer, München.
S. 97: Ü2 © Hueber Verlag/Erika Wegele-Nguyen
S. 98: Ü1 © GettyImages/E+/BraunS; Ü2 Lesetext aus: Peter Wendl: Zehn zentrale Spielregeln, aus: Ders., Soldaten im Einsatz – Partnerschaft im Eisatz. Praxis- und Arbeitsbuch für Paare und Familien in Auslandseinsatz und Wochenendbeziehung © Verlag Herder GmbH, Freiburg i. Br. 2013, S. 24 ff.
S. 99: Lesetext aus: Peter Wendl: Zehn zentrale Spielregeln, aus: Ders., Soldaten im Einsatz – Partnerschaft im Eisatz. Praxis- und Arbeitsbuch für Paare und Familien in Auslandseinsatz und Wochenendbeziehung © Verlag Herder GmbH, Freiburg i. Br. 2013, S. 24 ff.
S. 100: Ü2 © Thinkstock/iStock/Gummybone
S. 101: © Thinkstock/iStockphoto; Abschnitt 2: Text: Du baust einen Tisch © Nora Gomringer
S. 103: © pressmaster – stock.adobe.com
S. 104: Fleisch © fotolia/Jacek Chabraszewski; Suppe © Thinkstock/iStockphoto; Obstsalat © iStockphoto/Vitalina; Lesetext aus: Gewissensfrage Fleisch – Verzicht aus Überzeugung, 29.09.2011 von Julian Mieth © dpa
S. 105: Lesetext: Vom Veganer zum Flexitarier aus: Gewissensfrage Fleisch – Verzicht aus Überzeugung, 29.09.2011 von Julian Mieth © dpa
S. 106: Ü1b: Matthias Kraus, München
S. 107: Ü1: A © fotolia/Quade; B © kab-vision – stock.adobe.com; C © Thinkstock/iStock/Electrography
S. 108: Ü1: Kühe © fotolia/Zakharov Evgeniy; Gemüse © fotolia/Tomo Jesenicnik; Getränkedosen © Thinkstock/iStock/Marti157900; Apfelkuchen © Thinkstock/iStock/vikif; Fertiggericht © Thinkstock/iStock/Jamesmcq24; Gebäck © Thinkstock/Zoonar
S. 112: © fotolia/TheSupe87
S. 114: Ü1: A © Thinkstock/iStock/BrasilNut1; B © Thinkstock/iStock/Rawpixel; C © Thinkstock/iStock/archivector
S. 115: alle Fotos © Leopold Schick und Volker Wagner
S. 117: Mira © Thinkstock/iStock/millann; Frau blond © Thinkstock/iStock/Jacoblund
S. 118: Mira © Thinkstock/iStock/millann
S. 119: Mira © Thinkstock/iStock/millann; Smartphone © Aoodstocker – stock.adobe.com
S. 120: Mira © Thinkstock/iStock/millann
S. 121: © GettyImages/E+/PeopleImages
S. 122: Ü1: A © Thinkstock/iStock/dolgachov; B © wildworx – stock.adobe.com; Ü2: 1, 3 © Thinkstock/iStock/jacoblund; 2 © Thinkstock/Wavebreak Media
S. 124: Lesetext: Die Ruhr-Universität Bochum; Fotos: oben © imago/Schöning; unten © Thinkstock/iStock/Wavebreakmedia
S. 125: Lesetext: Die Ruhr-Universität Bochum © RUB-Pressestelle, Steffen; Foto © imago/blickwinkel
S. 126: Yussuf © Thinkstock/iStock/monkeybusinessimages; Mara © Thinkstock/iStock/michaeljung; Juhani © fotolia/Patrizia Tilly; Sara © fotolia/andreaxt
S. 127: Ü1a: Gebäude © Thinkstock/iStock/AndreasWeber; Hörsaal © iStock/skynesher
S. 128: © Thinkstock/iStock/michaeljung
S. 130: von links: © Thinkstock/iStock/ComebackImages; © Thinkstock/iStock/KucherAV; © mauritius images / David Litschel / Alamy
S. 133: © Nico Gühlstorf, Berlin
S. 135: © Thinkstock/iStock/Daisy-Daisy
S. 136: 5 © Thinkstock/iStock/RaStudio
S. 137: Ü1 © santypan – stock.adobe.com
S. 138: Ü1c © Thinkstock/iStock/bernardbodo; Ü2: a © Thinkstock/iStock/Kiuikson; b © Thinkstock/iStock/monkeybusinessimages; c © Thinkstock/iStock/Wavebreakmedia
S. 140: A © iStockphoto/kruwt; B © PantherMedia/Susanne Bauernfeind; Lesetext: Sonnenhut und Tausendschön: Franz Naskrent aus WAZ Westdeutsche Allgemeine Zeitung, Essen
S. 141: Lesetext: Sonnenhut und Tausendschön: Franz Naskrent aus WAZ Westdeutsche Allgemeine Zeitung, Essen
S. 143: © Thinkstock/iStock/anyaberkut
S. 145: Fotos: Erol Gurian, München; Herzlichen Dank dem „Internationalen Mütterforum Sendling" und seinen Kindern und der Vorleserin Jutta Mai
S. 147: Ariam © luismolinero – stock.adobe.com; Ü1b von links: © Thinkstock/iStock/Saklakova; © Thinkstock/iStock/Ridofranz; © Thinkstock/iStock/FluxFactory; © Thinkstock/iStock/elfart
S. 148: Ariam © luismolinero – stock.adobe.com; 1 © Hueber Verlag/Britta Sölla; 2 © Vladimirs Koskins – stock.adobe.com; 3 © Robert Kneschke – stock.adobe.com; 4 © Thinkstock/iStock/Remains

S. 149: Ariam © luismolinero – stock.adobe.com
S. 150: Ariam © luismolinero – stock.adobe.com; Ü4 © Thinkstock/iStock/Comstock Images
S. 151: © Thinkstock/Wavebreak Media
S. 152: Lesetext: Arzt – Traumberuf oder Knochenjob?: Berufe mit Prestige – Ärzte haben oft einen Knochenjob, 26.10.2009 von Tobias Schormann © dpa
S. 153: © Sophie Barlow, privat
S. 154: Ü1 © Thinkstock/iStock/LightFieldStudios
S. 155: Ü1: 1 © Thinkstock/iStock/AndreyPopov; 2 © Thinkstock/iStock/s-dmit
S. 156: A © Thinkstock/moodboard; B © dalaprod – stock.adobe.com; C © Thinkstock/Purestock
S. 157: © Thinkstock/iStock/andriano_cz
S. 158: A © Thinkstock/iStock/Deklofenak; B © Thinkstock/iStock/sasel77; C © Thinkstock/BananaStock
S. 159: Lesetext: Alternative Heilmethoden und Foto © Dr. Peter J. Fischer, Facharzt für Kinder- und Jugendmedizin, Schwäbisch Gmünd
S. 160: Lesetext: Alternative Heilmethoden © Dr. Peter J. Fischer, Facharzt für Kinder- und Jugendmedizin, Schwäbisch Gmünd
S. 161: © Thinkstock/iStock/AlexRaths
S. 163: © Andrea Badrutt
S. 164: Karte © heja, Ernst Bromeis/Davos Platz
S. 165: © Getty Images/E+/chrispecoraro
S. 166: A © Thinkstock/iStock/Rawpixel; B © Odua Images – stock.adobe.com; C © Thinkstock/iStock/Gewitterkind; D © Thinkstock/iStock/HPSDigitalstudio; E © Thinkstock/iStock/master1305
S. 168: Lesetext: Wanderung von Wörtern © www.integrationsfonds.at; Illustration © Niel Mazhar, DI
S. 170: 1 © iStockphoto/Eva_Katalin; 2 © Thinkstock/iStock/LordBaileys; 3 © GettyImages/E+/123ducu; 4 © Thinkstock/iStock/Rauluminate
S. 172: Foto © Thinkstock/iStock/OkoSwanOmurphy; Lesetext: Bilingual erziehen © Dr. Rosario Carolina Then de Lammerskötter; www.bilingual-erziehen.de
S. 174: A © PantherMedia/Bernhard Schaffer; B © Thinkstock/Ingram Publishing; C © Thinkstock/iStock/interlight
S. 175: Foto © Fabian Lippke, mit freundlicher Genehmigung von Die Tüdelband, www.tuedelband.de
S. 177: Abiramy © Thinkstock/Purestock
S. 178: Abiramy © Thinkstock/Purestock; Ü2: links © Thinkstock/iStock/Rawpixel; rechts © Thinkstock/iStock/jacoblund
S. 179: Abiramy © Thinkstock/Purestock
S. 180: Abiramy © Thinkstock/Purestock; Ü4 © Thinkstock/iStock/golubovy

Arbeitsbuch:

S. 99: © Enno Kapitza, Gräfelfing
S. 103: Ü10 Cover © Umschlaggestaltung & Bildmotiv: Hauptmann & Kompanie Werbeagentur, Zürich; Ü11 © Thinkstock/iStock/airdone
S. 106: Ü16 © Thinkstock/iStock/filipefrazao
S. 107: Ü18 © Thinkstock/iStock/fcscafeine
S. 110: Ü25 © 008melisa – stock.adobe.com
S. 119: Ü26: Lesetext Poetry Slam: Wieder romantisch, Pierre Jarawan, Jetzt.de; Foto © Uwe Lehmann – Photographiemanufaktur, www.photographiemanufaktur; Ü27 © GettyImages/iStock/guvendemir
S. 112: Lesetext Mein Toaster aus: Hellmuth Opitz, Die Dunkelheit knistert wie Kandis © Pendragon Verlag, 2011
S. 115: Ü1 © Thinkstock/iStock/juefraphoto
S. 117: © fotolia/Ivan Floriani
S. 118: © Thinkstock/iStock/Melpomenem
S. 119: Ü9b © iStock/Santje09; Ü10 © lukakikina – stock.adobe.com
S. 120: © fotolia/PhotoSG
S. 121: Ü13: Grillen © Thinkstock/iStock/Purestock; Getränke © Thinkstock/Creatas Images; Ü14 © fotolia/Trueffelpix
S. 122: Ü16: Frau links © fotolia/Robert Kneschke; Frau rechts © Thinkstock/iStock/Mladen Zivkovic
S. 123: Ü17 © Thinkstock/iStock/nathaphat
S. 124: Ü19: Packung © iStock/ferlistockphoto; Haferflocken © Thinkstock/iStock/Lecic; Ü20: Kalen400 © Thinkstock/iStock/santypan; Lottchen © Thinkstock/iStock/mheim3011
S. 126: © GettyImages/E+/asiseeit
S. 127: © fotolia/Tommaso Lizzul
S. 131: Ü3 © Thinkstock/iStock/wdstock
S. 132: Lesetext Uni-Veranstaltungen mit freundlicher Genehmigung von Dr. Karl-Heinz Jäger, https://home.ph-freiburg.de/jaegerfr/Index/der_kleine_unterschied.htm
S. 133: Lesetext Uni-Veranstaltungen mit freundlicher Genehmigung von Dr. Karl-Heinz Jäger, https://home.ph-freiburg.de/jaegerfr/Index/der_kleine_unterschied.htm
S. 135: Ü9 © Getty Images/Stockbyte/George Doyle; Ü11a © Thinkstock/iStock/mangostock
S. 136: Text Sprachhürde Ade © College Contact, www.auslandssemester.net; Karte © Thinkstock/Stockbyte; Pass © Thinkstock/iStock
S. 138: Text Starting Days und Foto © Daniel DeRoche, www.unifr.ch/startingdays; Ü15 © Thinkstock/iStock/Rawpixel
S. 140: Ü19 Foto © fotolia/Radu Razvan; Lesetext: Was das Studentenleben kostet © Deutsches Studentenwerk, www.internationale-studierende .de, 21. Sozialerhebung, Stand 2016; Ü20 © ivanmateev – stock.adobe.com

S. 141: Ü21 © Thinkstock/iStock/encrier; Ü22: Lesetext: Die beliebtesten Studentenjobs © 2009 www.univativ.de, GuidoAugustin.com; Foto © Thinkstock/iStock/Kai Chiang
S. 143: © Thinkstock/iStock/Francisco Caravana
S. 147: © messenger Transport & Logistik GmbH
S. 151: © Thinkstock/iStock/Wavebreakmedia
S. 154: © PantherMedia/Sven Andreas
S. 156: Ü17 © Thinkstock/Polka Dot/IT Stock Free; Ü18 © Luoxi – stock.adobe.com
S. 159: Ü22: 1 © Thinkstock/iStock/MinervaStudio; 2 © Thinkstock/iStock/shironosov; Ü23 © Fxquadro – stock.adobe.com
S. 163: © iStock/lenad-photography
S. 164: © Thinkstock/iStock/LightFieldStudios
S. 165: A © Thinkstock/iStock/AlexZabusik; B © Getty Images/E+/Juanmonino; C © Thinkstock/iStock/digitalskillet; D © Thinkstock/iStock/monkeybusinessimages
S. 166: © fotolia/contrastwerkstatt
S. 167: © fotolia/VRD
S. 168: © Rawpixel.com – stock.adobe.com
S. 169: © Thinkstock/iStock/monkeybusinessimages
S. 170: © Thinkstock/iStock/tommaso79
S. 171: Ü17: a © Thinkstock/Fuse; b © Thinkstock/Ridofranz; c © Thinkstock/iStock/m-image-photography
S. 172: von oben: © Thinkstock/iStock/anouchka; © Thinkstock/iStock/Mr.Khan; © Thinkstock/iStock/Oduaimages; © Thinkstock/iStock/wavebreakmedia
S. 174: Ü21a © Thinkstock/iStock/TanawatPontchour; Ü22a © Thinkstock/iStock/Rawpixel
S. 175: Ü23: mit freundlicher Genehmigung der Schramm Film Koerner & Weber; Ü24 © fotolia/Henrie
S. 179: Ü2 © PantherMedia/diego cervo
S. 180: Lesetext: „Deshalb habe ich aufgegeben" © www.blick.ch, 14.05.2012; Foto © Andrea Badrutt, mit freundlicher Genehmigung von Ernst Bromeis
S. 181: Ü4a © fotolia/artalis; Ü5a © fotolia/Mihai Musunoi
S. 182: © Thinkstock/iStockphoto/g215
S. 185: Text Ausgewanderte Wörter aus dem Buch Ausgewanderte Wörter © Hueber Verlag; Foto © Susu Petal; http://susupetal.wordpress.com
S. 187: © Thinkstock/iStock/Jovanmandic
S. 188: © Thinkstock/iStock/Yuri
S. 189: © Thinkstock/iStock
S. 190: Ü23: 1 © iStock/pixdeluxe; 2 © GettyImages/E+/Fatcamera; 3 © PantherMedia/Thomas Ix; 4 © Thinkstock/iStock/Jacoblund
S. 191: Ü26: Lesetext: „Kommunikation im Krankenhaus" von Lin Freitag, Süddeutsche Zeitung vom 12.07.2013; Foto © Thinkstock/iStock/gpointstudio

Alle anderen Fotos: Florian Bachmeier, Schliersee
Zeichnungen: Jörg Saupe, Düsseldorf
Bildredaktion: Nina Metzger, Hueber Verlag, München

# BUG-IN HOME SURVIVAL GUIDE

## FOR AMERICAN DADS

Fortress Your Family Before The Next Blackout & Empty Shelves Hit

Ex-SEAL's 90-Day Protocol To Defend Your Home While Others Panic

*By*

Ryan Garrison

# TABLE OF CONTENTS

# INTRODUCTION

# WHY MOST FATHERS WON'T SEE THE COLLAPSE COMING

**The harsh reality nobody's telling you... and why waiting until "things get bad" guarantees you'll be too late**

Listen up.

If you're reading this, you're already ahead of 95% of the fathers in America. You felt that gnawing sensation in your gut when the news showed another "temporary supply disruption." You noticed the quiet panic in your wife's eyes during the last blackout. You've watched your neighbors scroll through their phones, completely oblivious, while you're the only one wondering: *What happens if this doesn't get better?*

That instinct? That's not paranoia. That's survival awareness. And it might be the only thing standing between your family's safety and becoming another statistic when things finally break.

I'm going to tell you something most people don't want to hear: **The collapse isn't coming. It's already here.** It's just happening slowly enough that most fathers won't recognize it until they're standing in a dark house with hungry kids and no plan.

## THE LIE YOU'VE BEEN SOLD

For decades, you've been conditioned to believe the system works. That grocery stores will always have food. That power grids don't fail for more than a few hours. That police and emergency services will show up when you call. That the government has contingency plans to protect citizens during major crises.

Here's what I learned during my years as a Navy SEAL operating in failed states and disaster zones around the world: **When systems collapse, the people who waited for someone else to save them died first.**

Not because they were weak. Not because they were stupid. But because they believed three fatal lies:

**Lie #1: "It can't happen here."**
Yes, it can. I've seen modern cities descend into chaos in 72 hours. Power grids that seemed invincible go dark and stay dark. Supply chains that "couldn't

possibly break" grind to a halt. America isn't immune to the same forces that have toppled every other civilization in history.

**Lie #2: "Things will get back to normal."**
Sometimes they don't. Sometimes the "temporary" disruption becomes the new permanent reality. The fathers who survive are the ones who adapt fast, not the ones waiting for things to go back to how they were.

**Lie #3: "When it gets really bad, someone will help us."**
During Hurricane Katrina, people waited on rooftops for rescue that came days late or never came at all. During the 2021 Texas freeze, families froze to death in their homes while authorities were overwhelmed. When COVID hit, supply chains collapsed and store shelves emptied in 48 hours. The harsh truth? When crisis hits at scale, you're on your own.

## THE COLLAPSE YOU CAN'T SEE

Most fathers are waiting for a Hollywood-style collapse. Explosions. Martial law. Zombies, maybe. So they keep waiting for the "obvious" disaster that gives them permission to finally take action.

But real collapse doesn't announce itself with sirens and breaking news alerts. It's incremental. Quiet. Almost boring in how it unfolds.

It looks like this:

- Rolling blackouts that last a little longer each time
- Grocery stores with more empty spaces on the shelves every week
- Gas prices that make you wince, then make you budget, then make you stay home
- Crime creeping from "bad neighborhoods" into yours
- Response times for 911 getting longer and longer
- Banks "temporarily limiting" withdrawals
- Inflation that makes your paycheck feel worthless
- Social tensions that turn neighbors into strangers

You've already seen some of this. Maybe even most of it. And if you're honest with yourself, you know it's not getting better.

The collapse isn't a singular event. **It's a process.** And we're already in it.

## WHY MOST FATHERS WILL FAIL

I've trained alongside some of the most capable operators on the planet. Men who could navigate hostile territory, conduct complex missions, and make life-or-death decisions under extreme pressure. You know what separated the ones who came home from the ones who didn't?

**The ones who came home acted before they had to.**

They didn't wait until they were under fire to check their gear. They didn't wait until they were dehydrated to secure water. They didn't wait until contact was imminent to establish defensive positions.

They prepared when things were quiet. When it seemed "unnecessary." When their buddies sometimes laughed at how seriously they took the basics.

And when things went sideways—and they always eventually do—those men had protocols. Checklists. Muscle memory. Systems that worked even when their brains were screaming and chaos was everywhere.

**The fathers who will fail are the ones waiting for permission to prepare.**

They're waiting for:

- "Official" warnings from authorities
- Their wife to stop thinking they're paranoid
- A better paycheck to afford the "right" gear
- More free time to "really get serious"
- Confirmation that it's "actually that bad"

By the time they get that confirmation, the stores are empty, the banks are closed, and their neighbors are desperate.

## THE WINDOW IS CLOSING

Here's what I need you to understand: **The best time to prepare was five years ago. The second-best time is right now.**

Not next month. Not when you "have more money." Not when your spouse "finally gets it." **Right now.**

Because here's the thing about collapse: it accelerates. The early stages move slowly enough that you can convince yourself you have time. But once critical systems start failing in cascade—power, water, supply chains, civil order—the window for preparation slams shut with brutal speed.

When the grid goes down for real, you can't order supplies online. When stores empty out, you can't stockpile food. When banks freeze, you can't withdraw cash. When your block descends into chaos, you can't retrofit your home's security.

The time to build the ark is before the flood, not during it.

## WHAT THIS PROTOCOL WILL DO FOR YOU

This isn't a theoretical survival manual. This isn't a collection of tips you might use "someday." This is a 90-day operational protocol designed to transform your home from a vulnerable target into a defensible, self-sufficient fortress.

It's the same systematic approach I used to plan and execute missions in hostile environments. But adapted for suburban fathers with families to protect, budgets to manage, and no military training.

Here's what you're going to accomplish:

**In the first 30 days**, you'll secure the fundamentals: water, food, power, and basic security. If the grid fails tomorrow, your family won't be in immediate danger.

**By day 60**, you'll have a fortified home with layered defenses, communication systems, medical supplies, and the operational security practices that keep you safe without painting a target on your house.

**By day 90**, you'll have achieved something most fathers never will: **true self-sufficiency.** The ability to keep your family fed, safe, and functional for months without depending on grocery stores, power companies, hospitals, or anyone else.

And more importantly, you'll have the protocols, checklists, and muscle memory to handle whatever comes next.

## THE FATHER YOU'RE ABOUT TO BECOME

Right now, you might feel overwhelmed. Maybe inadequate. You look at your house and think, "How the hell do I turn this into a fortress?" You look at your bank account and think, "I can't afford this." You look at your wife and kids and think, "What if I fail them?"

I'm going to tell you something I learned leading men in combat: **Competence comes from systems, not superpowers.**

You don't need to be a Navy SEAL. You don't need a bunker. You don't need a massive budget or years of experience.

You just need a plan. A checklist. A protocol to follow, step by step, until the job is done.

That's what this book gives you.

Ninety days from now, you're going to be a different man. When the power goes out, you won't panic—you'll flip to your checklist. When neighbors come begging, you won't freeze—you'll follow your protocol. When your wife looks at you with fear in her eyes, you won't have to fake confidence. You'll have earned it.

**You'll be the father who was ready.**

## HOW TO USE THIS PROTOCOL

This book is organized into six parts:

**Part 1:** lays out the harsh reality of what's coming and why your home is your best survival position.

**Parts 2-4:** walk you through the 90-day implementation timeline: 72-hour basics, 30-day fortification, and 90-day self-sufficiency.

**Part 5:** covers long-term strategies for sustained survival beyond the initial crisis.

**Part 6:** provides quick-reference protocols, checklists, and scenario-specific response guides you can print and keep accessible.

You can read this cover to cover, or you can jump straight to the chapters addressing your most urgent gaps. But here's what I recommend:

**Read the whole thing once**, even if you skim. Get the big picture. Understand how all the pieces connect.

**Then start executing**, chapter by chapter, checklist by checklist. Don't try to do everything at once. Don't get paralyzed trying to achieve perfection. Just start.

**Focus on progress, not perfection.** A 60% solution implemented today beats a 100% solution you never get around to starting.

## THE CHOICE IN FRONT OF YOU

You have a choice right now.

You can close this book, tell yourself "I'll get to it later," and go back to hoping everything works out. You can keep scrolling through disaster footage on your phone while doing nothing to protect your own family. You can wait until "things get really bad" and join the millions of unprepared fathers who will panic, scramble, and ultimately fail.

Or you can turn the page and start building the fortress.

The next blackout is coming. The next supply shortage is coming. The next crisis is coming.

**The only question is: Will you be ready?**

Let's get to work.

# PART 1: THE HARSH REALITY

## CHAPTER 1: THE COLLAPSE NOBODY'S TALKING ABOUT

You know that feeling when you walk into a room and something's off, but you can't quite put your finger on it? That's where America is right now. Everything looks normal on the surface. Your neighbors are mowing their lawns. Coffee shops are open. Netflix still streams. But underneath, the foundations are cracking, and most people are too distracted to notice.

I'm going to walk you through three critical systems that are failing right now—not "might fail someday," but are actively breaking as you read this. And I'm going to show you why the smart money (the people who actually know what's happening) is quietly preparing for something most Americans think is impossible.

By the end of this chapter, you'll understand why waiting for the "official" collapse announcement is a death sentence. Because when they finally admit it's happening, it'll already be too late.

### WHY THE POWER GRID IS ONE KEYSTROKE AWAY FROM PERMANENT FAILURE

Let me start with the one that terrifies me most: the electrical grid.

Most fathers assume the power grid is this robust, modern, fail-safe system. After all, we're America, right? We put men on the moon. We invented the internet. Surely we've got the electricity thing figured out.

**We don't.**

The American power grid is a patchwork of aging infrastructure, held together with duct tape and prayer. And it's not just old—it's dangerously vulnerable in ways most people don't understand.

Here's what you need to know:

**The grid wasn't designed for modern demand.** Most of our power infrastructure was built in the 1960s and 70s, designed for a world that used a fraction of the electricity we consume today. Every home now has multiple computers, phones charging 24/7, electric vehicles, smart home systems, and appliances that would've seemed like science fiction fifty years ago. We're running 21st-century demand through a 20th-century system that's barely holding on.

**The three interconnected grids.** The U.S. power grid isn't actually one grid—it's three separate grids (Eastern, Western, and Texas) with limited connections between them. This means when one region goes down, neighboring regions can't easily pick up the slack. Texas learned this the hard way during the 2021 freeze when their isolated grid collapsed and people froze to death in their homes while the rest of the country watched helplessly.

**Cyber vulnerability that keeps experts awake at night.** Here's the part that should scare you: our power grid is now controlled by digital systems connected to the internet. SCADA (Supervisory Control and Data Acquisition) systems manage everything from substations to transformers. And these systems were never designed with cybersecurity in mind because they were built before cyber warfare was a concept.

Foreign adversaries—China, Russia, Iran, North Korea—have already penetrated our grid infrastructure. Not "might have" or "could potentially." They're already inside. U.S. intelligence agencies have confirmed this repeatedly. They've planted malware, mapped our systems, and positioned themselves to flip the switch when they decide the time is right.

It wouldn't take a missile strike or a bomb. It would take one well-placed cyberattack, executed by someone sitting in a basement halfway across the world, to cascade our entire grid into failure.

**And here's the nightmare scenario nobody's talking about:**

When the grid goes down—really down, not just a storm outage—the equipment that generates and distributes power also goes offline. Transformers that weigh tons and take months to manufacture. Control systems that require power to reboot. Substations that can't be manually restarted.

This creates what engineers call a "black start" problem. You need electricity to make electricity. Without it, restarting the grid becomes a complex, time-intensive process that could take weeks or months. And that's assuming the equipment itself isn't damaged.

During those weeks or months? No refrigeration. No water pumps. No gas stations. No hospitals. No communication systems. No supply chains. Nothing.

I've operated in third-world countries with more resilient power systems than what we're depending on right now. And the people running those countries knew their infrastructure was fragile, so they prepared accordingly. We don't. We just assume the lights will always turn back on.

**They won't.**

The grid doesn't need to fail everywhere at once. One major region going dark for an extended period would trigger cascading failures across the supply chain, the financial system, and civil order. The East Coast loses power for three weeks? New York, Philadelphia, D.C., Boston—all of them—descend into chaos while the rest of the country watches and wonders if they're next.

This isn't fear-mongering. This is the assessment from FERC (Federal Energy Regulatory Commission), the Department of Homeland Security, and every serious expert who's studied our grid vulnerability. The question isn't if it can happen. **The question is when.**

## THE THREE SUPPLY CHAIN BREAKING POINTS ALREADY HIT IN 2025

Now let's talk about the system that keeps your family fed: the supply chain.

You remember COVID, right? Store shelves emptied in 48 hours. Toilet paper became a currency. People were fighting over the last package of chicken breasts. That was a warning shot. A preview of what happens when the just-in-time delivery system we've built our entire society around gets disrupted.

Here's what most people don't understand: **We didn't fix the vulnerabilities COVID exposed. We made them worse.**

The modern supply chain operates on razor-thin margins with almost zero redundancy. Grocery stores don't have warehouses full of backup inventory. They have enough food for about three days of normal shopping. After that? They're dependent on trucks showing up on schedule with more.

And right now, that system is breaking at three critical points:

### Breaking Point #1: Manufacturing and Production

The Trump administration's tariffs on Chinese imports triggered exactly what economists predicted: retaliatory tariffs, disrupted trade relationships, and supply shocks across every sector. I'm not making a political statement—I'm stating facts. Whether you think the tariffs were necessary or not, the economic reality is that we import critical components for everything from medications to electronics to car parts.

China didn't just absorb those tariffs and move on. They cut off exports of rare earth minerals essential for everything from smartphones to military equipment. They slowed production of pharmaceutical precursors that American drug manufacturers depend on. They weaponized their position in the global supply chain the same way Russia weaponized natural gas in Europe.

Domestic manufacturing can't pick up the slack because we don't have the infrastructure. We outsourced production for decades because it was cheaper. Now we're learning the real cost of that decision: **dependence.**

When you can't get the parts to manufacture products domestically, and you can't import them from abroad, production stops. And when production stops, shelves empty.

### Breaking Point #2: Transportation and Logistics

Even when products are manufactured, they still have to get from the factory to the warehouse to the store to your house. And that system is failing.

Trucking companies are hemorrhaging drivers. The average trucker is 55 years old, and young people aren't entering the profession fast enough to replace them. Why? Because the pay doesn't justify the lifestyle, regulations keep tightening, and the job is brutal.

Meanwhile, diesel prices remain volatile and high, cutting into already thin margins. Small trucking companies are going under. The ones still operating are charging more, which gets passed on to you at the checkout counter.

Rail systems are aging and undermaintained. Ports are bottlenecked. The infrastructure that moves goods across this country is creaking under the strain.

And here's the kicker: **When transportation breaks down, food rots before it reaches you.** Fresh produce has a shelf life measured in days. Meat and dairy even less. If the trucks stop rolling for even a week, your local grocery store doesn't just run low—it runs out completely.

### Breaking Point #3: Labor and Workforce

This one's invisible until it's not. Supply chains don't run themselves. They require millions of people showing up to work: warehouse workers, truck drivers, dock workers, retail employees, farm laborers.

And those workers are increasingly unreliable—not because they're lazy, but because the system is burning them out. Wages haven't kept pace with inflation. Working conditions are harsh. Benefits are shrinking. People are leaving these jobs faster than they're being filled.

During COVID, we saw what happens when a significant portion of the workforce stays home. Critical industries ground to a halt. Supply chains that looked robust on paper collapsed because there literally weren't enough people to operate them.

That workforce isn't coming back. And the next crisis—whether it's another pandemic, a financial collapse, or civil unrest—will pull even more workers out of the system just when we need them most.

**Here's why this matters to you:**

These three breaking points aren't isolated. They're interconnected. When one fails, it triggers failures in the others. Manufacturing stops because you can't get components. Transportation fails because there's nothing to transport. Workers quit because there's no work.

And it spirals fast.

I watched this exact cascade happen in Iraq after the invasion. Infrastructure damage led to supply shortages. Supply shortages led to price spikes. Price spikes led to riots. Riots led to more infrastructure damage. Once that cycle starts, it's almost impossible to stop without massive external intervention.

The difference? In Iraq, we had the U.S. military bringing in supplies and stabilizing the situation. When it happens here, **there's no one coming to save us.**

Your grocery store is three missed deliveries away from being empty. And once it's empty, it stays empty until the trucks roll again. Which might be days. Or weeks. Or not at all.

## WHAT CENTRAL BANKS KNOW THAT YOU DON'T (AND WHY THEY'RE BUYING GOLD)

Let me tell you about a quiet trend that should be setting off alarm bells for every father in America.

Central banks around the world—the institutions that control national currencies and manage economic policy—have been buying gold at record levels. Not just a little gold. **Record-breaking, unprecedented amounts of gold.**

In 2022 and 2023, central banks purchased more gold than at any point in the last 50 years. China, Russia, India, Turkey, Poland—all of them quietly stockpiling physical gold like they know something we don't.

Here's the question you should be asking: **Why?**

These are the people with access to economic data the rest of us never see. They know the real numbers on debt, deficits, currency stability, and systemic risk. They employ thousands of economists and analysts to predict what's coming. And what are they doing with that knowledge?

**They're buying gold.**

Not stocks. Not bonds. Not real estate. Gold. The asset you buy when you don't trust anything else to hold value.

Let me break down what this tells us:

**They don't trust the dollar.** For decades, the U.S. dollar has been the world's reserve currency. That status gave us enormous economic power and stability. But that dominance is eroding. Countries are increasingly settling trade in their own currencies, bypassing the dollar entirely. The BRICS nations (Brazil, Russia, India, China, South Africa) are actively working to create alternatives to dollar-based systems.

When central banks buy gold, they're hedging against dollar devaluation. They're preparing for a world where the dollar isn't king anymore. And if the dollar loses its reserve status, the economic implications for Americans are catastrophic. Everything we import (which is almost everything) becomes exponentially more expensive. Our standard of living plummets overnight.

**They're preparing for financial system instability.** Gold is the ultimate safe haven during financial crises. It's been a store of value for thousands of years because it can't be printed, inflated, or hacked. When central banks accumulate gold, they're building a lifeboat for when the ship goes down.

And make no mistake: they think the ship is going down.

Global debt levels are unsustainable. The U.S. alone is carrying over $34 trillion in national debt, with no realistic plan to ever pay it back. We're servicing that debt by borrowing more money, which is the economic equivalent of paying off one credit card with another. Eventually, the music stops.

When it does, currencies collapse. Banks fail. Savings evaporate. The fathers who prepared—who held assets that can't be inflated away—survive. The ones who trusted the system lose everything.

**They know something you don't.** Here's the uncomfortable truth: central bankers have access to information we'll never see. They attend closed-door meetings where the real economic picture gets discussed. They know which banks are on the verge of failure. They know which currencies are about to collapse. They know which geopolitical events are about to explode.

And they're buying gold.

You don't have to be an economist to understand what that means. When the people who control the money start hoarding the one asset that survives every financial crisis in history, they're telling you something. They're telling you the system is more fragile than anyone's admitting publicly.

### So what does this mean for you?

I'm not telling you to dump your life savings into gold bars and bury them in your backyard. But I am telling you to understand what the smart money is doing and why.

Financial collapse doesn't look like the Great Depression anymore. It looks like your bank "temporarily" limiting withdrawals. It looks like your credit cards suddenly not working. It looks like your paycheck still showing up, but buying half of what it did last month. It looks like store prices doubling, then tripling, while your savings evaporate.

Gold won't save you from all of that. But it's part of a diversified approach to protecting your family's wealth when the currency we've all been forced to trust becomes worthless paper.

Later in this book, I'll walk you through practical strategies for financial resilience during collapse. For now, just understand this: **The people who know what's really happening are preparing. And you should be too.**

## THE PATTERN YOU NEED TO SEE

Power grid vulnerability. Supply chain breakdown. Financial system instability. These aren't isolated problems. They're interconnected failures in the critical systems that keep modern society functioning.

And here's what terrifies me: **We don't need all three to fail for things to collapse. We just need one.**

If the grid goes down, supply chains fail and financial systems freeze. If supply chains break, people panic and civil order deteriorates. If the financial system crashes, everything else follows.

These systems are like the legs of a stool. You can lose one and maybe stay upright for a while, wobbling and unstable. But you're not going to stay up for long. And when you fall, you fall hard.

The collapse isn't coming. It's already here, happening in slow motion while everyone waits for permission to acknowledge it.

Your job isn't to wait for confirmation. **Your job is to make sure your family survives what comes next.**

In the next chapter, we're going to talk about why your home—not some cabin in the woods, not a bunker, not a bug-out location—is your best and only realistic survival position. And why the "bug out" fantasy most preppers obsess over will get you killed.

Turn the page. We're just getting started.

# CHAPTER 2: THE SUBURBAN FATHER'S DILEMMA

You've seen the videos. Some guy with a tactical beard and wraparound sunglasses standing in front of his truck, talking about his bug-out plan. He's got a go-bag packed with freeze-dried meals, a Rambo knife strapped to his leg, and a detailed route to some remote location where he'll "live off the land" when SHTF.

And if you're being honest, part of you thought: *Maybe I should do that too.*

Let me save you time, money, and potentially your life: **That plan will get you killed.**

I'm not saying this to be harsh. I'm saying it because I've seen what actually happens when untrained civilians try to survive in the wilderness during crisis situations. I've operated in enough hostile environments to know the difference between Hollywood survival and real survival. And I need you to understand why the bug-out fantasy is not just unrealistic for most fathers—it's actively dangerous.

Your home, the one you're sitting in right now, is your fortress. Or it will be, once we're done with it. But first, you need to abandon the fantasies that'll get your family killed.

## WHY "BUGGING OUT" TO THE WOODS WILL GET YOU KILLED IN 72 HOURS

Here's what the tactical-beard guys on YouTube don't tell you: wilderness survival is brutally difficult even under ideal conditions. During a societal collapse? It's a death sentence for 99% of people who attempt it.

Let's walk through what actually happens when you bug out to the woods.

### Hour 1-24: The Illusion of Progress

You've made it out of the city. Traffic was hell, but you pushed through. You're driving toward your predetermined bug-out location—maybe it's a campsite you've been to before, maybe it's just "somewhere remote" you found on a map. You feel good. Prepared. Smart.

Meanwhile, ten thousand other people had the same idea. Every campground, state park, and remote area within a tank of gas is being flooded with panicked families who also think they'll be safer "away from people."

You're not alone in the woods. You're in a refugee camp that hasn't been set up yet.

### Hour 24-48: Reality Sets In

You've found a spot. Set up your tent. Ate some of your freeze-dried meals. Maybe even got a fire going. Your kids are scared but trying to be brave. Your wife is giving you that look that says she's trusting you, but she's terrified.

Then the temperature drops. Or it rains. Or both.

Here's what most people don't understand about wilderness survival: **Nature doesn't care about your gear or your plans.** Hypothermia can kill you in temperatures as warm as 50°F if you're wet and can't get warm. Even with a tent and sleeping bags, keeping a family comfortable and dry in changing weather conditions is difficult for experienced campers. In a crisis situation, with stress levels maxed out and no backup plan? It's nearly impossible.

Your kids need to use the bathroom. There's no bathroom. Your wife needs medications. You forgot them in the rush. Someone cuts themselves on a branch. Your first-aid kit has Band-Aids, not sutures. The fire goes out overnight and everything's damp by morning.

And you haven't even encountered a real threat yet.

### Hour 48-72: The Fatal Mistakes

You need water. The stream nearby looks clean enough, but you didn't bring enough purification tablets for long-term use. You drink it anyway. Within 24 hours, someone in your family has diarrhea. In the wilderness, without proper sanitation, that spreads fast. Now you're managing sick kids in a tent while trying to figure out your next move.

Or maybe you need food. Your freeze-dried meals are running low faster than you calculated because stressed, cold people eat more than you planned for. So you try to hunt or fish. Except you're competing with hundreds of other desperate people in the same woods, all of whom are also hunting and fishing. The game disappears within days. The fish are overharvested. You're left with foraging, which you don't actually know how to do safely.

Meanwhile, the people who DO know how to survive in the wilderness—the ones who've lived there for years, who know the land, who are armed and organized—see you as a threat to their resources. Or worse, they see you as a resource. Your gear. Your food. Your vehicle. Your wife and daughters.

You thought you were escaping danger. **You walked right into it.**

### The Brutal Math of Wilderness Survival

Let me give you some numbers that should end the bug-out fantasy forever:

The average person can survive about three weeks without food, but only three days without water. In the wilderness, securing clean water is a full-time job. Boiling, filtering, hauling—it takes hours every single day.

Shelter from the elements is critical. Even in moderate climates, exposure kills fast. Maintaining a shelter that keeps a family dry and warm requires constant work: gathering firewood, repairing the structure, managing moisture.

Caloric expenditure in survival situations is massive. You're burning 3,000-5,000 calories a day just doing the basic tasks required to stay alive. Good luck finding that in the woods without advanced hunting and foraging skills you don't have.

Add it all up: you're spending all your time and energy on basic survival tasks while also trying to avoid other desperate people, wild animals, injuries, and illness. There's no margin for error. One infected cut, one bad water source, one night of freezing rain, and someone in your family dies.

**And here's the kicker: even if you could survive in the woods, your plan requires abandoning the one asset you actually control—your home.**

## THE FATAL MISTAKE 90% OF PREPPERS MAKE (AND HOW TO AVOID IT)

Walk into any prepper forum or Facebook group and you'll see the same pattern repeated endlessly: people spending thousands of dollars on gear, guns, and gadgets while completely ignoring the fundamentals.

They've got a $2,000 AR-15 with all the accessories, but they don't have two weeks of food in their pantry.

They've got night-vision goggles and tactical vests, but they haven't secured their home's entry points.

They've got elaborate bug-out bags packed to the brim, but they have no plan for water storage or sanitation at home.

**This is the fatal mistake: preparing for the wrong scenario.**

The bug-out fantasy is seductive because it's exciting. It makes you feel like a warrior, a survivor, a badass. But it's also pure Hollywood fiction for 99% of people.

Here's the real scenario you need to prepare for:

**You're going to shelter in place.** Whether by choice or by force, when crisis hits, you and your family will be in your home. Maybe the authorities impose a lockdown. Maybe the roads are too dangerous or too clogged. Maybe you simply can't abandon your house, your job, your community. Whatever the reason, you're staying.

And when you stay, one of two things happens:

**Option A:** You're prepared. You have water, food, power, security, and sanitation systems in place. You can survive independently for weeks or months while chaos burns itself out around you. You're not a target because you're not desperate. You're not a threat because you're not taking from others. You're the gray man—invisible, secure, and self-sufficient.

**Option B:** You're not prepared. Within 72 hours, you're out of water. Within a week, you're out of food. Your home is dark, cold, and vulnerable. You're forced to venture out into a dangerous environment to scavenge for basics. You become both a target (because you have nothing to trade and everything to lose) and a threat (because desperate people do desperate things). Your family suffers, and you watch helplessly because you spent your time and money preparing for a fantasy instead of reality.

### The 90/10 Rule

Here's how you should actually allocate your preparation efforts:

**90% of your focus should be on sheltering in place.** Water storage. Food stockpiles. Home security. Power backup. Medical supplies. Sanitation systems. Communication equipment. Everything you need to survive at home for an extended period without outside support.

**10% can go toward contingency planning.** This includes having a bug-out plan for absolute worst-case scenarios—but only after you've handled the 90%. And even then, your bug-out plan shouldn't be "live in the woods." It should be "relocate to a safer structure"—a relative's home in a different region, a friend's property, a predetermined alternative location where you can shelter in place again.

Most preppers flip this ratio. They spend 90% of their effort on guns, gear, and bug-out bags, and 10% (if that) on actually making their home livable during a crisis.

**Don't be most preppers. Be the 10% who get it right.**

The reason most people make this mistake is psychological. Buying tactical gear feels like progress. Packing a bug-out bag feels like preparation. Planning to "live off the land" feels empowering.

Actually securing your home is boring. It's not sexy. It's not Instagram-worthy. It's work. Detailed, methodical, unglamorous work.

But it's the work that saves lives.

I don't care if you never get to use your night-vision goggles. I care if your family has clean water to drink when the taps run dry. I don't care if you've memorized every edible plant in North America. I care if you have three months of food in your pantry when the grocery stores empty.

**Prepare for the scenario you'll actually face, not the one that makes you feel like a hero.**

## WHY YOUR HOME IS EITHER A FORTRESS OR A TARGET... THERE'S NO MIDDLE GROUND

Here's an uncomfortable truth: during a crisis, your home broadcasts information about you whether you want it to or not.

Lights on when everyone else is dark? You have power. Smoke from a chimney? You have heat and probably food. Clean clothes, healthy-looking family, no desperation in your eyes? You're prepared.

Or flip it: dark house, broken windows, family looking gaunt and scared? You're vulnerable.

**There is no neutral position. You're either strong or you're weak. And in a crisis, the weak get exploited.**

This isn't about morality or how things should be. This is about how things are when social order breaks down. I've seen it in every failed state and disaster zone I've operated in. The pattern is universal:

Strong positions get left alone or get recruited into alliances. Weak positions get raided, absorbed, or eliminated. There's no middle ground where you can just keep your head down and hope to be ignored.

Your home will be evaluated by anyone passing by. Other families. Gangs. Opportunists. They'll assess: Is this place worth hitting? Do these people have resources we need? Can we take them?

The assessment happens fast. And it's based on what they can observe:

**Visible weakness:** No lights. No security measures. Desperate people coming and going. Trash piling up. Broken windows. Your home screams "vulnerable." You will be targeted.

**Obvious strength:** Fortified positions. Visible weapons. Alert residents. Signs of organization and preparation. Your home screams "more trouble than it's worth." You'll be avoided by casual threats (though serious threats may still try you).

**The worst position: visible resources with weak security.** Generator running but no visible security? That generator is going to be stolen, and you might be killed in the process. Stockpile of food visible through your window but no hardened entry points? You're getting robbed. Resources without protection is an invitation.

**The goal is to be a hard target that doesn't advertise.**

You want your home to project quiet strength. Not flashy. Not provocative. But unmistakably secure. The kind of place where someone scoping for easy victims takes one look and decides to try the house next door instead.

This is what I mean by fortress. Not a literal castle with moats and battlements. A suburban home that's been systematically hardened against the threats you'll actually face:

- Entry points reinforced
- Perimeter secured
- Resources stockpiled but not visible
- Security measures in place but not advertising
- Residents alert, trained, and ready
- Operational security maintained

You don't need to live in a bunker. You need to live in a home that makes potential threats think: *That's more effort than it's worth. Let's find someone easier.*

### Building the Fortress Mindset

Most fathers think of their home as a place to relax, to escape the world. That needs to change. Your home is now your primary survival position. It's not just where you live—it's your base of operations during crisis.

This means changing how you think about every aspect of your property:

Your yard isn't landscaping—it's fields of fire and sight lines.

Your doors and windows aren't architectural features—they're entry points that need to be controlled.

Your garage isn't storage—it's a supply depot.

Your basement isn't a place to put old furniture—it's your inner sanctum for critical resources.

This doesn't mean you turn your home into an armed compound that terrifies your neighbors. It means you systematically address vulnerabilities while maintaining a low profile. We'll cover exactly how to do this in the coming chapters.

But first, you need to adopt the fortress mindset: **Your home is defensible. Your home is valuable. Your home is where you make your stand.**

Not in the woods. Not on the road. Not in some fantasy bug-out location you've never even been to.

**Here. In the place you know. In the place you control.**

### The Reality Check

I need you to get brutally honest with yourself right now. Close your eyes and imagine this scenario:

It's 2 AM. The power's been out for five days. You hear your back door being tested. Not kicked in—tested. Someone's checking to see if it's locked, if it's reinforced, if you're awake.

Do you have a plan? Do you know exactly what you'll do in the next thirty seconds? Does your wife know? Do your kids?

Or will you freeze, fumbling in the dark, trying to figure out what to do while someone's deciding whether your house is worth the risk?

That moment of decision—when a threat is evaluating your home—is the moment when all your preparation either pays off or fails. And you don't get a do-over.

**The fortress isn't built in that moment. It's built right now, during the quiet days when you still have time.**

In the next chapter, we're going to assess your specific situation. Your home. Your neighborhood. Your resources. We're going to identify exactly where you're vulnerable and exactly how to fix it.

But before we get tactical, you needed to understand the strategic reality: Your home is your fortress. Treat it like one.

# CHAPTER 3: THREAT ASSESSMENT: YOUR BLOCK UNDER CRISIS

Right now, you probably think you know your neighborhood. You wave at the guy across the street when you're getting the mail. You chat with the mom two doors down about the school district. You've been to a few block parties. You know who has the nice lawn and who lets their dog bark at 6 AM.

**You don't know your neighborhood.**

You know the peacetime version. The version where everyone's fed, employed, comfortable, and operating within the rules of a functioning society. That version evaporates the moment crisis hits. And the people who emerge from behind those friendly facades will surprise you—in good ways and very, very bad ways.

I've seen neighborhoods transform overnight in disaster zones. The friendly guy who helped you jump your car last winter becomes the aggressive drunk demanding you share your generator. The quiet elderly couple you barely noticed becomes your most valuable alliance because they've lived through this before and know how to ration, organize, and keep their heads.

**Crisis doesn't change who people are. It reveals who they've always been.**

Your job right now—before things get bad—is to assess your block with cold, tactical objectivity. Who are your real neighbors going to be when the mask comes off? Who can you trust? Who will you need to defend against? And who's the hidden threat that nobody sees coming?

Let's figure it out.

## HOW TO IDENTIFY WHICH NEIGHBORS BECOME ALLIES (AND WHICH BECOME THREATS)

Walk outside right now and look at your street. Every house you see represents a potential asset or a potential threat. Your survival might depend on accurately categorizing them before you're forced to find out the hard way.

Here's how you assess your neighbors without being obvious about it:

### The Observable Indicators

You can learn a tremendous amount about people just by paying attention. No interrogations necessary. No awkward conversations about "what would you do if society collapsed?" Just observe.

**Work ethic and self-reliance.** Who maintains their property? Who fixes things themselves versus calling someone? The neighbor who changes his own oil, fixes his own fence, and keeps his yard maintained without paying a service has demonstrated self-reliance. That's a green flag. The person who calls a handyman for every minor issue and can't change a lightbulb without help? They're going to be dependent and needy when services disappear.

**Temperament under stress.** How do your neighbors handle minor adversities? When there's a storm and the power goes out for six hours, do they panic or adapt? When there's a water main break and they can't shower for a day, are they melting down or handling it? Small stresses reveal big character traits. The person who loses their mind over minor inconveniences will be a liability during real crisis.

**Resource management.** Look at how people handle money and resources during normal times. The family that's always overleveraged, always buying new cars and gadgets they can't afford, always one paycheck from disaster—they're not going to have stockpiles or preparation. They're going to be desperate fast. The family that lives below their means, saves, and makes deliberate financial decisions? They're more likely to have thought ahead.

**Social behavior.** How does this person treat others when there's no benefit to being nice? Are they kind to the elderly neighbor who can't offer them anything? Do they help without expecting recognition? Or are they only friendly when it serves them? Crisis amplifies existing character. The selfish person becomes predatory. The genuinely decent person becomes a potential ally.

**Physical capability.** This isn't about judging people's fitness. It's about assessing capability. Can they physically handle the demands of crisis survival? Moving water. Securing their home. Defending their family. The 70-year-old veteran who still chops his own firewood might be more valuable than the 30-year-old who's never done a day of physical labor.

### The Direct Approach (When Appropriate)

Sometimes you can assess more directly without revealing your full hand. Casual conversations can be remarkably revealing:

Mention you're thinking about getting a generator. See how they respond. Do they already have one? Have they thought about backup power? Or do they look at you like you're paranoid?

Talk about recent supply shortages—remember when you couldn't get toilet paper during COVID? How did they handle it? Did they have extras stored? Did they panic? Did they think ahead?

Bring up local crime or recent incidents. What's their attitude toward self-defense? Toward community safety? Are they the "someone should do something" type or the "I'll handle my own security" type?

These conversations tell you who's awake and who's asleep. Who's thinking ahead and who's coasting on the assumption that everything will always be fine.

### The Ally Profile

You're looking for neighbors who demonstrate some combination of these traits:

**Self-sufficient mindset.** They don't expect anyone to save them. They take personal responsibility for their family's safety and welfare.

**Useful skills.** Medical training, construction experience, military or law enforcement background, mechanical ability, gardening knowledge—anything practical that translates to crisis utility.

**Stable temperament.** They don't panic easily. They think before acting. They can handle stress without falling apart.

**Physical capability.** They can contribute physically to shared security or survival tasks.

**Resource awareness.** They've thought about supplies, backup plans, and potential threats even if they haven't fully prepared.

**Trustworthiness.** This is the hardest to assess but the most critical. Would they stab you in the back for an advantage? Or would they honor their commitments even when it's difficult?

You don't need neighbors who check every box. But you need to know who checks which boxes and where your alliances might logically form.

### The Threat Profile

Now the uncomfortable part. Some of your neighbors are going to become threats. Not because they're evil, but because desperation makes people dangerous. Here's who to watch:

**The unprepared with kids.** Nothing makes people more dangerous than hungry children. A father with no food and crying kids will do things he never thought himself capable of. He'll steal. He'll lie. He'll use violence if he thinks it'll save his family. I'm not judging him—I'm telling you to be aware. Empathy is fine, but naivety gets you killed.

**The entitled.** The people who've always had everything handed to them and believe the world owes them comfort. When that comfort disappears, they don't adapt—they demand. They'll show up at your door expecting you to share because "we're neighbors" or "it's the right thing to do." They'll get angry when you refuse. Entitlement in peacetime becomes aggression in crisis.

**The substance dependent.** Alcoholics and addicts don't handle withdrawal well. When supplies run out, they become unpredictable and desperate. They'll trade anything, steal anything, hurt anyone to get what they need. If you know someone's dependent on alcohol, pills, or harder substances, understand they're a ticking time bomb.

**The aggressive personality.** That neighbor with anger issues who screams at his wife, threatens other neighbors over trivial disputes, and generally operates on a hair trigger—he's going to be exponentially worse when social constraints disappear. Aggressive people don't calm down during crisis. They escalate.

**The large unprepared group.** A house with multiple adult males, no visible means of support, and a history of shady activity isn't going to starve quietly. They're going to organize and take. You might be on their list.

**Again, I'm not telling you to be paranoid. I'm telling you to be realistic.** Most people aren't evil. But crisis brings out the extremes. The very best and the very worst. You need to know which neighbors will lean which direction before you're forced to find out in real time.

## THE 5 TYPES OF PEOPLE WHO WILL KNOCK ON YOUR DOOR WHEN SHTF

When crisis hits and resources become scarce, you're going to have visitors. People will knock on your door. And you need to know exactly who you're dealing with before you open it.

Here are the five types you'll encounter, what they want, and how to handle them:

### Type 1: The Genuine Neighbor in Need

**Who they are:** Someone from your block who wasn't fully prepared but isn't a threat. Maybe they have some supplies but ran out of water, or they need medical help for a family member. They're polite, respectful, and not demanding.

**What they want:** Specific, reasonable help. A gallon of water. A first-aid supply. Information about what's happening.

**The risk:** Low immediate risk, but helping them reveals that you have resources. They'll tell others, even accidentally. "Bob helped us out"—now everyone knows Bob has supplies.

**How to handle:** You can help selectively, but do it away from your home if possible. Meet them at the street. Give them what they need without letting them see inside. Make it clear this is a one-time thing, not an open invitation.

**What to say:** "I can spare a little, but I've got my own family to think about. This is all I can do." Be kind but firm. Don't apologize. Don't explain your full situation.

### Type 2: The Unprepared Panicker

**Who they are:** Someone who did nothing to prepare and is now in full panic mode. They're not thinking clearly. They're emotional, desperate, and potentially dangerous in their irrationality.

**What they want:** You to solve their problem. They want to be rescued. They expect you to share your supplies because "we're all in this together" or "you have enough."

**The risk:** Medium to high. They're not necessarily malicious, but their desperation makes them unpredictable. If you help them once, they'll be back. They'll become dependent. They'll feel entitled to your resources.

**How to handle:** Do not engage beyond the absolute minimum. Do not let them see weakness or abundance. Project calm strength but offer nothing.

**What to say:** "I wish I could help, but I'm in the same situation. You need to check with emergency services." Even if emergency services aren't responding, it redirects them away from you.

### Type 3: The Scout

**Who they are:** Someone who's not actually in desperate need themselves. They're gathering intelligence for a larger group. They might ask questions: How many people live here? Do you have a generator? Have you seen any police around?

**What they want:** Information. They're assessing whether your home is a viable target.

**The risk:** Extremely high. This person is the advance element of a potential threat. Everything you say and show will be reported back.

**How to handle:** Give nothing. No information. No tour of your home. No friendly chat. You're polite but closed.

**What to say:** "Can't help you. Good luck." Close the door. Don't explain. Don't justify. If they persist or ask questions, you repeat the same phrase and end the interaction.

**After they leave:** Watch your property carefully. If they were scouting, an attempt might come soon. Make sure your security posture is tight.

### Type 4: The Negotiator/Trader

**Who they are:** Someone who has something to offer and wants to trade. They might have skills, information, or goods. They're operating on a barter economy mindset.

**What they want:** A mutually beneficial exchange. They're not begging—they're proposing a deal.

**The risk:** Low to medium. The risk isn't the trade itself—it's revealing your resources or being scammed. They might be legitimate, or they might be gathering information while pretending to trade.

**How to handle:** Cautious engagement. If they have something you actually need and you can spare what they're asking for, this can work. But never bring them inside. Never show them your full stockpile. Trade at the door or at a neutral location.

**What to say:** "What exactly are you offering?" Be specific. If the trade makes sense, keep it simple and quick. If it doesn't, decline politely and don't explain why.

### Type 5: The Aggressive Demander

**Who they are:** Someone who isn't asking—they're demanding. They might be overtly threatening ("I know you have food and you're going to share") or covertly threatening ("It would be a shame if something happened to your house"). They operate on intimidation.

**What they want:** Your resources. Your compliance. Your weakness.

**The risk:** Extreme. This person has already decided you're a target. They're testing to see if you'll fold under pressure.

**How to handle:** Do not open the door fully. Speak through a closed door or a cracked door with your body blocking entry. Project absolute confidence and zero fear.

**What to say:** "You need to leave. Now." Don't explain. Don't negotiate. Don't show weakness. If they escalate verbally, repeat the same phrase. If they attempt to force entry, you defend your home—we'll cover home defense protocols in detail later.

**After they leave:** This person will be back, possibly with others. You've just been identified as either a hard target (if you stood firm) or a soft target (if you showed any weakness). Act accordingly. Increase security. Stay alert. Be ready.

### The Door Protocol

Here's the standard operating procedure for any knock on your door during crisis:

1. **Don't answer immediately.** Observe through a window first. Who is it? How many? Are they armed? What's their body language?
2. **Arm yourself before approaching.** Even if you don't show the weapon, have it accessible.
3. **Never open the door fully.** Speak through the door or crack it with your foot braced behind it.
4. **Keep interactions short.** The longer you talk, the more information you reveal.
5. **Trust your instincts.** If something feels wrong, it probably is. End the interaction.
6. **Never let anyone inside unless you absolutely trust them.** Once they're in, you've lost tactical advantage.

This isn't about being paranoid or hostile. It's about maintaining control of your home and your information. In crisis, information security is survival security.

## WHY THE QUIET FAMILY THREE DOORS DOWN MIGHT BE YOUR BIGGEST PROBLEM

Here's something most people miss in their threat assessment: the biggest danger often comes from the least obvious source.

Everyone watches the aggressive guy with the lifted truck and the Punisher decals. Everyone's wary of the house with the sketchy traffic. But nobody watches the quiet family who keeps to themselves, who seem harmless, who've never caused problems.

**That's exactly why they're dangerous.**

Let me explain the psychology here. When crisis hits, desperate people generally fall into two categories:

**Category 1: The Obvious Threats.** These are the people everyone expects to be problems. The aggressive personalities. The criminals. The addicts. Everyone's watching them, everyone's prepared for them, and they know it. Which means they're actually somewhat predictable and constrained by the attention.

**Category 2: The Hidden Threats.** These are the people nobody suspects. They don't fit the profile. They seem normal, harmless, maybe even weak. But desperation doesn't discriminate. When their kids are starving, they'll act—and they'll have the element of surprise because nobody saw them coming.

The quiet family three doors down that you barely know? You don't know anything about them. You don't know:

- If the father has military training
- If they have weapons
- If they're physically capable of violence
- How far they'll go to feed their family
- If they've been watching you

And here's the psychological edge they have: **when the "nice" person does something violent, it's more shocking and thus more effective.**

You expect aggression from the aggressive neighbor. You're mentally prepared for it. You're watching for it. But when the mild-mannered accountant from down the street shows up with a crowbar because his kids haven't eaten in four days, your brain struggles to process it. That hesitation can be fatal.

### The Reconnaissance Problem

Here's another reason the quiet neighbor is dangerous: they've been observing you without you noticing.

The loud, obvious personality telegraphs their interest. You see them watching. You notice them asking questions. Your guard goes up.

But the quiet observer? They've been paying attention for years. They know your routines. They know when you're home and when you're not. They've seen your security (or lack thereof). They've noticed that you have a generator. They saw you unloading cases of water from Costco. They've been filing away information about you without ever seeming interested.

When they decide to act, they already have intelligence. They already have a plan. And you never saw it coming because they never seemed like a threat.

### The Capability Surprise

You might assume the quiet, bookish family has no capacity for violence. That assumption could get you killed.

Some of the most dangerous operators I served with were quiet, unassuming guys who looked like accountants. They didn't advertise their capabilities. They didn't need to. And in a crisis, the person who's been quietly competent all along is often more dangerous than the loud braggart who's all bark.

That quiet neighbor might be:

- A veteran who doesn't talk about his service
- A martial artist who doesn't advertise it
- A competitive shooter who keeps it private
- A prepper who's been quietly preparing for years
- Simply desperate enough to become violent despite having no history

**You don't know. And that's the problem.**

### The Desperation Equalizer

Here's the reality that makes everyone potentially dangerous: desperation erases hesitation.

The quiet family that would never dream of stealing in normal times? Watch what happens when their daughter needs medicine they don't have and you do. Watch what happens when their son is crying from hunger and they can smell food cooking in your house.

People are capable of horrifying things when they're protecting their children. I've seen it. You probably can't even imagine what you'd do if you were in that position. Neither can they—until they are.

**That's why you can't afford to dismiss anyone as "not a threat" based on peacetime behavior.**

### How to Handle the Unknown Neighbor Threat

You can't eliminate this risk entirely, but you can manage it:

**Maintain operational security.** Don't let anyone know what you have. Don't advertise your preparations. Don't show off your stockpile or your security measures. The neighbor who doesn't know you're prepared is less likely to target you.

**Observe everyone.** Not paranoid surveillance, just basic situational awareness. Notice who's watching your house. Notice who's asking questions. Notice changes in behavior.

**Establish boundaries early.** If someone you barely know starts trying to get friendly suddenly, be cordial but maintain distance. Don't let people get close to you or your home just because they're neighbors.

**Never reveal your full capability.** If you have to defend yourself or demonstrate strength, show the minimum necessary. Don't reveal all your cards. The neighbor who thinks you barely fought them off might try again. The neighbor who thinks you have much more in reserve might not.

**Trust is earned slowly, never assumed.** Just because someone lives near you doesn't make them trustworthy. Proximity isn't alliance. Let people prove themselves through actions over time before you trust them with critical information or access.

### The Gray Man at Home

The concept of the "gray man" is usually applied to personal security—blending in, being unremarkable, avoiding attention. But it applies to your home too.

**Your home should be the gray man of your block.** Not the obvious fortress that screams "we're prepared." Not the obvious vulnerability that screams "easy target." Something in between that draws no attention.

Lights on? Match your neighbors' patterns when possible. Generator running loud at 2 AM while everyone else is dark? You just advertised. Security measures visible? Make them subtle. Stockpile obvious from the street? You're asking to be robbed.

**The goal is to be strong enough that you're not an easy target, but unremarkable enough that you're not an attractive target.**

The quiet family three doors down is thinking the same thing. And one of you is going to outplay the other if it comes to conflict. Make sure it's you.

### Building Your Threat Matrix

Right now—today—create a physical or mental map of your block. List every household. Assess them using the criteria we've discussed. Mark them:

- **Green:** Potential ally. Trustworthy, capable, prepared.
- **Yellow:** Unknown or neutral. Could go either way.
- **Red:** Potential threat. Desperate, aggressive, or unknown and capable.

Don't share this assessment with anyone except your spouse if you absolutely trust them to keep it confidential. This is for your situational awareness only.

**Update this assessment as you gather more information.** People who were green might show red flags. People who were yellow might reveal themselves as allies.

And always, always remember: **the threat you don't see coming is the one that kills you.**

In the next chapter, we're moving into practical action. You've assessed the threats. Now it's time to start building the fortress. We're going to cover water—the most critical resource you need to secure first.

# PART 2: THE 72-HOUR BLACKOUT SURVIVAL MATRIX

# CHAPTER 4: WATER: THE 7-DAY KILLER

Let me tell you about something I witnessed in Iraq that changed how I think about survival priorities forever.

We were operating in Fallujah during the summer of 2004. Temperature was pushing 120°F. A local family had barricaded themselves in their home when the fighting started—smart move. They had food. They had weapons. They had a plan to wait it out.

What they didn't have was water.

When we cleared their building three days later, we found them all dead. Not from violence. From dehydration. They had food stacked in their kitchen. They had ammunition. They had everything except the one thing they needed most.

The father had tried to venture out on day two to find water. He was shot by a sniper and bled out in the street twenty feet from his front door. The rest of the family lasted another day before their bodies shut down.

**They died surrounded by supplies, in their own home, because they didn't prioritize water.**

I'm telling you this story because I need you to understand something at a visceral level: water isn't just important. Water is everything. You can survive three weeks without food. You'll be miserable, you'll be weak, but you'll survive. **You cannot survive more than three days without water.** In extreme conditions—heat, physical exertion, stress—you might not even make it to day three.

When the grid goes down and the water stops flowing from your tap, the clock starts ticking. And most fathers have no idea how little time they actually have.

### WHY YOU'LL DIE FROM DEHYDRATION BEFORE YOU STARVE

Your body is approximately 60% water. Not "water is good for you" or "stay hydrated"—I mean your body's essential functions require water at a cellular level to operate. Without it, you die. Fast.

Here's what happens when you stop drinking water:

### Hour 6-12: The Warning Signs

You start feeling thirsty. That's your body's early warning system telling you that fluid levels are dropping. Most people ignore mild thirst—they're busy, they're stressed, they'll drink later. In a crisis situation, "later" might not come.

Your urine becomes darker. You might get a headache. These are early signs that your body is already beginning to prioritize which systems get the limited water available.

### Hour 12-24: Cognitive Impairment

This is where it gets dangerous. Your brain is 73% water. When you're dehydrated, your cognitive function deteriorates fast. You make bad decisions. You forget things. Your reaction time slows. Your judgment gets compromised.

In a crisis scenario where you need to be sharp, make quick decisions, and assess threats accurately, cognitive impairment can be fatal. You might forget to lock a door. Miss an obvious danger. Make a tactical error that gets you killed.

**You won't even realize you're impaired because the dehydration affects your ability to recognize that you're impaired.**

### Day 2: Physical Breakdown

Your body is now in crisis mode. Blood pressure drops because there's not enough fluid volume to maintain normal circulation. Your heart rate increases to compensate, putting strain on your cardiovascular system.

You're weak. Dizzy. Possibly nauseous. Physical tasks that were easy yesterday are now exhausting. Climbing stairs feels like running a marathon. Lifting supplies is nearly impossible.

If you need to defend your home, move quickly, or perform any physical task, you're operating at maybe 50% capacity. And that percentage is dropping every hour.

### Day 3: Organ Failure

Your kidneys start failing. They can't filter waste without adequate water. Toxins build up in your bloodstream. Your brain swells. Your body temperature becomes unstable because you can't sweat properly to cool down.

At this point, even if you find water, you might not recover without medical intervention. Your organs have been damaged. You need IV fluids, medical monitoring, possibly dialysis.

**In a grid-down scenario, that medical intervention doesn't exist.**

### Day 4-7: Death

Your body shuts down. The exact timeline depends on temperature, your physical condition, activity level, and stress. But the endpoint is the same.

People don't just "feel bad" and then suddenly die. Dehydration death is brutal. Seizures. Delirium. Extreme pain. Your family watches you die slowly, and there's nothing they can do about it because **you didn't prioritize water.**

### The Math of Water Needs

Here's what your family actually requires:

**Minimum survival:** 1 gallon per person per day. That's for drinking only. No cooking. No hygiene. No cleaning. Just barely staying alive.

**Realistic needs:** 2-3 gallons per person per day. This accounts for drinking, food preparation, basic hygiene, and cleaning.

**For a family of four, that's 8-12 gallons per day.**

For a week, that's 56-84 gallons. For a month? 240-360 gallons.

Most families have zero gallons stored. Maybe they have a couple of cases of bottled water in the garage. That's 3-5 gallons total. That'll last your family less than 24 hours.

When the tap stops flowing, you have one day of supplies. Maybe two if you ration aggressively. Then you're out, and your family starts dying.

**That's unacceptable. And it's easy to fix.**

## THE $50 WATER STORAGE SYSTEM THAT BEATS $500 FILTRATION UNITS

Walk into any prepper store or browse online, and you'll see expensive water filtration systems. $500 gravity filters. $300 reverse osmosis units. $200 pump filters with replacement cartridges that cost $50 each.

Here's what nobody tells you: **filtration is secondary to storage.**

Filtration only matters if you have access to a water source that needs filtering. If you live near a river, lake, or stream, great—filtration is critical. But most suburban fathers don't. When the grid goes down, you're not hiking to a water source with your family. You're sheltering in place.

**Your first priority is having clean water already stored. Period.**

And you can do it for about $50 in initial investment, with ongoing costs of basically nothing.

### The Basic Storage System

Here's what you need:

**Five 5-gallon water jugs ($7-10 each = $35-50 total)**

These are the kind you see at camping stores or hardware stores. Sturdy plastic, stackable, with a spigot at the bottom. Five jugs gives you 25 gallons—a three-day supply for a family of four, or a week if you ration aggressively.

This is your immediate reserve. The water that gets you through the first critical days while you implement backup plans.

**Water preserver concentrate ($15 for a bottle that treats hundreds of gallons)**

Regular tap water doesn't stay safe indefinitely. Bacteria can grow. Adding water preserver extends the safe storage time to 5+ years. You add a small amount when you fill each jug, seal it, and forget it.

**Rotation schedule**

Even with preserver, I recommend rotating your water supply once a year. It takes 20 minutes. Empty the jugs (use the water for your garden or lawn), refill from the tap, add fresh preserver, seal them up.

Mark each jug with the fill date using a permanent marker.

**Total investment: $50-65**

**That's it. That's the baseline system that keeps your family alive.**

Now let's scale it up.

### The Expanded Storage System

Twenty-five gallons is a start, but it's not enough for sustained survival. Here's how to expand without breaking the bank:

#### 55-gallon water barrels ($50-100 each)

One barrel per family member gives you 220 gallons for a family of four. That's enough for 18-27 days depending on usage. These barrels are food-grade plastic, designed for long-term water storage, and they're stackable if you have the space.

You'll need a barrel pump ($15-20) to get water out, since you can't lift and pour a 440-pound barrel.

Fill them with tap water, add preserver, seal them, and store them in your basement, garage, or wherever you have space. They'll sit there for years without issue.

#### Bathtub bladder ($20-30)

This is a hack that most people miss. A bathtub bladder is a large plastic bag that fits inside your tub. When you get warning that water might be shut off (storm coming, civil unrest brewing, whatever), you fill the bladder. It holds 65-100 gallons.

The moment you see signs of crisis, you fill this. It takes 20 minutes and gives you an instant 100-gallon reserve from your tap before the water stops flowing.

#### Hidden storage: Your water heater

Most people forget they're already storing 40-50 gallons of clean water in their water heater. If the grid goes down but you still have water pressure, that tank is full of drinkable water.

To access it: Turn off the power/gas to the heater, turn off the cold water inlet valve, attach a garden hose to the drain valve at the bottom, and drain into clean containers. That's 40-50 gallons you didn't have to store separately.

#### Grand total for expanded system: $250-400

For less than the cost of a single high-end filtration system, you now have 300+ gallons of stored water. That's a month of survival for a family of four, with rationing.

### The Free Storage Options

If budget is tight, you can start with zero-cost options:

**Thoroughly cleaned 2-liter soda bottles:** Rinse them well, fill with tap water, add a few drops of bleach per gallon (8 drops per 2-liter bottle), seal, and store. They're not as durable as purpose-built containers, but they work. A closet full of these bottles can give you 20-30 gallons.

**Your washing machine:** If you get advance warning, fill your washing machine with water and don't drain it. That's 15-20 gallons right there.

**Pots, pans, and every container in your house:** The moment water stops flowing, fill everything. Bathtubs. Sinks. Every pot, pitcher, and bowl. You're buying time.

These aren't elegant solutions, but they work. And in a crisis, "works" is all that matters.

## HOW TO STOCKPILE, PURIFY, AND RATION WATER FOR A FAMILY OF FOUR (30-DAY SUPPLY)

Now let's put it all together into a comprehensive system.

### The 30-Day Water Plan

Your goal: 240-360 gallons stored for a family of four. Here's how to structure it:

#### Tier 1: Immediate Access (25 gallons)

Five 5-gallon jugs stored in an easily accessible location. This is your grab-and-go water if you need it instantly. Kitchen. Hallway closet. Somewhere you can get to without going outside or into the basement.

#### Tier 2: Primary Reserve (220 gallons)

Four 55-gallon barrels in your basement, garage, or storage area. This is your main supply. It's not instantly accessible, but it's secure and will last.

#### Tier 3: Emergency Reserve (100 gallons)

Bathtub bladder ready to deploy on warning. This only gets filled when crisis is imminent, but it gives you a massive buffer.

#### Tier 4: Captured Supply (40-50 gallons)

Water heater supply. You're not "storing" this—it's already there. But know how to access it.

### Total: 385-435 gallons

That's 32-36 days of survival at 3 gallons per person per day. A full month. You're now better prepared than 99% of your neighbors.

### The Purification Backup Plan

Storage is primary. But you also need the ability to purify water from questionable sources in case your stored supply runs out or gets compromised.

### Boiling (free, effective, fuel-dependent)

Bringing water to a rolling boil for 1 minute (3 minutes at high altitude) kills virtually all pathogens. It doesn't remove chemicals or heavy metals, but it makes biological contaminants safe.

You need a heat source: camp stove, fireplace, outdoor fire pit. And you need fuel: propane, wood, whatever. Budget for enough fuel to boil water for at least two weeks if needed.

### Bleach treatment (cheap, effective, readily available)

Unscented household bleach (5-8% sodium hypochlorite) can disinfect water. Add 8 drops per gallon of clear water, 16 drops per gallon of cloudy water. Mix and let sit for 30 minutes. If it smells faintly of chlorine, it's safe. If not, repeat the dose and wait another 15 minutes.

A single bottle of bleach can treat thousands of gallons. Cost: $3.

### Water purification tablets ($15-25 for 50 tablets)

These are portable and easy to use. Drop a tablet in a liter of water, wait 30 minutes, drink. They work. They taste terrible, but they work.

Good for bug-out bags and portable kits. Not economical for large-scale home water treatment.

### Filtration systems ($50-500 depending on system)

If you have access to a natural water source, filtration is essential. Berkey-style gravity filters, LifeStraw products, Sawyer filters—they all work.

But remember: **you need a water source to filter.** If you don't have a creek, pond, or lake nearby, filtration is a backup to backup storage, not a primary solution.

### The Rationing Protocol

Let's talk about the uncomfortable reality: if crisis lasts longer than expected, you'll need to ration water. Here's how to do it without killing morale:

**Priority allocation:**

- **Drinking:** Non-negotiable. Everyone gets minimum hydration needs met first.
- **Food preparation:** Second priority. You need water to cook most stored foods.
- **Critical hygiene:** Hand washing after bathroom, before food prep. This prevents disease.
- **Everything else:** Suspended until crisis ends.

**No showers. No laundry. No tooth brushing with running water. No dish washing beyond basic sanitation.**

This sounds miserable, and it is. But it extends your supply from 30 days to potentially 45-60 days if you're disciplined.

**Teach your family the protocol now, before crisis hits.** Practice a "water discipline day" where you operate on 1 gallon per person. Let them feel how restrictive it is. Let them understand why you're storing so much.

When crisis hits and you implement rationing, it won't be a shock. They'll already know the drill.

### Maintaining Your Supply

Water storage isn't "set it and forget it." You need basic maintenance:

**Inspect every 6 months:** Check for leaks, cracks, or contamination. Look for algae growth (green tint) or foul smell. If you see either, that container's water needs to be dumped and refilled.

**Rotate annually:** Empty, clean, refill, and re-treat your containers once per year. Mark the date on each container so you know when it's due.

**Keep storage cool and dark:** Sunlight promotes algae growth. Heat can degrade plastic over time. Store your water in a cool, dark place—basement is ideal.

**Have backup containers:** Keep a few empty 5-gallon jugs on hand. If a container fails, you can transfer the water immediately instead of losing it.

### The Psychological Component

Here's something nobody talks about: water scarcity creates intense psychological stress.

When your tap doesn't work, when you're watching your kids ration sips of water, when you're calculating whether you have enough to last—it's mentally devastating. It triggers primal fear because you know dehydration kills fast.

**Having abundant stored water eliminates this stress.**

You're not calculating every sip. You're not panicking about running out. You're not making life-or-death decisions about water allocation. You have enough, and you know it.

That psychological security is worth more than the money you spent on storage. It lets you focus on other survival priorities without being paralyzed by water anxiety.

### Your 7-Day Action Plan

Here's your immediate to-do list:

**Day 1:** Buy five 5-gallon jugs and water preserver. Fill them. Store them. You now have a 3-day supply. **Your family won't die of dehydration in the first 72 hours.**

**Day 2:** Buy a bathtub bladder. Store it empty, ready to deploy. You now have emergency capacity.

**Day 3:** Research 55-gallon barrel options and storage locations in your home. Measure spaces. Plan placement.

**Day 4:** Order barrels and a barrel pump (or buy locally if available).

**Day 5:** When barrels arrive, clean them, fill them, treat them, seal them, and move them to storage location.

**Day 6:** Locate your water heater's drain valve. Practice accessing the water. Make sure you have a hose that reaches a bucket.

**Day 7:** Inventory your purification backups. Buy bleach, purification tablets, or a filtration system as secondary measures.

**At the end of one week, you have a 30+ day water supply for your family.**

That's it. One week of focused action, less than $400 invested, and you've solved the single most critical survival need. While your neighbors are panicking on day two with empty taps and no plan, your family is secure for a month.

### The Hard Truth

Water is the difference between life and death. Not food. Not guns. Not gear. **Water.**

If you do nothing else from this book, do this. Store water. Right now. Today.

Because when the tap stops flowing and your kids are thirsty, nothing else matters. Not your excuses about space. Not your complaints about cost. Not your procrastination about "getting to it later."

**Later is too late. Dehydration doesn't wait.**

In the next chapter, we're tackling power and light. Because once you have water secured, you need to address the second critical survival need: the ability to see, stay warm, and operate essential equipment when the grid goes dark.

# CHAPTER 5: POWER & LIGHT WHEN THE GRID GOES DOWN

I want you to imagine something for a moment.

It's 9 PM on a Tuesday in February. You're sitting in your living room with your family. The TV's on. Lights are bright. Your phone is charging. The heater is running. Everything's normal.

Then the power goes out.

At first, nobody panics. Power outages happen. You grab a flashlight, maybe light some candles, and wait for it to come back on. Your utility company's automated message says "crews are working on it."

Six hours later, it's still dark. And cold. Your phone battery is at 30%. Your kids can't sleep because they're scared. Your wife is asking when it'll be back on, and you don't have an answer.

Twenty-four hours later, you realize this isn't a normal outage. The news (when you can get it on your dying phone) is talking about grid damage. Infrastructure failure. No timeline for restoration.

Seventy-two hours later, your house is 45°F inside. Your phone is dead. You have no information about what's happening. Your refrigerator is warm and everything inside is spoiled. You're burning furniture in the fireplace to stay warm, and your neighbors are starting to notice the smoke.

**This is what happens to unprepared families when the power goes out long-term.**

Now let me show you a different scenario. Same situation, same power outage, but you've implemented the protocols from this chapter.

When the lights go out, you flip on your battery-powered LED lanterns—no frantic searching for flashlights with dead batteries. Your family isn't scared because you've run drills. They know the protocol.

You check your battery backup system. You've got enough power to run critical devices for weeks. Your phones stay charged. Your radio gives you information. Your medical devices (if anyone needs them) keep running.

You're not burning furniture. You have multiple redundant heating solutions. Your home stays livable. Your food stays preserved.

And here's the critical part: **from the outside, your house looks just as dark and cold as everyone else's.** You're not advertising that you have power. You're not painting a target on your home. You're operating with full capability while maintaining a low profile.

That's what this chapter gives you. Not some fantasy of running your entire house on solar panels. Not pretending the grid never went down. **Practical, affordable, covert power solutions that keep your family functional while everyone else is sitting in the dark.**

Let's build it.

## THE BATTERY BACKUP SYSTEM THAT RUNS FOR WEEKS (NOT HOURS)

Most fathers think about backup power completely wrong. They picture generators—loud, fuel-hungry machines that announce to the entire neighborhood "WE HAVE POWER."

Generators have their place, and we'll talk about them. But they're not your primary solution. **Batteries are.**

Here's why: batteries are silent, they don't require fuel you'll run out of, they can be recharged via solar, and they don't advertise your capability to every desperate person within earshot.

### Understanding Your Power Needs

Before you buy anything, you need to know what you actually need to power. Not what you want to power—what you need to survive.

Make a list right now:

**Critical devices:**

- Phones (communication and information)
- Radio (emergency broadcasts)
- Flashlights and lanterns (visibility)
- Medical devices (if anyone in your family depends on them)
- Small electronics (batteries for kids' needs if you're managing their stress)

**Important but not critical:**

- Laptop (communication, information gathering)
- Small fan or heater (comfort, but not usually life-threatening)

- Electric blanket (cold weather comfort)
- Portable fridge/cooler (if you have one)

**Everything else is luxury.** You're not powering your TV. You're not running your full-size refrigerator. You're not maintaining your normal lifestyle. You're maintaining survival capability.

Once you understand this, the power requirements become manageable and affordable.

### The Core System: Portable Power Stations

Forget the technical jargon. Here's what you need:

**A portable power station (also called a solar generator, though that's a misnomer).**

These are essentially big batteries with multiple outputs—USB ports, AC outlets, 12V ports. You charge them from the wall when the grid is up, and from solar panels when it's down.

Brands like Jackery, EcoFlow, Bluetti, and Goal Zero make these. You don't need the biggest, most expensive models. For most families, a mid-range unit works perfectly.

**What to look for:**

**Capacity: 500-1000Wh (watt-hours)**

This is the battery's storage capacity. A 1000Wh unit can power a 100W device for 10 hours, or a 10W device for 100 hours. For comparison:

- Phone charging: 10-20Wh per full charge
- Laptop: 50-100Wh for a full charge
- LED lantern: 5-10W per hour of use
- Small fan: 10-30W per hour
- CPAP machine: 30-60W per night

A 1000Wh power station can keep your phones, laptops, and lights running for days without recharge. If you're only powering critical devices (phones and lights), you can stretch it to a week or more.

**Multiple output options**

You want AC outlets (regular wall plugs), USB-A and USB-C ports, and ideally a 12V car outlet. This lets you charge multiple devices simultaneously and adapt to different power needs.

### Recharge capability

The unit needs to recharge from solar panels. Most quality power stations include this capability. Check the solar input specs—you want at least 100W input capacity.

### Portability

It should be movable. Not backpack-light, but manageable. 20-40 pounds is typical for mid-range units. You need to be able to move it to wherever you're using it.

### Cost: $400-$800 for a quality 1000Wh unit

Yes, that's expensive. But it's a one-time investment that works for years. Compare that to a gas generator ($500-$1000) that requires ongoing fuel purchases ($50-$100 per tank) and announces your capability to everyone who can hear.

### Building Redundancy

One power station is good. Two is better. Here's why:

**Scenario 1:** Your primary unit fails. Batteries can fail, electronics can break. If you're dependent on one unit and it dies, you're back to zero capability.

**Scenario 2:** Your power needs exceed one unit's capacity. You're charging phones for your family while also running lights and a radio. Having a second unit means you're not constantly managing charge levels and prioritizing devices.

**Scenario 3:** You need to charge one while using the other. If your primary unit is depleted and needs time on solar panels to recharge, you switch to your backup unit. Continuous power capability.

### The recommended setup:

- Primary unit: 1000Wh high-capacity system ($600-$800)
- Secondary unit: 500Wh portable system ($300-$400)

Total investment: $900-$1200

**That gives you 1500Wh total capacity, which is massive for critical needs.**

### The Budget Option

If $1000+ is not realistic right now, start smaller:

**Single 500Wh unit ($300-$400)**

This is enough to keep phones charged, run LED lights, and power a small radio. It's not ideal, but it's infinitely better than nothing.

As budget allows, add a second unit. Then upgrade to larger capacity units. Build your system over time rather than waiting until you can afford the "perfect" setup.

### Extending Battery Life

Your power station will last much longer if you follow these protocols:

**Only power what you need, when you need it.** Don't leave devices plugged in when they're fully charged. Don't run lights in rooms you're not using. Every watt saved is battery life preserved.

**Charge devices during the day when you have solar input.** If you're generating solar power, use it in real-time when possible. This reduces drain on your battery reserves.

**Keep the power station at moderate temperature.** Extreme cold or heat degrades battery performance. Store it in a climate-controlled space when possible.

**Use the lowest power options available.** Charge phones via USB instead of AC outlets when possible (it's more efficient). Use the dimmest light setting that's functional.

**Monitor your power levels obsessively.** Most power stations have displays showing remaining charge. Check it regularly. Know how much runway you have before you need to recharge.

### Solar Panels: Your Recharge Solution

A battery backup system is only as good as your ability to recharge it. When the grid is down for weeks, you need solar.

**The setup:**

**100-200W of portable solar panels ($150-$300)**

These are foldable panels designed to work with portable power stations. They're not roof-mounted installations—they're panels you set up in your yard or on your deck when you need them, then store when you're done.

Brands like Jackery, EcoFlow, and Renogy make panels specifically designed to pair with their power stations. Make sure your panels are compatible with your power station's input specifications.

**What 100-200W of solar actually gives you:**

In full sun (which you get maybe 4-6 hours per day depending on location and weather), 100W of solar generates roughly 400-600Wh per day. 200W generates 800-1200Wh per day.

**That means a 1000Wh power station can be fully recharged every 1-2 days with 200W of solar panels, even while you're using it.**

**Deployment strategy:**

**Don't mount panels on your roof.** I know, every solar installation guide tells you to do this. But in a crisis, highly visible rooftop solar panels scream "THIS HOUSE HAS POWER."

Instead, set up your portable panels in the backyard, facing south, during the day. Bring them inside at night. They're not visible to passing neighbors. They don't advertise your capability. And they're flexible—you can move them to maximize sun exposure throughout the day.

### The Generator Question

Let's address generators because everyone asks about them.

**Pros:**

- High power output (can run refrigerators, heaters, power tools)
- Fast recharge for battery systems
- Proven technology

**Cons:**

- Extremely loud (can be heard for blocks)
- Requires fuel storage (gasoline or propane)
- Fuel runs out and can't be replenished during sustained crisis
- Broadcasts your capability to everyone nearby

- Attracts attention—and potential threats

**My recommendation: have a generator, but treat it as a tertiary system, not primary.**

If you need to run heavy loads (well pump, medical equipment that draws serious power, charging multiple large devices quickly), a generator is valuable. But you run it sparingly, for short periods, and only when absolutely necessary.

**The right generator setup:**

**Inverter generator, 2000-3000W ($600-$1000)**

Inverter generators are quieter than traditional generators and produce cleaner power that's safe for electronics. Brands like Honda, Yamaha, and Champion make reliable units.

**Dual-fuel capability (gasoline and propane) if possible**

This gives you fuel flexibility. Gasoline degrades over time and becomes harder to obtain during crisis. Propane stores indefinitely and is often easier to stockpile.

**Fuel storage: minimum 20 gallons**

This is enough to run a 2000W generator for approximately 40-60 hours of runtime (assuming you're not running it continuously). Store gasoline with fuel stabilizer, rotate it annually. Store propane tanks in a well-ventilated outdoor area.

**Sound dampening**

Place the generator as far from living areas as possible. Use sound-dampening enclosures or barriers (check local codes for ventilation requirements). The goal is to minimize how far the noise carries.

**Usage protocol:**

Only run the generator during daytime hours when ambient noise is higher. Never run it at 2 AM when it'll wake the entire block. Run it for 1-2 hour periods to charge your battery systems, then shut it down and switch back to silent battery power.

## LED LIGHTING STRATEGIES THAT DON'T SCREAM "WE HAVE POWER!"

Light discipline is critical. When your block goes dark and your house is the only one with lights blazing, you've just made yourself the most attractive target in the neighborhood.

But you need light. You can't live in darkness. So how do you balance functionality with operational security?

### The Lighting Hierarchy

Different situations require different lighting approaches. Here's how to think about it:

#### Tier 1: Covert lighting (highest OPSEC)

This is lighting that's not visible from outside your home. Use this when you need maximum stealth.

**Red LED headlamps and flashlights:** Red light preserves night vision and is less visible through windows than white light. It's harder to detect from a distance. Military and law enforcement use red lights for tactical operations for exactly this reason.

**Lanterns with adjustable brightness positioned away from windows:** Set LED lanterns to minimum brightness and place them in interior rooms or hallways where the light can't be seen from outside.

**Glow sticks or chemical lights:** Completely silent, no battery required, low light output that's enough for navigation but not visible from outside.

**Use during:** First few days of outage when you're assessing the situation. Anytime you suspect threats in your area. Nighttime when visibility from outside is highest.

#### Tier 2: Controlled lighting (moderate OPSEC)

This is lighting that's visible but controlled and minimal. You're not hiding completely, but you're not advertising either.

**LED lanterns on low settings with blackout curtains or window coverings:** You can use brighter light inside if windows are properly covered. Heavy curtains, blankets, or blackout materials prevent light from escaping.

**Directional task lighting:** Instead of illuminating entire rooms, use focused lighting (desk lamps, reading lights) pointed away from windows for specific tasks.

**Battery-powered motion sensor lights in critical areas:** Hallways, stairs, bathrooms. They only activate when someone's there, minimizing overall light signature.

**Use during:** After the initial days when it's clear the outage is sustained but not immediately threatening. When you need functional lighting for tasks (reading, food prep, hygiene) but want to maintain some discretion.

### Tier 3: Normal lighting (low OPSEC)

This is regular lighting without concern for visibility. Only use this when the situation has stabilized or when the threat environment doesn't require concealment.

**LED lanterns on full brightness:** Illuminate rooms as needed for comfort and normal activity.

**Use during:** If the crisis is clearly short-term and non-threatening (ice storm, local issue, etc.). Or after weeks when it's obvious to everyone that this is the new normal and hiding capability is pointless.

### The Recommended Lighting Kit

Here's what you should have:

### 4-6 LED lanterns with adjustable brightness ($20-40 each = $80-240)

Look for lanterns with:

- Long battery life (20+ hours on low setting)
- Adjustable brightness (dim for stealth, bright for function)
- Multiple power options (replaceable batteries or rechargeable via USB)
- Durable construction (they'll get dropped)

Brands like Goal Zero, Black Diamond, and Vont make good options.

### 4 red LED headlamps ($15-25 each = $60-100)

One for each family member. Headlamps leave your hands free for tasks. Red LED preserves night vision and maintains stealth. These are your primary lighting for high-threat situations.

### 2 high-quality tactical flashlights ($30-60 each = $60-120)

These are for defensive situations where you need to see clearly and potentially temporarily blind a threat. High lumen output, durable, reliable. Streamlight and Fenix make excellent tactical lights.

### Battery stockpile

Whatever batteries your lights use, have at least 3-4 full sets of replacements for each device. Or better yet, choose devices that are USB rechargeable from your power station.

### Blackout curtains or materials for all windows ($50-150 depending on home size)

Heavy curtains work. Emergency blankets work. Even cardboard covered with dark fabric works. The goal is to completely block light from escaping your windows when needed.

### Total lighting investment: $250-$610

### Light Discipline Protocols

Having the right equipment is half the battle. Using it correctly is the other half.

### Protocol #1: Default to minimum necessary light

Your eyes adjust to low light faster than you think. What feels uncomfortably dim for the first 10 minutes becomes functional after 30 minutes. Use the dimmest light that allows you to complete your task.

### Protocol #2: Avoid windows

Position your light sources so they don't directly face windows, even with curtains closed. Light leaks around edges, through gaps, under doorways. The deeper into your home you position lights, the less visible they are from outside.

### Protocol #3: Use interior rooms when possible

Bathrooms, hallways, interior bedrooms—these spaces have fewer or no exterior windows. Use them as your primary living areas during high-threat periods.

### Protocol #4: Time your light usage

If you must use visible light, do it during the day when it's less noticeable. Save darkness for battery charging and minimal tasks.

**Protocol #5: Train your family**

Your kids need to understand light discipline before crisis hits. Practice "blackout nights" where you use only red lights and low-light conditions. Make it a game. Teach them why it matters.

When the real crisis comes, they'll already have the muscle memory. No one will accidentally flip on the bathroom light without thinking.

## SOLAR CHARGING WITHOUT PAINTING A TARGET ON YOUR ROOF

I mentioned this earlier, but it's worth dedicating specific attention to because it's counterintuitive for most people.

**Do not install permanent rooftop solar panels for crisis survival.**

I know this seems wrong. Solar panels on your roof generate power 24/7 (well, during daylight). They're efficient. They're proven technology.

And in a sustained grid-down scenario, they announce to everyone within visual range: **"This house has electrical power generation capability."**

Think about what that means. Every desperate father in your neighborhood who's watching his kids go without power will see your rooftop panels and know you're generating electricity. Some will ask to share. Some will demand it. Some will try to take it.

**You've just painted a giant target on your home.**

### The Portable Solution

Instead, use portable panels that can be deployed and concealed:

**200-400W of portable, foldable solar panels ($300-$600)**

These panels fold into a briefcase-sized package when not in use. You set them up in your backyard during the day, connect them to your power station, and bring them inside at night or when not in use.

**Deployment strategies:**

**Backyard deployment:** Place panels in your fenced backyard where they're not visible from the street. Angle them for optimal sun exposure. If you have privacy fencing, even better—neighbors can't see them.

**Deck or patio:** If your back deck isn't visible from neighboring properties, it's a perfect solar deployment location.

**Ground-level against your house:** Lean panels against the side of your house facing south (in northern hemisphere) or north (in southern hemisphere). From the street, they're not visible. From the side or back, they look like you're working on something, not like a permanent installation.

**Tarp covering:** If you're concerned about aerial observation (drones, helicopters), you can cover your solar deployment with a dark tarp when not actively charging. Solar panels only need direct sun to work, so you only expose them during optimal charging hours.

**Rotation strategy:** Move your panels throughout the day to follow the sun and maximize charge. Morning: east-facing setup. Afternoon: south-facing. This also makes it less obvious that you have a permanent solar installation.

### Security During Solar Charging

When your panels are deployed, you're temporarily visible. Someone in your yard will see them. Here's how to manage that risk:

**Deploy during low-traffic times:** Early morning or midday when fewer people are out. Avoid late afternoon/evening when people are coming home and more likely to notice.

**Have someone watching:** When panels are out, someone should be aware and observing. Not standing guard like a sentry—that's obvious. But periodically checking your perimeter, being aware of who's around.

**Quick retrieval plan:** Know how to disconnect and stow your panels in under two minutes. If a threat approaches, you can secure your equipment fast.

**Don't engage with curious neighbors:** If someone asks what you're doing, keep it vague. "Just testing some equipment." "Working on a project." You don't owe explanations.

### The Indoor Charging Alternative

If you have large south-facing windows and privacy concerns outweigh efficiency concerns, you can charge smaller power stations through windows.

**It's dramatically less efficient**—you'll lose 30-50% of your charging capacity through window glass. But if OPSEC is critical, it's an option.

Place your panel inside, against the window, angled for optimal sun. Close curtains around it to minimize visibility from outside. It's slow, but it works.

### Vehicle Charging (Last Resort)

Your car battery can charge small devices in a pinch. Most vehicles have 12V outlets (cigarette lighter plugs). You can charge phones, small electronics, even some power stations with the right adapters.

**But—and this is critical—don't run your car continuously for charging.** You'll waste fuel, create noise, and produce exhaust that's visible and identifiable.

Use your vehicle's 12V outlet for emergency charging only. 15-30 minutes of runtime to top off critical devices, then shut it down.

### The Long-Term Power Reality

Here's what I need you to understand: you're not going to maintain your pre-crisis lifestyle. You're not going to power your whole house. You're not going to have unlimited electricity.

**You're going to have enough power to stay functional, informed, and safe.**

That's the goal. Not comfort. Not normalcy. **Survival with capability.**

Your neighbors will be sitting in complete darkness, unable to charge phones, unable to get information, unable to see threats coming.

You'll have light. Communication. Situational awareness. The ability to respond to threats.

**That advantage is the difference between surviving and becoming a victim.**

### Your 7-Day Action Plan

**Day 1:** Assess your critical power needs. Make a list of devices that absolutely must stay powered. Calculate their wattage and how long you need to run them.

**Day 2:** Research and purchase a portable power station that meets your needs. Start with 500-1000Wh capacity.

**Day 3:** Buy LED lanterns, red headlamps, and tactical flashlights. Stock batteries or get USB-rechargeable versions.

**Day 4:** Order portable solar panels compatible with your power station.

**Day 5:** Install blackout curtains or prepare window coverings for light discipline.

**Day 6:** When equipment arrives, test everything. Charge your power station, run your lights, practice solar deployment.

**Day 7:** Conduct a family drill. Lights off for 4 hours. Everyone uses only the backup lighting. Practice moving around, completing tasks, using light discipline protocols.

**At the end of one week, you have a functional backup power system that will keep your family operational for weeks when the grid fails.**

In the next chapter, we're going to talk about the resource that'll run out before water if you're not prepared: food. And I'm going to show you how to build a 6-month supply for under $500.

# CHAPTER 6: FOOD STORAGE THAT ACTUALLY WORKS

Let me tell you about the biggest lie in the prepping community: that you need thousands of dollars in freeze-dried meals, buckets of wheat berries, and a decade's worth of #10 cans stacked floor to ceiling.

**You don't.**

What you need is six months of food that your family will actually eat, stored in a way that doesn't break your budget or require a warehouse.

I've seen fathers spend $3,000 on fancy freeze-dried meals they've never tasted, only to discover during an actual emergency that their kids won't touch them. I've watched families with rooms full of bulk grain who have no idea how to turn wheat berries into edible food. I've met preppers with five-year food supplies who can't cook without electricity.

**Storage without usability is just expensive clutter.**

Here's what actually works: building a rotating stockpile of normal food your family already eats, stored strategically so nothing goes to waste, with backup cooking methods that don't require grid power.

No buckets of mystery slop. No food you need a YouTube tutorial to prepare. No pretending you'll suddenly learn to grind wheat during a crisis. **Just real food, smart storage, and practical cooking solutions.**

Let's build it.

## THE 6-MONTH FOOD PLAN FOR UNDER $500 (NO FREEZE-DRIED MRES)

The standard prepper advice tells you to buy commercial survival food. Companies will sell you a "one-year supply" for $2,000-$4,000. Open the box and you'll find packets of freeze-dried stroganoff, mystery casseroles, and "just add water" meals that taste like cardboard soaked in regret.

**There's a better way.**

The strategy is simple: stockpile shelf-stable versions of food you already eat, buy in bulk when prices are good, and rotate through your supply so nothing expires.

## The Core Food Categories

A complete food storage system needs to cover these categories:

### Carbohydrates (energy base)

- Rice (white rice stores longer than brown)
- Pasta (various shapes for variety)
- Oats (breakfast and baking)
- Potatoes (canned or instant)
- Flour (for baking if you use it)

### Proteins (critical nutrition)

- Canned chicken
- Canned tuna
- Canned beans (black, kidney, pinto, etc.)
- Peanut butter
- Canned chili
- Spam or canned ham (don't judge—it's shelf-stable protein)

### Vegetables (vitamins and fiber)

- Canned mixed vegetables
- Canned green beans
- Canned corn
- Canned tomatoes (whole, diced, sauce)
- Canned peas

### Fruits (morale and nutrition)

- Canned fruit (peaches, pears, mixed fruit)
- Applesauce
- Dried fruit (raisins, cranberries)

### Fats (essential for calories and satiety)

- Cooking oil (vegetable or olive)
- Canned coconut milk
- Butter powder or canned butter

### Flavor and variety (critical for morale)

- Salt, pepper, basic spices

- Bouillon cubes or stock
- Hot sauce, ketchup, mustard
- Sugar and honey
- Coffee or tea
- Powdered milk

### The 6-Month Shopping List for a Family of Four

Here's the actual math. These quantities will feed four people for six months, assuming 2,000-2,500 calories per person per day.

#### Carbohydrates:

- 200 lbs white rice ($60-80 for bulk bags)
- 100 lbs pasta ($50-70)
- 20 lbs oats ($15-20)
- 50 cans instant potatoes or mashed potato flakes ($40-50)

#### Proteins:

- 100 cans chicken (12.5 oz each) ($150-180)
- 50 cans tuna ($40-50)
- 50 cans beans (various types) ($40-50)
- 10 jars peanut butter ($30-40)
- 20 cans chili ($25-30)
- 10 cans Spam or similar ($30-35)

#### Vegetables:

- 50 cans mixed vegetables ($40-50)
- 30 cans green beans ($25-30)
- 30 cans corn ($25-30)
- 40 cans tomatoes (various) ($35-45)
- 20 cans peas ($18-22)

#### Fruits:

- 40 cans fruit (various) ($45-55)
- 30 cups applesauce ($25-30)
- 10 lbs dried fruit ($30-40)

#### Fats and other:

- 5 gallons cooking oil ($40-50)

- 12 cans coconut milk ($15-18)
- 5 lbs butter powder ($40-50)

**Flavor/variety:**

- Salt, pepper, spices ($30-40)
- 50 bouillon cubes ($10-15)
- Condiments ($20-30)
- 10 lbs sugar ($8-12)
- 2 lbs honey ($15-20)
- Coffee/tea ($30-50)
- 20 lbs powdered milk ($60-80)

**Total estimated cost: $980-$1,250**

Now you're thinking: "You said under $500."

**I did. Here's how:**

**Phase 1 (First $150): The 30-Day Foundation**

Focus on immediate survival. Scale everything down to one month:

- 35 lbs rice ($10)
- 15 lbs pasta ($10)
- 4 lbs oats ($3)
- 20 cans chicken ($30)
- 10 cans tuna ($8)
- 15 cans beans ($12)
- 3 jars peanut butter ($10)
- 15 cans vegetables (mixed) ($15)
- 10 cans fruit ($12)
- 10 cans tomatoes ($9)
- 1 gallon oil ($8)
- Basic spices and salt ($10)
- Coffee/tea ($10)

**This gives you 30 days for $150.**

**Phase 2 (Next $150): Extend to 60 Days**

Double your foundation quantities. Now you're at two months.

**Phase 3 (Next $200): Extend to 90 Days**

Add another month and start diversifying. More variety in proteins, vegetables, fruits. Add powdered milk. Expand spices and flavor options.

**By $500, you have 3+ months of food.** That's enough to survive most realistic crisis scenarios.

**Then you keep building.** Every grocery trip, add $20-30 to your storage. Within six months, you'll have six months of food—all while staying within a manageable budget.

### The Smart Shopping Strategy

Don't buy everything at once. You'll blow your budget and overwhelm your storage space. Instead:

**Buy in bulk when on sale.** Canned goods go on sale regularly. When chicken is $1 per can instead of $2, buy 20 cans. When pasta is 50% off, buy 20 boxes.

**Shop discount stores.** Aldi, Walmart, Costco, Sam's Club—they beat regular grocery stores on canned goods and bulk staples by 30-50%. A case of canned chicken at Costco might be half the price per can compared to your local grocery store.

**Use coupons and apps.** Ibotta, Fetch, store apps—they actually save meaningful money on shelf-stable goods. Stack a sale with a coupon and you're sometimes getting food at 60-70% off.

**Buy store brands.** There's no meaningful difference between name-brand and store-brand canned vegetables. Save 30% by dropping the label loyalty.

**Avoid "survival food" marketing.** That bucket labeled "Emergency Food Supply" is marked up 200-300% compared to buying the same food as regular grocery items. You're paying for packaging and fear.

## HOW TO ROTATE STOCK SO NOTHING EXPIRES OR GETS WASTED

This is where most food storage plans fail. People buy a bunch of cans, stack them in the basement, and forget about them. Five years later, they find expired food that's either unsafe or tastes terrible, and thousands of dollars go in the trash.

**First In, First Out (FIFO) is your operating principle.**

The first can you buy is the first can you eat. Nothing sits in storage forever. You're constantly cycling through your stockpile, eating the oldest items and replacing them with fresh purchases.

### The Rotation System

Here's how to set it up:

#### Step 1: Date everything

When you buy canned goods, write the purchase date on the can with a permanent marker. Not the expiration date—the purchase date. This tells you at a glance which items are oldest.

For items without dates or with unclear dates, mark them when you buy them.

#### Step 2: Organize by type and date

Group similar items together. All canned chicken in one area. All pasta in another. All vegetables together.

Within each group, arrange by purchase date—oldest in front, newest in back.

#### Step 3: Shop your stockpile first

Before you buy groceries, check your storage. Need chicken for dinner this week? Pull from your stockpile, oldest cans first. Then add chicken to your shopping list to replace what you used.

You're eating your stored food constantly, and replacing it constantly. Nothing sits long enough to expire.

#### Step 4: The two-week rule

Every two weeks, check your stockpile. Look for items approaching expiration (within 6 months). Move those to a "use soon" section. Plan meals around them.

This prevents the surprise discovery that you have 20 cans of beans expiring next month.

### The Storage Space Solution

Most fathers think they don't have room for six months of food. You'd be surprised how much you can fit in spaces you're not currently using:

**Under beds:** Plastic bins full of canned goods slide under beds perfectly. Out of sight, climate-controlled, accessible.

**Closets:** Clear out the junk in your hall closet. Stack cans on shelves. You just found room for 100+ cans.

**Garage (with precautions):** If your garage doesn't get extreme temperatures, it can work. Avoid storing food directly on concrete (use pallets or shelves). Keep it away from chemical storage.

**Pantry reorganization:** Most kitchen pantries are inefficiently organized. Use risers and tiered shelves to double your capacity.

**Behind furniture:** The space behind your couch? Stack flat boxes of pasta. Behind your dresser? Cases of canned goods.

**Built-in cabinet space:** Look at your existing cabinets. Most have wasted vertical space. Add extra shelves.

You don't need a dedicated storage room. You need to use the space you already have more intelligently.

### The Shelf Life Reality

Here's what actually happens with shelf-stable food:

**Canned goods:** Expiration dates are conservative. Most canned foods are safe and edible for years past the printed date if stored properly (cool, dry, undamaged cans). I've eaten 10-year-old canned chicken that was fine. Do I recommend pushing it that far? No. But the point is: a can that's 6 months "expired" is almost certainly still good.

**Dried goods (rice, pasta, oats):** Stored in airtight containers in cool, dry conditions, these last decades. White rice can last 30+ years. Pasta lasts 2-3 years minimum, often much longer.

**Oils and fats:** These do go rancid. Rotate them every 1-2 years. You'll smell it if oil has gone bad—it'll smell like crayons or paint.

**Spices:** Lose potency over time but don't become unsafe. Rotate every 2-3 years for best flavor.

**Properly stored food lasts far longer than the dates suggest.** But proper rotation means you never have to test those limits.

## COOKING WITHOUT POWER: THE BACKUP STOVE SETUP NOBODY TALKS ABOUT

You've got food stored. Great. Now how do you cook it when the power's out and your electric stove is useless?

Most fathers have no answer to this question. They assume they'll figure it out. Maybe they'll use the grill. Maybe the fireplace. Maybe... something.

**Hope is not a plan.**

You need multiple backup cooking methods because any single method can fail or become impractical.

### Backup Method #1: Propane Camp Stove (Primary)

This is your go-to cooking solution for extended power outages.

**What you need:**

**A two-burner propane camp stove ($50-80)**

Brands like Coleman make reliable, affordable stoves. Two burners let you cook multiple items simultaneously—heat water for coffee while cooking breakfast.

These stoves use 1-lb propane canisters (the small green bottles). At full burn, one canister lasts about 2 hours. At moderate heat settings, you can stretch it to 3-4 hours.

**Propane storage:**

For a family of four, you'll use roughly 1-2 canisters per day of cooking (breakfast, lunch, dinner). For one month, that's 30-60 canisters.

**Cost: $3-4 per canister, so $90-240 for a month's supply.**

Store them in a well-ventilated area (garage, shed, outdoor storage box). Don't store them inside your living space—propane is heavier than air and can accumulate in low areas if there's a leak.

**Alternative: 20-lb propane tanks**

If you want to extend your propane supply, buy a hose adapter ($20-30) that lets your camp stove connect to a standard 20-lb BBQ propane tank. One 20-lb tank has the equivalent of roughly 20 small canisters. It's more economical long-term.

**Where to cook:**

**Never cook with propane indoors.** Carbon monoxide poisoning kills silently. Camp stoves are designed for outdoor or very well-ventilated use only.

Cook on your porch, deck, or patio. If weather is terrible, cook in your open garage with the door up—never in a closed space.

**Total investment for propane cooking: $150-320**

### Backup Method #2: Wood-Burning Options (Secondary)

If you have a fireplace, wood stove, or fire pit, you have a backup cooking method that requires no stored fuel.

**Fireplace cooking:**

You can cook directly in your fireplace using cast iron cookware. A cast iron Dutch oven or skillet can sit right in the coals. It's slow and takes practice, but it works.

**Outdoor fire pit:**

If you have a backyard fire pit, you can cook over open fire. Use a grill grate over the pit, or use cast iron directly in the coals.

**Rocket stove or hobo stove ($0-50):**

These are ultra-efficient wood-burning stoves you can build from cans or buy premade. They burn small sticks and twigs, produce minimal smoke, and create a concentrated heat source for cooking.

**Considerations:**

Wood cooking produces smoke and smell. In a crisis where you're trying to maintain OPSEC, this broadcasts that you're cooking. Use during the day when smoke is less visible. Cook foods that don't have strong smells when possible.

**Wood cooking requires practice.** Don't wait until a crisis to figure out how to cook rice over an open fire. Practice now. Burn some meals. Learn the technique.

### Backup Method #3: Alcohol Stoves (Tertiary)

These are lightweight, portable stoves that burn denatured alcohol. They're what backpackers use.

**Pros:** Silent, no smoke, compact, alcohol is cheap and stores indefinitely.

**Cons:** Low heat output, slow cooking, not practical for feeding a family regularly.

**Use case:** Heating small amounts of water, warming single servings of food, emergency backup if propane runs out.

**Cost: $15-30 for a stove, $10-15 per quart of fuel**

### Backup Method #4: Solar Oven (Bonus)

If you live in a sunny climate, a solar oven can cook food using only sunlight. No fuel required.

**Reality check:** Solar ovens are slow, weather-dependent, and require practice. They're not replacements for conventional cooking methods, but they're useful supplements.

You can buy commercial solar ovens ($100-300) or build one from cardboard, aluminum foil, and glass ($20-30 DIY).

### The Cooking Fuel Strategy

Just like with food storage, you need redundancy:

**Primary:** 60-90 days of propane for camp stove cooking. This handles most realistic crisis scenarios.

**Secondary:** Wood-burning capability if you have a fireplace or fire pit. This is your unlimited backup if propane runs out.

**Tertiary:** Alcohol stove for emergency situations.

**Don't depend on any single method.** Propane runs out. Wood might not be accessible. Weather might prevent outdoor cooking. Have multiple options.

### The Kitchen Without Power

Let's talk about what else you need to cook effectively without electricity:

**Manual can openers (2-3 of them):** Electric can openers are useless. Hand-crank openers are cheap ($5-10). Buy multiple because they break.

**Cast iron cookware:** Works on camp stoves, in fireplaces, over open fires. One large skillet and one Dutch oven cover most cooking needs. Cast iron lasts forever and doesn't require special care.

**Long-handled utensils:** For cooking over fire, you need tools that keep your hands away from heat. Long-handled spatulas, spoons, and tongs.

**Heat-resistant gloves:** Oven mitts work, but welding gloves or leather work gloves give you better protection when handling hot cast iron.

**Aluminum foil:** Incredibly versatile for fire cooking. Wrap food, create makeshift pans, reflect heat.

**Large pots for boiling water:** If you're purifying water by boiling, you need capacity. 5-gallon stockpots let you boil large quantities at once.

**Matches and lighters:** Stock hundreds of matches (in waterproof containers) and multiple lighters. You need reliable fire-starting capability.

### The Cooking Protocol

When the power goes out, here's your cooking procedure:

**Day 1-3:** Use up refrigerated and frozen food first. Cook everything before it spoils. Eat fresh while you can.

**Day 4-7:** Transition to canned and shelf-stable foods. Practice your backup cooking methods. Establish a routine.

**Week 2+:** You're in a rhythm. Breakfast might be oatmeal cooked on the camp stove. Lunch might be sandwiches with canned meat and shelf-stable bread or crackers. Dinner might be pasta with canned sauce and vegetables.

**Efficiency tips:**

**Cook in batches.** If you're firing up the propane stove, cook multiple meals at once. Use less fuel and have leftovers.

**One-pot meals.** Dishes that cook in a single pot (chili, soup, pasta dishes) save fuel, water, and cleanup effort.

**Cold meals.** Not everything needs to be hot. Canned chicken on crackers with fruit doesn't require cooking. Save fuel by eating cold when practical.

**Thermos cooking (advanced).** You can cook rice and oats by bringing water to a boil, adding the food to a thermos, and letting it sit for hours. The retained heat finishes the cooking with no additional fuel.

### What About the Refrigerator?

When power goes out, your fridge becomes a cooler. Here's how to maximize its usefulness:

**Don't open it.** Every time you open the door, cold air escapes. A closed refrigerator stays cold for 24-36 hours. A closed freezer stays frozen for 36-48 hours.

**Add ice or frozen water bottles.** If you get warning before the power goes out, fill every available space in your freezer with water bottles. As they freeze, they increase your freezer's thermal mass. When power fails, these act as ice blocks keeping things cold longer.

**Move critical items to coolers with ice.** If you need to access refrigerated food regularly, move it to a cooler so you're not repeatedly opening the fridge.

**After 48 hours, everything in your fridge and freezer is compromised.** Eat it or lose it. This is why you stockpile shelf-stable food—you're not dependent on refrigeration.

### The Morale Component of Food

Here's something nobody talks about: in a crisis, food is more than calories. It's comfort. Normalcy. Hope.

Your family is scared. They're stressed. They're surrounded by chaos. Sitting down to a hot meal—even if it's just canned soup and crackers—provides psychological relief that's critical for maintaining morale.

**This is why you include coffee, sugar, spices, and "comfort foods" in your storage.** Yes, you can survive on plain rice and beans. But will your family's mental state survive weeks of bland, joyless meals? Probably not.

A little hot sauce makes canned chicken edible. Sugar in oatmeal makes breakfast tolerable. Coffee keeps dad functional and less irritable. These aren't luxuries—they're investments in your family's psychological resilience.

**Plan meals that feel normal.** Spaghetti with meat sauce (pasta + canned tomatoes + canned ground beef or crumbles). Chicken and rice (canned chicken + rice + bouillon). Chili (canned). These are familiar, comforting foods that happen to store well.

**Your family needs to believe you have things under control.** Serving them recognizable, decent-tasting food reinforces that belief.

### Your 7-Day Action Plan

**Day 1:** Calculate your family's 30-day food needs. Use the shopping list as a template. Write down exactly what you need for one month.

**Day 2:** Buy your first $50 of storage food. Focus on staples: rice, pasta, canned protein, canned vegetables.

**Day 3:** Buy a propane camp stove and 10-20 propane canisters. Test the stove outside. Cook a meal on it.

**Day 4:** Organize your current pantry using FIFO principles. Date everything. Set up your rotation system.

**Day 5:** Add another $50 of storage food. You're now building toward 30 days.

**Day 6:** Acquire manual can openers, cast iron if you don't have it, and fire-starting supplies.

**Day 7:** Cook a full day of meals using only your backup cooking methods and stored food. Breakfast, lunch, dinner—no electricity, no fresh food. See what works and what doesn't. Adjust your plan accordingly.

**At the end of one week, you have the foundation of a food storage system and proven cooking capability.**

Keep building every grocery trip. Every paycheck, add more to your stockpile. Within three months, you'll have three months of food. Within six months, you'll have six months.

**Your family won't starve. They won't panic. They won't be dependent on stores that might not have food or government aid that might not come.**

**You've built resilience, one can at a time.**

In the next chapter, we're addressing the part everyone thinks about but few prepare for correctly: home defense. Not the tactical fantasy version—the realistic, legal, practical version that protects your family without turning your home into a war zone.

# CHAPTER 7: THE GRAY MAN HOME DEFENSE PROTOCOL

Let me tell you about two houses I encountered during civil unrest operations in a foreign city.

House One had bars on every window. Security cameras visible from the street. Motion sensor lights everywhere. A heavy-duty fence. Signs warning about dogs and security systems. From 100 yards away, you could tell this place was fortified.

House Two looked completely normal. Average doors. Regular windows. Nothing special about it from the outside.

Guess which house got hit first when organized looters moved through the neighborhood?

**House One.**

Because visible security tells two things to potential threats: "This house has something worth protecting" and "The owners are so worried about threats that they invested heavily in security." It's an advertisement that screams "high-value target."

House Two? The looters walked right past it. They had no idea that the seemingly normal doors were reinforced, the windows had security film, the entry points were hardened, and the residents were prepared to defend themselves. From the outside, it looked like every other house on the block—not worth the effort when easier targets were available.

**This is the Gray Man principle applied to home security: be hard to attack without looking hard to attack.**

You want your home to be a fortress that doesn't look like a fortress. You want security that functions when it matters but doesn't broadcast your preparedness when it doesn't. You want to be the house that criminals pass by because they never identified you as a threat or a target.

This chapter will show you how to build that security—practically, affordably, and legally.

## HOW TO SECURE YOUR HOME WITHOUT ADVERTISING YOU'RE PREPARED

The first rule of home security during crisis is counterintuitive: **visible security measures can make you less secure.**

Here's why: in a sustained crisis when rule of law has broken down, highly visible security identifies you as someone worth targeting. It tells observers:

1. You have resources worth protecting
2. You're prepared (which means you have stockpiles)
3. You're worried enough to invest in security
4. If they can defeat your visible security, they'll gain access to valuable supplies

**Instead, you want layered security that's effective but covert.**

### The Visible vs. Invisible Security Matrix

Let me break down what criminals and opportunistic threats actually respond to:

**What DETERS threats:**

- Signs of active occupancy (people clearly at home and aware)
- Difficulty of entry (reinforced doors, secured windows)
- Unpredictability (varied routines, irregular lighting)
- Neighborhood watch presence (people looking out for each other)
- Dogs (the sound of barking, not necessarily visible)

**What ATTRACTS threats:**

- Visible wealth (expensive cars, obvious valuables through windows)
- Visible security (cameras, alarm signs, bars, fences)
- Predictable patterns (same schedule daily)
- Signs of vulnerability (overgrown yard, mail piling up, always dark)
- Obvious supplies (generators running, stockpiles visible)

Notice what's on the "attracts" list: visible security measures. This seems wrong until you understand the criminal psychology. Professional criminals and desperate opportunists during crisis aren't deterred by visible security—they see it as confirmation that you have something worth stealing and a challenge to overcome.

### The Gray Man Home Strategy

Your goal is to make your home simultaneously:

- **Hard to attack** (reinforced entry points, secured vulnerabilities)
- **Unremarkable to observe** (no visible fortifications or indicators of preparation)
- **Unpredictable to surveil** (varied patterns, uncertain occupancy)
- **Aware of threats** (early warning systems, good sightlines)

Let's build this layer by layer.

### Layer 1: Eliminating External Indicators

Walk around your property right now and look at it through the eyes of someone assessing it as a target. What do they see?

**Remove or conceal these indicators:**

**Visible stockpiles.** Can someone see cases of water, food supplies, or gear through your windows or garage? Cover them. Relocate them. Use curtains. Don't advertise your resources.

**Generator visibility.** If you have a generator, store it out of sight. When you run it, place it in a location that's not visible from the street if possible. The sound will carry, but at least it's not visually confirmed.

**Security cameras.** If you have them, use cameras that are small and discrete, not the large obvious ones. Better yet, position them so they're functional but not the first thing someone sees when approaching your house.

**Alarm company signs.** Remove them. They tell criminals you have resources worth protecting and which alarm company you use (allowing them to research your specific system's vulnerabilities).

**NRA stickers, Molon Labe decals, "We Don't Call 911" signs.** Take them all down. You're broadcasting that you have guns, which makes you both a threat and a source of firearms for someone who wants them. Keep your capabilities private.

**Expensive vehicles.** If you have them, park them in your garage during crisis. Visible wealth attracts attention.

**Well-maintained property vs. neighbors.** If your lawn is perfect and your house looks pristine while your neighbors' properties are declining, you stand out. During extended crisis, let your yard go a little. Match the neighborhood's appearance. Blend in.

**Lights at unusual hours.** If your house is the only one with lights on at 2 AM when the power's out, you've just announced you have backup power. Use blackout curtains. Control your light signature.

**The goal: Someone walking or driving past your house should see nothing that makes them think "that house is prepared" or "that house has resources."**

### Layer 2: Covert Hardening

Now that you're not advertising, let's make your home actually secure—in ways that aren't obvious until someone tries to breach it.

**Entry point assessment:**

Walk around your home. How many ways can someone get inside?

- Front door
- Back door
- Side doors (if you have them)
- Garage doors
- First-floor windows
- Basement windows
- Second-floor windows (if accessible via roof, deck, or tree)

Every one of these is a potential entry point. Your job is to harden them without making the hardening visible.

**The psychology of criminals:** They want easy, fast entry. If your door doesn't kick in after two tries, they'll move to the next house. If your window doesn't break quietly, they'll look for easier targets. You don't need to build a vault—you just need to be harder than your neighbors.

## DOOR AND WINDOW REINFORCEMENT ON A BUDGET

Let's start with the most common entry points: doors and windows.

### Door Security (Under $200 Total)

Most residential doors are joke-level security. A standard door with a standard deadbolt can be kicked in with one or two solid strikes. The door holds, but the doorframe splinters and the whole thing fails.

**Here's how to fix it without replacing doors:**

**Door reinforcement kit ($40-80 per door):**

These are metal plates that reinforce the strike plate area and the deadbolt area. Brands like Armor Concepts or Door Armor make kits specifically for this.

Installation is simple: remove your existing strike plate and deadbolt plate, install the reinforcement hardware using the long screws provided (usually 3-4 inches long that anchor into the stud, not just the doorframe), reinstall your locks.

**From the outside, your door looks exactly the same.** But it's now 5-10 times harder to kick in.

Do this on:

- Front door (priority #1)
- Back door (priority #2)
- Any door that leads directly outside
- Garage entry door to your house

**Security door bar or brace ($30-60 each):**

These are adjustable metal bars that wedge under your doorknob and brace against the floor. When installed, the door cannot be opened even if the lock is defeated.

Use these on doors you're not actively using (back door at night, side doors). Takes 5 seconds to install and remove. Invisible from the outside.

**Hinge security ($10 per door):**

Most exterior doors have hinges on the outside. If someone removes the hinge pins, they can lift the door off even if it's locked. Fix this with hinge bolts or non-removable hinge pins.

Hinge bolts are metal studs that interlock when the door closes, preventing removal even if the hinges are defeated. They're installed in the door and doorframe. From outside: invisible.

**Solid core door upgrade (if needed) ($150-300):**

If you have hollow core doors leading outside (you shouldn't, but many houses do), replace them with solid core or metal doors. This is more expensive but essential. Hollow doors can be punched through.

**Peephole or door viewer ($10-30):**

You need to see who's at your door without opening it. Wide-angle peepholes let you see the full porch area. Electronic door viewers with cameras give you even better visibility, but they're more expensive and obvious.

**Total door security investment: $150-$250 for all critical doors**

### Window Security (Under $300 Total)

Windows are harder to secure without being obvious about it. Bars are visible. Boards are visible. But there are covert options.

**Security window film ($50-100 per large window):**

This is clear film applied to the inside of your windows. It holds the glass together if someone tries to break it. They'll hit the window and it won't shatter—it'll spiderweb but stay in the frame.

This doesn't prevent entry indefinitely, but it slows it down dramatically and makes noise. Smashing a window quietly is easy. Smashing a filmed window takes multiple hits and creates sustained noise—exactly what criminals want to avoid.

**From outside: completely invisible.** Your windows look normal.

Installation: you can DIY or hire it done. DIY is cheaper but takes practice to avoid bubbles.

Priority windows:

- First floor windows accessible from ground level
- Windows near doors (if they break the window, can they reach through and unlock a door?)
- Basement windows

**Window locks and pins ($5-15 per window):**

Most sliding windows and double-hung windows have terrible locks. Upgrade them with:

**Sliding window locks:** Metal bars or keyed locks that prevent the window from sliding open even if the latch is defeated.

**Sash locks for double-hung windows:** Additional locks beyond the standard latch.

**Window pins:** Drill a hole through both window frames when closed, insert a removable pin. Window can't open without removing the pin. Costs basically nothing and works perfectly.

**Dowel rods in sliding windows and doors ($0-10):**

Cut a wooden dowel rod (or even a broom handle) to fit in the track of sliding windows or patio doors. Even if someone defeats the lock, the window/door can't slide open.

Cheap, effective, invisible from outside.

**Window alarms ($10-20 for a 4-pack):**

These are small battery-powered alarms that stick to windows. If the window opens or breaks, they emit a 120-decibel alarm. They don't prevent entry, but they announce it—which is often enough to make someone abort.

Place them on vulnerable windows. Even if your security system is down, these still work.

**Thorny bushes under first-floor windows ($20-50):**

This is a landscaping security measure. Plant holly, barberry, or other thorny shrubs under first-floor windows. Someone can technically still access the window, but they'll be fighting through painful vegetation to do it.

From the street: looks like landscaping. In reality: physical barrier.

**Total window security investment: $200-$400 depending on number of windows**

**Garage Security**

Garages are often the weakest entry point because people forget to secure them.

**Garage door reinforcement:**

Most garage doors can be defeated by sliding a coat hanger through the top seal and pulling the emergency release. Fix this by:

- Disabling the emergency release cord (if you're home, you can manually lift the door anyway)

- Or installing a zip-tie lock on the release mechanism (breaks easily from inside but prevents external manipulation)

**Garage entry door security:**

The door from your garage into your house needs to be treated like an exterior door. Reinforce it with the same methods as your front door. Many people ignore this, assuming the garage door is the real barrier. It's not.

**Cover garage windows:**

If your garage has windows, cover them or frost them. You don't want people seeing what's in your garage—tools, vehicles, supplies, entry points.

**Motion sensor light inside garage:**

If someone does breach your garage door, a motion-activated light inside will startle them and alert you. Battery-powered LED motion sensors are cheap ($15-25).

## THE PERIMETER SECURITY SYSTEM THAT WORKS WHEN ALARMS DON'T

Your home security system—if you have one—is only useful when it can call for help. When the grid is down, when cell towers aren't working, when police aren't responding, your monitored alarm system is worthless.

**You need a perimeter security system that works independently and alerts you, not some monitoring station that can't send help anyway.**

### Understanding Perimeter Security

Your property has layers:

1. Street/sidewalk (public, no control)
2. Front yard (your property, first layer)
3. Entry points (doors, windows, garage)
4. Interior (your home's inside)

Most people only think about #3 and #4. That's reactive security—you're responding after someone's already at your door or breaching your home.

**Perimeter security is proactive–you know someone's approaching before they reach your entry points.**

This gives you time to:

- Assess the threat
- Prepare a response
- Position yourself advantageously
- Avoid being surprised

### The Early Warning System

Here's how to build a functional perimeter system for under $300:

**Motion-activated lights (exterior, battery-backup models) ($30-60 each, buy 2-4):**

Place these at key approach points:

- Driveway/front walkway
- Side yard gates
- Back patio or deck

When someone enters the detection zone, the light activates. This serves two purposes:

1. You're alerted inside (you see the light come on)
2. The intruder knows they've been detected (many will abort)

Use LED lights with battery backup so they work when power is out. Solar-powered models also work.

**Placement tip:** Angle lights so they illuminate the approach but don't shine directly into your windows (blinding you). Position them high enough that they're not easily disabled.

**Driveway alarm sensors ($30-60 per sensor):**

These are infrared sensors you place at your driveway entrance or gate. When someone crosses the beam, a receiver inside your house alerts you (chime, vibration, light).

You'll know someone entered your property before you can see them. This is valuable situational awareness.

Models from brands like Guardline or Chamberlain work well. Wireless, battery-operated, weather-resistant.

**Outdoor battery-powered cameras with local storage ($40-80 each, buy 2-4):**

These are not your typical security cameras that rely on cloud storage and internet connectivity. These are cameras with local SD card storage that record to the card.

Brands like Reolink make battery-powered cameras that don't need wifi. They detect motion, record to the SD card, and you can review footage manually.

**Why these work when traditional systems fail:**

- No internet needed
- No power needed (battery-operated, rechargeable, sometimes solar)
- No monthly fees
- Still capture evidence and let you review what happened

Place them:

- Covering your front door and porch
- Covering side or back doors
- Covering driveway or main approaches

**Tactical positioning:** Place them high and angled so they're not immediately obvious. You want them to see threats without threats seeing them first.

**Glass break sensors ($10-15 per window):**

These stick to windows and detect the specific frequency of breaking glass. When glass breaks, they sound an alarm locally (inside your house).

Even if your monitored alarm system is down, these still alert you.

**Door/window contact sensors ($5-10 each):**

These are two-piece sensors: one on the door/window frame, one on the door/window itself. When they separate (door/window opens), an alarm sounds.

These work independently of any security system. Battery-powered, wireless, loud alarms.

Put them on any door or window you want monitored.

**Total investment: $250-$400**

### The Low-Tech Perimeter System

If budget is extremely tight, you can build a perimeter system for under $50:

**Tripwire alarms ($5-15 each):**

These are literally a wire strung across a path connected to a loud alarm or light. When someone walks into the wire, the alarm triggers.

Set these up:

- Across your driveway at night
- Along side yard paths
- Near gates or fences

Remove them during the day, deploy them at night. Extremely effective, nearly free.

**Motion-activated glow sticks or lights ($1-3 each):**

These are small LED devices that activate when disturbed. Place them along paths or near entry points. They won't stop anyone, but they'll alert you.

**Dog (the original alarm system) (**0 if you already have one, $ **if you don't):**

A dog that barks when strangers approach is one of the most effective perimeter alarms ever invented. You don't need a trained guard dog—just a dog that makes noise when someone's near.

Dogs hear things you don't. They alert before you even know there's a threat. And the sound of a dog barking makes most criminals reconsider—they don't know if it's a poodle or a pit bull.

**Gravel or noisy ground cover ($20-50):**

Spread gravel or crushed stone on paths leading to your house. Nobody can approach quietly over gravel. It's passive security that costs nothing to maintain.

### The Situational Awareness Protocol

Technology is great. But the most important perimeter security system is you paying attention.

**Establish routines:**

**Morning perimeter check:** Walk around your property every morning. Look for:

- Signs of attempted entry (scratches on doors, disturbed windows)
- Footprints or tracks where they shouldn't be
- Items moved or displaced
- Evidence of surveillance (cigarette butts, food wrappers, disturbed bushes)

**Evening lockdown:** Every night, perform a full security lockdown:

- All doors locked and reinforced
- All windows locked
- Alarms armed
- Perimeter sensors deployed
- Interior lighting controlled for OPSEC
- Family briefed on overnight protocol

**Random checks:** Periodically throughout the day, look outside. Scan your street. Notice cars that don't belong. Notice people loitering. Notice patterns.

**Trust your instincts:** If something feels wrong, act on it. Don't rationalize away your gut feeling. Your subconscious processes more information than your conscious mind. If you feel watched or threatened, assume you're right until proven otherwise.

### Neighbors as Perimeter (If Trustworthy)

In Chapter 3, we talked about assessing your neighbors. If you've identified trustworthy neighbors, they can become part of your perimeter security through informal mutual observation.

**The agreement:** "I'll keep an eye on your place, you keep an eye on mine."

You're not forming a militia. You're not creating a formal security team. You're just neighbors agreeing to watch for threats and alert each other.

This works because:

- You can't observe your entire perimeter 24/7
- Neighbors have different sightlines and perspectives
- Multiple observers catch things single observers miss
- Mutual security benefits everyone

### How to initiate this:

**Casual approach:** "Hey, with everything going on, I've been trying to keep an eye out for any suspicious activity in the neighborhood. Mind if I let you know if I see anything near your place? And if you see anything weird near mine, I'd appreciate a heads-up."

Most reasonable people will agree. You've now established a reciprocal watching arrangement without ever using words like "perimeter security" or "mutual defense."

**Communication method:** Exchange phone numbers or agree on a simple signal (text, knock on door, etc.). Keep it simple.

### Fields of Fire and Sight Lines

This is going to sound tactical, but bear with me—it's practical knowledge.

From inside your home, you need to be able to see approaches before threats reach your doors. This is called having clear sight lines.

**Walk through your house and look out every window. What can you see?**

**Front windows:** Can you see your driveway, walkway, and street? If not, can you adjust window coverings or move furniture to create a vantage point?

**Side windows:** Can you see side yards and gates?

**Back windows:** Can you see your backyard and rear approaches?

**Blind spots:** Anywhere you can't see is a vulnerability. Someone could approach from that angle without you knowing.

**Fixing blind spots:**

**Trim vegetation:** Overgrown bushes and trees near your house create cover for threats. Cut them back so you have clear views.

**Mirrors or cameras:** If you have a structural blind spot (corner of house, etc.), position a mirror or camera to give you visibility.

**Lights:** Illuminate dark areas at night so they're not useful for concealment.

**From a defensive standpoint:** If you ever need to defend your home, you need to know where threats can approach from and have the ability to observe and respond. This isn't about preparing for a gunfight—it's about not being surprised.

### The Layered Response Plan

Perimeter security is only useful if you have a plan for what to do when it's triggered.

#### Level 1: Awareness Alert

Your driveway sensor goes off. Someone's on your property.

**Response:**

- Observe from window (don't show yourself)
- Assess threat level (lost delivery driver vs. group of men)
- Alert family to heightened awareness
- Position yourself between threat and family
- Wait and observe

**Most alerts will be non-threats. But you're ready if they're not.**

#### Level 2: Perimeter Breach

Someone's at your door, trying windows, or clearly attempting entry.

**Response:**

- Immediate family alert (everyone to predetermined positions)
- Arm yourself if you're legally able and trained
- Call out warning from inside ("The police are on their way" even if they're not)
- Activate loud alarms (window alarms, panic buttons, anything that makes noise)
- Prepare to defend if entry is achieved

**The goal at this level: deter without confrontation.** Most criminals will flee when they realize the house is occupied and aware.

#### Level 3: Forced Entry

Someone has breached or is actively breaching your home.

**Response:**

- This is no longer perimeter security—this is home defense
- Family to safe room (predetermined location)

- You defend the access point to that location
- Use defensive tools (we'll cover this in detail later)
- Do not pursue or engage beyond defense

**This is the scenario you're preparing for but hoping never happens.**

### The Legal Reality

Everything I've described is legal. Reinforcing doors, filming your own property, installing alarms, observing your perimeter—all legal everywhere in the U.S.

**But understand your local laws on:**

**Use of force:** When are you legally justified in using force to defend your home? "Stand your ground" laws vary by state. Some states have duty to retreat. Know your legal position.

**Booby traps:** Never create booby traps. They're illegal everywhere and will land you in prison. Your security must be passive or actively controlled by you.

**Recording:** Some states require two-party consent for audio recording. Video recording on your own property is generally legal, but check local laws if you're worried.

**Weapons:** If you have firearms or other defensive tools, know your state and local laws on possession, storage, and use.

**The Gray Man principle applies to legality too:** Don't build security that attracts legal scrutiny in normal times.

### Your 7-Day Action Plan

**Day 1:** Conduct a vulnerability assessment. Walk around your home inside and out. List every entry point, every blind spot, every weakness.

**Day 2:** Reinforce your front door. Install a door reinforcement kit, hinge security, and door bar. Test it.

**Day 3:** Reinforce your back door and any other exterior doors. Same protocol as Day 2.

**Day 4:** Secure critical windows. Apply security film, install better locks, add window alarms. Start with first-floor windows.

**Day 5:** Buy and install perimeter sensors. Driveway alarm, motion lights, or cameras. Test them. Make sure you can hear/see alerts from inside.

**Day 6:** Establish your family's security protocol. Where does everyone go when perimeter is breached? Who does what? Practice it.

**Day 7:** Conduct a nighttime security drill. Kill all lights, deploy all security measures, run through your response protocol. Find the gaps. Fix them.

**At the end of one week, your home is significantly harder to breach and you'll know when someone's trying.**

You're not advertising your security. You're not provoking threats. You're just quietly, systematically making your home the wrong house to target.

### The Hard Truth About Home Security

No security system is perfect. A determined, equipped, organized threat can breach any residential home given enough time and effort.

**But that's not what you're defending against.**

You're defending against opportunistic criminals, desperate neighbors, and casual threats looking for easy targets. Those threats are defeated by being harder than the house next door.

**You don't have to be impenetrable. You just have to be more effort than you're worth.**

That's the Gray Man home security principle. And if you've implemented this chapter, you've achieved it.

In the next chapter, we're moving into the 30-day fortification timeline. You've secured the basics in 72 hours. Now we're going to build on that foundation with deeper systems: securing your perimeter, establishing communications, protecting assets, and preparing for medical emergencies when hospitals aren't an option.

# PART 3: THE 30-DAY FORTIFICATION PLAN

# CHAPTER 8: SECURING YOUR PERIMETER

In the last chapter, we talked about hardening your home's entry points and establishing basic awareness of your immediate surroundings. That's critical—but it's not enough for sustained crisis survival.

Here's what most fathers don't understand: home defense isn't about the moment someone tries to kick in your door. By that point, you're already in a reactive fight you might lose. **Real security is about controlling the environment before threats reach your door.**

I learned this principle during close protection work. When you're protecting a high-value person, you don't wait at the hotel room door hoping nobody shows up with bad intentions. You establish concentric layers of security that identify threats early and create multiple opportunities to de-escalate or respond before violence is inevitable.

Your home deserves the same approach.

Think of your property like an onion—multiple layers, each one providing security, observation, and control. A threat has to navigate through each layer to reach your family. And at every layer, they're making decisions: Is this worth it? Is this too hard? Should I find an easier target?

**The more layers you build, the more decision points you create, the more likely they choose someone else.**

This chapter will teach you the four-layer defense strategy used by executive protection professionals, adapted for suburban homes with realistic budgets. We're not building a compound. We're building a defensible position that looks completely normal but functions like a fortress.

Let's construct your perimeter.

### THE 4-LAYER HOME DEFENSE STRATEGY USED BY EXECUTIVE PROTECTION TEAMS

Professional security personnel think about defense in concentric rings radiating out from the protected asset. Each ring serves specific purposes and creates specific advantages. Let's adapt this for your home.

### Layer 1: The Public Approach (Street to Property Line)

This is the area you don't own but need to monitor: the street, sidewalk, neighboring properties that provide sightlines to yours.

**Purpose of Layer 1:**

- Early threat identification (suspicious vehicles, unfamiliar people)
- Behavioral assessment (someone lost vs. someone surveilling)
- Decision time (if you identify a threat here, you have minutes to prepare)

**You can't control this layer, but you can observe it.**

**How to use Layer 1 effectively:**

**Establish baseline normal:** Know what your street looks like on a typical day. How many cars are usually parked? When do neighbors come and go? What's the regular pedestrian traffic?

**Deviations from normal are your early warnings:** New vehicle parked with someone sitting in it for 30 minutes? Not normal. Same person walking past your house three times? Not normal. Vehicle driving slowly, occupants looking at houses? Not normal.

**Create observation posts:** You need to be able to see Layer 1 from inside your home without being obvious about it.

Position a chair near a front window where you can observe the street while appearing to read, work on a laptop, or watch TV. Angle it so you're not obviously staring out the window.

If you have a second-story window with street views, even better—higher vantage point, harder for observers to know you're watching them.

**Document patterns:** During the first 30 days, keep a notebook. Write down unusual vehicles, unfamiliar people, anything that doesn't fit the pattern. You're building intelligence on your environment.

If the same vehicle shows up multiple times over days, you're being surveilled. If the same person walks past repeatedly, they're gathering information. Early detection of surveillance gives you massive advantage.

**Neighborhood awareness network:** If you've established trusted relationships with neighbors (Chapter 3), they're watching Layer 1 from different angles. Share information. "Did you see that white van parked down the street yesterday?" Build collective awareness without being paranoid.

**What you're looking for in Layer 1:**

**Pre-attack indicators:**

- Vehicles that don't belong, especially with occupants remaining in them
- Photography or video recording of houses (including yours)
- People testing doors or windows on other houses (they're learning the neighborhood)
- Groups gathering with no clear purpose
- Delivery vehicles that don't deliver anything
- Individuals dressed inappropriately for weather or activity (winter coat in summer = concealing something)

**When you identify a threat in Layer 1:** You have time. Heighten awareness. Brief your family. Lock down your home. Position yourself advantageously. You might never see that threat again, or you might stop them before they reach Layer 2.

**Layer 2: Property Perimeter (Property Line to Home Exterior)**

This is your front yard, side yards, backyard, driveway—everything between public space and your home's walls. **This is where you have control.**

**Purpose of Layer 2:**

- Slow or channel threats (they can't just walk straight to your door)
- Provide early warning (sensors, visibility, obstacles)
- Create psychological deterrence (harder than expected = reconsider)
- Give you tactical advantage (you're inside observing, they're outside exposed)

**Layer 2 is about making approach difficult and observable.**

**Strategic landscaping (free to $100):**

Most people landscape for aesthetics. You're going to landscape for security.

**Thorny plants under first-floor windows:** Holly, barberry, roses, bougainvillea (if your climate supports it), pyracantha. These are legitimately painful to move through. Someone can technically still access your windows, but they'll be making noise, moving slowly, and probably bleeding.

From the street: attractive landscaping. In reality: physical barrier.

**Clear sightlines:** Cut back bushes and trees within 10 feet of your house. You want clear visibility of anyone approaching. Dense vegetation near your home provides concealment for threats.

The bushes that are "pretty" but block your view of the side yard? Cut them back or remove them. Security over aesthetics during crisis.

**Maintain lawn during normal times:** Overgrown grass and unkempt yards signal neglect and absence. During peacetime, keep your property maintained to signal occupancy and care.

During sustained crisis: let it go a bit to match your neighbors and avoid standing out (Gray Man principle). But maintain enough that it doesn't signal abandonment.

**Gravel paths and ground cover ($50-$150):**

We mentioned this in the last chapter, but it's worth emphasizing. Replace mulch or grass in strategic areas with gravel or crushed stone.

**Where to place gravel:**

- Paths along the sides of your house (common approach routes)
- Under windows
- Around gates or fence entry points
- Between bushes and your home

Nobody walks quietly on gravel. It announces their position and makes you aware. Passive security that requires zero maintenance.

**Fencing and gates ($200-$2000+ depending on existing fencing):**

If you don't have fencing, this is a bigger investment—but even partial fencing creates channeling.

**Strategic fencing principles:**

**You don't need to fence your entire property.** Focus on creating channeled approaches. If you fence your side yards but leave the front open, you've eliminated two approach routes and forced anyone coming toward your house to use the front (which you can observe and control).

**Gate your side yards.** Even a simple 6-foot gate between your front and back yards creates a barrier and decision point. Someone has to either climb/break the gate (noisy and visible) or approach from the front.

**Locking gates:** Every gate needs a lock. Chain and padlock works. During crisis, locked gates stay locked unless you're specifically using them.

**Height considerations:** 6-foot fencing is enough to deter casual intrusion and create privacy. It won't stop a determined climber, but remember—you're not stopping military assaults, you're deterring opportunistic threats.

**Sound the alarm (literally):** Attach small bells or wind chimes to gates. When the gate moves, you hear it. Old-school security that costs $5.

**Driveway control ($20-$200):**

Your driveway is a potential vehicle approach. During crisis, you don't want unknown vehicles pulling right up to your house.

**Options:**

**Chain across driveway:** Simple chain with lock between two posts prevents vehicle entry. Pedestrians can still access, but vehicles can't. Cost: $20-$40.

**Bollards or posts:** Short posts (concrete-filled pipes work) placed at your driveway entrance prevent vehicle access. Space them so vehicles can't fit through but you can walk through. Cost: $50-$150 DIY.

**Gate (if budget allows):** Driveway gate is the gold standard but expensive. If you have one, keep it closed and locked during crisis.

**Why this matters:** Vehicle-borne threats are force multipliers. A truck ramming your garage or front door defeats your hardening. Preventing vehicle access to your home limits attack options.

**Lighting (with OPSEC consideration) ($100-$300):**

We discussed lighting in Chapter 5, but let's talk about exterior lighting specifically for Layer 2.

**Motion-activated lights positioned strategically:**

- Front porch/entry
- Side yard gates
- Corners of house
- Back door/patio

**The OPSEC balance:** During early crisis when grid is down but you have backup power, you need to decide: Do I want lights that activate and reveal someone's presence (and reveal I have power)? Or do I want darkness to maintain the appearance of no power?

**The answer depends on threat level:**

**Low threat environment:** Use motion lights. The deterrent value outweighs OPSEC concerns.

**High threat environment:** Keep exterior dark. Use NVGs, red lights inside, or rely on ambient light. Don't advertise capability.

Have the ability to control your exterior lights (circuit breakers, switches) so you can make this decision based on conditions.

**Perimeter sensors ($50-$200):**

We covered these in Chapter 7, but strategic placement matters:

**Driveway sensors:** Detect vehicle or pedestrian entry to your property.

**Gate sensors:** Know when someone opens (or climbs) your gate.

**Window sensors:** Already installed per Chapter 7, but verify all first-floor windows are covered.

**The key:** Position sensors so they give you maximum warning time. A sensor at your front door gives you 5 seconds. A sensor at your driveway entrance gives you 30-60 seconds. That difference matters.

**Creating psychological barriers:**

Physical barriers are good. Psychological barriers are better.

**"Beware of Dog" signs (even if you don't have a dog) ($10-$15):** These work. Criminals avoid houses with dogs because they create noise and unpredictability.

**Multiple signs:** One sign might be ignored. Signs on multiple sides of your house suggest a serious dog presence.

**Fake security cameras ($15-$30 each):** These are non-functional cameras that look real from a distance. Place them visibly. They create the perception of surveillance without revealing your actual security measures.

**Wait—aren't we trying to avoid visible security?** Yes, but fake/cheap visible security can be useful. If someone sees an obvious fake camera, they might assume that's your only security and miss your real hidden cameras and hardening. Decoy security.

**No Trespassing signs ($10-$20):** Legally establish that your property line is not public access. This has legal implications if you ever need to defend your property—you clearly marked boundaries.

**What you're building in Layer 2:**

Someone standing on the street looking at your house should see:

- Clear property boundaries (fencing, gates, landscaping)
- Occupied, maintained appearance
- No obvious valuables or resources
- Possible security measures (decoys) that make them uncertain
- Multiple barriers between public space and your home
- Nothing that says "high-value target"

**When they approach closer:** They encounter obstacles, noise, sensors, and the realization that this house is harder than it looked.

### Layer 3: Home Exterior (Walls, Doors, Windows)

This is your hardened shell. We covered most of this in Chapter 7, but let's address some additional considerations:

**Purpose of Layer 3:**

- Delay forced entry (reinforced doors, secured windows)
- Create noise during breach attempts (alarms, glass break sensors)

- Provide defensive positions (you're inside, they're outside)
- Final barrier before they reach your family

**Everything from Chapter 7 applies here:**

- Reinforced doors with long screws into studs
- Security film on windows
- Enhanced locks and bars
- Glass break sensors
- Contact sensors on all entry points

**Additional Layer 3 considerations:**

**Exterior material awareness:** What's your house made of? Wood siding is easier to breach than brick or concrete. You can't change your house's construction, but know your vulnerabilities.

If you have wood siding, understand that a determined attacker could theoretically breach through the wall, not just doors and windows. This is rare, but it's a vulnerability. Reinforce interior walls of critical rooms (safe room) if you're truly concerned about this.

**Attic and roof access:** Can someone access your roof and enter through attic vents or skylights? Most residential homes have vulnerabilities here.

Secure attic access from inside (lock the hatch, reinforce it). Secure roof vents (add mesh or bars on the interior side). Skylight? Add security film or interior bars.

**Garage as Layer 3 weakness:** Many garages have weak doors into the home and windows that reveal your vehicles and supplies. Treat your garage-to-home door as an exterior door (full reinforcement). Cover or frost garage windows. Keep garage door closed and secured at all times during crisis.

**Basement and crawlspace access:** Don't forget below-grade entry points. Basement windows are common breach points because they're hidden and ground-level. Bar them, film them, or block them from the inside with removable panels.

**Communication through Layer 3:** You need a way to communicate with someone on the other side of your door without opening it.

Peephole or door camera: you can see them. Intercom or speaking through door: you can talk without opening.

**Never open your door to unknown people during crisis.** Speak through the door. If they need help, you can provide it through the door (passing water, giving information). If they're hostile, you haven't created an entry opportunity.

### Layer 4: Interior Defense (Safe Room and Defensive Positions)

If someone breaches Layer 3, you fall back to Layer 4. This is your final defensive position.

**Purpose of Layer 4:**

- Safe room where family gathers
- Defensive chokepoint you can hold
- Communications hub (radio, phone if working)
- Supply cache (water, medical, defensive tools)
- Fortified position that's extremely difficult to breach

**Establishing your safe room:**

Every home needs a predetermined safe room. This is where your family goes when Layer 3 is breached.

**Ideal safe room characteristics:**

**Interior room with minimal or no windows:** Bathrooms, walk-in closets, interior bedrooms. You want minimal exterior exposure.

**Solid core door or reinforced door:** Apply the same door reinforcement techniques from Chapter 7. This door needs to hold even if someone is actively trying to breach it.

**Single entry point if possible:** You can't defend multiple doors simultaneously. If your safe room has only one entry point, you can position yourself there and control access.

**Communication ability:** Phone, radio, or intercom to communicate with outside if needed.

**Emergency supplies stored inside:**

- Water (at least 24 hours worth)
- First aid kit
- Flashlights
- Phone charger/power
- Defensive tools (if you have them and are trained)

- List of emergency contacts

**Lock from inside:** Deadbolt or bar that can only be operated from inside the room.

**Pre-planned protocol:** Everyone knows that when you say "[safe room code word]," they move immediately to the safe room, no questions, no delays.

**Practice this.** During your security drills, run the safe room protocol. Time it. Seven-year-olds fumbling in the dark don't get to safety fast. Seven-year-olds who've practiced the drill three times do.

**Defensive positions in Layer 4:**

If your family is in the safe room and someone is breaching, where are you?

**You're at the chokepoint.**

The safest defensive position is behind cover, with a narrow field you need to defend (doorway, hallway), where threats have to come to you.

**Setting up defensive positions:**

**Identify your primary chokepoint:** This is probably the hallway leading to your safe room, or the door to the safe room itself.

**Create cover:** Move furniture if needed to create a barrier. A dresser, bookshelf, or couch positioned to provide cover while you observe the approach.

**Eliminate threats' cover:** Clear the approach of anything they could hide behind. They should have no cover between the entry point and your position.

**Lighting control:** You should be able to illuminate the approach (blinding them) while remaining in shadow yourself. Tactical flashlight, spotlight, or positioned lamp.

**Communication with family:** They're behind the safe room door, you're in position defending the approach. You need a way to communicate. "I'm okay," "Stay where you are," "Call out if you need me."

**Rule of engagement:** You're defending a position, not hunting threats through your house. If they breach and advance toward your position, you respond. If they breach and leave, you stay in position protecting your family.

**Never leave your defensive position to pursue.** Your job is to protect your family, not clear your house like a SWAT team.

**The psychology of Layer 4:**

By the time a threat reaches this layer, they've:

- Been detected early (Layer 1)
- Navigated obstacles and sensors (Layer 2)
- Breached hardened entry points with alarms sounding (Layer 3)

**They're now facing a defended position in an environment they don't know, with an opponent who's had time to prepare and has every advantage.**

Most criminals will not push this far. But if they do, this is where you make your stand.

## DIY SECURITY MEASURES THAT COST LESS THAN $200

Let's consolidate everything into specific, actionable projects you can complete in 30 days for under $200 total.

### Project 1: The $50 Perimeter Early Warning System

**What you need:**

- 2 wireless driveway sensors ($30-40)
- 1 pack of small motion sensor LED lights ($10-15)
- Batteries ($5-10)

**What you do:**

- Install driveway sensor at property entrance (pairs with receiver inside house)
- Place motion LED lights at side yard gates or paths
- Test everything—make sure you can hear/see alerts from inside

**Result:** You now know when someone enters your property and when they approach your side yards. 30-60 second warning time before they reach your doors.

### Project 2: The $75 Access Control Upgrade

**What you need:**

- Gate hardware and chain lock if you don't have side yard gates ($40-50)
- Window pins or dowel rods for sliding windows ($10-15)
- Door security bar for back door ($20-30)

**What you do:**

- Install gate to block side yard access if not already present (or upgrade existing gate with better lock)
- Install pins in all sliding windows and patio doors
- Place security bar on back door (fastest way to make rear entry much harder)

**Result:** You've eliminated easy access to side yards and made your back door nearly impossible to breach quickly.

### Project 3: The $40 Psychological Deterrence Package

**What you need:**

- "Beware of Dog" signs ($10-15)
- Fake security camera ($15-25)
- Motion-activated door chime ($10-15)

**What you do:**

- Place dog signs at front and back of property
- Install obvious fake camera near front door
- Put motion chime on front door (rings when door opens)

**Result:** Potential threats now believe you have a dog, security cameras, and active monitoring. Perception of security without revealing actual capabilities.

### Project 4: The $30 Safe Room Preparation

**What you need:**

- Door reinforcement kit for safe room door ($20-25)
- Interior door lock upgrade ($10-15)

**What you do:**

- Identify and designate your safe room

- Reinforce the door using techniques from Chapter 7
- Install best possible lock on interior side
- Stock room with 24-hour emergency supplies

**Result:** Your family has a fortified fallback position that can be secured from inside.

**Total for all four projects: $195**

**For less than $200 and maybe 10-12 hours of work spread over a few weekends, you've established:**

- Early warning of approaching threats
- Controlled access to your property
- Psychological deterrence
- Hardened fallback position
- Multiple layers of defense

## HOW TO CREATE CHOKEPOINTS AND ELIMINATE BLIND SPOTS

Let's talk about tactical positioning—something most homeowners never consider until it's too late.

### Understanding Chokepoints

A chokepoint is any narrow passage that forces someone to move through a restricted space where you have advantage.

**Natural chokepoints in your home:**

- Doorways (especially to hallways)
- Staircases
- Hallways
- Narrow passages between rooms

**Why chokepoints matter:**

In open spaces, threats can spread out, flank you, or approach from multiple angles. In a chokepoint, they have to come through a single, narrow passage where you can see them coming and they can't maneuver around you.

**If you're ever in a defensive situation, you want to fight from a chokepoint, not an open room.**

**Creating artificial chokepoints:**

You can use furniture and obstacles to create chokepoints where they don't naturally exist.

**Example:** Your living room has three entry points—front door, kitchen door, hallway to bedrooms. That's hard to defend because threats could come from three directions.

Solution: Rearrange furniture to create a single primary pathway. Position couch, chairs, tables so there's one obvious route through the room and the other routes are blocked or difficult.

During normal times, this just looks like furniture arrangement. During crisis, it's tactical channeling.

**Hallways as your best friend:**

Most homes have hallways leading to bedrooms. This is naturally a chokepoint.

If threats breach your home, you fall back to the hallway. You position yourself at the far end (near bedrooms/safe room) and defend that narrow passage. They have to come through the hallway to reach you, and it's a kill zone where they have no cover and no room to maneuver.

**Don't defend the front of your house.** Fall back to your strongest position immediately.

### Eliminating Blind Spots

A blind spot is anywhere you can't observe from your defensive position.

**Walk through your home right now and think about this scenario:** You're in your hallway defending your family. What can't you see?

**Common blind spots:**

- Around corners
- Through walls (obviously)
- Rooms with closed doors
- Areas behind furniture
- Staircases (if they're behind you)

**Addressing blind spots:**

**Mirrors ($10-$30):** Position mirrors at corners so you can see around them without exposing yourself. Tactical teams use this constantly. You can too.

Mount a mirror on the wall at the end of your hallway positioned to reflect the view around the corner. Now you can see if someone's approaching from that angle without moving from your position.

**Remove obstructions:** That heavy bookshelf in the hallway that blocks your view? Move it during crisis. You need clear sightlines more than decoration.

**Clear doors:** During crisis, keep interior doors open unless you're specifically securing a room. Closed doors are blind spots.

**Cameras (if you invested in them):** Position cameras to cover blind spots. A small camera at the front of your house lets you see what's happening there while you're defending the back.

**Sound awareness:** If you can't see an area, you need to hear it. Silence any background noise (TV, music). Listen for footsteps, voices, movement.

**Family positioning:**

If you have other capable adults in your home, you can cover multiple blind spots.

**Example:** You're at the hallway chokepoint. Your spouse is in the safe room with kids but positioned to watch the window (in case someone tries exterior approach to safe room).

You're not splitting up to clear the house. You're establishing overlapping observation from defensive positions.

**The tactical advantage of knowing your home:**

Threats entering your home are in unfamiliar territory. They don't know the layout. They don't know where doors lead. They don't know which rooms are occupied. They're navigating blind.

**You know everything.** You know which floorboards creak. You know which doors squeak. You know the exact layout in the dark. You know where cover is. You know where chokepoints are.

**This is a massive advantage.** Use it by pre-planning your defensive positions and practicing movement through your home under stress.

**Conducting a tactical walk-through:**

Here's an exercise to do this week:

**Step 1:** Imagine someone just breached your front door. Where are you? Where's your family?

**Step 2:** What's your movement plan? How do you get from current position to defensive position (hallway/safe room)?

**Step 3:** What route do you take? Can you move there without exposing yourself to the threat?

**Step 4:** Once positioned, what can you see? What are your blind spots?

**Step 5:** What would you change about your furniture, layout, or positioning to improve your defensive capability?

**Then make those changes.** Move the couch. Reposition the bookshelf. Clear the hallway. Adjust what needs adjusting while you have time.

### The home defense drill:

Once per month minimum, run a home defense drill with your family.

**The scenario:** "Someone just broke in the front door. Go!"

Everyone executes:

- Kids to safe room immediately
- Spouse secures safe room door
- You to defensive position

Time it. First time will be chaotic. Second time will be faster. Fifth time will be smooth.

**Your goal:** From anywhere in the house, your family can reach the safe room and you can reach your defensive position in under 60 seconds, even in darkness.

**This isn't paranoia. This is preparation.** Fire drills aren't paranoid. Earthquake drills aren't paranoid. Home defense drills aren't paranoid.

## The 30-Day Perimeter Fortification Checklist

Here's your complete action plan for this chapter:

### Week 1: Assessment and Planning

- Document current perimeter (photos, notes, vulnerabilities)
- Identify all entry points and approaches
- Map blind spots
- Establish baseline normal for Layer 1 (street patterns)
- Designate safe room
- Purchase DIY security supplies

**Week 2: Layer 2 Implementation**

- Install driveway and gate sensors
- Plant thorny bushes or clear sightlines (depending on current landscaping)
- Add gravel to key pathways
- Install or reinforce side yard gates
- Set up driveway barriers or control

**Week 3: Layer 3 and 4 Reinforcement**

- Complete all door and window hardening from Chapter 7
- Reinforce safe room door
- Stock safe room with supplies
- Install window pins and security film on remaining windows
- Set up interior defensive positions

**Week 4: Testing and Refinement**

- Conduct perimeter walk-through (day and night)
- Test all sensors and alarms
- Run family security drill
- Identify gaps and fix them
- Practice safe room protocol with family
- Document your security plan in writing

**At the end of 30 days, your home has multiple layers of security that function independently and overlap for redundancy.**

You're not building a fortress that announces itself. You're building concentric rings of defense that make you a hard target without advertising it.

**Someone assessing your home from the street sees:** A normal suburban house. Nothing special. Nothing worth the effort.

**Someone trying to breach your home discovers:** Sensors that alert you. Obstacles that slow them. Hardened entry points that don't yield. Defensive positions they didn't expect. A resident who's prepared and positioned advantageously.

**And they find an easier target.**

That's the goal. Not to fight off armies. Not to win tactical engagements. **To make the decision to attack you less appealing than attacking someone else.**

In the next chapter, we're going to address something that becomes critical in extended crisis: communication. When phones are down, internet is gone, and you need to gather information or coordinate with trusted neighbors, you need communication systems that work independently of infrastructure.

Turn the page. We're building resilience into every system your family depends on.

# CHAPTER 9: COMMUNICATIONS WHEN PHONES GO DEAD

Let me tell you about the moment I truly understood the fragility of modern communications.

It was 2005, Hurricane Katrina. I was deployed with a joint task force for disaster relief. When we arrived, cell towers were down. Landlines were dead. Internet was nonexistent. Even some of our military radio frequencies were so congested with emergency traffic that communication was nearly impossible.

I watched families separated by a few miles who couldn't locate each other for days. Not because they couldn't travel—because they had no way to communicate. Parents with no way to know if their kids were alive. Neighbors three houses apart who couldn't coordinate evacuation or share resources.

**And these were people surrounded by rescuers with radios and communication equipment.**

Civilians had nothing. Their smartphones were expensive bricks. Their cars had radios that only received news broadcasts. They couldn't call for help. Couldn't coordinate. Couldn't gather information. They were isolated, scared, and operating blind.

That's when I learned: **in crisis, communication is the difference between coordinated survival and individual panic.**

Right now, you're completely dependent on systems you don't control. Cell towers owned by corporations. Internet infrastructure managed by ISPs. Phone networks that require continuous power and maintenance. When those systems fail—not if, when—you're instantly cut off from everyone and everything.

Unless you've built independent communication capability.

This chapter will show you how to establish communications that work when the grid is down, cell towers are dead, and the internet is gone. We're going to build systems that let you:

- Stay in contact with your family across your property or neighborhood
- Coordinate with trusted neighbors for mutual security
- Gather information about what's happening beyond your immediate area
- Call for help if help still exists
- Maintain situational awareness when everyone else is blind

**Communication is force multiplication. Let's build yours.**

## TWO-WAY RADIO SYSTEMS THAT WORK WHEN CELL TOWERS DON'T

Walk into any electronics store and you'll see rows of "walkie-talkies" marketed for kids or casual outdoor use. They're toys. Useful for a camping trip maybe, but useless for serious communication during crisis.

**You need real communication equipment.** Not military-grade tactical gear that costs thousands. But legitimate radio equipment that functions reliably when nothing else works.

Let me break down your options from most accessible to most capable.

### Option 1: FRS/GMRS Handheld Radios (Entry Level)

**What they are:** FRS (Family Radio Service) and GMRS (General Mobile Radio Service) are civilian radio bands authorized by the FCC for personal use. These are the "walkie-talkies" most people are familiar with.

**Cost:** $25-$100 per radio depending on quality

**Range:** Advertised range is usually bullshit. Companies claim "up to 30 miles" but in reality, you'll get:

- 1-2 miles in suburban areas with buildings and obstacles
- 3-5 miles in rural open areas
- Line of sight matters—if you can see each other, you can usually communicate

**Pros:**

- No license required for FRS frequencies
- GMRS requires a simple $35 license (covers your whole family, lasts 10 years, no test required)
- Easy to use—literally push button and talk
- Battery powered (usually AA or rechargeable)
- Widely available
- Multiple channels let you avoid congestion
- Privacy codes reduce interference

**Cons:**

- Limited range in typical environments
- Everyone with similar radios can hear you (not secure)
- Battery dependent

- Limited power output (5 watts max for GMRS, 0.5 watts for FRS)

**Recommended models:**

**Midland GXT1000VP4 or GXT3000VP4 ($60-$100 per pair):** These are GMRS radios with maximum legal power (5 watts), good battery life, and weather alerts. They're the sweet spot for price vs. capability for most families.

**Motorola T600 or T800 ($80-$120 per pair):** Rechargeable, rugged, waterproof. Good for outdoor use and rough conditions.

**How to use them effectively:**

**Buy enough radios for your needs:**

- One per adult family member minimum
- Extras for trusted neighbors if you're building a communications network
- Spare radios in case of failure

**Establish standard channels and protocols:**

Pick a primary channel (avoid channel 1—everyone uses it). This is your family's main communication channel.

Pick a secondary emergency channel. If primary is compromised or jammed, you switch to secondary.

**Use a schedule:** If you're separated, agree to check in at specific times. "We'll communicate at the top of every hour." This conserves battery and ensures contact.

**Keep transmissions short:** The longer you transmit, the more battery you drain and the more information you give to anyone listening. Say what you need to say, then stop.

**Use code words for sensitive information:** If you need to communicate about supplies, threats, or plans, don't say it in plain language. Develop simple code words with your family ahead of time.

Example: "I'm going to visit grandma" might mean "I'm heading to the safe room." "The dog is barking" might mean "Threat detected."

**Test regularly:** Radio equipment fails. Batteries die. You need to know your gear works before you need it. Test your radios weekly. Replace batteries quarterly. Keep spares.

**Limitations you need to understand:**

FRS/GMRS radios are not private. Anyone with a similar radio on the same channel can hear your conversations. Don't assume privacy.

Range is limited. If family members are more than a mile or two apart in suburban environments, you might not reach each other.

They require line of sight or relatively clear radio paths. Buildings, hills, and dense forests significantly reduce range.

**These are good for property-level and neighborhood-level communication. Not city-wide or beyond.**

### Option 2: CB Radio (Medium Range, Vehicle-Based)

**What it is:** Citizens Band (CB) radio has been around since the 1960s. It's the radio system truckers use. It operates on 40 channels at 4 watts of power.

**Cost:** $50-$150 for a quality mobile unit, plus $30-$60 for antenna

**Range:**

- 2-5 miles vehicle to vehicle
- 10-20 miles with base station and good antenna
- Atmospheric conditions can extend range unpredictably (sometimes you'll hear someone 50+ miles away)

**Pros:**

- No license required
- Widely used (truckers, off-roaders, emergency communications)
- Can be powered by vehicle or external battery
- 40 channels provide options
- Channel 9 is designated for emergencies
- Can reach much further than FRS/GMRS with right conditions

**Cons:**

- Primarily vehicle-mounted (not portable like handhelds)
- Requires antenna installation

- Anyone can listen (not secure)
- Quality varies wildly between cheap and good units
- Can be noisy with static and interference

**Recommended approach:**

Install a CB radio in your primary vehicle. Brands like Cobra, Uniden, and Midland make reliable units.

**Cobra 29 LX ($100-$130):** Solid mid-range unit with good features and reliability.

**Uniden PRO520XL ($50-$70):** Budget option that works fine for basic communication.

Pair it with a quality antenna. The antenna matters more than the radio. A good antenna on a cheap radio outperforms an expensive radio with a bad antenna.

**Firestik or Wilson antenna ($30-$60):** These are proven antennas for vehicle mounting.

**How to use CB effectively:**

**Monitor channel 9 for emergencies.** This is the designated emergency channel. If you need help or information during crisis, start here.

**Use channel 19 for general communication.** This is the truckers' channel. During widespread crisis, this will be active with people sharing information about road conditions, threats, resource availability, etc.

**Vehicle-to-home base:** If you have family at home and you're traveling, a vehicle CB can communicate with a home base station (another CB radio set up at your house with an external antenna). This extends your range significantly.

**Regional communication:** CB radio can sometimes reach across a city or county, giving you awareness beyond your immediate neighborhood. You can gather intelligence about what's happening in other areas.

**Limitations:**

CB is not portable like handhelds. You're mostly using it in vehicles or as a fixed base station.

It requires installation and antenna setup, which takes time and some technical skill.

The band is crowded in some areas, making clear communication difficult.

### Option 3: Ham Radio (Advanced, Long Range, Requires License)

**What it is:** Amateur Radio (ham radio) is the most capable civilian radio system. It offers local communication to worldwide communication depending on frequencies and equipment used.

**Cost:** $50 for a basic handheld to $500+ for a quality base station, plus antenna costs

**License: Required.** You must pass a test to get an FCC amateur radio license. The Technician class license (entry level) is not difficult—most people can study for and pass it in a week. Test costs $15. License lasts 10 years.

**Range:**

- Handheld VHF/UHF (2-meter and 70-cm bands): 2-20 miles depending on terrain and antenna
- Mobile VHF/UHF with vehicle antenna: 10-50 miles
- Base station with HF (high frequency): literally worldwide under right conditions

**Pros:**

- Most capable civilian communication system
- Can communicate locally, regionally, or globally
- Extensive community of operators
- Repeater networks extend range dramatically
- Emergency communication networks (ARES/RACES)
- Multiple bands and modes for different uses
- Can be solar powered
- Digital modes allow text communication

**Cons:**

- Requires license and learning
- More expensive than FRS/GMRS or CB
- More complex to operate
- Still not secure (all amateur radio is public by law)
- HF equipment and antennas are larger and more complex

**Should you get your ham license?**

**If you're serious about communications capability: yes.**

The Technician license test is not hard. It covers basic radio theory, regulations, and operating procedures. Study guides are available free online. You can find practice tests at hamstudy.org. Most people pass after 10-15 hours of study.

Once licensed, you have access to:

**Handheld radios (HTs) for local communication:** These are like FRS/GMRS handhelds but more powerful and capable. Baofeng UV-5R ($25-$35) is the entry-level ham handheld. Yaesu and Icom make higher-quality options ($100-$300).

**Repeaters:** These are mountaintop radio stations that receive your signal and rebroadcast it at much higher power, extending your range to 50+ miles. Most cities have multiple repeater networks.

**Mobile radios for vehicle use:** More power than handhelds, better range, can run off vehicle power or external batteries.

**Base stations for home use:** With proper antenna setup, you can communicate across your state or across the world depending on frequency and conditions.

**Emergency nets:** Amateur radio operators organize emergency communication networks. During disasters, these networks coordinate information, relay messages for people without comms, and support emergency services.

**The practical application:**

**For property and neighborhood communication:** A few cheap Baofeng handhelds programmed to local repeater frequencies give you extended range beyond what FRS/GMRS can provide.

**For regional awareness:** A mobile or base station lets you monitor what's happening across your region. You can hear other operators discussing conditions, threats, road statuses, etc.

**For emergency contact:** If you need to reach someone far away (family in another state, emergency services), HF radio can potentially make that contact when phones and internet are down.

**Getting started with ham radio:**

**Step 1:** Study for and pass the Technician exam. Use hamstudy.org and get it done in a week.

**Step 2:** Buy a basic handheld radio like the Baofeng UV-5R and program it with local repeater frequencies (repeaterbook.com lists repeaters by location).

**Step 3:** Practice. Find local ham radio clubs. They'll help you learn. Get on the air regularly so you're comfortable with the equipment.

**Step 4:** Expand capability as budget and need dictate. Add a mobile radio in your vehicle. Eventually consider an HF base station if you want long-range capability.

**Budget ham radio setup:**

- Technician license test: $15
- Baofeng UV-5R handheld: $25-$35
- Programming cable: $10
- Spare batteries: $15-$20
- External antenna (extends range significantly): $20-$40

**Total: $85-$120 to get started with ham radio.**

**Comparison of Radio Options:**

| Type | License Required | Range | Cost | Best For |
|---|---|---|---|---|
| FRS | No | 1-2 miles | $25-$50 | Family communication on property |
| GMRS | $35 (no test) | 2-5 miles | $50-$100 | Neighborhood communication |
| CB | No | 5-20 miles | $100-$200 | Vehicle-based regional awareness |
| Ham (Tech) | Yes (easy test) | 10-50+ miles | $100-$300 | Serious communications capability |
| Ham (HF) | Yes (harder test) | Worldwide | $500+ | Long-distance emergency contact |

**My recommendation for most families:**

**Minimum:** GMRS radios for immediate family and property communication. Cost: $150-$200 total.

**Better:** GMRS for family + CB radio in vehicle for mobile/regional comms. Cost: $300-$400.

**Optimal:** GMRS for family + ham license and basic ham gear for extended capability. Cost: $250-$350 plus time to get licensed and trained.

## THE NEIGHBORHOOD COMMUNICATIONS NETWORK YOU NEED TO BUILD NOW

Individual communications capability is good. **Networked communications capability is force multiplication.**

If you can talk to your spouse across the property, that's useful. If you can coordinate with three trusted neighbors who are all monitoring the same radio channel, watching different approaches, and sharing real-time information—now you have situational awareness that covers multiple blocks and multiple perspectives.

**This is the difference between knowing what's happening at your house and knowing what's happening in your entire neighborhood.**

But you need to build this network before crisis hits. During crisis, it's too late to figure out who has radios, what frequencies to use, and how to coordinate.

### Identifying Your Network Members

Go back to Chapter 3 where we assessed your neighbors. Who did you mark as potential allies?

Those are your network candidates. Not everyone on your street. Not the neighbors you barely know. **The 2-4 households you've identified as trustworthy, capable, and aligned with your values.**

**The approach:**

You're not creating a formal organization. You're not calling it a "neighborhood security network" or anything that sounds tactical or organized. You're just neighbors who want to stay in touch during emergencies.

**Casual conversation starter:** "Hey, with all the power outages and supply disruptions lately, I've been thinking about communication during emergencies. I picked up some radios so we can stay in contact if phones go down. Might be useful for us to coordinate if something happens. You interested?"

Most reasonable people will say yes. It's a practical, non-threatening suggestion.

**If they say yes:**

**"Great. I've got a spare radio I can loan you, or if you want to pick up your own, [recommend model]. Let's exchange contact info and set up a test."**

Now you have agreement to coordinate.

**Building the Network Protocol**

Once you've identified 2-4 neighboring households that are willing to participate, you need to establish protocols. This can't be improvised during crisis.

**Protocol elements:**

**Primary communication channel:** Everyone agrees on which radio frequency/channel to monitor. This is your main coordination channel.

For GMRS: Pick a channel that's not commonly used. Avoid 1-7 (heavily trafficked). Try channels 15-22.

For ham radio: Pick a local simplex frequency (direct radio-to-radio, not through repeater) or agree on a primary repeater frequency.

**Secondary/emergency channel:** If primary is compromised (jammed, eavesdropped, too much traffic), you switch to secondary.

**Check-in schedule:** During crisis, everyone checks in at predetermined times. "We check in at 8 AM, 2 PM, and 8 PM daily." This confirms everyone's status and maintains communication routine.

**Code words and signals:** Develop simple codes for common situations:

- "Status green" = All good, no issues
- "Status yellow" = Heightened awareness, potential concerns
- "Status red" = Active threat, need assistance
- "Radio check" = Testing communication, respond if you hear
- "Go silent" = Stop transmitting, someone's monitoring

**Information sharing protocol:** What information gets shared on the network?

- Threats observed (suspicious people, vehicles, attempted break-ins)
- Resource information (which stores have supplies, road conditions)
- Assistance requests (medical emergency, fire, immediate threat)
- Status updates (power status, family status)

**What doesn't get shared:**

- Detailed information about supplies or capabilities (OPSEC)
- Personal information that could be exploited
- Anything you wouldn't want others to hear (remember, radios aren't private)

**Response protocol:** If one household sends a distress call, what's the response?

This needs to be agreed upon beforehand. Are neighbors responding with assistance? Are they simply aware and monitoring their own security? Is there a designated responder?

**The answer depends on your neighborhood, relationships, and capabilities.** Some networks will have members willing to respond to threats. Others are information-sharing only.

**Be clear about expectations.** Don't assume your neighbor will come running with a shotgun if you have an intruder. If that's not agreed upon, don't expect it.

### Testing the Network

Once you've established the network, you need to test it before you rely on it.

**Weekly radio check:** Every week, everyone gets on the radio at an agreed time for 30 seconds. "This is House 5, radio check." Confirms equipment works and everyone remembers the protocol.

**Monthly scenario drill:** Once a month, run a scenario. "House 2 just saw suspicious vehicle circling the block. All stations report status." See how information flows. See if everyone responds appropriately.

**Document the protocol:** Write down your network's communication protocol. Who's in the network, what radios they have, what frequencies you use, what codes mean, what the check-in schedule is.

Give a copy to each network member. Keep a copy in your safe room.

**During crisis, you won't remember details.** You'll refer to the written protocol.

### Expanding Awareness Beyond Your Network

Your 2-4 household network gives you local coverage. But what about information beyond your immediate area?

**Monitor public channels:**

**CB Channel 9 and 19:** Emergency traffic and general communication. You'll hear truckers, other civilians, and get information about regional conditions.

**NOAA Weather Radio:** You can buy a weather radio ($20-$40) that receives continuous weather updates and emergency alerts broadcast by the National Weather Service. This works even when other communications are down.

**Ham radio repeaters and emergency nets:** If you have a ham license, monitor local repeaters. During emergencies, amateur radio operators organize "nets" where information is shared in an organized fashion.

**Scanner for public safety frequencies:** A police scanner ($50-$150) lets you monitor police, fire, and EMS radio traffic in your area. This gives you real-time information about what emergency services are responding to.

Note: In some jurisdictions, it's illegal to use scanner information to evade police or facilitate crime. But monitoring for situational awareness during emergencies is generally legal. Check your local laws.

**You're building a layered information network:**

**Layer 1:** Direct communication with family on property (FRS/GMRS handhelds)

**Layer 2:** Coordination with trusted neighbors (neighborhood radio network)

**Layer 3:** Regional awareness (CB radio, ham radio, scanner)

**Layer 4:** Official information (NOAA weather radio, emergency broadcasts)

**This gives you information superiority over 99% of people who are dependent on cell phones and internet that no longer work.**

## EMERGENCY CONTACT PROTOCOLS YOUR FAMILY MUST MEMORIZE

Here's a terrifying question: If your family is separated when crisis hits, how do you reunite?

Your phone is dead. Your car is stuck in traffic. Your kids are at school 10 miles away. Your spouse is at work. **How do you find each other?**

Most families have no answer to this question. They assume phones will work, or someone will figure it out, or it'll be fine.

**It won't be fine.**

You need predetermined protocols that every family member knows by heart. Not written down on their phone. Not on a piece of paper in a drawer somewhere. **Memorized.**

**The Family Emergency Plan**

Sit down with your family this week and establish these protocols:

**Primary rally point:** This is where you meet if separated and communications are down.

**For most families, this is home.** Everyone knows: if something bad happens and we can't communicate, get home if it's safe to do so.

**Secondary rally point:** If home isn't accessible (road blocked, home compromised, unsafe to travel there), you need a backup location.

Choose a location that:

- Everyone knows how to reach
- Is accessible from multiple routes
- Provides some shelter or safety
- Won't be obvious to others

Examples:

- A relative's house
- A specific church or school
- A public park with distinctive landmark
- A friend's property

**Make sure everyone knows the address, landmarks, and multiple routes to get there.**

**Tertiary rally point:** If secondary isn't accessible, you need a third option. Same criteria.

**Timeframe expectations:** If separated, when should family members attempt to reach rally points?

"We'll try to get home within 24 hours. If we can't reach home, we'll try secondary location by 48 hours."

This prevents people from taking extreme risks trying to reunite immediately. If roads are impassable or too dangerous, you wait. You don't risk death trying to drive through riots or navigate debris fields.

**Out-of-state contact:** Designate a relative or friend who lives far away (different state ideally) as your emergency contact.

**Why?** During regional disasters, local communications fail but long-distance sometimes still works. If family members can't reach each other directly, they call the out-of-state contact and leave messages.

"Tell Dad I'm at Grandma's house and I'm okay."

This person becomes the information hub when local communication breaks down.

**Make sure everyone has this number memorized.** Not just saved in their phone—actually memorized. If their phone is dead or lost, they need to be able to call from any working phone they can access.

### School and Work Protocols

If your kids are at school or your spouse is at work when crisis hits, what's the plan?

#### School pickup protocol:

Designate who picks up kids and in what order if you have multiple children at multiple schools. Primary person, backup person, tertiary option.

Make sure the school has this information documented in their emergency contact records.

**Important:** If crisis is severe enough (major disaster, civil unrest, grid failure), schools may not release children except to authorized adults with identification. Make sure you're documented as authorized pickup.

If you can't reach the school, don't assume kids will be released. They may be held at the school or evacuated to a predetermined shelter location. **Find out your school's emergency protocol now, before crisis.**

#### Work evacuation protocol:

If your spouse is at work, what's their plan?

**Option 1:** Stay at work if it's safe until you can safely travel home.

**Option 2:** Evacuate immediately if work becomes unsafe.

**Option 3:** Meet at primary/secondary rally point if home isn't accessible.

Discuss this with your spouse. Make sure they have:

- A get-home bag in their vehicle (we'll cover this more later) with basic supplies, water, comfortable shoes, flashlight, radio
- Knowledge of multiple routes home that avoid highways (highways become parking lots during mass evacuations)
- A map (paper, not GPS) showing routes home
- A charged battery pack for their phone
- The family emergency contact information memorized

### Children's Emergency Information Cards

For each child, create a laminated card they carry at all times (in backpack, on their person, in their wallet for older kids).

**The card should include:**

- Parents' names and phone numbers (even if they memorize this, write it down)
- Out-of-state emergency contact name and number
- Home address
- Rally point addresses (primary and secondary)
- Any critical medical information (allergies, medications)
- "If you can't reach me, go to [primary rally point] and wait. I will find you."

**Laminate these cards** so they survive water, wear, and damage. Kids keep them with them always.

### Practice Drills

You can plan all you want, but if you never practice, your family will forget or panic during real crisis.

### Drill #1: Communication Blackout

Turn off everyone's phones for an evening. Practice using your radios to communicate. Make sure everyone knows how to operate them. Practice your codes and check-in protocols.

### Drill #2: Unexpected Pickup

Without warning (well, warn your kids' school), show up at an unusual time and say "This is a drill. We're practicing emergency pickup." Go through the actual process. See how long it takes. Identify problems.

### Drill #3: Rally Point Navigation

On a weekend, have family members navigate to secondary rally point using only paper maps, no GPS. See if they can actually find it. See if they know alternate routes.

### Drill #4: Memory Test

Quiz family members randomly: "What's our out-of-state emergency contact number?" "Where's our secondary rally point?" "What does 'status red' mean on the radio?"

**If they can't answer instantly, they don't know it well enough. Practice more.**

### Building Redundancy Into Communications

Technology fails. Batteries die. Radios break. You need redundancy.

**Communication hierarchy for your family:**

**Tier 1:** Cell phones (when they work)

**Tier 2:** Two-way radios (GMRS/ham)

**Tier 3:** CB radio in vehicle

**Tier 4:** Physical notes left at rally points (if all else fails, leave a written message at home indicating where you went)

**Tier 5:** Pre-agreed timeline and protocols (if no communication possible, everyone knows to converge on rally points at 48-hour mark)

**Never depend on a single communication method.** Have backups to your backups.

### The Information You Need to Gather

Communication isn't just about talking to your family. It's about gathering information that helps you make decisions.

**During crisis, you need answers to these questions:**

- What happened? (Nature of the crisis)
- How widespread is it? (Local, regional, national)
- What's the threat level in my area?
- Where are safe zones vs. danger zones?
- Are services operating (police, fire, medical)?
- Are stores open? Do they have supplies?
- What are road conditions?
- When is power expected to be restored?
- Are there evacuation orders or shelter-in-place orders?

**Your communication systems give you the ability to gather this information:**

**Radio monitoring:** Listen to what others are saying on CB, ham radio, public safety frequencies. You're not transmitting—just gathering intelligence.

**Network reports:** Your neighbor network shares observations. Someone drove to the store and reports back on conditions. Someone saw police activity and shares information.

**Official broadcasts:** NOAA weather radio, emergency alert system, AM/FM radio stations still broadcasting (many have backup power).

**Synthesize this information and make informed decisions.** Don't act on rumors or panic. Gather multiple sources, verify when possible, and use good judgment.

### Legal and Ethical Communication Considerations

**Don't jam or interfere with emergency communications.** This is illegal and dangerous.

**Don't spread false information.** Even in crisis, spreading rumors and misinformation causes harm. If you don't know something for certain, don't transmit it as fact.

**Don't transmit information that helps criminals.** "The police aren't responding in the north neighborhood" might be factually true, but broadcasting it tells criminals where they can operate freely. Use judgment.

**For ham radio operators:** Remember that amateur radio is prohibited from encrypted or obscured communications. Everything you transmit is public. Don't violate FCC regulations even during emergencies.

## Your 7-Day Action Plan

**Day 1:** Assess your current communication capability. What do you have? What do you need?

**Day 2:** Purchase radios based on your budget and needs. Minimum: GMRS handhelds for your family.

**Day 3:** Program and test radios. Make sure they work. Charge batteries. Buy spares.

**Day 4:** Establish family emergency contact protocols. Designate rally points. Choose out-of-state contact. Write everything down.

**Day 5:** Approach trusted neighbors about communication coordination. Lend or recommend radios. Establish network.

**Day 6:** Create and laminate emergency info cards for each family member. Distribute them.

**Day 7:** Conduct communication drill. Test all systems. Practice protocols. Fix what doesn't work.

**At the end of one week, your family has independent communication capability that works when the infrastructure fails.**

You're no longer dependent on systems you don't control. You can coordinate with your family, your network, and gather the information you need to survive whatever comes next.

## The Hard Reality

When phones go dead during sustained crisis, most people become isolated and helpless. They can't coordinate. Can't call for help. Can't gather information. Can't find their families.

They're deaf, mute, and blind in an environment where information is survival.

**You won't be.**

You'll be able to talk to your spouse across your property. Coordinate with trusted neighbors watching different approaches. Monitor regional communications for threats and opportunities. Know where your family is and how to reach them.

**That capability might save your family's life.**

In the next chapter, we're addressing something nobody wants to think about but everyone needs to prepare for: financial collapse. What happens to your money, your assets, and your ability to acquire resources when the banking system fails and the dollar becomes unreliable?

# CHAPTER 10: THE FINANCIAL COLLAPSE PLAYBOOK

I need to tell you about something I witnessed that changed how I think about money forever.

It was 2002, Argentina. I was there on a contract security job, and I watched a modern, developed nation experience complete financial collapse in real-time.

One day, the banks were open. The next day, the government froze all accounts. Citizens couldn't withdraw their own money. ATMs were empty or offline. Credit cards stopped working. The peso lost 75% of its value in weeks.

I watched middle-class families—people who'd done everything "right," saved money, followed the rules—suddenly unable to access their life savings. Their bank accounts showed numbers on a screen, but those numbers were meaningless because they couldn't withdraw cash.

Those who had physical cash could buy food. Those who had gold or silver could trade for necessities. Those who had useful goods could barter. Those who had nothing but digits in a frozen bank account? They starved while technically being "wealthy" on paper.

**That's when I learned: money is only valuable when you can access it and use it.**

The number in your bank account means nothing if the bank is closed. Your investments mean nothing if markets are frozen. Your credit cards mean nothing if the payment networks are down. Your direct deposit paycheck means nothing if your employer's bank can't process it.

And before you think "that can't happen here," let me remind you: during the 2008 financial crisis, major banks were days away from freezing accounts. During COVID, there were runs on banks and ATMs. During the Great Depression, banks closed and people lost everything they'd saved. Cyprus seized deposits directly from citizen accounts in 2013. **It's happened before. It will happen again.**

The question isn't if financial systems can fail. **The question is: when they do, will you have access to resources, or will you be locked out of your own wealth while you watch it evaporate?**

This chapter is about protecting your assets and maintaining purchasing power when traditional financial systems break down. We're going to talk about physical cash, barter goods, precious metals, and how to secure your wealth in ways that don't depend on banks, governments, or the internet functioning.

**This isn't about getting rich. This is about not becoming suddenly poor when the system you've trusted betrays you.**

## PROTECTING ASSETS WHEN BANKS FREEZE AND ATMS GO DARK

Let's start with the uncomfortable truth: **your money in the bank isn't actually yours.**

Read your bank's terms of service. Your "deposit" is technically a loan to the bank. They owe you that money, but they control access to it. When banks get in trouble, they can (and do) limit withdrawals, freeze accounts, or in extreme cases, seize deposits to cover their losses.

**Your checking account balance is a promise, not cash.** And promises break during crisis.

### The bank run scenario

Here's what happens when financial crisis hits and people lose faith in banks:

**Day 1:** News breaks about bank instability, currency problems, or government intervention. People start worrying about their deposits.

**Day 2:** Lines form at banks. ATMs start running out of cash. Banks implement "temporary" withdrawal limits—maybe $500 or $1,000 per day. People who waited are now panicking.

**Day 3:** Banks close "temporarily" to prevent runs. ATMs are empty. Online banking still shows your balance, but you can't access it. Credit and debit cards stop working because payment networks depend on bank systems.

**Day 4-7:** Government announces "emergency measures" to "protect the banking system." This translates to: your money is frozen indefinitely. Maybe you'll get it back eventually. Maybe you won't. Maybe you'll get back 50 cents on the dollar. Nobody knows.

**Meanwhile:** You need to buy food. Pay for gas. Keep your family fed. But you can't, because your wealth is locked in a system you can't access.

**The people who prepared had already withdrawn cash. They're fine. You're not.**

### How much cash should you hold outside the banking system?

This is the question everyone asks, and there's no single right answer. It depends on your income, expenses, and risk tolerance. But here's a framework:

**Minimum (survival baseline):** One month of expenses in physical cash, stored securely at home.

If your family expenses are $4,000/month, you need $4,000 in cash outside the banking system. This covers immediate survival needs if banks close and cards stop working.

**Better (three-month buffer):** Three months of expenses in cash.

This gives you runway to adapt to a changing situation. If the crisis is short-term, you have plenty. If it's long-term, you have time to transition to alternative forms of wealth and trade.

**Optimal (six-month independence):** Six months of expenses in cash, plus additional wealth diversified into barter goods and precious metals.

This is true financial resilience. You're not dependent on banks, payment networks, or government promises. You can operate independently for an extended period.

**"But that's too much cash to keep at home!"**

Is it? What's the alternative? Keep it in the bank and risk losing access to all of it? Keep it in investments that can't be liquidated during crisis?

**The cash you hold at home is insurance.** You're paying a premium (the "cost" of not having that money invested elsewhere) to protect against catastrophic loss of access to the banking system.

And that premium is worth it if it prevents your family from starving when ATMs go dark.

**How to withdraw cash without triggering scrutiny**

If you decide to pull significant cash from your bank, do it strategically:

**Don't withdraw large lump sums all at once.** $10,000 in one transaction triggers automatic reporting requirements (CTR - Currency Transaction Report) that banks file with the government.

**Withdraw smaller amounts over time.** $500-$1,000 per week doesn't raise flags. Over 8-12 weeks, you've accumulated $4,000-$12,000 without triggering reports or suspicious activity monitoring.

**Use multiple banks if you have accounts at more than one institution.** Spread withdrawals across accounts to stay under reporting thresholds at each bank.

**Have a plausible reason if asked.** Bank tellers might ask why you're withdrawing cash (they're trained to ask). Simple answers: "Home renovations and I'm paying contractors," "Buying a used car from a private seller," "Prefer to use cash for budgeting."

You don't owe them a detailed explanation, but a simple, normal-sounding reason prevents them from filing a Suspicious Activity Report.

**Important:** "Structuring" withdrawals specifically to avoid reporting requirements is itself illegal. I'm not advising you to break the law. I'm advising you to withdraw your own money in amounts that make sense for your needs, which happen to be under reporting thresholds.

### What denominations to hold

Don't withdraw all $100 bills. During crisis, small bills become more valuable than large ones.

**Recommended breakdown for $5,000 in cash:**

- $500 in $1 and $5 bills (small purchases, exact change)
- $1,000 in $10 and $20 bills (most common transactions)
- $2,500 in $50 and $100 bills (larger purchases, store of value)
- $1,000 in new, crisp bills stored separately (long-term store of value that's easier to verify as genuine)

**Why this matters:** If you're buying $15 worth of food and you only have $100 bills, the seller has to give you $85 in change—which they might not have. Small bills give you flexibility.

### Protecting cash from physical threats

You've withdrawn cash. Now you need to secure it.

**The threats:**

- Theft (home invasion, burglary)

- Fire (paper money burns)
- Water damage (flooding, pipe burst)
- Confiscation (government seizure, civil forfeiture)
- Accidental loss (forgetting where you hid it, family member finding and spending it)

**How to secure physical cash:**

**Primary storage: Home safe**

Get a quality safe. Not a lockbox from Walmart that can be pried open with a screwdriver. A real safe.

**Minimum specs:**

- Fireproof rating (minimum 1 hour at 1700°F)
- Waterproof seal
- Bolt-down capability (to floor or wall studs)
- Digital lock (harder to crack than key or combination)
- Weighs at least 200-300 lbs when empty (can't be easily carried out)

**Brands worth buying:** SentrySafe, First Alert, Stack-On. Expect to spend $300-$800 for a quality safe that meets these specs.

**Where to install it:**

**Not in your master bedroom closet.** That's the first place burglars look. Everyone hides valuables there.

Better locations:

- Utility room or laundry room (less obvious)
- Basement corner (harder to access and remove)
- Built into a closet floor with flooring replaced over it (hidden but accessible)
- Behind a fake wall panel or inside a piece of furniture

**Bolt it down.** An unbolted safe can be carried out and opened at leisure. A bolted safe is exponentially harder to steal.

**Secondary storage: Hidden caches**

Don't keep all your cash in one location. If your primary safe is discovered or compromised, you lose everything.

**Distribute your cash across multiple hidden locations:**

**Cache #1: Small amount in primary safe ($1,000-$2,000)**

This is what a burglar finds if they find your safe. It's enough that they feel successful and stop looking. The bulk of your wealth is elsewhere.

**Cache #2: Larger amount in hidden primary location ($3,000-$5,000)**

This is the main store, hidden more carefully than the decoy safe.

**Cache #3: Emergency stash in vehicle ($200-$500)**

In a go-bag or hidden in your vehicle. If you have to evacuate suddenly, you have cash with you.

**Cache #4: Ultimate fallback hidden off-property (optional, $500-$1,000)**

Buried at a trusted friend's or family member's property, stored in a safe deposit box (ironic, I know, but sometimes useful), or hidden at a secondary property if you have one.

**Hiding places that actually work:**

**Inside walls (advanced):** Cut a small section of drywall between studs, install a concealed cache behind it (plastic container), patch and paint the wall. Looks completely normal. Cash is behind the wall in a waterproof container.

**False-bottom drawers:** Build or modify a drawer to have a false bottom with a hidden compartment underneath.

**Inside furniture:** Hollow out a section of a solid wood table leg, or create a hidden compartment inside an ottoman or bed frame.

**Fake electrical outlets:** Non-functional outlet face plates that conceal small caches behind them.

**Inside books:** Hollow-out books are obvious, but an entire bookshelf where one specific book in the middle has a cache inside? Less obvious.

**PVC pipe caches:** PVC pipe sections with end caps, buried vertically in your basement floor under a workbench, filled with cash in waterproof bags. Looks like plumbing stub.

**The key to hiding cash:** It needs to be secure from casual discovery but accessible to you. Don't make it so hidden that you can't get to it quickly, and don't hide it so well you forget where it is (this happens more than you'd think).

### Protecting cash from inflation

Here's the problem with holding physical cash: if the dollar devalues significantly (hyperinflation), your cash becomes worthless paper.

This is why cash alone isn't enough. You need to diversify into assets that hold value when currency fails.

## THE CASH VS. BARTER VS. PRECIOUS METALS DEBATE (WHAT REALLY WORKS)

There's endless debate in preparedness communities about what form wealth should take during collapse. Cash? Gold? Silver? Trade goods? The truth is: **you need all of them, in the right proportions.**

**Let's break down each option:**

### Cash (Physical Currency)

**Pros:**

- Universally recognized and accepted (during early crisis)
- Easy to use for transactions
- Divisible (you can make exact change)
- Compact and portable
- No premium over face value
- Works immediately when cards/banks fail

**Cons:**

- Vulnerable to inflation/devaluation
- Can become worthless if currency collapses completely
- Difficult to verify large amounts (counterfeits)
- Lost value over time even in normal conditions
- Target for theft

**When cash works best:** Early to mid-crisis when the currency is still recognized but systems are down. Cash bridges the gap between "everything's normal" and "we're using alternative forms of trade."

**How much to hold:** 1-6 months of expenses as discussed above.

### Barter Goods (Trade Items)

**Pros:**

- Intrinsic value (people need these things)
- Can't be devalued by government
- Easy to understand and trade
- Produce income/trade potential
- Useful for your own consumption if not traded

**Cons:**

- Bulky and heavy to store
- Requires significant upfront investment
- Perishable or degradable over time (some items)
- Hard to make exact change (how do you split a bottle of whiskey?)
- Trade value fluctuates based on local supply and demand

**When barter works best:** Mid to long-term crisis when currency has failed but before new monetary systems emerge. The "transitional economy" phase.

**What barter goods to stockpile:**

You want items that:

- People need or want desperately
- You can store long-term
- Have high value relative to size/weight
- Are easily tradeable in standard units

**Top barter goods for post-collapse trade:**

**1. Alcohol (especially hard liquor):** Vodka, whiskey, rum. These store indefinitely, have high value, and people want them for stress relief and disinfection. A bottle of vodka might trade for a week's worth of food.

**2. Tobacco products:** Cigarettes, rolling tobacco, cigars. Addicts will trade almost anything for nicotine. A carton of cigarettes could be worth 10-20x its normal retail value.

**3. Coffee:** Instant coffee stores well. Regular coffee is gold during crisis. People will trade heavily for their caffeine fix.

**4. Ammunition:** If you're in an area where firearms are common, ammunition becomes currency. Common calibers (.22LR, 9mm, .223/5.56, 12 gauge) are always in demand. **Only trade with people you trust—you don't want to supply potential threats.**

**5. Medications:** Over-the-counter pain relievers (ibuprofen, acetaminophen), antibiotics (if you can legally stockpile them), first aid supplies. These are life-saving and high-value.

**6. Hygiene products:** Toilet paper, soap, toothpaste, feminine products, diapers. These are necessities people will trade for when supplies run out.

**7. Batteries:** AA, AAA, D-cells. Electronics need power. Batteries are valuable.

**8. Lighters and matches:** Fire-starting is essential. These are small, cheap to buy in bulk, and valuable in trade.

**9. Salt, sugar, honey:** Food preservation and flavor. These store indefinitely and have high trade value.

**10. Seeds:** For growing food. Heirloom, non-GMO seeds that produce plants that can be replanted. High value to anyone trying to establish food production.

**Budget barter stockpile ($500-$1,000):**

You're not trying to open a store. You're accumulating trade goods that can supplement or replace cash when currency fails.

- $100-$200 in cheap alcohol (handles of vodka on sale)
- $100-$150 in cigarettes or tobacco (if you're willing to trade them)
- $50 in instant coffee
- $100-$200 in ammunition (common calibers, buy when on sale)
- $100 in OTC medications (buy in bulk, check expiration dates)
- $100 in hygiene supplies (bulk toilet paper, soap, etc.)
- $50 in batteries (bulk packs from Costco)
- $50 in lighters (buy 100-packs for $10-$20)
- $100 in salt, sugar, honey (buy in bulk)
- $50 in heirloom seeds

**Total: $800-$1,150 in barter goods that store indefinitely and appreciate in value during crisis.**

**How to trade safely:**

**Never trade from your home.** You don't want people to know where your supplies are. Meet at a neutral location.

**Never trade alone.** Have backup watching. This prevents you from being robbed during the trade.

**Trade in small amounts.** Don't reveal that you have large stockpiles. Trade one item at a time, not a case.

**Know the value.** Early in crisis, trade ratios will be chaotic. Later, informal exchange rates will emerge. Pay attention to what things are actually trading for, not what you think they should trade for.

### Precious Metals (Gold and Silver)

**Pros:**

- Universally recognized store of value for thousands of years
- Can't be printed or devalued by government
- Compact and portable (especially gold)
- Holds value across currencies and economic systems
- Easily divisible (silver coins)
- Accepted globally

**Cons:**

- High upfront cost
- Requires verification (counterfeits exist)
- Hard to make small transactions with gold (too valuable)
- Not immediately useful (can't eat it or use it)
- May take time for trade ratios to establish in barter economy
- Risk of confiscation (happened in 1933)

**When precious metals work best:** Long-term wealth preservation across major economic collapse. Converting significant wealth into a form that survives currency failure.

### Gold vs. Silver: What to buy

**Gold:**

- Best for large wealth preservation
- One ounce of gold (currently $2,000-$2,500) is too valuable for small transactions

- Buy if you have significant wealth to protect (tens of thousands to hundreds of thousands)
- Recognized globally, easily transportable if you need to flee

**Silver:**

- Better for trade and transactions
- One ounce of silver (currently $25-$35) is more practical for buying food or goods
- Buy if you want to use precious metals for barter economy participation
- Takes up more space than gold (lower value per weight)

**What forms to buy:**

**For gold:**

- 1 oz American Gold Eagles (most recognized in US)
- 1 oz Canadian Gold Maple Leafs (also widely recognized)
- Avoid collectible coins (you're paying for numismatic value you won't recover during crisis)
- Avoid jewelry (too hard to verify purity and weight)

**For silver:**

- 1 oz American Silver Eagles (premium over spot price, but most trusted)
- "Junk silver" (pre-1965 US dimes, quarters, half dollars - 90% silver content, no collectible premium)
- 1 oz rounds from reputable mints (cheaper than Eagles, still recognizable)
- 10 oz or 100 oz bars if you're buying larger quantities (lower premium per ounce)

**How much to invest in precious metals:**

This is highly personal and depends on your wealth level. A rough guideline:

**If you have $10,000-$50,000 in savings:**

- $1,000-$3,000 in silver (40-120 ounces)
- $1,000-$2,000 in gold (0.5-1 ounce)

**If you have $50,000-$150,000 in savings:**

- $3,000-$10,000 in silver
- $5,000-$15,000 in gold

**If you have $150,000+ in savings:**

- 10-20% of liquid net worth in precious metals, split between gold (60-70%) and silver (30-40%)

**Where to buy:**

**Local coin shops:** You can verify in person, no shipping risk, no records necessarily (if paying cash). But you might pay higher premiums.

**Online dealers:** APMEX, JM Bullion, SD Bullion. Lower premiums, larger selection, but shipping risk and records of purchase.

**Private sales:** Through forums or local contacts. Lowest premiums, but highest risk of counterfeits. Only do this if you know how to verify authenticity.

**How to verify precious metals:**

**Weight and dimensions:** Real gold and silver coins have specific weights and dimensions. Use a precise scale and calipers to verify. Compare to published specifications.

**Magnet test:** Gold and silver are not magnetic. If a magnet sticks, it's not pure.

**Ping test:** Precious metal coins make a distinctive ringing sound when struck. YouTube has examples. Fake coins sound dull.

**Acid test:** Testing kits (sold at jewelry supply stores) use acids that react differently to real vs. fake metals. This is destructive testing (leaves small mark) but definitive.

**Sigma Verifier (expensive but best):** Electronic device that verifies precious metal content using electromagnetic resistance. Costs $800-$1,500 but if you're investing heavily in metals, worth it.

**Storing precious metals securely:**

**Same principles as cash:**

- Home safe (bolted down, fireproof, waterproof)
- Hidden caches distributed across locations
- Never tell anyone what you have or where it is

- Consider safe deposit box for portion of holdings (ironic again, but metals in a bank box are harder to seize than accounts)

### The Optimal Wealth Distribution During Crisis

Here's how I recommend dividing your liquid wealth for maximum resilience:

**40% Physical cash** (immediate transactions, early crisis)

**30% Barter goods** (medium-term trade economy)

**20% Precious metals** (long-term value preservation)

**10% Keep in bank** (for pre-crisis transactions, paying bills while system still functions)

**This is not investment advice.** This is crisis resilience strategy. You're not trying to make money. You're trying to not lose everything when systems fail.

## HOW TO HIDE VALUABLES WITHOUT BURYING THEM IN YOUR BACKYARD

Everyone's first thought when it comes to hiding valuables is: "I'll bury it in my backyard."

**Don't.**

Here's why buried caches fail:

**1. Accessibility:** When you need your wealth during crisis, do you want to be outside digging in your yard while potential threats are watching? Buried caches are difficult to access quickly and quietly.

**2. Environmental damage:** Water infiltration ruins cash and can damage metals. Ground shift can move your cache so you can't find it. Tree roots grow into containers. Animals dig up soft earth.

**3. Forgetting locations:** It happens. You bury something, don't access it for years, and forget exactly where it is. Or you die and your family never finds it.

**4. Property access:** If you're forced to evacuate, you can't take buried wealth with you. If you lose your property, you lose your cache.

**5. Obvious to surveillance:** If someone is watching you and sees you digging and burying something, they know. And they'll dig it up after you leave.

**There are better ways to hide valuables inside your home that avoid these problems while maintaining security.**

**Advanced hiding techniques (inside your home):**

**1. The decoy safe method:**

Buy a cheap, visible safe and put it somewhere obvious (master bedroom closet). Put $500-$1,000 in cash and maybe some old jewelry inside. If someone breaks in and finds this safe, they'll think they've found your stash and leave.

Meanwhile, your real wealth is hidden elsewhere using methods below.

**2. In-wall caches (permanent installation):**

**Method:** Between wall studs, install a sealed container accessed by a removable section of drywall. Patch and paint so it's invisible.

**Best locations:**

- Behind a piece of furniture that doesn't move (heavy dresser, built-in shelving)
- In a closet wall behind clothes
- In a utility room behind shelving

**How to do it:**

- Locate studs with stud finder
- Cut drywall between studs (12"x12" section is plenty)
- Install a weatherproof plastic container mounted to the studs
- Replace drywall section with access panel (can be removed but looks solid)
- Mud, sand, and paint to match wall

From outside, it looks like normal wall. To access, you remove the furniture, cut through the mud, and pull out the panel.

**3. False floor/ceiling spaces:**

**Method:** Create a hidden compartment under flooring or above ceiling tiles.

**Floor version:** If you have access to floor joists (basement below, or you can pull up flooring), install a sealed container between joists. Replace flooring over it.

**Ceiling version:** In a basement or utility area with drop ceiling, install a cache above one of the tiles. Make sure it's not in an obvious location (not the first tile someone would check).

**4. Inside large appliances (non-obvious):**

**Not your refrigerator or stove** (too obvious). But inside:

**Water heater enclosure:** Most water heaters are in their own closet. Behind or beside the heater (not touching hot surfaces), mount a container to the wall. Requires removing the access panel to get to it.

**HVAC returns:** Large HVAC return vents often have significant space behind them. Remove the vent cover, install a cache in the ductwork (in a sealed container so nothing falls into the duct system).

**Old appliances:** If you have a non-functional appliance in storage (old washing machine, broken dishwasher), gut the internals and use it as a safe. Seal your valuables inside. Nobody thinks to check the broken washer in the garage.

**5. Furniture modifications:**

**Hollow table legs:** Solid wood table legs can be partially hollowed and fitted with removable bottom caps. Roll of cash fits inside easily.

**Chair/couch modifications:** Upholstered furniture has substantial interior space. Seal valuables in waterproof bags and install inside the furniture's frame. Re-upholster if needed.

**Bed frame caches:** Many bed frames are hollow tubes. End caps can be removed, caches inserted, end caps replaced.

**6. The bookshelf method (advanced version):**

Don't hollow out one obvious book. Instead:

Buy or build a bookshelf with a false back. The shelf looks 12 inches deep from front, but it's actually 6 inches deep from the front and 6 inches of hidden space behind.

Books are displayed normally. Behind the false back, accessible by removing the shelf from the wall or removing a hidden panel, is your cache.

### 7. Safe room multi-purpose:

Your safe room (Chapter 8) should have supplies. It should also have your most critical caches of wealth. Because if you're in your safe room, you're in a defensible position where you can access resources without exposing yourself.

Hidden caches inside the safe room give you layered security: someone would need to breach your home, breach your safe room, and then locate the hidden cache inside the safe room.

### The cardinal rules of hiding valuables:

**Rule #1: Tell no one.** Not friends. Not extended family (unless they absolutely need to know). The more people who know, the higher the risk.

**Rule #2: Document locations securely.** Write down where your caches are. Put this list in a very secure location (safe deposit box, with your attorney, encrypted file). If you die suddenly, your family needs to be able to find your wealth.

**Rule #3: Distribute your wealth.** Never keep everything in one location. If one cache is discovered or destroyed, you haven't lost everything.

**Rule #4: Make access practical.** You need to be able to get to your caches within 5-10 minutes, without tools, without making significant noise. If accessing a cache requires disassembling furniture or cutting through walls, it's not accessible enough for crisis use.

**Rule #5: Verify periodically.** Check your caches every 6-12 months. Make sure they're secure, undiscovered, and in good condition.

### The mobile wealth option:

Everything discussed assumes you're sheltering at your home. But what if you have to evacuate?

You need portable wealth:

### In your vehicle:

- $500-$1,000 cash in small bills
- 10-20 oz of silver coins
- Critical documents in waterproof container

### In your get-home bag or bug-out bag:

- $200-$500 cash
- 5-10 oz silver
- Small barter goods (lighters, medications, etc.)

#### On your person during crisis:

- $100-$200 cash distributed in multiple pockets
- 1-2 oz silver coins
- Critical medications

This way, if you leave your property suddenly, you're not leaving your entire wealth behind.

### The 30-Day Financial Preparation Plan

#### Week 1: Assessment and Planning

- Calculate how much cash you need (1-6 months expenses)
- Determine how much to allocate to barter goods and precious metals
- Research hiding locations in your home
- Buy a quality safe if you don't have one

#### Week 2: Cash Withdrawal

- Begin systematic cash withdrawal from bank
- Acquire proper denominations
- Purchase waterproof storage bags/containers
- Install safe or prepare primary hiding location

#### Week 3: Barter and Metals

- Purchase barter goods (start with $200-$400)
- Research precious metals dealers
- Buy initial silver coins (10-20 oz if budget allows)
- Store everything securely

#### Week 4: Distribution and Security

- Distribute wealth across multiple caches
- Document locations securely
- Test accessibility of caches
- Prepare mobile wealth (vehicle, bags)
- Review and refine plan

**At the end of 30 days, your wealth is no longer entirely dependent on functional banking systems, stable currency, and electronic payment networks.**

You have physical assets distributed and secured. You have purchasing power that works when dollars don't. You have trade goods when barter becomes necessary. You have precious metals when you need to preserve wealth long-term.

### The Psychological Security

Here's what most people don't understand about financial preparation: it's not just about the money.

When you know your wealth is secure and accessible regardless of what happens to banks or currency, you operate from a position of calm instead of panic.

You're not standing in line at an ATM hoping it hasn't run out of cash. You're not frantically calling your bank hoping they'll lift withdrawal limits. You're not watching your savings evaporate as currency devalues.

**You're secure. And security breeds clear thinking, which breeds better decisions, which improves survival odds.**

Financial collapse is one of the most likely and most devastating crisis scenarios. Most people won't prepare because thinking about it is uncomfortable. They trust the system because not trusting it requires action.

**You're taking action. You're not trusting. You're verifying and preparing.**

In the next chapter, we're going to address something even more critical than wealth: health. What happens when hospitals are overwhelmed, pharmacies are closed, and you need to handle medical emergencies without professional help?

# CHAPTER 11: MEDICAL EMERGENCIES WITHOUT HOSPITALS

Let me tell you about the moment I learned that medical knowledge is more valuable than medical supplies.

Iraq, 2004. Our convoy hit an IED. One of our guys took shrapnel to his leg—femoral artery nicked. He was bleeding out fast. We had a fully stocked combat medic kit with advanced supplies and equipment.

But the medic was unconscious.

I had basic first aid training and a kit full of gear I barely knew how to use properly. I managed to apply a tourniquet—probably the only thing I could do competently in that moment—and it saved his life. But watching him bleed while surrounded by medical supplies I didn't know how to use correctly taught me something critical:

**Supplies without knowledge are just expensive props. Knowledge without supplies at least gives you a chance.**

When the medevac finally arrived 20 minutes later (which felt like hours), the paramedic said the tourniquet was the difference between life and death. Everything else in that kit was useless because I didn't have the training to use it under pressure.

That experience changed how I think about medical preparedness. It's not about stockpiling every piece of equipment and every medication you might theoretically need. **It's about having the supplies you can actually use competently, combined with enough knowledge to handle common emergencies when professional help isn't available.**

Right now, you're completely dependent on the healthcare system. You get sick or injured, you go to the doctor or ER. You need medication, you go to the pharmacy. You need surgery, you go to the hospital.

**But what happens when those systems are overwhelmed or unavailable?**

During COVID, ERs were so full that people with non-COVID emergencies couldn't get treatment. During Hurricane Katrina, hospitals evacuated and pharmacies were destroyed. During major disasters, the healthcare system gets saturated fast and ordinary citizens can't access care for days or weeks.

If your child breaks an arm, if your spouse has a severe infection, if you cut yourself badly while working around the house—and there's no doctor, no hospital, no pharmacy—what do you do?

**This chapter will prepare you to handle medical emergencies at home when professional medical care isn't available.** I'm not teaching you to be a doctor. I'm teaching you to stabilize, treat, and manage injuries and illnesses that would normally send you to urgent care or the ER—but that you can handle yourself if you have the right supplies and knowledge.

We're building medical resilience for your family when the healthcare system fails you.

## THE HOME MEDICAL KIT THAT HANDLES 90% OF CRISIS INJURIES

Walk into any pharmacy and you'll see pre-made first aid kits. They're useless.

They contain 100 band-aids, some alcohol wipes, maybe a roll of gauze, and a booklet with pictures. They're designed for minor scrapes and cuts. They can't handle anything serious.

**You need a real medical kit built for actual emergencies.**

The good news: you can build this kit for $200-$400 and it'll handle the vast majority of injuries and illnesses you're likely to encounter during crisis.

**The categories your kit needs to cover:**

1. Bleeding control (severe wounds)
2. Wound care (cleaning, closing, dressing)
3. Fractures and sprains (immobilization)
4. Burns
5. Common illnesses (fever, infection, pain, gastrointestinal)
6. Tools and supplies (for treatment and diagnosis)

Let's build each category.

### Category 1: Bleeding Control (Life-Threatening)

Severe bleeding kills in minutes. This is your highest priority.

**What you need:**

**Tourniquets (2-4 units, $25-$35 each = $50-$140):**

CAT (Combat Application Tourniquet) or SOFTT-W (Special Operations Forces Tactical Tourniquet) are the proven designs used by military and emergency services. They work. Get real ones, not cheap knockoffs.

**Why you need them:** Arterial bleeding from limbs can cause death in 2-3 minutes. A tourniquet stops that bleeding immediately when applied correctly.

**Where to buy:** North American Rescue, Tactical Medical Solutions, Amazon (verify seller authenticity).

**Israeli Bandages or Pressure Dressings (4-6 units, $8-$12 each = $32-$72):**

These are specialized bandages designed to apply direct pressure to wounds while also absorbing blood. They're sterile, compact, and idiot-proof to apply.

**Use case:** Wounds with heavy bleeding that don't require a tourniquet (torso, head, bleeding that responds to pressure).

**Hemostatic gauze (2-3 packs, $15-$30 each = $30-$90):**

QuikClot or Celox gauze is impregnated with clotting agents. You pack it into deep wounds and it accelerates clotting.

**Use case:** Deep puncture wounds, wounds you can't tourniquet (neck, groin, armpit), severe bleeding that won't stop with pressure alone.

**How to use:** Pack the gauze deep into the wound (yes, this hurts), apply pressure for 3-5 minutes, then dress the wound.

**Heavy-duty gauze pads and rolls (multiple, $20-$40):**

4x4 gauze pads for smaller wounds, rolled gauze for wrapping. Buy sterile when possible, but having non-sterile is better than having nothing.

**Medical gloves (2-3 boxes, $15-$30):**

Nitrile gloves (not latex—some people are allergic). You need barrier protection when treating bloody wounds.

**Total for bleeding control: $147-$372**

**This is your life-saving tier. Everything else is secondary.**

### Category 2: Wound Care (Cuts, Lacerations, Abrasions)

Most injuries you'll treat aren't life-threatening, but they need proper care to prevent infection.

**What you need:**

**Antiseptic solutions (multiple types, $15-$30):**

- Povidone-iodine (Betadine): broad-spectrum antiseptic for cleaning wounds
- Hydrogen peroxide: cleaning debris from wounds (don't use inside deep wounds—damages tissue)
- Alcohol wipes: sterilizing equipment, cleaning skin around wounds

**Antibiotic ointment (multiple tubes, $10-$20):**

Neosporin or generic triple antibiotic ointment. Apply to wounds after cleaning to prevent infection.

**Butterfly closures / Steri-Strips (multiple packs, $10-$20):**

These are adhesive strips that hold wound edges together, allowing them to heal without stitches. Works for clean cuts that would normally require a few stitches.

**Suture kit (1-2 kits, $15-$30):**

This is controversial. I'm not recommending you perform surgery. But if you're in a prolonged crisis and someone has a deep laceration that needs closing, and you have no access to medical care, you may need to suture.

**Only do this if:**

1. You've practiced on pig feet or chicken breasts (seriously—buy meat and practice)
2. You've watched instructional videos multiple times
3. You understand infection risk and signs of complications
4. There's literally no other option

Suture kits include needles, thread (absorbable and non-absorbable), needle holder, scissors, forceps.

**Bandages and dressings (variety, $30-$50):**

- Adhesive bandages (band-aids) in multiple sizes
- Non-stick pads for covering wounds
- Self-adhesive wrap (Coban) for holding dressings
- Medical tape
- Large trauma dressings (for covering big wounds)

**Irrigation syringe (2-3 units, $5-$10):**

Large syringe (no needle) for flushing wounds with clean water or saline. Removing debris is critical to preventing infection.

**Total for wound care: $95-$180**

**Category 3: Fractures and Sprains (Musculoskeletal Injuries)**

Broken bones and sprained joints are common during crisis (falls, accidents, physical exertion).

**What you need:**

**SAM Splints (2-4 units, $10-$15 each = $20-$60):**

These are malleable aluminum/foam splints that can be shaped to immobilize any limb. They're lightweight, reusable, and incredibly versatile.

**Use case:** Suspected fractures, severe sprains, any injury requiring immobilization.

**Elastic bandages (4-6 rolls, $3-$5 each = $12-$30):**

ACE bandages for wrapping sprains, securing splints, providing compression.

**Triangle bandages (4-6 units, $2-$4 each = $8-$24):**

Versatile cloth triangles used for slings, wrapping injuries, securing splints.

**Cold packs (instant chemical, 6-10 packs, $1-$2 each = $6-$20):**

For reducing swelling and pain in sprains and strains. One-time use but long shelf life.

**Total for fractures/sprains: $46-$134**

**Category 4: Burns**

Burns are common during crisis when people are cooking without electricity, using open flames, handling hot equipment.

**What you need:**

**Burn dressings (4-6 units, $3-$8 each = $12-$48):**

Water-Jel or similar burn dressings. These are gel-soaked pads that cool burns and protect them from infection.

**Silvadene cream or similar burn ointment (1-2 tubes, $15-$30):**

Silver sulfadiazine cream prevents infection in second-degree burns. Requires prescription, but some online pharmacies carry it or you can ask your doctor for a prescription.

**Non-stick gauze and dressings (covered in wound care section):**

Burns require special dressings that won't stick to damaged tissue.

**Total for burns: $27-$78**

### Category 5: Common Illnesses (Medications)

When pharmacies are closed, you need medications to handle common illnesses.

**Over-the-counter medications to stockpile:**

**Pain/Fever reducers ($30-$50):**

- Ibuprofen (Advil) 200mg tablets (anti-inflammatory, fever reducer, pain reliever)
- Acetaminophen (Tylenol) 500mg tablets (fever reducer, pain reliever)
- Aspirin 325mg tablets (pain, fever, anti-clotting for heart attack)

Buy bottles of 500 tablets. Rotate before expiration dates. These medications last years beyond printed dates if stored properly (cool, dry, dark).

**Gastrointestinal ($20-$40):**

- Loperamide (Imodium) for diarrhea
- Bismuth subsalicylate (Pepto-Bismol) for upset stomach
- Antacids (Tums, Rolaids)
- Anti-nausea medication (Dramamine)

**Allergies/Antihistamines ($15-$25):**

- Diphenhydramine (Benadryl) 25mg tablets (allergies, sleep aid, anaphylaxis treatment)
- Loratadine (Claritin) for seasonal allergies
- Epinephrine auto-injectors (EpiPen) if anyone in family has severe allergies (requires prescription)

**Cough/Cold ($15-$25):**

- Dextromethorphan (cough suppressant)
- Guaifenesin (expectorant)
- Pseudoephedrine (decongestant, requires ID to purchase due to regulations)

**Topical ($10-$20):**

- Hydrocortisone cream 1% (rashes, itching)
- Antifungal cream (athlete's foot, jock itch, ringworm)
- Oral analgesic gel (Orajel) for tooth pain

**Total for OTC medications: $90-$160**

**Category 6: Tools and Supplies**

**What you need:**

**Thermometer (digital, 2 units, $10-$20):**

You need to know if someone has a fever. Digital thermometers are cheap and reliable.

**Blood pressure monitor (automatic cuff, 1 unit, $25-$60):**

For monitoring cardiovascular issues, checking for shock, tracking someone with hypertension who can't get meds.

**Pulse oximeter (1-2 units, $15-$30):**

Measures blood oxygen saturation. Critical for respiratory illnesses (pneumonia, COVID, etc.). If oxygen saturation drops below 90%, it's serious.

**Stethoscope (1 unit, $15-$30):**

For listening to heart and lung sounds. Requires training to interpret, but basic abnormalities (wheezing, irregular heartbeat) are detectable with practice.

**Flashlight/headlamp (medical quality, $15-$40):**

For examining wounds, throats, ears. Hands-free (headlamp) is better.

**Scissors (trauma shears, 2 pairs, $8-$15):**

Heavy-duty scissors that can cut through clothing, tape, bandages. Essential for accessing injuries.

**Tweezers/Forceps (2-3 units, $5-$15):**

For removing splinters, debris from wounds, ticks.

**Safety pins (multiple, $2-$5):**

For securing bandages, making improvised slings, closing fabric.

**Space blankets (4-6 units, $1-$3 each = $4-$18):**

For treating shock (keeping patients warm), hypothermia, improvised shelter.

**CPR face shield (2-3 units, $3-$8):**

If you need to perform CPR on someone, you want barrier protection.

**Medical reference guide (1 book, $15-$30):**

"Where There Is No Doctor" by David Werner is the gold standard. It's written for people providing medical care in remote areas without access to modern healthcare. Comprehensive, practical, and designed for laypeople.

**Notebook and pen (for tracking, $3-$5):**

Document injuries, treatments, medications given, vital signs over time. This information is valuable if you eventually get to a doctor.

**Total for tools and supplies: $125-$279**

**Complete Home Medical Kit Budget:**

**Bleeding control:** $147-$372
**Wound care:** $95-$180
**Fractures/sprains:** $46-$134
**Burns:** $27-$78
**Medications:** $90-$160
**Tools/supplies:** $125-$279

**Grand total: $530-$1,203**

**Scaled budget version ($300):**

If $530+ isn't realistic right now, here's a scaled-down kit that still covers essentials:

- 2 tourniquets ($60)
- 2 Israeli bandages ($20)
- 1 pack hemostatic gauze ($20)
- Gauze, gloves, antiseptics, antibiotic ointment ($40)
- 1 SAM splint, elastic bandages, triangle bandages ($25)
- Burn dressings ($15)
- OTC medications (pain, GI, allergy basics) ($60)
- Digital thermometer, pulse oximeter, trauma shears, flashlight ($50)
- Medical reference book ($20)

**Total: $310**

**This covers life-threatening bleeding, basic wound care, fracture stabilization, and common illness treatment.** You can expand the kit over time as budget allows.

## PRESCRIPTION MEDICATION STOCKPILING (LEGAL STRATEGIES)

Here's the problem: The most important medications often require prescriptions. And during crisis, you can't get refills.

If you or a family member depends on daily medications (blood pressure, diabetes, thyroid, heart, mental health, seizures, etc.), running out could be life-threatening.

**Most people have a 30-day supply. Maybe 90 days if they're lucky. Then they're in crisis.**

You need to stockpile critical prescription medications legally. Here's how:

### Strategy 1: The 90-Day Supply Method

Most insurance plans allow 90-day supplies of maintenance medications (those taken daily for chronic conditions). If you're currently getting 30-day refills, switch to 90-day.

Then refill at 60 days instead of 90 days. Insurance usually allows refills when you're 75% through the supply.

**Result:** Every refill cycle, you're accumulating 30 days of surplus medication. After three refill cycles (9 months), you have an extra 90-day supply stockpiled.

**How to do this:**

1. Call your doctor and request they write prescriptions for 90-day supplies instead of 30-day
2. Call your insurance and verify they cover 90-day supplies (most do, often with lower copay)
3. Use mail-order pharmacy if available (usually required for 90-day supplies)
4. Refill at 60 days consistently
5. Store the surplus properly

### Strategy 2: The "Lost Prescription" Method

This is more aggressive and potentially expensive, but it works.

You "lose" a bottle of pills. Maybe it fell behind the washer. Maybe you spilled it. Maybe it was stolen from your car (provide police report if needed for Schedule II meds).

Your doctor can write a replacement prescription. You pay out-of-pocket (insurance won't cover two fills in the same period), but you now have a backup supply.

**Cost:** Depends on the medication. Generic medications might be $20-$50 for a month's supply without insurance. Brand names can be hundreds.

**Use this sparingly.** If you do it too frequently, pharmacies flag it as drug-seeking behavior.

### Strategy 3: Medical Tourism / International Pharmacies

Many medications available only by prescription in the U.S. are available over-the-counter in other countries (Mexico, Canada, many European and Asian countries).

**Legal gray area:** It's technically illegal to import prescription medications into the U.S. without a prescription. But customs enforcement focuses on controlled substances and large quantities. Small personal supplies often aren't flagged.

**How people do this:**

- Travel to Mexico or Canada
- Purchase medications at pharmacies (bring your U.S. prescription as proof of legitimate medical need)
- Bring back a 90-day supply (typically allowed under personal use exemption)

**Or use international online pharmacies.** Canadian pharmacies especially (like CanadaDrugs or similar) will sell to U.S. customers. Quality control is better with Canadian sources than other countries.

**Risk:** Package might be seized at customs. You're out the money. But if it gets through, you've stockpiled medication at a fraction of U.S. cost.

**I'm not recommending illegal activity.** I'm describing what people do when they feel the need to stockpile critical medications. Understand the risks and legal consequences before pursuing this.

### Strategy 4: Veterinary Medications (CONTROVERSIAL)

Many antibiotics and other medications available for veterinary use are chemically identical to human versions.

**Fish antibiotics** (sold online and in pet stores) are often the same drugs as human antibiotics:

- Fish Mox = Amoxicillin 250mg
- Fish Mox Forte = Amoxicillin 500mg
- Fish Flex = Cephalexin 250mg
- Fish Zithro = Azithromycin 250mg

**The controversy:** FDA says these aren't approved for human consumption. Doctors will tell you not to use them. Legally, they're for fish.

**The reality:** People stockpile these for emergency antibiotic use during crisis when they can't access doctors or pharmacies. The chemical compound is identical to the human version. The dosing is the same.

**The risk:** No guarantee of purity, sterility, or quality control to human pharmaceutical standards. You're trusting the manufacturer. But in a crisis where the alternative is death from untreated infection, many people accept this risk.

**Again, I'm not recommending this.** I'm informing you that this is what people do. If you choose this path, research thoroughly. Understand dosing. Understand allergies and contraindications.

**What medications to prioritize for stockpiling:**

**Critical (life-dependent):**

- Heart medications (blood pressure, heart failure, arrhythmia meds)
- Diabetes medications (insulin, metformin, etc.)
- Seizure medications
- Thyroid medications
- Immunosuppressants (for transplant patients)

If someone in your family takes these daily, stockpile at least 6-12 months worth using legal methods. Their life depends on it.

**Important (quality of life):**

- Mental health medications (antidepressants, anti-anxiety, ADHD meds)
- Pain management (for chronic pain conditions)
- Asthma inhalers
- Allergy medications (if severe)

**Useful (crisis treatment):**

- Antibiotics (for bacterial infections)
- Anti-diarrheal
- Pain medication (stronger than OTC)
- Sleep aids
- Anti-nausea

**Storing prescription medications properly:**

**Temperature:** Cool and stable. 65-75°F is ideal. Avoid extreme heat or cold.

**Light:** Dark storage. Light degrades many medications. Keep in original bottles or opaque containers.

**Moisture:** Dry environment. Bathrooms are the worst place to store medications despite that's where most people keep them. Use bedroom closet, drawer, or dedicated storage.

**Expiration dates:** Most medications remain effective well beyond their expiration dates if stored properly. Studies show many medications retain 90%+ potency for years past expiration.

Insulin is the major exception—it degrades and loses potency. Refrigeration extends shelf life, but even refrigerated insulin should be rotated within labeled expiration.

## WHEN TO TREAT AT HOME VS. WHEN TO RISK THE TRIP TO OVERWHELMED ERS

Here's the hardest decision you'll face during medical crisis: **When do I treat this at home, and when do I risk traveling to an overwhelmed or non-functional hospital?**

**There's no universal answer.** It depends on the injury/illness severity, the state of the healthcare system, the risks of traveling, and your capabilities.

But I can give you a framework for making this decision.

### Category 1: ALWAYS Go to Hospital If Possible (Life-Threatening, Time-Critical)

These conditions will kill quickly without professional intervention:

**Cardiac emergencies:**

- Heart attack symptoms (chest pain, shortness of breath, arm pain, jaw pain)
- Severe irregular heartbeat
- Sudden severe high blood pressure (hypertensive crisis)

**Respiratory failure:**

- Can't breathe adequately
- Oxygen saturation below 85% (measured with pulse oximeter)
- Severe asthma attack not responding to inhaler
- Suspected pneumothorax (collapsed lung)

**Severe bleeding:**

- Arterial bleeding you can't control with tourniquet or pressure
- Internal bleeding (abdominal trauma, vomiting blood, blood in stool)

**Head trauma:**

- Loss of consciousness
- Severe confusion or disorientation
- Unequal pupils
- Repeated vomiting
- Clear fluid from ears or nose (suggests skull fracture)

**Stroke symptoms:**

- Sudden facial drooping
- Arm weakness
- Speech difficulty
- Sudden severe headache
- Vision loss

**Severe allergic reaction (anaphylaxis):**

- Difficulty breathing
- Swelling of throat/tongue
- Severe widespread hives
- Dizziness/fainting

**Even if hospitals are overwhelmed, these conditions require professional care or the person will likely die.** Risk the trip.

### Category 2: Go to Hospital If Possible (Serious but Not Immediately Fatal)

These conditions can become life-threatening but have a wider time window:

**Broken bones (major):**

- Compound fractures (bone through skin)
- Suspected spinal injury
- Suspected pelvic fracture
- Severe angulation or displacement

**Severe infections:**

- High fever (103°F+) not responding to medication
- Signs of sepsis (fever + confusion + rapid heart rate + low blood pressure)
- Severe abdominal pain with fever (appendicitis concern)
- Infected wounds with red streaking (lymphangitis)

**Burns (severe):**

- Third-degree burns (white or charred skin, painless—nerve damage)
- Second-degree burns over large body areas
- Burns on face, hands, feet, or genitals
- Electrical burns

**Eye injuries:**

- Chemical splash in eyes
- Penetrating eye injury
- Sudden vision loss

**Severe dehydration (especially children):**

- Can't keep any fluids down
- No urination for 8+ hours
- Sunken eyes, no tears
- Lethargy or unresponsiveness

**If hospitals are functioning and accessible, go.** If hospitals are overwhelmed but still providing some care, still try to go—these conditions can kill if untreated. If hospitals are completely non-functional or inaccessible, you'll have to do your best at home, but understand the risks are high.

### Category 3: Treat at Home Unless You Have Easy Access (Manageable with Home Care)

These are conditions you can handle at home with proper supplies and knowledge:

**Lacerations and cuts:**

- Clean cuts that can be closed with butterfly bandages or Steri-Strips
- Cuts that aren't bleeding heavily
- Cuts not on face (facial scars matter to some people, so professional suturing is preferred if available)

**Minor fractures:**

- Fingers and toes (buddy taping works)
- Suspected hairline fractures
- Stable fractures of arms/legs that can be splinted

**Sprains and strains:**

- RICE protocol: Rest, Ice, Compression, Elevation
- Immobilize if needed
- Pain management with OTC meds

**Common illnesses:**

- Fever below 103°F responding to medication
- Cold and flu symptoms
- Stomach bugs (vomiting, diarrhea) with manageable dehydration
- Minor infections (small abscesses, mild cellulitis) responding to antibiotics if you have them

**First and second-degree burns (small areas):**

- Cool water, burn dressings, pain management
- Watch for infection

**Dental issues:**

- Toothaches (temporary filling kits available at pharmacies)
- Lost fillings
- Minor tooth fractures

**These don't require professional care immediately if you have basic supplies and knowledge.** Monitor them. If they worsen or don't improve in 24-48 hours, reassess.

### Category 4: Manage at Home Indefinitely (Chronic Conditions)

If someone has a chronic condition that requires maintenance medication, and you've stockpiled that medication, you can manage at home indefinitely:

- Hypertension (blood pressure medication)
- Diabetes (insulin, oral meds, glucose monitoring)
- Hypothyroidism (thyroid medication)
- Asthma (inhalers)
- Mental health conditions (antidepressants, anti-anxiety meds)

**Monitor with your home tools** (blood pressure monitor, glucometer, pulse oximeter). Adjust medication as needed based on measurements. If the condition decompensates despite treatment, reassess whether hospital is worth the risk.

### The Decision-Making Framework

When a medical emergency happens, use this mental checklist:

**Question 1:** Will this person die in the next few hours without professional intervention?

If YES → Go to hospital immediately regardless of conditions.

If NO → Continue to Question 2.

**Question 2:** Can I treat this condition effectively at home with the supplies and knowledge I have?

If YES → Treat at home, monitor closely, reassess every 6-24 hours depending on severity.

If NO → Continue to Question 3.

**Question 3:** Is the hospital functioning and accessible?

If YES → Go to hospital.

If NO → You're treating at home by default. Do your best, monitor carefully, accept that outcomes may be worse than with professional care.

**Question 4:** Is the risk of traveling to the hospital (violence, exposure to disease, using limited fuel, leaving family undefended) greater than the risk of treating at home?

This is the hardest calculation. During riots, traveling to a hospital might get you killed. During a pandemic, going to the hospital might expose you to worse illness than what you're treating. During societal collapse, leaving your home undefended might result in it being looted.

**Weigh these risks honestly.** Sometimes the risk of leaving is greater than the risk of staying and doing your best at home.

### Building Medical Knowledge (More Important Than Supplies)

Everything in this chapter is useless if you don't know how to use it. **You need training.**

#### Basic first aid and CPR class (REQUIRED):

Take a class through American Red Cross, American Heart Association, or similar organization. Learn:

- CPR and AED use
- Bleeding control
- Shock management
- Fracture stabilization
- Burn treatment

**Cost:** $50-$100 for an 8-hour course. **Do this immediately.** This is the single most valuable investment you can make in medical preparedness.

**Advanced training (if serious about medical preparedness):**

**Wilderness First Aid (16-24 hour course, $200-$400):**

Designed for remote environments where professional medical help is hours or days away. Teaches improvisation and extended patient care.

**Stop the Bleed class (2-4 hour course, often free):**

Focuses specifically on hemorrhage control using tourniquets and hemostatic agents. Offered by hospitals and fire departments.

**Online resources (free or low cost):**

YouTube has thousands of medical training videos. Watch multiple sources for the same procedure to see different techniques.

**Practice on training dummies, simulation equipment, or food items** (chicken breasts for suturing practice, pig feet for suturing and anatomy, etc.).

**Study medical reference books:**

- "Where There Is No Doctor" by David Werner
- "Where There Is No Dentist" by Murray Dickson
- "Emergency War Surgery" (US military field manual, available free online)

**The more you learn, the more confident and capable you'll be when crisis hits.**

**Your 7-Day Medical Prep Action Plan**

**Day 1:** Inventory current medical supplies. What do you have? What's missing?

**Day 2:** Sign up for a basic first aid/CPR class. Schedule it for the nearest available date.

**Day 3:** Order priority medical supplies (tourniquets, Israeli bandages, hemostatic gauze). Start with bleeding control—it's most critical.

**Day 4:** Buy OTC medications in bulk (pain relievers, GI meds, allergy meds, cold/flu meds). Check expiration dates and rotate as needed.

**Day 5:** If you or family members take prescription medications, implement the 90-day supply strategy. Call your doctor today to request prescription changes.

**Day 6:** Purchase or obtain medical reference books. Start reading "Where There Is No Doctor."

**Day 7:** Organize all medical supplies in a dedicated container or location. Label everything clearly. Make sure family knows where the medical kit is.

**At the end of one week, you're on track to handle 90% of medical emergencies that would normally send you to urgent care or the ER.**

You're not a doctor. You'll never be as capable as professional medical care. But when professional medical care isn't available, you'll be able to save lives—starting with your own family's.

### The Hard Truth About Medical Crisis

During sustained crisis, people die from treatable conditions. Infections that should be cured with antibiotics kill. Bleeding that should be stopped with proper techniques kills. Chronic conditions that should be managed with medications spiral out of control.

**They die not because the injuries or illnesses are untreatable, but because they lack access to care and don't have the knowledge or supplies to treat themselves.**

You're not going to let that be your family.

You have the supplies. You're getting the training. You're building the knowledge. When the healthcare system fails, you won't be helpless. You'll be capable of stabilizing and treating injuries and illnesses at home.

**That capability might be the difference between your family surviving or becoming another statistic.**

In the next chapter, we're moving into Part 4: The 90-Day Self-Sufficiency Protocol. You've secured the basics. Now we're going to tackle the ugly necessities nobody wants to talk about but everyone needs to address: sanitation and waste management when the water stops flowing and toilets stop flushing.

# PART 4: THE 90-DAY SELF-SUFFICIENCY PROTOCOL

## CHAPTER 12: SANITATION & HYGIENE WHEN WATER'S SCARCE

Let me tell you about the crisis that nobody prepares for but everyone faces.

It was Hurricane Katrina, New Orleans, 2005. I was there as part of disaster response, and what shocked me wasn't the flooding or the wind damage or even the violence. It was the sanitation collapse.

Within 48 hours of the storm, toilets stopped working citywide. No water pressure meant no flushing. Sewage backed up into streets and homes. People were defecating in bags, buckets, or just wherever they could. The smell was overwhelming—you could taste it in the air. And within a week, disease started spreading.

Dysentery. Cholera. Skin infections. Respiratory illnesses from the bacteria and mold. People who survived the storm were getting sick and dying from preventable sanitation-related diseases.

**And these were people in a developed American city with rescue operations underway.**

I watched families who had food, water, and shelter still suffer because they had no way to manage human waste hygienically. They didn't know how. They didn't have supplies. They didn't have a plan.

**That's when I learned: you can have all the food and water in the world, but if you can't handle sanitation, you're going to get sick. And during crisis, sickness can easily become death.**

This is the chapter nobody wants to read. It's gross. It's uncomfortable. It's not sexy survival gear or tactical equipment. It's shit—literally.

**But it's more important than almost anything else we've covered.**

Because when toilets stop flushing and water stops flowing, you have about 24 hours before your home becomes uninhabitable and unsanitary. After 72 hours, disease risk becomes serious. After a week, you're living in conditions that medieval peasants would recognize.

**Unless you have a plan.**

This chapter will give you that plan. We're going to talk about managing human waste without functioning plumbing. Maintaining hygiene when you can't shower. Preventing disease when sanitation infrastructure fails. And doing all of this in a way that's manageable, dignified, and sustainable for weeks or months.

**It's not pleasant. But it's essential. And your family's health depends on you implementing this.**

## THE WASTE MANAGEMENT SYSTEM NOBODY WANTS TO TALK ABOUT (BUT YOU NEED)

Let's start with the reality: **the average person produces about 1-2 pounds of solid waste per day and urine six times per day.**

For a family of four, that's 4-8 pounds of feces and 24 urination events every single day. When your toilet doesn't flush, where does that go?

Most people have no answer. They think, "I'll figure it out." They won't. And by the time they realize they need a system, their house is already contaminated.

**You need a system before crisis hits.**

### Understanding the problem:

When toilets stop working, you face three challenges:

#### Challenge 1: Where do you put human waste?

It has to go somewhere. It can't stay in your house indefinitely—disease and smell will make that impossible.

#### Challenge 2: How do you prevent contamination?

Fecal matter contains pathogens that cause disease. If it contaminates your water, food, or living space, people get sick. You need to isolate waste from everything else.

#### Challenge 3: How do you manage it long-term?

This isn't a 72-hour problem. If crisis lasts weeks or months, you need a sustainable system that doesn't overwhelm you with accumulated waste or create hazardous conditions.

## The Toilet Options (Ordered from Best to Worst)

Let's walk through your options for managing human waste when plumbing fails.

### Option 1: Bucket Toilet System (Best for Most People)

This is a simple, cheap, effective system that anyone can implement immediately.

**What you need:**

**5-gallon buckets with lids (2-4 buckets, $5-$8 each = $10-$32):**

Food-grade plastic buckets. You can get these free from restaurants and bakeries (they receive bulk ingredients in them), or buy them at hardware stores.

**Toilet seat that fits on bucket ($15-$30):**

These are sold specifically as emergency/camping toilet seats. Brands like Luggable Loo or Reliance make them. They snap onto the rim of a 5-gallon bucket and provide a reasonably comfortable seat.

**Heavy-duty trash bags (13-gallon kitchen bags or heavy contractor bags, $15-$25 for 100 bags):**

Line the bucket with two bags for security. When full, you tie off the bags and dispose of them. The bucket stays clean.

**Absorbent material (several options):**

**Kitty litter (clay-based, not clumping):** $10-$15 for 20-40 lbs. Pour 1-2 inches in the bottom of the bag before use, sprinkle more after each use. Absorbs liquid, reduces smell.

**Sawdust or wood shavings:** Free if you have access (woodworking shop, lumber yard, farm supply store). Works excellently—this is what composting toilets use.

**Peat moss:** $10-$15 for a bag. Good absorbent material, natural, less smell than litter.

**Quicklime or agricultural lime:** $8-$12 for 50 lbs. Reduces smell dramatically and kills bacteria. Use sparingly (1/4 cup per use).

**Toilet paper (obviously):** Stockpile extra. You're using more because you can't flush small amounts away.

**Disinfectant (bleach or similar, $3-$5 per gallon):**

For cleaning the bucket between uses and disinfecting surfaces.

**Total investment: $60-$130**

**How the bucket toilet system works:**

**Setup:**

1. Place bucket in a private location (bathroom, closet, designated corner)
2. Double-line bucket with trash bags
3. Add 2-3 inches of absorbent material to bottom of bag
4. Place toilet seat on top
5. Keep lid nearby to cover when not in use

**Usage:**

1. Use as you would a regular toilet
2. After each use, sprinkle absorbent material over waste (covers smell, absorbs liquid)
3. Place lid on bucket between uses
4. Toilet paper goes in the bucket with the waste

**Disposal:**

1. When bucket is 2/3 full (don't overfill—too heavy), tie off the inner bag, then tie off the outer bag
2. Label bag with date if you're storing it (so you know how old it is)
3. Remove from bucket and handle disposal (we'll cover this shortly)
4. Clean bucket with disinfectant
5. Re-line with fresh bags and absorbent material
6. Repeat

**A 5-gallon bucket holds approximately 5-7 days of waste for one person, depending on absorbent material used.**

**Pros:**

- Cheap and easy to implement immediately
- No special skills required
- Portable (you can move buckets if needed)
- Sanitary if managed properly
- Doesn't require going outside during dangerous conditions

**Cons:**

- Requires handling waste bags (gross but manageable)
- Need significant storage for bags and absorbent material
- Smell can be an issue if not managed properly
- Psychological barrier (feels primitive)

### Option 2: Composting Toilet (Best Long-Term Solution)

If you're serious about extended self-sufficiency, a composting toilet is the gold standard.

**What it is:** A toilet system that decomposes human waste aerobically (with oxygen) into compost material. Done properly, it's odorless, sanitary, and produces usable compost after 6-12 months of decomposition.

**Types:**

**Commercial composting toilets ($900-$2,500):**

Nature's Head, Sun-Mar, Separett—these are manufactured systems with ventilation fans, urine diversion, and built-in composting chambers. They're expensive but work extremely well.

**DIY composting toilet ($50-$200):**

You can build a basic composting toilet using two 5-gallon buckets (one for solids, one for liquids), sawdust as cover material, and a simple ventilation system.

**How it works:**

- Separate urine from feces (urine doesn't compost well and creates smell)
- Cover feces immediately with high-carbon material (sawdust, peat moss) to start composting process
- Maintain proper moisture and turn occasionally
- After 6-12 months of composting, the material is pathogen-free and can be used as soil amendment (not for food crops directly, but for trees and ornamental plants)

**Pros:**

- Sustainable indefinitely
- No waste disposal problem (everything decomposes)
- Produces useful compost

- Minimal smell if managed correctly
- Self-sufficient solution

**Cons:**

- High upfront cost for commercial systems
- Requires learning curve to manage properly
- Takes space (need area for composting)
- Psychological barrier for some people
- May violate local codes (though during collapse, codes aren't enforced)

### Option 3: Portable Camping Toilet (Okay for Short-Term)

These are self-contained units with a waste tank, chemical treatment, and a flush mechanism using stored water.

**Cost:** $60-$150 for a decent unit (Thetford Porta Potti, Camco, etc.)

**Pros:**

- Feels most like a real toilet
- Self-contained
- Can be moved easily

**Cons:**

- Limited capacity (2-3 days for a family before tank needs emptying)
- Requires chemical treatment (additional cost and storage)
- Still need to dispose of waste from tank
- Not sustainable long-term
- More expensive than bucket system with no real advantage

### Option 4: Outdoor Latrine (Last Resort)

If you have property and can dig, you can create an outdoor latrine.

**How:**

1. Dig a trench or pit (3-4 feet deep, 1 foot wide)
2. Build simple structure around it for privacy (tarp, wood frame)
3. Keep dirt pile nearby to cover waste after each use
4. When pit is 3/4 full, fill it completely, mark it, and dig a new pit at least 50 feet away

**Pros:**

- No cost
- Infinite capacity (just dig more holes)
- Traditional method used for centuries

**Cons:**

- Requires outdoor space and ability to dig
- Weather dependent (rain, snow, extreme heat make it miserable)
- Security risk (you're vulnerable while outside)
- Smell attracts flies and animals
- Groundwater contamination risk if done improperly (pit must be at least 50 feet from water sources and above water table)
- May violate health codes

### Which system should you use?

**For most families: Start with the bucket toilet system immediately.**

It's cheap, fast to implement, works indoors, and handles 90% of situations. You can always upgrade to composting toilet later if you're in extended crisis.

**If you have budget and are planning for truly long-term collapse: Invest in a commercial composting toilet as your primary system, with bucket toilets as backups.**

### Waste Disposal: Where Does the Bag Go?

You've got a bag full of human waste. Now what?

**During short-term crisis (1-2 weeks):**

Store the bags in a dedicated container outside your home (large garbage can with lid, sealed storage bin). When waste collection resumes, these go out with trash.

Keep the container:

- Away from your home (smell and disease)
- Away from water sources (contamination risk)
- Secured with lid (animals and insects)
- In shade if possible (heat accelerates decomposition and smell)

**During extended crisis (weeks to months):**

You need to bury the waste properly.

**Burial protocol:**

1. Dig a trench at least 100 feet from your home and any water sources
2. Trench should be 3-4 feet deep (below frost line, above water table)
3. Place sealed waste bags in trench
4. Cover with at least 2 feet of soil
5. Mark the location so you don't accidentally dig there later
6. When trench is full, start a new one

**The decomposition process takes 6-12 months.** In theory, after that time, the material is safe. But you should never dig up buried human waste bags. Just mark them and leave them permanently.

**If you don't have property for burial:**

This is a serious problem during extended crisis. Your options are limited:

**Store indefinitely:** Seal bags as airtight as possible, double-bag them, store in sealed containers. Not sustainable long-term but buys you time.

**Find disposal location:** Coordinate with neighbors to create a community disposal site far from homes.

**Extreme circumstances:** If society has completely collapsed and there are no other options, waste ends up in abandoned buildings, empty lots, or remote areas. This creates serious public health problems, but individuals have limited options.

**This is why urban and suburban environments become uninhabitable quickly during sustained infrastructure failure.** Without working sewage systems, cities become disease-ridden very fast.

## HYGIENE PROTOCOLS THAT PREVENT DISEASE WHEN SHOWERS AREN'T AN OPTION

Sanitation isn't just about waste disposal. It's about maintaining hygiene when water is scarce and you can't take regular showers.

**The disease risk:**

When hygiene breaks down, you face:

- Skin infections (bacteria thrive on unwashed skin)

- Respiratory infections (spread more easily in close quarters with poor hygiene)
- Gastrointestinal illnesses (fecal-oral contamination from unwashed hands)
- Parasites (lice, mites, other infestations)
- Fungal infections (athlete's foot, jock itch, ringworm)

**The goal: Maintain enough hygiene to prevent disease while using minimal water.**

### The Daily Hygiene Protocol (Using Minimal Water)

Here's how to maintain hygiene using about 1-2 gallons of water per person per day for washing (remember, you also need 1 gallon per person per day for drinking minimum).

### Hand washing (PRIORITY #1):

Hand hygiene is the single most important disease prevention measure. Diseases spread through fecal-oral route (you touch contaminated surfaces, then touch your mouth/food).

### When to wash hands:

- After using toilet
- Before preparing food
- Before eating
- After handling waste
- After touching animals
- After coughing/sneezing

### How to wash with minimal water:

### Option 1: Bowl and soap method

1. Fill a bowl with 1-2 cups of water
2. Wet hands
3. Apply soap (bar soap conserves better than liquid)
4. Scrub for 20 seconds (sing "Happy Birthday" twice)
5. Rinse with water from bowl
6. Dry with clean towel (air dry if towels are limited)

### Option 2: Hand sanitizer

Alcohol-based hand sanitizer (60%+ alcohol) works when water isn't available. Stockpile multiple bottles.

**But:** Sanitizer doesn't remove physical dirt or fecal matter. For visibly dirty hands, you need water and soap.

**Stockpile for hand washing:**

- Bar soap (lasts longer than liquid, $1-$2 per bar, buy 20-30 bars)
- Hand sanitizer (multiple bottles, $2-$5 per bottle)
- Towels or rags for drying (washable and reusable)

**Face and body washing:**

You don't need a full shower daily. You need to wash critical areas that accumulate bacteria.

**Daily essential washing (1 gallon of water per person):**

**Face, hands, armpits, groin, feet.** These are the areas that produce the most bacteria and body odor.

**Method:**

1. Heat water if possible (warm water cleans better and feels better psychologically)
2. Use washcloth or sponge
3. Wet cloth, apply soap, wash each area
4. Rinse cloth, wipe away soap
5. Dry with towel

**This takes 10-15 minutes and uses about 1 gallon of water. You're clean enough to prevent infections and smell.**

**Full body "bath" (2-3 gallons, do weekly if water allows):**

If water permits, a weekly full body wash maintains better hygiene:

1. Fill large container or tub with 2-3 gallons of warm water
2. Use sponge or cloth to wash entire body
3. Rinse with additional clean water if available
4. This removes accumulated dirt, dead skin, and bacteria

**Dry washing methods (when water is extremely scarce):**

**Baby wipes or wet wipes:** These are pre-moistened and can clean body without additional water. Stockpile multiple packs.

**Pros:** Convenient, effective for quick cleaning, long shelf life.

**Cons:** Expensive per use, create waste, not as effective as soap and water.

**Rubbing alcohol or hydrogen peroxide on cloth:** Can kill bacteria on skin without water. Harsh and drying, but works in emergency.

**Talcum powder or baby powder:** Absorbs oils and sweat, reduces chafing and odor. Not a replacement for washing but extends time between washing.

**Hair care:**

Hair accumulates oil, dirt, and bacteria. But washing hair requires significant water.

**Strategies:**

**Dry shampoo:** Powder (cornstarch, baby powder, actual dry shampoo) applied to scalp absorbs oil. Brush out. Can extend time between washing from 1-2 days to 5-7 days.

**Wear head covering:** Bandana, hat, scarf. Keeps hair contained and cleaner. Practical and reduces psychological need to wash frequently.

**Short hair:** If you're willing, cut hair short. Much easier to maintain with minimal water.

**Wash weekly:** Use 1-2 quarts of water to wet hair, shampoo, rinse. Lean over a basin to capture and reuse the water for flushing toilet or washing clothes.

**Oral hygiene:**

Tooth infections and gum disease are painful, dangerous, and difficult to treat without dentists.

**Maintain oral hygiene with minimal water:**

**Brushing (twice daily):**

- Use toothbrush with small amount of toothpaste

- Brush for 2 minutes
- Rinse with 1/4 cup water, or spit without rinsing if water is very scarce

**Toothpaste alternatives if you run out:**

- Baking soda (effective, cheap, lasts forever)
- Salt (abrasive, kills bacteria)
- Charcoal powder (whitens, absorbs toxins)

**Flossing:** Use regular dental floss or improvise with thin thread. Removes food particles and prevents gum disease.

**Mouthwash:** Diluted hydrogen peroxide (1 part peroxide to 2 parts water) or saltwater rinse (1 tsp salt per cup water). Kills bacteria, reduces bad breath.

**Stockpile:** Multiple toothbrushes per person (replace every 3 months), tubes of toothpaste, dental floss, baking soda.

**Feminine hygiene:**

Women need specific supplies for menstruation when stores aren't accessible.

**Options:**

**Stockpile disposable products:** Pads and tampons store indefinitely. Calculate how many cycles you need to cover (average 28-day cycle, 5-7 days of bleeding, 10-20 products per cycle). For 6 months, one woman needs 60-120 products.

**Cost:** $5-$10 per box of 20-30. Budget $30-$60 for 6-month supply per woman.

**Reusable menstrual products:**

- Menstrual cups (Diva Cup, Lunette, etc.): $30-$40, lasts years, requires cleaning with boiled water
- Cloth pads: Washable and reusable, $10-$20 each, need multiple, requires washing and drying
- Period underwear: $20-$35 per pair, washable, requires multiple

**Reusable products are more sustainable long-term but require water for cleaning.**

**Improvised (last resort):** Cloth rags, cotton fabric. Not ideal but functional. Must be washed and sanitized between uses.

**Laundry and clothing hygiene:**

Dirty clothes harbor bacteria and cause skin infections.

**Washing clothes with minimal water:**

**Bucket wash method:**

1. Fill bucket with water (hot if possible)
2. Add soap (laundry detergent, bar soap, or even dish soap)
3. Add clothes, agitate by hand for 10-15 minutes
4. Wring out, hang to dry
5. Reuse wash water for 2-3 loads if needed (progressively dirtier clothes)

**A family can wash clothes for a week using 5-10 gallons of water.**

**Prioritize:** Underwear and socks (daily), shirts (every 2-3 days), pants (weekly).

**Drying:** Hang clothes to air dry (clothesline, furniture, shower rod). In humid environments or cold weather, drying takes longer. Rotate clothing so you always have clean items available.

**Soap stockpile:**

For laundry, you need soap. Options:

- Laundry detergent (powder lasts longer than liquid)
- Bar soap (can be grated and dissolved in hot water)
- Laundry soap bars (Zote, Fels-Naptha)—specifically designed for hand washing clothes

**Stockpile 6-12 months' worth. For a family of four, about 10-20 lbs of laundry soap.**

**Preventing Infestations (Lice, Mites, Bedbugs)**

When hygiene breaks down, parasites spread.

**Prevention:**

- Regular washing of body and clothes
- Don't share combs, brushes, hats, clothing
- Inspect for lice/nits weekly
- Keep sleeping areas clean

**Treatment if infestation occurs:**

- Lice shampoo (Nix, Rid)—stockpile a bottle
- Fine-tooth comb for nit removal
- Wash all bedding and clothes in hot water
- Seal non-washable items in plastic bags for 2 weeks (lice die without host)

## HOW TO HANDLE HUMAN WASTE FOR WEEKS WITHOUT PLUMBING

Let's get specific about the long-term management protocols for a family of four over 30-90 days.

**The Math:**

**Family of four:**

- 4-8 lbs solid waste per day = 120-240 lbs per month
- 24 urinations per day = 720 per month (roughly 180 gallons of urine if not separated)

**You're managing a significant amount of waste.**

### The 30-Day Bucket Toilet Protocol

**Week 1 (Buckets 1-2):**

- Bucket 1: Fills by day 5-7
- Bucket 2: In use by day 6-8
- Seal and dispose of Bucket 1 per protocol

**Week 2 (Buckets 2-3):**

- Bucket 2: Fills by day 12-14
- Bucket 3: In use by day 13-15
- Seal and dispose of Bucket 2

**Week 3 (Buckets 3-4):**

- Bucket 3: Fills by day 19-21
- Bucket 4: In use by day 20-22
- Seal and dispose of Bucket 3

**Week 4 (Buckets 4-1):**

- Bucket 4: Fills by day 26-28
- Bucket 1: Cleaned, re-lined, back in rotation
- Seal and dispose of Bucket 4

**You need 2-4 buckets in rotation.**

**30-day supply requirements:**

**Buckets:** 4 ($20-$32)
**Toilet seats:** 2 ($30-$60)
**Trash bags (100 count):** 2 boxes ($30-$50)
**Absorbent material (kitty litter or sawdust):** 60-80 lbs ($30-$60)
**Lime (odor control):** 50 lbs ($10)
**Toilet paper:** 4-6 mega rolls per person ($20-$30)
**Disinfectant (bleach):** 2 gallons ($6-$10)
**Hand soap:** 4-6 bars ($4-$12)
**Hand sanitizer:** 4-6 bottles ($8-$30)

**Total 30-day investment: $158-$294**

**For 90 days, triple the consumables (bags, absorbent material, TP, soap, sanitizer).**

**Total 90-day investment: $350-$650**

### Urine Separation (Advanced Technique)

Urine is 90% water and sterile when it exits the body. But it smells and creates management problems when mixed with feces.

**Separating urine from solid waste makes the system more manageable.**

**How to separate:**

**Dedicated urine container:** Men urinate in a bottle or jug (wide-mouth juice bottles work). Women can use a wide-mouth container or female urination device (FUD—pStyle, GoGirl, etc.).

**Urine disposal:**

- Dilute 10:1 with water and pour on trees or shrubs (nitrogen fertilizer)
- Pour into dedicated outdoor area (gravel pit, far from house)
- Store in sealed containers (5-gallon jugs with tight lids) for later disposal

**Benefits:**

- Solid waste bucket lasts 2-3x longer (less volume, less liquid)
- Less smell (urine smell is ammonia from breakdown, removed from bucket)
- Easier management overall

### Menstrual Waste Management

Used menstrual products need special handling.

**Disposable products:**

- Wrap in toilet paper or newspaper
- Place in dedicated small trash bag
- Seal bag when full
- Burn if you have safe burn capability (outdoor fire pit far from structures)
- Otherwise, bury with human waste

**Reusable products:**

- Rinse with water (cold water first to prevent staining)
- Soak in bucket with water and a bit of bleach or hydrogen peroxide (disinfects and reduces smell)
- Wash thoroughly with soap
- Boil for 5-10 minutes for complete sterilization
- Dry completely before reuse

### The "Why This Matters" Reminder

I know this chapter is uncomfortable. But let me tell you why every word of it matters:

**Cholera, typhoid, dysentery, hepatitis A, E. coli infections**—these diseases kill. And they spread through fecal contamination.

When sanitation breaks down and people don't manage waste properly:

- Fecal matter contaminates hands
- Contaminated hands touch food and water
- People ingest microscopic amounts of fecal matter
- Disease spreads through entire households and communities

**This is how medieval plagues happened. This is how modern disaster zones become death traps.**

Katrina. Haiti earthquake. Refugee camps. Anywhere sanitation infrastructure fails, disease follows within days.

**Your family won't be part of those statistics because you prepared.**

You have a system. You have supplies. You know how to maintain hygiene with minimal water. You know how to handle waste safely.

**That knowledge and preparation will keep your family healthy when everyone around you is getting sick.**

### Your 7-Day Sanitation Prep Action Plan

**Day 1:** Acquire buckets (4), toilet seats (2), and heavy trash bags (200 count for 90-day supply).

**Day 2:** Purchase absorbent material (kitty litter, sawdust, or peat moss—120 lbs for 90 days) and lime for odor control.

**Day 3:** Stockpile hygiene supplies (soap, hand sanitizer, toothpaste, shampoo, feminine products for 90 days).

**Day 4:** Set up one bucket toilet in your home. Practice using it. Yes, really. You need to know how it works and feels before crisis forces you to use it.

**Day 5:** Identify waste disposal location on your property (or coordinate with neighbors if you don't have suitable space).

**Day 6:** Create hygiene protocols document for your family. Write down: hand washing procedure, daily washing routine, waste disposal steps, laundry schedule.

**Day 7:** Conduct family training. Explain the system. Practice bucket toilet setup. Practice minimal-water washing. Make sure everyone knows the protocols.

**At the end of one week, you're prepared to maintain sanitation and hygiene for 90 days without functioning plumbing or running water.**

Your family will stay healthy when others get sick. Your home will stay livable when others become uninhabitable. You'll maintain dignity and normalcy in a situation that destroys both for unprepared people.

**This is resilience at its most unglamorous—and most essential.**

In the next chapter, we're addressing the psychological dimension of crisis survival. Physical preparation is critical, but mental and emotional resilience is what allows families to actually function and hold together when everything around them is falling apart.

# CHAPTER 13: PSYCHOLOGICAL WARFARE: KEEPING YOUR FAMILY SANE

Let me tell you about the moment I understood that survival is more psychological than physical.

Afghanistan, 2007. We were working with a group of contractors securing a forward operating base. One guy—call him Mike—was exceptionally prepared. Former Marine, excellent shape, knew his job cold. He had all the gear, all the training, all the physical capability you could ask for.

Three weeks into the deployment, he had a complete psychological breakdown.

The constant stress, the isolation from his family, the uncertainty about when he'd go home, the daily grind of dealing with threats—it broke him mentally long before anything broke him physically. He was eating fine. He was sleeping. He wasn't injured. But his mind couldn't handle it anymore.

They medevaced him out. Last I heard, he never fully recovered from the psychological damage.

Meanwhile, I watched Afghan civilians—families who'd lived through decades of war, who had almost nothing in terms of supplies or security—remain psychologically intact. They had routines. They had community. They had ways of maintaining normalcy and hope despite living in a war zone.

**That's when I learned: physical survival is only half the battle. Psychological survival determines whether you make it through intact or broken.**

Right now, you're building physical resilience: food, water, security, medical supplies, sanitation. That's critical. But if your family's mental and emotional state collapses, all that physical preparation becomes meaningless.

**I've seen it happen:**

Fathers who had everything they needed but couldn't function because the stress paralyzed them. Mothers who had supplies but spiraled into anxiety and depression. Kids who were physically safe but psychologically traumatized.

Families that fell apart not because they ran out of food or water, but because they couldn't maintain psychological cohesion under sustained stress.

**This chapter is about preventing that collapse.**

We're going to talk about why mental breakdown happens before physical breakdown. How to maintain routine and structure when the world is chaos. How to manage your family's fear—especially your children's—without lying or creating false hope. How to stay sane when everything around you is designed to make you lose your mind.

**Because the truth is: the crisis that breaks most people isn't the one that kills them. It's the one that breaks their will to keep going.**

## WHY MENTAL COLLAPSE HAPPENS BEFORE PHYSICAL COLLAPSE

Let me explain the psychological progression that happens during sustained crisis:

### Week 1: Adrenaline Phase

When crisis first hits, most people enter a heightened state. Adrenaline kicks in. Focus sharpens. You're operating in survival mode, doing what needs to be done.

**This phase feels manageable.** You're busy. You're acting. You're implementing your plans. There's almost a sense of purpose—finally, all that preparation is being used.

**Families often report feeling strangely energized during this phase.** The crisis is real, but so is their response to it.

### Week 2-3: Reality Phase

The adrenaline wears off. You realize this isn't a short-term emergency. The cavalry isn't coming. Systems aren't going back to normal tomorrow.

**This is when psychological strain begins:**

**Sleep deprivation accumulates.** You're sleeping less and sleeping lighter because you're on alert. Your body is tired but your mind won't let you rest fully.

**Decision fatigue sets in.** Every day requires hundreds of micro-decisions. What to eat (from limited options). How much water to use. Whether that noise outside is a threat. What to do about the neighbor who keeps asking for help. Your brain is exhausted from constant decision-making under stress.

**Boredom and monotony emerge.** Crisis isn't continuous action like movies portray. It's long periods of sameness with occasional spikes of stress. You're eating the same foods. Doing the same tasks. Stuck in the same space. The monotony is psychologically draining.

**Uncertainty crushes hope.** You don't know when this ends. Tomorrow? Next week? Next month? Never? That uncertainty is toxic to the human psyche. We need endpoints. We need to know there's a finish line. Without that, despair creeps in.

### Week 4+: Breaking Point Phase

This is where mental collapse typically happens—not at the beginning when things are most dangerous, but after sustained stress with no relief and no endpoint in sight.

**What psychological collapse looks like:**

**Apathy and withdrawal:** Stops doing tasks that were previously routine. Stops caring about hygiene, security, even eating. Just sits and stares.

**Anxiety spirals:** Constant worry about threats that may or may not exist. Can't focus on present tasks because always imagining worst-case scenarios. Panic attacks.

**Depression:** Loss of hope. "What's the point?" mentality. Inability to see a future beyond the crisis. Suicidal ideation in extreme cases.

**Anger and aggression:** Lashing out at family members over minor things. Fights that escalate beyond reason. Violence toward those you're supposed to be protecting.

**Psychosis (extreme cases):** Disconnection from reality. Paranoid delusions. Hallucinations. Complete mental break.

**Why does mental collapse happen before physical collapse?**

**Because humans are not wired for sustained high-stress environments with no escape and no timeline.**

We evolved to handle acute stress: predator attacks, fights, immediate dangers. We respond with adrenaline, fight-or-flight, and then recover after the threat passes.

**We're not wired for chronic stress:** threats that never end, dangers that are constant but not immediate, uncertainty that stretches for weeks and months.

**The body can handle deprivation longer than the mind can handle uncertainty and isolation.**

You can survive on minimal food and water for weeks. You can survive uncomfortable conditions. But you can't survive losing hope, losing purpose, losing your sense of self without sustaining serious psychological damage.

**This is why you need strategies to maintain psychological health. Not as a luxury–as survival necessity.**

## HOW TO MAINTAIN ROUTINE AND NORMALCY WHEN EVERYTHING'S CHAOS

The human brain craves predictability and structure. Routine gives us a sense of control. When everything external is chaos, internal routine keeps us sane.

### The Power of Routine During Crisis

Studies of POWs, hostages, and disaster survivors consistently show: people who maintain some form of routine and structure have dramatically better psychological outcomes than those who don't.

**Admiral James Stockdale** (Vietnam POW for 7+ years) credited his survival to maintaining mental routines: exercising on schedule, communicating with other prisoners through taps in a code, creating structure in an unstructured nightmare.

**Concentration camp survivors** who maintained routines—washing daily even with minimal water, exercising, telling stories at the same time each day—had higher survival rates than those who gave up on routine.

**Why routine works:**

**It creates predictability.** Even if the world is chaos, *your* day has structure. You wake at the same time. You do tasks in the same order. There's comfort in knowing what comes next.

**It provides purpose.** Routine gives you things to do, goals to accomplish. "I need to complete my morning checklist." This prevents the dangerous drift into apathy.

**It maintains identity.** You're not just "a person surviving crisis." You're "a person who maintains standards, who keeps routines, who lives with intention." Routine preserves your sense of self.

**It models stability for your family.** When you maintain routine, your family sees that Dad/Mom is still in control, still functioning, still maintaining normalcy. That's psychologically reassuring, especially for children.

### Building Your Crisis Routine

Your routine needs to be structured but flexible enough to adapt to actual survival needs. Here's a framework:

#### Morning Routine (Start Each Day with Structure)

##### 6:30-7:00 AM: Wake up

Set a wake time and stick to it. Use a wind-up alarm clock or your internal clock (train yourself to wake at the same time). Sleeping until noon because "what's the point?" is the beginning of psychological decline.

##### 7:00-7:30 AM: Personal hygiene and preparing for the day

Wash face and hands. Brush teeth. Get dressed (even if you're not going anywhere—wearing pajamas all day erodes mental state). Comb hair. Look presentable.

This isn't vanity. **This is maintaining human dignity and psychological normalcy.**

##### 7:30-8:00 AM: Breakfast

Gather family. Eat together at the same time each day. This creates a daily checkpoint where everyone's together and accounted for.

##### 8:00-8:30 AM: Morning briefing/planning

Review the day's tasks. Assign responsibilities. Discuss any issues or changes. This gives everyone clarity on expectations and goals.

##### 8:30 AM: Begin work/tasks

Transition into the day's activities with clear purpose.

#### Daytime Structure (Tasks and Activities)

You need to fill the day with purposeful activity. Without work or school or normal obligations, families drift into unhealthy patterns.

**Create task lists and schedules:**

**Physical tasks (2-3 hours daily):**

- Property security checks
- Water procurement and purification
- Food preparation
- Sanitation management
- Equipment maintenance
- Physical exercise

**Educational activities (1-2 hours daily for kids, optional for adults):**

- Reading
- Math practice
- Writing
- Learning new skills
- Teaching children (parents become teachers)

**This prevents educational regression in children and gives them structure and purpose.**

**Maintenance and improvement projects (1-2 hours daily):**

- Improving security measures
- Organizing supplies
- Making repairs
- Building something useful

**Purposeful work creates a sense of progress and accomplishment.**

**Leisure and recreation (important, not optional):**

- Reading for pleasure
- Games (board games, card games)
- Music (if instruments available)
- Art and crafts
- Storytelling
- Physical play for kids

**People need downtime and enjoyment even during crisis.** Mental health requires it.

**Evening Routine (Wind Down and Reflect)**

**5:00-6:00 PM: Dinner preparation and eating**

Gather as family. Eat together. Talk about the day.

**6:00-8:00 PM: Family time/free time**

Relaxed period for games, reading, conversation. Keep it calm and structured.

**8:00-8:30 PM: Evening briefing**

Review the day. What went well? What needs attention tomorrow? Any concerns?

**Address issues while they're small before they become big problems.**

**8:30-9:00 PM: Prepare for night**

Brush teeth. Wash face and hands. Change into sleepwear. Set up overnight security measures (locks, alarms, watch schedule if needed).

**9:00 PM: Lights out**

Establish and maintain a bedtime. Sleep deprivation destroys psychological resilience. Protect sleep as much as security allows.

**Adapting Routine to Reality**

Obviously, real crisis conditions will disrupt perfect routine. That's fine. **The goal isn't rigid adherence to a schedule. The goal is maintaining as much structure as conditions allow.**

**Some days you'll need to adjust:** Threat detected means security takes priority over the schedule. Someone gets sick means care takes priority. Water needs to be procured means that task supersedes the plan.

**But then you return to routine as soon as possible.**

The routine is your anchor. When things stabilize, you go back to the routine. That consistency is what maintains psychological stability.

**Weekly Structure (Prevents Days from Blending Together)**

In crisis, days blur together. You lose track of time. This is disorienting and psychologically damaging.

**Create weekly markers:**

**Sunday:** Family meeting. Review the week. Plan for the next week. Discuss longer-term goals and strategies.

**Monday:** Deep cleaning and organization day.

**Tuesday-Thursday:** Regular daily routine.

**Friday:** Lighter workload. More family time and games. "Reward" day.

**Saturday:** Skill building and training. Practice drills, learn new skills, improve preparedness.

**You're creating a weekly rhythm that gives each day identity.** People can say "It's Wednesday" and know what that means for the day's structure.

### Celebrating Small Wins and Milestones

Crisis is demoralizing. Everything is hard. Nothing is easy. You need to intentionally recognize and celebrate successes.

**Mark achievements:**

- "We've been self-sufficient for 7 days." → Acknowledge this as an accomplishment.
- "Everyone stayed healthy this week." → Celebrate it.
- "We completed that project." → Recognize the effort.
- "Someone's birthday." → Still celebrate it with whatever you have.

**These celebrations don't have to be elaborate.** A special dessert made from stored ingredients. A favorite game or story. Acknowledgment and praise.

**The psychological impact of recognizing progress is massive.** It reminds everyone that you're not just surviving—you're succeeding.

## MANAGING CHILDREN'S FEAR WITHOUT LYING TO THEM

This is the hardest psychological challenge: keeping your children psychologically healthy during crisis.

Kids are resilient, but they're also perceptive. They sense fear and stress in parents even when you try to hide it. And they need truth, but truth calibrated to their developmental level.

## The Fundamental Principle: Age-Appropriate Honesty

**Don't lie.** Lying to kids creates two problems:

1. They'll eventually discover the truth, and their trust in you will be damaged
2. They'll sense you're lying (kids are good at this), which increases their anxiety because now they know something's wrong AND that you're hiding it from them

**But don't overshare.** Full adult-level information about threats and dangers will overwhelm and traumatize children.

**The balance: Age-appropriate honesty.**

### For Young Children (Ages 3-7)

**What they understand:**

- Something's different
- Routines have changed
- Mom and Dad seem stressed
- We're not doing normal things (school, going to stores, seeing friends)

**What to tell them:**

**"Things are different right now. We're staying home more to keep our family safe. Some things aren't working like they usually do, so we're doing things a new way for a while. But you're safe, and Mom and Dad know what to do."**

**Key elements:**

- Acknowledge change (they know something's different)
- Provide reassurance (you're safe)
- Establish parental competence (we know what to do)
- Keep it simple (no detailed explanations of societal collapse)

### For Middle Children (Ages 8-12)

**What they understand:**

- Things are seriously wrong
- This isn't just "staying home for fun"
- There are potential dangers

- Adults are worried

**What to tell them:**

**"There are some problems right now with [power/stores/safety/etc.]. We're prepared and we know how to handle it. Things might stay this way for a while, but we have everything we need. We're going to keep doing our routines, and everyone has a job to help. You might feel scared or worried sometimes, and that's okay. You can always talk to us."**

**Key elements:**

- More specific explanation (they need some details)
- Continued reassurance (we're prepared)
- Normalize their feelings (it's okay to be scared)
- Give them agency (you have a job, you can help)

### For Teens (Ages 13+)

**What they understand:**

- Pretty much everything
- Society is breaking down in some way
- Real dangers exist
- This could last a long time

**What to tell them:**

**"I'm going to be straight with you because you're old enough to understand and to help. [Explain the situation honestly but without catastrophizing.] I need you to understand the situation so you can make good decisions. We're prepared. We have plans. But I need your help and maturity. Can I count on you?"**

**Key elements:**

- Honest assessment (they deserve it and will figure it out anyway)
- Respect their intelligence (treat them as capable)
- Request their partnership (you need them as teammates, not just dependents)
- Establish trust (I'm telling you the truth)

### Common Mistakes Parents Make

**Mistake #1: Pretending everything's fine when it's obviously not**

Kids aren't stupid. When you're rationing food, using bucket toilets, and jumping at every noise outside, they know things aren't fine. Pretending otherwise makes them distrust you.

**Better approach:** "Things are challenging right now, but we're handling it."

**Mistake #2: Oversharing adult fears and worst-case scenarios**

"We might all die." "Civilization is collapsing." "We'll probably run out of food."

This traumatizes children and serves no purpose. They can't process adult-level existential dread.

**Better approach:** "Things are difficult, but we're prepared and we'll get through this together."

**Mistake #3: Shielding them entirely from any knowledge or responsibility**

Treating kids like they're too fragile to handle any information or be given any tasks makes them feel useless and increases anxiety.

**Better approach:** Give them age-appropriate tasks and responsibility. Let them contribute. This builds confidence and purpose.

**Mistake #4: Getting angry when they express fear or ask questions**

"Stop being scared!" "Don't talk about that!" This shuts down communication and makes children internalize their fear.

**Better approach:** "It's okay to be scared. I get scared sometimes too. Let's talk about it."

**Managing Specific Fear Responses in Children**

**Nightmares and sleep disturbances:**

Common during crisis. Children process stress through dreams.

**Response:**

- Maintain bedtime routine strictly (predictability helps)

- Allow child to express what they dreamed
- Provide comfort and reassurance
- Consider letting younger children sleep near parents' room temporarily

**Regression (bed-wetting, thumb-sucking, clingy behavior):**

Stress causes children to revert to earlier developmental behaviors.

**Response:**

- Don't punish or shame
- Provide extra comfort and reassurance
- Maintain routines (structure helps them feel secure)
- Understand it's temporary and stress-related

**Acting out (aggression, defiance, tantrums):**

Children don't have adult coping skills. Stress comes out as behavioral problems.

**Response:**

- Set clear boundaries (behavior standards remain even in crisis)
- Provide outlets for emotion (physical activity, talking, play)
- Be consistent with consequences but also compassionate
- Spend one-on-one time with the child (attention reduces acting out)

**Excessive worry and questioning:**

"What if...?" repeated constantly. Catastrophizing. Can't focus on anything else.

**Response:**

- Answer questions honestly but briefly
- Don't dismiss ("Stop worrying") but redirect ("I understand you're worried. Let's focus on what we're doing to stay safe.")
- Give them tasks to do (action reduces anxiety)
- Limit repetitive conversations about fears (set a boundary: "We've talked about this. I need you to trust that Mom and Dad have it handled.")

### Creating Normalcy for Children

Kids need childhood even during crisis. **Protect their psychological development by maintaining as much normalcy as possible.**

**Continue education:**

Even if schools are closed, maintain learning. Use books you have. Teach practical skills. Keep their minds engaged.

**This tells them: The future still exists. You're still preparing for it. Life goes on.**

**Allow play:**

Children process stress and emotions through play. This isn't frivolous—it's psychological necessity.

**Provide toys, games, art supplies, outdoor play time (if safe).** Let them be kids.

**Maintain special occasions:**

Birthdays still happen. Holidays still happen. Even if you can't celebrate normally, acknowledge them.

**A birthday cake made from stored ingredients. A Christmas with homemade decorations. These rituals maintain hope and normalcy.**

**Protect their innocence where possible:**

Don't expose children to violence, death, or graphic situations unless unavoidable. Shield them from adult conversations about threats. Let them keep some childhood innocence even as they adapt to new realities.

**The Father/Mother as Psychological Anchor**

Here's the hard truth: **Your family's psychological state depends almost entirely on yours.**

If you're visibly panicking, they panic. If you're depressed, they become depressed. If you're angry, they become anxious. **Your emotional state radiates outward and sets the tone for the entire family.**

**This means you have to manage your own psychological state even when you're barely holding it together.**

**How to be the anchor when you're struggling:**

**Compartmentalize your stress:**

Allow yourself designated time to feel and process stress (early morning or late night when family is asleep). During family time, project calm and competence.

**This isn't dishonesty. This is leadership.** Soldiers don't fall apart in front of their unit. Captains don't panic in front of the crew. Fathers don't collapse in front of their families.

You process your fear and stress privately or with your spouse (away from kids), then you present strength and stability to your family.

**Find someone to talk to:**

You can't bottle everything up indefinitely. You need an outlet.

**Spouse:** If your partner is psychologically strong, you can support each other. But be careful not to trigger mutual spiral into despair.

**Trusted neighbor or friend:** Someone outside your immediate family who understands the situation and can provide perspective.

**Written journal:** Externalizing thoughts onto paper helps process them. Write out your fears, frustrations, and plans. The act of writing provides clarity.

**Physical outlets:**

Exercise. Heavy physical work. These release stress hormones and improve mental state.

**When possible, do hard physical labor.** It exhausts your body, occupies your mind, and provides tangible accomplishment. All of these help psychological resilience.

**Maintain your own routines:**

Just as you create routine for your family, you need personal routines that maintain your sense of self.

**Examples:**

- Morning coffee (even if it's the last of your stockpile)
- Reading for 15 minutes before bed
- Physical training routine
- A specific task you do the same way every time

**These personal rituals anchor your identity separate from the crisis.**

## The Long-Term Psychological Challenge

Everything we've discussed assumes crisis lasts weeks to a few months. But what if it stretches longer?

### Extended crisis (6+ months) creates different psychological challenges:

**Purpose erosion:** Initial survival purpose sustains you for a while. But if crisis becomes the new normal, you need new purpose beyond just surviving day-to-day.

**Solution:** Set long-term goals. Build something. Improve something. Create something. Purpose beyond survival is essential for long-term psychological health.

**Social isolation:** Human beings need social connection beyond immediate family.

**Solution:** If you've built a trusted network of neighbors (Chapter 3), maintain regular communication and interaction. Shared struggle creates bonds. Don't isolate completely.

**Hope sustainability:** Hope that "things will get back to normal" eventually fades if crisis extends indefinitely.

**Solution:** Redefine normal. This IS normal now. The goal isn't returning to the past—it's adapting to the present and building for a different future. Acceptance of the new reality is psychologically healthier than pining for a past that's gone.

## The Psychological Victory

Let me tell you what psychological resilience looks like in practice:

It's the family that's eating rice and beans for the 60th day in a row, but they still sit together at the table and talk about their day.

It's the father who's exhausted and scared but still does the morning briefing with his kids and projects confidence.

It's the mother who maintains hygiene standards even though it's hard and water is scarce, because maintaining standards maintains humanity.

It's the teenager who's given up their phone and internet and social life, but still does their schoolwork because their parents said education matters.

It's the eight-year-old who's scared but still laughs during family game night because Mom and Dad created a space where laughter is still possible.

**That's what psychological survival looks like.** Not the absence of fear or stress, but the presence of structure, purpose, routine, and hope despite those things.

### Your 7-Day Psychological Prep Action Plan

**Day 1:** Create your family's crisis routine. Write it down. Schedule for wake-up, meals, tasks, bedtime. Make it specific.

**Day 2:** Stockpile entertainment and educational materials (books, games, art supplies, puzzles). These aren't luxuries—they're psychological survival tools.

**Day 3:** Have age-appropriate conversations with your children about preparedness. Not to scare them, but to normalize the concept that we prepare for difficult times.

**Day 4:** Establish weekly family meeting structure. Practice having one now. Get everyone comfortable with the format.

**Day 5:** Identify your personal stress outlets and coping mechanisms. What will you do to manage your own psychological state during crisis?

**Day 6:** Create celebration and milestone markers. Write down birthdays, holidays, and how you'll acknowledge them using stored supplies.

**Day 7:** Practice routine enforcement for one day. Run your family through the crisis schedule. See what works and what needs adjustment.

**At the end of one week, you have psychological frameworks and practices in place that will keep your family mentally and emotionally intact when physical survival is the easy part and psychological survival becomes the challenge.**

**You're not just preparing to keep your family alive. You're preparing to keep them sane, hopeful, and human.**

In the next chapter, we're addressing one of the most controversial and difficult aspects of crisis survival: saying no. How to refuse desperate people asking for help, how to turn away neighbors and friends when you can't support everyone, and how to live with those decisions without losing your humanity.

# CHAPTER 14: THE ART OF SAYING NO

I'm going to tell you about a moment that still haunts me.

Iraq, 2006. We were stationed at a checkpoint on the outskirts of Baghdad. Every day, civilians would approach asking for food, water, medical help, information, protection—anything we could provide.

One afternoon, a father approached with his two young daughters. He was desperate. His family hadn't eaten in three days. He needed food. He was begging. His kids were crying.

We had MREs. We had water. We could have helped.

But our orders were clear: no distribution to civilians. It compromised operational security. It created dependency. It attracted crowds that became targets. Every time we helped someone, twenty more appeared the next day.

I had to tell that father no.

I watched him walk away with his hungry children. I don't know what happened to them. I think about them sometimes.

**Here's what I learned from that experience: saying no to desperate people is one of the hardest things you'll ever do. And it's absolutely necessary for survival.**

The young soldier who gave food to civilians against orders? His kindness attracted a crowd the next day. Someone in that crowd detonated a suicide vest. Three soldiers died. Dozens of civilians died. **Compassion became a fatal weakness.**

This chapter is about a truth that nobody wants to hear: **During sustained crisis, you cannot help everyone. Attempting to do so will get your family killed.**

You're going to have to say no to people. Neighbors you know. Friends. Possibly even family members. People who are genuinely desperate and whose need is real.

**And you're going to have to do it in a way that doesn't turn them into threats against you.**

This is the chapter about hard decisions, moral calculations, and the scripts and strategies that let you refuse help without creating enemies. It's about protecting your family when compassion for others would endanger them.

**This isn't about being cruel. This is about being realistic.** And if you don't prepare yourself psychologically and strategically for these moments, you'll make decisions in the heat of the moment that you'll regret—either because you helped and it destroyed your family, or because you refused and it turned violent.

Let's prepare you for the hardest conversations you'll ever have.

## HOW TO REFUSE DESPERATE NEIGHBORS WITHOUT BECOMING A TARGET

Here's what's going to happen during sustained crisis:

You've prepared. You have food, water, supplies. You're managing. Your neighbors didn't prepare. They're hungry. They're desperate. They know you. They know where you live. **And they're going to ask for help.**

Not with guns (at first). Not with threats. Just honest requests from people in genuine need.

**"Can you spare some food for my kids? Just enough to get through the week?"**

**"Do you have any water we could have? Our kids are so thirsty."**

**"We're out of medicine. Do you have any [insulin/blood pressure medication/baby formula]?"**

These are your neighbors. People you've waved to for years. People whose kids played with your kids. Good people in bad circumstances.

**And you're going to have to say no.**

### Understanding the Dynamics

When you say no, three things can happen:

#### Outcome 1: They accept it and leave (best case)

They're disappointed but understand. They don't become a threat. They try elsewhere or figure something else out.

#### Outcome 2: They become resentful but don't act on it (manageable)

They're angry that you won't help. They think you're selfish. They might talk about you to others. But they don't take action against you. This is uncomfortable but survivable.

**Outcome 3: They become hostile and threaten or attempt to take what you have (worst case)**

They decide if you won't give voluntarily, they'll take by force. Now your refusal to help has created an active threat.

**Your goal: Maximize Outcome 1, minimize Outcome 3.**

**The strategy depends on how you say no, what information you reveal, and what impression you leave them with.**

### The Fundamental Principle: The Lie of Scarcity

**Never reveal that you're well-stocked and refusing to share out of principle or calculation.**

If they know you have abundant supplies and are choosing not to help, they'll see you as heartless and selfish. That creates resentment and makes you a target.

**Instead, project that you're barely getting by yourself.**

You're not refusing because you're selfish. You're refusing because you literally can't spare anything without endangering your own family.

**This removes moral judgment from the equation.** You're not the bad guy hoarding supplies. You're just another struggling family.

### The Script for Refusing Neighbors

Here's how the conversation typically happens:

**Neighbor:** "Hey, I hate to ask, but we're really struggling. Do you have any extra food you could spare? Just to get us through the next few days?"

**Wrong Response:** "Sorry, I can't help. I have to take care of my own family first."

**Why this fails:** You've implied you have supplies but are choosing not to share. This creates resentment and makes them wonder how much you have.

**Better Response:**

**"Man, I wish I could help. We're barely making it ourselves. We're rationing everything we have and I don't know how long it's going to last. I'm worried about my own kids. I'm sorry. Have you tried [church/community center/other neighbor]?"**

**Why this works:**

**Establishes shared struggle:** "We're barely making it" puts you in the same category as them. You're both victims of the situation.

**Removes moral judgment:** You're not choosing not to help—you literally can't. There's nothing to resent.

**Expresses empathy:** "I wish I could help" and "I'm sorry" shows you're not heartless. You would help if you could.

**Redirects:** Suggests they try elsewhere. This gives them another option and ends the conversation on a forward-looking note instead of rejection.

### Variations Based on Relationship

**For casual neighbors (don't know well):**

**"I'm sorry, we don't have anything extra. We're struggling too. Good luck."**

Keep it brief. Don't engage deeply. You owe them nothing.

**For neighbors you know better but aren't close with:**

**"I really wish we could help, but we're in the same boat. We're rationing what we have and it's barely enough. I hope you find something. If I hear of anyone with extra, I'll let you know."**

This is kind but firm. The offer to "let you know if I hear of anyone" is essentially meaningless but softens the rejection.

**For actual friends or close neighbors:**

**This is harder.** These are relationships you might want to preserve (if society recovers) or that you need (if they're part of your security network from Chapter 9).

**"Look, I'm going to be straight with you. We prepared a little, but we didn't prepare for extra people. What we have is calculated for our family and I can't give away anything without putting my kids at risk. I'm not trying to be an asshole. I just literally can't. I'm sorry."**

**This is honest without revealing your full preparedness level.** "We prepared a little" = "we're not starving immediately but we don't have abundance." "Calculated for our family" = "I did the math and sharing means we run out."

If they're real friends, they'll understand. If they become hostile, they were never real friends.

### What if They Push Back?

**They will.** Desperate people don't take no easily.

**Neighbor:** "Come on, I know you have stuff. I've seen you bringing supplies home. Just a little bit to help us out."

**Wrong Response:** "No, I told you we can't."

This sounds defensive and makes them more suspicious.

**Better Response:**

**"Yeah, we bought some extra when things started looking bad, but it's going faster than we thought. We're stretching everything we have and I'm worried it won't be enough. I'm not trying to be difficult. I'm just trying to keep my family alive. I hope you understand."**

**Why this works:**

**Acknowledges their observation:** "Yeah, we bought some extra" validates what they saw. You're not denying reality.

**Reframes the narrative:** It's not abundant supplies—it's supplies that are running out faster than expected.

**Emphasizes survival:** "I'm trying to keep my family alive" is the moral trump card. They can't argue against that without looking like they want your family to die so theirs can eat.

**Ends with appeal for understanding:** You're asking them to empathize with your position.

### If They Get Angry

Some people will get angry when you refuse. Desperation turns to rage.

**Neighbor:** "Seriously? You're going to let my kids starve while you're sitting on supplies? That's fucked up. I thought you were better than that."

**They're attacking your character to pressure you into compliance.**

**Wrong Response:** Getting defensive or angry back. "I don't owe you anything!" or "Maybe you should have prepared!"

This escalates the conflict and makes you an enemy.

**Better Response:**

**Stay calm. Lower your voice (forcing them to calm down to hear you). Make eye contact.**

**"I understand you're scared and angry. I would be too. But attacking me doesn't change anything. I don't have what you need. I wish I did. But I don't. You need to go."**

**Why this works:**

**Acknowledges their emotion:** "I understand you're scared and angry" shows empathy.

**Doesn't engage with the personal attack:** You don't defend yourself against "that's fucked up." You just restate reality.

**Maintains boundary firmly:** "You need to go" is non-negotiable but not aggressive.

**If the conversation has reached this point, end it immediately and close your door.** Nothing productive will come from continuing.

**After They Leave: Damage Control**

Once you've refused someone, assume they'll talk to others about it.

**"Can you believe [your name]? He has all this stuff and won't share. What an asshole."**

You can't control this. But you can control what impression others get.

**If you have allies in the neighborhood (Chapter 9 communications network):** Give them a heads up.

**"Hey, just so you know, [neighbor] came asking for supplies. I had to tell them no. They weren't happy. If they ask you about me, just... be aware they're probably saying I'm hoarding or something. I'm not. We just don't have extra. Wanted you to know in case it comes up."**

**This preemptively counters their narrative.** Your allies hear your side first.

**Watch that neighbor carefully going forward.** They're now a potential threat. They're desperate, they know you have supplies (or think you do), and they're angry.

**Increase security measures around your property. Make sure your perimeter sensors are active. Be alert.**

## THE SCRIPT FOR TURNING AWAY ARMED STRANGERS AT YOUR DOOR

Now let's talk about the worst-case scenario: someone shows up at your door with a weapon, making demands or "requests" that are really threats.

This isn't your neighbor asking for help. This is someone who's already crossed the line into predatory behavior.

### The First Rule: Never Open Your Door

If you see someone approaching your door with a visible weapon, or multiple people approaching (which suggests coordinated action), **do not open your door.**

Speak through the door or through a cracked window. Never create an opening they can exploit.

### The Assessment Phase (Before They Knock)

Ideally, your perimeter security (Chapter 8) alerts you before they reach your door. When you're alerted:

**1. Observe from window (without being seen):**

- How many people?
- Are they visibly armed?
- What's their body language? (Aggressive vs. uncertain)
- Are they watching approaches/flanking your home?
- Any vehicles? Anyone staying with vehicles?

**2. Alert family immediately:**

Use your code word for threat. Everyone to safe room protocol (Chapter 8).

**3. Arm yourself:**

If you have defensive tools and training, position yourself at your defensive position with tools accessible.

**If you're not armed, have something improvised ready** (baseball bat, heavy flashlight, fire extinguisher—anything).

**4. Decide: Engage or Ignore?**

**If they seem like opportunistic looters:** Ignoring them might work. Dark house, no response, they move on to easier targets.

**If they're knocking and calling out:** You need to respond or they'll assume the house is empty and attempt entry.

### The Conversation Through the Door

They knock. They call out.

**Stranger:** "Hey! Anyone home? We need some help!"

or

**Stranger:** "Open up! We know you're in there!"

**The tone tells you their intent.** First version might be genuine. Second version is a threat.

**Your First Response (Establish You're Home and Alert):**

**Speak loudly through the door:**

**"I hear you. Stay where you are. What do you want?"**

**Why this works:**

**"I hear you":** Confirms you're home. Prevents them from forcing entry thinking house is empty.

**"Stay where you are":** Establishes boundary. You're in control of the space.

**"What do you want?":** Direct question. Makes them state their purpose.

**Your voice should be calm, firm, and confident.** Not scared. Not aggressive. **Controlled.**

**Their Response Tells You Everything**

**Response A: "We're looking for food/water/supplies. Can you help us?"**

This could be genuine desperation or a probe.

**Your Response:**

**"We don't have anything to spare. You need to move on."**

**Short. Firm. No explanation. No apology.**

If they're genuine, this is enough. If they're predators, you've just told them there's nothing here worth the risk.

**Response B: "Come on man, we know people have stuff. Just open up and we can talk."**

This is a manipulation attempt. They want you to open the door.

**Your Response:**

**"I'm not opening this door. I told you, we don't have anything. Leave now."**

**You're escalating firmness.** "Leave now" is a command, not a request.

**Response C: "Open this fucking door or we're coming in."**

This is an overt threat.

**Your Response:**

**"I'm armed. I will defend my family. You need to leave right now or this is going to go badly for you."**

**Why this works:**

**"I'm armed":** Whether true or not, this changes their risk calculation. Even if you're bluffing, they don't know that.

**"I will defend my family":** Establishes moral justification. You're not the aggressor.

**"This is going to go badly for you":** Direct threat. But phrased as defensive, not offensive.

**Important: Only say you're armed if you actually are OR if you're willing to bluff knowing they might call it.**

### If They Don't Leave (Attempted Breach)

If they attempt to force entry:

**1. Sound the alarm.** Activate any alarms you have (window alarms, panic alarms, car alarm if remote is accessible). **Noise is your friend.** It attracts attention, disorients them, and makes them reconsider.

**2. Yell loudly:** "Get away from my house! I'm calling the police!" (Even if phones don't work, they don't know that.)

**3. Prepare to defend:** If they breach, you defend from your prepared position (hallway chokepoint, safe room door).

**At this point, you're in an active home invasion scenario. This is beyond the scope of "saying no" and into physical defense, which we've covered in Chapters 7 and 8.**

**The key: Your goal was to deter the attempt before it reached this point.**

### What If They Claim to Be Authority?

**"We're with [FEMA/National Guard/Police/Emergency Services]. Open your door."**

During sustained crisis, it's possible legitimate authorities might go door-to-door. It's also possible criminals will impersonate authorities.

**Your Response:**

**"Show me identification. Hold it up to the window where I can see it."**

If they're real, they'll comply. If they're fake, they'll either fumble with fake IDs or get aggressive.

**Even if the ID looks real, you're not obligated to open your door.**

**"Okay, I see your ID. What do you need?"**

They can tell you through the door. If it's legitimate (evacuation order, emergency information, etc.), they'll tell you. You can comply without opening the door.

**If they insist on entry:**

**"I'm not opening my door. If you have an official order, slide it under the door. If you need to forcibly enter, I'm not resisting, but I'm documenting this."**

**This establishes:**

- You're not defiant (reduces chance of escalation)
- You're aware of your rights (makes them think twice about abuse)
- You're documenting (creates accountability fear)

**Real authority during crisis is often overwhelmed and not interested in forcing entry for minor things.** Fake authority will often back down when challenged.

**The Psychological Toll of Refusing**

Here's something nobody talks about: **Refusing desperate people damages you psychologically.**

Even when you know it's necessary. Even when you know saying yes would destroy your family. **It still feels terrible.**

You're going to struggle with guilt. "Could I have given them something? Should I have helped? Did I just contribute to their death?"

**Let me give you the framework that helped me cope with similar decisions:**

**The Airplane Oxygen Mask Principle:**

Flight attendants tell you: "Put on your own mask before helping others." Not because you're selfish. Because if you pass out trying to help others first, now nobody gets help.

**Your family is your oxygen mask.** You help them first. Always. Because if you destroy your family's resources trying to save everyone, you've now created more victims (your family) without actually saving anyone.

**The Math of Scarcity:**

Let's say you have food for your family of four for 90 days. A neighbor asks for food for his family of four. If you split your supplies, you both now have food for 45 days.

**What happens on day 46?** Both families starve. You delayed the problem by 45 days but didn't solve it. And now both families die.

**Harsh reality: During sustained crisis, charity doesn't save people. It just kills you both.**

The only exception is if you have genuine abundance and can spare without endangering your family. But if you're rationing, you're not in that position.

**The Responsibility Hierarchy:**

**Your responsibilities, in order:**

1. Your minor children (non-negotiable, they depend entirely on you)
2. Your spouse (partnership and co-survival)
3. Your extended family (parents, siblings) if you explicitly pre-planned to support them
4. Your immediate neighbors (the 2-4 households in your security network)
5. Everyone else

**You are not responsible for everyone else's failure to prepare.** You warned people (or you didn't, but either way, their preparedness isn't your fault).

**Adult strangers and non-allied neighbors are not your responsibility. Full stop.**

This sounds cold. It is cold. But it's reality during sustained crisis. You cannot save everyone. Attempting to do so kills your family.

## WHEN COMPASSION BECOMES A FATAL WEAKNESS

Let me tell you what happens when compassion overrides survival calculus:

### Scenario 1: The Cascading Need

You help one neighbor with food. Word spreads. Now five more neighbors show up. You help them too because "it's only fair."

Now ten people know you have supplies. More people come. You keep helping because saying no now seems hypocritical.

Within two weeks, your 90-day supply is gone. Your family is now starving alongside everyone you helped. And guess what? They're not grateful. They're angry that you ran out and can't help anymore.

**Compassion killed your family and didn't save anyone else.**

### Scenario 2: The Trojan Horse

You help a desperate family by giving them food. They're genuinely grateful. They're not a threat.

But they tell others. "That house helped us. They have supplies."

Now you're known as the house with supplies. You've painted a target on your home. Eventually, someone less grateful and more predatory hears about you.

They show up with weapons. Your compassion created the intelligence that led a threat directly to your family.

### Scenario 3: The Dependence Trap

You help someone once. They come back a week later. You help again. Now they expect it. You've created dependency.

When you finally say "I can't keep doing this," they get angry. "You helped before! Why are you stopping now? You're going to let us starve?"

You're now trapped. Either keep helping until you're depleted, or refuse and create an enemy who knows you have supplies and feels betrayed.

### Scenario 4: The Exploited Kindness

You help someone, and while you're getting supplies from your stockpile, they're observing. Where you keep things. What security measures you have. How much you have.

Later, they return with others. They know exactly where to go and what to take. Your kindness gave them reconnaissance.

**These aren't hypothetical scenarios. These are patterns that occur repeatedly during crisis.**

### The Rules for When Compassion is Acceptable

Compassion isn't always fatal. But it needs boundaries:

**Rule 1: Only help from genuine surplus, never from rations**

If you have 12 months of food and could spare 2 weeks without endangering your family, that's different than having 90 days and giving away 2 weeks.

**Rule 2: Never establish patterns or expectations**

If you help once, make it clear it's one time only. "This is all I can spare. I can't do this again. I'm sorry." Don't create recurring obligation.

**Rule 3: Never help at your home**

Don't let them see your supplies or your home's interior. Meet them elsewhere if you're providing anything. Maintain OPSEC.

**Rule 4: Only help those who are part of your pre-established network**

The 2-4 neighboring families you identified as allies (Chapter 9) are different from random neighbors or strangers. You pre-arranged mutual assistance. That's a security alliance, not charity.

**Rule 5: Help with information or guidance, not supplies**

**"I can't give you food, but I can tell you that [location] was distributing supplies yesterday. Try there."**

**"I don't have medicine, but I know someone who might. Let me give you their name."**

You're helping without depleting your resources.

**Rule 6: If helping endangers your family in any way, don't help**

This is the overriding rule. Your family's survival trumps everything else.

**The Moral Philosophy Question**

Someone's going to ask: "Doesn't this make you a bad person? Isn't this selfishness?"

Let me answer with a question: **If your child is starving and you give away food to a stranger's child, are you a good person or a bad parent?**

**You can't be both.**

During normal times in a functioning society, we can afford collective responsibility and compassion for strangers. We have surplus. We have systems. We have safety nets.

**During sustained crisis, you can't.** Resources are finite. Help is not coming. Every calorie you give away is a calorie your child doesn't get.

**Is it moral to let your child starve so a stranger's child can eat?**

Some people will say yes. They're welcome to make that choice for themselves. But you're not required to make that choice.

**Your first moral obligation is to the people who depend on you.** Children you brought into the world. Spouse you committed to. That obligation supersedes your obligation to strangers.

**This doesn't make you evil. It makes you a parent.**

### The Exceptions (When You Should Help)

There are times when helping is the right strategic and moral choice:

**When helping creates alliance:**

If someone can provide something you need in exchange (skills, labor, security, resources you lack), helping them can be mutually beneficial trade, not charity.

**When refusing creates greater danger than helping:**

If you're facing an armed group and giving them some supplies gets them to leave without violence, that might be the smart play. Losing 10% of your supplies is better than losing 100% plus your life.

**When you're helping dependents of your network allies:**

If your allied neighbor dies and leaves children, those children become your responsibility as part of the alliance. You don't abandon children of people you were allied with.

**When your abundance is so great that sharing doesn't create risk:**

If you've prepared for 2 years and can share 6 months without endangering yourself, that's different math. But most people aren't in this position.

### The Post-Crisis Reality

Here's something else to consider: **Society will eventually stabilize.**

When it does, the people you refused will remember. Some will understand and forgive. Others won't. You may have to live with damaged relationships.

**This is a cost of survival.** It's not pleasant. But it's better than being dead.

**And here's the other side:** The people you helped might remember too. If you helped wisely (genuine surplus, strategic alliances, no cost to your family), you might have built loyalty and goodwill that serves you post-crisis.

**The goal is to thread the needle:** Protect your family without making unnecessary enemies, and help strategically when doing so doesn't endanger your core survival.

### Your 7-Day Preparation for Saying No

**Day 1:** Write out your refusal scripts. Practice saying them out loud until they feel natural.

**Day 2:** Role-play difficult conversations with your spouse. One person plays desperate neighbor, other practices refusing. Switch roles.

**Day 3:** Establish your response protocols: Who speaks at the door? Where does family go? What's the escalation procedure?

**Day 4:** Review your OPSEC. What visible indicators of preparation can you eliminate or hide? Do neighbors already suspect you're prepared?

**Day 5:** Identify which neighbors might ask for help based on Chapter 3 assessments. Mentally prepare for specific individuals.

**Day 6:** Decide on your personal boundaries: Under what conditions (if any) will you help? Write them down so you're not making decisions emotionally in the moment.

**Day 7:** Have honest conversation with your family about saying no. Your spouse needs to be aligned. Older children need to understand they can't promise help to their friends.

**At the end of one week, you're psychologically and strategically prepared for the hardest conversations of your life.**

**You know what to say. You know how to say it. You know when to say it. And you've made peace with the moral reality that sometimes, saving your family means refusing others.**

**This is the art of saying no. It's not pleasant. It's not easy. But it's necessary.**

In the next chapter, we're addressing the final critical element of self-sufficiency: Operational Security. How to keep your preparedness hidden, how to avoid becoming a target, and how to operate as the gray man who survives by being invisible rather than invincible.

# CHAPTER 15: OPERATIONAL SECURITY (OPSEC)

Let me tell you about the man who had everything and lost it all because he couldn't keep his mouth shut.

This was during the early days of COVID-19, March 2020. Panic buying had started. Stores were getting cleaned out. A guy I knew—call him Steve—had been prepping for years. He had months of food, water, medical supplies, everything. He was genuinely well-prepared.

And he couldn't stop talking about it.

At work, he'd casually mention his stockpiles. "Yeah, I'm good for six months. I've been stocking up for years." On Facebook, he posted photos of his supply room. "While you guys are fighting over toilet paper, I've been ready for years. #PrepperLife."

He thought he was being smart. Showing people he was prepared. Maybe even inspiring others to prepare.

**Three weeks later, his house was broken into.** He wasn't home. His family was safe. But his stockpile—years of preparation and thousands of dollars—was gone. Cleaned out. They knew exactly where to look and what to take because he'd essentially given them a detailed inventory and virtual tour.

The police suspected it was someone who knew him. Someone who'd seen his posts or heard his bragging. Someone who knew what he had and where he kept it.

**Steve had won the preparation game but lost the security game.**

That's when I learned the hardest lesson of preparedness: **It doesn't matter what you have if you can't keep it secret.**

The best security is being invisible. The best defense is not needing defense because nobody knows you're a target. **The gray man doesn't get attacked because nobody realizes he's worth attacking.**

This chapter is about Operational Security—OPSEC. It's about the discipline of keeping your preparation hidden before crisis, and keeping your resources concealed during crisis. It's about the mistakes that broadcast your preparedness to everyone around you, and how to avoid them.

**Because the supplies you have aren't as important as the supplies people don't know you have.**

## THE 7 MISTAKES THAT BROADCAST "WE'RE STOCKED AND PREPARED"

Let's walk through the most common ways people accidentally reveal their preparedness—both before and during crisis.

### Mistake #1: Talking About Your Preparations

This is the most common and most dangerous mistake.

**Before crisis:**

You're excited about preparedness. You spent time and money building your stockpile. You want to share your knowledge. You want to help others prepare. So you talk about it.

At work: "Yeah, I've got three months of food stored. You should really think about preparing."

At family gatherings: "We're set if anything happens. We've got solar power, water storage, the whole setup."

On social media: Posts about your latest gear purchases. Photos of your stockpile. Memes about being prepared while others panic.

With neighbors: "We don't worry about power outages anymore. We've got a generator and fuel for weeks."

**You think you're being helpful or showing wisdom. What you're actually doing is creating a target list.**

Every person you tell is a person who now knows you have resources. When crisis hits and they're desperate, where do you think they're going to go?

**Even well-meaning friends become threats during desperate times.**

**During crisis:**

It gets worse. If you weren't careful before crisis, during crisis it's fatal.

Someone asks: "How are you guys doing? Do you need anything?"

Bad response: "We're fine. We have everything we need."

**This immediately signals: "We have supplies when you don't."**

Better response: "We're managing. Stretching what we have. Same as everyone else."

**This signals: "We're struggling too. We're not worth targeting."**

**The rule: The only people who should know about your preparations are:**

1. **Your immediate household**
2. **Pre-arranged mutual assistance partners (2-4 trusted neighbors max)** who you've carefully vetted and who are also prepared
3. **Absolutely no one else**

Not your extended family (unless they're part of your immediate plans). Not your coworkers. Not your friends. Not the internet. **Nobody.**

**Mistake #2: Visible Bulk Purchases**

You're loading up your car at Costco with 50 cans of food, cases of water, bulk rice, and other obvious stockpile items.

Your neighbors see you unloading. Your coworkers see you at the store. Random people observe you checking out with a cart full of long-term storage food.

**Each observation is data. People remember.**

"Oh yeah, that guy bought a ton of supplies back in [whenever]. I bet he's got stuff."

**How to avoid this:**

**Buy gradually over time, not all at once.** Spread purchases across weeks and months. Smaller loads are less noticeable.

**Use multiple stores.** Don't always shop at the same place where you might be recognized.

**Buy mixed carts.** Include normal groceries with your preparedness items. A cart with produce, milk, bread, and some canned goods looks normal. A cart with nothing but 50 cans of beans looks like prepping.

**Unload discreetly.** Park in your garage if you have one, or unload quickly and directly into your house. Don't leave cases of supplies sitting on your driveway visible to passing neighbors.

**Use opaque bags or boxes.** Transfer items into non-descript containers before carrying into house if neighbors might see.

**During crisis, never make visible acquisition runs.** If you're going to stores or distribution points (only if absolutely necessary), go alone, go early or late when fewer people are around, and never bring back more than you could plausibly have gotten from normal rationing.

### Mistake #3: Visible Security Upgrades

You install security cameras, bars on windows, reinforced doors, tall fences, motion sensor lights, alarm company signs.

From the street, your home screams: **"This house has something worth protecting!"**

We covered this in Chapter 7, but it's worth repeating: **Visible security measures attract attention during crisis rather than deterring it.**

During normal times, visible security might deter opportunistic burglars. During sustained crisis when people are desperate, visible security tells them there are resources inside worth the risk.

**The solution: Covert security measures.**

Everything we discussed in Chapters 7 and 8: door reinforcement, window security film, hidden cameras, discrete sensors. **Security that functions but doesn't advertise.**

If you've already installed visible security (cameras, alarm signs, etc.) and can't remove them now, at least avoid adding more or drawing attention to them.

### Mistake #4: Generator Use That Announces Your Capability

Power goes out. The entire neighborhood is dark. You fire up your generator.

**Everyone within three blocks hears it. They know exactly which house has power.**

Generators are loud. They announce "We have fuel, we have power, we're prepared" to everyone in audible range.

**Better approaches:**

**Use battery backup systems (Chapter 5) that are silent.** For most critical needs (lights, phone charging, small devices), batteries are sufficient and don't broadcast.

**If you must run a generator:**

- Run it during daytime only when ambient noise is higher (traffic, people moving around, other sounds mask it)
- Run it for short periods (1-2 hours to charge batteries, not continuously)
- Position it as far from your house and other houses as possible while still being secure
- Use sound dampening enclosures if safe (must have proper ventilation)
- Only run it when absolutely necessary for critical needs (medical equipment, food preservation), not for comfort

**Never run a generator at night when the neighborhood is quiet.** It announces your position like a beacon.

### Mistake #5: Visible Signs of Normalcy During Crisis

It's week three of a sustained power outage. Most homes are dark, cold, and showing signs of struggle.

Your house? Warm. Lights visible through windows. Smoke from chimney showing you're cooking. Laundry hanging outside. Kids playing in the yard normally.

**You're the only house that looks functional.**

Even if you're being careful, these indicators broadcast preparation:

- Light visible through windows at night (you have power or batteries)
- Smoke from cooking during meal times (you have food and cooking capability)
- Regular activity and routine (you're not struggling like everyone else)
- Well-maintained appearance (your yard isn't overgrown, your house isn't deteriorating)
- Clean, healthy-looking family members (you have adequate nutrition and hygiene)

**The solution: Match your environment's decline (within reason).**

**Lights:** Use blackout curtains. Keep interior lights away from windows. Use minimal lighting that can't be seen from outside.

**Cooking:** Cook during times when others might be cooking (using what little they have). Let your house look dark and inactive from outside even when you're functioning inside.

**Appearance:** Let your yard grow a little. Don't maintain perfect standards that make you stand out. Match the neighborhood's gradual decline without actually letting your security or hygiene suffer.

**Activity:** Keep outdoor activity minimal and unremarkable. Don't let kids play outside for hours while neighboring kids are inside hungry. Don't do obvious projects or maintenance that signals you have resources and energy.

**The goal: From outside observation, your house looks like you're struggling just like everyone else.**

Internally, you're functioning fine. Externally, you're invisible.

**Mistake #6: Trash and Waste That Reveals Your Resources**

You're eating well. Canned goods, packaged foods, diverse meals. You're generating trash: empty cans, packaging, boxes.

Where does that trash go?

If trash collection is still happening, you put it out like normal. **And everyone can see your trash.**

Neighbor walks by on trash day. Your bins are full of empty food containers. Theirs are nearly empty because they have no food. **Now they know.**

If trash collection isn't happening and you're burning or burying waste, the volume and type of trash still reveals information.

**The solution: Waste management OPSEC.**

**Before crisis:** Minimize packaging on stored foods when possible. Buying bulk rice in large bags creates less packaging waste than 50 small boxes.

**During crisis:**

**Crush and compact all containers.** Make them unrecognizable. A crushed can doesn't obviously indicate you had food.

**Burn packaging if you have safe capability.** Burn in a contained fire pit or barrel. Cardboard, paper, and labels burn. Metal cans don't—you'll need to bury those.

**Bury trash rather than displaying it.** If trash service isn't running, bury your trash deep. Not in shallow holes that animals or desperate people will dig up. Deep burial (2-3 feet) far from your house.

**Never let your trash volume signal abundance.** If you're generating three times the trash of your neighbors, that's a signal. Control your waste stream.

**Alternatively:** Store trash temporarily in sealed containers (5-gallon buckets with lids) in your garage or shed. When you have accumulated enough to make it worth the risk, dispose of it all at once far from your property if possible.

### Mistake #7: Financial and Digital Trails

This applies primarily to the pre-crisis period, but the mistakes made now create vulnerabilities later.

**Credit card purchases of preparedness supplies.** Your purchase history is data. In extreme scenarios (government confiscation, database breaches, social unrest targeting "preppers"), this data can be accessed.

**Social media posts about preparedness.** Even if you delete them later, the internet is forever. Screenshots exist. Cached pages exist. If someone wants to find out who in the neighborhood prepared, they'll search old posts.

**Delivery records.** Amazon and other retailers know what you ordered. Who delivered what to your house. In extreme government breakdown scenarios with civil unrest, delivery records could be accessed by bad actors who work for or have access to these systems.

**Online prepper forums and communities.** If you've posted on forums (even anonymously), those posts are linked to IP addresses, email addresses, potential real identities. Sophisticated threat actors or government agencies can trace these.

**The solution:**

**Use cash for preparedness purchases when possible.** No digital trail.

**Never post about preparedness on social media under your real identity.**

**Use VPNs and separate email addresses if participating in online preparedness communities.** Keep this activity disconnected from your real identity.

**Assume databases will be breached or accessed.** Operate as if everyone you want to hide from will eventually know what you bought and when. This doesn't mean don't prepare—it means be aware of the trail you're leaving and minimize it where possible.

**Don't worry excessively about this–take reasonable precautions but don't let fear of digital trails prevent you from preparing.** Having supplies with a digital trail is better than not having supplies at all.

## HOW TO MOVE, COOK, AND LIVE WITHOUT ATTRACTING ATTENTION

During sustained crisis, daily activities create observation opportunities. How you move, cook, and live can either maintain your invisibility or broadcast your capability.

### Movement and Transportation OPSEC

#### The Problem:

If you're driving when others can't (because they're out of fuel), you stand out. If you're making trips when others are sheltering, you attract attention.

#### Principles:

**Minimize visible travel.** Every time you leave your property, you're observable. Plan trips carefully. Combine multiple tasks into single trips. Don't make unnecessary journeys.

**Travel during high-activity periods when possible.** If others are also moving around (early morning, late afternoon), you blend in. If you're the only vehicle on the road at 2 AM, you're memorable.

**Don't advertise fuel reserves.** If you have stockpiled gasoline and you're driving regularly while others aren't, they'll figure out you have fuel. This makes both your vehicle and your fuel storage targets.

**Use inconspicuous vehicles.** Your tactical-looking truck with all the prepper stickers? That's a target identifier. Use your most normal, unremarkable vehicle.

**Vary routes and times.** Don't be predictable. Predictability creates vulnerability. If threats know you leave every Tuesday at 8 AM and return by 10 AM, they know when your home is less defended.

**Travel in groups if making necessary supply runs.** Lone individuals are easier targets than multiple people in a vehicle. If you must travel during dangerous times, bring someone. Two people are significantly safer than one.

**Never display acquired supplies visibly.** If you've obtained supplies somewhere, cover them, put them in trunk, hide them in the vehicle. Don't drive through your neighborhood with cases of water visible through your windows.

### Cooking OPSEC

#### The Problem:

Cooking creates smoke, smells, and light. All three broadcast that you have food and fuel.

#### Smoke signals:

Smoke rising from your chimney or outdoor cooking area tells everyone: "They're cooking. They have food. They have fuel."

In a neighborhood where most people aren't cooking (because they have no food or fuel), your smoke makes you stand out.

#### Solutions:

**Cook during times when others might be cooking.** If some people still have limited food and are cooking at meal times, your cooking blends in. Cooking at 2 AM when nobody else is? That's noticeable.

**Use smokeless or low-smoke cooking methods:**

- Propane camp stoves produce minimal visible smoke
- Electric cooking (if you have battery backup power) produces no smoke
- Rocket stoves or well-built wood fires produce less smoke than traditional campfires
- Indoor cooking (if you have gas stove still functioning or electric with backup power) produces no visible smoke outside

**Control smoke direction.** If you must cook with fire outdoors, position yourself so smoke dissipates away from neighboring properties or blows upward and disperses rather than creating a visible plume.

**Food smells:**

The smell of cooking food travels. If you're cooking meat or aromatic foods, people downwind will smell it.

**Solutions:**

**Cook foods with less strong smells when possible.** Rice, beans, and basic grains produce less smell than roasting meat.

**Cook indoors with windows and doors closed.** Contains smells better than outdoor cooking.

**Acknowledge the reality: You can't eliminate food smells entirely if you're cooking.** Accept some level of risk and mitigate where possible. Cooking at night when people are likely inside their homes helps (they're less likely to be outside smelling your food).

**Light discipline during cooking:**

If you're cooking at night outdoors, the fire light is visible. If you're cooking indoors with lights on, that's visible through windows.

**Solutions:**

**Cook before dark when possible.** Natural light means no artificial light needed.

**If cooking after dark, use minimal light.** Red lights preserve night vision and are less visible at distance. Shielded lights that don't project beyond your immediate area.

**Position cooking away from windows if indoors.** Don't cook right in front of a window where the light and activity are visible from outside.

### Living Routines That Maintain OPSEC

**Morning and evening rituals:**

**Don't turn on lights at the same time each day.** Predictable lighting patterns tell observers when you're awake, when you're sleeping, when you're home. Vary your lighting patterns or keep lights minimal and interior where they can't be observed.

**Maintain erratic schedules from external observation.** Internally you have routine (Chapter 13), but externally you should appear unpredictable.

**Noise discipline:**

**Keep noise inside your home to minimum necessary.** Loud voices, music, children playing loudly—these sounds carry and indicate activity and normalcy that others don't have.

**Use white noise machines or insulation to contain sound.** If you must have noise (kids need to play, people need to talk), keep it from projecting outside.

**Don't run loud equipment during quiet hours.** Generators, power tools, even vacuum cleaners (if you have power)—these announce capability.

**Hygiene and laundry:**

**Don't hang laundry outside if others aren't.** Clothes on a line indicate you have water to wash, soap to clean, and ability to maintain hygiene. If nobody else in your neighborhood is hanging laundry (because they lack water or soap), yours will stand out.

**Solution:** Dry laundry indoors, or only hang outside when others are also doing so.

**Water procurement:**

If water infrastructure fails and people are collecting water from sources (rivers, lakes, rain), don't be the house with obvious water collection systems when others are struggling.

**Rainwater collection barrels visible from street:** Consider covering them or collecting discreetly.

**Multiple trips to water sources with large containers:** Suggests you're stockpiling. Make smaller, less frequent trips that match what others are doing.

**Communication discipline:**

If you have working communications (radios from Chapter 9) and others don't, avoid using them where you can be observed or heard.

**Transmit from inside your home, not outside where neighbors might see.**

**Keep transmissions brief and essential.** Long radio conversations can be overheard or direction-found by sophisticated equipment.

**Don't discuss supplies, security measures, or specific preparations over radio.** Even coded language can be broken or interpreted. Radio is not secure communication.

**Interaction discipline with neighbors:**

**When interacting with neighbors during crisis, match their appearance and demeanor.**

If they look stressed, hungry, and haggard, don't appear healthy, relaxed, and well-fed in comparison. This creates suspicion and resentment.

**Appear to be struggling at similar level as your neighbors.** This doesn't mean actually suffering—it means managing the perception from outside.

## WHY TALKING ABOUT YOUR PREPS NOW WILL GET YOU ROBBED LATER

Let's talk about the timeline of how loose lips during normal times create crisis-time threats.

### Phase 1: Pre-Crisis (Now) - The Information Gathering Phase

You're at a backyard BBQ. Conversation turns to recent supply chain issues or power outages.

You mention: "Yeah, we're pretty well set. We've been stocking up. Got a generator, food storage, the whole thing."

**In the moment, this seems harmless.** People nod. Some are impressed. Some think you're paranoid. Life goes on.

**But information has been transmitted.**

The people at that BBQ now know:

1. You have supplies
2. You have a generator
3. You've prepared extensively

Most of them will forget. But some won't. That information goes into their memory, filed away as "people who have stuff if things go bad."

### Phase 2: Early Crisis - The Remembering Phase

Crisis hits. Power goes out. Stores empty. People start struggling.

After a few days, people start thinking: "Who do I know that might have supplies?"

**Your name comes up.**

"Remember at that BBQ last year? [Your name] said they had all that stuff. Generator, food storage. Maybe they can help."

Or worse: "[Your name] is one of those prepper types. I bet they have stuff. I bet they're sitting pretty while everyone else struggles."

### Phase 3: Mid-Crisis - The Approach Phase

People start showing up at your door asking for help (Chapter 14). Maybe they're genuine. Maybe they're desperate. Maybe they're surveilling.

You have to refuse them (because you can't help everyone without destroying your family). Some accept it. Some don't.

**The ones who don't accept it start talking to others.**

"Can you believe it? [Your name] has all this stuff and won't share. What an asshole."

**Now you're not just known for having supplies—you're resented for not sharing them.**

### Phase 4: Late Crisis - The Targeting Phase

Desperation increases. Moral constraints decrease. People who were law-abiding citizens two months ago are now considering theft because their children are hungry.

They're discussing targets. Who has stuff? Who's worth hitting?

**Your name is on that list because you told people years ago that you were prepared.**

Maybe they come during the day and demand entry. Maybe they come at night and try to break in. Maybe they bring weapons. Maybe they bring friends.

**Your operational security failure from years ago is now a direct threat to your family's safety.**

**The cascade from loose lips to home invasion:**

1. **You talk** → Information spreads
2. **Crisis hits** → People remember
3. **People approach** → You refuse
4. **Resentment builds** → You're viewed as selfish/hoarding
5. **Desperation increases** → Theft becomes acceptable in their minds
6. **You become target** → Threat to your family

**This entire cascade starts with Step 1: You talk.**

**Eliminate Step 1, and the cascade never begins.**

### The Social Media Amplifier

Everything I just described is worse on social media because:

**Information persists:** That post from 2019 about your stockpile? It's still there. People can search your history.

**Information spreads widely:** Not just the people at the BBQ—potentially hundreds or thousands of people now know you're prepared.

**Information can be weaponized:** Screenshots, shares, comments. "Hey, remember this guy bragging about his supplies? Let's go visit him."

**Information can be geolocated:** Social media posts often contain location data. People can figure out where you live even if you didn't explicitly say.

**The psychology of social media encourages oversharing.** You want likes, comments, validation. You post photos of your gear, your stockpile, your preparations.

**Every post is permanent evidence that you have resources worth taking.**

**"But I deleted those posts!"**

Doesn't matter. Screenshots exist. Archives exist. The internet remembers.

**"But I only posted in closed prepper groups!"**

Closed groups still have hundreds or thousands of members. Any one of them could screenshot and share. Any one of them could become desperate enough to use that information.

**"But I posted anonymously!"**

Are you sure? IP addresses can be tracked. Email addresses can be traced. Cross-referencing usernames across platforms can reveal identity. Sophisticated actors (or just determined individuals) can deanonymize you.

**The Rule: Assume anything you post online under any name will eventually be connected to you.**

### The Workplace Liability

Don't talk about preparedness at work. Coworkers are not friends (even if you're friendly with them). Coworkers know where you live or can easily find out. Coworkers will remember you mentioned preparedness when crisis hits.

**"I just mentioned I had extra toilet paper during COVID..."**

And how many people showed up asking for some? And how many people resented you when you said no? And how many people made comments about you "hoarding"?

**Multiply that situation by actual sustained crisis and the stakes become life-and-death.**

### The Extended Family Problem

This is controversial, but it needs to be said: **Extended family can be a liability.**

If you tell your siblings, parents, cousins, aunts, uncles about your preparations, several things happen:

**1. They assume they're included in your plans.** Even if you didn't explicitly say so, they figure "family helps family." When crisis hits, they show up expecting you to support them. If you can't or won't, family relationships are destroyed and they become threats or sources of resentment.

**2. They tell their families, who tell their friends.** Information spreads geometrically. You told three family members. Each of them told three people. Each of those told three more. Now 30+ people know.

**3. Family entitlement is strong.** It's harder to refuse family than strangers. They will pressure, guilt, and manipulate using family bonds.

**The solution:**

**Only include extended family in your preparations if:**

- You explicitly planned for them (you have supplies allocated for them)
- They're actually prepared themselves (not depending on you)
- You trust them completely with operational security
- They live close enough that supporting them doesn't endanger your immediate family

**If those conditions aren't met, don't tell them.**

**This sounds harsh. It is harsh. But operational security requires discipline that overrides social norms and even family obligations.**

**The Exceptions: Who Should Know**

**Very few people should know about your preparations:**

**1. Your spouse/partner (obviously).**

**2. Children old enough to understand OPSEC (teenagers).** They need to know what you have and why they can't tell their friends. Younger children don't need full information—they can't keep secrets reliably.

**3. Pre-arranged mutual assistance partners (2-4 neighboring households).** These are people you've vetted, who are also prepared, with whom you've explicitly agreed to coordinate. Even then, you don't tell them everything—only what they need to know for coordination.

**Everyone else: Zero information.**

**Not "minimal information." Not "vague hints." Zero.**

**When people ask (and they will):**

**"Are you worried about [crisis scenario]?"**

Response: "A little, but what can you do? Just trying to be smart about having some basics on hand."

This acknowledges concern without revealing preparation level.

**"Do you have extra [item]?"**

Response: "I wish. We're running low on everything too."

Immediate denial that you have surplus.

**"You seem like the type who'd be prepared."**

Response: "I mean, we try to keep a few things around, but nothing crazy. Probably not as ready as we should be."

Downplay any perception of extensive preparation.

**The goal: Redirect, minimize, deflect.** Never confirm. Never elaborate. Never engage deeply.

**Building OPSEC as Family Culture**

OPSEC needs to be a family value that everyone understands and practices.

**Sit down with your family and explain:**

**"The things we have to keep us safe during emergencies are private. We don't talk about them outside our home. We don't tell friends, we don't post online, we don't brag about being prepared. This isn't because we're being secretive–it's because keeping this information private keeps us safe. Do you understand?"**

**For younger children:** "The supplies we have are our family's secret. Just like we don't tell people about presents before birthdays, we don't tell people about our emergency supplies. It's a special family secret."

**For teenagers:** Full OPSEC briefing. Explain exactly why loose lips create threats. Give them specific scenarios. Make them understand that telling their friends or posting on social media could directly result in violence against the family.

**Practice OPSEC discipline as family:**

**Role-play:** Adult plays nosy neighbor asking questions. Kids practice deflecting without revealing information.

**Review social media together:** Look at what family members post. Identify OPSEC violations. Discuss how to avoid them.

**Create family code words:** Way to communicate about preparations without explicitly mentioning them when others might overhear.

**OPSEC becomes reflexive through practice, not just instruction.**

## Your 7-Day OPSEC Implementation Plan

### Day 1: Digital audit.

- Review your social media. Delete any posts about preparedness, supplies, gear, stockpiles.
- Review your purchase history. Make note of what digital trails exist (can't erase them, but be aware).
- Change privacy settings to maximum on all platforms.

### Day 2: Physical audit.

- Walk around your property as if you're a stranger. What visible indicators of preparation exist?
- Document everything that broadcasts preparation: security cameras, alarm signs, visible stockpiles through windows, generator visible, etc.
- Create action plan to conceal or eliminate these indicators.

### Day 3: Social audit.

- Make a list of everyone you've told about your preparations.
- Accept that you can't un-tell them, but stop telling anyone else.
- If you have allies who should know (mutual assistance partners), verify they understand OPSEC and are practicing it.

### Day 4: Family OPSEC briefing.

- Sit down with entire family.
- Explain operational security in age-appropriate terms.
- Establish family rules: no talking about preps outside home, no social media posts, deflect questions from friends.

### Day 5: Practice deflection scripts.

- Role-play scenarios with family members.
- Practice how to respond when people ask about your preparedness.

- Get comfortable with deflecting, minimizing, and changing subjects.

**Day 6: Implement concealment measures.**

- Install blackout curtains if you don't have them.
- Move visible supplies away from windows.
- Hide security equipment or make it less obvious.
- Create covers for water storage or other external indicators.

**Day 7: Final review.**

- Walk through your OPSEC checklist: digital, physical, social.
- Identify remaining vulnerabilities and prioritize fixing them.
- Commit to ongoing OPSEC discipline as lifestyle, not one-time action.

**At the end of one week, you've significantly reduced your profile as a target.**

You're not invisible—complete invisibility is impossible if you've already made mistakes. But you're vastly less visible than you were. And in a crisis, being less visible than your neighbors might be the difference between being passed over and being targeted.

### The Gray Man Philosophy

Everything in this chapter comes down to one principle: **Be the gray man.**

Not the most prepared. Not the best equipped. Not the most capable. **The one nobody notices.**

The house that looks like every other house. The family that seems to be struggling like every other family. The person who blends into the background instead of standing out.

**In normal times, standing out is good.** It builds reputation, creates opportunities, gains social status.

**In crisis times, standing out gets you killed.**

The gray man survives not because he's stronger than the threats, but because the threats never notice him in the first place.

**That's the goal. Be prepared. Be capable. Be secure. But be invisible.**

The best defense is the one you never have to use because nobody realized you were worth attacking.

**This completes Part 4: The 90-Day Self-Sufficiency Protocol.**

You've secured water, power, food, and sanitation. You've built psychological resilience. You've learned to refuse help without creating enemies. You've mastered operational security.

**You're now self-sufficient, secure, and invisible.**

In Part 5, we'll extend beyond the 90-day window into long-term survival strategies. Because if crisis stretches beyond three months, you need to transition from consuming stored resources to producing renewable resources.

We're building systems that sustain you indefinitely, regardless of how long the collapse lasts.

**You're not just surviving. You're building the foundation for thriving in a world that's fallen apart.**

But first, you've earned understanding what you've actually accomplished. You've built a fortress. Not from concrete and steel, but from preparation, knowledge, discipline, and invisible strength.

**You're ready. Your family is ready. And when the moment comes, you'll be the father who was prepared.**

# PART 5: LONG-TERM SURVIVAL STRATEGIES

## CHAPTER 16: BUILDING YOUR TRUSTED NETWORK

Let me tell you about two groups I observed during the aftermath of Hurricane Katrina.

Group One was a single family—father, mother, two kids. They were well-prepared. They had everything: food, water, weapons, medical supplies, fortified home. The father was former military, highly capable, disciplined. On paper, they had everything they needed to survive indefinitely.

By week three, they were exhausted. The father was running on no sleep because someone had to be on watch 24/7. The mother was managing everything else—cooking, rationing, caring for kids, maintaining sanitation—while also trying to help with security. They were physically safe but psychologically breaking. The constant stress of being alone against the world, with no backup and no relief, was destroying them.

Group Two was five neighboring families—about 20 people total—who'd coordinated before the storm hit. They were less individually prepared than Group One, but collectively they were unstoppable.

They had rotating watch schedules, so everyone got sleep. They had diverse skills: one guy was a nurse, another was a mechanic, one woman was a teacher who kept kids educated and occupied, another was a contractor who handled repairs and fortifications. They shared resources strategically, divided labor efficiently, and provided psychological support to each other.

When threats approached Group One's house, it was one exhausted man against whatever came. When threats approached Group Two's block, it was a coordinated response from multiple positions with clear communication and overwhelming force.

**Group One survived. Group Two thrived.**

That's when I learned the fundamental truth that Hollywood and rugged individualism mythology gets completely wrong: **Lone-wolf survival is a fantasy. Networked survival is reality.**

No matter how prepared you are, no matter how capable you are, **you cannot do this alone for extended periods.** You can't be awake 24/7. You can't have every skill. You can't cover every vulnerability. You can't maintain sanity in isolation.

**Humans are social animals. We evolved to survive in groups. Attempting to survive alone during sustained crisis is fighting against millions of years of evolutionary adaptation.**

This chapter is about building your network—the small group of trusted neighbors who transform from individual households trying to survive alone into a coordinated mutual defense and survival network that's stronger than the sum of its parts.

**This isn't about forming a militia or compound. This is about 3-5 neighboring families who agree to watch each other's backs, share security burdens, and provide mutual support during extended crisis.**

Because the prepared lone wolf gets picked off by the organized pack. But the prepared network becomes the pack that nobody wants to challenge.

## HOW TO VET NEIGHBORS AND FORM A MUTUAL DEFENSE PACT

In Chapter 3, we talked about assessing your neighbors for potential threats. Now we're going one step further: identifying which neighbors are suitable for active alliance.

### The Difference Between "Safe Neighbor" and "Alliance Partner"

Not everyone who isn't a threat qualifies as an ally.

**Safe neighbor:** Someone who probably won't cause problems. They're not aggressive, not desperate enough to become predatory, not a direct threat.

**Alliance partner:** Someone you're willing to coordinate security with, share information with, potentially share resources with in strategic ways, and trust with your family's safety.

**The bar for alliance is much higher.**

### The Five Criteria for Alliance Partners

#### Criterion 1: Competence

Can this person actually contribute to group survival and security?

**What to look for:**

**Useful skills:**

- Medical training (doctors, nurses, paramedics, EMTs)
- Military or law enforcement experience (especially combat veterans or tactical officers)
- Practical trades (mechanics, electricians, carpenters, plumbers)
- Communication skills (ham radio operators)
- Agricultural knowledge (farmers, serious gardeners)
- Teaching ability (for educating children long-term)

**Physical capability:**

- Can they perform security watch without falling asleep or missing threats?
- Can they handle physical tasks (moving supplies, building defenses, manual labor)?
- Are they in good enough health to contribute rather than being a drain?

**Mental stability:**

- Do they keep their head in stressful situations?
- Are they decision-makers or do they freeze/panic?
- Can they follow plans and protocols?

**Red flags for incompetence:**

- Can't handle minor adversity without falling apart
- Has no practical skills whatsoever
- Physically or mentally unable to contribute
- History of poor decision-making under pressure

**You're not looking for perfection. You're looking for people who add more value than they cost.**

**Criterion 2: Trustworthiness**

This is the hardest to assess and the most critical.

**What trustworthiness means in survival context:**

**They keep their word.** If they commit to a watch shift, they show up. If they agree to a plan, they follow through.

**They maintain confidentiality.** They don't tell others about your preparations or your group's capabilities.

**They won't abandon the group in crisis.** When things get hard, they stay committed rather than looking out only for themselves.

**They won't betray for personal gain.** They won't sell out the group to outsiders for resources or safety.

**How to assess trustworthiness:**

**Past behavior is the best predictor.** How have they handled commitments in normal times? If they flake on minor obligations (showing up for neighborhood events, returning borrowed items, following through on promises), they'll flake on survival commitments.

**Observe how they treat others.** Are they honest in their dealings? Do they gossip or spread information they shouldn't? Do they manipulate people for advantage?

**Test with small commitments first.** Before you bring someone into a survival alliance, test them with small collaborative projects. "Can you help me with [minor project]?" Did they show up? Did they do what they said? Did they keep it quiet if you asked for discretion?

**Trust is earned over time, not granted immediately.** Even if someone seems trustworthy, alliance should be gradual. Small commitments first. Larger commitments only after they've proven themselves repeatedly.

**Red flags for untrustworthiness:**

- History of dishonesty or manipulation
- Can't keep secrets (gossips, overshares)
- Self-serving behavior at expense of others
- Legal troubles involving betrayal, fraud, theft

**If you have doubts about someone's trustworthiness, exclude them.** Better to have a smaller trusted network than a larger network with a traitor inside.

### Criterion 3: Preparation Level

Are they prepared, or are they planning to depend entirely on you?

**Ideal:** They're as prepared as you are. They have their own supplies, their own security measures, their own plans. They're bringing resources to the alliance, not just taking.

**Acceptable:** They're somewhat prepared. They have some supplies, they understand the concept, but they're not as extensive as you. They're worth including because their skills or other contributions outweigh the resource burden.

**Problematic:** They have nothing. They haven't prepared at all. They're banking on the alliance to carry them entirely.

**You're not running a charity. You're building a mutual defense pact.** Everyone needs to contribute something—whether resources, skills, labor, or capabilities.

**How to assess preparation:**

**Have casual conversations about recent disruptions** (power outages, supply shortages). How did they handle it? Did they have backup plans or were they caught flat-footed?

**Observe their home and behavior.** Do they have security measures? Do they maintain emergency supplies? Do they think ahead?

**Directly discuss preparedness** (carefully, respecting OPSEC). "With everything going on, have you thought about preparing for emergencies?" Their response tells you a lot.

**You're not looking for them to reveal their entire stockpile** (that would violate OPSEC). You're assessing whether they're in the same mindset or whether they're utterly unprepared.

**Red flags:**

- Complete lack of preparation despite ample warning and resources
- Expectation that others will take care of them
- Dismissive attitude toward preparation ("Everything will be fine, you're paranoid")

### Criterion 4: Compatible Values

You're going to be in close coordination with these people during high-stress situations. Value alignment matters.

**Key value alignments:**

**Family protection as priority.** They put their family's safety first, which means they'll respect that you put yours first too.

**Reciprocity and fairness.** They believe in mutual obligation—if you help them, they'll help you.

**Rule of law within the group.** They'll follow agreed-upon rules and protocols rather than doing whatever they want.

**Willingness to defend aggressively when necessary.** If your group is threatened, will they actually fight or will they fold?

**What you're avoiding:**

**Extreme pacifists who won't defend even when necessary.** If they won't contribute to defense, they're a liability.

**Extreme aggressors who want to preemptively attack others.** You're not forming a raiding party. You're forming mutual defense.

**Free-riders who take but don't contribute.** They want benefits of alliance without responsibilities.

**People with fundamentally incompatible worldviews** that will create constant conflict.

**You don't need perfect agreement on everything.** You need enough alignment on core survival values that you can work together under stress.

### Criterion 5: Geographic Proximity

This is practical, not personal. Your alliance partners need to be close enough to actually provide mutual support.

**Ideal:** Immediately adjacent neighbors. Same block, houses touching or very close.

**Acceptable:** Within a few houses. Close enough to reach on foot in under 2 minutes.

**Problematic:** More than a block away. Too far for rapid response or coordination.

**Why proximity matters:**

**Mutual defense requires rapid response.** If a threat hits one house, others need to get there in under a minute to be useful. Five houses away means 3-5 minute response time, which is too slow.

**Communication is easier.** Direct line of sight, easily reachable by radio or even by shouting.

**Shared perimeter.** Neighboring houses create a defensible cluster. Houses spread across a neighborhood don't.

**Resource sharing is practical.** You can physically move between houses easily if needed.

### The Vetting Process

Here's how to actually assess someone for alliance:

#### Phase 1: Observation (Weeks to Months)

You've already done this if you completed Chapter 3. You know who your neighbors are, what their patterns are, whether they show red flags.

#### Phase 2: Casual Interaction (Weeks)

Start having neighborly conversations. Not about survival or preparedness yet. Just building rapport and observing character.

How do they treat their family? How do they talk about others? What are their values and attitudes? Are they reliable in small things?

#### Phase 3: Shared Minor Projects (Weeks)

Coordinate on something small and non-critical. "Hey, we're planning to clear the drainage ditch between our properties. Want to work together on it?"

Observe: Do they show up? Do they work? Do they cooperate? Do they follow through?

#### Phase 4: Preparedness Probe (Single Conversation)

If they've passed the first three phases, you can carefully probe about preparedness.

**"Have you thought about what you'd do if we had a extended power outage like Texas had? We've been trying to at least have some basics on hand."**

Their response tells you:

- Are they preparing?
- Are they receptive to the concept?
- Are they willing to discuss it?

### Phase 5: Alliance Proposal (Single Meeting)

If they've passed every phase, you can propose alliance.

**"Look, with everything that's been happening, I've been thinking about coordination with close neighbors. If things get really bad—extended power outage, serious supply disruptions, security concerns—it would make sense for us to watch out for each other. Pool our awareness, coordinate on security, share information. Nothing formal, just neighbors looking out for neighbors. What do you think?"**

This is framed as practical mutual assistance, not as "forming a survival militia."

Most reasonable, prepared people will agree to this concept.

### Phase 6: Formalize the Alliance (Single Meeting)

If they agree, you have a second conversation where you establish basic protocols:

**What you're agreeing to:**

- Share security observations (threats, suspicious activity)
- Coordinate response to threats
- Establish communication protocols (radio channels, check-in times)
- Potential mutual assistance with certain resources if needed

**What you're NOT agreeing to:**

- Sharing all resources (each household maintains its own supplies)
- Obligation to support family members not in the immediate alliance
- Mandatory participation in all group decisions

**Keep the alliance agreement simple and clear.** Complex agreements fall apart under stress.

### The Initial Alliance Structure

Start with 2-4 neighboring households (including yours). **Not larger.**

**Why small?**

- Trust is easier to maintain in small groups
- Coordination is simpler
- Resource drain is manageable
- Security risk from insider threat is lower

**You can expand later if needed, but start small.**

**Roles within the alliance (covered in next section) can be assigned based on each household's strengths.**

### The Alliance Charter (Verbal or Written)

You need agreement on basic principles:

**1. Security cooperation:** We share watch duties, respond to threats against any member, coordinate defenses.

**2. Information sharing:** We tell each other about threats, observations, and relevant information.

**3. Communication protocols:** We maintain specific radio channels, check in at scheduled times, respond to alerts.

**4. Resource independence:** Each household maintains its own supplies. Strategic sharing may happen but isn't obligatory.

**5. Decision-making:** Consensus for group actions. No one household can obligate others.

**6. Membership:** New members must be unanimous agreement. Any member can leave but can't reveal alliance information.

**7. Conflict resolution:** Disputes are resolved through discussion. If irresolvable, member can leave alliance.

**This doesn't need to be a legal document.** It's a gentleman's agreement among neighbors. But having explicit agreement prevents misunderstandings later.

## THE GROUP ROLES THAT KEEP EVERYONE ALIVE (AND WHO TO EXCLUDE)

A functional survival network requires specific roles to be filled. These aren't official titles—they're functions that need to happen.

### Role 1: The Coordinator/Leader

**Function:** Makes final decisions when consensus can't be reached, maintains overall awareness of group status, coordinates between members.

**Who fills this role:** The person with the most leadership experience, strongest personality (without being tyrannical), and best judgment under pressure.

**This is often you**, if you initiated the alliance and you're the most prepared/capable. But it doesn't have to be.

**Key traits needed:**

- Decisiveness (can make calls under pressure)
- Fairness (doesn't favor themselves over group)
- Communication skill (can clearly articulate plans and reasoning)
- Stress tolerance (doesn't panic or freeze)

**What this role does:**

- Calls meetings to discuss security and issues
- Makes tiebreaking decisions when group is split
- Maintains communication with all members
- Coordinates response to threats

**What this role does NOT do:**

- Dictate everything (this isn't a dictatorship)
- Control resources of other households
- Make unilateral decisions that endanger others

### Role 2: The Security Specialists

**Function:** Plan and execute defensive measures, train others in defense, lead response to threats.

**Who fills this role:** People with military, law enforcement, or serious defensive training.

**Not everyone in your alliance needs to be a warrior.** But you need at least 1-2 people who have real tactical experience and can lead defensive operations.

**What this role does:**

- Establish watch schedules and protocols
- Conduct perimeter security assessments
- Train other members in basic defense
- Lead response when threats materialize
- Coordinate defensive positions and tactics

**Role 3: The Medical Specialist**

**Function:** Provide medical care, manage medical supplies, train others in first aid.

**Who fills this role:** Anyone with medical training. Doctors, nurses, paramedics, EMTs, even serious first aid certified people.

**Medical capability is force-multiplication.** The group that can handle injuries and illness internally doesn't need to risk trips to overwhelmed hospitals.

**What this role does:**

- Treat injuries and illnesses within the group
- Maintain medical supply inventory
- Teach others first aid basics
- Advise on hygiene and disease prevention protocols

**Role 4: The Communications Specialist**

**Function:** Maintain communications equipment, monitor for information, coordinate radio protocols.

**Who fills this role:** Ham radio operators, people with communications experience, or just someone willing to learn and maintain the equipment.

**What this role does:**

- Maintain and operate group radios
- Monitor for emergency broadcasts and information
- Establish and maintain check-in schedules
- Troubleshoot communication issues
- Teach others radio operation

### Role 5: The Logistics Manager

**Function:** Track resources, manage rationing, coordinate resource sharing when appropriate.

**Who fills this role:** Someone detail-oriented with organizational skills.

**What this role does:**

- Maintain awareness of each household's supply status (not specifics, just general status)
- Suggest rationing strategies
- Coordinate group procurement if opportunities arise
- Manage shared resources if group has them

### Role 6: The Maintenance/Engineering Specialist

**Function:** Repairs, fortifications, improvised solutions to problems.

**Who fills this role:** Mechanics, electricians, carpenters, general handymen.

**What this role does:**

- Repair equipment and structures
- Improve defensive fortifications
- Solve technical problems (power, water, etc.)
- Maintain tools and equipment

### Role 7: The Educator/Child Care Coordinator

**Function:** Manage children's education and activities, provide childcare to free up adults for critical tasks.

**Who fills this role:** Teachers, parents with teaching experience, anyone good with children.

**What this role does:**

- Organize educational activities for children
- Coordinate childcare schedules
- Keep children occupied and psychologically healthy
- Maintain some normalcy for kids

### Role 8: The Scout/Intelligence Gatherer

**Function:** Gather information beyond immediate perimeter, assess broader situation, identify opportunities and threats.

**Who fills this role:** Someone mobile, observant, and good at gathering information without attracting attention.

**What this role does:**

- Make strategic reconnaissance trips for information
- Monitor radio frequencies for intel
- Assess neighborhood beyond immediate alliance
- Report on threats, resources, opportunities

**Not every role needs a dedicated person.** In a 3-household alliance, people will fill multiple roles. The important thing is that all critical functions are covered.

### Skills Inventory Exercise

**Early in your alliance formation, conduct a skills inventory:**

Each household lists:

- Skills members have (medical, tactical, technical, etc.)
- Resources they're willing to share in emergency (not full inventory, just general categories)
- Limitations (medical conditions, physical limitations, etc.)

**This creates awareness of who can do what without forcing everyone to reveal everything.**

### Who to Exclude From Your Network

Not everyone should be included, even if they're neighbors. Some people will destroy your alliance from within.

**Exclude:**

**The Talker:** Can't keep secrets, tells everyone about the alliance and what you have. **Violates OPSEC constantly.**

**The Freeloader:** Wants protection and support but won't contribute. Expects to be carried.

**The Provocateur:** Aggressive personality who will escalate situations unnecessarily and create enemies.

**The Unstable:** Mental health issues, substance abuse problems, or personality disorders that make them unreliable or dangerous under stress.

**The Divided Loyalty:** Has extended family obligations that will override alliance commitments. Will choose their cousins over your alliance when it matters.

**The Inexperienced Idealist:** Has never faced real hardship and has romantic ideas about survival that will shatter under reality, causing them to break down or make poor decisions.

**Better to have a smaller trusted alliance than a larger alliance with weak links.**

**One untrustworthy member can destroy everyone.** They reveal your location and resources to outsiders. They steal from the group. They make decisions that endanger others. They abandon the group at critical moments.

**Be selective. Be ruthless in your vetting. Your family's life depends on alliance integrity.**

## WHY LONE-WOLF SURVIVAL IS A HOLLYWOOD MYTH

Let me destroy the myth of the lone-wolf survivor systematically.

### The Physical Impossibility

**Humans need 7-8 hours of sleep per night to function.** During crisis, you also need security 24/7.

**Math:** 24 hours in a day. You need 8 hours of sleep. That leaves 16 hours where you're awake but need to maintain security.

**Alone:** You can't sleep safely. The moment you sleep, your home is undefended. Someone could breach while you're unconscious and you'd never know until it's too late.

**Solution:** You sleep in short periods, lightly, and probably never achieve deep REM sleep. Within a week, you're severely sleep deprived. Within two weeks, you're cognitively impaired and making mistakes.

**With alliance:** Rotating watch schedules. In a 4-household alliance with 8 adults, each person pulls one 3-hour watch per day. Everyone gets 7-8 hours of uninterrupted sleep while security is maintained continuously.

**The lone wolf is so exhausted he becomes a liability to himself. The network is rested and alert.**

### The Skill Gap

No matter how capable you are, you don't have every skill.

**You might be:**

- Tactically trained (can handle security)
- Medically ignorant (can't treat serious injuries)

**Or:**

- Medically trained (can treat injuries)
- Tactically weak (not great at defense)

**Or:**

- Technically skilled (can fix things)
- Poor communicator (bad at gathering intelligence)

**Lone wolves have gaps.** When you need a skill you don't have, you're screwed.

**Networks have coverage.** Your weak areas are others' strong areas. Collectively, the group has all necessary skills.

### The Resource Multiplication

**Alone:** Your resources are finite. When they run out, you're done.

**Network:** Your resources + their resources = larger total supply. More importantly, diverse resources.

**You have:** Medical supplies but no mechanical tools.

**Neighbor has:** Mechanical tools but limited medical supplies.

**Together:** Complete coverage of both needs without either household having to stock everything.

**Strategic resource sharing multiplies capability without requiring individuals to have infinite stockpiles.**

### The Defense Multiplier

**Lone wolf defending his home:**

- One person, one position
- 360-degree vulnerability (threats can approach from any direction)
- No backup if you're injured or occupied with one threat while another approaches
- No crossfire or coordinated defense

**Network defending multiple homes:**

- Multiple people, multiple positions
- Overlapping fields of fire
- Backup and support when one position is threatened
- Ability to mass forces at point of attack
- Communication and coordination

**A single prepared defender will lose to three organized attackers. But three coordinated defenders will defeat ten unorganized attackers.**

**Numbers and coordination matter more than individual capability.**

### The Psychological Sustainability

**Isolation breaks people.**

Solitary confinement is a torture method. Humans are social creatures. Extended isolation causes:

- Depression
- Paranoia
- Cognitive decline
- Loss of motivation
- Eventually, psychotic breaks

**Lone-wolf survival means isolation.** You can't interact with others (trust issues, OPSEC). You're alone with your thoughts and fears 24/7.

**Network survival provides:**

- Social interaction and normalcy
- Emotional support
- Shared psychological burden
- Perspective when you're spiraling
- Reasons to maintain standards (social accountability)

**The lone wolf loses his mind. The network maintains sanity through mutual support.**

### The Succession Problem

**What happens if you die or become incapacitated?**

**Lone wolf:** Your family is now helpless. Everything depended on you. You're gone, they're vulnerable, they likely die.

**Network:** Your family is absorbed by the alliance. They're protected, supported, integrated. Your death doesn't doom them.

**This also works in reverse:** If you're injured and can't function, the network provides care and covers your responsibilities. The lone wolf with a broken leg is now completely helpless.

### The Information Advantage

**Lone wolf:** You only know what you can personally observe or learn. Your awareness extends to your property and maybe immediate vicinity.

**Network:** Multiple observation points, multiple information sources. Someone is always monitoring radios, someone is scouting beyond perimeter, someone is interacting with wider neighborhood. **Collective intelligence is superior to individual awareness.**

**Early warning of threats, awareness of opportunities, understanding of broader situation—these come from networked information gathering.**

### The Efficiency Multiplier

**Lone wolf:** You do everything yourself. Cooking, cleaning, security, maintenance, sanitation, every single task. Your time is finite. You're constantly busy with survival tasks, leaving no time for improvements or rest.

**Network:** Division of labor. Specialization. People handle what they're best at. Tasks get done faster and better.

**Example:**

- Person A handles security watch (3 hours)
- Person B handles cooking for multiple households (3 hours, but feeding everyone at once)
- Person C handles water procurement and purification (3 hours)
- Person D handles children's education (3 hours)

**Each person works 3 hours on their specialty, and all tasks are covered more efficiently than each person trying to do everything themselves.**

### The Hollywood Lie

Movies and TV shows glorify the lone survivor. One man against the world. It's dramatic. It's heroic. **It's bullshit.**

**Why Hollywood lies:**

- One protagonist is easier to write than coordinated group dynamics
- Individual heroics are more cinematic than boring but effective coordination
- Audiences identify with individual heroes, not committees
- Drama requires isolation and impossible odds

**Real survival throughout human history has always been communal:**

- Tribes, not individuals
- Villages, not hermits
- Military units, not lone soldiers
- Even mountain men had trading posts and communities they connected with

**The lone wolf is a fantasy that will get you killed if you believe it.**

### When Lone-Wolf is Appropriate

There are exactly two scenarios where going alone makes sense:

**1. You're genuinely alone.** No family, no nearby neighbors worth allying with, geographic isolation that makes networking impossible. In this case, you have no choice. But understand you're at massive disadvantage.

**2. Short-term tactical movement.** Bug-out scenarios where you need to move from Point A to Point B quickly and alone draws less attention than group. But this is temporary movement, not sustained survival.

**For sustained survival in suburban or rural environments with neighboring households, networking is always superior to isolation.**

### Building the Network is the Priority

If you took away 80% of my supplies but gave me a solid 4-household alliance, I'd take that trade.

**Because:**

- Supplies are temporary (they run out)
- Network is renewable (skills, labor, and coordination don't deplete)
- Supplies can be obtained or produced by effective networks
- Networks can't be effectively created by well-supplied lone wolves

**The network is the foundation. Everything else builds on it.**

### Your 7-Day Network Building Action Plan

**Day 1:** Review Chapter 3 neighbor assessments. Identify 2-4 potential alliance candidates based on five criteria from this chapter.

**Day 2:** Initiate casual increased contact with top candidates. Invite them over for coffee. Have a backyard conversation. Start building rapport.

**Day 3:** Propose a small collaborative project (yard work, community improvement, whatever makes sense). Observe their follow-through and cooperation.

**Day 4:** If they passed small test, have the preparedness probe conversation. Gauge their mindset and receptiveness.

**Day 5:** If response is positive, propose the alliance. Frame it as practical mutual assistance between neighbors.

**Day 6:** If they agree, have the formalization meeting. Establish basic protocols, communication channels, and roles.

**Day 7:** Conduct first group meeting. Do skills inventory, establish watch schedules, exchange contact information, set up radios.

**At the end of one week, you've transformed from isolated household to networked alliance.**

You're no longer one father defending his family alone. You're part of a coordinated network with multiple capabilities, resources, and perspectives.

**The lone wolf gets picked off. The pack survives.**

You just became part of the pack.

In the next chapter, we're moving beyond immediate survival into production: how to produce renewable food when stores never reopen and your stockpiles are depleting.

# CHAPTER 17: RENEWABLE FOOD PRODUCTION

Let me tell you about the moment I understood the difference between preparing and surviving.

I was working security in Afghanistan, 2008. We were based near a small village that had been cut off from supply routes for three months due to Taliban activity. No trucks in. No food deliveries. No outside support.

I expected to find people starving. Instead, I found a functioning community.

Every family had gardens—not decorative flowers, but dense rows of vegetables packed into every available space. Fruit trees were maintained like investments. Animals were kept for eggs and milk. Food was preserved through drying, salting, and fermentation. Seeds were saved religiously.

**These people weren't waiting for rescue. They were producing food.**

The village elder told me through a translator: "We learned many years ago that you cannot eat stored grain forever. Eventually, you must grow more grain, or you die."

**That's when I understood: Stockpiles buy you time. Production sustains you indefinitely.**

Everything we've covered so far—water storage, food stockpiles, security, sanitation—gets your family through the first 90 days to six months. That's critical. Most people won't make it past the first month.

**But what happens at month seven?**

What happens when your stockpiled rice is running low? When your canned goods are depleted? When you've eaten through your reserves and stores still aren't opening?

**You need to be producing food, not just consuming it.**

This chapter is about transitioning from consumer to producer. We're going to talk about small-space gardening that actually produces meaningful calories—not hobby gardening with tomatoes and herbs, but serious food production in limited space. Indoor growing systems for when going outside isn't safe. And preserving your harvest without electricity so you can build new stockpiles from what you grow.

**Because the family that can produce food is the family that survives year two, year three, and beyond.**

The stockpiled supplies are your bridge. Food production is your destination.

## SMALL-SPACE GARDENING THAT PRODUCES CALORIES, NOT JUST GARNISHES

Walk into any suburban backyard with a garden and you'll see tomatoes, lettuce, herbs, peppers, maybe some cucumbers and zucchini.

**These are garnishes.** Delicious, yes. Nutritious, sure. But they're not calorie-dense enough to sustain life.

**A tomato has about 20 calories. An adult needs 2,000-2,500 calories per day.**

**You'd need to eat 100-125 tomatoes per day to meet your caloric needs.**

Most suburban gardens are designed for supplementing a diet that's primarily supplied by grocery stores. They're hobby gardens. **They will not keep you alive during sustained crisis.**

**What you need is a calorie garden.**

### The Calorie Crops That Matter

If you're gardening for survival, you need to focus on crops that provide serious calories per square foot.

### Tier 1: The Big Three Staple Crops

#### 1. Potatoes

**Calories per pound:** ~350 calories

**Yield per square foot:** 1-2 pounds of potatoes

**Why they're essential:**

- High calorie density
- Easy to grow in most climates
- Can be stored for months in cool, dark conditions without processing
- Nutritionally complete enough to sustain life (Irish survived primarily on potatoes for generations)

- Grow underground, making them harder to steal than above-ground crops

**How to grow:**

- Plant in spring after last frost
- Needs 3-4 months to maturity
- Can grow in ground, raised beds, containers, or even stacked tires or buckets
- Each seed potato (or potato with eyes) produces 5-10 new potatoes

**Space efficiency:** In a 4x8 foot raised bed, you can grow 40-80 pounds of potatoes per season = 14,000-28,000 calories per bed per season.

**2. Dried Beans (Pole Beans, Bush Beans)**

**Calories per pound (dried):** ~1,500 calories

**Yield per square foot:** 0.25-0.5 pounds dried beans

**Why they're essential:**

- Extremely high calorie density when dried
- Protein-rich (beans provide protein that potatoes lack)
- Can be stored for years if properly dried
- Nitrogen-fixing (improves soil for other crops)
- Can be grown vertically (pole beans on trellises) to save space

**How to grow:**

- Plant in late spring after soil warms
- Bush beans produce faster (60 days) but lower yield
- Pole beans take longer (70-90 days) but produce more per square foot
- Allow beans to dry completely on plant, then harvest and store

**Space efficiency:** 4x8 foot bed with vertical trellis can produce 8-16 pounds of dried beans per season = 12,000-24,000 calories.

**3. Winter Squash (Butternut, Acorn, Pumpkin)**

**Calories per pound:** ~150-200 calories

**Yield per plant:** 10-30 pounds of squash

**Why they're essential:**

- Good calorie density
- Stores for 3-6 months without processing in cool, dry conditions
- Nutrient-dense (vitamins A, C, fiber)
- Seeds are edible and nutritious
- Vines can grow vertically or sprawl, flexible space usage

**How to grow:**

- Plant in late spring
- Needs 85-120 days to maturity
- Requires more space than beans/potatoes but produces heavily
- Harvest before first frost when skin is hard

**Space efficiency:** 4x8 foot bed can support 2-3 plants producing 30-60 pounds per season = 4,500-12,000 calories.

### Tier 2: High-Yield Supplemental Crops

#### Sweet Potatoes

**Calories per pound:** ~400 calories

**Similar to regular potatoes but:**

- Higher calorie density
- Better in warmer climates (needs longer growing season)
- Stores slightly better (up to 6 months)
- More nutrient-dense (higher in vitamins)

#### Corn

**Calories per pound (dried):** ~1,500+ calories

**Reality check:** Corn requires significant space for meaningful yields. You need at least 4x16 foot bed to get 15-20 pounds of dried corn kernels.

**Only grow corn if you have space.**

#### Sunflowers (for seeds)

**Calories per pound (seeds):** ~2,500+ calories

**Why consider them:**

- Seeds are extremely calorie-dense
- One sunflower head produces 1-2 cups of seeds
- Can grow in less-than-ideal soil
- Dual purpose: seeds for eating and pressing for oil

**Yield:** 10 sunflower plants can produce 2-3 pounds of seeds = 5,000-7,500 calories.

### Tier 3: Supplemental Vegetables (Lower Calorie but Important)

You can't live on potatoes and beans alone long-term. You need vitamins, minerals, variety.

**Grow small amounts of:**

- Kale, chard, collards (nutrient-dense greens)
- Carrots, beets (root vegetables with some calories + nutrients)
- Tomatoes (vitamin C, flavor)
- Peppers (vitamins, preservation)
- Onions, garlic (flavor, storage, medicinal)

**But don't dedicate most of your garden to these.** Maybe 20-30% for variety. 70-80% should be calorie crops.

### The Survival Garden Layout

Let's design a realistic suburban survival garden.

**Available space:** Average suburban backyard, ~400 square feet dedicated to garden (20 x 20 feet).

**This is realistic for most homeowners without taking over entire yard.**

**Layout:**

#### Bed 1 (4x8 ft): Potatoes

- 40-80 lbs potatoes per season
- 14,000-28,000 calories

#### Bed 2 (4x8 ft): Pole Beans on Trellis

- 8-16 lbs dried beans per season
- 12,000-24,000 calories

**Bed 3 (4x8 ft): Winter Squash**

- 30-60 lbs squash per season
- 4,500-12,000 calories

**Bed 4 (4x8 ft): Sweet Potatoes**

- 40-60 lbs sweet potatoes per season
- 16,000-24,000 calories

**Bed 5 (4x8 ft): Mixed supplemental crops**

- Kale, carrots, onions, garlic
- 3,000-5,000 calories + essential nutrients

**Bed 6 (4x8 ft): Succession planting**

- Multiple crops throughout season
- Radishes, lettuce, turnips (fast-growing)
- 2,000-4,000 calories

**Border: Sunflowers**

- 20 plants around perimeter
- 4-6 lbs seeds
- 10,000-15,000 calories

**Total garden production (one growing season):**

**Calories:** 61,500 - 112,000 calories total

**For a family of four:** That's 7-14 days of full caloric needs, or 15-28 days of supplemental calories (if you're still drawing from stockpiles).

**This doesn't sound like much, but:**

1. **This is one growing season.** Most climates allow 2 growing seasons per year with succession planting (cool season crops spring/fall, warm season crops summer).

2. **This supplements stockpiles, doesn't replace them.** You're extending your stockpiles from 6 months to 8-10 months with this production.
3. **Seeds from this harvest produce next year's crops.** You're creating renewable food system.
4. **This assumes mediocre yields.** Experienced gardeners get better results.

**The realistic goal: A 400 sq ft garden can extend a family's survival from 6 months on stockpiles to 12-18 months with supplemental production.**

### Intensive Growing Techniques (Maximizing Limited Space)

If you don't have 400 square feet, you can still produce meaningful food with intensive methods.

#### Vertical Growing

Use every vertical inch:

**Pole beans on 6-8 foot trellises:** Triple your bean production per square foot compared to bush beans.

**Peas on fences or netting:** Grow up instead of out.

**Vining squash on trellises or arches:** Squash can climb if supported, freeing ground space for other crops.

**Tomatoes and peppers staked/caged vertically:** Rather than sprawling.

#### Square Foot Gardening

Mel Bartholomew's square foot gardening method:

**Divide beds into 1x1 foot squares.** Each square gets specific number of plants based on size:

- Large plants (squash, tomatoes): 1 per square
- Medium plants (beans, peppers): 4 per square
- Small plants (radishes, carrots): 16 per square

**This maximizes density and eliminates wasted space.**

#### Succession Planting

Don't leave beds empty after harvest. Plant the next crop immediately.

**Example timeline for one bed:**

- Spring (March-May): Radishes and lettuce (60 days)
- Early Summer (May-July): Bush beans (60 days)
- Late Summer (July-September): Kale and chard (60 days)

**One 4x8 bed produces three separate crops in one season instead of one.**

### Companion Planting

Some plants grow well together and can share space:

**Three Sisters method (Native American):**

- Corn (provides stake for beans)
- Beans (fix nitrogen for corn)
- Squash (ground cover suppresses weeds, retains moisture)

**All three crops in same space = more food per square foot.**

### Container Growing

If you have no yard, you can grow in containers:

**5-gallon buckets:** Grow potatoes, tomatoes, peppers, beans.

**Larger bins (18-gallon totes):** Grow multiple plants.

**Calculations:** 10-15 five-gallon buckets can produce 30-50 pounds of potatoes = 10,500-17,500 calories.

**Not as efficient as in-ground, but better than nothing.**

### Soil and Fertility

**You can't produce food without good soil.** In extended crisis, you won't have access to commercial fertilizers.

**Building soil fertility without outside inputs:**

**Composting:** All organic waste (food scraps, yard waste, human urine diluted 10:1) becomes fertilizer.

**Manure:** If you or neighbors have chickens, rabbits, or other animals, their manure is gold.

**Nitrogen-fixing plants:** Beans, peas, clover—grow these, then till them back into soil. They add nitrogen.

**Mulching:** Grass clippings, leaves, straw—these decompose and feed soil.

**Rotate crops:** Don't plant same crop in same bed year after year. Rotation prevents soil depletion.

### Seeds: The Most Critical Resource

**Your garden is only sustainable if you can save seeds from your harvest to plant next year.**

**Heirloom seeds vs. Hybrid seeds:**

**Heirloom/Open-pollinated:** Seeds from these plants produce identical plants next generation. **You can save seeds indefinitely.**

**Hybrid (F1):** Seeds from these plants produce unpredictable results or sterile plants. **You cannot reliably save hybrid seeds.**

**Only plant heirloom varieties if you're gardening for survival.**

**Seed saving basics:**

**Allow plants to fully mature and produce seeds** (this means sacrificing some harvest).

**Dry seeds completely** before storage (moisture causes mold and rot).

**Store in cool, dark, dry location** in sealed containers (mason jars, mylar bags with oxygen absorbers).

**Label everything** with variety and year.

**Most seeds remain viable for 2-5 years.** Some (beans, peas) last longer. Some (onions, parsnips) shorter.

**Stockpile seeds now (before crisis):**

**Minimum seed stockpile for family of four:**

- 2 lbs seed potatoes (or more)
- 1 lb dried beans (for planting)
- 1 oz winter squash seeds (50-100 seeds)
- 1 oz sweet potato slips (you'll create these from stored sweet potatoes)
- Small packets of supplemental vegetable seeds

**Cost: $50-$100 for 2-3 years of seeds.**

**Store them properly and they last many years.**

## INDOOR GROWING SYSTEMS FOR WHEN GOING OUTSIDE ISN'T SAFE

Outdoor gardening assumes it's safe to go outside. **What if it's not?**

Civil unrest. Radiation fallout. Extreme weather. Armed patrols. Whatever the reason, there may be periods when going outside is too dangerous.

**You need ability to produce food indoors.**

### The Reality of Indoor Growing

Let me be blunt: **You cannot produce all your calories indoors in a typical home.** The space and light requirements are too large.

**But you can produce supplements**—greens, herbs, small vegetables—that provide essential vitamins and keep morale up during extended indoor periods.

**Indoor growing is supplemental, not primary.** But supplemental food production is better than zero food production.

### The Three Indoor Growing Systems

#### System 1: Windowsill/Sunny Window Growing (Simplest)

**What you need:**

- Containers (pots, bins, anything that holds soil)
- Potting soil
- Seeds

- South-facing window with 6+ hours of direct sunlight daily

**What you can grow:**

- Herbs (basil, cilantro, parsley)
- Lettuce and greens
- Cherry tomatoes (need lots of light)
- Peppers (compact varieties)
- Microgreens (fastest, easiest)

**Limitations:**

- Limited by window space and light
- Most homes have 1-3 suitable windows
- Can support maybe 10-20 plants maximum
- Low calorie production (mostly garnishes and vitamins)

**Yield:** Enough greens for salads 2-3x per week, herbs for flavor, small supplemental vegetables. Maybe 500-1,000 calories per week total.

**Cost:** $20-$50 for containers, soil, and seeds.

### System 2: LED Grow Light Setup (Moderate)

**What you need:**

- LED grow lights (full spectrum)
- Shelving units or tables
- Containers and soil
- Timer for lights

**What you can grow:**

- Everything from System 1, but more of it
- Larger plants (tomatoes, peppers)
- Root vegetables in deep containers (radishes, carrots)

**Limitations:**

- Requires electricity (battery backup or generator)
- Initial cost higher
- Takes dedicated space (shelf unit, table, closet)

**Yield:** 10x more than windowsill. Enough for daily salads, regular vegetables. 2,000-3,000 calories per week.

**Setup:**

**4-tier shelving unit (6 feet tall, 4 feet wide, 2 feet deep):**

- Each shelf gets 2-4 LED grow light strips
- Each shelf holds 6-12 containers
- 24-48 plants total across all shelves

**Light schedule:** 14-16 hours per day for vegetables, 12-14 hours for herbs.

**Cost:**

- Shelving: $50-$100
- LED grow lights (good quality): $100-$200
- Containers and soil: $50-$100
- **Total: $200-$400**

**Power consumption:** 100-200 watts while running. If running 16 hours per day on battery backup, you need significant battery capacity (Chapter 5).

**System 3: Hydroponic Setup (Advanced)**

**What it is:** Growing plants in water with dissolved nutrients instead of soil.

**Why it's superior:**

- Faster growth (30-50% faster than soil)
- Higher yields per square foot
- Less mess (no soil)
- More control over nutrients

**Why it's complex:**

- Requires electricity for pumps and circulation
- Requires nutrient solution (store-bought or DIY from fish waste or compost tea)
- More technical to maintain
- Higher failure risk if not managed correctly

**I don't recommend hydroponics for most people during crisis** because dependency on electricity and commercial nutrients makes it fragile.

**But if you have expertise and reliable power, hydroponics can produce 2-3x more food in same space as soil growing.**

### Microgreens: The Indoor Survival Crop

If you can only do one thing indoors, **grow microgreens.**

**What they are:** Baby vegetable greens harvested 7-14 days after planting. Tiny, but incredibly nutrient-dense.

**Why they're perfect for crisis:**

- Harvest in 7-14 days (fastest crop possible)
- Require minimal space (grow in trays)
- Minimal light needed (windowsill sufficient)
- High nutritional value (10-40x more nutrients than mature plants)
- Can grow year-round indoors

**How to grow microgreens:**

**What you need:**

- Shallow trays (10x20 inch nursery trays, or any shallow container)
- Potting soil or coconut coir (1-2 inches deep)
- Seeds (any vegetable seeds work: radish, broccoli, kale, mustard, sunflower, peas)
- Spray bottle for watering

**Process:**

1. Fill tray with 1-2 inches soil
2. Spread seeds densely across surface (almost touching)
3. Cover lightly with soil
4. Mist with water
5. Cover with another tray or lid to create darkness (first 2-3 days)
6. Once seeds sprout, remove cover and give light
7. Mist daily, keep soil moist but not waterlogged
8. Harvest when 2-3 inches tall (7-14 days)
9. Cut just above soil line
10. Eat immediately (very short shelf life)

**Yield:** One 10x20 tray produces 4-8 oz of microgreens = 50-100 calories, but incredibly nutrient-dense.

**Space efficiency:** Ten trays can be stacked or rotated in a small space, producing continuous harvest every few days.

**This provides fresh greens and vitamins even when confined indoors for weeks.**

**Cost:** $30-$50 for trays, soil, and seeds to get started.

### The Indoor Growing Reality Check

**Let's be honest about what indoor growing achieves:**

**A maxed-out indoor system** (multiple shelves with grow lights, microgreen trays, windowsill herbs) in a typical home can produce:

**Weekly yield:** 2,000-4,000 calories + significant vitamins and minerals from greens.

**For a family of four:** That's 500-1,000 calories per person per week = roughly 3-5% of weekly caloric needs.

**Indoor growing will not keep you alive on its own.** But it provides:

- Essential vitamins and minerals
- Fresh food that improves morale
- Supplemental calories that extend stockpiles
- Something productive to do during confinement

**It's worth doing, but outdoor gardening is still the primary food production system.**

## PRESERVING AND CANNING WITHOUT ELECTRICITY

You've grown food. Now you need to preserve it so it lasts beyond harvest season.

### The Problem:

Most crops produce heavily for a short window (2-4 weeks). Then they're done. If you can't preserve the harvest, you have abundance for a month and nothing for the other 11 months.

**Preservation extends your harvest across the entire year.**

## The Four Preservation Methods That Work Without Electricity

### Method 1: Root Cellaring / Cold Storage

**What it is:** Storing crops in cool, dark, humid conditions where they remain fresh for months without processing.

**Crops that root cellar well:**

- Potatoes: 4-6 months
- Winter squash: 3-6 months
- Carrots, beets, turnips: 4-6 months (in damp sand)
- Onions, garlic: 6-9 months (in dry conditions)
- Apples: 3-6 months

**How to create root cellar conditions:**

**Ideal conditions:**

- Temperature: 32-40°F (just above freezing)
- Humidity: 80-95% (except for onions/garlic, which need dry)
- Dark
- Good ventilation

**Options for most homes:**

**Basement corner:** If you have an unheated basement, section off a corner with insulated walls. This creates cooler microclimate.

**Buried containers:** Dig a hole below frost line, place insulated container (cooler, barrel) inside, cover with soil. Access through insulated lid.

**Garage or shed:** If these spaces stay cool (but don't freeze), they can work for winter storage.

**Refrigerator (if you have power):** Obviously easier, but not available during sustained power outage.

**Storage method:**

**Layer vegetables in bins with damp sand or sawdust.** This maintains humidity and prevents touching (which spreads rot).

**Check weekly.** Remove any vegetables showing signs of rot immediately (one rotten potato spoils entire bin).

**Rotate from bottom.** Use oldest vegetables first.

**This method requires zero energy, minimal supplies, and preserves large quantities of food.**

### Method 2: Drying / Dehydration

**What it is:** Removing water from food so bacteria and mold can't grow. Dried food lasts months to years.

**Crops that dry well:**

- Beans, peas (harvest mature, dry completely)
- Corn (dried kernels)
- Herbs
- Fruits (apples, tomatoes can be sun-dried or oven-dried)
- Greens (kale, chard can be dried into chips)
- Peppers

**Drying methods without electricity:**

**Sun drying:** Lay food on screens or racks in direct sunlight. Bring inside at night. Takes 3-7 days depending on humidity and sun intensity.

**Air drying:** Hang foods (peppers, herbs, beans on vines) in well-ventilated dry area. Takes 1-3 weeks.

**Solar dehydrator (DIY):** Build a box with screen shelves, angled glass top, painted black inside. Sun heats the box, drying food faster and protecting from insects. Plans available online.

**Wood stove drying:** Place screens/racks near wood stove. Gentle heat dries food in 12-24 hours.

**Testing dryness:** Food should be brittle or leathery with no moisture when bent. If it bends without breaking, it's not dry enough.

**Storage:** Store dried food in airtight containers (mason jars, mylar bags) in cool, dark place. Properly dried food lasts 6-12 months minimum, often years.

### Method 3: Canning (Water Bath and Pressure Canning)

**What it is:** Sealing food in jars and heating to kill bacteria, creating vacuum seal that prevents spoilage.

**Two types:**

**Water bath canning:** For high-acid foods (tomatoes, fruits, pickles). Jars are submerged in boiling water for specific time.

**Pressure canning:** For low-acid foods (vegetables, meats, beans). Jars are processed in pressure canner at 240°F to kill botulism spores.

**What you need:**

**For water bath canning:**

- Large pot deep enough to submerge jars with 1-2 inches water above
- Canning jars with lids and rings (Ball, Kerr brands)
- Jar lifter (to remove hot jars safely)
- Funnel (for filling jars)

**For pressure canning:**

- Pressure canner (20+ quart size recommended) - $150-$300
- Jars, lids, lifter, funnel

**Both methods work without electricity** (you need heat source—propane stove, wood fire, etc.).

**Process overview (simplified):**

1. Prepare food (wash, cut, cook if needed)
2. Fill hot sterilized jars with food
3. Add liquid if needed (water, brine, syrup)
4. Remove air bubbles
5. Wipe rim clean
6. Place lid and ring, finger-tight
7. Process in boiling water bath (high-acid) or pressure canner (low-acid) for specified time
8. Remove and cool
9. Check seals (lid should be concave and not pop when pressed)

**Properly canned food lasts 1-3 years.**

**Learning resources:** The Ball Blue Book of Preserving is the bible of home canning. Every household should own a copy ($10-$15).

**Safety warning:** Pressure canning low-acid foods must be done correctly to prevent botulism (fatal food poisoning). **Follow tested recipes and processing times exactly.** Don't improvise.

### Method 4: Fermentation

**What it is:** Using beneficial bacteria to preserve food while creating probiotics and increasing nutritional value.

**Crops that ferment well:**

- Cabbage (becomes sauerkraut)
- Cucumbers (become pickles)
- Other vegetables (kimchi-style)
- Beans (fermented then dried)

**Basic fermentation process:**

1. Chop vegetables
2. Add salt (2-3% salt by weight)
3. Massage/pound to release liquid
4. Pack into jar, submerge under liquid
5. Cover with cloth or loose lid (allows gas to escape)
6. Let sit at room temperature for 3-14 days
7. Taste periodically until desired sourness
8. Move to cold storage (slows fermentation)

**Fermented foods last months in cold storage** and provide beneficial probiotics for gut health.

**Requires no equipment beyond jars and salt.**

### The Preservation Schedule

**To preserve your harvest, you need to process crops when they're ready, not when it's convenient.**

**Example preservation schedule:**

**July-August:**

- Can tomatoes (water bath)
- Dehydrate herbs, peppers
- Ferment cucumbers (pickles)

**September-October:**

- Pressure can beans
- Dry remaining peppers and onions
- Root cellar winter squash, potatoes, root vegetables
- Can applesauce if you have fruit trees

**November:**

- Final harvest of root vegetables into root cellar
- Check all canned goods for seal integrity
- Inventory preserved foods and plan rationing

**This is time-intensive work.** During harvest season, you'll spend hours daily preserving food. But this work is what carries you through the winter.

### Building Preservation Capability Now

**Don't wait for crisis to learn canning.** The learning curve is steep and mistakes can be dangerous (botulism).

**Start now:**

**Year 1:** Learn water bath canning. Practice with tomatoes, pickles, jams. Get comfortable with the process.

**Year 2:** Learn pressure canning. Practice with beans, vegetables, soups.

**Year 3:** Expand to larger batches and more varieties.

**By the time crisis hits, you have years of experience and confidence.**

**Stockpile canning supplies:**

- 100+ canning jars (mixed sizes)
- 200+ lids (these are one-time use)
- 100+ rings (reusable)
- Pressure canner
- Jar lifter and funnel

- Reference books

**Total investment: $300-$500 to be fully equipped for preservation.**

## The Renewable Food System

Let's put it all together:

**Spring (March-May):**

- Plant spring crops (peas, lettuce, radishes)
- Start indoor seedlings for summer crops
- Harvest and eat spring greens

**Summer (June-August):**

- Plant main crop (potatoes, beans, squash)
- Maintain, water, weed
- Harvest early crops
- Begin preserving (canning, drying)

**Fall (September-November):**

- Harvest main crop
- Heavy preservation work (can, dry, ferment, store)
- Plant fall crops (kale, turnips)
- Save seeds for next year

**Winter (December-February):**

- Eat preserved food and root cellared vegetables
- Maintain indoor growing systems
- Plan next year's garden
- Repair tools and equipment

**The cycle repeats.**

**This is how humans lived for thousands of years before grocery stores.** You're not inventing something new. You're returning to sustainable patterns that actually work.

## Your 7-Day Food Production Action Plan

**Day 1:** Assess available growing space. How much yard can you dedicate? Where would indoor growing work?

**Day 2:** Research climate and growing season for your area. Find out last frost date, first frost date, which crops grow well locally.

**Day 3:** Order heirloom seeds (at least 2-3 years supply). Focus on calorie crops: potatoes, beans, squash.

**Day 4:** Buy basic gardening tools if you don't have them: shovel, hoe, rake, hand trowel, watering can/hose. Budget: $50-$150.

**Day 5:** Start learning preservation. Check out books from library (Ball Blue Book, other canning guides). Watch YouTube videos on canning, drying, fermentation.

**Day 6:** Acquire basic preservation equipment: At minimum, large pot for water bath canning and some jars. Budget: $50-$100 to start.

**Day 7:** Plant something. Even if it's just herb seeds in a pot on your windowsill. Start the learning process now, not during crisis.

**At the end of one week, you've taken the first steps toward renewable food production.**

You're no longer just a consumer dependent on supply chains. You're becoming a producer capable of sustaining your family indefinitely.

**The stockpiles get you to the garden. The garden gets you through year two and beyond.**

In the next chapter, we're addressing what happens when currency fails and the economy transitions to barter. You've got food to trade. What else do people want, and how do you negotiate when everyone's desperate?

# CHAPTER 18: THE BARTER ECONOMY

Let me tell you about the day I watched currency become meaningless.

Argentina, 2002. I was there on a security contract during their complete economic collapse. The peso had lost 75% of its value in weeks. ATMs were empty. Banks were closed. Credit cards didn't work.

I watched a woman try to buy bread with a 100-peso note—which had been worth $100 USD just months earlier. The baker refused it. "I don't want paper," he said. "What else do you have?"

She had nothing else. She left without bread.

An hour later, I watched a man trade a bottle of cooking oil for three loaves of bread. Another person traded a pack of cigarettes for vegetables. Someone else traded a car battery for a bag of rice.

**Currency hadn't disappeared. It had just transformed.**

The peso was worthless because nobody trusted it. But cigarettes, cooking oil, batteries—these had intrinsic value. They were useful. They met needs. **They became the new currency.**

That's when I understood: **When fiat currency collapses, economies don't stop. They transition to barter. And the people who understand the new economy thrive while others starve with pockets full of worthless paper.**

This chapter is about the barter economy that emerges during sustained crisis when dollars become unreliable or worthless. We're going to identify the 20 items that become currency when cash fails. We'll talk about what to stockpile for trade versus what to keep hidden for your family. And we'll cover negotiation tactics that work when both parties are desperate but you need to maintain advantage.

**Because in the post-collapse economy, your wealth isn't measured by your bank balance. It's measured by what you have that others need and will trade for.**

## THE 20 ITEMS THAT BECOME CURRENCY WHEN CASH IS WORTHLESS

In a barter economy, some items become more valuable than others. Not because they're expensive in normal times, but because they meet urgent needs that can't be fulfilled any other way.

**The characteristics of good barter currency:**

1. **Universal need:** Everyone wants it
2. **Consumable:** It gets used up, creating ongoing demand
3. **Portable:** Easy to transport and trade
4. **Divisible:** Can be traded in small or large quantities
5. **Durable:** Doesn't spoil or degrade quickly
6. **Hard to produce:** Can't be easily made or improvised

**Let's break down the top 20 barter items, categorized by type.**

### Tier 1: Vices and Addictions (Highest Value)

#### 1. Alcohol (Hard Liquor)

**Why it's valuable:**

- Addictive (alcoholics will trade anything for it)
- Stress relief (everyone's stressed during crisis)
- Disinfectant (medical use)
- Never expires if stored properly
- High value-to-weight ratio

**What to stockpile:**

- Vodka, whiskey, rum (high proof, minimum 80 proof/40% ABV)
- Cheap brands are fine—people want alcohol, not premium taste
- Small bottles (750ml) are better for trade than large bottles (easier to divide trades)

**Trade value (estimated):** One 750ml bottle might trade for:

- 10-20 lbs of food
- A week's worth of labor
- Medical supplies
- Other high-value barter items

**How much to stockpile:** 20-40 bottles = $200-$400 investment

**Storage:** Cool, dark place. Lasts indefinitely.

**OPSEC note:** Don't advertise that you have this. Alcoholics become aggressive when seeking their fix.

## 2. Tobacco Products (Cigarettes, Rolling Tobacco, Cigars)

**Why it's valuable:**

- Highly addictive (nicotine dependency is powerful)
- Immediate gratification
- Portable and divisible (individual cigarettes)
- Long shelf life if stored properly

**What to stockpile:**

- Cigarettes in sealed cartons (store in freezer or cool, dry place)
- Rolling tobacco and papers (more economical, longer lasting)
- Cheap brands are fine

**Trade value:** One cigarette might trade for a meal. One carton (200 cigarettes) might trade for:

- 50-100 lbs of food
- Significant labor
- High-value items like ammunition or medicine

**How much to stockpile:** 10-20 cartons = $400-$1,000

**Storage:** Sealed in airtight containers or freezer. Can last years.

**Moral consideration:** Some people refuse to stockpile tobacco because they view it as profiting from addiction. That's a personal choice. But understand that tobacco will be one of the highest-value trade items, period.

## 3. Coffee

**Why it's valuable:**

- Caffeine addiction is real and widespread
- Provides energy and alertness (valuable during crisis)
- Comfort and normalcy (psychological value)
- Instant coffee lasts years if stored properly

**What to stockpile:**

- Instant coffee (longest shelf life, most compact)
- Ground coffee in vacuum-sealed bags (shorter shelf life but higher quality)

**Trade value:** One jar of instant coffee might trade for:

- 10-20 lbs of food
- A day's labor
- Other consumables

**How much to stockpile:** 10-20 jars instant coffee = $50-$100

**Storage:** Cool, dry, dark. Vacuum-sealed or in airtight containers.

### Tier 2: Essential Consumables (High Demand)

#### 4. Ammunition (Common Calibers)

**Why it's valuable:**

- Essential for security and hunting
- Cannot be improvised
- Specific compatibility (you need the exact caliber)
- Durable and portable

**What to stockpile:**

- .22 LR (most common, cheapest, useful for small game)
- 9mm (most common handgun caliber)
- .223/5.56 (AR-15 platform)
- 12 gauge shotgun shells
- .308/7.62 (hunting rifles)

**Trade value:** Ammunition becomes extremely valuable. One box (50 rounds) of 9mm might trade for:

- 20-30 lbs of food
- Significant services or labor
- Other high-value items

**How much to stockpile for trade:** This is tricky. You need ammunition for your own defense first. Only stockpile surplus for trade if you've met your own needs (1,000+ rounds per caliber you own).

**For trade:** 1,000-2,000 rounds total across common calibers = $300-$600

**OPSEC warning:** Only trade ammunition with people you trust. You're potentially arming threats. Trade in small quantities only. Never reveal how much you have.

### 5. Batteries (AA, AAA, D-cell)

**Why valuable:**

- Essential for flashlights, radios, and devices
- Finite shelf life but lasts years if stored properly
- Cannot be easily improvised
- Universal need

**What to stockpile:**

- AA (most common)
- AAA (second most common)
- D-cell (flashlights)
- Focus on alkaline (longer shelf life than rechargeable for storage)

**Trade value:** 4-pack of AA batteries might trade for:

- 5-10 lbs of food
- Small services or labor
- Other consumables

**How much to stockpile:** 200-500 batteries total (mixed sizes) = $50-$150

**Storage:** Cool, dry place. Rotate every 5-7 years.

### 6. Lighters and Matches

**Why valuable:**

- Fire is essential (cooking, heat, light)
- Lighters are finite (fluid runs out)
- Matches are consumable
- Small and portable

**What to stockpile:**

- Disposable BIC lighters (100-pack can be bought for $20-$30)
- Strike-anywhere matches in waterproof containers
- Magnesium fire starters (reusable, good for personal use)

**Trade value:** One lighter might trade for:

- 2-5 lbs of food
- Small services

**How much to stockpile:** 100+ lighters and 10+ boxes matches = $30-$50

**Storage:** Room temperature, dry. Lasts indefinitely.

### 7. Toilet Paper

**Why valuable:**

- Essential hygiene item
- Bulky to store (people won't have stockpiled much)
- Cannot be easily improvised (alternatives exist but are uncomfortable)
- Consumable

**What to stockpile:**

- Standard toilet paper in bulk
- Focus on quantity over quality

**Trade value:** One roll might trade for:

- 2-3 lbs of food
- Small items or services

**How much to stockpile:** 100+ rolls = $50-$100

**Storage:** Dry location. Takes up significant space (this is its main drawback).

### 8. Soap and Hygiene Products

**Why valuable:**

- Essential for health (prevents disease)
- Consumable
- Most people won't have stockpiled much
- Multiple uses (body, laundry, dishes)

**What to stockpile:**

- Bar soap (lasts longer than liquid, more compact)
- Laundry detergent (powder lasts longer than liquid)
- Feminine hygiene products (women will trade heavily for these)
- Toothpaste and toothbrushes

**Trade value:** One bar of soap might trade for:

- 3-5 lbs of food
- Small services

**How much to stockpile:** 50+ bars soap, 10+ boxes detergent, 100+ feminine products = $100-$200

**Storage:** Dry location. Lasts years.

### Tier 3: Medical and Health (Critical Needs)

#### 9. Over-the-Counter Medications

**Why valuable:**

- Pain and illness are inevitable
- People run out quickly
- Cannot be improvised
- Dramatic quality-of-life improvement

**What to stockpile:**

- Ibuprofen (pain, fever, inflammation)
- Acetaminophen (pain, fever)
- Aspirin (pain, fever, heart attack prevention)
- Antihistamines (allergies)
- Anti-diarrheal (loperamide/Imodium)
- Antacids

**Trade value:** 100-count bottle of ibuprofen might trade for:

- 20-30 lbs of food
- Significant services or labor
- Other high-value items

**How much to stockpile:** Multiple bottles of each type = $100-$200

**Storage:** Cool, dry, dark. Medications last years beyond expiration dates if stored properly.

### 10. Antibiotics (If You Can Acquire)

**Why valuable:**

- Can save lives from infections
- Extremely difficult to obtain without doctor
- High demand, low supply

**What to stockpile:**

- Fish antibiotics (controversial but chemically identical to human versions)
- Stockpiled prescription antibiotics (if you can get prescriptions)
- Focus on broad-spectrum (amoxicillin, ciprofloxacin, doxycycline)

**Trade value:** Course of antibiotics might trade for:

- 100+ lbs of food
- Extremely valuable items or services
- Literally anything—people will trade almost anything to save a life

**How much to stockpile:** This is limited by availability and legality. If you can acquire through legal means, stockpile as much as you can afford and store.

**OPSEC warning:** Having antibiotics makes you a target. Only trade with extreme caution. Never reveal you have large supply.

### 11. First Aid Supplies

**Why valuable:**

- Injuries are common during crisis
- Bandages, gauze, tape are consumable
- Medical tape and wound care supplies especially valuable

**What to stockpile:**

- Sterile gauze pads and rolls
- Medical tape
- Bandages (various sizes)
- Butterfly closures
- Elastic bandages

**Trade value:** Roll of gauze might trade for:

- 5-10 lbs of food
- Small services

**How much to stockpile:** Multiple of each type = $100-$150

### Tier 4: Tools and Durables (Long-term Value)

#### 12. Hand Tools

**Why valuable:**

- Essential for repairs and building
- Cannot be improvised
- Durable (last years with care)
- Many people don't have comprehensive tool sets

**What to stockpile:**

- Basic hand tools (hammer, screwdrivers, wrenches, pliers)
- Saws (hand saws, hacksaws)
- Files and rasps
- Measuring tools

**Trade value:** Good hammer might trade for:

- 30-50 lbs of food
- Week of labor
- Other durable goods

**How much to stockpile:** Have extras beyond your own needs. Buy at garage sales cheap. = $50-$150

**Storage:** Dry location to prevent rust. Oil metal parts.

#### 13. Nails, Screws, Fasteners

**Why valuable:**

- Essential for construction and repairs
- Cannot be improvised
- Small and easily traded in quantities

**What to stockpile:**

- Assorted nails (common sizes)
- Screws (wood and metal)
- Bolts and nuts

**Trade value:** Pound of nails might trade for:

- 5-10 lbs of food
- Small services

**How much to stockpile:** 20-50 lbs total = $50-$100

### 14. Duct Tape and Cordage

**Why valuable:**

- Universal repair item
- Consumable
- Many uses

**What to stockpile:**

- Duct tape (multiple rolls)
- Paracord (550 cord)
- Rope (various types)

**Trade value:** Roll of duct tape might trade for:

- 10-15 lbs of food

**How much to stockpile:** 20+ rolls tape, 1,000+ feet cordage = $100-$150

## Tier 5: Seeds and Production (Long-term Investment)

### 15. Seeds (Heirloom Vegetable Seeds)

**Why valuable:**

- Enable food production
- Cannot be improvised
- People will desperately want them by month 6+
- Small, portable, long shelf life

**What to stockpile:**

- Heirloom seeds (not hybrid)
- Focus on calorie crops (beans, corn, squash, potatoes)
- Multiple years' worth

**Trade value:** Packet of bean seeds might trade for:

- 20-30 lbs of food (in late crisis when people realize they need to grow)
- Extremely valuable in right context

**How much to stockpile:** 5-10x what you need for your own garden = $100-$200

**Storage:** Cool, dry, dark. Mylar bags with oxygen absorbers. Lasts 5-10+ years.

**Timing note:** Seeds aren't very valuable first 3-6 months. People want food now, not the ability to grow food later. But by month 6+, seeds become extremely valuable as people realize stockpiles are running out.

### 16. Livestock (Chickens, Rabbits)

**Why valuable:**

- Renewable food source (eggs, meat)
- Breeding animals are extremely valuable
- Most people don't have them

**What to "stockpile":**

- Actually acquire chickens, rabbits, or other small livestock now
- Learn to care for them
- They provide food for you and can be traded during crisis

**Trade value:** Laying hen might trade for:

- 50-100 lbs of food
- Extremely valuable services or items

**Note:** This is advanced preparation. Don't get livestock unless you can care for them properly now.

## Tier 6: Fuel and Energy (Critical and Scarce)

## 17. Gasoline and Diesel

**Why valuable:**

- Powers vehicles and generators
- Finite supply with no resupply
- Cannot be improvised
- Dramatically increases mobility and capability

**What to stockpile:**

- Gasoline with stabilizer (rotates every 6-12 months)
- Store in approved containers in safe location

**Trade value:** Gallon of gasoline might trade for:

- 20-30 lbs of food
- Significant labor or services
- Almost anything in right context

**How much to stockpile:** This is limited by safe storage capacity. 20-50 gallons = $60-$150 currently, but value multiplies during crisis.

**Storage:** Outdoors, away from living spaces, in approved containers with stabilizer. ROTATE regularly.

**OPSEC warning:** Fuel is dangerous to store and makes you a target. Don't advertise.

## 18. Propane

**Why valuable:**

- Cooking fuel
- Heating
- Longer shelf life than gasoline (indefinite if tanks are maintained)
- Safer to store than gasoline

**What to stockpile:**

- 20 lb propane tanks (standard BBQ size)
- 1 lb propane canisters (for camp stoves)

**Trade value:** 20 lb propane tank might trade for:

- 50-100 lbs of food
- Week+ of services

**How much to stockpile:** 5-10 tanks beyond your needs = $150-$300

### 19. Firewood

**Why valuable:**

- Heating and cooking
- Renewable but requires effort to produce
- Bulky (people won't have stockpiled much)

**What to stockpile:**

- Seasoned firewood (dry, ready to burn)
- Split and stacked

**Trade value:** Cord of firewood might trade for:

- 200-300 lbs of food
- Major items or extended labor

**How much to stockpile:** This depends on space. Even 1-2 cords beyond your needs is valuable.

## Tier 7: Specialized but Valuable

### 20. Salt

**Why valuable:**

- Food preservation (critical for long-term survival)
- Flavor enhancement (makes bland food palatable)
- Cannot be improvised in most areas
- Lasts indefinitely

**What to stockpile:**

- Plain salt (no iodine or additives for preservation)
- Large quantities (25-50 lb bags)

**Trade value:** Pound of salt might trade for:

- 5-10 lbs of food
- Preservation services

**How much to stockpile:** 100+ lbs beyond your needs = $20-$50

**Storage:** Dry location. Lasts forever.

### WHAT TO STOCKPILE FOR TRADE VS. WHAT TO KEEP HIDDEN

Here's the critical distinction that inexperienced preppers miss: **Not everything should be traded. Some items are too valuable or too dangerous to reveal you have.**

#### Items to Stockpile FOR TRADE:

These are items you acquire specifically to trade. You might not even use them yourself.

**The trade stockpile:**

- Alcohol (if you don't drink)
- Tobacco (if you don't smoke)
- Coffee (extra beyond your use)
- Soap and hygiene products (bulk extras)
- Batteries (surplus beyond your needs)
- Lighters and matches (massive surplus, they're cheap)
- OTC medications (large surplus)
- Hand tools (duplicates bought cheap at garage sales)
- Seeds (multiple years' worth beyond your garden)

**Why these are safe to trade:**

- Replaceable or abundant (you have large surplus)
- Not critical to your immediate survival if lost
- High demand makes them easy to trade
- Won't reveal too much about your overall preparedness

#### Items to KEEP HIDDEN (Never Trade):

These items are too valuable, too dangerous to reveal, or too critical to risk.

**Never trade:**

**Your food stockpiles.** Trading food reveals you have food, making you a target. Only trade food if you're producing surplus from gardening/livestock.

**Your water storage or purification capability.** Never reveal your water situation.

**Your weapons or ammunition for weapons you own.** Only trade ammunition for calibers you don't own. Never trade away defensive capability.

**Your prescription medications.** Trading these reveals medical dependencies and makes you vulnerable.

**Your main survival tools and equipment.** Only trade duplicates or surplus.

**Your shelter or security infrastructure.** Obviously. But people have made this mistake (trading away parts of their security system).

**Your prime food production capability.** Your best seeds, your breeding livestock, your garden tools. Keep these for yourself.

**Strategic Considerations:**

**Trade from surplus, never from necessity.** If trading something means you now don't have enough for yourself, you've made a critical error.

**Trade items that don't reveal your full capability.** Trading one lighter doesn't tell them you have 100 more. Trading a bottle of alcohol doesn't reveal your full trade stockpile.

**Trade different items to different people.** Don't become known as "the guy with alcohol" or "the guy with ammo." Diversify what you trade so you're not typecast.

**Never trade from your home.** Meet at neutral location. Don't let people see your property, your family, or get any intelligence on your setup.

### The Trade Stockpile Budget

If you're building a trade stockpile from scratch, here's a reasonable budget allocation:

**$500 Trade Stockpile:**

- Alcohol: 20 bottles ($200)
- Tobacco: 5 cartons ($200)
- Lighters: 50 units ($15)

- Batteries: 100 units ($30)
- OTC meds: assorted ($50)
- Seeds: surplus packets ($30)

**$1,000 Trade Stockpile:**

- Double the above plus:
- Hand tools: duplicates ($100)
- Ammunition: 500 rounds common calibers ($200)
- Salt: 50 lbs extra ($20)

**This is separate from your family's survival stockpile.** This is investment inventory for the barter economy.

**Return on investment:** In a sustained crisis, your $1,000 trade stockpile could potentially acquire 5,000-10,000 lbs of food, months of labor, critical items you didn't have, or other high-value trades. The ROI is massive if you've prepared correctly.

## HOW TO NEGOTIATE WHEN EVERYONE'S DESPERATE

Barter during crisis isn't like selling items on Craigslist. Both parties are potentially desperate, valuations are subjective, and there's no fixed pricing. **Negotiation becomes part psychology, part strategy, and part risk management.**

### The Power Dynamics of Desperate Negotiation

**Three types of barter interactions:**

**Type 1: Mutual benefit (both parties have what the other wants)**

**Example:** You have coffee. They have soap. You want soap, they want coffee. This is straightforward barter with balanced power.

**Type 2: Desperate buyer (they need what you have, you don't need what they offer)**

**Example:** They're desperate for medicine for a sick child. You have medicine but don't need what they're offering. They're willing to trade anything. Power heavily favors you.

**Type 3: Desperate seller (you need what they have, they don't need what you offer)**

**Example:** You need ammunition and they have some, but your trade goods aren't interesting to them. Power favors them.

**Your goal: Operate primarily in Type 1, sometimes in Type 2 (to your advantage), avoid Type 3.**

## The Seven Rules of Crisis Barter

### Rule 1: Never Appear Desperate

**Even if you need something badly, don't show it.**

Desperate people get terrible trade terms. They accept unfair deals because they have no leverage.

**How to avoid appearing desperate:**

**Use proxies.** Don't trade for yourself if possible. "I know someone who needs [item]" creates distance and suggests you're not personally desperate.

**Have alternatives.** Always imply you have other options. "I was going to check with [other person] but figured I'd ask you first."

**Be willing to walk away.** The person who can walk away has power. The person who must trade doesn't.

**Control your body language.** Don't lean forward eagerly. Don't speak quickly. Project calm indifference even if you're screaming inside.

### Rule 2: Never Reveal Your Full Inventory

**They only know about what you're trading today, not what else you have.**

If you trade a bottle of alcohol, they don't need to know you have 19 more. If you trade batteries, they don't know about your full stockpile.

**Why this matters:**

**Prevents you from becoming a target.** If they think you have massive stockpiles, you become a theft target.

**Maintains future trade leverage.** If they don't know your full capability, you can trade again later without them thinking "he's got plenty, I should demand more."

**Allows price flexibility.** You can claim scarcity to justify high trade values even when you have surplus.

**How to maintain mystery:**

**Never discuss your full stockpile.** Even casually. Even to people you think you trust.

**Vary what you trade.** Don't always trade the same items. Mix it up so people can't profile your inventory.

**Claim you acquired items recently.** "I got lucky and found some [item] at an abandoned [place]." This explains why you have something without revealing long-term stockpiles.

### Rule 3: Establish Value Ratios Early

In the barter economy, there are no price tags. Value is negotiated. **But general ratios emerge based on supply and demand.**

**Establishing what's "normal" gives you a framework.**

**Example ratios that might emerge:**

- 1 lb coffee = 10-15 lbs rice
- 1 bottle alcohol = 20 lbs mixed food
- 1 box ammunition (50 rounds) = 30 lbs food or week of labor
- 1 bar soap = 3-5 lbs food

**These aren't fixed prices.** They're starting points for negotiation.

**How to use ratios:**

**Anchor high.** If you're selling, propose favorable terms and negotiate from there. "This bottle usually trades for 25 lbs of food, but I could do 20 for you."

**Anchor low.** If you're buying, propose favorable terms to you and negotiate up. "I've been getting soap for 2 lbs of food per bar. Could you do that?"

**Reference other trades.** "Last week someone traded me similar for [amount]. I'd need similar terms."

**The person who establishes the initial framework has advantage.** Be first to propose terms when possible.

### Rule 4: Trade Items, Not Skills (When Possible)

**Trading items is cleaner than trading services.**

**Problems with service trades:**

**Time-bound.** "A week of labor" is vague. What's a day of labor? 8 hours? 4 hours? What kind of labor?

**Quality issues.** They might not do the work well. Then what? Demand your item back?

**Creates ongoing relationship.** Now you're connected to this person for days or weeks. What if they're a problem?

**Exceptions where service trades make sense:**

**Immediate services with clear outcomes.** "Help me move this pile of wood to my shed. When it's moved, I'll give you [item]." Clear, observable completion.

**Specialized skills you can't get otherwise.** Medical treatment, mechanical repairs, teaching a skill. These might be worth the complications.

**But default to item-for-item trades when possible.** Clean, simple, complete upon exchange.

### Rule 5: Test New Trading Partners with Small Trades First

**Never do large-value trades with unknown people.**

**First trade: Small.** Trade one lighter for a few pounds of food. See how they behave.

**Do they honor the agreement? Are they reasonable? Do they try to renegotiate mid-trade? Do they bring threats or muscle? Are they discreet or do they tell everyone about the trade?**

**Second trade: Medium.** If first trade went well, try something more valuable.

**Third trade and beyond: Large trades possible.** Once you've established track record of fair dealing, you can trade higher-value items.

**This protects you from:**

**Thieves** who trade once, then rob you because now they know what you have.

**Cheaters** who provide inferior goods or don't fulfill their side.

**Violence** from unstable people who become aggressive during trades.

**Rule 6: Location, Location, Location**

**Where you trade matters.**

**Never trade at your home.** This reveals:

- Where you live
- Who your family is
- What security you have (or don't)
- What other items you might have visible

**Never trade at their home alone.** You're in their territory. They have advantage. They might have others hidden. You're vulnerable.

**Neutral location, ideally public or semi-public:**

- Middle of street (visible to multiple parties)
- Neutral neighbor's property (with permission)
- Abandoned but open building where you can see approaches
- Crossroads or intersection

**Bring backup if possible.** Someone watching from distance with communication capability. They don't participate in trade, but they're insurance against violence.

**Have escape route.** Know how you'll leave quickly if things go wrong.

**Rule 7: Know When to Walk Away**

**Not every trade is worth making.**

**Walk away if:**

**Terms are significantly unfavorable** and they won't negotiate reasonably.

**You sense danger.** Your gut says something's wrong. Trust it.

**They're trying to pressure or rush you.** "This offer expires in five minutes." "Take it or leave it right now." Pressure tactics are red flags.

**They want to change location mid-negotiation.** "Let's go to my house to complete this." No. Complete here or don't complete.

**Multiple people show up unexpectedly.** You expected one person, three show up. That's a setup. Leave.

**They want you to show them your stockpile.** "Let me see what else you have." Never.

**Better to make no trade than to make a dangerous trade.**

## Advanced Negotiation Tactics

### Tactic 1: The False Scarcity

**"This is the last [item] I have."**

Creates urgency. Makes them think they won't get another chance. Drives up value.

**Use sparingly.** If you claim scarcity every time, you lose credibility.

### Tactic 2: The Reluctant Seller

**"I really need this for myself, but... I guess I could trade it if the terms are right."**

Makes them think the item is valuable to you, therefore should be valuable to them. Increases perceived value.

**You were always planning to trade it, but you act reluctant.**

### Tactic 3: The Bundle

**"I can't trade just the [item]. But I could trade [item] plus [smaller item] for [what they're offering]."**

You're adding low-value item to sweeten deal without actually giving up much. But psychologically, they feel they're getting more.

### Tactic 4: The Future Relationship

**"If this trade works out well, I might be able to get more [item] in the future."**

Suggests ongoing trade relationship. Encourages them to deal fairly now to preserve future access.

**Might be true, might not be. Depends on your situation.**

### Tactic 5: The Third-Party Validation

**"I traded this same item last week for [favorable terms to you]. That's the going rate."**

Whether this is true or not, it establishes anchor point and suggests you have options.

### Recognizing When You're Being Manipulated

**Other people will use these tactics on you. Recognize them:**

**Sob story desperation:** "My child will die without this medicine." Maybe true. Maybe emotional manipulation. Don't let emotion override rational trade terms.

**Fake scarcity:** "This is the only food I'll have available for weeks." Probably false. They're creating urgency.

**Authority/expertise claims:** "I used to be a [expert], trust me this is worth [inflated value]." Verify, don't just accept.

**Pressure and time limits:** "Decide now or I'm leaving." Call the bluff. They'll likely come back if they need what you have.

**Group intimidation:** Bringing multiple people to trade is intimidation tactic. It's meant to make you feel outnumbered and vulnerable so you accept worse terms.

**Stay rational. Evaluate trades on merits, not emotions or pressure.**

### The Ethical Dimension

You're going to face ethical dilemmas in barter economy:

**Someone desperately needs medicine for a dying child. They have little to trade. Do you trade fairly, trade charitably, or refuse?**

**Someone offers to trade a family heirloom (wedding ring, valuable antique) for food because they're starving. Do you accept even though the trade is massively in your favor?**

**Someone offers sexual favors or to trade their daughter for food. Do you refuse and let them starve, or accept?**

**I can't make these decisions for you.** Your values, your situation, your choice.

**What I will say:**

**Fair trades are sustainable.** If you consistently exploit desperate people, eventually nobody will trade with you or they'll band together against you.

**Compassion has limits.** You can't save everyone. Trading at loss repeatedly destroys your resources and kills your family.

**Some lines should never be crossed.** Human trafficking, slavery, sexual exploitation—these create the world you don't want to live in even if you survive.

**Make decisions you can live with.** Because you'll remember these trades for the rest of your life.

### Your 7-Day Barter Prep Action Plan

**Day 1:** Review your current stockpiles. Identify surplus items that could be traded.

**Day 2:** Budget for trade stockpile. Decide how much you can invest. Start with $200-500.

**Day 3:** Begin acquiring trade goods. Focus on alcohol, tobacco, lighters, batteries as starting point (highest demand, lowest cost).

**Day 4:** Establish secure storage for trade goods. Separate from family supplies.

**Day 5:** Identify potential neutral trading locations in your area. Scout them now.

**Day 6:** Practice negotiation scenarios with spouse. Role-play different trade situations.

**Day 7:** Document your trade inventory (but keep document secure). Know exactly what you have available for trade.

**At the end of one week, you have the beginning of a trade stockpile and the knowledge to navigate barter economy.**

**You're no longer dependent on currency that might become worthless. You have real assets that meet real needs. You understand value in the post-collapse economy.**

**When dollars fail, you'll have the new currency. And that makes you wealthy in ways most people won't understand until it's too late.**

In the final chapter of Part 5, we're addressing the hardest question of all: When is your position no longer defensible? How do you know when it's time to adapt, relocate, or accept new realities? And what does it mean to survive long enough that you're not just living through collapse, but living in the world that comes after?

# CHAPTER 19: WHEN IT'S TIME TO ADAPT (OR RELOCATE)

Let me tell you about the hardest decision I ever watched someone make.

Bosnia, 1995. I was working with UN peacekeepers during the tail end of the Yugoslav wars. There was a family—father, mother, three kids—who'd been defending their home in a contested area for eighteen months.

They'd survived artillery. They'd survived raids. They'd survived starvation winters. Their home was fortified. They knew every approach, every hiding spot, every escape route. They were dug in, and they were good at it.

Then the situation changed.

The neighbor who'd been their ally was killed. The ceasefire in their sector collapsed. A militia moved into the building across the street—not passing through, but establishing a permanent position. Within 48 hours, the family went from defensible position to sitting target.

**The father knew it. But he couldn't accept it.**

"This is my home," he told me through a translator. "I've defended it for a year and a half. I'm not leaving now."

Three days later, his home was overrun. The father was killed defending the stairs. The mother and kids survived only because they ran when he told them to—when it was almost too late.

I think about that father sometimes. His courage was unquestionable. His commitment to his family was absolute. **But his inability to recognize when his position had become untenable killed him.**

That's when I learned the hardest lesson of survival: **Sometimes the strongest thing you can do is let go. Sometimes survival means abandoning what you fought so hard to protect. Sometimes you have to know when to walk away, even when every instinct tells you to stay.**

This chapter is about the decision you never want to make but might have to: when to adapt to new realities that undermine your plans, and when to relocate entirely because your position is no longer survivable.

**This is the chapter about knowing when you're no longer the defender of a fortress—you're just someone trapped in a tomb.**

## HOW TO KNOW WHEN YOUR POSITION IS NO LONGER DEFENSIBLE

You've spent months (maybe years) preparing your home. You've hardened entry points, stockpiled supplies, built networks, created security systems. This is your fortress. This is where you planned to survive.

**But situations change. And the home that was defensible last month might become a death trap this month.**

### The Critical Question: What Makes a Position Defensible?

A defensive position needs six elements to be sustainable:

1. **Access to water** (or ability to procure it safely)
2. **Access to food** (stored or renewable)
3. **Tenable security** (threats are manageable, not overwhelming)
4. **Escape routes** (if you need to leave, you can)
5. **Psychological sustainability** (you're not breaking down mentally)
6. **Medical viability** (injuries/illness can be managed)

**If you lose more than one of these elements, your position is compromised.**

**If you lose three or more, your position is likely indefensible.**

Let's break down each element and the signals that tell you it's failing.

### Element 1: Water Access

**Defensible scenarios:**

- Municipal water still flowing
- You have stored water for 3+ months
- You have reliable renewable water source (well, rain collection, nearby water body)
- You can procure water safely from external sources

**Compromised scenarios:**

- Municipal water stops and won't restart
- Your stored water is depleting faster than expected
- Your renewable source is drying up or becoming contaminated
- Procuring water requires traveling through dangerous territory

**Indefensible signals:**

- **You're down to less than 2 weeks of water with no renewal source**
- **Your water source is controlled by hostile forces**
- **Every water procurement mission results in violence or near-violence**
- **Water source is contaminated and you lack purification capability**

**Water is non-negotiable.** If you can't maintain water access, nothing else matters. You're leaving or you're dying.

**Element 2: Food Access**

**Defensible scenarios:**

- You have 3+ months of stored food
- You're producing renewable food (garden, livestock)
- You can procure food through trade or foraging safely
- Your network shares resources adequately

**Compromised scenarios:**

- Stored food depleting faster than planned
- Garden failing (weather, theft, contamination)
- Trade opportunities drying up
- Network resources exhausted

**Indefensible signals:**

- **Less than 2 weeks of food remaining with no procurement options**
- **Family members showing malnutrition symptoms**
- **Every food procurement attempt is dangerous or fails**
- **You're trading away critical survival items for food (weapons, medicine, tools)**

**Starvation is slow. You have time to recognize food scarcity and act before it becomes critical. But don't wait until you're weakened by hunger to make the move.**

**Element 3: Security Situation**

**Defensible scenarios:**

- Threats are occasional and manageable
- Your security measures deter most threats

- Your network provides mutual defense
- You can maintain watch schedules and security protocols

**Compromised scenarios:**

- Threats are increasing in frequency and sophistication
- Your security measures are being tested regularly
- Network members are being picked off or leaving
- You're exhausted from constant security demands

**Indefensible signals:**

- **Your home has been successfully breached**
- **Organized groups have set up positions surrounding you**
- **You're taking fire regularly (if situation is that dire)**
- **Family members have been injured or killed in attacks**
- **Your network has collapsed and you're isolated**
- **You cannot maintain 24/7 security anymore (too few people, too exhausted)**

**When security fails, everything fails.** If you can't hold your position against threats, you need to leave before you're overrun.

### Element 4: Escape Routes

**Defensible scenarios:**

- Multiple routes out of your area exist
- You have working vehicle with fuel
- Roads are passable (or you know alternate routes)
- You have destination options if you need to leave

**Compromised scenarios:**

- Some routes blocked or controlled
- Vehicle failing or fuel scarce
- Roads deteriorating
- Destination options unclear

**Indefensible signals:**

- **You're completely surrounded or blockaded**
- **All routes out are controlled by hostile forces**

- **You have no vehicle and cannot travel on foot safely**
- **You've waited so long that moving would be more dangerous than staying**

**The worst situation is being trapped.** If you lose the ability to leave, you've lost your final option. **This is why you must maintain escape capability and not wait until escape is impossible before deciding to use it.**

**Element 5: Psychological Sustainability**

**Defensible scenarios:**

- Family maintaining mental stability
- Routine and structure holding
- Hope and purpose remain
- Stress is manageable

**Compromised scenarios:**

- Family members showing depression, anxiety, or breakdown
- Routine has collapsed
- Despair setting in
- Stress causing poor decisions

**Indefensible signals:**

- **Suicidal ideation in family members**
- **Complete psychological breakdown (catatonia, psychosis)**
- **Violence within family (stress-induced domestic violence)**
- **Children showing severe trauma symptoms**
- **You're making irrational decisions because you're mentally compromised**

**You cannot defend a position if you've lost your mind.** Psychological collapse kills as surely as physical threats. If your family is breaking mentally, the position is no longer tenable regardless of physical security.

**Element 6: Medical Viability**

**Defensible scenarios:**

- No serious injuries or illnesses
- You can treat minor medical issues
- Chronic conditions are managed with stockpiled medications

- Network has medical expertise

**Compromised scenarios:**

- Injuries or illness increasing
- Medical supplies depleting
- Chronic conditions worsening
- No medical expertise available

**Indefensible signals:**

- **Life-threatening medical emergency with no treatment capability**
- **Chronic conditions spiraling without medication**
- **Infections that aren't responding to antibiotics**
- **Injuries that require surgery or hospital care**
- **Disease outbreak in your home or area**

**Medical collapse can force relocation.** If someone needs hospital care that's available elsewhere, you might need to move to access it. The calculation: Is the risk of moving less than the certainty of death from staying?

### The Compounding Effect

Here's what makes this insidious: **These elements fail in combination, not isolation.**

**Cascading failure pattern:**

Security deteriorates → You can't procure water safely → Water scarcity increases → You're forced into desperate procurement missions → Someone gets injured → Medical situation worsens → Psychological stress increases → Decision-making deteriorates → Security worsens further.

**Each failing element makes others worse.**

**By the time you've lost three elements, you're in a death spiral.**

### The Tipping Point Assessment

Right now, before crisis, assign a status to each element:

**GREEN:** Secure and sustainable
**YELLOW:** Compromised but manageable
**RED:** Critical and failing

**If you have:**

- **All green:** Position is strong
- **1-2 yellow:** Monitor closely, prepare contingencies
- **3+ yellow or any red:** Position is compromised, begin planning alternate options
- **2+ red:** Position is likely indefensible, relocation should be seriously considered
- **4+ red:** You're in immediate danger, leave if possible

**Reassess this weekly during crisis.** Situations change. What was defensible last week might not be defensible this week.

### The Psychological Trap: Sunk Cost Fallacy

**The biggest barrier to leaving is what you've already invested.**

"I've spent two years preparing this house."

"I've invested thousands in supplies here."

"This is my home—my family's home for generations."

"We've survived this long, we can keep surviving."

**All of this is sunk cost fallacy.** The investment you've made in the past is irrelevant to whether staying is the right decision now.

**The only question that matters: Does staying increase or decrease your family's survival probability going forward?**

If staying decreases survival probability, **all the investment in the world doesn't matter.** The house is just a building. The supplies are just things. **Your family's lives are what actually matter.**

**The Bosnian father couldn't accept this. It killed him. Don't make his mistake.**

### When Adaptation is Possible (vs. When Relocation is Necessary)

Sometimes your position is compromised but not indefensible. You can adapt without relocating.

**Adaptation strategies:**

**Consolidate with neighbors.** If your security network is weak, literally move into one fortified house with your allied households. Abandon multiple weak positions for one stronger position.

**Reduce visibility.** If you're being targeted because you're too obviously prepared, scale back visible activity. Go dark. Make your home look abandoned or minimal while maintaining internal capability.

**Negotiate with emerging powers.** If a new dominant force has taken control of your area, you might need to establish relationship—pay tribute, provide services, whatever it takes to be left alone. Swallow your pride if it keeps your family alive.

**Change security posture.** If aggressive defense is attracting retaliation, switch to pure defense—don't patrol, don't challenge, just hold your position quietly.

**Adaptation works when:**

- Core elements (water, food) are still functional
- Threat level is manageable with adjusted tactics
- You're not isolated—you have some network or protection

**Relocation is necessary when:**

- Core elements are failing completely
- Threat level is overwhelming your capability
- Adaptation has failed or is impossible
- Staying = high probability of death

## BUG-OUT PLANNING AS A LAST RESORT (NOT FIRST OPTION)

Let's destroy another prepper fantasy: the bug-out.

**The popular narrative:** When SHTF, you grab your bug-out bag and head to your secret wilderness location where you'll live off the land.

**The reality:** Bugging out is almost always a bad idea. It should be your last resort, not your first response.

## Why Bug-Out is Last Resort

**You're abandoning advantage for vulnerability.**

At home, you have:

- Fortifications and security measures
- Stockpiled supplies
- Familiarity with the terrain
- Established networks
- Shelter and protection

On the road, you have:

- What you can carry (maybe 40-80 lbs per person)
- No fortifications
- Unknown terrain
- No networks
- Exposure to elements and threats

**You're trading a known position for unknown chaos.**

## The Legitimate Bug-Out Scenarios

Bug-out makes sense in exactly these situations:

### 1. Environmental threats that make staying lethal

- Fire approaching (wildfire)
- Flood rising
- Chemical/radiation contamination
- Earthquake damage making structure uninhabitable

### 2. Overwhelming force that will definitely overrun you

- Military units clearing your area
- Large organized groups systematically raiding
- Government confiscation/forced relocation

### 3. Complete resource failure

- Water source permanently lost
- No food and no way to obtain any
- Critical medical emergency requiring evacuation

**4. Your position is surrounded/blockaded**

- You're trapped and under siege
- Escape now or never escape

**Notice what's NOT on this list:**

- "Power went out"
- "Stores are closed"
- "There's civil unrest downtown"
- "News says things are bad"

**Minor disruptions are not bug-out triggers.** You bug in for those and work through them.

**Bug-Out Planning (Even Though You Hope Never to Use It)**

**Despite bug-out being last resort, you still need a plan.**

**Component 1: Destination**

**You need to know where you're going.** "The woods" is not a plan.

**Viable destinations:**

- **Friend or family property in different area** (pre-arranged, they're expecting you, location is safer than your current position)
- **Specific survival retreat** (property you own or have access to, pre-stocked with supplies)
- **Predetermined safe area** (geographic region you've identified as safer, with multiple possible stopping points)

**Terrible destinations:**

- Random wilderness with no plan
- Government refugee camp (last resort within last resort)
- Just "away from here" with no actual endpoint

**Pre-crisis actions:**

- Identify and vet destination
- Cache supplies there if possible
- Establish communication protocols with anyone at destination
- Scout routes and alternates

### Component 2: Routes

**You need multiple routes planned.**

**Primary route:** Fastest/most direct path to destination under normal conditions

**Secondary route:** Alternate route if primary is blocked/compromised

**Tertiary route:** Last-option route through least likely path (longer, harder, but might be only option)

**For each route:**

- Drive it now (before crisis)
- Identify landmarks, chokepoints, resources
- Mark on physical map (GPS will likely fail)
- Time it (how long under normal vs. crisis conditions?)
- Identify shelter points along route (places to stop and rest)
- Identify hazards (bridges that could be blocked, areas likely to be dangerous)

**Pre-crisis action:**

- Actually drive your routes
- Mark maps (paper maps, waterproof, multiple copies)
- Cache supplies along routes if possible (hidden locations with food, water, fuel)

### Component 3: Transportation

**Vehicle is ideal but not guaranteed.**

**Vehicle considerations:**

- Fuel range: Can you reach destination on one tank plus stored fuel?
- Reliability: Is vehicle maintained and dependable?
- Capacity: Can it carry family + critical supplies?
- Low-profile: Avoid vehicles that scream "tactical" or "valuable"

**Backup plan if vehicle fails:**

- Bicycles (faster than walking, less conspicuous than vehicle)
- On foot (slowest but always available)

**Pre-crisis action:**

- Maintain vehicle religiously
- Keep fuel tank above half always
- Store 5-10 gallons extra fuel (rotated regularly)
- Have bicycles and carts ready
- Ensure everyone has sturdy footwear for walking long distances

### Component 4: The Bug-Out Bag

Everyone writes about bug-out bags. Most get it wrong. Here's reality:

**The bag is NOT your survival gear.** It's your 72-hour transition gear to get you from Point A to Point B.

**Contents (per person):**

**Water:** 2 liters minimum + purification method (tablets, filter)

**Food:** 3 days minimum (calorie-dense, no cooking required: energy bars, nuts, dried fruit, peanut butter)

**Shelter:** Tarp or emergency blanket, cordage

**Fire:** Lighters, matches (waterproof), tinder

**Clothing:** Change of clothes appropriate for weather, extra socks, rain gear

**Medical:** Basic first aid kit, any critical medications for 1 week

**Tools:** Knife, multitool, flashlight (headlamp better), batteries

**Navigation:** Paper maps, compass

**Communication:** Radio (if part of your plan), whistle

**Documents:** Copies of ID, insurance, deeds, stored in waterproof bag

**Money:** Cash and small bills (might still have value in some areas)

**Defense:** If you're trained and legally able, appropriate tools

**Total weight:** 40-60 lbs per adult, 20-30 lbs per child

**Pre-crisis action:**

- Pack bags now
- Test them by hiking with full weight for 3+ miles
- Adjust based on reality (everyone overloads first attempt)
- Rotate food/batteries annually
- Update as family needs change

### Component 5: Communication and Coordination

**If family members are separated when bug-out decision is made, you need predetermined plans.**

**Rally points:**

- Primary: Home (if bug-out is from external location, try to reach home first)
- Secondary: Pre-determined location between home and destination
- Tertiary: The destination itself

**Timeline expectations:**

- "We'll wait at home for X hours for everyone to arrive before leaving"
- "If you can't reach home, go directly to secondary rally point"
- "If separated, proceed to destination independently and reunite there"

**Communication:**

- Radio frequencies and check-in times (if you have capability)
- Physical markers (messages left at rally points)

**Pre-crisis action:**

- Family knows all rally points by heart
- Everyone has maps marked with rally points
- Communication protocols practiced

### Component 6: The Decision Trigger

**How do you decide when to actually leave?**

You need predetermined triggers—specific situations that automatically mean "bug out now."

**Example triggers:**

- "If fire is within 2 miles and wind is toward us = leave immediately"
- "If organized force begins clearing neighborhood = leave before they reach our block"
- "If we're down to 3 days of water with no resupply option = leave"
- "If [family member] has medical emergency requiring hospital and hospitals are still functioning elsewhere = leave"

**Write these down. Make them explicit. In the moment, you won't think clearly. Having predetermined triggers removes paralysis.**

## THE SIGNALS THAT MEAN "IT'S TIME TO MOVE"

Let's get specific. What are the actual real-world indicators that your time at your current position is ending?

### Signal Category 1: Environmental

**You should consider moving when:**

- **Fires/floods approaching and evacuation orders issued** (even if you think you can ride it out, environmental disasters are exceptions where official warnings should be heeded)
- **Sustained lack of precipitation** (if you depend on rain water and it hasn't rained in weeks with no forecast of rain)
- **Extreme weather patterns** (if winter is becoming unsurvivable and you lack heating, or summer heat is lethal and you lack cooling)

### Signal Category 2: Infrastructure

**You should consider moving when:**

- **Water infrastructure permanently fails** and no alternative source exists
- **All food sources in area are depleted** (stores empty, farms failed, wildlife gone, nothing to forage or trade)
- **Medical infrastructure collapsed** and someone has chronic condition requiring care

### Signal Category 3: Security

**You should consider moving when:**

- **Your home has been successfully breached** despite defenses
- **You've taken casualties** (family member killed or seriously injured in attack)
- **Organized groups have established control of your area** and are hostile to holdouts
- **Your network has collapsed** and you're isolated
- **Threats are increasing despite your best defensive efforts**
- **You're recognizing faces**—if the same threatening individuals keep returning, they're gathering intelligence and planning coordinated attack

### Signal Category 4: Psychological

**You should consider moving when:**

- **Family members are breaking down mentally** beyond your ability to support them
- **Children showing severe trauma** that's not improving
- **Suicide risk in family** (this is immediate relocation if safer area exists)
- **You're making increasingly irrational decisions** due to stress and can recognize you're compromised

### Signal Category 5: Resource Depletion

**You should consider moving when:**

- **Less than 2 weeks critical supplies** (water, food, medicine) remaining with no procurement option
- **Ammunition depleted** to point where defense is impossible
- **Medical supplies exhausted** and someone needs ongoing treatment
- **Fuel exhausted** and you need it for survival (heating, cooking, water purification)

### The 48-Hour Rule

**When you identify a relocation signal, you have roughly 48 hours to make a decision and act.**

After 48 hours:

- Situation typically worsens
- Escape routes become more dangerous
- Resources deplete further
- Your family weakens from stress/deprivation
- Window of opportunity closes

**Waiting "just one more day" compounds into "why didn't we leave when we could?"**

### The Final Assessment Questions

When you're wrestling with the decision to stay or go, ask yourself these questions:

**1. "If we stay, what's the most likely outcome in 2 weeks?"**

Be brutally honest. Not best case scenario. Most likely.

**2. "If we leave, what's the most likely outcome in 2 weeks?"**

Again, honest assessment.

**3. "Which outcome gives my family higher probability of being alive and intact?"**

This is your answer. If staying gives higher probability, stay. If leaving gives higher probability, leave.

**4. "Am I staying for logical reasons or emotional reasons?"**

If your reasons are emotional ("This is my home, I can't abandon it"), recognize that emotion might be overriding survival logic.

**5. "What would I tell my closest friend to do if they were in my exact situation?"**

Sometimes you can give others advice you can't give yourself. What would you tell them?

**6. "Will my children/spouse forgive me if I make the wrong call?"**

If you stay and they die, will the fact that you "defended your home" matter? If you leave and it turns out you didn't need to, will they resent the hardship? Probably not—they'll be alive.

### The Hardest Truth

Sometimes there are no good options. Sometimes every choice is terrible and you're just picking the least-worst option.

**Staying might mean slow death from resource depletion.**

**Leaving might mean immediate danger on the road with no guarantee of better circumstances at destination.**

**But paralysis—making no decision—is always the worst option.**

**Make a decision. Execute it fully. Don't second-guess once you've committed.**

### Your 7-Day Relocation Prep Action Plan

**Day 1:** Conduct honest assessment of your current position using the six elements framework. Identify vulnerabilities.

**Day 2:** Identify potential relocation destinations. Contact anyone who might host you. Establish that understanding now, before crisis.

**Day 3:** Plan and scout bug-out routes. Drive them. Mark maps. Identify hazards and resources.

**Day 4:** Assemble bug-out bags for each family member. Test them with actual hiking.

**Day 5:** Establish rally points and communication protocols. Brief entire family. Make sure everyone understands the plan.

**Day 6:** Write down your relocation triggers. Specific, measurable conditions that mean "it's time to go." Share with spouse.

**Day 7:** Conduct bug-out drill. Everyone grabs bags, loads vehicle, executes departure. Time it. Identify problems. Fix them.

**At the end of one week, you have a functional relocation plan that you hope to never use but are prepared to execute.**

**You're no longer trapped by your investment in your position. You have options. And options are power.**

### The Wisdom of Knowing When to Let Go

I want you to remember that Bosnian father. His courage didn't save him. His commitment didn't save him. His unwillingness to let go killed him.

**Your home is not worth more than your life. Your preparations are not worth more than your family.**

They're tools. They're investments. They're advantages. **But they're not worth dying for.**

**The strongest survivors are the ones who know when to hold and when to fold.**

You've built a fortress. You've prepared for sustained defense. You've done everything right. But if the time comes when that fortress becomes a tomb, you need the wisdom and courage to walk away.

**Survival isn't about never retreating. It's about living to fight another day.**

**And sometimes that means leaving behind everything you built and starting over.**

Because starting over is better than not starting at all because you're dead.

---

This concludes Part 5: Long-Term Survival Strategies.

You've built networks. You've learned renewable food production. You understand barter economics. You know when to stay and when to go.

**You're not just surviving the first 90 days. You're positioned to survive indefinitely, regardless of how long the collapse lasts.**

In Part 6, we're going to consolidate everything into quick-reference protocols—checklists you can print, laminate, and keep accessible for when crisis hits and you need immediate guidance without flipping through an entire book.

**You're almost done. You're almost ready. And when the moment comes, you'll be the father who was prepared not just with supplies, but with knowledge, strategy, and the wisdom to make hard decisions.**

# PART 6: THE PROTOCOLS (QUICK REFERENCE)

## CHAPTER 20: CHECKLISTS, DRILLS & ACTION PLANS

I'm going to tell you something that might surprise you: **When crisis actually hits, you won't remember most of what you've read in this book.**

Not because you didn't understand it. Not because you didn't prepare. But because **stress destroys cognitive function.**

I've seen highly trained operators—people with years of experience—freeze or forget basic procedures under extreme stress. I've watched people with comprehensive knowledge make elementary mistakes because their brain was flooded with adrenaline and cortisol.

**It's called "stress amnesia."** Your working memory capacity drops by 50-70% under high stress. Complex thinking becomes difficult. Decision-making deteriorates. You default to whatever is most automatic, most practiced, most accessible.

This is why militaries and emergency services use checklists, drills, and protocols. Not because their people are stupid or untrained—but because **stress makes everyone stupid.**

**Checklists bypass the thinking process.** You don't have to remember what to do. You just read the next item and do it.

**Drills create muscle memory.** You don't have to decide what to do. Your body already knows because you've practiced it dozens of times.

**Protocols provide structure.** When your brain is screaming and chaos is everywhere, you have a framework that tells you: "Do this. Then this. Then this."

This chapter is your operational manual. These are the checklists you'll print, laminate, and keep accessible. These are the drills you'll run with your family so when crisis hits, everyone knows exactly what to do without thinking. These are the action plans that transform knowledge into immediate execution.

**When everything goes wrong and you're barely holding it together, you'll reach for these protocols. And they'll walk you through survival step by step.**

## THE 72-HOUR BLACKOUT CHECKLIST (PRINT AND LAMINATE THIS)

This is your first-response checklist. Power goes out. You don't know if it's coming back. You need to act immediately.

**Copy this section. Print it. Laminate it. Keep it somewhere immediately accessible (kitchen drawer, hallway closet, safe room).**

---

## 72-HOUR BLACKOUT RESPONSE CHECKLIST

### IMMEDIATE ACTIONS (First 30 Minutes)

☐ **Assess the situation**

- Check circuit breakers (is it just your house?)
- Look outside—are neighbors dark too?
- Check phone for alerts/information
- Turn on battery-powered radio for emergency broadcasts

☐ **Announce code word to family**

- "We're implementing blackout protocol"
- Everyone to designated gathering point
- No panic, no running, calm and purposeful

☐ **Account for all family members**

- Who's home?
- Who's away? (attempt contact, know rally points)
- All family pets secured?

☐ **Secure the home**

- Lock all doors and windows
- Close curtains/blinds (don't show interior light once dark)
- Turn off/unplug all non-essential electronics (prevent power surge damage when power returns)

☐ **Initial lighting setup**

- Deploy LED lanterns (low setting)
- Position lights away from windows
- Red lights for nighttime (preserves night vision, less visible outside)
- No candles yet (save for later if batteries fail)

☐ **Communications check**

- Test radios (family frequency and emergency frequencies)
- Attempt phone contact with key people (neighbors, family)
- Document who you've contacted and their status

### FIRST 2 HOURS

☐ **Water actions**

- Fill all bathtubs immediately (before water pressure drops)
- Fill all sinks and large containers
- Deploy bathtub bladder if you have one
- Check water heater status (still has hot water? How long will it last?)
- Inventory stored water supply

☐ **Food actions**

- Check refrigerator/freezer temperature
- Close refrigerator/freezer doors (keep sealed as much as possible)
- Make list of perishable foods (priority order for consumption)
- Inventory non-perishable foods
- Plan meals for next 72 hours

☐ **Temperature control**

- Check indoor temperature
- If cold: deploy insulation strategies (close off unused rooms, gather in one room, blankets/sleeping bags)
- If hot: ventilation strategies (open windows at night, close during day, wet towels)
- Identify heating/cooling resources available (fireplace, portable heater, fans)

☐ **Communications with network**

- Contact allied neighbors (radio or in-person)
- Establish check-in schedule

- Share information about outage extent and duration (if known)
- Coordinate security awareness

☐ **Security posture**

- Establish initial watch schedule
- Activate perimeter sensors
- Review defensive positions
- Weapons accessible (if applicable and trained)
- Ensure clear sight lines from observation points

### HOURS 2-12

☐ **Information gathering**

- Monitor radio for official broadcasts
- Listen to multiple frequencies
- Document information (time, source, content)
- Assess: Is this local or widespread? Expected duration?

☐ **Decision point: Bug In or Bug Out?**

- Is this scenario a relocation trigger? (Chapter 19)
- If bug-out necessary: Execute bug-out plan immediately
- If staying: Continue bug-in protocols

☐ **Resource management**

- Ration critical supplies (water, food, fuel, batteries)
- Calculate consumption rate vs. supply duration
- Adjust behavior to extend supplies
- Document usage (track what you're consuming)

☐ **Sanitation setup**

- If water service fails: deploy bucket toilet system
- Set up hygiene station (hand washing supplies)
- Establish waste management protocol
- Brief family on new sanitation procedures

☐ **Family briefing**

- Gather everyone
- Explain situation (age-appropriate honesty)
- Review protocols and expectations
- Answer questions
- Establish daily schedule/routine

☐ **Security rotation begins**

- Implement watch schedule
- 2-4 hour shifts per person
- Log observations during watch
- Wake relief person 15 minutes before shift ends

### HOURS 12-24

☐ **Establish routine**

- Wake time
- Meal times
- Activity periods
- Security checks
- Communication windows
- Sleep schedule

☐ **Power management assessment**

- Battery levels checked
- Generator run (if necessary and safe to do so)
- Recharge priority devices
- Calculate remaining power duration

☐ **Medical check**

- Any injuries or illness?
- Medications taken as scheduled?
- Chronic conditions stable?
- First aid supplies accessible?

☐ **Psychological welfare check**

- How is everyone handling stress?
- Children showing signs of fear or acting out?
- Anyone breaking down mentally?

- Implement morale activities (games, stories, etc.)

☐ **Network coordination**

- Scheduled check-in with allied neighbors
- Share observations and information
- Report any threats or concerns
- Coordinate response to any incidents

**DAYS 2-3**

☐ **Extended situation assessment**

- Is power still out?
- What's the information about restoration timeline?
- Are conditions improving, stable, or deteriorating?
- Adjust plans based on new information

☐ **Resource recalculation**

- How much water remains?
- How much food?
- How much fuel/power?
- Project depletion dates
- Adjust rationing if needed

☐ **Security reassessment**

- Any threats observed?
- Changes in neighborhood conditions?
- Watch schedule sustainable?
- Defensive posture adequate?

☐ **Sanitation and hygiene maintenance**

- Waste disposal managed properly?
- Hygiene standards maintained?
- Any health issues emerging?
- Adjust protocols if needed

☐ **Decision point: Extended crisis protocol?**

- If outage continues beyond 72 hours, transition to extended crisis protocols (30-day plan)
- If restoration expected soon, maintain current posture
- If situation deteriorating, consider relocation

☐ **Morale maintenance**

- Continue routine
- Celebrate small victories ("We made it through day 2")
- Maintain hope without false promises
- Keep children occupied and feeling safe

**CONTINUOUS ACTIONS (Throughout 72 Hours)**

☐ **Situational awareness**

- Observe neighborhood constantly
- Note changes in behavior, threats, opportunities
- Document everything

☐ **OPSEC discipline**

- Don't advertise your capability
- Minimize visible activity
- Control light at night
- Quiet operations

☐ **Communication discipline**

- Regular check-ins with network
- Document all communications
- Maintain radio watch on emergency frequencies

☐ **Physical health**

- Maintain hydration
- Eat regularly (even if rationing)
- Sleep when scheduled
- Exercise lightly (prevents deep vein thrombosis from inactivity)

☐ **Mental health**

- Maintain routine
- Talk to family
- Process stress
- Stay purposeful

## END OF 72-HOUR CHECKLIST

**If power is restored: Begin recovery and restocking procedures**

**If power remains out: Transition to 30-Day Self-Sufficiency Protocol (reference Chapter 12-15)**

**If situation has deteriorated: Execute Bug-Out Plan (reference Chapter 19)**

## FAMILY EMERGENCY DRILLS THAT DON'T TERRIFY YOUR CHILDREN

Drills are essential. But they need to be structured so they build confidence rather than creating trauma.

**The Drill Philosophy:**

**Drills should be:**

- Regular but not constant (monthly to quarterly)
- Serious but not scary (matter-of-fact, not panic-inducing)
- Age-appropriate (different explanations for different ages)
- Gamified for young children (make it a challenge, not a threat)
- Debriefed afterward (discuss what went well and what to improve)

**Drills should NOT be:**

- Surprise panic scenarios that traumatize kids
- So realistic they create actual fear
- Punishment or test (they're practice, not evaluation)
- So frequent they become exhausting and lose effectiveness

## DRILL #1: THE SAFE ROOM DRILL

**Purpose:** Everyone knows how to get to safe room quickly, what to do there, and how to communicate.

**How to introduce it (age-appropriate):**

**Young children (3-7):** "We're going to practice our 'safe spot game.' When Mom or Dad says the special word [code word], everyone goes to our safe spot as fast as you can. Let's practice!"

**Older children (8-12):** "We need to practice what to do if there's an emergency like a break-in or a threat. We have a safe room where everyone goes. Let's practice getting there quickly."

**Teens:** "We're running a home security drill. If there's a real threat, everyone needs to know how to get to the safe room immediately. This is serious but straightforward. Let's run through it."

**The drill:**

1. **Announce code word** (e.g., "Fortress" or "Safe spot")
2. **Everyone moves to safe room immediately**
    - No stopping for anything
    - No talking (silent movement)
    - Youngest children assisted by older siblings
3. **Entry and lockdown**
    - Last person in closes and locks door
    - Door bar deployed if you have one
4. **Inside safe room**
    - Everyone sits/lies down (stay low)
    - Absolute quiet
    - Wait for all-clear signal from parent

**Time it.** Your goal: Everyone from anywhere in house to safe room in under 60 seconds.

**Debrief afterward:**

- "Good job! We did that in 72 seconds. Next time let's try for under 60."
- "What was hard about that?"
- "Does anyone have questions?"
- Praise effort, identify improvements calmly

**Run this drill:** Monthly. It becomes routine. The fear diminishes but the muscle memory builds.

### DRILL #2: THE COMMUNICATION DRILL

**Purpose:** Everyone knows how to use radios, contact protocol, and what to do if separated.

**How to introduce it:**

**All ages:** "We're going to practice using our radios so everyone knows how to communicate if phones don't work. This is like walkie-talkies but for emergencies."

**The drill:**

1. **Basic operation practice**
   - Each family member holds radio
   - Parent teaches: power on/off, volume, channel, PTT button
   - Each person practices transmitting: "This is [name], radio check"
   - Everyone responds: "This is [name], I hear you"
2. **Separation scenario**
   - One parent goes to different floor/room
   - Practices check-in: "All stations, this is Dad, check in"
   - Each family member responds: "This is [name], all good"
3. **Code word practice**
   - Practice security code words (Chapter 13)
   - "Status green" "Status yellow" "Status red"
   - Make sure everyone knows what they mean
4. **Rally point review**
   - Ask each child: "If we get separated, where do you go?"
   - Should know primary, secondary, tertiary locations
   - Quiz: "If home is not safe, where do you go next?"

**Run this drill:** Quarterly. Radios don't get used often, so skills atrophy. Regular practice keeps it fresh.

### DRILL #3: THE LIGHTS-OUT DRILL

**Purpose:** Practice functioning without electricity. Reduces fear of darkness, builds confidence with emergency lighting.

**How to introduce it:**

**All ages:** "Tonight we're going to have 'pioneer night' where we pretend the power is out and we practice using our emergency lights and doing things without electricity. It'll be fun!"

**The drill:**

1. **At designated time (after dinner), announce "Power is out"**
2. **Shut off circuit breaker to house** (or simulate by turning off all lights)
3. **Deploy emergency lighting**
    - Each person gets their assigned light (headlamp, lantern, flashlight)
    - Practice using lights properly
    - Practice light discipline (keeping lights low, away from windows)
4. **Normal evening activities with lights out**
    - Read by emergency light
    - Play board games by lantern light
    - Practice hygiene (brushing teeth, washing face) in low light
    - Practice navigating house in darkness
5. **Bedtime routine in darkness**
    - Get ready for bed with emergency lighting
    - Practice falling asleep without normal lights/devices

**Duration:** 2-4 hours. Long enough to be realistic, short enough not to be exhausting.

**Debrief:**

- "What was hardest?"
- "What did we learn?"
- "What should we change about our emergency lighting?"

**Run this drill:** Seasonally (every 3-4 months).

## DRILL #4: THE WATER RATIONING DRILL

**Purpose:** Practice conserving water. Understand how little water is needed vs. how much we normally use.

**How to introduce it:**

**All ages:** "Today is conservation day. We're going to practice using very little water like people did in the old days."

**The drill:**

1. **Set water allowance**
    - Each person gets 1 gallon for the day
    - Mark containers with names
    - This is for all uses: drinking, washing, cooking, cleaning
2. **Track usage**
    - Every time someone uses water, they mark it down
    - Measure approximate amounts
    - See how fast the gallon goes
3. **Practice efficient washing**
    - Bowl wash method (not running water)
    - Minimal water tooth brushing
    - Hand washing with small amounts
4. **Meal prep with minimal water**
    - Cook foods that require minimal water
    - Reuse water where possible (cooking water for washing dishes)

**Duration:** One day (or even just one meal if full day is too ambitious)

**Debrief:**

- "How hard was that?"
- "Did we run out of water or did we have extra?"
- "What could we do with even less water?"

**Run this drill:** Annually. It's educational and eye-opening.

## DRILL #5: THE BUG-OUT DRILL

**Purpose:** Practice rapid evacuation. Build muscle memory for loading vehicle and leaving quickly.

**How to introduce it:**

**Young children:** "We're going to practice our 'quick trip' drill where we pretend we need to leave fast."

**Older children and teens:** "We're practicing evacuation. If we ever need to leave home quickly, everyone needs to know what to grab and how fast we can get out."

**The drill:**

1. **Announce "Bug-out" code word**
2. **Everyone grabs their bug-out bag**
    - From predetermined location
    - No stopping for other items
3. **Load vehicle**
    - Each person has assigned seat and bag placement
    - Critical items loaded in predetermined order
4. **Vehicle departs**
    - Actually drive away (at least to end of street)
    - Simulate the actual evacuation

**Time it:** How long from code word to vehicle leaving driveway?

**Goal:** Under 10 minutes for family of four.

**Debrief:**

- "We did it in 12 minutes. Where did we slow down?"
- "Did anyone forget anything?"
- "What would make this faster?"

**Run this drill:** Annually or semi-annually.

## DRILL #6: THE MEDICAL EMERGENCY DRILL

**Purpose:** Practice treating injury with limited resources. Build confidence in first aid capability.

**How to introduce it:**

**All ages:** "We're going to practice being emergency helpers today. Dad is going to pretend to be hurt and we'll practice helping him."

**The drill:**

1. **Stage injury scenario**
    - Parent pretends to be injured (cut, burn, broken bone, etc.)
    - Acts out symptoms realistically but not too scary
2. **Family responds**
    - Older child/other parent takes lead
    - Younger children assist (get supplies, follow instructions)
    - Walk through treatment step by step
3. **Use actual first aid supplies**
    - Apply bandages, splints, dressings
    - Practice the motions and procedures
    - Make it as realistic as possible
4. **Scenarios to practice**
    - Severe bleeding (tourniquet or pressure bandage)
    - Fracture (splinting)
    - Burns (cooling and dressing)
    - Unconsciousness (recovery position)

**Duration:** 20-30 minutes per scenario.

**Debrief:**

- "What did we do right?"

- "What was confusing?"
- "Where are our medical supplies? Does everyone know?"

**Run this drill:** Quarterly, rotating through different injury scenarios.

## THE DRILL SCHEDULE

**Create a schedule and stick to it:**

**Monthly:**

- Safe Room Drill (every month, 1st weekend)

**Quarterly:**

- Communication Drill (January, April, July, October)
- Medical Emergency Drill (February, May, August, November)

**Semi-Annually:**

- Bug-Out Drill (March and September)

**Annually:**

- Lights-Out Drill (June)
- Water Rationing Drill (April)

**Mark these on your calendar. Make them non-negotiable family time. 30-60 minutes per drill.**

**Over the course of a year, your family will have practiced these scenarios enough that they become automatic.**

## THE "GO BAG" VS. "STAY BAG" INVENTORY LISTS

Two different bags serve two different purposes. Most people only think about bug-out bags. You need both.

### THE GO BAG (BUG-OUT BAG)

**Purpose:** Get you from Point A to Point B during evacuation. 72-hour transition survival.

**One per person. Pre-packed. Stored in accessible location.**

## GO BAG CHECKLIST - ADULT

**WATER & HYDRATION** ☐ 2 liters water (minimum) ☐ Water purification tablets (50 count) ☐ Small water filter (LifeStraw, Sawyer Mini) ☐ Collapsible water bottle or bladder

**FOOD** ☐ Energy bars (12-15 bars, 200+ cal each) ☐ Nuts (high calorie density) ☐ Dried fruit ☐ Peanut butter (individual packets or small jar) ☐ Instant coffee or tea (if you need caffeine) ☐ Electrolyte powder packets

**SHELTER & WARMTH** ☐ Tarp or emergency blanket ☐ 50 feet paracord ☐ Emergency bivy or space blanket ☐ Extra socks (2-3 pairs) ☐ Change of clothes appropriate for weather ☐ Rain poncho or jacket ☐ Warm hat and gloves (if cold climate)

**FIRE & LIGHT** ☐ 2-3 BIC lighters ☐ Waterproof matches ☐ Tinder (dryer lint, fire starter) ☐ Headlamp (hands-free) ☐ Extra batteries ☐ Small flashlight (backup)

**TOOLS & EQUIPMENT** ☐ Fixed-blade knife ☐ Multitool ☐ Duct tape (wrap around water bottle or small roll) ☐ 50 feet paracord (additional) ☐ Compass ☐ Whistle (signaling)

**NAVIGATION** ☐ Paper maps of bug-out routes (waterproofed) ☐ Compass ☐ Written directions to destination

**MEDICAL** ☐ First aid kit (compact) ☐ Personal medications (1 week supply minimum) ☐ Pain relievers (ibuprofen, acetaminophen) ☐ Bandages and gauze ☐ Medical tape ☐ Antibiotic ointment ☐ Anti-diarrheal medication ☐ Antihistamine

**HYGIENE** ☐ Toothbrush and toothpaste ☐ Soap (small bar or travel size) ☐ Hand sanitizer ☐ Toilet paper (compressed roll) ☐ Feminine hygiene products (if applicable) ☐ Wet wipes

**DOCUMENTS** □ Copies of ID (driver's license, passport) □ Insurance cards and documents □ Property deeds/titles □ Medical records □ Emergency contact list □ Bank account information □ All in waterproof bag

**COMMUNICATION** □ Radio (if part of your plan) □ Whistle □ Signal mirror □ Notepad and pencil

**MONEY & TRADE** □ Cash ($200-500 in small bills) □ Small denominations ($1, $5, $10) □ Quarters (for vending machines, pay phones) □ Small barter items (lighters, alcohol wipes)

**DEFENSE** (if trained and legal) □ Appropriate defensive tools □ Ammunition (limited to what you can carry)

**MISCELLANEOUS** □ Spare glasses (if you wear them) □ Photos of family members (for identification if separated) □ Small morale items (for kids: small toy, for adults: photo, letter)

**PACK DETAILS** □ Backpack (30-40L capacity, comfortable) □ Weight: 35-50 lbs maximum (men), 25-40 lbs (women) □ Test by hiking 3+ miles with full weight

## GO BAG CHECKLIST - CHILD

**Adjust for age. Older children (10+) can carry more.**

**ESSENTIALS** □ Water (1 liter minimum) □ Water purification capability (tablets or filter) □ Food (energy bars, trail mix - 12 hours worth minimum) □ Extra clothing (1 set) □ Rain gear □ Warm layer

**COMFORT & SECURITY** □ Small stuffed animal or comfort item □ Photos of family □ Whistle (on lanyard around neck) □ Glow stick (for visibility and comfort)

**PRACTICAL** □ Flashlight (small) □ Emergency blanket □ Child-size first aid kit □ Any medications child takes □ Copy of ID/birth certificate

**PACK DETAILS** ☐ Child-sized backpack ☐ Weight: 10-20 lbs depending on age and size ☐ Brightly colored (easier to see/find child)

## THE STAY BAG (SHELTER-IN-PLACE KIT)

**Purpose:** Everything you need to survive in your safe room for 72 hours without leaving.

**One bag/container per household. Stored IN the safe room.**

### STAY BAG CHECKLIST

**WATER** ☐ 12 gallons (3 days for family of 4) ☐ Water purification capability ☐ Collapsible containers for water storage

**FOOD** ☐ 72 hours of meals (non-perishable, no cooking required) ☐ Variety for morale (not just energy bars) ☐ Paper plates/disposable utensils ☐ Manual can opener

**SHELTER/COMFORT** ☐ Sleeping bags or blankets (one per person) ☐ Pillows or rolled clothing for head support ☐ Ground pads or yoga mats (for floor sleeping) ☐ Battery-powered fan (summer) ☐ Extra blankets (winter)

**LIGHTING** ☐ LED lanterns (2-3) ☐ Headlamps (one per person) ☐ Extra batteries (full set of backups) ☐ Candles and matches (backup to batteries)

**POWER** ☐ Battery power bank (charged) ☐ Charger cables for essential devices ☐ Spare batteries for all devices

**COMMUNICATIONS** ☐ Battery-powered radio ☐ Two-way radios (for each family member) ☐ Charged cell phone (even if service down, has flashlight and stored information) ☐ Written contact information (numbers memorized or written)

**SANITATION** ☐ Bucket with lid (toilet) ☐ Heavy trash bags (for bucket toilet) ☐ Toilet paper (1 roll per day minimum) ☐ Absorbent material (kitty litter or sawdust) ☐ Hand sanitizer ☐ Soap ☐ Wet wipes ☐ Feminine hygiene products

**MEDICAL** ☐ Full first aid kit ☐ Prescription medications (3-day supply minimum) ☐ OTC pain relievers ☐ Antibiotic ointment ☐ Bandages and gauze ☐ Medical tape ☐ Scissors and tweezers

**DEFENSE** (if applicable) ☐ Defensive tools (if trained) ☐ Ammunition (limited to immediate defense needs) ☐ Flashlight (tactical, high-lumen)

**TOOLS** ☐ Multitool ☐ Duct tape ☐ Paracord (100 feet) ☐ Crowbar or pry bar (for escape if blocked in) ☐ Fire extinguisher ☐ Emergency window/door breaker

**DOCUMENTS** ☐ Copies of important documents (in waterproof container) ☐ Cash ($200-500) ☐ List of emergency contacts ☐ Medical information for family members

**MORALE & ENTERTAINMENT** ☐ Books (for adults and children) ☐ Playing cards ☐ Board games (compact) ☐ Coloring books and crayons (for young children) ☐ Notebook and pens

**CLOTHING** ☐ Change of clothes for each person ☐ Extra socks and underwear ☐ Appropriate layers for temperature

**MISCELLANEOUS** ☐ Plastic sheeting (10x10 feet - for sealing room if needed) ☐ Duct tape (for sealing) ☐ Trash bags (multiple uses) ☐ Zip-lock bags (various sizes) ☐ Notepad and permanent markers

**CONTAINER** ☐ Large duffel bag or waterproof bin ☐ Clearly labeled "STAY BAG - SAFE ROOM" ☐ Stored in safe room or immediately adjacent ☐ Contents listed on outside of bag

### THE BAG MAINTENANCE SCHEDULE

**Bags aren't "set and forget." They need maintenance.**

**Quarterly (Every 3 Months):** ☐ Check all batteries, replace if low ☐ Check power banks, recharge if below 75% ☐ Rotate water (drink old, replace with fresh) ☐ Check food expiration dates ☐ Test flashlights and radios ☐ Verify all contents present

**Annually:** ☐ Replace all food (rotate into regular consumption) ☐ Replace water (even with preserver, rotate for peace of mind) ☐ Check clothing sizes (children grow, clothes no longer fit) ☐ Update documents (new ID, insurance cards, etc.) ☐ Reassess contents (are these still the right items?)

**After Each Drill:** ☐ Repack anything used ☐ Replace anything consumed ☐ Note anything that was missing or should be added

## The Final Checklist: Are You Actually Ready?

Go through this master checklist. Be honest about what you've actually completed versus what you've just read about.

☐ **Water storage:** 30-90 day supply for family

☐ **Food storage:** 90-180 day supply for family

☐ **Power backup:** Battery systems and/or generator with fuel

☐ **Lighting:** LED lanterns, headlamps, flashlights, batteries

☐ **Medical kit:** Comprehensive supplies including OTC and prescription meds

☐ **Sanitation:** Bucket toilet system, supplies for 90 days

☐ **Security measures:** Doors reinforced, windows secured, perimeter sensors

☐ **Communications:** Radios for family and network, frequencies programmed

- ☐ **Network established:** 2-4 allied households, protocols established
- ☐ **Bug-out plan:** Routes scouted, destination identified, bags packed
- ☐ **Go bags:** One per person, tested, maintained
- ☐ **Stay bag:** Assembled, stored in safe room
- ☐ **Safe room:** Designated, reinforced, stocked
- ☐ **Trade stockpile:** Items for barter economy acquired
- ☐ **Skills:** First aid trained, radio operation learned, basic gardening started
- ☐ **Drills completed:** Family has practiced emergency scenarios
- ☐ **Checklists printed:** Laminated, stored accessibly
- ☐ **Family briefed:** Everyone knows protocols, rally points, responsibilities
- ☐ **OPSEC maintained:** Preparations kept confidential
- ☐ **Financial preparation:** Cash, precious metals, assets diversified
- ☐ **Documents secured:** Copies stored safely, originals accessible

If you've checked more than 15 of these boxes, **you're better prepared than 95% of people.**

If you've checked all of them, **you're in the top 1% of preparedness.**

But there's always more to do, more to learn, more to practice.

**The goal isn't perfection. The goal is progress. And you've made extraordinary progress.**

# CONCLUSION: THE FATHER WHO WAS READY

## What Happens When You Follow the Protocol... And What Happens When You Don't

Let me tell you two stories. They're about two fathers during the same crisis. Both lived in the same city. Both had families they loved. Both wanted to protect the people who depended on them.

**But only one of them made it.**

### THE FATHER WHO WASN'T READY

His name was Mark. He was a good man—worked hard, loved his wife and two kids, paid his bills, did everything society told him was right.

When the power went out on a Friday evening in August, he thought it was a temporary outage. "It'll be back by morning," he told his family.

By Saturday afternoon, with the power still out and no information coming through, he started to worry. By Saturday evening, when he realized the stores were being mobbed and shelves were emptying, he panicked.

**Sunday morning, he decided to make a supply run.**

His wife begged him not to go. "It's not safe," she said. But they had no food in the house beyond what was in the fridge (now spoiling) and a box of pasta. They had no stored water. He had no choice.

**He left and didn't come back.**

We found out later what happened: He reached the store, found it was being looted. He tried to grab what he could anyway. Someone attacked him for the cart of supplies. He fought back. Someone else pulled a weapon.

He died in a grocery store parking lot over a cart of food that his family never received.

His wife and kids, alone in the house with no supplies, no plan, and no protection, lasted four more days before they were forced to evacuate to a government camp. I heard they survived, but I also heard that government camps during collapse weren't places you wanted your daughter to end up.

**Mark wasn't a bad father. He just wasn't prepared. And his lack of preparation killed him and destroyed his family.**

### THE FATHER WHO WAS READY

His name was David. He lived three blocks from Mark. Same neighborhood. Same crisis.

But David's story ended differently.

When the power went out on Friday evening, David felt something in his gut. This wasn't right. He'd been watching the news about infrastructure vulnerabilities. He'd seen the warning signs.

**He didn't wait to see if it was temporary. He acted immediately.**

**Friday evening, 7:30 PM:**

David gathered his family to the kitchen table. He announced calmly, "We're implementing our 72-hour blackout protocol. This might be nothing, but we're treating it as serious. Everyone knows what to do."

His teenage son grabbed the laminated checklist from the drawer.

His wife started filling every container in the house with water while they still had pressure.

His 10-year-old daughter deployed the emergency lights—LED lanterns positioned away from windows, blackout curtains drawn.

David checked the doors and windows, armed the perimeter sensors, and contacted his two allied neighbors via radio. "This is House 3, checking status. Are you seeing what I'm seeing?"

By 9:00 PM, his home was secured, water was stored, emergency lighting was operational, and his network was coordinated. His family ate dinner by lantern light and went to bed on schedule.

**They were calm because they'd practiced this exact scenario four times in the previous year.**

## Saturday morning:

While Mark was panicking about empty cupboards, David was conducting his morning briefing. He reviewed supply status with his family. Three months of food stored. Ninety gallons of water already in containers, plus bathtub filled, plus stored water. Fuel for two weeks of generator runtime. Medical supplies complete. All family members healthy.

Security watch rotation was established. His teenage son took first watch, 8AM-12PM. David would take 12PM-4PM. His wife 4PM-8PM. Then David again 8PM-12AM. They'd adjust as needed, but everyone would get sleep.

While Mark was driving toward danger, David was staying home in his prepared fortress.

## Sunday:

Mark's body was still in the parking lot.

David's family was eating breakfast—oatmeal with canned fruit, coffee for the adults—and beginning their planned routine. Schoolwork for the kids. Security watch. Project time. Board games.

David made radio contact with his network. Everyone was accounted for. Everyone was secure. They agreed to check in every six hours and to support each other if threats materialized.

## Week 2:

Mark's family was in the government camp, traumatized and separated from everything they knew.

David's neighborhood alliance was functioning smoothly. Three households taking turns on watch meant everyone got adequate sleep. They'd had two suspicious people approach, but coordinated observation and calm communication from behind locked doors sent them looking for easier targets.

David's family maintained routine. Wake at 7AM. Breakfast at 8. Schoolwork for kids. Physical exercise. Lunch at noon. Projects in afternoon. Dinner at 6. Family time. Bed at 10PM.

His wife commented that she'd expected to be terrified. Instead, she felt strangely secure. "You prepared for this," she told him. "We know what we're doing."

## Week 4:

David's supplies were holding. They'd transitioned from stored supplies to managed consumption. The garden had been planted (they'd prepared the beds months ago). Water was being carefully managed. They'd begun discussions with neighbors about barter opportunities.

The situation outside was still chaotic, but David's fortress was stable.

His teenage son told him later: "Dad, everyone at school used to think you were paranoid. Now I'm really glad you were."

**Month 3:**

The crisis hadn't ended, but it had stabilized. Some services were returning. Law and order was being restored gradually. The worst was over.

David's family emerged from three months of sustained crisis **intact, healthy, and untraumatized.**

Not because nothing bad happened. But because they were prepared for bad things to happen and they knew how to handle them.

When David reflected on those three months, he didn't remember terror and chaos. He remembered sitting around the table playing board games by lantern light. He remembered his kids learning to use radios. He remembered his wife's calm competence as she managed rationing and sanitation.

**He remembered being the father who was ready.**

## THE DIFFERENCE

These two men lived three blocks apart. They faced the same crisis. They had similar resources in terms of income and housing.

**The only difference: One prepared, one didn't.**

Mark died because he was forced into a desperate procurement run with no supplies, no plan, and no options.

David survived because he never needed to leave his secured position during the dangerous early period.

Mark's family was broken—father dead, traumatized and separated in a government camp.

David's family was intact, healthy, and safe.

**This is what preparation does. It doesn't prevent crisis. It prevents crisis from destroying you.**

## WHAT HAPPENS WHEN YOU FOLLOW THE PROTOCOL

Let me tell you exactly what happens when you implement everything in this book:

### Week 1 of crisis:

While others are panicking and making fatal mistakes, you're calm. Not because you're unafraid—you're human, you're scared—but because fear doesn't paralyze you. You have checklists. You have protocols. You know what to do next.

Your family looks to you and sees confidence. Not bravado or false promises, but genuine competence. "Dad knows what to do." That belief alone cuts their fear in half.

You execute the 72-hour protocol smoothly because you've practiced it. Muscle memory takes over. You don't have to think about what to do—you just do it.

Your supplies are already in place. While others are fighting over the last packages of toilet paper, you're secured at home with three months of everything you need.

Your security measures work because you installed them months ago. Reinforced doors hold. Sensors alert you to approaches. You're not improvising defense—you're executing a plan.

### Week 2-4:

While others are depleted and desperate, you're sustained. Your rationing started on Day 1, so you're not running out. Your routine is established, so your family isn't breaking down psychologically.

Your network of allied neighbors means you're not alone. You have backup. You can sleep because someone else is on watch. You have multiple perspectives on threats and opportunities.

You're making decisions clearly because you're well-rested, well-fed, and operating from a position of relative strength instead of desperate weakness.

**Month 2-3:**

While others are broken, you're adapting. You've transitioned from pure consumption to production and acquisition. Your garden is growing. Your barter capability is established. You're generating value, not just consuming stored resources.

Your family is psychologically stable because you maintained routine, provided purpose, and kept hope alive without lies.

Your position is secure because you've been vigilant without burning out, and your network has force-multiplied your capability.

**Month 6+:**

The crisis may not be over, but you've proven you can sustain indefinitely. You're no longer just surviving day to day—you're living in the new reality, adapted and functioning.

Your children will remember this period not with pure terror, but with a strange mix of hardship and security. "It was scary, but Dad kept us safe. We knew what to do."

**When the crisis finally ends—whether that's six months or two years—you emerge intact.**

Your family is alive, healthy, and together. Your marriage is strong (you faced crisis as partners, not victims). Your kids are resilient (they saw their parents handle impossible situations with competence).

You didn't just survive. **You protected the people who depended on you. You fulfilled the fundamental duty of a father.**

## WHAT HAPPENS WHEN YOU DON'T FOLLOW THE PROTOCOL

Now let me tell you what happens if you read this book, nod along, and then do nothing.

**Pre-Crisis:**

You keep meaning to prepare. "I'll do it this weekend." "I'll start next month." "When I have more money." "When things calm down at work."

You don't run drills because it seems silly. "My family would think I'm crazy." "We'll figure it out if something happens." "I don't want to scare the kids."

You don't build a network because approaching neighbors feels awkward. "They'll think I'm paranoid." "I don't know them that well." "It's probably not necessary."

You don't stockpile because it seems excessive. "Stores will be open." "The government will help." "It won't really get that bad."

### Day 1 of Crisis:

When crisis hits, you're caught flat-footed. No supplies. No plan. No network. No protocols.

You watch the news in growing panic. What do you do? You don't know. You didn't prepare a checklist. You didn't practice.

Your family looks to you for leadership and sees uncertainty. Your fear becomes their fear. Panic spreads.

### Day 2-3:

You realize you need supplies. You venture out into the chaos. The stores are being looted. You get what you can—maybe nothing, maybe something at great personal risk.

You're making it up as you go. Every decision is improvised. Every action is reactive, not proactive.

Your family is consuming supplies without rationing because you didn't establish protocols. You run out faster than necessary.

### Week 1-2:

You're depleted. Food running out. Water running out. No plan for renewal.

You're exhausted because you're trying to maintain security 24/7 alone. Your judgment is impaired from sleep deprivation.

Your family is falling apart psychologically. No routine. No structure. Just fear and desperation and uncertainty.

You're making increasingly desperate decisions. Risky procurement runs. Trading away critical items for food. Accepting terrible terms because you have no leverage.

**Week 3-4:**

You're broken. Supplies are gone or nearly gone. You're facing starvation or forced evacuation to government camps.

Your security has failed or is about to fail because you're too exhausted and depleted to maintain it.

Your family has lost faith in your ability to protect them. Not because you're a bad father—but because you didn't prepare and now they're suffering the consequences.

**The Outcomes:**

**Best case:** You survive through some combination of luck, help from others, and desperate measures that compromise your humanity and dignity. You emerge from crisis traumatized. Your family survives but is psychologically scarred. Your relationships are damaged by the stress and by your failure to protect them when it mattered most.

**Likely case:** You're forced to evacuate to government assistance (camps, shelters, FEMA). You lose autonomy. You're dependent on systems that are overwhelmed and dysfunctional. Your family is separated or endangered by camp conditions. You survive, but everything you worked for your whole life is gone.

**Worst case:** You don't survive. You die in a procurement run gone wrong. Or defending your unsecured home against overwhelming odds. Or from disease contracted in unhygienic conditions. Or from starvation or dehydration. Your family is left alone without protection or resources. They face crisis without you.

**And it didn't have to be this way.**

Everything in this book—everything David did that Mark didn't—was available to both of them. The knowledge. The supplies. The preparation. The practice.

**The only difference was the decision to act.**

## THE DECISION YOU FACE RIGHT NOW

You've reached the end of this book. You have the knowledge. You know what to do.

**Now you have to decide: Are you David or are you Mark?**

Will you close this book, feel briefly motivated, and then do nothing? Will you let days become weeks become months, and suddenly you're facing crisis with no preparation?

**Or will you act?**

Not someday. Not when it's more convenient. **Now.**

Here's what "acting now" looks like:

**This week:** Buy your first 30 days of food storage. Set aside $100 and go to the store. Rice, beans, canned goods. It's not perfect, but it's 30 days more than you had yesterday.

**Next week:** Fill containers with water. Buy a few 5-gallon jugs. Fill them. Store them. You now have water security that 95% of people lack.

**Week 3:** Take a first aid class. Get certified. One weekend, eight hours. Now you have medical capability.

**Week 4:** Run your first drill with your family. Safe room drill. Announce code word, everyone moves. Time it. Make it normal.

**Month 2:** Expand food storage to 90 days. Buy a bit each week. It accumulates faster than you think.

**Month 3:** Approach a trusted neighbor about coordination. Casual conversation. Plant the seed. Build the network.

**Month 4:** Acquire emergency lighting, battery backup, basic security measures.

**Month 5:** Build your go bags and stay bag. One weekend project.

**Month 6:** Run a complete 72-hour blackout drill. Shut off your power. Live on your systems. Identify gaps. Fix them.

**One year from now:** You're prepared. Not perfectly—preparation is never complete—but substantially. You have supplies. You have skills. You have protocols. You have a network.

**And most importantly: You have the confidence that comes from knowing you can protect your family when everything goes wrong.**

## THE HARD TRUTH ABOUT PREPARATION

I'm going to be honest with you about something:

**Most people who read this book will do nothing.**

They'll feel motivated while reading. They'll think "Yes, I need to do this." They'll even make a mental list of what they should buy, what they should do.

And then life will happen. Work will be busy. Kids will have activities. Money will be tight. It will never quite be the right time.

And they'll tell themselves: "I'll start soon. Things are okay right now. I have time."

**Until they don't.**

I've seen this pattern hundreds of times. Good people. Intelligent people. People who knew better. But knowledge doesn't save you if you don't act on it.

**Don't be one of those people.**

Don't be the father who read the manual but never implemented it. Who had the knowledge but not the preparation. Who meant to do something but ran out of time.

**Be the father who took the hard step of actually preparing while everyone else called it paranoid or excessive.**

Because when crisis comes—and it will come, the only question is when—your preparation won't feel excessive. It will feel like the smartest thing you ever did.

And your family will remember you as the father who saw what was coming and prepared for it. The father who kept them safe when the world was falling apart. **The father who was ready.**

## THE FINAL QUESTION

Twenty years from now, you'll look back on this moment. You'll remember reading this book. You'll remember the decision you faced.

If crisis came and you weren't prepared, you'll remember this moment with regret so profound it's hard to describe. "I knew what to do. I had the manual. I just didn't do it. And it cost me everything."

If crisis came and you were prepared, you'll remember this moment as the turning point. "That was when I decided to stop hoping for the best and start preparing for the worst. That decision saved my family."

**Which memory do you want?**

The decision is yours. The knowledge is yours. The protocols are yours.

**The only question is: Will you use them?**

## ONE LAST STORY

I'm going to tell you one final story, and then I'm done.

It's about a father I met five years after a crisis his city went through. We were talking about preparation, and he told me about his experience.

"I read a book like this one," he said. "It was sitting on my shelf for two years. I kept meaning to do something with it. I'd flip through it occasionally, nod along, think 'I should really do this.'"

"Then the crisis hit. And I wasn't ready. My family suffered—not as badly as some, we survived—but we suffered because I didn't do what I knew I should do."

He paused, and his voice got quiet.

"My daughter was eight years old during that crisis. She's thirteen now. Sometimes she still has nightmares about it. She was hungry. She was scared. She didn't understand why Daddy couldn't protect her."

"I failed her. Not because I didn't love her. Not because I wouldn't have died for her. But because when I had the chance to prepare—when I had time and resources and knowledge—I didn't act."

"She'll carry that trauma her whole life. And I'll carry the guilt of knowing I could have prevented it."

He looked at me.

"Don't be me. If you read something like this, don't just read it. **Do it.** Because your kids are counting on you, and 'I meant to prepare' won't mean anything when they're scared and hungry and you have nothing to give them."

## YOUR FAMILY IS COUNTING ON YOU

That's what this all comes down to.

Not politics. Not prepper culture. Not fear or paranoia or doom-and-gloom thinking.

**Just this: Your family is counting on you to protect them when things go wrong.**

That's not a radical idea. That's the fundamental contract of fatherhood. You bring children into this world, you commit to a spouse, you take on the responsibility of protecting them.

**Most of the time, that's easy.** You work, you earn money, you buy food from stores and water flows from taps and police respond when you call 911. The system works and all you have to do is participate in it.

**But sometimes the system fails.** And when it does, your family needs you to have prepared for that possibility.

Not because you're paranoid. Not because you don't trust society. **Because you love your family more than you trust systems.**

And that's not crazy. That's just being a father.

## THE BEGINNING, NOT THE END

This book ends here, but your preparation is just beginning.

You have 21 chapters of knowledge. You have checklists and protocols and scenario guides. You have everything you need to protect your family during sustained crisis.

**Now you have to do the work.**

It won't be easy. It will cost money. It will take time. Your spouse might question it. Your neighbors might think you're paranoid. You might doubt yourself at times.

**Do it anyway.**

Because when the moment comes—when the lights go out and stay out, when the stores empty and don't restock, when violence comes to your neighborhood, when disease spreads and quarantine begins—you'll be ready.

You'll gather your family. You'll announce the code word. You'll open the laminated checklist. You'll execute the protocol.

And while chaos reigns outside, inside your home there will be calm. Not because nothing bad is happening, but because you prepared for bad things to happen and you know exactly how to handle them.

**Your family will look at you with trust instead of fear.**

**And you'll be the father who was ready.**

## GO. PREPARE. PROTECT.

Close this book.

Print the checklists.

Buy the first supplies.

Run the first drill.

Build the network.

Learn the skills.

**Do the work.**

Your family is counting on you.

**Be the father who was ready.**

# BONUS RESOURCES

## PRINTABLE INVENTORY SHEETS

### WATER STORAGE INVENTORY

| Location | Container Type | Capacity | Fill Date | Rotation Date | Notes |
|---|---|---|---|---|---|

TOTAL GALLONS:

**Family Size: ____ | Daily Need: ____ gal | Days Covered: ____**

### FOOD STORAGE INVENTORY

| Item | Quantity | Unit | Purchase Date | Expiration | Location |
|---|---|---|---|---|---|
| Rice | | lbs | | | |
| Beans (dried) | | lbs | | | |
| Pasta | | lbs | | | |
| Canned Meat | | cans | | | |
| Canned Veg | | cans | | | |
| Canned Fruit | | cans | | | |
| Cooking Oil | | gal | | | |
| Salt | | lbs | | | |

**Total Days Supply for Family of ____ : ____**

### MEDICAL SUPPLIES INVENTORY

| Item | Quantity | Expiration | Location | Restock Date |
|---|---|---|---|---|
| Tourniquets | | N/A | | |
| Israeli Bandages | | | | |

Gauze Pads
Ibuprofen
Antibiotics
First Aid Kit

## SECURITY EQUIPMENT CHECKLIST

- Door reinforcement kits installed
- Window security film applied
- Perimeter sensors operational
- Communications radios (qty: ___)
- Flashlights/headlamps (qty: ___)
- Defensive tools (if applicable)

## BUDGET BREAKDOWN BY PRIORITY LEVEL

### TIER 1: SURVIVAL ESSENTIALS ($500-$800)

*Complete within first month*

- **Water:** $100-150 (containers, purification)
- **Food:** $200-300 (30-day basic supply)
- **Medical:** $100-150 (first aid, OTC meds)
- **Lighting:** $50-100 (LED lanterns, batteries)
- **Sanitation:** $50-100 (bucket system, supplies)

### TIER 2: SECURITY & POWER ($600-$900)

*Complete within months 2-3*

- **Door/Window Security:** $200-400
- **Power Backup:** $300-500 (battery station or generator)
- **Communications:** $100-200 (radios)

### TIER 3: EXTENDED SUPPLIES ($400-$600)

*Complete within months 4-6*

- **Food Expansion:** $200-300 (to 90 days)

- **Water Expansion:** $100-200 (55-gal barrels)
- **Trade Stockpile:** $100-200 (barter items)

### TIER 4: ADVANCED SYSTEMS ($500-$1,000)

*Complete within months 7-12*

- **Solar Panels:** $200-400
- **Gardening Setup:** $100-200
- **Preservation Equipment:** $200-400 (canner, dehydrator)

### TOTAL FIRST YEAR: $2,000-$3,300

## SUPPLIER LIST

### GENERAL SUPPLIES (LOW PROFILE)

- Costco, Sam's Club (bulk food, batteries)
- Walmart, Target (general supplies)
- Restaurant supply stores (large containers, commercial supplies)
- Dollar stores (hygiene items, basic supplies)

### FOOD STORAGE

- Local grocery stores (rotate, spread purchases)
- Augason Farms, Mountain House (online, if needed)
- LDS Home Storage Centers (open to public, low cost)

### WATER

- Home Depot, Lowe's (barrels, containers)
- Aquamira, Potable Aqua (purification)

### MEDICAL

- Local pharmacies (OTC)
- Chinook Medical, North American Rescue (trauma supplies)
- Jase Medical (prescription backup service)

### SECURITY/TACTICAL

- Amazon (basic security items)
- Local hardware stores (reinforcement supplies)
- Home Depot (door/window security)

### COMMUNICATIONS

- Amazon, Ham Radio Outlet (radios)
- BaoFeng (budget radios)
- Midland (GMRS)

### POWER

- Goal Zero, Jackery, EcoFlow (battery stations)
- Harbor Freight (budget generators)
- Renogy (solar panels)

**TIP:** Use cash for sensitive items. Spread purchases across multiple stores/accounts.

## STATE-BY-STATE LEGAL CONSIDERATIONS

### HOME DEFENSE LAWS (OVERVIEW)

**CASTLE DOCTRINE STATES** (Strong home defense rights) Alabama, Alaska, Arizona, Arkansas, Florida, Georgia, Idaho, Indiana, Kansas, Kentucky, Louisiana, Michigan, Mississippi, Missouri, Montana, Nevada, North Carolina, Ohio, Oklahoma, South Carolina, South Dakota, Tennessee, Texas, Utah, West Virginia, Wyoming

**DUTY TO RETREAT STATES** (Must attempt retreat if safe) Connecticut, Delaware, Hawaii, Maine, Maryland, Massachusetts, Minnesota, Nebraska, New Jersey, New York, Rhode Island, Wisconsin

**STAND YOUR GROUND STATES** (No duty to retreat anywhere) Alabama, Alaska, Arizona, Arkansas, Florida, Georgia, Idaho, Indiana, Iowa, Kansas, Kentucky, Louisiana, Michigan, Mississippi, Missouri, Montana, Nevada, New Hampshire, North Carolina, Ohio, Oklahoma, Pennsylvania, South Carolina, South Dakota, Tennessee, Texas, Utah, West Virginia, Wyoming

### KEY FACTORS TO RESEARCH FOR YOUR STATE:

1. **Castle Doctrine application** (home, yard, vehicle?)

2. **Duty to retreat requirements**
3. **Use of force standards** (reasonable belief of threat?)
4. **Warning requirements** (must warn intruder?)
5. **Civil liability protection**

## FIREARMS CONSIDERATIONS

**PERMITLESS CARRY STATES** (Constitutional Carry) 27+ states as of 2024 - check current status

**MAY-ISSUE STATES** (Difficult to obtain permits) California, Hawaii, Maryland, Massachusetts, New Jersey, New York (some counties)

**SHALL-ISSUE STATES** (Must issue if qualified) Most other states

### STORAGE LAWS

- CA, CT, MA, NY: Mandatory storage laws
- Check local ordinances for your municipality

### IMPORTANT:

This is general information only. Laws change frequently. **Consult local attorney** for specific guidance. **Know your state and local laws before crisis.**

## NON-FIREARM DEFENSE OPTIONS

All states permit reasonable force for home defense. Non-lethal options (clubs, knives, pepper spray) have varying regulations.

## FINAL CHECKLIST: ARE YOU READY?

**BASIC SURVIVAL** (30 days)

- 30 gallons water per person
- 30 days food per person
- Basic first aid kit
- Emergency lighting
- Sanitation system

**INTERMEDIATE** (90 days)

- 90 days food/water
- Door/window security
- Power backup system
- Communications capability
- Medical supplies expanded

**ADVANCED** (6+ months)

- 180+ days supplies
- Network established
- Bug-out plan complete
- Production capability (garden)
- Trade stockpile

**CRITICAL SKILLS**

- First aid trained
- Drills completed
- Family briefed
- Routes scouted

**You have the knowledge. You have the lists. You have the plan.**

**Now execute.**

**Your family is counting on you.**

Printed in Dunstable, United Kingdom

82848644R00205